事业单位
常用法律法规与政策
文件汇编

事业单位人事管理图书编写组　编

中国人事出版社

图书在版编目(CIP)数据

事业单位常用法律法规与政策文件汇编/事业单位人事管理图书编写组编. -- 北京：中国人事出版社，2023

ISBN 978-7-5129-1528-2

Ⅰ.①事… Ⅱ.①事… Ⅲ.①行政事业单位-人事管理-法规-汇编-中国②行政事业单位-人事管理-政策-汇编-中国 Ⅳ.①D922.119②D630.3

中国国家版本馆 CIP 数据核字(2023)第 053897 号

中国人事出版社出版发行

（北京市惠新东街 1 号　邮政编码：100029）

*

保定市中画美凯印刷有限公司印刷装订　　新华书店经销

787 毫米×1092 毫米　16 开本　50.5 印张　1162 千字

2023 年 5 月第 1 版　　2023 年 5 月第 1 次印刷

定价：159.00 元

营销中心电话：400-606-6496

出版社网址：http://www.class.com.cn

编 写 说 明

事业单位是我国公共服务的提供主体，事业单位人事管理是充分发挥事业单位作用、促进事业单位发展的重要方面。适应新形势新要求，立足于事业单位管理和发展需要，根据《事业单位人事管理条例》确定的各项基本人事管理制度，对公开招聘、岗位设置、合同聘用、奖励惩戒、工资福利与社会保障、人员退出等主要政策内容进行梳理，编写出版《事业单位常用法律法规与政策文件汇编》，对于指导事业单位依法依规实施人事管理，培养高素质专业化的事业单位工作人员队伍，更好发挥事业单位公共服务职责，具有重要的基础性作用。本书编写组围绕事业单位人事管理的实际需要，全面汇集相关法律法规以及规范性文件，系统地介绍事业单位管理、行业体制改革，以及人事管理等方面的法律法规，为事业单位人事管理提供参考。

目　录

一、相关法律法规

中华人民共和国宪法（节选）

中华人民共和国全国人民代表大会公告　第1号

（1982年12月4日第五届全国人民代表大会第五次会议通过，根据1988年4月12日第七届全国人民代表大会第一次会议通过的《中华人民共和国宪法修正案》、1993年3月29日第八届全国人民代表大会第一次会议通过的《中华人民共和国宪法修正案》、1999年3月15日第九届全国人民代表大会第二次会议通过的《中华人民共和国宪法修正案》、2004年3月14日第十届全国人民代表大会第二次会议通过的《中华人民共和国宪法修正案》和2018年3月11日第十三届全国人民代表大会第一次会议通过的《中华人民共和国宪法修正案》修正）

第五条　中华人民共和国实行依法治国，建设社会主义法治国家。

国家维护社会主义法制的统一和尊严。

一切法律、行政法规和地方性法规都不得同宪法相抵触。

一切国家机关和武装力量、各政党和各社会团体、各企业事业组织都必须遵守宪法和法律。一切违反宪法和法律的行为，必须予以追究。

任何组织或者个人都不得有超越宪法和法律的特权。

中华人民共和国劳动法

中华人民共和国主席令　第二十四号

（1994 年 7 月 5 日第八届全国人民代表大会常务委员会第八次会议通过，根据 2009 年 8 月 27 日第十一届全国人民代表大会常务委员会第十次会议《关于修改部分法律的决定》第一次修正，根据 2018 年 12 月 29 日第十三届全国人民代表大会常务委员会第七次会议《关于修改〈中华人民共和国劳动法〉等七部法律的决定》第二次修正）

第一章　总　　则

第一条　为了保护劳动者的合法权益，调整劳动关系，建立和维护适应社会主义市场经济的劳动制度，促进经济发展和社会进步，根据宪法，制定本法。

第二条　在中华人民共和国境内的企业、个体经济组织（以下统称用人单位）和与之形成劳动关系的劳动者，适用本法。

国家机关、事业组织、社会团体和与之建立劳动合同关系的劳动者，依照本法执行。

第三条　劳动者享有平等就业和选择职业的权利、取得劳动报酬的权利、休息休假的权利、获得劳动安全卫生保护的权利、接受职业技能培训的权利、享受社会保险和福利的权利、提请劳动争议处理的权利以及法律规定的其他劳动权利。

劳动者应当完成劳动任务，提高职业技能，执行劳动安全卫生规程，遵守劳动纪律和职业道德。

第四条　用人单位应当依法建立和完善规章制度，保障劳动者享有劳动权利和履行劳动义务。

第五条　国家采取各种措施，促进劳动就业，发展职业教育，制定劳动标准，调节社会收入，完善社会保险，协调劳动关系，逐步提高劳动者的生活水平。

第六条　国家提倡劳动者参加社会义务劳动，开展劳动竞赛和合理化建议活动，鼓励和保护劳动者进行科学研究、技术革新和发明创造，表彰和奖励劳动模范和先进工作者。

第七条　劳动者有权依法参加和组织工会。

工会代表和维护劳动者的合法权益，依法独立自主地开展活动。

第八条　劳动者依照法律规定，通过职工大会、职工代表大会或者其他形式，参与民主管理或者就保护劳动者合法权益与用人单位进行平等协商。

第九条 国务院劳动行政部门主管全国劳动工作。

县级以上地方人民政府劳动行政部门主管本行政区域内的劳动工作。

第二章 促进就业

第十条 国家通过促进经济和社会发展，创造就业条件，扩大就业机会。

国家鼓励企业、事业组织、社会团体在法律、行政法规规定的范围内兴办产业或者拓展经营，增加就业。

国家支持劳动者自愿组织起来就业和从事个体经营实现就业。

第十一条 地方各级人民政府应当采取措施，发展多种类型的职业介绍机构，提供就业服务。

第十二条 劳动者就业，不因民族、种族、性别、宗教信仰不同而受歧视。

第十三条 妇女享有与男子平等的就业权利。在录用职工时，除国家规定的不适合妇女的工种或者岗位外，不得以性别为由拒绝录用妇女或者提高对妇女的录用标准。

第十四条 残疾人、少数民族人员、退出现役的军人的就业，法律、法规有特别规定的，从其规定。

第十五条 禁止用人单位招用未满十六周岁的未成年人。

文艺、体育和特种工艺单位招用未满十六周岁的未成年人，必须遵守国家有关规定，并保障其接受义务教育的权利。

第三章 劳动合同和集体合同

第十六条 劳动合同是劳动者与用人单位确立劳动关系、明确双方权利和义务的协议。

建立劳动关系应当订立劳动合同。

第十七条 订立和变更劳动合同，应当遵循平等自愿、协商一致的原则，不得违反法律、行政法规的规定。

劳动合同依法订立即具有法律约束力，当事人必须履行劳动合同规定的义务。

第十八条 下列劳动合同无效：

（一）违反法律、行政法规的劳动合同；

（二）采取欺诈、威胁等手段订立的劳动合同。

无效的劳动合同，从订立的时候起，就没有法律约束力。确认劳动合同部分无效的，如果不影响其余部分的效力，其余部分仍然有效。

劳动合同的无效，由劳动争议仲裁委员会或者人民法院确认。

第十九条 劳动合同应当以书面形式订立，并具备以下条款：

（一）劳动合同期限；

（二）工作内容；

（三）劳动保护和劳动条件；

（四）劳动报酬；

（五）劳动纪律；

（六）劳动合同终止的条件；

（七）违反劳动合同的责任。

劳动合同除前款规定的必备条款外，当事人可以协商约定其他内容。

第二十条 劳动合同的期限分为有固定期限、无固定期限和以完成一定的工作为期限。

劳动者在同一用人单位连续工作满十年以上，当事人双方同意续延劳动合同的，如果劳动者提出订立无固定期限的劳动合同，应当订立无固定期限的劳动合同。

第二十一条 劳动合同可以约定试用期。试用期最长不得超过六个月。

第二十二条 劳动合同当事人可以在劳动合同中约定保守用人单位商业秘密的有关事项。

第二十三条 劳动合同期满或者当事人约定的劳动合同终止条件出现，劳动合同即行终止。

第二十四条 经劳动合同当事人协商一致，劳动合同可以解除。

第二十五条 劳动者有下列情形之一的，用人单位可以解除劳动合同：

（一）在试用期间被证明不符合录用条件的；

（二）严重违反劳动纪律或者用人单位规章制度的；

（三）严重失职，营私舞弊，对用人单位利益造成重大损害的；

（四）被依法追究刑事责任的。

第二十六条 有下列情形之一的，用人单位可以解除劳动合同，但是应当提前三十日以书面形式通知劳动者本人：

（一）劳动者患病或者非因工负伤，医疗期满后，不能从事原工作也不能从事由用人单位另行安排的工作的；

（二）劳动者不能胜任工作，经过培训或者调整工作岗位，仍不能胜任工作的；

（三）劳动合同订立时所依据的客观情况发生重大变化，致使原劳动合同无法履行，经当事人协商不能就变更劳动合同达成协议的。

第二十七条 用人单位濒临破产进行法定整顿期间或者生产经营状况发生严重困难，确需裁减人员的，应当提前三十日向工会或者全体职工说明情况，听取工会或者职工的意见，经向劳动行政部门报告后，可以裁减人员。

用人单位依据本条规定裁减人员，在六个月内录用人员的，应当优先录用被裁减的人员。

第二十八条 用人单位依据本法第二十四条、第二十六条、第二十七条的规定解除劳动合同的，应当依照国家有关规定给予经济补偿。

第二十九条 劳动者有下列情形之一的，用人单位不得依据本法第二十六条、第二十七条的规定解除劳动合同：

（一）患职业病或者因工负伤并被确认丧失或者部分丧失劳动能力的；

（二）患病或者负伤，在规定的医疗期内的；

（三）女职工在孕期、产期、哺乳期内的；

（四）法律、行政法规规定的其他情形。

第三十条 用人单位解除劳动合同，工会认为不适当的，有权提出意见。如果用人单位违反法律、法规或者劳动合同，工会有权要求重新处理；劳动者申请仲裁或者提起诉讼的，工会应当依法给予支持和帮助。

第三十一条 劳动者解除劳动合同，应当提前三十日以书面形式通知用人单位。

第三十二条 有下列情形之一的，劳动者可以随时通知用人单位解除劳动合同：

（一）在试用期内的；

（二）用人单位以暴力、威胁或者非法限制人身自由的手段强迫劳动的；

（三）用人单位未按照劳动合同约定支付劳动报酬或者提供劳动条件的。

第三十三条 企业职工一方与企业可以就劳动报酬、工作时间、休息休假、劳动安全卫生、保险福利等事项，签订集体合同。集体合同草案应当提交职工代表大会或者全体职工讨论通过。

集体合同由工会代表职工与企业签订；没有建立工会的企业，由职工推举的代表与企业签订。

第三十四条 集体合同签订后应当报送劳动行政部门；劳动行政部门自收到集体合同文本之日起十五日内未提出异议的，集体合同即行生效。

第三十五条 依法签订的集体合同对企业和企业全体职工具有约束力。职工个人与企业订立的劳动合同中劳动条件和劳动报酬等标准不得低于集体合同的规定。

第四章　工作时间和休息休假

第三十六条 国家实行劳动者每日工作时间不超过八小时、平均每周工作时间不超过四十四小时的工时制度。

第三十七条 对实行计件工作的劳动者，用人单位应当根据本法第三十六条规定的工时制度合理确定其劳动定额和计件报酬标准。

第三十八条 用人单位应当保证劳动者每周至少休息一日。

第三十九条 企业因生产特点不能实行本法第三十六条、第三十八条规定的，经劳动行政部门批准，可以实行其他工作和休息办法。

第四十条 用人单位在下列节日期间应当依法安排劳动者休假：

（一）元旦；

（二）春节；

（三）国际劳动节；

（四）国庆节；

（五）法律、法规规定的其他休假节日。

第四十一条 用人单位由于生产经营需要，经与工会和劳动者协商后可以延长工作时间，一般每日不得超过一小时；因特殊原因需要延长工作时间的，在保障劳动者身体健康的条件下延长工作时间每日不得超过三小时，但是每月不得超过三十六小时。

第四十二条 有下列情形之一的，延长工作时间不受本法第四十一条规定的限制：

（一）发生自然灾害、事故或者因其他原因，威胁劳动者生命健康和财产安全，需要紧急处理的；

（二）生产设备、交通运输线路、公共设施发生故障，影响生产和公众利益，必须及时抢修的；

（三）法律、行政法规规定的其他情形。

第四十三条 用人单位不得违反本法规定延长劳动者的工作时间。

第四十四条 有下列情形之一的，用人单位应当按照下列标准支付高于劳动者正常工作时间工资的工资报酬：

（一）安排劳动者延长工作时间的，支付不低于工资的百分之一百五十的工资报酬；

（二）休息日安排劳动者工作又不能安排补休的，支付不低于工资的百分之二百的工资报酬；

（三）法定休假日安排劳动者工作的，支付不低于工资的百分之三百的工资报酬。

第四十五条 国家实行带薪年休假制度。

劳动者连续工作一年以上的，享受带薪年休假。具体办法由国务院规定。

第五章　工　　资

第四十六条 工资分配应当遵循按劳分配原则，实行同工同酬。

工资水平在经济发展的基础上逐步提高。国家对工资总量实行宏观调控。

第四十七条 用人单位根据本单位的生产经营特点和经济效益，依法自主确定本单位的工资分配方式和工资水平。

第四十八条 国家实行最低工资保障制度。最低工资的具体标准由省、自治区、直辖市人民政府规定，报国务院备案。

用人单位支付劳动者的工资不得低于当地最低工资标准。

第四十九条 确定和调整最低工资标准应当综合参考下列因素：

（一）劳动者本人及平均赡养人口的最低生活费用；

（二）社会平均工资水平；

（三）劳动生产率；

（四）就业状况；

（五）地区之间经济发展水平的差异。

第五十条 工资应当以货币形式按月支付给劳动者本人。不得克扣或者无故拖欠劳动者的工资。

第五十一条 劳动者在法定休假日和婚丧假期间以及依法参加社会活动期间，用人单位应当依法支付工资。

第六章　劳动安全卫生

第五十二条 用人单位必须建立、健全劳动安全卫生制度，严格执行国家劳动安全卫生规程和标准，对劳动者进行劳动安全卫生教育，防止劳动过程中的事故，减少职业危害。

第五十三条 劳动安全卫生设施必须符合国家规定的标准。

新建、改建、扩建工程的劳动安全卫生设施必须与主体工程同时设计、同时施工、同时投入生产和使用。

第五十四条 用人单位必须为劳动者提供符合国家规定的劳动安全卫生条件和必要的劳

动防护用品，对从事有职业危害作业的劳动者应当定期进行健康检查。

第五十五条 从事特种作业的劳动者必须经过专门培训并取得特种作业资格。

第五十六条 劳动者在劳动过程中必须严格遵守安全操作规程。

劳动者对用人单位管理人员违章指挥、强令冒险作业，有权拒绝执行；对危害生命安全和身体健康的行为，有权提出批评、检举和控告。

第五十七条 国家建立伤亡事故和职业病统计报告和处理制度。县级以上各级人民政府劳动行政部门、有关部门和用人单位应当依法对劳动者在劳动过程中发生的伤亡事故和劳动者的职业病状况，进行统计、报告和处理。

第七章　女职工和未成年工特殊保护

第五十八条 国家对女职工和未成年工实行特殊劳动保护。

未成年工是指年满十六周岁未满十八周岁的劳动者。

第五十九条 禁止安排女职工从事矿山井下、国家规定的第四级体力劳动强度的劳动和其他禁忌从事的劳动。

第六十条 不得安排女职工在经期从事高处、低温、冷水作业和国家规定的第三级体力劳动强度的劳动。

第六十一条 不得安排女职工在怀孕期间从事国家规定的第三级体力劳动强度的劳动和孕期禁忌从事的劳动。对怀孕七个月以上的女职工，不得安排其延长工作时间和夜班劳动。

第六十二条 女职工生育享受不少于九十天的产假。

第六十三条 不得安排女职工在哺乳未满一周岁的婴儿期间从事国家规定的第三级体力劳动强度的劳动和哺乳期禁忌从事的其他劳动，不得安排其延长工作时间和夜班劳动。

第六十四条 不得安排未成年工从事矿山井下、有毒有害、国家规定的第四级体力劳动强度的劳动和其他禁忌从事的劳动。

第六十五条 用人单位应当对未成年工定期进行健康检查。

第八章　职 业 培 训

第六十六条 国家通过各种途径，采取各种措施，发展职业培训事业，开发劳动者的职业技能，提高劳动者素质，增强劳动者的就业能力和工作能力。

第六十七条 各级人民政府应当把发展职业培训纳入社会经济发展的规划，鼓励和支持有条件的企业、事业组织、社会团体和个人进行各种形式的职业培训。

第六十八条 用人单位应当建立职业培训制度，按照国家规定提取和使用职业培训经费，根据本单位实际，有计划地对劳动者进行职业培训。

从事技术工种的劳动者，上岗前必须经过培训。

第六十九条 国家确定职业分类，对规定的职业制定职业技能标准，实行职业资格证书制度，由经备案的考核鉴定机构负责对劳动者实施职业技能考核鉴定。

第九章　社会保险和福利

第七十条 国家发展社会保险事业，建立社会保险制度，设立社会保险基金，使劳动者在年老、患病、工伤、失业、生育等情况下获得帮助和补偿。

第七十一条 社会保险水平应当与社会经济发展水平和社会承受能力相适应。

第七十二条 社会保险基金按照保险类型确定资金来源，逐步实行社会统筹。用人单位和劳动者必须依法参加社会保险，缴纳社会保险费。

第七十三条 劳动者在下列情形下，依法享受社会保险待遇：

（一）退休；

（二）患病、负伤；

（三）因工伤残或者患职业病；

（四）失业；

（五）生育。

劳动者死亡后，其遗属依法享受遗属津贴。

劳动者享受社会保险待遇的条件和标准由法律、法规规定。

劳动者享受的社会保险金必须按时足额支付。

第七十四条 社会保险基金经办机构依照法律规定收支、管理和运营社会保险基金，并负有使社会保险基金保值增值的责任。

社会保险基金监督机构依照法律规定，对社会保险基金的收支、管理和运营实施监督。

社会保险基金经办机构和社会保险基金监督机构的设立和职能由法律规定。

任何组织和个人不得挪用社会保险基金。

第七十五条 国家鼓励用人单位根据本单位实际情况为劳动者建立补充保险。

国家提倡劳动者个人进行储蓄性保险。

第七十六条 国家发展社会福利事业，兴建公共福利设施，为劳动者休息、休养和疗养提供条件。

用人单位应当创造条件，改善集体福利，提高劳动者的福利待遇。

第十章 劳动争议

第七十七条 用人单位与劳动者发生劳动争议，当事人可以依法申请调解、仲裁、提起诉讼，也可以协商解决。

调解原则适用于仲裁和诉讼程序。

第七十八条 解决劳动争议，应当根据合法、公正、及时处理的原则，依法维护劳动争议当事人的合法权益。

第七十九条 劳动争议发生后，当事人可以向本单位劳动争议调解委员会申请调解；调解不成，当事人一方要求仲裁的，可以向劳动争议仲裁委员会申请仲裁。当事人一方也可以直接向劳动争议仲裁委员会申请仲裁。对仲裁裁决不服的，可以向人民法院提起诉讼。

第八十条 在用人单位内，可以设立劳动争议调解委员会。劳动争议调解委员会由职工代表、用人单位代表和工会代表组成。劳动争议调解委员会主任由工会代表担任。

劳动争议经调解达成协议的，当事人应当履行。

第八十一条 劳动争议仲裁委员会由劳动行政部门代表、同级工会代表、用人单位方面的代表组成。劳动争议仲裁委员会主任由劳动行政部门代表担任。

第八十二条 提出仲裁要求的一方应当自劳动争议发生之日起六十日内向劳动争议仲裁委员会提出书面申请。仲裁裁决一般应在收到仲裁申请的六十日内作出。对仲裁裁决无异议的，当事人必须履行。

第八十三条 劳动争议当事人对仲裁裁决不服的，可以自收到仲裁裁决书之日起十五日内向人民法院提起诉讼。一方当事人在法定期限内不起诉又不履行仲裁裁决的，另一方当事人可以申请人民法院强制执行。

第八十四条 因签订集体合同发生争议，当事人协商解决不成的，当地人民政府劳动行政部门可以组织有关各方协调处理。

因履行集体合同发生争议，当事人协商解决不成的，可以向劳动争议仲裁委员会申请仲裁；对仲裁裁决不服的，可以自收到仲裁裁决书之日起十五日内向人民法院提起诉讼。

第十一章 监督检查

第八十五条 县级以上各级人民政府劳动行政部门依法对用人单位遵守劳动法律、法规的情况进行监督检查，对违反劳动法律、法规的行为有权制止，并责令改正。

第八十六条 县级以上各级人民政府劳动行政部门监督检查人员执行公务，有权进入用人单位了解执行劳动法律、法规的情况，查阅必要的资料，并对劳动场所进行检查。

县级以上各级人民政府劳动行政部门监督检查人员执行公务，必须出示证件，秉公执法并遵守有关规定。

第八十七条 县级以上各级人民政府有关部门在各自职责范围内，对用人单位遵守劳动法律、法规的情况进行监督。

第八十八条 各级工会依法维护劳动者的合法权益，对用人单位遵守劳动法律、法规的情况进行监督。

任何组织和个人对于违反劳动法律、法规的行为有权检举和控告。

第十二章 法律责任

第八十九条 用人单位制定的劳动规章制度违反法律、法规规定的，由劳动行政部门给予警告，责令改正；对劳动者造成损害的，应当承担赔偿责任。

第九十条 用人单位违反本法规定，延长劳动者工作时间的，由劳动行政部门给予警告，责令改正，并可以处以罚款。

第九十一条 用人单位有下列侵害劳动者合法权益情形之一的，由劳动行政部门责令支付劳动者的工资报酬、经济补偿，并可以责令支付赔偿金：

（一）克扣或者无故拖欠劳动者工资的；

（二）拒不支付劳动者延长工作时间工资报酬的；

（三）低于当地最低工资标准支付劳动者工资的；

（四）解除劳动合同后，未依照本法规定给予劳动者经济补偿的。

第九十二条 用人单位的劳动安全设施和劳动卫生条件不符合国家规定或者未向劳动者提供必要的劳动防护用品和劳动保护设施的，由劳动行政部门或者有关部门责令改正，可以处以罚款；情节严重的，提请县级以上人民政府决定责令停产整顿；对事故隐患不采取措施，致使发生重大事故，造成劳动者生命和财产损失的，对责任人员依照刑法有关规定追究刑事责任。

第九十三条 用人单位强令劳动者违章冒险作业，发生重大伤亡事故，造成严重后果的，对责任人员依法追究刑事责任。

第九十四条 用人单位非法招用未满十六周岁的未成年人的，由劳动行政部门责令改正，处以罚款；情节严重的，由市场监督管理部门吊销营业执照。

第九十五条 用人单位违反本法对女职工和未成年工的保护规定，侵害其合法权益的，由劳动行政部门责令改正，处以罚款；对女职工或者未成年工造成损害的，应当承担赔偿责任。

第九十六条 用人单位有下列行为之一，由公安机关对责任人员处以十五日以下拘留、罚款或者警告；构成犯罪的，对责任人员依法追究刑事责任：

（一）以暴力、威胁或者非法限制人身自由的手段强迫劳动的；

（二）侮辱、体罚、殴打、非法搜查和拘禁劳动者的。

第九十七条 由于用人单位的原因订立的无效合同，对劳动者造成损害的，应当承担赔偿责任。

第九十八条 用人单位违反本法规定的条件解除劳动合同或者故意拖延不订立劳动合同的，由劳动行政部门责令改正；对劳动者造成损害的，应当承担赔偿责任。

第九十九条 用人单位招用尚未解除劳动合同的劳动者，对原用人单位造成经济损失的，该用人单位应当依法承担连带赔偿责任。

第一百条 用人单位无故不缴纳社会保险费的，由劳动行政部门责令其限期缴纳；逾期不缴的，可以加收滞纳金。

第一百零一条 用人单位无理阻挠劳动行政部门、有关部门及其工作人员行使监督检查权，打击报复举报人员的，由劳动行政部门或者有关部门处以罚款；构成犯罪的，对责任人员依法追究刑事责任。

第一百零二条 劳动者违反本法规定的条件解除劳动合同或者违反劳动合同中约定的保密事项，对用人单位造成经济损失的，应当依法承担赔偿责任。

第一百零三条 劳动行政部门或者有关部门的工作人员滥用职权、玩忽职守、徇私舞弊，构成犯罪的，依法追究刑事责任；不构成犯罪的，给予行政处分。

第一百零四条 国家工作人员和社会保险基金经办机构的工作人员挪用社会保险基金，构成犯罪的，依法追究刑事责任。

第一百零五条 违反本法规定侵害劳动者合法权益，其他法律、行政法规已规定处罚的，依照该法律、行政法规的规定处罚。

第十三章　附　　则

第一百零六条 省、自治区、直辖市人民政府根据本法和本地区的实际情况，规定劳动合同制度的实施步骤，报国务院备案。

第一百零七条 本法自 1995 年 1 月 1 日起施行。

中华人民共和国公务员法

中华人民共和国主席令　第二十号

（2005 年 4 月 27 日第十届全国人民代表大会常务委员会第十五次会议通过，根据 2017 年 9 月 1 日第十二届全国人民代表大会常务委员会第二十九次会议《关于修改〈中华人民共和国法官法〉等八部法律的决定》修正，2018 年 12 月 29 日第十三届全国人民代表大会常务委员会第七次会议修订）

第一章　总　　则

第一条　为了规范公务员的管理，保障公务员的合法权益，加强对公务员的监督，促进公务员正确履职尽责，建设信念坚定、为民服务、勤政务实、敢于担当、清正廉洁的高素质专业化公务员队伍，根据宪法，制定本法。

第二条　本法所称公务员，是指依法履行公职、纳入国家行政编制、由国家财政负担工资福利的工作人员。

公务员是干部队伍的重要组成部分，是社会主义事业的中坚力量，是人民的公仆。

第三条　公务员的义务、权利和管理，适用本法。

法律对公务员中领导成员的产生、任免、监督以及监察官、法官、检察官等的义务、权利和管理另有规定的，从其规定。

第四条　公务员制度坚持中国共产党领导，坚持以马克思列宁主义、毛泽东思想、邓小平理论、“三个代表”重要思想、科学发展观、习近平新时代中国特色社会主义思想为指导，贯彻社会主义初级阶段的基本路线，贯彻新时代中国共产党的组织路线，坚持党管干部原则。

第五条　公务员的管理，坚持公开、平等、竞争、择优的原则，依照法定的权限、条件、标准和程序进行。

第六条　公务员的管理，坚持监督约束与激励保障并重的原则。

第七条　公务员的任用，坚持德才兼备、以德为先，坚持五湖四海、任人唯贤，坚持事业为上、公道正派，突出政治标准，注重工作实绩。

第八条　国家对公务员实行分类管理，提高管理效能和科学化水平。

第九条 公务员就职时应当依照法律规定公开进行宪法宣誓。

第十条 公务员依法履行职责的行为，受法律保护。

第十一条 公务员工资、福利、保险以及录用、奖励、培训、辞退等所需经费，列入财政预算，予以保障。

第十二条 中央公务员主管部门负责全国公务员的综合管理工作。县级以上地方各级公务员主管部门负责本辖区内公务员的综合管理工作。上级公务员主管部门指导下级公务员主管部门的公务员管理工作。各级公务员主管部门指导同级各机关的公务员管理工作。

第二章　公务员的条件、义务与权利

第十三条 公务员应当具备下列条件：

（一）具有中华人民共和国国籍；

（二）年满十八周岁；

（三）拥护中华人民共和国宪法，拥护中国共产党领导和社会主义制度；

（四）具有良好的政治素质和道德品行；

（五）具有正常履行职责的身体条件和心理素质；

（六）具有符合职位要求的文化程度和工作能力；

（七）法律规定的其他条件。

第十四条 公务员应当履行下列义务：

（一）忠于宪法，模范遵守、自觉维护宪法和法律，自觉接受中国共产党领导；

（二）忠于国家，维护国家的安全、荣誉和利益；

（三）忠于人民，全心全意为人民服务，接受人民监督；

（四）忠于职守，勤勉尽责，服从和执行上级依法作出的决定和命令，按照规定的权限和程序履行职责，努力提高工作质量和效率；

（五）保守国家秘密和工作秘密；

（六）带头践行社会主义核心价值观，坚守法治，遵守纪律，恪守职业道德，模范遵守社会公德、家庭美德；

（七）清正廉洁，公道正派；

（八）法律规定的其他义务。

第十五条 公务员享有下列权利：

（一）获得履行职责应当具有的工作条件；

（二）非因法定事由、非经法定程序，不被免职、降职、辞退或者处分；

（三）获得工资报酬，享受福利、保险待遇；

（四）参加培训；

（五）对机关工作和领导人员提出批评和建议；

（六）提出申诉和控告；

（七）申请辞职；

（八）法律规定的其他权利。

第三章　职务、职级与级别

第十六条　国家实行公务员职位分类制度。

公务员职位类别按照公务员职位的性质、特点和管理需要，划分为综合管理类、专业技术类和行政执法类等类别。根据本法，对于具有职位特殊性，需要单独管理的，可以增设其他职位类别。各职位类别的适用范围由国家另行规定。

第十七条　国家实行公务员职务与职级并行制度，根据公务员职位类别和职责设置公务员领导职务、职级序列。

第十八条　公务员领导职务根据宪法、有关法律和机构规格设置。

领导职务层次分为：国家级正职、国家级副职、省部级正职、省部级副职、厅局级正职、厅局级副职、县处级正职、县处级副职、乡科级正职、乡科级副职。

第十九条　公务员职级在厅局级以下设置。

综合管理类公务员职级序列分为：一级巡视员、二级巡视员、一级调研员、二级调研员、三级调研员、四级调研员、一级主任科员、二级主任科员、三级主任科员、四级主任科员、一级科员、二级科员。

综合管理类以外其他职位类别公务员的职级序列，根据本法由国家另行规定。

第二十条　各机关依照确定的职能、规格、编制限额、职数以及结构比例，设置本机关公务员的具体职位，并确定各职位的工作职责和任职资格条件。

第二十一条　公务员的领导职务、职级应当对应相应的级别。公务员领导职务、职级与级别的对应关系，由国家规定。

根据工作需要和领导职务与职级的对应关系，公务员担任的领导职务和职级可以互相转任、兼任；符合规定资格条件的，可以晋升领导职务或者职级。

公务员的级别根据所任领导职务、职级及其德才表现、工作实绩和资历确定。公务员在同一领导职务、职级上，可以按照国家规定晋升级别。

公务员的领导职务、职级与级别是确定公务员工资以及其他待遇的依据。

第二十二条　国家根据人民警察、消防救援人员以及海关、驻外外交机构等公务员的工作特点，设置与其领导职务、职级相对应的衔级。

第四章　录　　用

第二十三条　录用担任一级主任科员以下及其他相当职级层次的公务员，采取公开考试、严格考察、平等竞争、择优录取的办法。

民族自治地方依照前款规定录用公务员时，依照法律和有关规定对少数民族报考者予以适当照顾。

第二十四条　中央机关及其直属机构公务员的录用，由中央公务员主管部门负责组织。地方各级机关公务员的录用，由省级公务员主管部门负责组织，必要时省级公务员主管部门可以授权设区的市级公务员主管部门组织。

第二十五条　报考公务员，除应当具备本法第十三条规定的条件以外，还应当具备省级以上公务员主管部门规定的拟任职位所要求的资格条件。

国家对行政机关中初次从事行政处罚决定审核、行政复议、行政裁决、法律顾问的公务员实行统一法律职业资格考试制度，由国务院司法行政部门商有关部门组织实施。

第二十六条 下列人员不得录用为公务员：

（一）因犯罪受过刑事处罚的；

（二）被开除中国共产党党籍的；

（三）被开除公职的；

（四）被依法列为失信联合惩戒对象的；

（五）有法律规定不得录用为公务员的其他情形的。

第二十七条 录用公务员，应当在规定的编制限额内，并有相应的职位空缺。

第二十八条 录用公务员，应当发布招考公告。招考公告应当载明招考的职位、名额、报考资格条件、报考需要提交的申请材料以及其他报考须知事项。

招录机关应当采取措施，便利公民报考。

第二十九条 招录机关根据报考资格条件对报考申请进行审查。报考者提交的申请材料应当真实、准确。

第三十条 公务员录用考试采取笔试和面试等方式进行，考试内容根据公务员应当具备的基本能力和不同职位类别、不同层级机关分别设置。

第三十一条 招录机关根据考试成绩确定考察人选，并进行报考资格复审、考察和体检。

体检的项目和标准根据职位要求确定。具体办法由中央公务员主管部门会同国务院卫生健康行政部门规定。

第三十二条 招录机关根据考试成绩、考察情况和体检结果，提出拟录用人员名单，并予以公示。公示期不少于五个工作日。

公示期满，中央一级招录机关应当将拟录用人员名单报中央公务员主管部门备案；地方各级招录机关应当将拟录用人员名单报省级或者设区的市级公务员主管部门审批。

第三十三条 录用特殊职位的公务员，经省级以上公务员主管部门批准，可以简化程序或者采用其他测评办法。

第三十四条 新录用的公务员试用期为一年。试用期满合格的，予以任职；不合格的，取消录用。

第五章 考　　核

第三十五条 公务员的考核应当按照管理权限，全面考核公务员的德、能、勤、绩、廉，重点考核政治素质和工作实绩。考核指标根据不同职位类别、不同层级机关分别设置。

第三十六条 公务员的考核分为平时考核、专项考核和定期考核等方式。定期考核以平时考核、专项考核为基础。

第三十七条 非领导成员公务员的定期考核采取年度考核的方式。先由个人按照职位职责和有关要求进行总结，主管领导在听取群众意见后，提出考核等次建议，由本机关负责人或者授权的考核委员会确定考核等次。

领导成员的考核由主管机关按照有关规定办理。

第三十八条 定期考核的结果分为优秀、称职、基本称职和不称职四个等次。

定期考核的结果应当以书面形式通知公务员本人。

第三十九条 定期考核的结果作为调整公务员职位、职务、职级、级别、工资以及公务员奖励、培训、辞退的依据。

第六章 职务、职级任免

第四十条 公务员领导职务实行选任制、委任制和聘任制。公务员职级实行委任制和聘任制。

领导成员职务按照国家规定实行任期制。

第四十一条 选任制公务员在选举结果生效时即任当选职务；任期届满不再连任或者任期内辞职、被罢免、被撤职的，其所任职务即终止。

第四十二条 委任制公务员试用期满考核合格，职务、职级发生变化，以及其他情形需要任免职务、职级的，应当按照管理权限和规定的程序任免。

第四十三条 公务员任职应当在规定的编制限额和职数内进行，并有相应的职位空缺。

第四十四条 公务员因工作需要在机关外兼职，应当经有关机关批准，并不得领取兼职报酬。

第七章 职务、职级升降

第四十五条 公务员晋升领导职务，应当具备拟任职务所要求的政治素质、工作能力、文化程度和任职经历等方面的条件和资格。

公务员领导职务应当逐级晋升。特别优秀的或者工作特殊需要的，可以按照规定破格或者越级晋升。

第四十六条 公务员晋升领导职务，按照下列程序办理：

（一）动议；

（二）民主推荐；

（三）确定考察对象，组织考察；

（四）按照管理权限讨论决定；

（五）履行任职手续。

第四十七条 厅局级正职以下领导职务出现空缺且本机关没有合适人选的，可以通过适当方式面向社会选拔任职人选。

第四十八条 公务员晋升领导职务的，应当按照有关规定实行任职前公示制度和任职试用期制度。

第四十九条 公务员职级应当逐级晋升，根据个人德才表现、工作实绩和任职资历，参考民主推荐或者民主测评结果确定人选，经公示后，按照管理权限审批。

第五十条 公务员的职务、职级实行能上能下。对不适宜或者不胜任现任职务、职级的，应当进行调整。

公务员在年度考核中被确定为不称职的，按照规定程序降低一个职务或者职级层次任职。

第八章　奖　　励

第五十一条　对工作表现突出，有显著成绩和贡献，或者有其他突出事迹的公务员或者公务员集体，给予奖励。奖励坚持定期奖励与及时奖励相结合，精神奖励与物质奖励相结合、以精神奖励为主的原则。

公务员集体的奖励适用于按照编制序列设置的机构或者为完成专项任务组成的工作集体。

第五十二条　公务员或者公务员集体有下列情形之一的，给予奖励：

（一）忠于职守，积极工作，勇于担当，工作实绩显著的；

（二）遵纪守法，廉洁奉公，作风正派，办事公道，模范作用突出的；

（三）在工作中有发明创造或者提出合理化建议，取得显著经济效益或者社会效益的；

（四）为增进民族团结，维护社会稳定做出突出贡献的；

（五）爱护公共财产，节约国家资财有突出成绩的；

（六）防止或者消除事故有功，使国家和人民群众利益免受或者减少损失的；

（七）在抢险、救灾等特定环境中做出突出贡献的；

（八）同违纪违法行为作斗争有功绩的；

（九）在对外交往中为国家争得荣誉和利益的；

（十）有其他突出功绩的。

第五十三条　奖励分为：嘉奖、记三等功、记二等功、记一等功、授予称号。

对受奖励的公务员或者公务员集体予以表彰，并对受奖励的个人给予一次性奖金或者其他待遇。

第五十四条　给予公务员或者公务员集体奖励，按照规定的权限和程序决定或者审批。

第五十五条　按照国家规定，可以向参与特定时期、特定领域重大工作的公务员颁发纪念证书或者纪念章。

第五十六条　公务员或者公务员集体有下列情形之一的，撤销奖励：

（一）弄虚作假，骗取奖励的；

（二）申报奖励时隐瞒严重错误或者严重违反规定程序的；

（三）有严重违纪违法等行为，影响称号声誉的；

（四）有法律、法规规定应当撤销奖励的其他情形的。

第九章　监督与惩戒

第五十七条　机关应当对公务员的思想政治、履行职责、作风表现、遵纪守法等情况进行监督，开展勤政廉政教育，建立日常管理监督制度。

对公务员监督发现问题的，应当区分不同情况，予以谈话提醒、批评教育、责令检查、诫勉、组织调整、处分。

对公务员涉嫌职务违法和职务犯罪的，应当依法移送监察机关处理。

第五十八条　公务员应当自觉接受监督，按照规定请示报告工作、报告个人有关事项。

第五十九条　公务员应当遵纪守法，不得有下列行为：

（一）散布有损宪法权威、中国共产党和国家声誉的言论，组织或者参加旨在反对宪法、中国共产党领导和国家的集会、游行、示威等活动；

（二）组织或者参加非法组织，组织或者参加罢工；

（三）挑拨、破坏民族关系，参加民族分裂活动或者组织、利用宗教活动破坏民族团结和社会稳定；

（四）不担当，不作为，玩忽职守，贻误工作；

（五）拒绝执行上级依法作出的决定和命令；

（六）对批评、申诉、控告、检举进行压制或者打击报复；

（七）弄虚作假，误导、欺骗领导和公众；

（八）贪污贿赂，利用职务之便为自己或者他人谋取私利；

（九）违反财经纪律，浪费国家资财；

（十）滥用职权，侵害公民、法人或者其他组织的合法权益；

（十一）泄露国家秘密或者工作秘密；

（十二）在对外交往中损害国家荣誉和利益；

（十三）参与或者支持色情、吸毒、赌博、迷信等活动；

（十四）违反职业道德、社会公德和家庭美德；

（十五）违反有关规定参与禁止的网络传播行为或者网络活动；

（十六）违反有关规定从事或者参与营利性活动，在企业或者其他营利性组织中兼任职务；

（十七）旷工或者因公外出、请假期满无正当理由逾期不归；

（十八）违纪违法的其他行为。

第六十条　公务员执行公务时，认为上级的决定或者命令有错误的，可以向上级提出改正或者撤销该决定或者命令的意见；上级不改变该决定或者命令，或者要求立即执行的，公务员应当执行该决定或者命令，执行的后果由上级负责，公务员不承担责任；但是，公务员执行明显违法的决定或者命令的，应当依法承担相应的责任。

第六十一条　公务员因违纪违法应当承担纪律责任的，依照本法给予处分或者由监察机关依法给予政务处分；违纪违法行为情节轻微，经批评教育后改正的，可以免予处分。

对同一违纪违法行为，监察机关已经作出政务处分决定的，公务员所在机关不再给予处分。

第六十二条　处分分为：警告、记过、记大过、降级、撤职、开除。

第六十三条　对公务员的处分，应当事实清楚、证据确凿、定性准确、处理恰当、程序合法、手续完备。

公务员违纪违法的，应当由处分决定机关决定对公务员违纪违法的情况进行调查，并将调查认定的事实以及拟给予处分的依据告知公务员本人。公务员有权进行陈述和申辩；处分决定机关不得因公务员申辩而加重处分。

处分决定机关认为对公务员应当给予处分的，应当在规定的期限内，按照管理权限和规定的程序作出处分决定。处分决定应当以书面形式通知公务员本人。

第六十四条　公务员在受处分期间不得晋升职务、职级和级别，其中受记过、记大过、降级、撤职处分的，不得晋升工资档次。

受处分的期间为：警告，六个月；记过，十二个月；记大过，十八个月；降级、撤职，二十四个月。

受撤职处分的，按照规定降低级别。

第六十五条 公务员受开除以外的处分，在受处分期间有悔改表现，并且没有再发生违纪违法行为的，处分期满后自动解除。

解除处分后，晋升工资档次、级别和职务、职级不再受原处分的影响。但是，解除降级、撤职处分的，不视为恢复原级别、原职务、原职级。

第十章 培 训

第六十六条 机关根据公务员工作职责的要求和提高公务员素质的需要，对公务员进行分类分级培训。

国家建立专门的公务员培训机构。机关根据需要也可以委托其他培训机构承担公务员培训任务。

第六十七条 机关对新录用人员应当在试用期内进行初任培训；对晋升领导职务的公务员应当在任职前或者任职后一年内进行任职培训；对从事专项工作的公务员应当进行专门业务培训；对全体公务员应当进行提高政治素质和工作能力、更新知识的在职培训，其中对专业技术类公务员应当进行专业技术培训。

国家有计划地加强对优秀年轻公务员的培训。

第六十八条 公务员的培训实行登记管理。

公务员参加培训的时间由公务员主管部门按照本法第六十七条规定的培训要求予以确定。

公务员培训情况、学习成绩作为公务员考核的内容和任职、晋升的依据之一。

第十一章 交流与回避

第六十九条 国家实行公务员交流制度。

公务员可以在公务员和参照本法管理的工作人员队伍内部交流，也可以与国有企业和不参照本法管理的事业单位中从事公务的人员交流。

交流的方式包括调任、转任。

第七十条 国有企业、高等院校和科研院所以及其他不参照本法管理的事业单位中从事公务的人员，可以调入机关担任领导职务或者四级调研员以上及其他相当层次的职级。

调任人选应当具备本法第十三条规定的条件和拟任职位所要求的资格条件，并不得有本法第二十六条规定的情形。调任机关应当根据上述规定，对调任人选进行严格考察，并按照管理权限审批，必要时可以对调任人选进行考试。

第七十一条 公务员在不同职位之间转任应当具备拟任职位所要求的资格条件，在规定的编制限额和职数内进行。

对省部级正职以下的领导成员应当有计划、有重点地实行跨地区、跨部门转任。

对担任机关内设机构领导职务和其他工作性质特殊的公务员，应当有计划地在本机关内转任。

上级机关应当注重从基层机关公开遴选公务员。

第七十二条 根据工作需要，机关可以采取挂职方式选派公务员承担重大工程、重大项目、重点任务或者其他专项工作。

公务员在挂职期间，不改变与原机关的人事关系。

第七十三条 公务员应当服从机关的交流决定。

公务员本人申请交流的，按照管理权限审批。

第七十四条 公务员之间有夫妻关系、直系血亲关系、三代以内旁系血亲关系以及近姻亲关系的，不得在同一机关双方直接隶属于同一领导人员的职位或者有直接上下级领导关系的职位工作，也不得在其中一方担任领导职务的机关从事组织、人事、纪检、监察、审计和财务工作。

公务员不得在其配偶、子女及其配偶经营的企业、营利性组织的行业监管或者主管部门担任领导成员。

因地域或者工作性质特殊，需要变通执行任职回避的，由省级以上公务员主管部门规定。

第七十五条 公务员担任乡级机关、县级机关、设区的市级机关及其有关部门主要领导职务的，应当按照有关规定实行地域回避。

第七十六条 公务员执行公务时，有下列情形之一的，应当回避：

（一）涉及本人利害关系的；

（二）涉及与本人有本法第七十四条第一款所列亲属关系人员的利害关系的；

（三）其他可能影响公正执行公务的。

第七十七条 公务员有应当回避情形的，本人应当申请回避；利害关系人有权申请公务员回避。其他人员可以向机关提供公务员需要回避的情况。

机关根据公务员本人或者利害关系人的申请，经审查后作出是否回避的决定，也可以不经申请直接作出回避决定。

第七十八条 法律对公务员回避另有规定的，从其规定。

第十二章 工资、福利与保险

第七十九条 公务员实行国家统一规定的工资制度。

公务员工资制度贯彻按劳分配的原则，体现工作职责、工作能力、工作实绩、资历等因素，保持不同领导职务、职级、级别之间的合理工资差距。

国家建立公务员工资的正常增长机制。

第八十条 公务员工资包括基本工资、津贴、补贴和奖金。

公务员按照国家规定享受地区附加津贴、艰苦边远地区津贴、岗位津贴等津贴。

公务员按照国家规定享受住房、医疗等补贴、补助。

公务员在定期考核中被确定为优秀、称职的，按照国家规定享受年终奖金。

公务员工资应当按时足额发放。

第八十一条 公务员的工资水平应当与国民经济发展相协调、与社会进步相适应。

国家实行工资调查制度，定期进行公务员和企业相当人员工资水平的调查比较，并将工资调查比较结果作为调整公务员工资水平的依据。

第八十二条 公务员按照国家规定享受福利待遇。国家根据经济社会发展水平提高公务员的福利待遇。

公务员执行国家规定的工时制度，按照国家规定享受休假。公务员在法定工作日之外加班的，应当给予相应的补休，不能补休的按照国家规定给予补助。

第八十三条 公务员依法参加社会保险，按照国家规定享受保险待遇。

公务员因公牺牲或者病故的，其亲属享受国家规定的抚恤和优待。

第八十四条 任何机关不得违反国家规定自行更改公务员工资、福利、保险政策，擅自提高或者降低公务员的工资、福利、保险待遇。任何机关不得扣减或者拖欠公务员的工资。

第十三章 辞职与辞退

第八十五条 公务员辞去公职，应当向任免机关提出书面申请。任免机关应当自接到申请之日起三十日内予以审批，其中对领导成员辞去公职的申请，应当自接到申请之日起九十日内予以审批。

第八十六条 公务员有下列情形之一的，不得辞去公职：

（一）未满国家规定的最低服务年限的；

（二）在涉及国家秘密等特殊职位任职或者离开上述职位不满国家规定的脱密期限的；

（三）重要公务尚未处理完毕，且须由本人继续处理的；

（四）正在接受审计、纪律审查、监察调查，或者涉嫌犯罪，司法程序尚未终结的；

（五）法律、行政法规规定的其他不得辞去公职的情形。

第八十七条 担任领导职务的公务员，因工作变动依照法律规定需要辞去现任职务的，应当履行辞职手续。

担任领导职务的公务员，因个人或者其他原因，可以自愿提出辞去领导职务。

领导成员因工作严重失误、失职造成重大损失或者恶劣社会影响的，或者对重大事故负有领导责任的，应当引咎辞去领导职务。

领导成员因其他原因不再适合担任现任领导职务的，或者应当引咎辞职本人不提出辞职的，应当责令其辞去领导职务。

第八十八条 公务员有下列情形之一的，予以辞退：

（一）在年度考核中，连续两年被确定为不称职的；

（二）不胜任现职工作，又不接受其他安排的；

（三）因所在机关调整、撤销、合并或者缩减编制员额需要调整工作，本人拒绝合理安排的；

（四）不履行公务员义务，不遵守法律和公务员纪律，经教育仍无转变，不适合继续在机关工作，又不宜给予开除处分的；

（五）旷工或者因公外出、请假期满无正当理由逾期不归连续超过十五天，或者一年内累计超过三十天的。

第八十九条 对有下列情形之一的公务员，不得辞退：

（一）因公致残，被确认丧失或者部分丧失工作能力的；

（二）患病或者负伤，在规定的医疗期内的；

（三）女性公务员在孕期、产假、哺乳期内的；

（四）法律、行政法规规定的其他不得辞退的情形。

第九十条 辞退公务员，按照管理权限决定。辞退决定应当以书面形式通知被辞退的公务员，并应当告知辞退依据和理由。

被辞退的公务员，可以领取辞退费或者根据国家有关规定享受失业保险。

第九十一条 公务员辞职或者被辞退，离职前应当办理公务交接手续，必要时按照规定接受审计。

第十四章 退　　休

第九十二条 公务员达到国家规定的退休年龄或者完全丧失工作能力的，应当退休。

第九十三条 公务员符合下列条件之一的，本人自愿提出申请，经任免机关批准，可以提前退休：

（一）工作年限满三十年的；

（二）距国家规定的退休年龄不足五年，且工作年限满二十年的；

（三）符合国家规定的可以提前退休的其他情形的。

第九十四条 公务员退休后，享受国家规定的养老金和其他待遇，国家为其生活和健康提供必要的服务和帮助，鼓励发挥个人专长，参与社会发展。

第十五章 申诉与控告

第九十五条 公务员对涉及本人的下列人事处理不服的，可以自知道该人事处理之日起三十日内向原处理机关申请复核；对复核结果不服的，可以自接到复核决定之日起十五日内，按照规定向同级公务员主管部门或者作出该人事处理的机关的上一级机关提出申诉；也可以不经复核，自知道该人事处理之日起三十日内直接提出申诉：

（一）处分；

（二）辞退或者取消录用；

（三）降职；

（四）定期考核定为不称职；

（五）免职；

（六）申请辞职、提前退休未予批准；

（七）不按照规定确定或者扣减工资、福利、保险待遇；

（八）法律、法规规定可以申诉的其他情形。

对省级以下机关作出的申诉处理决定不服的，可以向作出处理决定的上一级机关提出再申诉。

受理公务员申诉的机关应当组成公务员申诉公正委员会，负责受理和审理公务员的申诉案件。

公务员对监察机关作出的涉及本人的处理决定不服向监察机关申请复审、复核的，按照有关规定办理。

第九十六条 原处理机关应当自接到复核申请书后的三十日内作出复核决定，并以书面形式告知申请人。受理公务员申诉的机关应当自受理之日起六十日内作出处理决定；案情复杂的，可以适当延长，但是延长时间不得超过三十日。

复核、申诉期间不停止人事处理的执行。

公务员不因申请复核、提出申诉而被加重处理。

第九十七条 公务员申诉的受理机关审查认定人事处理有错误的，原处理机关应当及时予以纠正。

第九十八条 公务员认为机关及其领导人员侵犯其合法权益的，可以依法向上级机关或者监察机关提出控告。受理控告的机关应当按照规定及时处理。

第九十九条 公务员提出申诉、控告，应当尊重事实，不得捏造事实，诬告、陷害他人。对捏造事实，诬告、陷害他人的，依法追究法律责任。

第十六章　职位聘任

第一百条 机关根据工作需要，经省级以上公务员主管部门批准，可以对专业性较强的职位和辅助性职位实行聘任制。

前款所列职位涉及国家秘密的，不实行聘任制。

第一百零一条 机关聘任公务员可以参照公务员考试录用的程序进行公开招聘，也可以从符合条件的人员中直接选聘。

机关聘任公务员应当在规定的编制限额和工资经费限额内进行。

第一百零二条 机关聘任公务员，应当按照平等自愿、协商一致的原则，签订书面的聘任合同，确定机关与所聘公务员双方的权利、义务。聘任合同经双方协商一致可以变更或者解除。

聘任合同的签订、变更或者解除，应当报同级公务员主管部门备案。

第一百零三条 聘任合同应当具备合同期限，职位及其职责要求，工资、福利、保险待遇，违约责任等条款。

聘任合同期限为一年至五年。聘任合同可以约定试用期，试用期为一个月至十二个月。

聘任制公务员实行协议工资制，具体办法由中央公务员主管部门规定。

第一百零四条 机关依据本法和聘任合同对所聘公务员进行管理。

第一百零五条 聘任制公务员与所在机关之间因履行聘任合同发生争议的，可以自争议发生之日起六十日内申请仲裁。

省级以上公务员主管部门根据需要设立人事争议仲裁委员会，受理仲裁申请。人事争议仲裁委员会由公务员主管部门的代表、聘用机关的代表、聘任制公务员的代表以及法律专家组成。

当事人对仲裁裁决不服的，可以自接到仲裁裁决书之日起十五日内向人民法院提起诉讼。仲裁裁决生效后，一方当事人不履行的，另一方当事人可以申请人民法院执行。

第十七章　法律责任

第一百零六条 对有下列违反本法规定情形的，由县级以上领导机关或者公务员主管部门按照管理权限，区别不同情况，分别予以责令纠正或者宣布无效；对负有责任的领导人员和直接责任人员，根据情节轻重，给予批评教育、责令检查、诫勉、组织调整、处分；构成犯罪的，依法追究刑事责任：

（一）不按照编制限额、职数或者任职资格条件进行公务员录用、调任、转任、聘任和晋升的；

（二）不按照规定条件进行公务员奖惩、回避和办理退休的；

（三）不按照规定程序进行公务员录用、调任、转任、聘任、晋升以及考核、奖惩的；

（四）违反国家规定，更改公务员工资、福利、保险待遇标准的；

（五）在录用、公开遴选等工作中发生泄露试题、违反考场纪律以及其他严重影响公开、公正行为的；

（六）不按照规定受理和处理公务员申诉、控告的；

（七）违反本法规定的其他情形的。

第一百零七条 公务员辞去公职或者退休的，原系领导成员、县处级以上领导职务的公务员在离职三年内，其他公务员在离职两年内，不得到与原工作业务直接相关的企业或者其他营利性组织任职，不得从事与原工作业务直接相关的营利性活动。

公务员辞去公职或者退休后有违反前款规定行为的，由其原所在机关的同级公务员主管部门责令限期改正；逾期不改正的，由县级以上市场监管部门没收该人员从业期间的违法所得，责令接收单位将该人员予以清退，并根据情节轻重，对接收单位处以被处罚人员违法所得一倍以上五倍以下的罚款。

第一百零八条 公务员主管部门的工作人员，违反本法规定，滥用职权、玩忽职守、徇私舞弊，构成犯罪的，依法追究刑事责任；尚不构成犯罪的，给予处分或者由监察机关依法给予政务处分。

第一百零九条 在公务员录用、聘任等工作中，有隐瞒真实信息、弄虚作假、考试作弊、扰乱考试秩序等行为的，由公务员主管部门根据情节作出考试成绩无效、取消资格、限制报考等处理；情节严重的，依法追究法律责任。

第一百一十条 机关因错误的人事处理对公务员造成名誉损害的，应当赔礼道歉、恢复名誉、消除影响；造成经济损失的，应当依法给予赔偿。

第十八章　附　　则

第一百一十一条 本法所称领导成员，是指机关的领导人员，不包括机关内设机构担任领导职务的人员。

第一百一十二条 法律、法规授权的具有公共事务管理职能的事业单位中除工勤人员以外的工作人员，经批准参照本法进行管理。

第一百一十三条 本法自 2019 年 6 月 1 日起施行。

中华人民共和国劳动合同法

中华人民共和国主席令　第七十三号

（2007 年 6 月 29 日第十届全国人民代表大会常务委员会第二十八次会议通过，根据 2012 年 12 月 28 日第十一届全国人民代表大会常务委员会第三十次会议《关于修改〈中华人民共和国劳动合同法〉的决定》修正）

第一章　总　　则

第一条　为了完善劳动合同制度，明确劳动合同双方当事人的权利和义务，保护劳动者的合法权益，构建和发展和谐稳定的劳动关系，制定本法。

第二条　中华人民共和国境内的企业、个体经济组织、民办非企业单位等组织（以下称用人单位）与劳动者建立劳动关系，订立、履行、变更、解除或者终止劳动合同，适用本法。

国家机关、事业单位、社会团体和与其建立劳动关系的劳动者，订立、履行、变更、解除或者终止劳动合同，依照本法执行。

第三条　订立劳动合同，应当遵循合法、公平、平等自愿、协商一致、诚实信用的原则。

依法订立的劳动合同具有约束力，用人单位与劳动者应当履行劳动合同约定的义务。

第四条　用人单位应当依法建立和完善劳动规章制度，保障劳动者享有劳动权利、履行劳动义务。

用人单位在制定、修改或者决定有关劳动报酬、工作时间、休息休假、劳动安全卫生、保险福利、职工培训、劳动纪律以及劳动定额管理等直接涉及劳动者切身利益的规章制度或者重大事项时，应当经职工代表大会或者全体职工讨论，提出方案和意见，与工会或者职工代表平等协商确定。

在规章制度和重大事项决定实施过程中，工会或者职工认为不适当的，有权向用人单位提出，通过协商予以修改完善。

用人单位应当将直接涉及劳动者切身利益的规章制度和重大事项决定公示，或者告知劳动者。

第五条　县级以上人民政府劳动行政部门会同工会和企业方面代表，建立健全协调劳动关系三方机制，共同研究解决有关劳动关系的重大问题。

第六条 工会应当帮助、指导劳动者与用人单位依法订立和履行劳动合同，并与用人单位建立集体协商机制，维护劳动者的合法权益。

第二章 劳动合同的订立

第七条 用人单位自用工之日起即与劳动者建立劳动关系。用人单位应当建立职工名册备查。

第八条 用人单位招用劳动者时，应当如实告知劳动者工作内容、工作条件、工作地点、职业危害、安全生产状况、劳动报酬，以及劳动者要求了解的其他情况；用人单位有权了解劳动者与劳动合同直接相关的基本情况，劳动者应当如实说明。

第九条 用人单位招用劳动者，不得扣押劳动者的居民身份证和其他证件，不得要求劳动者提供担保或者以其他名义向劳动者收取财物。

第十条 建立劳动关系，应当订立书面劳动合同。

已建立劳动关系，未同时订立书面劳动合同的，应当自用工之日起一个月内订立书面劳动合同。

用人单位与劳动者在用工前订立劳动合同的，劳动关系自用工之日起建立。

第十一条 用人单位未在用工的同时订立书面劳动合同，与劳动者约定的劳动报酬不明确的，新招用的劳动者的劳动报酬按照集体合同规定的标准执行；没有集体合同或者集体合同未规定的，实行同工同酬。

第十二条 劳动合同分为固定期限劳动合同、无固定期限劳动合同和以完成一定工作任务为期限的劳动合同。

第十三条 固定期限劳动合同，是指用人单位与劳动者约定合同终止时间的劳动合同。

用人单位与劳动者协商一致，可以订立固定期限劳动合同。

第十四条 无固定期限劳动合同，是指用人单位与劳动者约定无确定终止时间的劳动合同。

用人单位与劳动者协商一致，可以订立无固定期限劳动合同。有下列情形之一，劳动者提出或者同意续订、订立劳动合同的，除劳动者提出订立固定期限劳动合同外，应当订立无固定期限劳动合同：

（一）劳动者在该用人单位连续工作满十年的；

（二）用人单位初次实行劳动合同制度或者国有企业改制重新订立劳动合同时，劳动者在该用人单位连续工作满十年且距法定退休年龄不足十年的；

（三）连续订立二次固定期限劳动合同，且劳动者没有本法第三十九条和第四十条第一项、第二项规定的情形，续订劳动合同的。

用人单位自用工之日起满一年不与劳动者订立书面劳动合同的，视为用人单位与劳动者已订立无固定期限劳动合同。

第十五条 以完成一定工作任务为期限的劳动合同，是指用人单位与劳动者约定以某项工作的完成为合同期限的劳动合同。

用人单位与劳动者协商一致，可以订立以完成一定工作任务为期限的劳动合同。

第十六条 劳动合同由用人单位与劳动者协商一致，并经用人单位与劳动者在劳动合同文本上签字或者盖章生效。

劳动合同文本由用人单位和劳动者各执一份。

第十七条 劳动合同应当具备以下条款：

（一）用人单位的名称、住所和法定代表人或者主要负责人；

（二）劳动者的姓名、住址和居民身份证或者其他有效身份证件号码；

（三）劳动合同期限；

（四）工作内容和工作地点；

（五）工作时间和休息休假；

（六）劳动报酬；

（七）社会保险；

（八）劳动保护、劳动条件和职业危害防护；

（九）法律、法规规定应当纳入劳动合同的其他事项。

劳动合同除前款规定的必备条款外，用人单位与劳动者可以约定试用期、培训、保守秘密、补充保险和福利待遇等其他事项。

第十八条 劳动合同对劳动报酬和劳动条件等标准约定不明确，引发争议的，用人单位与劳动者可以重新协商；协商不成的，适用集体合同规定；没有集体合同或者集体合同未规定劳动报酬的，实行同工同酬；没有集体合同或者集体合同未规定劳动条件等标准的，适用国家有关规定。

第十九条 劳动合同期限三个月以上不满一年的，试用期不得超过一个月；劳动合同期限一年以上不满三年的，试用期不得超过二个月；三年以上固定期限和无固定期限的劳动合同，试用期不得超过六个月。

同一用人单位与同一劳动者只能约定一次试用期。

以完成一定工作任务为期限的劳动合同或者劳动合同期限不满三个月的，不得约定试用期。

试用期包含在劳动合同期限内。劳动合同仅约定试用期的，试用期不成立，该期限为劳动合同期限。

第二十条 劳动者在试用期的工资不得低于本单位相同岗位最低档工资或者劳动合同约定工资的百分之八十，并不得低于用人单位所在地的最低工资标准。

第二十一条 在试用期中，除劳动者有本法第三十九条和第四十条第一项、第二项规定的情形外，用人单位不得解除劳动合同。用人单位在试用期解除劳动合同的，应当向劳动者说明理由。

第二十二条 用人单位为劳动者提供专项培训费用，对其进行专业技术培训的，可以与该劳动者订立协议，约定服务期。

劳动者违反服务期约定的，应当按照约定向用人单位支付违约金。违约金的数额不得超过用人单位提供的培训费用。用人单位要求劳动者支付的违约金不得超过服务期尚未履行部分所应分摊的培训费用。

用人单位与劳动者约定服务期的，不影响按照正常的工资调整机制提高劳动者在服务期期间的劳动报酬。

第二十三条 用人单位与劳动者可以在劳动合同中约定保守用人单位的商业秘密和与知识产权相关的保密事项。

对负有保密义务的劳动者，用人单位可以在劳动合同或者保密协议中与劳动者约定竞业限制条款，并约定在解除或者终止劳动合同后，在竞业限制期限内按月给予劳动者经济补偿。劳动者违反竞业限制约定的，应当按照约定向用人单位支付违约金。

第二十四条 竞业限制的人员限于用人单位的高级管理人员、高级技术人员和其他负有保密义务的人员。竞业限制的范围、地域、期限由用人单位与劳动者约定，竞业限制的约定不得违反法律、法规的规定。

在解除或者终止劳动合同后，前款规定的人员到与本单位生产或者经营同类产品、从事同类业务的有竞争关系的其他用人单位，或者自己开业生产或者经营同类产品、从事同类业务的竞业限制期限，不得超过二年。

第二十五条 除本法第二十二条和第二十三条规定的情形外，用人单位不得与劳动者约定由劳动者承担违约金。

第二十六条 下列劳动合同无效或者部分无效：

（一）以欺诈、胁迫的手段或者乘人之危，使对方在违背真实意思的情况下订立或者变更劳动合同的；

（二）用人单位免除自己的法定责任、排除劳动者权利的；

（三）违反法律、行政法规强制性规定的。

对劳动合同的无效或者部分无效有争议的，由劳动争议仲裁机构或者人民法院确认。

第二十七条 劳动合同部分无效，不影响其他部分效力的，其他部分仍然有效。

第二十八条 劳动合同被确认无效，劳动者已付出劳动的，用人单位应当向劳动者支付劳动报酬。劳动报酬的数额，参照本单位相同或者相近岗位劳动者的劳动报酬确定。

第三章　劳动合同的履行和变更

第二十九条 用人单位与劳动者应当按照劳动合同的约定，全面履行各自的义务。

第三十条 用人单位应当按照劳动合同约定和国家规定，向劳动者及时足额支付劳动报酬。

用人单位拖欠或者未足额支付劳动报酬的，劳动者可以依法向当地人民法院申请支付令，人民法院应当依法发出支付令。

第三十一条 用人单位应当严格执行劳动定额标准，不得强迫或者变相强迫劳动者加班。用人单位安排加班的，应当按照国家有关规定向劳动者支付加班费。

第三十二条 劳动者拒绝用人单位管理人员违章指挥、强令冒险作业的，不视为违反劳动合同。

劳动者对危害生命安全和身体健康的劳动条件，有权对用人单位提出批评、检举和控告。

第三十三条 用人单位变更名称、法定代表人、主要负责人或者投资人等事项，不影响劳动合同的履行。

第三十四条 用人单位发生合并或者分立等情况，原劳动合同继续有效，劳动合同由承继其权利和义务的用人单位继续履行。

第三十五条 用人单位与劳动者协商一致，可以变更劳动合同约定的内容。变更劳动合同，应当采用书面形式。

变更后的劳动合同文本由用人单位和劳动者各执一份。

第四章 劳动合同的解除和终止

第三十六条 用人单位与劳动者协商一致，可以解除劳动合同。

第三十七条 劳动者提前三十日以书面形式通知用人单位，可以解除劳动合同。劳动者在试用期内提前三日通知用人单位，可以解除劳动合同。

第三十八条 用人单位有下列情形之一的，劳动者可以解除劳动合同：

（一）未按照劳动合同约定提供劳动保护或者劳动条件的；

（二）未及时足额支付劳动报酬的；

（三）未依法为劳动者缴纳社会保险费的；

（四）用人单位的规章制度违反法律、法规的规定，损害劳动者权益的；

（五）因本法第二十六条第一款规定的情形致使劳动合同无效的；

（六）法律、行政法规规定劳动者可以解除劳动合同的其他情形。

用人单位以暴力、威胁或者非法限制人身自由的手段强迫劳动者劳动的，或者用人单位违章指挥、强令冒险作业危及劳动者人身安全的，劳动者可以立即解除劳动合同，不需事先告知用人单位。

第三十九条 劳动者有下列情形之一的，用人单位可以解除劳动合同：

（一）在试用期间被证明不符合录用条件的；

（二）严重违反用人单位的规章制度的；

（三）严重失职，营私舞弊，给用人单位造成重大损害的；

（四）劳动者同时与其他用人单位建立劳动关系，对完成本单位的工作任务造成严重影响，或者经用人单位提出，拒不改正的；

（五）因本法第二十六条第一款第一项规定的情形致使劳动合同无效的；

（六）被依法追究刑事责任的。

第四十条 有下列情形之一的，用人单位提前三十日以书面形式通知劳动者本人或者额外支付劳动者一个月工资后，可以解除劳动合同：

（一）劳动者患病或者非因工负伤，在规定的医疗期满后不能从事原工作，也不能从事由用人单位另行安排的工作的；

（二）劳动者不能胜任工作，经过培训或者调整工作岗位，仍不能胜任工作的；

（三）劳动合同订立时所依据的客观情况发生重大变化，致使劳动合同无法履行，经用人单位与劳动者协商，未能就变更劳动合同内容达成协议的。

第四十一条 有下列情形之一，需要裁减人员二十人以上或者裁减不足二十人但占企业职工总数百分之十以上的，用人单位提前三十日向工会或者全体职工说明情况，听取工会或者职工的意见后，裁减人员方案经向劳动行政部门报告，可以裁减人员：

（一）依照企业破产法规定进行重整的；

（二）生产经营发生严重困难的；

（三）企业转产、重大技术革新或者经营方式调整，经变更劳动合同后，仍需裁减人员的；

（四）其他因劳动合同订立时所依据的客观经济情况发生重大变化，致使劳动合同无法履行的。

裁减人员时，应当优先留用下列人员：

（一）与本单位订立较长期限的固定期限劳动合同的；

（二）与本单位订立无固定期限劳动合同的；

（三）家庭无其他就业人员，有需要扶养的老人或者未成年人的。

用人单位依照本条第一款规定裁减人员，在六个月内重新招用人员的，应当通知被裁减的人员，并在同等条件下优先招用被裁减的人员。

第四十二条　劳动者有下列情形之一的，用人单位不得依照本法第四十条、第四十一条的规定解除劳动合同：

（一）从事接触职业病危害作业的劳动者未进行离岗前职业健康检查，或者疑似职业病病人在诊断或者医学观察期间的；

（二）在本单位患职业病或者因工负伤并被确认丧失或者部分丧失劳动能力的；

（三）患病或者非因工负伤，在规定的医疗期内的；

（四）女职工在孕期、产期、哺乳期的；

（五）在本单位连续工作满十五年，且距法定退休年龄不足五年的；

（六）法律、行政法规规定的其他情形。

第四十三条　用人单位单方解除劳动合同，应当事先将理由通知工会。用人单位违反法律、行政法规规定或者劳动合同约定的，工会有权要求用人单位纠正。用人单位应当研究工会的意见，并将处理结果书面通知工会。

第四十四条　有下列情形之一的，劳动合同终止：

（一）劳动合同期满的；

（二）劳动者开始依法享受基本养老保险待遇的；

（三）劳动者死亡，或者被人民法院宣告死亡或者宣告失踪的；

（四）用人单位被依法宣告破产的；

（五）用人单位被吊销营业执照、责令关闭、撤销或者用人单位决定提前解散的；

（六）法律、行政法规规定的其他情形。

第四十五条　劳动合同期满，有本法第四十二条规定情形之一的，劳动合同应当续延至相应的情形消失时终止。但是，本法第四十二条第二项规定丧失或者部分丧失劳动能力劳动者的劳动合同的终止，按照国家有关工伤保险的规定执行。

第四十六条　有下列情形之一的，用人单位应当向劳动者支付经济补偿：

（一）劳动者依照本法第三十八条规定解除劳动合同的；

（二）用人单位依照本法第三十六条规定向劳动者提出解除劳动合同并与劳动者协商一致解除劳动合同的；

（三）用人单位依照本法第四十条规定解除劳动合同的；

（四）用人单位依照本法第四十一条第一款规定解除劳动合同的；

（五）除用人单位维持或者提高劳动合同约定条件续订劳动合同，劳动者不同意续订的情形外，依照本法第四十四条第一项规定终止固定期限劳动合同的；

（六）依照本法第四十四条第四项、第五项规定终止劳动合同的；

（七）法律、行政法规规定的其他情形。

第四十七条 经济补偿按劳动者在本单位工作的年限，每满一年支付一个月工资的标准向劳动者支付。六个月以上不满一年的，按一年计算；不满六个月的，向劳动者支付半个月工资的经济补偿。

劳动者月工资高于用人单位所在直辖市、设区的市级人民政府公布的本地区上年度职工月平均工资三倍的，向其支付经济补偿的标准按职工月平均工资三倍的数额支付，向其支付经济补偿的年限最高不超过十二年。

本条所称月工资是指劳动者在劳动合同解除或者终止前十二个月的平均工资。

第四十八条 用人单位违反本法规定解除或者终止劳动合同，劳动者要求继续履行劳动合同的，用人单位应当继续履行；劳动者不要求继续履行劳动合同或者劳动合同已经不能继续履行的，用人单位应当依照本法第八十七条规定支付赔偿金。

第四十九条 国家采取措施，建立健全劳动者社会保险关系跨地区转移接续制度。

第五十条 用人单位应当在解除或者终止劳动合同时出具解除或者终止劳动合同的证明，并在十五日内为劳动者办理档案和社会保险关系转移手续。

劳动者应当按照双方约定，办理工作交接。用人单位依照本法有关规定应当向劳动者支付经济补偿的，在办结工作交接时支付。

用人单位对已经解除或者终止的劳动合同的文本，至少保存二年备查。

第五章 特别规定

第一节 集体合同

第五十一条 企业职工一方与用人单位通过平等协商，可以就劳动报酬、工作时间、休息休假、劳动安全卫生、保险福利等事项订立集体合同。集体合同草案应当提交职工代表大会或者全体职工讨论通过。

集体合同由工会代表企业职工一方与用人单位订立；尚未建立工会的用人单位，由上级工会指导劳动者推举的代表与用人单位订立。

第五十二条 企业职工一方与用人单位可以订立劳动安全卫生、女职工权益保护、工资调整机制等专项集体合同。

第五十三条 在县级以下区域内，建筑业、采矿业、餐饮服务业等行业可以由工会与企业方面代表订立行业性集体合同，或者订立区域性集体合同。

第五十四条 集体合同订立后，应当报送劳动行政部门；劳动行政部门自收到集体合同文本之日起十五日内未提出异议的，集体合同即行生效。

依法订立的集体合同对用人单位和劳动者具有约束力。行业性、区域性集体合同对当地本行业、本区域的用人单位和劳动者具有约束力。

第五十五条 集体合同中劳动报酬和劳动条件等标准不得低于当地人民政府规定的最低标准；用人单位与劳动者订立的劳动合同中劳动报酬和劳动条件等标准不得低于集体合同规定的标准。

第五十六条 用人单位违反集体合同，侵犯职工劳动权益的，工会可以依法要求用人单位承担责任；因履行集体合同发生争议，经协商解决不成的，工会可以依法申请仲裁、提起诉讼。

第二节 劳务派遣

第五十七条 经营劳务派遣业务应当具备下列条件：

（一）注册资本不得少于人民币二百万元；

（二）有与开展业务相适应的固定的经营场所和设施；

（三）有符合法律、行政法规规定的劳务派遣管理制度；

（四）法律、行政法规规定的其他条件。

经营劳务派遣业务，应当向劳动行政部门依法申请行政许可；经许可的，依法办理相应的公司登记。未经许可，任何单位和个人不得经营劳务派遣业务。

第五十八条 劳务派遣单位是本法所称用人单位，应当履行用人单位对劳动者的义务。劳务派遣单位与被派遣劳动者订立的劳动合同，除应当载明本法第十七条规定的事项外，还应当载明被派遣劳动者的用工单位以及派遣期限、工作岗位等情况。

劳务派遣单位应当与被派遣劳动者订立二年以上的固定期限劳动合同，按月支付劳动报酬；被派遣劳动者在无工作期间，劳务派遣单位应当按照所在地人民政府规定的最低工资标准，向其按月支付报酬。

第五十九条 劳务派遣单位派遣劳动者应当与接受以劳务派遣形式用工的单位（以下称用工单位）订立劳务派遣协议。劳务派遣协议应当约定派遣岗位和人员数量、派遣期限、劳动报酬和社会保险费的数额与支付方式以及违反协议的责任。

用工单位应当根据工作岗位的实际需要与劳务派遣单位确定派遣期限，不得将连续用工期限分割订立数个短期劳务派遣协议。

第六十条 劳务派遣单位应当将劳务派遣协议的内容告知被派遣劳动者。

劳务派遣单位不得克扣用工单位按照劳务派遣协议支付给被派遣劳动者的劳动报酬。

劳务派遣单位和用工单位不得向被派遣劳动者收取费用。

第六十一条 劳务派遣单位跨地区派遣劳动者的，被派遣劳动者享有的劳动报酬和劳动条件，按照用工单位所在地的标准执行。

第六十二条 用工单位应当履行下列义务：

（一）执行国家劳动标准，提供相应的劳动条件和劳动保护；

（二）告知被派遣劳动者的工作要求和劳动报酬；

（三）支付加班费、绩效奖金，提供与工作岗位相关的福利待遇；

（四）对在岗被派遣劳动者进行工作岗位所必需的培训；

（五）连续用工的，实行正常的工资调整机制。

用工单位不得将被派遣劳动者再派遣到其他用人单位。

第六十三条 被派遣劳动者享有与用工单位的劳动者同工同酬的权利。用工单位应当按照同工同酬原则，对被派遣劳动者与本单位同类岗位的劳动者实行相同的劳动报酬分配办法。用工单位无同类岗位劳动者的，参照用工单位所在地相同或者相近岗位劳动者的劳动报酬确定。

劳务派遣单位与被派遣劳动者订立的劳动合同和与用工单位订立的劳务派遣协议，载明或者约定的向被派遣劳动者支付的劳动报酬应当符合前款规定。

第六十四条 被派遣劳动者有权在劳务派遣单位或者用工单位依法参加或者组织工会，维护自身的合法权益。

第六十五条 被派遣劳动者可以依照本法第三十六条、第三十八条的规定与劳务派遣单位解除劳动合同。

被派遣劳动者有本法第三十九条和第四十条第一项、第二项规定情形的，用工单位可以将劳动者退回劳务派遣单位，劳务派遣单位依照本法有关规定，可以与劳动者解除劳动合同。

第六十六条 劳动合同用工是我国的企业基本用工形式。劳务派遣用工是补充形式，只能在临时性、辅助性或者替代性的工作岗位上实施。

前款规定的临时性工作岗位是指存续时间不超过六个月的岗位；辅助性工作岗位是指为主营业务岗位提供服务的非主营业务岗位；替代性工作岗位是指用工单位的劳动者因脱产学习、休假等原因无法工作的一定期间内，可以由其他劳动者替代工作的岗位。

用工单位应当严格控制劳务派遣用工数量，不得超过其用工总量的一定比例，具体比例由国务院劳动行政部门规定。

第六十七条 用人单位不得设立劳务派遣单位向本单位或者所属单位派遣劳动者。

第三节 非全日制用工

第六十八条 非全日制用工，是指以小时计酬为主，劳动者在同一用人单位一般平均每日工作时间不超过四小时，每周工作时间累计不超过二十四小时的用工形式。

第六十九条 非全日制用工双方当事人可以订立口头协议。

从事非全日制用工的劳动者可以与一个或者一个以上用人单位订立劳动合同；但是，后订立的劳动合同不得影响先订立的劳动合同的履行。

第七十条 非全日制用工双方当事人不得约定试用期。

第七十一条 非全日制用工双方当事人任何一方都可以随时通知对方终止用工。终止用工，用人单位不向劳动者支付经济补偿。

第七十二条 非全日制用工小时计酬标准不得低于用人单位所在地人民政府规定的最低小时工资标准。

非全日制用工劳动报酬结算支付周期最长不得超过十五日。

第六章 监督检查

第七十三条 国务院劳动行政部门负责全国劳动合同制度实施的监督管理。

县级以上地方人民政府劳动行政部门负责本行政区域内劳动合同制度实施的监督管理。

县级以上各级人民政府劳动行政部门在劳动合同制度实施的监督管理工作中，应当听取工会、企业方面代表以及有关行业主管部门的意见。

第七十四条 县级以上地方人民政府劳动行政部门依法对下列实施劳动合同制度的情况进行监督检查：

（一）用人单位制定直接涉及劳动者切身利益的规章制度及其执行的情况；

（二）用人单位与劳动者订立和解除劳动合同的情况；

（三）劳务派遣单位和用工单位遵守劳务派遣有关规定的情况；

（四）用人单位遵守国家关于劳动者工作时间和休息休假规定的情况；

（五）用人单位支付劳动合同约定的劳动报酬和执行最低工资标准的情况；

（六）用人单位参加各项社会保险和缴纳社会保险费的情况；

（七）法律、法规规定的其他劳动监察事项。

第七十五条 县级以上地方人民政府劳动行政部门实施监督检查时，有权查阅与劳动合同、集体合同有关的材料，有权对劳动场所进行实地检查，用人单位和劳动者都应当如实提供有关情况和材料。

劳动行政部门的工作人员进行监督检查，应当出示证件，依法行使职权，文明执法。

第七十六条 县级以上人民政府建设、卫生、安全生产监督管理等有关主管部门在各自职责范围内，对用人单位执行劳动合同制度的情况进行监督管理。

第七十七条 劳动者合法权益受到侵害的，有权要求有关部门依法处理，或者依法申请仲裁、提起诉讼。

第七十八条 工会依法维护劳动者的合法权益，对用人单位履行劳动合同、集体合同的情况进行监督。用人单位违反劳动法律、法规和劳动合同、集体合同的，工会有权提出意见或者要求纠正；劳动者申请仲裁、提起诉讼的，工会依法给予支持和帮助。

第七十九条 任何组织或者个人对违反本法的行为都有权举报，县级以上人民政府劳动行政部门应当及时核实、处理，并对举报有功人员给予奖励。

第七章 法律责任

第八十条 用人单位直接涉及劳动者切身利益的规章制度违反法律、法规规定的，由劳动行政部门责令改正，给予警告；给劳动者造成损害的，应当承担赔偿责任。

第八十一条 用人单位提供的劳动合同文本未载明本法规定的劳动合同必备条款或者用人单位未将劳动合同文本交付劳动者的，由劳动行政部门责令改正；给劳动者造成损害的，应当承担赔偿责任。

第八十二条 用人单位自用工之日起超过一个月不满一年未与劳动者订立书面劳动合同的，应当向劳动者每月支付二倍的工资。

用人单位违反本法规定不与劳动者订立无固定期限劳动合同的，自应当订立无固定期限劳动合同之日起向劳动者每月支付二倍的工资。

第八十三条 用人单位违反本法规定与劳动者约定试用期的，由劳动行政部门责令改正；违法约定的试用期已经履行的，由用人单位以劳动者试用期满月工资为标准，按已经履行的超过法定试用期的期间向劳动者支付赔偿金。

第八十四条 用人单位违反本法规定，扣押劳动者居民身份证等证件的，由劳动行政部门责令限期退还劳动者本人，并依照有关法律规定给予处罚。

用人单位违反本法规定，以担保或者其他名义向劳动者收取财物的，由劳动行政部门责令限期退还劳动者本人，并以每人五百元以上二千元以下的标准处以罚款；给劳动者造成损害的，应当承担赔偿责任。

劳动者依法解除或者终止劳动合同，用人单位扣押劳动者档案或者其他物品的，依照前款规定处罚。

第八十五条 用人单位有下列情形之一的，由劳动行政部门责令限期支付劳动报酬、加班费或者经济补偿；劳动报酬低于当地最低工资标准的，应当支付其差额部分；逾期不支付的，责令用人单位按应付金额百分之五十以上百分之一百以下的标准向劳动者加付赔偿金：

（一）未按照劳动合同的约定或者国家规定及时足额支付劳动者劳动报酬的；

（二）低于当地最低工资标准支付劳动者工资的；

（三）安排加班不支付加班费的；

（四）解除或者终止劳动合同，未依照本法规定向劳动者支付经济补偿的。

第八十六条 劳动合同依照本法第二十六条规定被确认无效，给对方造成损害的，有过错的一方应当承担赔偿责任。

第八十七条 用人单位违反本法规定解除或者终止劳动合同的，应当依照本法第四十七条规定的经济补偿标准的二倍向劳动者支付赔偿金。

第八十八条 用人单位有下列情形之一的，依法给予行政处罚；构成犯罪的，依法追究刑事责任；给劳动者造成损害的，应当承担赔偿责任：

（一）以暴力、威胁或者非法限制人身自由的手段强迫劳动的；

（二）违章指挥或者强令冒险作业危及劳动者人身安全的；

（三）侮辱、体罚、殴打、非法搜查或者拘禁劳动者的；

（四）劳动条件恶劣、环境污染严重，给劳动者身心健康造成严重损害的。

第八十九条 用人单位违反本法规定未向劳动者出具解除或者终止劳动合同的书面证明，由劳动行政部门责令改正；给劳动者造成损害的，应当承担赔偿责任。

第九十条 劳动者违反本法规定解除劳动合同，或者违反劳动合同中约定的保密义务或者竞业限制，给用人单位造成损失的，应当承担赔偿责任。

第九十一条 用人单位招用与其他用人单位尚未解除或者终止劳动合同的劳动者，给其他用人单位造成损失的，应当承担连带赔偿责任。

第九十二条 违反本法规定，未经许可，擅自经营劳务派遣业务的，由劳动行政部门责令停止违法行为，没收违法所得，并处违法所得一倍以上五倍以下的罚款；没有违法所得的，可以处五万元以下的罚款。

劳务派遣单位、用工单位违反本法有关劳务派遣规定的，由劳动行政部门责令限期改正；逾期不改正的，以每人五千元以上一万元以下的标准处以罚款，对劳务派遣单位，吊销其劳务派遣业务经营许可证。用工单位给被派遣劳动者造成损害的，劳务派遣单位与用工单位承担连带赔偿责任。

第九十三条 对不具备合法经营资格的用人单位的违法犯罪行为，依法追究法律责任；劳动者已经付出劳动的，该单位或者其出资人应当依照本法有关规定向劳动者支付劳动报酬、经济补偿、赔偿金；给劳动者造成损害的，应当承担赔偿责任。

第九十四条 个人承包经营违反本法规定招用劳动者，给劳动者造成损害的，发包的组织与个人承包经营者承担连带赔偿责任。

第九十五条 劳动行政部门和其他有关主管部门及其工作人员玩忽职守、不履行法定职责，或者违法行使职权，给劳动者或者用人单位造成损害的，应当承担赔偿责任；对直接负责的主管人员和其他直接责任人员，依法给予行政处分；构成犯罪的，依法追究刑事责任。

第八章 附 则

第九十六条 事业单位与实行聘用制的工作人员订立、履行、变更、解除或者终止劳动合同，法律、行政法规或者国务院另有规定的，依照其规定；未作规定的，依照本法有关规定执行。

第九十七条 本法施行前已依法订立且在本法施行之日存续的劳动合同，继续履行；本法第十四条第二款第三项规定连续订立固定期限劳动合同的次数，自本法施行后续订固定期限劳动合同时开始计算。

本法施行前已建立劳动关系，尚未订立书面劳动合同的，应当自本法施行之日起一个月内订立。

本法施行之日存续的劳动合同在本法施行后解除或者终止，依照本法第四十六条规定应当支付经济补偿的，经济补偿年限自本法施行之日起计算；本法施行前按照当时有关规定，用人单位应当向劳动者支付经济补偿的，按照当时有关规定执行。

第九十八条 本法自 2008 年 1 月 1 日起施行。

中华人民共和国就业促进法

中华人民共和国主席令　第二十四号

（2007 年 8 月 30 日第十届全国人民代表大会常务委员会第二十九次会议通过，2015 年 4 月 24 日第十二届全国人民代表大会常务委员会第十四次会议修订）

第一章　总　　则

第一条　为了促进就业，促进经济发展与扩大就业相协调，促进社会和谐稳定，制定本法。

第二条　国家把扩大就业放在经济社会发展的突出位置，实施积极的就业政策，坚持劳动者自主择业、市场调节就业、政府促进就业的方针，多渠道扩大就业。

第三条　劳动者依法享有平等就业和自主择业的权利。

劳动者就业，不因民族、种族、性别、宗教信仰等不同而受歧视。

第四条　县级以上人民政府把扩大就业作为经济和社会发展的重要目标，纳入国民经济和社会发展规划，并制定促进就业的中长期规划和年度工作计划。

第五条　县级以上人民政府通过发展经济和调整产业结构、规范人力资源市场、完善就业服务、加强职业教育和培训、提供就业援助等措施，创造就业条件，扩大就业。

第六条　国务院建立全国促进就业工作协调机制，研究就业工作中的重大问题，协调推动全国的促进就业工作。国务院劳动行政部门具体负责全国的促进就业工作。

省、自治区、直辖市人民政府根据促进就业工作的需要，建立促进就业工作协调机制，协调解决本行政区域就业工作中的重大问题。

县级以上人民政府有关部门按照各自的职责分工，共同做好促进就业工作。

第七条　国家倡导劳动者树立正确的择业观念，提高就业能力和创业能力；鼓励劳动者自主创业、自谋职业。

各级人民政府和有关部门应当简化程序，提高效率，为劳动者自主创业、自谋职业提供便利。

第八条　用人单位依法享有自主用人的权利。

用人单位应当依照本法以及其他法律、法规的规定，保障劳动者的合法权益。

第九条　工会、共产主义青年团、妇女联合会、残疾人联合会以及其他社会组织，协助人民政府开展促进就业工作，依法维护劳动者的劳动权利。

第十条 各级人民政府和有关部门对在促进就业工作中作出显著成绩的单位和个人，给予表彰和奖励。

第二章 政策支持

第十一条 县级以上人民政府应当把扩大就业作为重要职责，统筹协调产业政策与就业政策。

第十二条 国家鼓励各类企业在法律、法规规定的范围内，通过兴办产业或者拓展经营，增加就业岗位。

国家鼓励发展劳动密集型产业、服务业，扶持中小企业，多渠道、多方式增加就业岗位。

国家鼓励、支持、引导非公有制经济发展，扩大就业，增加就业岗位。

第十三条 国家发展国内外贸易和国际经济合作，拓宽就业渠道。

第十四条 县级以上人民政府在安排政府投资和确定重大建设项目时，应当发挥投资和重大建设项目带动就业的作用，增加就业岗位。

第十五条 国家实行有利于促进就业的财政政策，加大资金投入，改善就业环境，扩大就业。

县级以上人民政府应当根据就业状况和就业工作目标，在财政预算中安排就业专项资金用于促进就业工作。

就业专项资金用于职业介绍、职业培训、公益性岗位、职业技能鉴定、特定就业政策和社会保险等的补贴，小额贷款担保基金和微利项目的小额担保贷款贴息，以及扶持公共就业服务等。就业专项资金的使用管理办法由国务院财政部门和劳动行政部门规定。

第十六条 国家建立健全失业保险制度，依法确保失业人员的基本生活，并促进其实现就业。

第十七条 国家鼓励企业增加就业岗位，扶持失业人员和残疾人就业，对下列企业、人员依法给予税收优惠：

（一）吸纳符合国家规定条件的失业人员达到规定要求的企业；

（二）失业人员创办的中小企业；

（三）安置残疾人员达到规定比例或者集中使用残疾人的企业；

（四）从事个体经营的符合国家规定条件的失业人员；

（五）从事个体经营的残疾人；

（六）国务院规定给予税收优惠的其他企业、人员。

第十八条 对本法第十七条第四项、第五项规定的人员，有关部门应当在经营场地等方面给予照顾，免除行政事业性收费。

第十九条 国家实行有利于促进就业的金融政策，增加中小企业的融资渠道；鼓励金融机构改进金融服务，加大对中小企业的信贷支持，并对自主创业人员在一定期限内给予小额信贷等扶持。

第二十条 国家实行城乡统筹的就业政策，建立健全城乡劳动者平等就业的制度，引导农业富余劳动力有序转移就业。

县级以上地方人民政府推进小城镇建设和加快县域经济发展，引导农业富余劳动力就地就近转移就业；在制定小城镇规划时，将本地区农业富余劳动力转移就业作为重要内容。

县级以上地方人民政府引导农业富余劳动力有序向城市异地转移就业；劳动力输出地和输入地人民政府应当互相配合，改善农村劳动者进城就业的环境和条件。

第二十一条 国家支持区域经济发展，鼓励区域协作，统筹协调不同地区就业的均衡增长。

国家支持民族地区发展经济，扩大就业。

第二十二条 各级人民政府统筹做好城镇新增劳动力就业、农业富余劳动力转移就业和失业人员就业工作。

第二十三条 各级人民政府采取措施，逐步完善和实施与非全日制用工等灵活就业相适应的劳动和社会保险政策，为灵活就业人员提供帮助和服务。

第二十四条 地方各级人民政府和有关部门应当加强对失业人员从事个体经营的指导，提供政策咨询、就业培训和开业指导等服务。

第三章 公平就业

第二十五条 各级人民政府创造公平就业的环境，消除就业歧视，制定政策并采取措施对就业困难人员给予扶持和援助。

第二十六条 用人单位招用人员、职业中介机构从事职业中介活动，应当向劳动者提供平等的就业机会和公平的就业条件，不得实施就业歧视。

第二十七条 国家保障妇女享有与男子平等的劳动权利。

用人单位招用人员，除国家规定的不适合妇女的工种或者岗位外，不得以性别为由拒绝录用妇女或者提高对妇女的录用标准。

用人单位录用女职工，不得在劳动合同中规定限制女职工结婚、生育的内容。

第二十八条 各民族劳动者享有平等的劳动权利。

用人单位招用人员，应当依法对少数民族劳动者给予适当照顾。

第二十九条 国家保障残疾人的劳动权利。

各级人民政府应当对残疾人就业统筹规划，为残疾人创造就业条件。

用人单位招用人员，不得歧视残疾人。

第三十条 用人单位招用人员，不得以是传染病病原携带者为由拒绝录用。但是，经医学鉴定传染病病原携带者在治愈前或者排除传染嫌疑前，不得从事法律、行政法规和国务院卫生行政部门规定禁止从事的易使传染病扩散的工作。

第三十一条 农村劳动者进城就业享有与城镇劳动者平等的劳动权利，不得对农村劳动者进城就业设置歧视性限制。

第四章 就业服务和管理

第三十二条 县级以上人民政府培育和完善统一开放、竞争有序的人力资源市场，为劳动者就业提供服务。

第三十三条 县级以上人民政府鼓励社会各方面依法开展就业服务活动，加强对公共就业服务和职业中介服务的指导和监督，逐步完善覆盖城乡的就业服务体系。

第三十四条 县级以上人民政府加强人力资源市场信息网络及相关设施建设，建立健全人力资源市场信息服务体系，完善市场信息发布制度。

第三十五条 县级以上人民政府建立健全公共就业服务体系，设立公共就业服务机构，为劳动者免费提供下列服务：

（一）就业政策法规咨询；

（二）职业供求信息、市场工资指导价位信息和职业培训信息发布；

（三）职业指导和职业介绍；

（四）对就业困难人员实施就业援助；

（五）办理就业登记、失业登记等事务；

（六）其他公共就业服务。

公共就业服务机构应当不断提高服务的质量和效率，不得从事经营性活动。

公共就业服务经费纳入同级财政预算。

第三十六条 县级以上地方人民政府对职业中介机构提供公益性就业服务的，按照规定给予补贴。

国家鼓励社会各界为公益性就业服务提供捐赠、资助。

第三十七条 地方各级人民政府和有关部门不得举办或者与他人联合举办经营性的职业中介机构。

地方各级人民政府和有关部门、公共就业服务机构举办的招聘会，不得向劳动者收取费用。

第三十八条 县级以上人民政府和有关部门加强对职业中介机构的管理，鼓励其提高服务质量，发挥其在促进就业中的作用。

第三十九条 从事职业中介活动，应当遵循合法、诚实信用、公平、公开的原则。

用人单位通过职业中介机构招用人员，应当如实向职业中介机构提供岗位需求信息。禁止任何组织或者个人利用职业中介活动侵害劳动者的合法权益。

第四十条 设立职业中介机构应当具备下列条件：

（一）有明确的章程和管理制度；

（二）有开展业务必备的固定场所、办公设施和一定数额的开办资金；

（三）有一定数量具备相应职业资格的专职工作人员；

（四）法律、法规规定的其他条件。

设立职业中介机构应当在工商行政管理部门办理登记后，向劳动行政部门申请行政许可。

未经依法许可和登记的机构，不得从事职业中介活动。

国家对外商投资职业中介机构和向劳动者提供境外就业服务的职业中介机构另有规定的，依照其规定。

第四十一条 职业中介机构不得有下列行为：

（一）提供虚假就业信息；

（二）为无合法证照的用人单位提供职业中介服务；

（三）伪造、涂改、转让职业中介许可证；

（四）扣押劳动者的居民身份证和其他证件，或者向劳动者收取押金；

（五）其他违反法律、法规规定的行为。

第四十二条 县级以上人民政府建立失业预警制度，对可能出现的较大规模的失业，实施预防、调节和控制。

第四十三条 国家建立劳动力调查统计制度和就业登记、失业登记制度，开展劳动力资源和就业、失业状况调查统计，并公布调查统计结果。

统计部门和劳动行政部门进行劳动力调查统计和就业、失业登记时，用人单位和个人应当如实提供调查统计和登记所需要的情况。

第五章 职业教育和培训

第四十四条 国家依法发展职业教育，鼓励开展职业培训，促进劳动者提高职业技能，增强就业能力和创业能力。

第四十五条 县级以上人民政府根据经济社会发展和市场需求，制定并实施职业能力开发计划。

第四十六条 县级以上人民政府加强统筹协调，鼓励和支持各类职业院校、职业技能培训机构和用人单位依法开展就业前培训、在职培训、再就业培训和创业培训；鼓励劳动者参加各种形式的培训。

第四十七条 县级以上地方人民政府和有关部门根据市场需求和产业发展方向，鼓励、指导企业加强职业教育和培训。

职业院校、职业技能培训机构与企业应当密切联系，实行产教结合，为经济建设服务，培养实用人才和熟练劳动者。

企业应当按照国家有关规定提取职工教育经费，对劳动者进行职业技能培训和继续教育培训。

第四十八条 国家采取措施建立健全劳动预备制度，县级以上地方人民政府对有就业要求的初高中毕业生实行一定期限的职业教育和培训，使其取得相应的职业资格或者掌握一定的职业技能。

第四十九条 地方各级人民政府鼓励和支持开展就业培训，帮助失业人员提高职业技能，增强其就业能力和创业能力。失业人员参加就业培训的，按照有关规定享受政府培训补贴。

第五十条 地方各级人民政府采取有效措施，组织和引导进城就业的农村劳动者参加技能培训，鼓励各类培训机构为进城就业的农村劳动者提供技能培训，增强其就业能力和创业能力。

第五十一条 国家对从事涉及公共安全、人身健康、生命财产安全等特殊工种的劳动者，实行职业资格证书制度，具体办法由国务院规定。

第六章 就 业 援 助

第五十二条 各级人民政府建立健全就业援助制度，采取税费减免、贷款贴息、社会保险补贴、岗位补贴等办法，通过公益性岗位安置等途径，对就业困难人员实行优先扶持和重点帮助。

就业困难人员是指因身体状况、技能水平、家庭因素、失去土地等原因难以实现就业，以及连续失业一定时间仍未能实现就业的人员。就业困难人员的具体范围，由省、自治区、直辖市人民政府根据本行政区域的实际情况规定。

第五十三条 政府投资开发的公益性岗位，应当优先安排符合岗位要求的就业困难人员。被安排在公益性岗位工作的，按照国家规定给予岗位补贴。

第五十四条 地方各级人民政府加强基层就业援助服务工作，对就业困难人员实施重点帮助，提供有针对性的就业服务和公益性岗位援助。

地方各级人民政府鼓励和支持社会各方面为就业困难人员提供技能培训、岗位信息等服务。

第五十五条 各级人民政府采取特别扶助措施，促进残疾人就业。

用人单位应当按照国家规定安排残疾人就业，具体办法由国务院规定。

第五十六条 县级以上地方人民政府采取多种就业形式，拓宽公益性岗位范围，开发就业岗位，确保城市有就业需求的家庭至少有一人实现就业。

法定劳动年龄内的家庭人员均处于失业状况的城市居民家庭，可以向住所地街道、社区公共就业服务机构申请就业援助。街道、社区公共就业服务机构经确认属实的，应当为该家庭中至少一人提供适当的就业岗位。

第五十七条 国家鼓励资源开采型城市和独立工矿区发展与市场需求相适应的产业，引导劳动者转移就业。

对因资源枯竭或者经济结构调整等原因造成就业困难人员集中的地区，上级人民政府应当给予必要的扶持和帮助。

第七章 监督检查

第五十八条 各级人民政府和有关部门应当建立促进就业的目标责任制度。县级以上人民政府按照促进就业目标责任制的要求，对所属的有关部门和下一级人民政府进行考核和监督。

第五十九条 审计机关、财政部门应当依法对就业专项资金的管理和使用情况进行监督检查。

第六十条 劳动行政部门应当对本法实施情况进行监督检查，建立举报制度，受理对违反本法行为的举报，并及时予以核实处理。

第八章 法律责任

第六十一条 违反本法规定，劳动行政等有关部门及其工作人员滥用职权、玩忽职守、徇私舞弊的，对直接负责的主管人员和其他直接责任人员依法给予处分。

第六十二条 违反本法规定，实施就业歧视的，劳动者可以向人民法院提起诉讼。

第六十三条 违反本法规定，地方各级人民政府和有关部门、公共就业服务机构举办经营性的职业中介机构，从事经营性职业中介活动，向劳动者收取费用的，由上级主管机关责令限期改正，将违法收取的费用退还劳动者，并对直接负责的主管人员和其他直接责任人员依法给予处分。

第六十四条 违反本法规定，未经许可和登记，擅自从事职业中介活动的，由劳动行政部门或者其他主管部门依法予以关闭；有违法所得的，没收违法所得，并处一万元以上五万元以下的罚款。

第六十五条 违反本法规定，职业中介机构提供虚假就业信息，为无合法证照的用人单位提供职业中介服务，伪造、涂改、转让职业中介许可证的，由劳动行政部门或者其他主管部门责令改正；有违法所得的，没收违法所得，并处一万元以上五万元以下的罚款；情节严重的，吊销职业中介许可证。

第六十六条 违反本法规定，职业中介机构扣押劳动者居民身份证等证件的，由劳动行政部门责令限期退还劳动者，并依照有关法律规定给予处罚。

违反本法规定，职业中介机构向劳动者收取押金的，由劳动行政部门责令限期退还劳动者，并以每人五百元以上二千元以下的标准处以罚款。

第六十七条 违反本法规定，企业未按照国家规定提取职工教育经费，或者挪用职工教育经费的，由劳动行政部门责令改正，并依法给予处罚。

第六十八条 违反本法规定，侵害劳动者合法权益，造成财产损失或者其他损害的，依法承担民事责任；构成犯罪的，依法追究刑事责任。

第九章　附　　则

第六十九条 本法自 2008 年 1 月 1 日起施行。

中华人民共和国劳动争议调解仲裁法

中华人民共和国主席令　第八十号

（2007 年 12 月 29 日第十届全国人民代表大会常务委员会第三十一次会议通过）

第一章　总　　则

第一条　为了公正及时解决劳动争议，保护当事人合法权益，促进劳动关系和谐稳定，制定本法。

第二条　中华人民共和国境内的用人单位与劳动者发生的下列劳动争议，适用本法：

（一）因确认劳动关系发生的争议；

（二）因订立、履行、变更、解除和终止劳动合同发生的争议；

（三）因除名、辞退和辞职、离职发生的争议；

（四）因工作时间、休息休假、社会保险、福利、培训以及劳动保护发生的争议；

（五）因劳动报酬、工伤医疗费、经济补偿或者赔偿金等发生的争议；

（六）法律、法规规定的其他劳动争议。

第三条　解决劳动争议，应当根据事实，遵循合法、公正、及时、着重调解的原则，依法保护当事人的合法权益。

第四条　发生劳动争议，劳动者可以与用人单位协商，也可以请工会或者第三方共同与用人单位协商，达成和解协议。

第五条　发生劳动争议，当事人不愿协商、协商不成或者达成和解协议后不履行的，可以向调解组织申请调解；不愿调解、调解不成或者达成调解协议后不履行的，可以向劳动争议仲裁委员会申请仲裁；对仲裁裁决不服的，除本法另有规定的外，可以向人民法院提起诉讼。

第六条　发生劳动争议，当事人对自己提出的主张，有责任提供证据。与争议事项有关的证据属于用人单位掌握管理的，用人单位应当提供；用人单位不提供的，应当承担不利后果。

第七条　发生劳动争议的劳动者一方在十人以上，并有共同请求的，可以推举代表参加调解、仲裁或者诉讼活动。

第八条　县级以上人民政府劳动行政部门会同工会和企业方面代表建立协调劳动关系三

方机制，共同研究解决劳动争议的重大问题。

第九条 用人单位违反国家规定，拖欠或者未足额支付劳动报酬，或者拖欠工伤医疗费、经济补偿或者赔偿金的，劳动者可以向劳动行政部门投诉，劳动行政部门应当依法处理。

第二章 调 解

第十条 发生劳动争议，当事人可以到下列调解组织申请调解：

（一）企业劳动争议调解委员会；

（二）依法设立的基层人民调解组织；

（三）在乡镇、街道设立的具有劳动争议调解职能的组织。

企业劳动争议调解委员会由职工代表和企业代表组成。职工代表由工会成员担任或者由全体职工推举产生，企业代表由企业负责人指定。企业劳动争议调解委员会主任由工会成员或者双方推举的人员担任。

第十一条 劳动争议调解组织的调解员应当由公道正派、联系群众、热心调解工作，并具有一定法律知识、政策水平和文化水平的成年公民担任。

第十二条 当事人申请劳动争议调解可以书面申请，也可以口头申请。口头申请的，调解组织应当当场记录申请人基本情况、申请调解的争议事项、理由和时间。

第十三条 调解劳动争议，应当充分听取双方当事人对事实和理由的陈述，耐心疏导，帮助其达成协议。

第十四条 经调解达成协议的，应当制作调解协议书。

调解协议书由双方当事人签名或者盖章，经调解员签名并加盖调解组织印章后生效，对双方当事人具有约束力，当事人应当履行。

自劳动争议调解组织收到调解申请之日起十五日内未达成调解协议的，当事人可以依法申请仲裁。

第十五条 达成调解协议后，一方当事人在协议约定期限内不履行调解协议的，另一方当事人可以依法申请仲裁。

第十六条 因支付拖欠劳动报酬、工伤医疗费、经济补偿或者赔偿金事项达成调解协议，用人单位在协议约定期限内不履行的，劳动者可以持调解协议书依法向人民法院申请支付令。人民法院应当依法发出支付令。

第三章 仲 裁

第一节 一般规定

第十七条 劳动争议仲裁委员会按照统筹规划、合理布局和适应实际需要的原则设立。省、自治区人民政府可以决定在市、县设立；直辖市人民政府可以决定在区、县设立。直辖市、设区的市也可以设立一个或者若干个劳动争议仲裁委员会。劳动争议仲裁委员会不按行政区划层层设立。

第十八条 国务院劳动行政部门依照本法有关规定制定仲裁规则。省、自治区、直辖市人民政府劳动行政部门对本行政区域的劳动争议仲裁工作进行指导。

第十九条 劳动争议仲裁委员会由劳动行政部门代表、工会代表和企业方面代表组成。劳动争议仲裁委员会组成人员应当是单数。

劳动争议仲裁委员会依法履行下列职责：

（一）聘任、解聘专职或者兼职仲裁员；

（二）受理劳动争议案件；

（三）讨论重大或者疑难的劳动争议案件；

（四）对仲裁活动进行监督。

劳动争议仲裁委员会下设办事机构，负责办理劳动争议仲裁委员会的日常工作。

第二十条 劳动争议仲裁委员会应当设仲裁员名册。

仲裁员应当公道正派并符合下列条件之一：

（一）曾任审判员的；

（二）从事法律研究、教学工作并具有中级以上职称的；

（三）具有法律知识、从事人力资源管理或者工会等专业工作满五年的；

（四）律师执业满三年的。

第二十一条 劳动争议仲裁委员会负责管辖本区域内发生的劳动争议。

劳动争议由劳动合同履行地或者用人单位所在地的劳动争议仲裁委员会管辖。双方当事人分别向劳动合同履行地和用人单位所在地的劳动争议仲裁委员会申请仲裁的，由劳动合同履行地的劳动争议仲裁委员会管辖。

第二十二条 发生劳动争议的劳动者和用人单位为劳动争议仲裁案件的双方当事人。

劳务派遣单位或者用工单位与劳动者发生劳动争议的，劳务派遣单位和用工单位为共同当事人。

第二十三条 与劳动争议案件的处理结果有利害关系的第三人，可以申请参加仲裁活动或者由劳动争议仲裁委员会通知其参加仲裁活动。

第二十四条 当事人可以委托代理人参加仲裁活动。委托他人参加仲裁活动，应当向劳动争议仲裁委员会提交有委托人签名或者盖章的委托书，委托书应当载明委托事项和权限。

第二十五条 丧失或者部分丧失民事行为能力的劳动者，由其法定代理人代为参加仲裁活动；无法定代理人的，由劳动争议仲裁委员会为其指定代理人。劳动者死亡的，由其近亲属或者代理人参加仲裁活动。

第二十六条 劳动争议仲裁公开进行，但当事人协议不公开进行或者涉及国家秘密、商业秘密和个人隐私的除外。

第二节　申请和受理

第二十七条 劳动争议申请仲裁的时效期间为一年。仲裁时效期间从当事人知道或者应当知道其权利被侵害之日起计算。

前款规定的仲裁时效，因当事人一方向对方当事人主张权利，或者向有关部门请求权利救济，或者对方当事人同意履行义务而中断。从中断时起，仲裁时效期间重新计算。

因不可抗力或者有其他正当理由，当事人不能在本条第一款规定的仲裁时效期间申请仲裁的，仲裁时效中止。从中止时效的原因消除之日起，仲裁时效期间继续计算。

劳动关系存续期间因拖欠劳动报酬发生争议的，劳动者申请仲裁不受本条第一款规定的仲裁时效期间的限制；但是，劳动关系终止的，应当自劳动关系终止之日起一年内提出。

第二十八条 申请人申请仲裁应当提交书面仲裁申请，并按照被申请人人数提交副本。

仲裁申请书应当载明下列事项：

（一）劳动者的姓名、性别、年龄、职业、工作单位和住所，用人单位的名称、住所和法定代表人或者主要负责人的姓名、职务；

（二）仲裁请求和所根据的事实、理由；

（三）证据和证据来源、证人姓名和住所。

书写仲裁申请确有困难的，可以口头申请，由劳动争议仲裁委员会记入笔录，并告知对方当事人。

第二十九条 劳动争议仲裁委员会收到仲裁申请之日起五日内，认为符合受理条件的，应当受理，并通知申请人；认为不符合受理条件的，应当书面通知申请人不予受理，并说明理由。对劳动争议仲裁委员会不予受理或者逾期未作出决定的，申请人可以就该劳动争议事项向人民法院提起诉讼。

第三十条 劳动争议仲裁委员会受理仲裁申请后，应当在五日内将仲裁申请书副本送达被申请人。

被申请人收到仲裁申请书副本后，应当在十日内向劳动争议仲裁委员会提交答辩书。劳动争议仲裁委员会收到答辩书后，应当在五日内将答辩书副本送达申请人。被申请人未提交答辩书的，不影响仲裁程序的进行。

第三节　开庭和裁决

第三十一条 劳动争议仲裁委员会裁决劳动争议案件实行仲裁庭制。仲裁庭由三名仲裁员组成，设首席仲裁员。简单劳动争议案件可以由一名仲裁员独任仲裁。

第三十二条 劳动争议仲裁委员会应当在受理仲裁申请之日起五日内将仲裁庭的组成情况书面通知当事人。

第三十三条 仲裁员有下列情形之一，应当回避，当事人也有权以口头或者书面方式提出回避申请：

（一）是本案当事人或者当事人、代理人的近亲属的；

（二）与本案有利害关系的；

（三）与本案当事人、代理人有其他关系，可能影响公正裁决的；

（四）私自会见当事人、代理人，或者接受当事人、代理人的请客送礼的。

劳动争议仲裁委员会对回避申请应当及时作出决定，并以口头或者书面方式通知当事人。

第三十四条 仲裁员有本法第三十三条第四项规定情形，或者有索贿受贿、徇私舞弊、枉法裁决行为的，应当依法承担法律责任。劳动争议仲裁委员会应当将其解聘。

第三十五条 仲裁庭应当在开庭五日前，将开庭日期、地点书面通知双方当事人。当事人有正当理由的，可以在开庭三日前请求延期开庭。是否延期，由劳动争议仲裁委员会决定。

第三十六条 申请人收到书面通知，无正当理由拒不到庭或者未经仲裁庭同意中途退庭的，可以视为撤回仲裁申请。

被申请人收到书面通知，无正当理由拒不到庭或者未经仲裁庭同意中途退庭的，可以缺席裁决。

第三十七条 仲裁庭对专门性问题认为需要鉴定的，可以交由当事人约定的鉴定机构鉴定；当事人没有约定或者无法达成约定的，由仲裁庭指定的鉴定机构鉴定。

根据当事人的请求或者仲裁庭的要求，鉴定机构应当派鉴定人参加开庭。当事人经仲裁庭许可，可以向鉴定人提问。

第三十八条 当事人在仲裁过程中有权进行质证和辩论。质证和辩论终结时，首席仲裁员或者独任仲裁员应当征询当事人的最后意见。

第三十九条 当事人提供的证据经查证属实的，仲裁庭应当将其作为认定事实的根据。

劳动者无法提供由用人单位掌握管理的与仲裁请求有关的证据，仲裁庭可以要求用人单位在指定期限内提供。用人单位在指定期限内不提供的，应当承担不利后果。

第四十条 仲裁庭应当将开庭情况记入笔录。当事人和其他仲裁参加人认为对自己陈述的记录有遗漏或者差错的，有权申请补正。如果不予补正，应当记录该申请。

笔录由仲裁员、记录人员、当事人和其他仲裁参加人签名或者盖章。

第四十一条 当事人申请劳动争议仲裁后，可以自行和解。达成和解协议的，可以撤回仲裁申请。

第四十二条 仲裁庭在作出裁决前，应当先行调解。

调解达成协议的，仲裁庭应当制作调解书。

调解书应当写明仲裁请求和当事人协议的结果。调解书由仲裁员签名，加盖劳动争议仲裁委员会印章，送达双方当事人。调解书经双方当事人签收后，发生法律效力。

调解不成或者调解书送达前，一方当事人反悔的，仲裁庭应当及时作出裁决。

第四十三条 仲裁庭裁决劳动争议案件，应当自劳动争议仲裁委员会受理仲裁申请之日起四十五日内结束。案情复杂需要延期的，经劳动争议仲裁委员会主任批准，可以延期并书面通知当事人，但是延长期限不得超过十五日。逾期未作出仲裁裁决的，当事人可以就该劳动争议事项向人民法院提起诉讼。

仲裁庭裁决劳动争议案件时，其中一部分事实已经清楚，可以就该部分先行裁决。

第四十四条 仲裁庭对追索劳动报酬、工伤医疗费、经济补偿或者赔偿金的案件，根据当事人的申请，可以裁决先予执行，移送人民法院执行。

仲裁庭裁决先予执行的，应当符合下列条件：

（一）当事人之间权利义务关系明确；

（二）不先予执行将严重影响申请人的生活。

劳动者申请先予执行的，可以不提供担保。

第四十五条 裁决应当按照多数仲裁员的意见作出，少数仲裁员的不同意见应当记入笔录。仲裁庭不能形成多数意见时，裁决应当按照首席仲裁员的意见作出。

第四十六条 裁决书应当载明仲裁请求、争议事实、裁决理由、裁决结果和裁决日期。

裁决书由仲裁员签名，加盖劳动争议仲裁委员会印章。对裁决持不同意见的仲裁员，可以签名，也可以不签名。

第四十七条　下列劳动争议，除本法另有规定的外，仲裁裁决为终局裁决，裁决书自作出之日起发生法律效力：

（一）追索劳动报酬、工伤医疗费、经济补偿或者赔偿金，不超过当地月最低工资标准十二个月金额的争议；

（二）因执行国家的劳动标准在工作时间、休息休假、社会保险等方面发生的争议。

第四十八条　劳动者对本法第四十七条规定的仲裁裁决不服的，可以自收到仲裁裁决书之日起十五日内向人民法院提起诉讼。

第四十九条　用人单位有证据证明本法第四十七条规定的仲裁裁决有下列情形之一，可以自收到仲裁裁决书之日起三十日内向劳动争议仲裁委员会所在地的中级人民法院申请撤销裁决：

（一）适用法律、法规确有错误的；

（二）劳动争议仲裁委员会无管辖权的；

（三）违反法定程序的；

（四）裁决所根据的证据是伪造的；

（五）对方当事人隐瞒了足以影响公正裁决的证据的；

（六）仲裁员在仲裁该案时有索贿受贿、徇私舞弊、枉法裁决行为的。

人民法院经组成合议庭审查核实裁决有前款规定情形之一的，应当裁定撤销。

仲裁裁决被人民法院裁定撤销的，当事人可以自收到裁定书之日起十五日内就该劳动争议事项向人民法院提起诉讼。

第五十条　当事人对本法第四十七条规定以外的其他劳动争议案件的仲裁裁决不服的，可以自收到仲裁裁决书之日起十五日内向人民法院提起诉讼；期满不起诉的，裁决书发生法律效力。

第五十一条　当事人对发生法律效力的调解书、裁决书，应当依照规定的期限履行。一方当事人逾期不履行的，另一方当事人可以依照民事诉讼法的有关规定向人民法院申请执行。受理申请的人民法院应当依法执行。

第四章　附　　则

第五十二条　事业单位实行聘用制的工作人员与本单位发生劳动争议的，依照本法执行；法律、行政法规或者国务院另有规定的，依照其规定。

第五十三条　劳动争议仲裁不收费。劳动争议仲裁委员会的经费由财政予以保障。

第五十四条　本法自 2008 年 5 月 1 日起施行。

中华人民共和国社会保险法

中华人民共和国主席令　第三十五号

（2010 年 10 月 28 日第十一届全国人民代表大会常务委员会第十七次会议通过，根据 2018 年 12 月 29 日第十三届全国人民代表大会常务委员会第七次会议《关于修改〈中华人民共和国社会保险法〉的决定》修正）

第一章　总　　则

第一条　为了规范社会保险关系，维护公民参加社会保险和享受社会保险待遇的合法权益，使公民共享发展成果，促进社会和谐稳定，根据宪法，制定本法。

第二条　国家建立基本养老保险、基本医疗保险、工伤保险、失业保险、生育保险等社会保险制度，保障公民在年老、疾病、工伤、失业、生育等情况下依法从国家和社会获得物质帮助的权利。

第三条　社会保险制度坚持广覆盖、保基本、多层次、可持续的方针，社会保险水平应当与经济社会发展水平相适应。

第四条　中华人民共和国境内的用人单位和个人依法缴纳社会保险费，有权查询缴费记录、个人权益记录，要求社会保险经办机构提供社会保险咨询等相关服务。

个人依法享受社会保险待遇，有权监督本单位为其缴费情况。

第五条　县级以上人民政府将社会保险事业纳入国民经济和社会发展规划。

国家多渠道筹集社会保险资金。县级以上人民政府对社会保险事业给予必要的经费支持。

国家通过税收优惠政策支持社会保险事业。

第六条　国家对社会保险基金实行严格监管。

国务院和省、自治区、直辖市人民政府建立健全社会保险基金监督管理制度，保障社会保险基金安全、有效运行。

县级以上人民政府采取措施，鼓励和支持社会各方面参与社会保险基金的监督。

第七条　国务院社会保险行政部门负责全国的社会保险管理工作，国务院其他有关部门在各自的职责范围内负责有关的社会保险工作。

县级以上地方人民政府社会保险行政部门负责本行政区域的社会保险管理工作，县级以上地方人民政府其他有关部门在各自的职责范围内负责有关的社会保险工作。

第八条 社会保险经办机构提供社会保险服务，负责社会保险登记、个人权益记录、社会保险待遇支付等工作。

第九条 工会依法维护职工的合法权益，有权参与社会保险重大事项的研究，参加社会保险监督委员会，对与职工社会保险权益有关的事项进行监督。

第二章 基本养老保险

第十条 职工应当参加基本养老保险，由用人单位和职工共同缴纳基本养老保险费。

无雇工的个体工商户、未在用人单位参加基本养老保险的非全日制从业人员以及其他灵活就业人员可以参加基本养老保险，由个人缴纳基本养老保险费。

公务员和参照公务员法管理的工作人员养老保险的办法由国务院规定。

第十一条 基本养老保险实行社会统筹与个人账户相结合。

基本养老保险基金由用人单位和个人缴费以及政府补贴等组成。

第十二条 用人单位应当按照国家规定的本单位职工工资总额的比例缴纳基本养老保险费，记入基本养老保险统筹基金。

职工应当按照国家规定的本人工资的比例缴纳基本养老保险费，记入个人账户。

无雇工的个体工商户、未在用人单位参加基本养老保险的非全日制从业人员以及其他灵活就业人员参加基本养老保险的，应当按照国家规定缴纳基本养老保险费，分别记入基本养老保险统筹基金和个人账户。

第十三条 国有企业、事业单位职工参加基本养老保险前，视同缴费年限期间应当缴纳的基本养老保险费由政府承担。

基本养老保险基金出现支付不足时，政府给予补贴。

第十四条 个人账户不得提前支取，记账利率不得低于银行定期存款利率，免征利息税。个人死亡的，个人账户余额可以继承。

第十五条 基本养老金由统筹养老金和个人账户养老金组成。

基本养老金根据个人累计缴费年限、缴费工资、当地职工平均工资、个人账户金额、城镇人口平均预期寿命等因素确定。

第十六条 参加基本养老保险的个人，达到法定退休年龄时累计缴费满十五年的，按月领取基本养老金。

参加基本养老保险的个人，达到法定退休年龄时累计缴费不足十五年的，可以缴费至满十五年，按月领取基本养老金；也可以转入新型农村社会养老保险或者城镇居民社会养老保险，按照国务院规定享受相应的养老保险待遇。

第十七条 参加基本养老保险的个人，因病或者非因工死亡的，其遗属可以领取丧葬补助金和抚恤金；在未达到法定退休年龄时因病或者非因工致残完全丧失劳动能力的，可以领取病残津贴。所需资金从基本养老保险基金中支付。

第十八条 国家建立基本养老金正常调整机制。根据职工平均工资增长、物价上涨情况，适时提高基本养老保险待遇水平。

第十九条 个人跨统筹地区就业的，其基本养老保险关系随本人转移，缴费年限累计计算。个人达到法定退休年龄时，基本养老金分段计算、统一支付。具体办法由国务院规定。

第二十条 国家建立和完善新型农村社会养老保险制度。

新型农村社会养老保险实行个人缴费、集体补助和政府补贴相结合。

第二十一条 新型农村社会养老保险待遇由基础养老金和个人账户养老金组成。

参加新型农村社会养老保险的农村居民，符合国家规定条件的，按月领取新型农村社会养老保险待遇。

第二十二条 国家建立和完善城镇居民社会养老保险制度。

省、自治区、直辖市人民政府根据实际情况，可以将城镇居民社会养老保险和新型农村社会养老保险合并实施。

第三章　基本医疗保险

第二十三条 职工应当参加职工基本医疗保险，由用人单位和职工按照国家规定共同缴纳基本医疗保险费。

无雇工的个体工商户、未在用人单位参加职工基本医疗保险的非全日制从业人员以及其他灵活就业人员可以参加职工基本医疗保险，由个人按照国家规定缴纳基本医疗保险费。

第二十四条 国家建立和完善新型农村合作医疗制度。

新型农村合作医疗的管理办法，由国务院规定。

第二十五条 国家建立和完善城镇居民基本医疗保险制度。

城镇居民基本医疗保险实行个人缴费和政府补贴相结合。

享受最低生活保障的人、丧失劳动能力的残疾人、低收入家庭六十周岁以上的老年人和未成年人等所需个人缴费部分，由政府给予补贴。

第二十六条 职工基本医疗保险、新型农村合作医疗和城镇居民基本医疗保险的待遇标准按照国家规定执行。

第二十七条 参加职工基本医疗保险的个人，达到法定退休年龄时累计缴费达到国家规定年限的，退休后不再缴纳基本医疗保险费，按照国家规定享受基本医疗保险待遇；未达到国家规定年限的，可以缴费至国家规定年限。

第二十八条 符合基本医疗保险药品目录、诊疗项目、医疗服务设施标准以及急诊、抢救的医疗费用，按照国家规定从基本医疗保险基金中支付。

第二十九条 参保人员医疗费用中应当由基本医疗保险基金支付的部分，由社会保险经办机构与医疗机构、药品经营单位直接结算。

社会保险行政部门和卫生行政部门应当建立异地就医医疗费用结算制度，方便参保人员享受基本医疗保险待遇。

第三十条 下列医疗费用不纳入基本医疗保险基金支付范围：

（一）应当从工伤保险基金中支付的；

（二）应当由第三人负担的；

（三）应当由公共卫生负担的；

（四）在境外就医的。

医疗费用依法应当由第三人负担，第三人不支付或者无法确定第三人的，由基本医疗保险基金先行支付。基本医疗保险基金先行支付后，有权向第三人追偿。

第三十一条 社会保险经办机构根据管理服务的需要，可以与医疗机构、药品经营单位签订服务协议，规范医疗服务行为。

医疗机构应当为参保人员提供合理、必要的医疗服务。

第三十二条 个人跨统筹地区就业的，其基本医疗保险关系随本人转移，缴费年限累计计算。

第四章 工伤保险

第三十三条 职工应当参加工伤保险，由用人单位缴纳工伤保险费，职工不缴纳工伤保险费。

第三十四条 国家根据不同行业的工伤风险程度确定行业的差别费率，并根据使用工伤保险基金、工伤发生率等情况在每个行业内确定费率档次。行业差别费率和行业内费率档次由国务院社会保险行政部门制定，报国务院批准后公布施行。

社会保险经办机构根据用人单位使用工伤保险基金、工伤发生率和所属行业费率档次等情况，确定用人单位缴费费率。

第三十五条 用人单位应当按照本单位职工工资总额，根据社会保险经办机构确定的费率缴纳工伤保险费。

第三十六条 职工因工作原因受到事故伤害或者患职业病，且经工伤认定的，享受工伤保险待遇；其中，经劳动能力鉴定丧失劳动能力的，享受伤残待遇。

工伤认定和劳动能力鉴定应当简捷、方便。

第三十七条 职工因下列情形之一导致本人在工作中伤亡的，不认定为工伤：

（一）故意犯罪；

（二）醉酒或者吸毒；

（三）自残或者自杀；

（四）法律、行政法规规定的其他情形。

第三十八条 因工伤发生的下列费用，按照国家规定从工伤保险基金中支付：

（一）治疗工伤的医疗费用和康复费用；

（二）住院伙食补助费；

（三）到统筹地区以外就医的交通食宿费；

（四）安装配置伤残辅助器具所需费用；

（五）生活不能自理的，经劳动能力鉴定委员会确认的生活护理费；

（六）一次性伤残补助金和一至四级伤残职工按月领取的伤残津贴；

（七）终止或者解除劳动合同时，应当享受的一次性医疗补助金；

（八）因工死亡的，其遗属领取的丧葬补助金、供养亲属抚恤金和因工死亡补助金；

（九）劳动能力鉴定费。

第三十九条 因工伤发生的下列费用，按照国家规定由用人单位支付：

（一）治疗工伤期间的工资福利；

（二）五级、六级伤残职工按月领取的伤残津贴；

（三）终止或者解除劳动合同时，应当享受的一次性伤残就业补助金。

第四十条 工伤职工符合领取基本养老金条件的，停发伤残津贴，享受基本养老保险待遇。基本养老保险待遇低于伤残津贴的，从工伤保险基金中补足差额。

第四十一条 职工所在用人单位未依法缴纳工伤保险费，发生工伤事故的，由用人单位支付工伤保险待遇。用人单位不支付的，从工伤保险基金中先行支付。

从工伤保险基金中先行支付的工伤保险待遇应当由用人单位偿还。用人单位不偿还的，社会保险经办机构可以依照本法第六十三条的规定追偿。

第四十二条 由于第三人的原因造成工伤，第三人不支付工伤医疗费用或者无法确定第三人的，由工伤保险基金先行支付。工伤保险基金先行支付后，有权向第三人追偿。

第四十三条 工伤职工有下列情形之一的，停止享受工伤保险待遇：

（一）丧失享受待遇条件的；

（二）拒不接受劳动能力鉴定的；

（三）拒绝治疗的。

第五章 失业保险

第四十四条 职工应当参加失业保险，由用人单位和职工按照国家规定共同缴纳失业保险费。

第四十五条 失业人员符合下列条件的，从失业保险基金中领取失业保险金：

（一）失业前用人单位和本人已经缴纳失业保险费满一年的；

（二）非因本人意愿中断就业的；

（三）已经进行失业登记，并有求职要求的。

第四十六条 失业人员失业前用人单位和本人累计缴费满一年不足五年的，领取失业保险金的期限最长为十二个月；累计缴费满五年不足十年的，领取失业保险金的期限最长为十八个月；累计缴费十年以上的，领取失业保险金的期限最长为二十四个月。重新就业后，再次失业的，缴费时间重新计算，领取失业保险金的期限与前次失业应当领取而尚未领取的失业保险金的期限合并计算，最长不超过二十四个月。

第四十七条 失业保险金的标准，由省、自治区、直辖市人民政府确定，不得低于城市居民最低生活保障标准。

第四十八条 失业人员在领取失业保险金期间，参加职工基本医疗保险，享受基本医疗保险待遇。

失业人员应当缴纳的基本医疗保险费从失业保险基金中支付，个人不缴纳基本医疗保险费。

第四十九条 失业人员在领取失业保险金期间死亡的，参照当地对在职职工死亡的规定，向其遗属发给一次性丧葬补助金和抚恤金。所需资金从失业保险基金中支付。

个人死亡同时符合领取基本养老保险丧葬补助金、工伤保险丧葬补助金和失业保险丧葬补助金条件的，其遗属只能选择领取其中的一项。

第五十条 用人单位应当及时为失业人员出具终止或者解除劳动关系的证明，并将失业人员的名单自终止或者解除劳动关系之日起十五日内告知社会保险经办机构。

失业人员应当持本单位为其出具的终止或者解除劳动关系的证明，及时到指定的公共就业服务机构办理失业登记。

失业人员凭失业登记证明和个人身份证明，到社会保险经办机构办理领取失业保险金的手续。失业保险金领取期限自办理失业登记之日起计算。

第五十一条　失业人员在领取失业保险金期间有下列情形之一的，停止领取失业保险金，并同时停止享受其他失业保险待遇：

（一）重新就业的；

（二）应征服兵役的；

（三）移居境外的；

（四）享受基本养老保险待遇的；

（五）无正当理由，拒不接受当地人民政府指定部门或者机构介绍的适当工作或者提供的培训的。

第五十二条　职工跨统筹地区就业的，其失业保险关系随本人转移，缴费年限累计计算。

第六章　生育保险

第五十三条　职工应当参加生育保险，由用人单位按照国家规定缴纳生育保险费，职工不缴纳生育保险费。

第五十四条　用人单位已经缴纳生育保险费的，其职工享受生育保险待遇；职工未就业配偶按照国家规定享受生育医疗费用待遇。所需资金从生育保险基金中支付。

生育保险待遇包括生育医疗费用和生育津贴。

第五十五条　生育医疗费用包括下列各项：

（一）生育的医疗费用；

（二）计划生育的医疗费用；

（三）法律、法规规定的其他项目费用。

第五十六条　职工有下列情形之一的，可以按照国家规定享受生育津贴：

（一）女职工生育享受产假；

（二）享受计划生育手术休假；

（三）法律、法规规定的其他情形。

生育津贴按照职工所在用人单位上年度职工月平均工资计发。

第七章　社会保险费征缴

第五十七条　用人单位应当自成立之日起三十日内凭营业执照、登记证书或者单位印章，向当地社会保险经办机构申请办理社会保险登记。社会保险经办机构应当自收到申请之日起十五日内予以审核，发给社会保险登记证件。

用人单位的社会保险登记事项发生变更或者用人单位依法终止的，应当自变更或者终止之日起三十日内，到社会保险经办机构办理变更或者注销社会保险登记。

市场监督管理部门、民政部门和机构编制管理机关应当及时向社会保险经办机构通报用人单位的成立、终止情况，公安机关应当及时向社会保险经办机构通报个人的出生、死亡以及户口登记、迁移、注销等情况。

第五十八条 用人单位应当自用工之日起三十日内为其职工向社会保险经办机构申请办理社会保险登记。未办理社会保险登记的，由社会保险经办机构核定其应当缴纳的社会保险费。

自愿参加社会保险的无雇工的个体工商户、未在用人单位参加社会保险的非全日制从业人员以及其他灵活就业人员，应当向社会保险经办机构申请办理社会保险登记。

国家建立全国统一的个人社会保障号码。个人社会保障号码为公民身份号码。

第五十九条 县级以上人民政府加强社会保险费的征收工作。

社会保险费实行统一征收，实施步骤和具体办法由国务院规定。

第六十条 用人单位应当自行申报、按时足额缴纳社会保险费，非因不可抗力等法定事由不得缓缴、减免。职工应当缴纳的社会保险费由用人单位代扣代缴，用人单位应当按月将缴纳社会保险费的明细情况告知本人。

无雇工的个体工商户、未在用人单位参加社会保险的非全日制从业人员以及其他灵活就业人员，可以直接向社会保险费征收机构缴纳社会保险费。

第六十一条 社会保险费征收机构应当依法按时足额征收社会保险费，并将缴费情况定期告知用人单位和个人。

第六十二条 用人单位未按规定申报应当缴纳的社会保险费数额的，按照该单位上月缴费额的百分之一百一十确定应当缴纳数额；缴费单位补办申报手续后，由社会保险费征收机构按照规定结算。

第六十三条 用人单位未按时足额缴纳社会保险费的，由社会保险费征收机构责令其限期缴纳或者补足。

用人单位逾期仍未缴纳或者补足社会保险费的，社会保险费征收机构可以向银行和其他金融机构查询其存款账户；并可以申请县级以上有关行政部门作出划拨社会保险费的决定，书面通知其开户银行或者其他金融机构划拨社会保险费。用人单位账户余额少于应当缴纳的社会保险费的，社会保险费征收机构可以要求该用人单位提供担保，签订延期缴费协议。

用人单位未足额缴纳社会保险费且未提供担保的，社会保险费征收机构可以申请人民法院扣押、查封、拍卖其价值相当于应当缴纳社会保险费的财产，以拍卖所得抵缴社会保险费。

第八章 社会保险基金

第六十四条 社会保险基金包括基本养老保险基金、基本医疗保险基金、工伤保险基金、失业保险基金和生育保险基金。除基本医疗保险基金与生育保险基金合并建账及核算外，其他各项社会保险基金按照社会保险险种分别建账，分账核算。社会保险基金执行国家统一的会计制度。

社会保险基金专款专用，任何组织和个人不得侵占或者挪用。

基本养老保险基金逐步实行全国统筹，其他社会保险基金逐步实行省级统筹，具体时间、步骤由国务院规定。

第六十五条 社会保险基金通过预算实现收支平衡。

县级以上人民政府在社会保险基金出现支付不足时，给予补贴。

第六十六条 社会保险基金按照统筹层次设立预算。除基本医疗保险基金与生育保险基金预算合并编制外，其他社会保险基金预算按照社会保险项目分别编制。

第六十七条 社会保险基金预算、决算草案的编制、审核和批准，依照法律和国务院规定执行。

第六十八条 社会保险基金存入财政专户，具体管理办法由国务院规定。

第六十九条 社会保险基金在保证安全的前提下，按照国务院规定投资运营实现保值增值。

社会保险基金不得违规投资运营，不得用于平衡其他政府预算，不得用于兴建、改建办公场所和支付人员经费、运行费用、管理费用，或者违反法律、行政法规规定挪作其他用途。

第七十条 社会保险经办机构应当定期向社会公布参加社会保险情况以及社会保险基金的收入、支出、结余和收益情况。

第七十一条 国家设立全国社会保障基金，由中央财政预算拨款以及国务院批准的其他方式筹集的资金构成，用于社会保障支出的补充、调剂。全国社会保障基金由全国社会保障基金管理运营机构负责管理运营，在保证安全的前提下实现保值增值。

全国社会保障基金应当定期向社会公布收支、管理和投资运营的情况。国务院财政部门、社会保险行政部门、审计机关对全国社会保障基金的收支、管理和投资运营情况实施监督。

第九章 社会保险经办

第七十二条 统筹地区设立社会保险经办机构。社会保险经办机构根据工作需要，经所在地的社会保险行政部门和机构编制管理机关批准，可以在本统筹地区设立分支机构和服务网点。

社会保险经办机构的人员经费和经办社会保险发生的基本运行费用、管理费用，由同级财政按照国家规定予以保障。

第七十三条 社会保险经办机构应当建立健全业务、财务、安全和风险管理制度。

社会保险经办机构应当按时足额支付社会保险待遇。

第七十四条 社会保险经办机构通过业务经办、统计、调查获取社会保险工作所需的数据，有关单位和个人应当及时、如实提供。

社会保险经办机构应当及时为用人单位建立档案，完整、准确地记录参加社会保险的人员、缴费等社会保险数据，妥善保管登记、申报的原始凭证和支付结算的会计凭证。

社会保险经办机构应当及时、完整、准确地记录参加社会保险的个人缴费和用人单位为其缴费，以及享受社会保险待遇等个人权益记录，定期将个人权益记录单免费寄送本人。

用人单位和个人可以免费向社会保险经办机构查询、核对其缴费和享受社会保险待遇记录，要求社会保险经办机构提供社会保险咨询等相关服务。

第七十五条 全国社会保险信息系统按照国家统一规划，由县级以上人民政府按照分级负责的原则共同建设。

第十章 社会保险监督

第七十六条 各级人民代表大会常务委员会听取和审议本级人民政府对社会保险基金的收支、管理、投资运营以及监督检查情况的专项工作报告，组织对本法实施情况的执法检查等，依法行使监督职权。

第七十七条 县级以上人民政府社会保险行政部门应当加强对用人单位和个人遵守社会保险法律、法规情况的监督检查。

社会保险行政部门实施监督检查时，被检查的用人单位和个人应当如实提供与社会保险有关的资料，不得拒绝检查或者谎报、瞒报。

第七十八条 财政部门、审计机关按照各自职责，对社会保险基金的收支、管理和投资运营情况实施监督。

第七十九条 社会保险行政部门对社会保险基金的收支、管理和投资运营情况进行监督检查，发现存在问题的，应当提出整改建议，依法作出处理决定或者向有关行政部门提出处理建议。社会保险基金检查结果应当定期向社会公布。

社会保险行政部门对社会保险基金实施监督检查，有权采取下列措施：

（一）查阅、记录、复制与社会保险基金收支、管理和投资运营相关的资料，对可能被转移、隐匿或者灭失的资料予以封存；

（二）询问与调查事项有关的单位和个人，要求其对与调查事项有关的问题作出说明、提供有关证明材料；

（三）对隐匿、转移、侵占、挪用社会保险基金的行为予以制止并责令改正。

第八十条 统筹地区人民政府成立由用人单位代表、参保人员代表，以及工会代表、专家等组成的社会保险监督委员会，掌握、分析社会保险基金的收支、管理和投资运营情况，对社会保险工作提出咨询意见和建议，实施社会监督。

社会保险经办机构应当定期向社会保险监督委员会汇报社会保险基金的收支、管理和投资运营情况。社会保险监督委员会可以聘请会计师事务所对社会保险基金的收支、管理和投资运营情况进行年度审计和专项审计。审计结果应当向社会公开。

社会保险监督委员会发现社会保险基金收支、管理和投资运营中存在问题的，有权提出改正建议；对社会保险经办机构及其工作人员的违法行为，有权向有关部门提出依法处理建议。

第八十一条 社会保险行政部门和其他有关行政部门、社会保险经办机构、社会保险费征收机构及其工作人员，应当依法为用人单位和个人的信息保密，不得以任何形式泄露。

第八十二条 任何组织或者个人有权对违反社会保险法律、法规的行为进行举报、投诉。

社会保险行政部门、卫生行政部门、社会保险经办机构、社会保险费征收机构和财政部门、审计机关对属于本部门、本机构职责范围的举报、投诉，应当依法处理；对不属于本部门、本机构职责范围的，应当书面通知并移交有权处理的部门、机构处理。有权处理的部门、机构应当及时处理，不得推诿。

第八十三条 用人单位或者个人认为社会保险费征收机构的行为侵害自己合法权益的，可以依法申请行政复议或者提起行政诉讼。

用人单位或者个人对社会保险经办机构不依法办理社会保险登记、核定社会保险费、支付社会保险待遇、办理社会保险转移接续手续或者侵害其他社会保险权益的行为，可以依法申请行政复议或者提起行政诉讼。

个人与所在用人单位发生社会保险争议的，可以依法申请调解、仲裁，提起诉讼。用人单位侵害个人社会保险权益的，个人也可以要求社会保险行政部门或者社会保险费征收机构依法处理。

第十一章 法律责任

第八十四条 用人单位不办理社会保险登记的，由社会保险行政部门责令限期改正；逾期不改正的，对用人单位处应缴社会保险费数额一倍以上三倍以下的罚款，对其直接负责的主管人员和其他直接责任人员处五百元以上三千元以下的罚款。

第八十五条 用人单位拒不出具终止或者解除劳动关系证明的，依照《中华人民共和国劳动合同法》的规定处理。

第八十六条 用人单位未按时足额缴纳社会保险费的，由社会保险费征收机构责令限期缴纳或者补足，并自欠缴之日起，按日加收万分之五的滞纳金；逾期仍不缴纳的，由有关行政部门处欠缴数额一倍以上三倍以下的罚款。

第八十七条 社会保险经办机构以及医疗机构、药品经营单位等社会保险服务机构以欺诈、伪造证明材料或者其他手段骗取社会保险基金支出的，由社会保险行政部门责令退回骗取的社会保险金，处骗取金额二倍以上五倍以下的罚款；属于社会保险服务机构的，解除服务协议；直接负责的主管人员和其他直接责任人员有执业资格的，依法吊销其执业资格。

第八十八条 以欺诈、伪造证明材料或者其他手段骗取社会保险待遇的，由社会保险行政部门责令退回骗取的社会保险金，处骗取金额二倍以上五倍以下的罚款。

第八十九条 社会保险经办机构及其工作人员有下列行为之一的，由社会保险行政部门责令改正；给社会保险基金、用人单位或者个人造成损失的，依法承担赔偿责任；对直接负责的主管人员和其他直接责任人员依法给予处分：

（一）未履行社会保险法定职责的；

（二）未将社会保险基金存入财政专户的；

（三）克扣或者拒不按时支付社会保险待遇的；

（四）丢失或者篡改缴费记录、享受社会保险待遇记录等社会保险数据、个人权益记录的；

（五）有违反社会保险法律、法规的其他行为的。

第九十条 社会保险费征收机构擅自更改社会保险费缴费基数、费率，导致少收或者多收社会保险费的，由有关行政部门责令其追缴应当缴纳的社会保险费或者退还不应当缴纳的社会保险费；对直接负责的主管人员和其他直接责任人员依法给予处分。

第九十一条 违反本法规定，隐匿、转移、侵占、挪用社会保险基金或者违规投资运营的，由社会保险行政部门、财政部门、审计机关责令追回；有违法所得的，没收违法所得；对直接负责的主管人员和其他直接责任人员依法给予处分。

第九十二条 社会保险行政部门和其他有关行政部门、社会保险经办机构、社会保险费征收机构及其工作人员泄露用人单位和个人信息的，对直接负责的主管人员和其他直接责任人员依法给予处分；给用人单位或者个人造成损失的，应当承担赔偿责任。

第九十三条 国家工作人员在社会保险管理、监督工作中滥用职权、玩忽职守、徇私舞弊的，依法给予处分。

第九十四条 违反本法规定，构成犯罪的，依法追究刑事责任。

第十二章 附 则

第九十五条 进城务工的农村居民依照本法规定参加社会保险。

第九十六条 征收农村集体所有的土地，应当足额安排被征地农民的社会保险费，按照国务院规定将被征地农民纳入相应的社会保险制度。

第九十七条 外国人在中国境内就业的，参照本法规定参加社会保险。

第九十八条 本法自 2011 年 7 月 1 日起施行。

中华人民共和国监察法

中华人民共和国主席令　第三号

（2018 年 3 月 20 日第十三届全国人民代表大会第一次会议通过）

第一章　总　　则

第一条　为了深化国家监察体制改革，加强对所有行使公权力的公职人员的监督，实现国家监察全面覆盖，深入开展反腐败工作，推进国家治理体系和治理能力现代化，根据宪法，制定本法。

第二条　坚持中国共产党对国家监察工作的领导，以马克思列宁主义、毛泽东思想、邓小平理论、“三个代表”重要思想、科学发展观、习近平新时代中国特色社会主义思想为指导，构建集中统一、权威高效的中国特色国家监察体制。

第三条　各级监察委员会是行使国家监察职能的专责机关，依照本法对所有行使公权力的公职人员（以下称公职人员）进行监察，调查职务违法和职务犯罪，开展廉政建设和反腐败工作，维护宪法和法律的尊严。

第四条　监察委员会依照法律规定独立行使监察权，不受行政机关、社会团体和个人的干涉。

监察机关办理职务违法和职务犯罪案件，应当与审判机关、检察机关、执法部门互相配合，互相制约。

监察机关在工作中需要协助的，有关机关和单位应当根据监察机关的要求依法予以协助。

第五条　国家监察工作严格遵照宪法和法律，以事实为根据，以法律为准绳；在适用法律上一律平等，保障当事人的合法权益；权责对等，严格监督；惩戒与教育相结合，宽严相济。

第六条　国家监察工作坚持标本兼治、综合治理，强化监督问责，严厉惩治腐败；深化改革、健全法治，有效制约和监督权力；加强法治教育和道德教育，弘扬中华优秀传统文化，构建不敢腐、不能腐、不想腐的长效机制。

第二章　监察机关及其职责

第七条　中华人民共和国国家监察委员会是最高监察机关。

省、自治区、直辖市、自治州、县、自治县、市、市辖区设立监察委员会。

第八条 国家监察委员会由全国人民代表大会产生，负责全国监察工作。

国家监察委员会由主任、副主任若干人、委员若干人组成，主任由全国人民代表大会选举，副主任、委员由国家监察委员会主任提请全国人民代表大会常务委员会任免。

国家监察委员会主任每届任期同全国人民代表大会每届任期相同，连续任职不得超过两届。

国家监察委员会对全国人民代表大会及其常务委员会负责，并接受其监督。

第九条 地方各级监察委员会由本级人民代表大会产生，负责本行政区域内的监察工作。

地方各级监察委员会由主任、副主任若干人、委员若干人组成，主任由本级人民代表大会选举，副主任、委员由监察委员会主任提请本级人民代表大会常务委员会任免。

地方各级监察委员会主任每届任期同本级人民代表大会每届任期相同。

地方各级监察委员会对本级人民代表大会及其常务委员会和上一级监察委员会负责，并接受其监督。

第十条 国家监察委员会领导地方各级监察委员会的工作，上级监察委员会领导下级监察委员会的工作。

第十一条 监察委员会依照本法和有关法律规定履行监督、调查、处置职责：

（一）对公职人员开展廉政教育，对其依法履职、秉公用权、廉洁从政从业以及道德操守情况进行监督检查；

（二）对涉嫌贪污贿赂、滥用职权、玩忽职守、权力寻租、利益输送、徇私舞弊以及浪费国家资财等职务违法和职务犯罪进行调查；

（三）对违法的公职人员依法作出政务处分决定；对履行职责不力、失职失责的领导人员进行问责；对涉嫌职务犯罪的，将调查结果移送人民检察院依法审查、提起公诉；向监察对象所在单位提出监察建议。

第十二条 各级监察委员会可以向本级中国共产党机关、国家机关、法律法规授权或者委托管理公共事务的组织和单位以及所管辖的行政区域、国有企业等派驻或者派出监察机构、监察专员。

监察机构、监察专员对派驻或者派出它的监察委员会负责。

第十三条 派驻或者派出的监察机构、监察专员根据授权，按照管理权限依法对公职人员进行监督，提出监察建议，依法对公职人员进行调查、处置。

第十四条 国家实行监察官制度，依法确定监察官的等级设置、任免、考评和晋升等制度。

第三章 监察范围和管辖

第十五条 监察机关对下列公职人员和有关人员进行监察：

（一）中国共产党机关、人民代表大会及其常务委员会机关、人民政府、监察委员会、人民法院、人民检察院、中国人民政治协商会议各级委员会机关、民主党派机关和工商业联合会机关的公务员，以及参照《中华人民共和国公务员法》管理的人员；

（二）法律、法规授权或者受国家机关依法委托管理公共事务的组织中从事公务的人员；

（三）国有企业管理人员；

（四）公办的教育、科研、文化、医疗卫生、体育等单位中从事管理的人员；

（五）基层群众性自治组织中从事管理的人员；

（六）其他依法履行公职的人员。

第十六条 各级监察机关按照管理权限管辖本辖区内本法第十五条规定的人员所涉监察事项。

上级监察机关可以办理下一级监察机关管辖范围内的监察事项，必要时也可以办理所辖各级监察机关管辖范围内的监察事项。

监察机关之间对监察事项的管辖有争议的，由其共同的上级监察机关确定。

第十七条 上级监察机关可以将其所管辖的监察事项指定下级监察机关管辖，也可以将下级监察机关有管辖权的监察事项指定给其他监察机关管辖。

监察机关认为所管辖的监察事项重大、复杂，需要由上级监察机关管辖的，可以报请上级监察机关管辖。

第四章 监察权限

第十八条 监察机关行使监督、调查职权，有权依法向有关单位和个人了解情况，收集、调取证据。有关单位和个人应当如实提供。

监察机关及其工作人员对监督、调查过程中知悉的国家秘密、商业秘密、个人隐私，应当保密。

任何单位和个人不得伪造、隐匿或者毁灭证据。

第十九条 对可能发生职务违法的监察对象，监察机关按照管理权限，可以直接或者委托有关机关、人员进行谈话或者要求说明情况。

第二十条 在调查过程中，对涉嫌职务违法的被调查人，监察机关可以要求其就涉嫌违法行为作出陈述，必要时向被调查人出具书面通知。

对涉嫌贪污贿赂、失职渎职等职务犯罪的被调查人，监察机关可以进行讯问，要求其如实供述涉嫌犯罪的情况。

第二十一条 在调查过程中，监察机关可以询问证人等人员。

第二十二条 被调查人涉嫌贪污贿赂、失职渎职等严重职务违法或者职务犯罪，监察机关已经掌握其部分违法犯罪事实及证据，仍有重要问题需要进一步调查，并有下列情形之一的，经监察机关依法审批，可以将其留置在特定场所：

（一）涉及案情重大、复杂的；

（二）可能逃跑、自杀的；

（三）可能串供或者伪造、隐匿、毁灭证据的；

（四）可能有其他妨碍调查行为的。

对涉嫌行贿犯罪或者共同职务犯罪的涉案人员，监察机关可以依照前款规定采取留置措施。

留置场所的设置、管理和监督依照国家有关规定执行。

第二十三条 监察机关调查涉嫌贪污贿赂、失职渎职等严重职务违法或者职务犯罪，根据工作需要，可以依照规定查询、冻结涉案单位和个人的存款、汇款、债券、股票、基金份额等财产。有关单位和个人应当配合。

冻结的财产经查明与案件无关的，应当在查明后三日内解除冻结，予以退还。

第二十四条 监察机关可以对涉嫌职务犯罪的被调查人以及可能隐藏被调查人或者犯罪证据的人的身体、物品、住处和其他有关地方进行搜查。在搜查时，应当出示搜查证，并有被搜查人或者其家属等见证人在场。

搜查女性身体，应当由女性工作人员进行。

监察机关进行搜查时，可以根据工作需要提请公安机关配合。公安机关应当依法予以协助。

第二十五条 监察机关在调查过程中，可以调取、查封、扣押用以证明被调查人涉嫌违法犯罪的财物、文件和电子数据等信息。采取调取、查封、扣押措施，应当收集原物原件，会同持有人或者保管人、见证人，当面逐一拍照、登记、编号，开列清单，由在场人员当场核对、签名，并将清单副本交财物、文件的持有人或者保管人。

对调取、查封、扣押的财物、文件，监察机关应当设立专用账户、专门场所，确定专门人员妥善保管，严格履行交接、调取手续，定期对账核实，不得毁损或者用于其他目的。对价值不明物品应当及时鉴定，专门封存保管。

查封、扣押的财物、文件经查明与案件无关的，应当在查明后三日内解除查封、扣押，予以退还。

第二十六条 监察机关在调查过程中，可以直接或者指派、聘请具有专门知识、资格的人员在调查人员主持下进行勘验检查。勘验检查情况应当制作笔录，由参加勘验检查的人员和见证人签名或者盖章。

第二十七条 监察机关在调查过程中，对于案件中的专门性问题，可以指派、聘请有专门知识的人进行鉴定。鉴定人进行鉴定后，应当出具鉴定意见，并且签名。

第二十八条 监察机关调查涉嫌重大贪污贿赂等职务犯罪，根据需要，经过严格的批准手续，可以采取技术调查措施，按照规定交有关机关执行。

批准决定应当明确采取技术调查措施的种类和适用对象，自签发之日起三个月以内有效；对于复杂、疑难案件，期限届满仍有必要继续采取技术调查措施的，经过批准，有效期可以延长，每次不得超过三个月。对于不需要继续采取技术调查措施的，应当及时解除。

第二十九条 依法应当留置的被调查人如果在逃，监察机关可以决定在本行政区域内通缉，由公安机关发布通缉令，追捕归案。通缉范围超出本行政区域的，应当报请有权决定的上级监察机关决定。

第三十条 监察机关为防止被调查人及相关人员逃匿境外，经省级以上监察机关批准，可以对被调查人及相关人员采取限制出境措施，由公安机关依法执行。对于不需要继续采取限制出境措施的，应当及时解除。

第三十一条 涉嫌职务犯罪的被调查人主动认罪认罚，有下列情形之一的，监察机关经领导人员集体研究，并报上一级监察机关批准，可以在移送人民检察院时提出从宽处罚的建议：

（一）自动投案，真诚悔罪悔过的；

（二）积极配合调查工作，如实供述监察机关还未掌握的违法犯罪行为的；

（三）积极退赃，减少损失的；

（四）具有重大立功表现或者案件涉及国家重大利益等情形的。

第三十二条 职务违法犯罪的涉案人员揭发有关被调查人职务违法犯罪行为，查证属实的，或者提供重要线索，有助于调查其他案件的，监察机关经领导人员集体研究，并报上一级监察机关批准，可以在移送人民检察院时提出从宽处罚的建议。

第三十三条 监察机关依照本法规定收集的物证、书证、证人证言、被调查人供述和辩解、视听资料、电子数据等证据材料，在刑事诉讼中可以作为证据使用。

监察机关在收集、固定、审查、运用证据时，应当与刑事审判关于证据的要求和标准相一致。

以非法方法收集的证据应当依法予以排除，不得作为案件处置的依据。

第三十四条 人民法院、人民检察院、公安机关、审计机关等国家机关在工作中发现公职人员涉嫌贪污贿赂、失职渎职等职务违法或者职务犯罪的问题线索，应当移送监察机关，由监察机关依法调查处置。

被调查人既涉嫌严重职务违法或者职务犯罪，又涉嫌其他违法犯罪的，一般应当由监察机关为主调查，其他机关予以协助。

第五章 监察程序

第三十五条 监察机关对于报案或者举报，应当接受并按照有关规定处理。对于不属于本机关管辖的，应当移送主管机关处理。

第三十六条 监察机关应当严格按照程序开展工作，建立问题线索处置、调查、审理各部门相互协调、相互制约的工作机制。

监察机关应当加强对调查、处置工作全过程的监督管理，设立相应的工作部门履行线索管理、监督检查、督促办理、统计分析等管理协调职能。

第三十七条 监察机关对监察对象的问题线索，应当按照有关规定提出处置意见，履行审批手续，进行分类办理。线索处置情况应当定期汇总、通报，定期检查、抽查。

第三十八条 需要采取初步核实方式处置问题线索的，监察机关应当依法履行审批程序，成立核查组。初步核实工作结束后，核查组应当撰写初步核实情况报告，提出处理建议。承办部门应当提出分类处理意见。初步核实情况报告和分类处理意见报监察机关主要负责人审批。

第三十九条 经过初步核实，对监察对象涉嫌职务违法犯罪，需要追究法律责任的，监察机关应当按照规定的权限和程序办理立案手续。

监察机关主要负责人依法批准立案后，应当主持召开专题会议，研究确定调查方案，决定需要采取的调查措施。

立案调查决定应当向被调查人宣布，并通报相关组织。涉嫌严重职务违法或者职务犯罪的，应当通知被调查人家属，并向社会公开发布。

第四十条 监察机关对职务违法和职务犯罪案件，应当进行调查，收集被调查人有无违法犯罪以及情节轻重的证据，查明违法犯罪事实，形成相互印证、完整稳定的证据链。

严禁以威胁、引诱、欺骗及其他非法方式收集证据，严禁侮辱、打骂、虐待、体罚或者变相体罚被调查人和涉案人员。

第四十一条 调查人员采取讯问、询问、留置、搜查、调取、查封、扣押、勘验检查等调查措施，均应当依照规定出示证件，出具书面通知，由二人以上进行，形成笔录、报告等书面材料，并由相关人员签名、盖章。

调查人员进行讯问以及搜查、查封、扣押等重要取证工作，应当对全过程进行录音录像，留存备查。

第四十二条 调查人员应当严格执行调查方案，不得随意扩大调查范围、变更调查对象和事项。

对调查过程中的重要事项，应当集体研究后按程序请示报告。

第四十三条 监察机关采取留置措施，应当由监察机关领导人员集体研究决定。设区的市级以下监察机关采取留置措施，应当报上一级监察机关批准。省级监察机关采取留置措施，应当报国家监察委员会备案。

留置时间不得超过三个月。在特殊情况下，可以延长一次，延长时间不得超过三个月。省级以下监察机关采取留置措施的，延长留置时间应当报上一级监察机关批准。监察机关发现采取留置措施不当的，应当及时解除。

监察机关采取留置措施，可以根据工作需要提请公安机关配合。公安机关应当依法予以协助。

第四十四条 对被调查人采取留置措施后，应当在二十四小时以内，通知被留置人员所在单位和家属，但有可能毁灭、伪造证据，干扰证人作证或者串供等有碍调查情形的除外。有碍调查的情形消失后，应当立即通知被留置人员所在单位和家属。

监察机关应当保障被留置人员的饮食、休息和安全，提供医疗服务。讯问被留置人员应当合理安排讯问时间和时长，讯问笔录由被讯问人阅看后签名。

被留置人员涉嫌犯罪移送司法机关后，被依法判处管制、拘役和有期徒刑的，留置一日折抵管制二日，折抵拘役、有期徒刑一日。

第四十五条 监察机关根据监督、调查结果，依法作出如下处置：

（一）对有职务违法行为但情节较轻的公职人员，按照管理权限，直接或者委托有关机关、人员，进行谈话提醒、批评教育、责令检查，或者予以诫勉；

（二）对违法的公职人员依照法定程序作出警告、记过、记大过、降级、撤职、开除等政务处分决定；

（三）对不履行或者不正确履行职责负有责任的领导人员，按照管理权限对其直接作出问责决定，或者向有权作出问责决定的机关提出问责建议；

（四）对涉嫌职务犯罪的，监察机关经调查认为犯罪事实清楚，证据确实、充分的，制作起诉意见书，连同案卷材料、证据一并移送人民检察院依法审查、提起公诉；

（五）对监察对象所在单位廉政建设和履行职责存在的问题等提出监察建议。

监察机关经调查，对没有证据证明被调查人存在违法犯罪行为的，应当撤销案件，并通知被调查人所在单位。

第四十六条 监察机关经调查，对违法取得的财物，依法予以没收、追缴或者责令退赔；对涉嫌犯罪取得的财物，应当随案移送人民检察院。

第四十七条 对监察机关移送的案件，人民检察院依照《中华人民共和国刑事诉讼法》对被调查人采取强制措施。

人民检察院经审查，认为犯罪事实已经查清，证据确实、充分，依法应当追究刑事责任的，应当作出起诉决定。

人民检察院经审查，认为需要补充核实的，应当退回监察机关补充调查，必要时可以自行补充侦查。对于补充调查的案件，应当在一个月内补充调查完毕。补充调查以二次为限。

人民检察院对于有《中华人民共和国刑事诉讼法》规定的不起诉的情形的，经上一级人民检察院批准，依法作出不起诉的决定。监察机关认为不起诉的决定有错误的，可以向上一级人民检察院提请复议。

第四十八条 监察机关在调查贪污贿赂、失职渎职等职务犯罪案件过程中，被调查人逃匿或者死亡，有必要继续调查的，经省级以上监察机关批准，应当继续调查并作出结论。被调查人逃匿，在通缉一年后不能到案，或者死亡的，由监察机关提请人民检察院依照法定程序，向人民法院提出没收违法所得的申请。

第四十九条 监察对象对监察机关作出的涉及本人的处理决定不服的，可以在收到处理决定之日起一个月内，向作出决定的监察机关申请复审，复审机关应当在一个月内作出复审决定；监察对象对复审决定仍不服的，可以在收到复审决定之日起一个月内，向上一级监察机关申请复核，复核机关应当在二个月内作出复核决定。复审、复核期间，不停止原处理决定的执行。复核机关经审查，认定处理决定有错误的，原处理机关应当及时予以纠正。

第六章 反腐败国际合作

第五十条 国家监察委员会统筹协调与其他国家、地区、国际组织开展的反腐败国际交流、合作，组织反腐败国际条约实施工作。

第五十一条 国家监察委员会组织协调有关方面加强与有关国家、地区、国际组织在反腐败执法、引渡、司法协助、被判刑人的移管、资产追回和信息交流等领域的合作。

第五十二条 国家监察委员会加强对反腐败国际追逃追赃和防逃工作的组织协调，督促有关单位做好相关工作：

（一）对于重大贪污贿赂、失职渎职等职务犯罪案件，被调查人逃匿到国（境）外，掌握证据比较确凿的，通过开展境外追逃合作，追捕归案；

（二）向赃款赃物所在国请求查询、冻结、扣押、没收、追缴、返还涉案资产；

（三）查询、监控涉嫌职务犯罪的公职人员及其相关人员进出国（境）和跨境资金流动情况，在调查案件过程中设置防逃程序。

第七章 对监察机关和监察人员的监督

第五十三条 各级监察委员会应当接受本级人民代表大会及其常务委员会的监督。

各级人民代表大会常务委员会听取和审议本级监察委员会的专项工作报告，组织执法检查。

县级以上各级人民代表大会及其常务委员会举行会议时，人民代表大会代表或者常务委员会组成人员可以依照法律规定的程序，就监察工作中的有关问题提出询问或者质询。

第五十四条 监察机关应当依法公开监察工作信息，接受民主监督、社会监督、舆论监督。

第五十五条 监察机关通过设立内部专门的监督机构等方式，加强对监察人员执行职务和遵守法律情况的监督，建设忠诚、干净、担当的监察队伍。

第五十六条 监察人员必须模范遵守宪法和法律，忠于职守、秉公执法，清正廉洁、保守秘密；必须具有良好的政治素质，熟悉监察业务，具备运用法律、法规、政策和调查取证等能力，自觉接受监督。

第五十七条 对于监察人员打听案情、过问案件、说情干预的，办理监察事项的监察人员应当及时报告。有关情况应当登记备案。

发现办理监察事项的监察人员未经批准接触被调查人、涉案人员及其特定关系人，或者存在交往情形的，知情人应当及时报告。有关情况应当登记备案。

第五十八条 办理监察事项的监察人员有下列情形之一的，应当自行回避，监察对象、检举人及其他有关人员也有权要求其回避：

（一）是监察对象或者检举人的近亲属的；

（二）担任过本案的证人的；

（三）本人或者其近亲属与办理的监察事项有利害关系的；

（四）有可能影响监察事项公正处理的其他情形的。

第五十九条 监察机关涉密人员离岗离职后，应当遵守脱密期管理规定，严格履行保密义务，不得泄露相关秘密。

监察人员辞职、退休三年内，不得从事与监察和司法工作相关联且可能发生利益冲突的职业。

第六十条 监察机关及其工作人员有下列行为之一的，被调查人及其近亲属有权向该机关申诉：

（一）留置法定期限届满，不予以解除的；

（二）查封、扣押、冻结与案件无关的财物的；

（三）应当解除查封、扣押、冻结措施而不解除的；

（四）贪污、挪用、私分、调换以及违反规定使用查封、扣押、冻结的财物的；

（五）其他违反法律法规、侵害被调查人合法权益的行为。

受理申诉的监察机关应当在受理申诉之日起一个月内作出处理决定。申诉人对处理决定不服的，可以在收到处理决定之日起一个月内向上一级监察机关申请复查，上一级监察机关应当在收到复查申请之日起二个月内作出处理决定，情况属实的，及时予以纠正。

第六十一条 对调查工作结束后发现立案依据不充分或者失实，案件处置出现重大失误，监察人员严重违法的，应当追究负有责任的领导人员和直接责任人员的责任。

第八章 法律责任

第六十二条 有关单位拒不执行监察机关作出的处理决定，或者无正当理由拒不采纳监察建议的，由其主管部门、上级机关责令改正，对单位给予通报批评；对负有责任的领导人员和直接责任人员依法给予处理。

第六十三条 有关人员违反本法规定，有下列行为之一的，由其所在单位、主管部门、上级机关或者监察机关责令改正，依法给予处理：

（一）不按要求提供有关材料，拒绝、阻碍调查措施实施等拒不配合监察机关调查的；

（二）提供虚假情况，掩盖事实真相的；

（三）串供或者伪造、隐匿、毁灭证据的；

（四）阻止他人揭发检举、提供证据的；

（五）其他违反本法规定的行为，情节严重的。

第六十四条 监察对象对控告人、检举人、证人或者监察人员进行报复陷害的；控告人、检举人、证人捏造事实诬告陷害监察对象的，依法给予处理。

第六十五条 监察机关及其工作人员有下列行为之一的，对负有责任的领导人员和直接责任人员依法给予处理：

（一）未经批准、授权处置问题线索，发现重大案情隐瞒不报，或者私自留存、处理涉案材料的；

（二）利用职权或者职务上的影响干预调查工作、以案谋私的；

（三）违法窃取、泄露调查工作信息，或者泄露举报事项、举报受理情况以及举报人信息的；

（四）对被调查人或者涉案人员逼供、诱供，或者侮辱、打骂、虐待、体罚或者变相体罚的；

（五）违反规定处置查封、扣押、冻结的财物的；

（六）违反规定发生办案安全事故，或者发生安全事故后隐瞒不报、报告失实、处置不当的；

（七）违反规定采取留置措施的；

（八）违反规定限制他人出境，或者不按规定解除出境限制的；

（九）其他滥用职权、玩忽职守、徇私舞弊的行为。

第六十六条 违反本法规定，构成犯罪的，依法追究刑事责任。

第六十七条 监察机关及其工作人员行使职权，侵犯公民、法人和其他组织的合法权益造成损害的，依法给予国家赔偿。

第九章　附　　则

第六十八条 中国人民解放军和中国人民武装警察部队开展监察工作，由中央军事委员会根据本法制定具体规定。

第六十九条 本法自公布之日起施行。《中华人民共和国行政监察法》同时废止。

中华人民共和国民法典（节选）

中华人民共和国主席令　第四十五号

（2020 年 5 月 28 日第十三届全国人民代表大会第三次会议通过）

第一编　总　　则

第三节　非营利法人

第八十七条　为公益目的或者其他非营利目的成立，不向出资人、设立人或者会员分配所取得利润的法人，为非营利法人。

非营利法人包括事业单位、社会团体、基金会、社会服务机构等。

第八十八条　具备法人条件，为适应经济社会发展需要，提供公益服务设立的事业单位，经依法登记成立，取得事业单位法人资格；依法不需要办理法人登记的，从成立之日起，具有事业单位法人资格。

第八十九条　事业单位法人设理事会的，除法律另有规定外，理事会为其决策机构。事业单位法人的法定代表人依照法律、行政法规或者法人章程的规定产生。

中华人民共和国公职人员政务处分法

中华人民共和国主席令　第四十六号

（2020年6月20日第十三届全国人民代表大会常务委员会第十九次会议通过）

第一章　总　　则

第一条　为了规范政务处分，加强对所有行使公权力的公职人员的监督，促进公职人员依法履职、秉公用权、廉洁从政从业、坚持道德操守，根据《中华人民共和国监察法》，制定本法。

第二条　本法适用于监察机关对违法的公职人员给予政务处分的活动。

本法第二章、第三章适用于公职人员任免机关、单位对违法的公职人员给予处分。处分的程序、申诉等适用其他法律、行政法规、国务院部门规章和国家有关规定。

本法所称公职人员，是指《中华人民共和国监察法》第十五条规定的人员。

第三条　监察机关应当按照管理权限，加强对公职人员的监督，依法给予违法的公职人员政务处分。

公职人员任免机关、单位应当按照管理权限，加强对公职人员的教育、管理、监督，依法给予违法的公职人员处分。

监察机关发现公职人员任免机关、单位应当给予处分而未给予，或者给予的处分违法、不当的，应当及时提出监察建议。

第四条　给予公职人员政务处分，坚持党管干部原则，集体讨论决定；坚持法律面前一律平等，以事实为根据，以法律为准绳，给予的政务处分与违法行为的性质、情节、危害程度相当；坚持惩戒与教育相结合，宽严相济。

第五条　给予公职人员政务处分，应当事实清楚、证据确凿、定性准确、处理恰当、程序合法、手续完备。

第六条　公职人员依法履行职责受法律保护，非因法定事由、非经法定程序，不受政务处分。

第二章　政务处分的种类和适用

第七条　政务处分的种类为：

（一）警告；

（二）记过；

（三）记大过；

（四）降级；

（五）撤职；

（六）开除。

第八条 政务处分的期间为：

（一）警告，六个月；

（二）记过，十二个月；

（三）记大过，十八个月；

（四）降级、撤职，二十四个月。

政务处分决定自作出之日起生效，政务处分期自政务处分决定生效之日起计算。

第九条 公职人员二人以上共同违法，根据各自在违法行为中所起的作用和应当承担的法律责任，分别给予政务处分。

第十条 有关机关、单位、组织集体作出的决定违法或者实施违法行为的，对负有责任的领导人员和直接责任人员中的公职人员依法给予政务处分。

第十一条 公职人员有下列情形之一的，可以从轻或者减轻给予政务处分：

（一）主动交代本人应当受到政务处分的违法行为的；

（二）配合调查，如实说明本人违法事实的；

（三）检举他人违纪违法行为，经查证属实的；

（四）主动采取措施，有效避免、挽回损失或者消除不良影响的；

（五）在共同违法行为中起次要或者辅助作用的；

（六）主动上交或者退赔违法所得的；

（七）法律、法规规定的其他从轻或者减轻情节。

第十二条 公职人员违法行为情节轻微，且具有本法第十一条规定的情形之一的，可以对其进行谈话提醒、批评教育、责令检查或者予以诫勉，免予或者不予政务处分。

公职人员因不明真相被裹挟或者被胁迫参与违法活动，经批评教育后确有悔改表现的，可以减轻、免予或者不予政务处分。

第十三条 公职人员有下列情形之一的，应当从重给予政务处分：

（一）在政务处分期内再次故意违法，应当受到政务处分的；

（二）阻止他人检举、提供证据的；

（三）串供或者伪造、隐匿、毁灭证据的；

（四）包庇同案人员的；

（五）胁迫、唆使他人实施违法行为的；

（六）拒不上交或者退赔违法所得的；

（七）法律、法规规定的其他从重情节。

第十四条 公职人员犯罪，有下列情形之一的，予以开除：

（一）因故意犯罪被判处管制、拘役或者有期徒刑以上刑罚（含宣告缓刑）的；

（二）因过失犯罪被判处有期徒刑，刑期超过三年的；

（三）因犯罪被单处或者并处剥夺政治权利的。

因过失犯罪被判处管制、拘役或者三年以下有期徒刑的，一般应当予以开除；案件情况特殊，予以撤职更为适当的，可以不予开除，但是应当报请上一级机关批准。

公职人员因犯罪被单处罚金，或者犯罪情节轻微，人民检察院依法作出不起诉决定或者人民法院依法免予刑事处罚的，予以撤职；造成不良影响的，予以开除。

第十五条 公职人员有两个以上违法行为的，应当分别确定政务处分。应当给予两种以上政务处分的，执行其中最重的政务处分；应当给予撤职以下多个相同政务处分的，可以在一个政务处分期以上、多个政务处分期之和以下确定政务处分期，但是最长不得超过四十八个月。

第十六条 对公职人员的同一违法行为，监察机关和公职人员任免机关、单位不得重复给予政务处分和处分。

第十七条 公职人员有违法行为，有关机关依照规定给予组织处理的，监察机关可以同时给予政务处分。

第十八条 担任领导职务的公职人员有违法行为，被罢免、撤销、免去或者辞去领导职务的，监察机关可以同时给予政务处分。

第十九条 公务员以及参照《中华人民共和国公务员法》管理的人员在政务处分期内，不得晋升职务、职级、衔级和级别；其中，被记过、记大过、降级、撤职的，不得晋升工资档次。被撤职的，按照规定降低职务、职级、衔级和级别，同时降低工资和待遇。

第二十条 法律、法规授权或者受国家机关依法委托管理公共事务的组织中从事公务的人员，以及公办的教育、科研、文化、医疗卫生、体育等单位中从事管理的人员，在政务处分期内，不得晋升职务、岗位和职员等级、职称；其中，被记过、记大过、降级、撤职的，不得晋升薪酬待遇等级。被撤职的，降低职务、岗位或者职员等级，同时降低薪酬待遇。

第二十一条 国有企业管理人员在政务处分期内，不得晋升职务、岗位等级和职称；其中，被记过、记大过、降级、撤职的，不得晋升薪酬待遇等级。被撤职的，降低职务或者岗位等级，同时降低薪酬待遇。

第二十二条 基层群众性自治组织中从事管理的人员有违法行为的，监察机关可以予以警告、记过、记大过。

基层群众性自治组织中从事管理的人员受到政务处分的，应当由县级或者乡镇人民政府根据具体情况减发或者扣发补贴、奖金。

第二十三条 《中华人民共和国监察法》第十五条第六项规定的人员有违法行为的，监察机关可以予以警告、记过、记大过。情节严重的，由所在单位直接给予或者监察机关建议有关机关、单位给予降低薪酬待遇、调离岗位、解除人事关系或者劳动关系等处理。

《中华人民共和国监察法》第十五条第二项规定的人员，未担任公务员、参照《中华人民共和国公务员法》管理的人员、事业单位工作人员或者国有企业人员职务的，对其违法行为依照前款规定处理。

第二十四条 公职人员被开除，或者依照本法第二十三条规定，受到解除人事关系或者劳动关系处理的，不得录用为公务员以及参照《中华人民共和国公务员法》管理的人员。

第二十五条 公职人员违法取得的财物和用于违法行为的本人财物，除依法应当由其他机关没收、追缴或者责令退赔的，由监察机关没收、追缴或者责令退赔；应当退还原所有人或者原持有人的，依法予以退还；属于国家财产或者不应当退还以及无法退还的，上缴国库。

公职人员因违法行为获得的职务、职级、衔级、级别、岗位和职员等级、职称、待遇、资格、学历、学位、荣誉、奖励等其他利益，监察机关应当建议有关机关、单位、组织按规定予以纠正。

第二十六条 公职人员被开除的，自政务处分决定生效之日起，应当解除其与所在机关、单位的人事关系或者劳动关系。

公职人员受到开除以外的政务处分，在政务处分期内有悔改表现，并且没有再发生应当给予政务处分的违法行为的，政务处分期满后自动解除，晋升职务、职级、衔级、级别、岗位和职员等级、职称、薪酬待遇不再受原政务处分影响。但是，解除降级、撤职的，不恢复原职务、职级、衔级、级别、岗位和职员等级、职称、薪酬待遇。

第二十七条 已经退休的公职人员退休前或者退休后有违法行为的，不再给予政务处分，但是可以对其立案调查；依法应当予以降级、撤职、开除的，应当按照规定相应调整其享受的待遇，对其违法取得的财物和用于违法行为的本人财物依照本法第二十五条的规定处理。

已经离职或者死亡的公职人员在履职期间有违法行为的，依照前款规定处理。

第三章　违法行为及其适用的政务处分

第二十八条 有下列行为之一的，予以记过或者记大过；情节较重的，予以降级或者撤职；情节严重的，予以开除：

（一）散布有损宪法权威、中国共产党领导和国家声誉的言论的；

（二）参加旨在反对宪法、中国共产党领导和国家的集会、游行、示威等活动的；

（三）拒不执行或者变相不执行中国共产党和国家的路线方针政策、重大决策部署的；

（四）参加非法组织、非法活动的；

（五）挑拨、破坏民族关系，或者参加民族分裂活动的；

（六）利用宗教活动破坏民族团结和社会稳定的；

（七）在对外交往中损害国家荣誉和利益的。

有前款第二项、第四项、第五项和第六项行为之一的，对策划者、组织者和骨干分子，予以开除。

公开发表反对宪法确立的国家指导思想，反对中国共产党领导，反对社会主义制度，反对改革开放的文章、演说、宣言、声明等的，予以开除。

第二十九条 不按照规定请示、报告重大事项，情节较重的，予以警告、记过或者记大过；情节严重的，予以降级或者撤职。

违反个人有关事项报告规定，隐瞒不报，情节较重的，予以警告、记过或者记大过。

篡改、伪造本人档案资料的，予以记过或者记大过；情节严重的，予以降级或者撤职。

第三十条 有下列行为之一的，予以警告、记过或者记大过；情节严重的，予以降级或者撤职：

（一）违反民主集中制原则，个人或者少数人决定重大事项，或者拒不执行、擅自改变集体作出的重大决定的；

（二）拒不执行或者变相不执行、拖延执行上级依法作出的决定、命令的。

第三十一条 违反规定出境或者办理因私出境证件的，予以记过或者记大过；情节严重的，予以降级或者撤职。

违反规定取得外国国籍或者获取境外永久居留资格、长期居留许可的，予以撤职或者开除。

第三十二条 有下列行为之一的，予以警告、记过或者记大过；情节较重的，予以降级或者撤职；情节严重的，予以开除：

（一）在选拔任用、录用、聘用、考核、晋升、评选等干部人事工作中违反有关规定的；

（二）弄虚作假，骗取职务、职级、衔级、级别、岗位和职员等级、职称、待遇、资格、学历、学位、荣誉、奖励或者其他利益的；

（三）对依法行使批评、申诉、控告、检举等权利的行为进行压制或者打击报复的；

（四）诬告陷害，意图使他人受到名誉损害或者责任追究等不良影响的；

（五）以暴力、威胁、贿赂、欺骗等手段破坏选举的。

第三十三条 有下列行为之一的，予以警告、记过或者记大过；情节较重的，予以降级或者撤职；情节严重的，予以开除：

（一）贪污贿赂的；

（二）利用职权或者职务上的影响为本人或者他人谋取私利的；

（三）纵容、默许特定关系人利用本人职权或者职务上的影响谋取私利的。

拒不按照规定纠正特定关系人违规任职、兼职或者从事经营活动，且不服从职务调整的，予以撤职。

第三十四条 收受可能影响公正行使公权力的礼品、礼金、有价证券等财物的，予以警告、记过或者记大过；情节较重的，予以降级或者撤职；情节严重的，予以开除。

向公职人员及其特定关系人赠送可能影响公正行使公权力的礼品、礼金、有价证券等财物，或者接受、提供可能影响公正行使公权力的宴请、旅游、健身、娱乐等活动安排，情节较重的，予以警告、记过或者记大过；情节严重的，予以降级或者撤职。

第三十五条 有下列行为之一，情节较重的，予以警告、记过或者记大过；情节严重的，予以降级或者撤职：

（一）违反规定设定、发放薪酬或者津贴、补贴、奖金的；

（二）违反规定，在公务接待、公务交通、会议活动、办公用房以及其他工作生活保障等方面超标准、超范围的；

（三）违反规定公款消费的。

第三十六条 违反规定从事或者参与营利性活动，或者违反规定兼任职务、领取报酬的，予以警告、记过或者记大过；情节较重的，予以降级或者撤职；情节严重的，予以开除。

第三十七条 利用宗族或者黑恶势力等欺压群众，或者纵容、包庇黑恶势力活动的，予以撤职；情节严重的，予以开除。

第三十八条 有下列行为之一，情节较重的，予以警告、记过或者记大过；情节严重的，予以降级或者撤职：

（一）违反规定向管理服务对象收取、摊派财物的；

（二）在管理服务活动中故意刁难、吃拿卡要的；

（三）在管理服务活动中态度恶劣粗暴，造成不良后果或者影响的；

（四）不按照规定公开工作信息，侵犯管理服务对象知情权，造成不良后果或者影响的；

（五）其他侵犯管理服务对象利益的行为，造成不良后果或者影响的。

有前款第一项、第二项和第五项行为，情节特别严重的，予以开除。

第三十九条 有下列行为之一，造成不良后果或者影响的，予以警告、记过或者记大过；情节较重的，予以降级或者撤职；情节严重的，予以开除：

（一）滥用职权，危害国家利益、社会公共利益或者侵害公民、法人、其他组织合法权益的；

（二）不履行或者不正确履行职责，玩忽职守，贻误工作的；

（三）工作中有形式主义、官僚主义行为的；

（四）工作中有弄虚作假，误导、欺骗行为的；

（五）泄露国家秘密、工作秘密，或者泄露因履行职责掌握的商业秘密、个人隐私的。

第四十条 有下列行为之一的，予以警告、记过或者记大过；情节较重的，予以降级或者撤职；情节严重的，予以开除：

（一）违背社会公序良俗，在公共场所有不当行为，造成不良影响的；

（二）参与或者支持迷信活动，造成不良影响的；

（三）参与赌博的；

（四）拒不承担赡养、抚养、扶养义务的；

（五）实施家庭暴力，虐待、遗弃家庭成员的；

（六）其他严重违反家庭美德、社会公德的行为。

吸食、注射毒品，组织赌博，组织、支持、参与卖淫、嫖娼、色情淫乱活动的，予以撤职或者开除。

第四十一条 公职人员有其他违法行为，影响公职人员形象，损害国家和人民利益的，可以根据情节轻重给予相应政务处分。

第四章 政务处分的程序

第四十二条 监察机关对涉嫌违法的公职人员进行调查，应当由二名以上工作人员进行。监察机关进行调查时，有权依法向有关单位和个人了解情况，收集、调取证据。有关单位和个人应当如实提供情况。

严禁以威胁、引诱、欺骗及其他非法方式收集证据。以非法方式收集的证据不得作为给予政务处分的依据。

第四十三条 作出政务处分决定前，监察机关应当将调查认定的违法事实及拟给予政务处分的依据告知被调查人，听取被调查人的陈述和申辩，并对其陈述的事实、理由和证据进行核实，记录在案。被调查人提出的事实、理由和证据成立的，应予采纳。不得因被调查人的申辩而加重政务处分。

第四十四条 调查终结后，监察机关应当根据下列不同情况，分别作出处理：

（一）确有应受政务处分的违法行为的，根据情节轻重，按照政务处分决定权限，履行规定的审批手续后，作出政务处分决定；

（二）违法事实不能成立的，撤销案件；

（三）符合免予、不予政务处分条件的，作出免予、不予政务处分决定；

（四）被调查人涉嫌其他违法或者犯罪行为的，依法移送主管机关处理。

第四十五条 决定给予政务处分的，应当制作政务处分决定书。

政务处分决定书应当载明下列事项：

（一）被处分人的姓名、工作单位和职务；

（二）违法事实和证据；

（三）政务处分的种类和依据；

（四）不服政务处分决定，申请复审、复核的途径和期限；

（五）作出政务处分决定的机关名称和日期。

政务处分决定书应当盖有作出决定的监察机关的印章。

第四十六条 政务处分决定书应当及时送达被处分人和被处分人所在机关、单位，并在一定范围内宣布。

作出政务处分决定后，监察机关应当根据被处分人的具体身份书面告知相关的机关、单位。

第四十七条 参与公职人员违法案件调查、处理的人员有下列情形之一的，应当自行回避，被调查人、检举人及其他有关人员也有权要求其回避：

（一）是被调查人或者检举人的近亲属的；

（二）担任过本案的证人的；

（三）本人或者其近亲属与调查的案件有利害关系的；

（四）可能影响案件公正调查、处理的其他情形。

第四十八条 监察机关负责人的回避，由上级监察机关决定；其他参与违法案件调查、处理人员的回避，由监察机关负责人决定。

监察机关或者上级监察机关发现参与违法案件调查、处理人员有应当回避情形的，可以直接决定该人员回避。

第四十九条 公职人员依法受到刑事责任追究的，监察机关应当根据司法机关的生效判决、裁定、决定及其认定的事实和情节，依照本法规定给予政务处分。

公职人员依法受到行政处罚，应当给予政务处分的，监察机关可以根据行政处罚决定认定的事实和情节，经立案调查核实后，依照本法给予政务处分。

监察机关根据本条第一款、第二款的规定作出政务处分后，司法机关、行政机关依法改变原生效判决、裁定、决定等，对原政务处分决定产生影响的，监察机关应当根据改变后的判决、裁定、决定等重新作出相应处理。

第五十条 监察机关对经各级人民代表大会、县级以上各级人民代表大会常务委员会选举或者决定任命的公职人员予以撤职、开除的，应当先依法罢免、撤销或者免去其职务，再依法作出政务处分决定。

监察机关对经中国人民政治协商会议各级委员会全体会议或者其常务委员会选举或者决定任命的公职人员予以撤职、开除的，应当先依章程免去其职务，再依法作出政务处分决定。

监察机关对各级人民代表大会代表、中国人民政治协商会议各级委员会委员给予政务处分的，应当向有关的人民代表大会常务委员会，乡、民族乡、镇的人民代表大会主席团或者中国人民政治协商会议委员会常务委员会通报。

第五十一条 下级监察机关根据上级监察机关的指定管辖决定进行调查的案件，调查终结后，对不属于本监察机关管辖范围内的监察对象，应当交有管理权限的监察机关依法作出政务处分决定。

第五十二条 公职人员涉嫌违法，已经被立案调查，不宜继续履行职责的，公职人员任免机关、单位可以决定暂停其履行职务。

公职人员在被立案调查期间，未经监察机关同意，不得出境、辞去公职；被调查公职人员所在机关、单位及上级机关、单位不得对其交流、晋升、奖励、处分或者办理退休手续。

第五十三条 监察机关在调查中发现公职人员受到不实检举、控告或者诬告陷害，造成不良影响的，应当按照规定及时澄清事实，恢复名誉，消除不良影响。

第五十四条 公职人员受到政务处分的，应当将政务处分决定书存入其本人档案。对于受到降级以上政务处分的，应当由人事部门按照管理权限在作出政务处分决定后一个月内办理职务、工资及其他有关待遇等的变更手续；特殊情况下，经批准可以适当延长办理期限，但是最长不得超过六个月。

第五章　复审、复核

第五十五条 公职人员对监察机关作出的涉及本人的政务处分决定不服的，可以依法向作出决定的监察机关申请复审；公职人员对复审决定仍不服的，可以向上一级监察机关申请复核。

监察机关发现本机关或者下级监察机关作出的政务处分决定确有错误的，应当及时予以纠正或者责令下级监察机关及时予以纠正。

第五十六条 复审、复核期间，不停止原政务处分决定的执行。

公职人员不因提出复审、复核而被加重政务处分。

第五十七条 有下列情形之一的，复审、复核机关应当撤销原政务处分决定，重新作出决定或者责令原作出决定的监察机关重新作出决定：

（一）政务处分所依据的违法事实不清或者证据不足的；

（二）违反法定程序，影响案件公正处理的；

（三）超越职权或者滥用职权作出政务处分决定的。

第五十八条 有下列情形之一的，复审、复核机关应当变更原政务处分决定，或者责令原作出决定的监察机关予以变更：

（一）适用法律、法规确有错误的；

（二）对违法行为的情节认定确有错误的；

（三）政务处分不当的。

第五十九条 复审、复核机关认为政务处分决定认定事实清楚，适用法律正确的，应当予以维持。

第六十条 公职人员的政务处分决定被变更，需要调整该公职人员的职务、职级、衔级、级别、岗位和职员等级或者薪酬待遇等的，应当按照规定予以调整。政务处分决定被撤销的，应当恢复该公职人员的级别、薪酬待遇，按照原职务、职级、衔级、岗位和职员等级安排相应的职务、职级、衔级、岗位和职员等级，并在原政务处分决定公布范围内为其恢复名誉。没收、追缴财物错误的，应当依法予以返还、赔偿。

公职人员因有本法第五十七条、第五十八条规定的情形被撤销政务处分或者减轻政务处分的，应当对其薪酬待遇受到的损失予以补偿。

第六章 法律责任

第六十一条 有关机关、单位无正当理由拒不采纳监察建议的，由其上级机关、主管部门责令改正，对该机关、单位给予通报批评，对负有责任的领导人员和直接责任人员依法给予处理。

第六十二条 有关机关、单位、组织或者人员有下列情形之一的，由其上级机关，主管部门，任免机关、单位或者监察机关责令改正，依法给予处理：

（一）拒不执行政务处分决定的；

（二）拒不配合或者阻碍调查的；

（三）对检举人、证人或者调查人员进行打击报复的；

（四）诬告陷害公职人员的；

（五）其他违反本法规定的情形。

第六十三条 监察机关及其工作人员有下列情形之一的，对负有责任的领导人员和直接责任人员依法给予处理：

（一）违反规定处置问题线索的；

（二）窃取、泄露调查工作信息，或者泄露检举事项、检举受理情况以及检举人信息的；

（三）对被调查人或者涉案人员逼供、诱供，或者侮辱、打骂、虐待、体罚或者变相体罚的；

（四）收受被调查人或者涉案人员的财物以及其他利益的；

（五）违反规定处置涉案财物的；

（六）违反规定采取调查措施的；

（七）利用职权或者职务上的影响干预调查工作、以案谋私的；

（八）违反规定发生办案安全事故，或者发生安全事故后隐瞒不报、报告失实、处置不当的；

（九）违反回避等程序规定，造成不良影响的；

（十）不依法受理和处理公职人员复审、复核的；

（十一）其他滥用职权、玩忽职守、徇私舞弊的行为。

第六十四条 违反本法规定，构成犯罪的，依法追究刑事责任。

第七章 附 则

第六十五条 国务院及其相关主管部门根据本法的原则和精神，结合事业单位、国有企业等的实际情况，对事业单位、国有企业等的违法的公职人员处分事宜作出具体规定。

第六十六条 中央军事委员会可以根据本法制定相关具体规定。

第六十七条 本法施行前，已结案的案件如果需要复审、复核，适用当时的规定。尚未结案的案件，如果行为发生时的规定不认为是违法的，适用当时的规定；如果行为发生时的规定认为是违法的，依照当时的规定处理，但是如果本法不认为是违法或者根据本法处理较轻的，适用本法。

第六十八条 本法自 2020 年 7 月 1 日起施行。

事业单位登记管理暂行条例

中华人民共和国国务院令　第252号

（1998年10月25日发布，根据2004年6月27日《国务院关于修改〈事业单位登记管理暂行条例〉的决定》修订）

第一章　总　　则

第一条　为了规范事业单位登记管理，保障事业单位的合法权益，发挥事业单位在社会主义物质文明和精神文明建设中的作用，制定本条例。

第二条　本条例所称事业单位，是指国家为了社会公益目的，由国家机关举办或者其他组织利用国有资产举办的，从事教育、科技、文化、卫生等活动的社会服务组织。

事业单位依法举办的营利性经营组织，必须实行独立核算，依照国家有关公司、企业等经营组织的法律、法规登记管理。

第三条　事业单位经县级以上各级人民政府及其有关主管部门（以下统称审批机关）批准成立后，应当依照本条例的规定登记或者备案。

事业单位应当具备法人条件。

第四条　事业单位应当遵守宪法、法律、法规和国家政策。

第五条　县级以上各级人民政府机构编制管理机关所属的事业单位登记管理机构（以下简称登记管理机关）负责实施事业单位的登记管理工作。县级以上各级人民政府机构编制管理机关应当加强对登记管理机关的事业单位登记管理工作的监督检查。

事业单位实行分级登记管理。分级登记管理的具体办法由国务院机构编制管理机关规定。

法律、行政法规对事业单位的监督管理另有规定的，依照有关法律、行政法规的规定执行。

第二章　登　　记

第六条　申请事业单位法人登记，应当具备下列条件：

（一）经审批机关批准设立；

（二）有自己的名称、组织机构和场所；

（三）有与其业务活动相适应的从业人员；

（四）有与其业务活动相适应的经费来源；

（五）能够独立承担民事责任。

第七条 申请事业单位法人登记，应当向登记管理机关提交下列文件：

（一）登记申请书；

（二）审批机关的批准文件；

（三）场所使用权证明；

（四）经费来源证明；

（五）其他有关证明文件。

第八条 登记管理机关应当自收到登记申请书之日起30日内依照本条例的规定进行审查，作出准予登记或者不予登记的决定。准予登记的，发给《事业单位法人证书》；不予登记的，应当说明理由。

事业单位法人登记事项包括：名称、住所、宗旨和业务范围、法定代表人、经费来源（开办资金）等情况。

第九条 经登记的事业单位，凭《事业单位法人证书》刻制印章，申请开立银行账户。事业单位应当将印章式样报登记管理机关备案。

第十条 事业单位的登记事项需要变更的，应当向登记管理机关办理变更登记。

第十一条 法律规定具备法人条件、自批准设立之日起即取得法人资格的事业单位，或者法律、其他行政法规规定具备法人条件、经有关主管部门依法审核或者登记，已经取得相应的执业许可证书的事业单位，不再办理事业单位法人登记，由有关主管部门按照分级登记管理的规定向登记管理机关备案。

县级以上各级人民政府设立的直属事业单位直接向登记管理机关备案。

第十二条 事业单位备案的事项，除本条例第八条第二款所列事项外，还应当包括执业许可证明文件或者设立批准文件。

对备案的事业单位，登记管理机关应当自收到备案文件之日起30日内发给《事业单位法人证书》。

第十三条 事业单位被撤销、解散的，应当向登记管理机关办理注销登记或者注销备案。

事业单位办理注销登记前，应当在审批机关指导下成立清算组织，完成清算工作。

事业单位应当自清算结束之日起15日内，向登记管理机关办理注销登记。事业单位办理注销登记，应当提交撤销或者解散该事业单位的文件和清算报告；登记管理机关收缴《事业单位法人证书》和印章。

第十四条 事业单位的登记、备案或者变更名称、住所以及注销登记或者注销备案，由登记管理机关予以公告。

第三章 监督管理

第十五条 事业单位开展活动，按照国家有关规定取得的合法收入，必须用于符合其宗旨和业务范围的活动。

事业单位接受捐赠、资助，必须符合事业单位的宗旨和业务范围，必须根据与捐赠人、资助人约定的期限、方式和合法用途使用。

第十六条 事业单位必须执行国家有关财务、价格等管理制度，接受财税、审计部门的监督。

第十七条 事业单位应当于每年 3 月 31 日前分别向登记管理机关和审批机关报送上一年度执行本条例情况的报告。

第十八条 事业单位未按照本条例规定办理登记的，由登记管理机关责令限期补办登记手续；逾期不补办的，由登记管理机关建议对该事业单位的负责人和其他直接责任人员依法给予纪律处分。

第十九条 事业单位有下列情形之一的，由登记管理机关给予警告，责令限期改正；情节严重的，经审批机关同意，予以撤销登记，收缴《事业单位法人证书》和印章：

（一）不按照本条例的规定办理变更登记、注销登记的；

（二）涂改、出租、出借《事业单位法人证书》或者出租、出借印章的；

（三）违反规定接受、使用捐赠、资助的。

事业单位违反法律、其他法规的，由有关机关依法处理。

第二十条 登记管理机关的工作人员在事业单位登记管理工作中滥用职权、玩忽职守、徇私舞弊构成犯罪的，依法追究刑事责任；尚不构成犯罪的，依法给予行政处分。

第四章 附 则

第二十一条 《事业单位法人证书》的式样由国务院机构编制管理机关制定。

第二十二条 本条例实行前已经成立的事业单位，应当自本条例实行之日起 1 年内依照本条例有关规定办理登记或者备案手续。

第二十三条 本条例自发布之日起施行。

失业保险条例

中华人民共和国国务院令　第258号

（1998年12月26日发布）

第一章　总　　则

第一条　为了保障失业人员失业期间的基本生活，促进其再就业，制定本条例。

第二条　城镇企业事业单位、城镇企业事业单位职工依照本条例的规定，缴纳失业保险费。

城镇企业事业单位失业人员依照本条例的规定，享受失业保险待遇。

本条所称城镇企业，是指国有企业、城镇集体企业、外商投资企业、城镇私营企业以及其他城镇企业。

第三条　国务院劳动保障行政部门主管全国的失业保险工作。县级以上地方各级人民政府劳动保障行政部门主管本行政区域内的失业保险工作。劳动保障行政部门按照国务院规定设立的经办失业保险业务的社会保险经办机构依照本条例的规定，具体承办失业保险工作。

第四条　失业保险费按照国家有关规定征缴。

第二章　失业保险基金

第五条　失业保险基金由下列各项构成：

（一）城镇企业事业单位、城镇企业事业单位职工缴纳的失业保险费；

（二）失业保险基金的利息；

（三）财政补贴；

（四）依法纳入失业保险基金的其他资金。

第六条　城镇企业事业单位按照本单位工资总额的百分之二缴纳失业保险费。城镇企业事业单位职工按照本人工资的百分之一缴纳失业保险费。城镇企业事业单位招用的农民合同制工人本人不缴纳失业保险费。

第七条　失业保险基金在直辖市和设区的市实行全市统筹；其他地区的统筹层次由省、自治区人民政府规定。

第八条　省、自治区可以建立失业保险调剂金。

失业保险调剂金以统筹地区依法应当征收的失业保险费为基数，按照省、自治区人民政府规定的比例筹集。

统筹地区的失业保险基金不敷使用时，由失业保险调剂金调剂、地方财政补贴。

失业保险调剂金的筹集、调剂使用以及地方财政补贴的具体办法，由省、自治区人民政府规定。

第九条 省、自治区、直辖市人民政府根据本行政区域失业人员数量和失业保险基金数额，报经国务院批准，可以适当调整本行政区域失业保险费的费率。

第十条 失业保险基金用于下列支出：

（一）失业保险金；

（二）领取失业保险金期间的医疗补助金；

（三）领取失业保险金期间死亡的失业人员的丧葬补助金和其供养的配偶、直系亲属的抚恤金；

（四）领取失业保险金期间接受职业培训、职业介绍的补贴，补贴的办法和标准由省、自治区、直辖市人民政府规定；

（五）国务院规定或者批准的与失业保险有关的其他费用。

第十一条 失业保险基金必须存入财政部门在国有商业银行开设的社会保障基金财政专户，实行收支两条线管理，由财政部门依法进行监督。

存入银行和按照国家规定购买国债的失业保险基金，分别按照城乡居民同期存款利率和国债利息计息。失业保险基金的利息并入失业保险基金。

失业保险基金专款专用，不得挪作他用，不得用于平衡财政收支。

第十二条 失业保险基金收支的预算、决算，由统筹地区社会保险经办机构编制，经同级劳动保障行政部门复核、同级财政部门审核，报同级人民政府审批。

第十三条 失业保险基金的财务制度和会计制度按照国家有关规定执行。

第三章 失业保险待遇

第十四条 具备下列条件的失业人员，可以领取失业保险金：

（一）按照规定参加失业保险，所在单位和本人已按照规定履行缴费义务满 1 年的；

（二）非因本人意愿中断就业的；

（三）已办理失业登记，并有求职要求的。

失业人员在领取失业保险金期间，按照规定同时享受其他失业保险待遇。

第十五条 失业人员在领取失业保险金期间有下列情形之一的，停止领取失业保险金，并同时停止享受其他失业保险待遇：

（一）重新就业的；

（二）应征服兵役的；

（三）移居境外的；

（四）享受基本养老保险待遇的；

（五）被判刑收监执行或者被劳动教养的；

（六）无正当理由，拒不接受当地人民政府指定的部门或者机构介绍的工作的；

（七）有法律、行政法规规定的其他情形的。

第十六条 城镇企业事业单位应当及时为失业人员出具终止或者解除劳动关系的证明，告知其按照规定享受失业保险待遇的权利，并将失业人员的名单自终止或者解除劳动关系之日起 7 日内报社会保险经办机构备案。

城镇企业事业单位职工失业后，应当持本单位为其出具的终止或者解除劳动关系的证明，及时到指定的社会保险经办机构办理失业登记。失业保险金自办理失业登记之日起计算。

失业保险金由社会保险经办机构按月发放。社会保险经办机构为失业人员开具领取失业保险金的单证，失业人员凭单证到指定银行领取失业保险金。

第十七条 失业人员失业前所在单位和本人按照规定累计缴费时间满 1 年不足 5 年的，领取失业保险金的期限最长为 12 个月；累计缴费时间满 5 年不足 10 年的，领取失业保险金的期限最长为 18 个月；累计缴费时间 10 年以上的，领取失业保险金的期限最长为 24 个月。重新就业后，再次失业的，缴费时间重新计算，领取失业保险金的期限可以与前次失业应领取而尚未领取的失业保险金的期限合并计算，但是最长不得超过 24 个月。

第十八条 失业保险金的标准，按照低于当地最低工资标准、高于城市居民最低生活保障标准的水平，由省、自治区、直辖市人民政府确定。

第十九条 失业人员在领取失业保险金期间患病就医的，可以按照规定向社会保险经办机构申请领取医疗补助金。医疗补助金的标准由省、自治区、直辖市人民政府规定。

第二十条 失业人员在领取失业保险金期间死亡的，参照当地对在职职工的规定，对其家属一次性发给丧葬补助金和抚恤金。

第二十一条 单位招用的农民合同制工人连续工作满 1 年，本单位并已缴纳失业保险费，劳动合同期满未续订或者提前解除劳动合同的，由社会保险经办机构根据其工作时间长短，对其支付一次性生活补助。补助的办法和标准由省、自治区、直辖市人民政府规定。

第二十二条 城镇企业事业单位成建制跨统筹地区转移，失业人员跨统筹地区流动的，失业保险关系随之转迁。

第二十三条 失业人员符合城市居民最低生活保障条件的，按照规定享受城市居民最低生活保障待遇。

第四章 管理和监督

第二十四条 劳动保障行政部门管理失业保险工作，履行下列职责：

（一）贯彻实施失业保险法律、法规；

（二）指导社会保险经办机构的工作；

（三）对失业保险费的征收和失业保险待遇的支付进行监督检查。

第二十五条 社会保险经办机构具体承办失业保险工作，履行下列职责：

（一）负责失业人员的登记、调查、统计；

（二）按照规定负责失业保险基金的管理；

（三）按照规定核定失业保险待遇，开具失业人员在指定银行领取失业保险金和其他补助金的单证；

（四）拨付失业人员职业培训、职业介绍补贴费用；

（五）为失业人员提供免费咨询服务；

（六）国家规定由其履行的其他职责。

第二十六条 财政部门和审计部门依法对失业保险基金的收支、管理情况进行监督。

第二十七条 社会保险经办机构所需经费列入预算，由财政拨付。

第五章 罚　　则

第二十八条 不符合享受失业保险待遇条件，骗取失业保险金和其他失业保险待遇的，由社会保险经办机构责令退还；情节严重的，由劳动保障行政部门处骗取金额1倍以上3倍以下的罚款。

第二十九条 社会保险经办机构工作人员违反规定向失业人员开具领取失业保险金或者享受其他失业保险待遇单证，致使失业保险基金损失的，由劳动保障行政部门责令追回；情节严重的，依法给予行政处分。

第三十条 劳动保障行政部门和社会保险经办机构的工作人员滥用职权、徇私舞弊、玩忽职守，造成失业保险基金损失的，由劳动保障行政部门追回损失的失业保险基金；构成犯罪的，依法追究刑事责任；尚不构成犯罪的，依法给予行政处分。

第三十一条 任何单位、个人挪用失业保险基金的，追回挪用的失业保险基金；有违法所得的，没收违法所得，并入失业保险基金；构成犯罪的，依法追究刑事责任；尚不构成犯罪的，对直接负责的主管人员和其他直接责任人员依法给予行政处分。

第六章 附　　则

第三十二条 省、自治区、直辖市人民政府根据当地实际情况，可以决定本条例适用于本行政区域内的社会团体及其专职人员、民办非企业单位及其职工、有雇工的城镇个体工商户及其雇工。

第三十三条 本条例自发布之日起施行。1993年4月12日国务院发布的《国有企业职工待业保险规定》同时废止。

社会保险费征缴暂行条例

中华人民共和国国务院令　第259号

（1999年1月22日发布，根据2019年3月24日《国务院关于修改部分行政法规的决定》修订）

第一章　总　　则

第一条　为了加强和规范社会保险费征缴工作，保障社会保险金的发放，制定本条例。

第二条　基本养老保险费、基本医疗保险费、失业保险费（以下统称社会保险费）的征收、缴纳，适用本条例。

本条例所称缴费单位、缴费个人，是指依照有关法律、行政法规和国务院的规定，应当缴纳社会保险费的单位和个人。

第三条　基本养老保险费的征缴范围：国有企业、城镇集体企业、外商投资企业、城镇私营企业和其他城镇企业及其职工，实行企业化管理的事业单位及其职工。

基本医疗保险费的征缴范围：国有企业、城镇集体企业、外商投资企业、城镇私营企业和其他城镇企业及其职工，国家机关及其工作人员，事业单位及其职工，民办非企业单位及其职工，社会团体及其专职人员。

失业保险费的征缴范围：国有企业、城镇集体企业、外商投资企业、城镇私营企业和其他城镇企业及其职工，事业单位及其职工。

省、自治区、直辖市人民政府根据当地实际情况，可以规定将城镇个体工商户纳入基本养老保险、基本医疗保险的范围，并可以规定将社会团体及其专职人员、民办非企业单位及其职工以及有雇工的城镇个体工商户及其雇工纳入失业保险的范围。

社会保险费的费基、费率依照有关法律、行政法规和国务院的规定执行。

第四条　缴费单位、缴费个人应当按时足额缴纳社会保险费。

征缴的社会保险费纳入社会保险基金，专款专用，任何单位和个人不得挪用。

第五条　国务院劳动保障行政部门负责全国的社会保险费征缴管理和监督检查工作。县级以上地方各级人民政府劳动保障行政部门负责本行政区域内的社会保险费征缴管理和监督检查工作。

第六条　社会保险费实行三项社会保险费集中、统一征收。社会保险费的征收机构由省、自治区、直辖市人民政府规定，可以由税务机关征收，也可以由劳动保障行政部门按照国务院规定设立的社会保险经办机构（以下简称社会保险经办机构）征收。

第二章　征缴管理

第七条　缴费单位必须向当地社会保险经办机构办理社会保险登记，参加社会保险。

登记事项包括：单位名称、住所、经营地点、单位类型、法定代表人或者负责人、开户银行账号以及国务院劳动保障行政部门规定的其他事项。

第八条　企业在办理登记注册时，同步办理社会保险登记。

前款规定以外的缴费单位应当自成立之日起30日内，向当地社会保险经办机构申请办理社会保险登记。

第九条　缴费单位的社会保险登记事项发生变更或者缴费单位依法终止的，应当自变更或者终止之日起30日内，到社会保险经办机构办理变更或者注销社会保险登记手续。

第十条　缴费单位必须按月向社会保险经办机构申报应缴纳的社会保险费数额，经社会保险经办机构核定后，在规定的期限内缴纳社会保险费。

缴费单位不按规定申报应缴纳的社会保险费数额的，由社会保险经办机构暂按该单位上月缴费数额的110%确定应缴数额；没有上月缴费数额的，由社会保险经办机构暂按该单位的经营状况、职工人数等有关情况确定应缴数额。缴费单位补办申报手续并按核定数额缴纳社会保险费后，由社会保险经办机构按照规定结算。

第十一条　省、自治区、直辖市人民政府规定由税务机关征收社会保险费的，社会保险经办机构应当及时向税务机关提供缴费单位社会保险登记、变更登记、注销登记以及缴费申报的情况。

第十二条　缴费单位和缴费个人应当以货币形式全额缴纳社会保险费。

缴费个人应当缴纳的社会保险费，由所在单位从其本人工资中代扣代缴。

社会保险费不得减免。

第十三条　缴费单位未按规定缴纳和代扣代缴社会保险费的，由劳动保障行政部门或者税务机关责令限期缴纳；逾期仍不缴纳的，除补缴欠缴数额外，从欠缴之日起，按日加收2‰的滞纳金。滞纳金并入社会保险基金。

第十四条　征收的社会保险费存入财政部门在国有商业银行开设的社会保障基金财政专户。

社会保险基金按照不同险种的统筹范围，分别建立基本养老保险基金、基本医疗保险基金、失业保险基金。各项社会保险基金分别单独核算。

社会保险基金不计征税、费。

第十五条　省、自治区、直辖市人民政府规定由税务机关征收社会保险费的，税务机关应当及时向社会保险经办机构提供缴费单位和缴费个人的缴费情况；社会保险经办机构应当将有关情况汇总，报劳动保障行政部门。

第十六条　社会保险经办机构应当建立缴费记录，其中基本养老保险、基本医疗保险并应当按照规定记录个人账户。社会保险经办机构负责保存缴费记录，并保证其完整、安全。社会保险经办机构应当至少每年向缴费个人发送一次基本养老保险、基本医疗保险个人账户通知单。

缴费单位、缴费个人有权按照规定查询缴费记录。

第三章 监督检查

第十七条 缴费单位应当每年向本单位职工公布本单位全年社会保险费缴纳情况，接受职工监督。

社会保险经办机构应当定期向社会公告社会保险费征收情况，接受社会监督。

第十八条 按照省、自治区、直辖市人民政府关于社会保险费征缴机构的规定，劳动保障行政部门或者税务机关依法对单位缴费情况进行检查时，被检查的单位应当提供与缴纳社会保险费有关的用人情况、工资表、财务报表等资料，如实反映情况，不得拒绝检查，不得谎报、瞒报。劳动保障行政部门或者税务机关可以记录、录音、录像、照相和复制有关资料；但是，应当为缴费单位保密。

劳动保障行政部门、税务机关的工作人员在行使前款所列职权时，应当出示执行公务证件。

第十九条 劳动保障行政部门或者税务机关调查社会保险费征缴违法案件时，有关部门、单位应当给予支持、协助。

第二十条 社会保险经办机构受劳动保障行政部门的委托，可以进行与社会保险费征缴有关的检查、调查工作。

第二十一条 任何组织和个人对有关社会保险费征缴的违法行为，有权举报。劳动保障行政部门或者税务机关对举报应当及时调查，按照规定处理，并为举报人保密。

第二十二条 社会保险基金实行收支两条线管理，由财政部门依法进行监督。

审计部门依法对社会保险基金的收支情况进行监督。

第四章 罚 则

第二十三条 缴费单位未按照规定办理社会保险登记、变更登记或者注销登记，或者未按照规定申报应缴纳的社会保险费数额的，由劳动保障行政部门责令限期改正；情节严重的，对直接负责的主管人员和其他直接责任人员可以处 1 000 元以上 5 000 元以下的罚款；情节特别严重的，对直接负责的主管人员和其他直接责任人员可以处 5 000 元以上 10 000 元以下的罚款。

第二十四条 缴费单位违反有关财务、会计、统计的法律、行政法规和国家有关规定，伪造、变造、故意毁灭有关账册、材料，或者不设账册，致使社会保险费缴费基数无法确定的，除依照有关法律、行政法规的规定给予行政处罚、纪律处分、刑事处罚外，依照本条例第十条的规定征缴；迟延缴纳的，由劳动保障行政部门或者税务机关依照本条例第十三条的规定决定加收滞纳金，并对直接负责的主管人员和其他直接责任人员处 5 000 元以上 20 000 元以下的罚款。

第二十五条 缴费单位和缴费个人对劳动保障行政部门或者税务机关的处罚决定不服的，可以依法申请复议；对复议决定不服的，可以依法提起诉讼。

第二十六条 缴费单位逾期拒不缴纳社会保险费、滞纳金的，由劳动保障行政部门或者税务机关申请人民法院依法强制征缴。

第二十七条 劳动保障行政部门、社会保险经办机构或者税务机关的工作人员滥用职权、徇私舞弊、玩忽职守，致使社会保险费流失的，由劳动保障行政部门或者税务机关追回流失的社会保险费；构成犯罪的，依法追究刑事责任；尚不构成犯罪的，依法给予行政处分。

第二十八条 任何单位、个人挪用社会保险基金的，追回被挪用的社会保险基金；有违法所得的，没收违法所得，并入社会保险基金；构成犯罪的，依法追究刑事责任；尚不构成犯罪的，对直接负责的主管人员和其他直接责任人员依法给予行政处分。

第五章 附 则

第二十九条 省、自治区、直辖市人民政府根据本地实际情况，可以决定本条例适用于本行政区域内工伤保险费和生育保险费的征收、缴纳。

第三十条 税务机关、社会保险经办机构征收社会保险费，不得从社会保险基金中提取任何费用，所需经费列入预算，由财政拨付。

第三十一条 本条例自发布之日起施行。

工伤保险条例

中华人民共和国国务院令　第375号

（2003年4月27日发布，根据2010年12月20日《国务院关于修改〈工伤保险条例〉的决定》修订）

第一章　总　　则

第一条　为了保障因工作遭受事故伤害或者患职业病的职工获得医疗救治和经济补偿，促进工伤预防和职业康复，分散用人单位的工伤风险，制定本条例。

第二条　中华人民共和国境内的企业、事业单位、社会团体、民办非企业单位、基金会、律师事务所、会计师事务所等组织和有雇工的个体工商户（以下称用人单位）应当依照本条例规定参加工伤保险，为本单位全部职工或者雇工（以下称职工）缴纳工伤保险费。

中华人民共和国境内的企业、事业单位、社会团体、民办非企业单位、基金会、律师事务所、会计师事务所等组织的职工和个体工商户的雇工，均有依照本条例的规定享受工伤保险待遇的权利。

第三条　工伤保险费的征缴按照《社会保险费征缴暂行条例》关于基本养老保险费、基本医疗保险费、失业保险费的征缴规定执行。

第四条　用人单位应当将参加工伤保险的有关情况在本单位内公示。

用人单位和职工应当遵守有关安全生产和职业病防治的法律法规，执行安全卫生规程和标准，预防工伤事故发生，避免和减少职业病危害。

职工发生工伤时，用人单位应当采取措施使工伤职工得到及时救治。

第五条　国务院社会保险行政部门负责全国的工伤保险工作。

县级以上地方各级人民政府社会保险行政部门负责本行政区域内的工伤保险工作。

社会保险行政部门按照国务院有关规定设立的社会保险经办机构（以下称经办机构）具体承办工伤保险事务。

第六条　社会保险行政部门等部门制定工伤保险的政策、标准，应当征求工会组织、用人单位代表的意见。

第二章　工伤保险基金

第七条　工伤保险基金由用人单位缴纳的工伤保险费、工伤保险基金的利息和依法纳入工伤保险基金的其他资金构成。

第八条 工伤保险费根据以支定收、收支平衡的原则，确定费率。

国家根据不同行业的工伤风险程度确定行业的差别费率，并根据工伤保险费使用、工伤发生率等情况在每个行业内确定若干费率档次。行业差别费率及行业内费率档次由国务院社会保险行政部门制定，报国务院批准后公布施行。

统筹地区经办机构根据用人单位工伤保险费使用、工伤发生率等情况，适用所属行业内相应的费率档次确定单位缴费费率。

第九条 国务院社会保险行政部门应当定期了解全国各统筹地区工伤保险基金收支情况，及时提出调整行业差别费率及行业内费率档次的方案，报国务院批准后公布施行。

第十条 用人单位应当按时缴纳工伤保险费。职工个人不缴纳工伤保险费。

用人单位缴纳工伤保险费的数额为本单位职工工资总额乘以单位缴费费率之积。

对难以按照工资总额缴纳工伤保险费的行业，其缴纳工伤保险费的具体方式，由国务院社会保险行政部门规定。

第十一条 工伤保险基金逐步实行省级统筹。

跨地区、生产流动性较大的行业，可以采取相对集中的方式异地参加统筹地区的工伤保险。具体办法由国务院社会保险行政部门会同有关行业的主管部门制定。

第十二条 工伤保险基金存入社会保障基金财政专户，用于本条例规定的工伤保险待遇，劳动能力鉴定，工伤预防的宣传、培训等费用，以及法律、法规规定的用于工伤保险的其他费用的支付。

工伤预防费用的提取比例、使用和管理的具体办法，由国务院社会保险行政部门会同国务院财政、卫生行政、安全生产监督管理等部门规定。

任何单位或者个人不得将工伤保险基金用于投资运营、兴建或者改建办公场所、发放奖金，或者挪作其他用途。

第十三条 工伤保险基金应当留有一定比例的储备金，用于统筹地区重大事故的工伤保险待遇支付；储备金不足支付的，由统筹地区的人民政府垫付。储备金占基金总额的具体比例和储备金的使用办法，由省、自治区、直辖市人民政府规定。

第三章　工 伤 认 定

第十四条 职工有下列情形之一的，应当认定为工伤：

（一）在工作时间和工作场所内，因工作原因受到事故伤害的；

（二）工作时间前后在工作场所内，从事与工作有关的预备性或者收尾性工作受到事故伤害的；

（三）在工作时间和工作场所内，因履行工作职责受到暴力等意外伤害的；

（四）患职业病的；

（五）因工外出期间，由于工作原因受到伤害或者发生事故下落不明的；

（六）在上下班途中，受到非本人主要责任的交通事故或者城市轨道交通、客运轮渡、火车事故伤害的；

（七）法律、行政法规规定应当认定为工伤的其他情形。

第十五条 职工有下列情形之一的，视同工伤：

（一）在工作时间和工作岗位，突发疾病死亡或者在48小时之内经抢救无效死亡的；

（二）在抢险救灾等维护国家利益、公共利益活动中受到伤害的；

（三）职工原在军队服役，因战、因公负伤致残，已取得革命伤残军人证，到用人单位后旧伤复发的。

职工有前款第（一）项、第（二）项情形的，按照本条例的有关规定享受工伤保险待遇；职工有前款第（三）项情形的，按照本条例的有关规定享受除一次性伤残补助金以外的工伤保险待遇。

第十六条 职工符合本条例第十四条、第十五条的规定，但是有下列情形之一的，不得认定为工伤或者视同工伤：

（一）故意犯罪的；

（二）醉酒或者吸毒的；

（三）自残或者自杀的。

第十七条 职工发生事故伤害或者按照职业病防治法规定被诊断、鉴定为职业病，所在单位应当自事故伤害发生之日或者被诊断、鉴定为职业病之日起30日内，向统筹地区社会保险行政部门提出工伤认定申请。遇有特殊情况，经报社会保险行政部门同意，申请时限可以适当延长。

用人单位未按前款规定提出工伤认定申请的，工伤职工或者其近亲属、工会组织在事故伤害发生之日或者被诊断、鉴定为职业病之日起1年内，可以直接向用人单位所在地统筹地区社会保险行政部门提出工伤认定申请。

按照本条第一款规定应当由省级社会保险行政部门进行工伤认定的事项，根据属地原则由用人单位所在地的设区的市级社会保险行政部门办理。

用人单位未在本条第一款规定的时限内提交工伤认定申请，在此期间发生符合本条例规定的工伤待遇等有关费用由该用人单位负担。

第十八条 提出工伤认定申请应当提交下列材料：

（一）工伤认定申请表；

（二）与用人单位存在劳动关系（包括事实劳动关系）的证明材料；

（三）医疗诊断证明或者职业病诊断证明书（或者职业病诊断鉴定书）。

工伤认定申请表应当包括事故发生的时间、地点、原因以及职工伤害程度等基本情况。

工伤认定申请人提供材料不完整的，社会保险行政部门应当一次性书面告知工伤认定申请人需要补正的全部材料。申请人按照书面告知要求补正材料后，社会保险行政部门应当受理。

第十九条 社会保险行政部门受理工伤认定申请后，根据审核需要可以对事故伤害进行调查核实，用人单位、职工、工会组织、医疗机构以及有关部门应当予以协助。职业病诊断和诊断争议的鉴定，依照职业病防治法的有关规定执行。对依法取得职业病诊断证明书或者职业病诊断鉴定书的，社会保险行政部门不再进行调查核实。

职工或者其近亲属认为是工伤，用人单位不认为是工伤的，由用人单位承担举证责任。

第二十条 社会保险行政部门应当自受理工伤认定申请之日起60日内作出工伤认定的

决定，并书面通知申请工伤认定的职工或者其近亲属和该职工所在单位。

社会保险行政部门对受理的事实清楚、权利义务明确的工伤认定申请，应当在 15 日内作出工伤认定的决定。

作出工伤认定决定需要以司法机关或者有关行政主管部门的结论为依据的，在司法机关或者有关行政主管部门尚未作出结论期间，作出工伤认定决定的时限中止。

社会保险行政部门工作人员与工伤认定申请人有利害关系的，应当回避。

第四章 劳动能力鉴定

第二十一条 职工发生工伤，经治疗伤情相对稳定后存在残疾、影响劳动能力的，应当进行劳动能力鉴定。

第二十二条 劳动能力鉴定是指劳动功能障碍程度和生活自理障碍程度的等级鉴定。

劳动功能障碍分为十个伤残等级，最重的为一级，最轻的为十级。

生活自理障碍分为三个等级：生活完全不能自理、生活大部分不能自理和生活部分不能自理。

劳动能力鉴定标准由国务院社会保险行政部门会同国务院卫生行政部门等部门制定。

第二十三条 劳动能力鉴定由用人单位、工伤职工或者其近亲属向设区的市级劳动能力鉴定委员会提出申请，并提供工伤认定决定和职工工伤医疗的有关资料。

第二十四条 省、自治区、直辖市劳动能力鉴定委员会和设区的市级劳动能力鉴定委员会分别由省、自治区、直辖市和设区的市级社会保险行政部门、卫生行政部门、工会组织、经办机构代表以及用人单位代表组成。

劳动能力鉴定委员会建立医疗卫生专家库。列入专家库的医疗卫生专业技术人员应当具备下列条件：

（一）具有医疗卫生高级专业技术职务任职资格；

（二）掌握劳动能力鉴定的相关知识；

（三）具有良好的职业品德。

第二十五条 设区的市级劳动能力鉴定委员会收到劳动能力鉴定申请后，应当从其建立的医疗卫生专家库中随机抽取 3 名或者 5 名相关专家组成专家组，由专家组提出鉴定意见。设区的市级劳动能力鉴定委员会根据专家组的鉴定意见作出工伤职工劳动能力鉴定结论；必要时，可以委托具备资格的医疗机构协助进行有关的诊断。

设区的市级劳动能力鉴定委员会应当自收到劳动能力鉴定申请之日起 60 日内作出劳动能力鉴定结论，必要时，作出劳动能力鉴定结论的期限可以延长 30 日。劳动能力鉴定结论应当及时送达申请鉴定的单位和个人。

第二十六条 申请鉴定的单位或者个人对设区的市级劳动能力鉴定委员会作出的鉴定结论不服的，可以在收到该鉴定结论之日起 15 日内向省、自治区、直辖市劳动能力鉴定委员会提出再次鉴定申请。省、自治区、直辖市劳动能力鉴定委员会作出的劳动能力鉴定结论为最终结论。

第二十七条 劳动能力鉴定工作应当客观、公正。劳动能力鉴定委员会组成人员或者参加鉴定的专家与当事人有利害关系的，应当回避。

第二十八条 自劳动能力鉴定结论作出之日起1年后，工伤职工或者其近亲属、所在单位或者经办机构认为伤残情况发生变化的，可以申请劳动能力复查鉴定。

第二十九条 劳动能力鉴定委员会依照本条例第二十六条和第二十八条的规定进行再次鉴定和复查鉴定的期限，依照本条例第二十五条第二款的规定执行。

第五章 工伤保险待遇

第三十条 职工因工作遭受事故伤害或者患职业病进行治疗，享受工伤医疗待遇。

职工治疗工伤应当在签订服务协议的医疗机构就医，情况紧急时可以先到就近的医疗机构急救。

治疗工伤所需费用符合工伤保险诊疗项目目录、工伤保险药品目录、工伤保险住院服务标准的，从工伤保险基金支付。工伤保险诊疗项目目录、工伤保险药品目录、工伤保险住院服务标准，由国务院社会保险行政部门会同国务院卫生行政部门、食品药品监督管理部门等部门规定。

职工住院治疗工伤的伙食补助费，以及经医疗机构出具证明，报经办机构同意，工伤职工到统筹地区以外就医所需的交通、食宿费用从工伤保险基金支付，基金支付的具体标准由统筹地区人民政府规定。

工伤职工治疗非工伤引发的疾病，不享受工伤医疗待遇，按照基本医疗保险办法处理。

工伤职工到签订服务协议的医疗机构进行工伤康复的费用，符合规定的，从工伤保险基金支付。

第三十一条 社会保险行政部门作出认定为工伤的决定后发生行政复议、行政诉讼的，行政复议和行政诉讼期间不停止支付工伤职工治疗工伤的医疗费用。

第三十二条 工伤职工因日常生活或者就业需要，经劳动能力鉴定委员会确认，可以安装假肢、矫形器、假眼、假牙和配置轮椅等辅助器具，所需费用按照国家规定的标准从工伤保险基金支付。

第三十三条 职工因工作遭受事故伤害或者患职业病需要暂停工作接受工伤医疗的，在停工留薪期内，原工资福利待遇不变，由所在单位按月支付。

停工留薪期一般不超过12个月。伤情严重或者情况特殊，经设区的市级劳动能力鉴定委员会确认，可以适当延长，但延长不得超过12个月。工伤职工评定伤残等级后，停发原待遇，按照本章的有关规定享受伤残待遇。工伤职工在停工留薪期满后仍需治疗的，继续享受工伤医疗待遇。

生活不能自理的工伤职工在停工留薪期需要护理的，由所在单位负责。

第三十四条 工伤职工已经评定伤残等级并经劳动能力鉴定委员会确认需要生活护理的，从工伤保险基金按月支付生活护理费。

生活护理费按照生活完全不能自理、生活大部分不能自理或者生活部分不能自理3个不同等级支付，其标准分别为统筹地区上年度职工月平均工资的50%、40%或者30%。

第三十五条 职工因工致残被鉴定为一级至四级伤残的，保留劳动关系，退出工作岗位，享受以下待遇：

（一）从工伤保险基金按伤残等级支付一次性伤残补助金，标准为：一级伤残为27个月的本人工资，二级伤残为25个月的本人工资，三级伤残为23个月的本人工资，四级伤残为21个月的本人工资；

（二）从工伤保险基金按月支付伤残津贴，标准为：一级伤残为本人工资的90%，二级伤残为本人工资的85%，三级伤残为本人工资的80%，四级伤残为本人工资的75%。伤残津贴实际金额低于当地最低工资标准的，由工伤保险基金补足差额；

（三）工伤职工达到退休年龄并办理退休手续后，停发伤残津贴，按照国家有关规定享受基本养老保险待遇。基本养老保险待遇低于伤残津贴的，由工伤保险基金补足差额。

职工因工致残被鉴定为一级至四级伤残的，由用人单位和职工个人以伤残津贴为基数，缴纳基本医疗保险费。

第三十六条 职工因工致残被鉴定为五级、六级伤残的，享受以下待遇：

（一）从工伤保险基金按伤残等级支付一次性伤残补助金，标准为：五级伤残为18个月的本人工资，六级伤残为16个月的本人工资；

（二）保留与用人单位的劳动关系，由用人单位安排适当工作。难以安排工作的，由用人单位按月发给伤残津贴，标准为：五级伤残为本人工资的70%，六级伤残为本人工资的60%，并由用人单位按照规定为其缴纳应缴纳的各项社会保险费。伤残津贴实际金额低于当地最低工资标准的，由用人单位补足差额。

经工伤职工本人提出，该职工可以与用人单位解除或者终止劳动关系，由工伤保险基金支付一次性工伤医疗补助金，由用人单位支付一次性伤残就业补助金。一次性工伤医疗补助金和一次性伤残就业补助金的具体标准由省、自治区、直辖市人民政府规定。

第三十七条 职工因工致残被鉴定为七级至十级伤残的，享受以下待遇：

（一）从工伤保险基金按伤残等级支付一次性伤残补助金，标准为：七级伤残为13个月的本人工资，八级伤残为11个月的本人工资，九级伤残为9个月的本人工资，十级伤残为7个月的本人工资；

（二）劳动、聘用合同期满终止，或者职工本人提出解除劳动、聘用合同的，由工伤保险基金支付一次性工伤医疗补助金，由用人单位支付一次性伤残就业补助金。一次性工伤医疗补助金和一次性伤残就业补助金的具体标准由省、自治区、直辖市人民政府规定。

第三十八条 工伤职工工伤复发，确认需要治疗的，享受本条例第三十条、第三十二条和第三十三条规定的工伤待遇。

第三十九条 职工因工死亡，其近亲属按照下列规定从工伤保险基金领取丧葬补助金、供养亲属抚恤金和一次性工亡补助金：

（一）丧葬补助金为6个月的统筹地区上年度职工月平均工资；

（二）供养亲属抚恤金按照职工本人工资的一定比例发给由因工死亡职工生前提供主要生活来源、无劳动能力的亲属。标准为：配偶每月40%，其他亲属每人每月30%，孤寡老人或者孤儿每人每月在上述标准的基础上增加10%。核定的各供养亲属的抚恤金之和不应高于因工死亡职工生前的工资。供养亲属的具体范围由国务院社会保险行政部门规定；

（三）一次性工亡补助金标准为上一年度全国城镇居民人均可支配收入的20倍。

伤残职工在停工留薪期内因工伤导致死亡的，其近亲属享受本条第一款规定的待遇。

一级至四级伤残职工在停工留薪期满后死亡的，其近亲属可以享受本条第一款第（一）

项、第（二）项规定的待遇。

第四十条 伤残津贴、供养亲属抚恤金、生活护理费由统筹地区社会保险行政部门根据职工平均工资和生活费用变化等情况适时调整。调整办法由省、自治区、直辖市人民政府规定。

第四十一条 职工因工外出期间发生事故或者在抢险救灾中下落不明的，从事故发生当月起3个月内照发工资，从第4个月起停发工资，由工伤保险基金向其供养亲属按月支付供养亲属抚恤金。生活有困难的，可以预支一次性工亡补助金的50%。职工被人民法院宣告死亡的，按照本条例第三十九条职工因工死亡的规定处理。

第四十二条 工伤职工有下列情形之一的，停止享受工伤保险待遇：

（一）丧失享受待遇条件的；

（二）拒不接受劳动能力鉴定的；

（三）拒绝治疗的。

第四十三条 用人单位分立、合并、转让的，承继单位应当承担原用人单位的工伤保险责任；原用人单位已经参加工伤保险的，承继单位应当到当地经办机构办理工伤保险变更登记。

用人单位实行承包经营的，工伤保险责任由职工劳动关系所在单位承担。

职工被借调期间受到工伤事故伤害的，由原用人单位承担工伤保险责任，但原用人单位与借调单位可以约定补偿办法。

企业破产的，在破产清算时依法拨付应当由单位支付的工伤保险待遇费用。

第四十四条 职工被派遣出境工作，依据前往国家或者地区的法律应当参加当地工伤保险的，参加当地工伤保险，其国内工伤保险关系中止；不能参加当地工伤保险的，其国内工伤保险关系不中止。

第四十五条 职工再次发生工伤，根据规定应当享受伤残津贴的，按照新认定的伤残等级享受伤残津贴待遇。

第六章　监督管理

第四十六条 经办机构具体承办工伤保险事务，履行下列职责：

（一）根据省、自治区、直辖市人民政府规定，征收工伤保险费；

（二）核查用人单位的工资总额和职工人数，办理工伤保险登记，并负责保存用人单位缴费和职工享受工伤保险待遇情况的记录；

（三）进行工伤保险的调查、统计；

（四）按照规定管理工伤保险基金的支出；

（五）按照规定核定工伤保险待遇；

（六）为工伤职工或者其近亲属免费提供咨询服务。

第四十七条 经办机构与医疗机构、辅助器具配置机构在平等协商的基础上签订服务协议，并公布签订服务协议的医疗机构、辅助器具配置机构的名单。具体办法由国务院社会保险行政部门分别会同国务院卫生行政部门、民政部门等部门制定。

第四十八条 经办机构按照协议和国家有关目录、标准对工伤职工医疗费用、康复费用、辅助器具费用的使用情况进行核查，并按时足额结算费用。

第四十九条 经办机构应当定期公布工伤保险基金的收支情况，及时向社会保险行政部门提出调整费率的建议。

第五十条 社会保险行政部门、经办机构应当定期听取工伤职工、医疗机构、辅助器具配置机构以及社会各界对改进工伤保险工作的意见。

第五十一条 社会保险行政部门依法对工伤保险费的征缴和工伤保险基金的支付情况进行监督检查。

财政部门和审计机关依法对工伤保险基金的收支、管理情况进行监督。

第五十二条 任何组织和个人对有关工伤保险的违法行为，有权举报。社会保险行政部门对举报应当及时调查，按照规定处理，并为举报人保密。

第五十三条 工会组织依法维护工伤职工的合法权益，对用人单位的工伤保险工作实行监督。

第五十四条 职工与用人单位发生工伤待遇方面的争议，按照处理劳动争议的有关规定处理。

第五十五条 有下列情形之一的，有关单位或者个人可以依法申请行政复议，也可以依法向人民法院提起行政诉讼：

（一）申请工伤认定的职工或者其近亲属、该职工所在单位对工伤认定申请不予受理的决定不服的；

（二）申请工伤认定的职工或者其近亲属、该职工所在单位对工伤认定结论不服的；

（三）用人单位对经办机构确定的单位缴费费率不服的；

（四）签订服务协议的医疗机构、辅助器具配置机构认为经办机构未履行有关协议或者规定的；

（五）工伤职工或者其近亲属对经办机构核定的工伤保险待遇有异议的。

第七章 法律责任

第五十六条 单位或者个人违反本条例第十二条规定挪用工伤保险基金，构成犯罪的，依法追究刑事责任；尚不构成犯罪的，依法给予处分或者纪律处分。被挪用的基金由社会保险行政部门追回，并入工伤保险基金；没收的违法所得依法上缴国库。

第五十七条 社会保险行政部门工作人员有下列情形之一的，依法给予处分；情节严重，构成犯罪的，依法追究刑事责任：

（一）无正当理由不受理工伤认定申请，或者弄虚作假将不符合工伤条件的人员认定为工伤职工的；

（二）未妥善保管申请工伤认定的证据材料，致使有关证据灭失的；

（三）收受当事人财物的。

第五十八条 经办机构有下列行为之一的，由社会保险行政部门责令改正，对直接负责的主管人员和其他责任人员依法给予纪律处分；情节严重，构成犯罪的，依法追究刑事责任；造成当事人经济损失的，由经办机构依法承担赔偿责任：

（一）未按规定保存用人单位缴费和职工享受工伤保险待遇情况记录的；

（二）不按规定核定工伤保险待遇的；

（三）收受当事人财物的。

第五十九条 医疗机构、辅助器具配置机构不按服务协议提供服务的，经办机构可以解除服务协议。

经办机构不按时足额结算费用的，由社会保险行政部门责令改正；医疗机构、辅助器具配置机构可以解除服务协议。

第六十条 用人单位、工伤职工或者其近亲属骗取工伤保险待遇，医疗机构、辅助器具配置机构骗取工伤保险基金支出的，由社会保险行政部门责令退还，处骗取金额2倍以上5倍以下的罚款；情节严重，构成犯罪的，依法追究刑事责任。

第六十一条 从事劳动能力鉴定的组织或者个人有下列情形之一的，由社会保险行政部门责令改正，处2 000元以上1万元以下的罚款；情节严重，构成犯罪的，依法追究刑事责任：

（一）提供虚假鉴定意见的；

（二）提供虚假诊断证明的；

（三）收受当事人财物的。

第六十二条 用人单位依照本条例规定应当参加工伤保险而未参加的，由社会保险行政部门责令限期参加，补缴应当缴纳的工伤保险费，并自欠缴之日起，按日加收万分之五的滞纳金；逾期仍不缴纳的，处欠缴数额1倍以上3倍以下的罚款。

依照本条例规定应当参加工伤保险而未参加工伤保险的用人单位职工发生工伤的，由该用人单位按照本条例规定的工伤保险待遇项目和标准支付费用。

用人单位参加工伤保险并补缴应当缴纳的工伤保险费、滞纳金后，由工伤保险基金和用人单位依照本条例的规定支付新发生的费用。

第六十三条 用人单位违反本条例第十九条的规定，拒不协助社会保险行政部门对事故进行调查核实的，由社会保险行政部门责令改正，处2 000元以上2万元以下的罚款。

第八章　附　　则

第六十四条 本条例所称工资总额，是指用人单位直接支付给本单位全部职工的劳动报酬总额。

本条例所称本人工资，是指工伤职工因工作遭受事故伤害或者患职业病前12个月平均月缴费工资。本人工资高于统筹地区职工平均工资300%的，按照统筹地区职工平均工资的300%计算；本人工资低于统筹地区职工平均工资60%的，按照统筹地区职工平均工资的60%计算。

第六十五条 公务员和参照公务员法管理的事业单位、社会团体的工作人员因工作遭受事故伤害或者患职业病的，由所在单位支付费用。具体办法由国务院社会保险行政部门会同国务院财政部门规定。

第六十六条 无营业执照或者未经依法登记、备案的单位以及被依法吊销营业执照或者撤销登记、备案的单位的职工受到事故伤害或者患职业病的，由该单位向伤残职工或者死亡职工的近亲属给予一次性赔偿，赔偿标准不得低于本条例规定的工伤保险待遇；用人单位不得使用童工，用人单位使用童工造成童工伤残、死亡的，由该单位向童工或者童工的近亲属给予一次性赔偿，赔偿标准不得低于本条例规定的工伤保险待遇。具体办法由国务院社会保险行政部门规定。

前款规定的伤残职工或者死亡职工的近亲属就赔偿数额与单位发生争议的，以及前款规定的童工或者童工的近亲属就赔偿数额与单位发生争议的，按照处理劳动争议的有关规定处理。

第六十七条 本条例自 2004 年 1 月 1 日起施行。本条例施行前已受到事故伤害或者患职业病的职工尚未完成工伤认定的，按照本条例的规定执行。

职工带薪年休假条例

中华人民共和国国务院令　第514号

（2007年12月7日发布）

第一条　为了维护职工休息休假权利，调动职工工作积极性，根据劳动法和公务员法，制定本条例。

第二条　机关、团体、企业、事业单位、民办非企业单位、有雇工的个体工商户等单位的职工连续工作1年以上的，享受带薪年休假（以下简称年休假）。单位应当保证职工享受年休假。职工在年休假期间享受与正常工作期间相同的工资收入。

第三条　职工累计工作已满1年不满10年的，年休假5天；已满10年不满20年的，年休假10天；已满20年的，年休假15天。

国家法定休假日、休息日不计入年休假的假期。

第四条　职工有下列情形之一的，不享受当年的年休假：

（一）职工依法享受寒暑假，其休假天数多于年休假天数的；

（二）职工请事假累计20天以上且单位按照规定不扣工资的；

（三）累计工作满1年不满10年的职工，请病假累计2个月以上的；

（四）累计工作满10年不满20年的职工，请病假累计3个月以上的；

（五）累计工作满20年以上的职工，请病假累计4个月以上的。

第五条　单位根据生产、工作的具体情况，并考虑职工本人意愿，统筹安排职工年休假。

年休假在1个年度内可以集中安排，也可以分段安排，一般不跨年度安排。单位因生产、工作特点确有必要跨年度安排职工年休假的，可以跨1个年度安排。

单位确因工作需要不能安排职工休年休假的，经职工本人同意，可以不安排职工休年休假。对职工应休未休的年休假天数，单位应当按照该职工日工资收入的300%支付年休假工资报酬。

第六条　县级以上地方人民政府人事部门、劳动保障部门应当依据职权对单位执行本条例的情况主动进行监督检查。

工会组织依法维护职工的年休假权利。

第七条　单位不安排职工休年休假又不依照本条例规定给予年休假工资报酬的，由县级以上地方人民政府人事部门或者劳动保障部门依据职权责令限期改正；对逾期不改正的，除责令该单位支付年休假工资报酬外，单位还应当按照年休假工资报酬的数额向职工加付赔偿金；对拒不支付年休假工资报酬、赔偿金的，属于公务员和参照公务员法管理的人员所在单位的，对直接负责的主管人员以及其他直接责任人员依法给予处分；属于其他单位的，由劳动保障部门、人事部门或者职工申请人民法院强制执行。

第八条 职工与单位因年休假发生的争议，依照国家有关法律、行政法规的规定处理。

第九条 国务院人事部门、国务院劳动保障部门依据职权，分别制定本条例的实施办法。

第十条 本条例自 2008 年 1 月 1 日起施行。

中华人民共和国劳动合同法实施条例

中华人民共和国国务院令　第535号

（2008年9月18日发布）

第一章　总　　则

第一条　为了贯彻实施《中华人民共和国劳动合同法》（以下简称劳动合同法），制定本条例。

第二条　各级人民政府和县级以上人民政府劳动行政等有关部门以及工会等组织，应当采取措施，推动劳动合同法的贯彻实施，促进劳动关系的和谐。

第三条　依法成立的会计师事务所、律师事务所等合伙组织和基金会，属于劳动合同法规定的用人单位。

第二章　劳动合同的订立

第四条　劳动合同法规定的用人单位设立的分支机构，依法取得营业执照或者登记证书的，可以作为用人单位与劳动者订立劳动合同；未依法取得营业执照或者登记证书的，受用人单位委托可以与劳动者订立劳动合同。

第五条　自用工之日起一个月内，经用人单位书面通知后，劳动者不与用人单位订立书面劳动合同的，用人单位应当书面通知劳动者终止劳动关系，无需向劳动者支付经济补偿，但是应当依法向劳动者支付其实际工作时间的劳动报酬。

第六条　用人单位自用工之日起超过一个月不满一年未与劳动者订立书面劳动合同的，应当依照劳动合同法第八十二条的规定向劳动者每月支付两倍的工资，并与劳动者补订书面劳动合同；劳动者不与用人单位订立书面劳动合同的，用人单位应当书面通知劳动者终止劳动关系，并依照劳动合同法第四十七条的规定支付经济补偿。

前款规定的用人单位向劳动者每月支付两倍工资的起算时间为用工之日起满一个月的次日，截止时间为补订书面劳动合同的前一日。

第七条　用人单位自用工之日起满一年未与劳动者订立书面劳动合同的，自用工之日起满一个月的次日至满一年的前一日应当依照劳动合同法第八十二条的规定向劳动者每月支付两倍的工资，并视为自用工之日起满一年的当日已经与劳动者订立无固定期限劳动合同，应当立即与劳动者补订书面劳动合同。

第八条 劳动合同法第七条规定的职工名册，应当包括劳动者姓名、性别、公民身份号码、户籍地址及现住址、联系方式、用工形式、用工起始时间、劳动合同期限等内容。

第九条 劳动合同法第十四条第二款规定的连续工作满10年的起始时间，应当自用人单位用工之日起计算，包括劳动合同法施行前的工作年限。

第十条 劳动者非因本人原因从原用人单位被安排到新用人单位工作的，劳动者在原用人单位的工作年限合并计算为新用人单位的工作年限。原用人单位已经向劳动者支付经济补偿的，新用人单位在依法解除、终止劳动合同计算支付经济补偿的工作年限时，不再计算劳动者在原用人单位的工作年限。

第十一条 除劳动者与用人单位协商一致的情形外，劳动者依照劳动合同法第十四条第二款的规定，提出订立无固定期限劳动合同的，用人单位应当与其订立无固定期限劳动合同。对劳动合同的内容，双方应当按照合法、公平、平等自愿、协商一致、诚实信用的原则协商确定；对协商不一致的内容，依照劳动合同法第十八条的规定执行。

第十二条 地方各级人民政府及县级以上地方人民政府有关部门为安置就业困难人员提供的给予岗位补贴和社会保险补贴的公益性岗位，其劳动合同不适用劳动合同法有关无固定期限劳动合同的规定以及支付经济补偿的规定。

第十三条 用人单位与劳动者不得在劳动合同法第四十四条规定的劳动合同终止情形之外约定其他的劳动合同终止条件。

第十四条 劳动合同履行地与用人单位注册地不一致的，有关劳动者的最低工资标准、劳动保护、劳动条件、职业危害防护和本地区上年度职工月平均工资标准等事项，按照劳动合同履行地的有关规定执行；用人单位注册地的有关标准高于劳动合同履行地的有关标准，且用人单位与劳动者约定按照用人单位注册地的有关规定执行的，从其约定。

第十五条 劳动者在试用期的工资不得低于本单位相同岗位最低档工资的80%或者不得低于劳动合同约定工资的80%，并不得低于用人单位所在地的最低工资标准。

第十六条 劳动合同法第二十二条第二款规定的培训费用，包括用人单位为了对劳动者进行专业技术培训而支付的有凭证的培训费用、培训期间的差旅费用以及因培训产生的用于该劳动者的其他直接费用。

第十七条 劳动合同期满，但是用人单位与劳动者依照劳动合同法第二十二条的规定约定的服务期尚未到期的，劳动合同应当续延至服务期满；双方另有约定的，从其约定。

第三章　劳动合同的解除和终止

第十八条 有下列情形之一的，依照劳动合同法规定的条件、程序，劳动者可以与用人单位解除固定期限劳动合同、无固定期限劳动合同或者以完成一定工作任务为期限的劳动合同：

（一）劳动者与用人单位协商一致的；

（二）劳动者提前30日以书面形式通知用人单位的；

（三）劳动者在试用期内提前3日通知用人单位的；

（四）用人单位未按照劳动合同约定提供劳动保护或者劳动条件的；

（五）用人单位未及时足额支付劳动报酬的；

（六）用人单位未依法为劳动者缴纳社会保险费的；

（七）用人单位的规章制度违反法律、法规的规定，损害劳动者权益的；

（八）用人单位以欺诈、胁迫的手段或者乘人之危，使劳动者在违背真实意思的情况下订立或者变更劳动合同的；

（九）用人单位在劳动合同中免除自己的法定责任、排除劳动者权利的；

（十）用人单位违反法律、行政法规强制性规定的；

（十一）用人单位以暴力、威胁或者非法限制人身自由的手段强迫劳动者劳动的；

（十二）用人单位违章指挥、强令冒险作业危及劳动者人身安全的；

（十三）法律、行政法规规定劳动者可以解除劳动合同的其他情形。

第十九条 有下列情形之一的，依照劳动合同法规定的条件、程序，用人单位可以与劳动者解除固定期限劳动合同、无固定期限劳动合同或者以完成一定工作任务为期限的劳动合同：

（一）用人单位与劳动者协商一致的；

（二）劳动者在试用期间被证明不符合录用条件的；

（三）劳动者严重违反用人单位的规章制度的；

（四）劳动者严重失职，营私舞弊，给用人单位造成重大损害的；

（五）劳动者同时与其他用人单位建立劳动关系，对完成本单位的工作任务造成严重影响，或者经用人单位提出，拒不改正的；

（六）劳动者以欺诈、胁迫的手段或者乘人之危，使用人单位在违背真实意思的情况下订立或者变更劳动合同的；

（七）劳动者被依法追究刑事责任的；

（八）劳动者患病或者非因工负伤，在规定的医疗期满后不能从事原工作，也不能从事由用人单位另行安排的工作的；

（九）劳动者不能胜任工作，经过培训或者调整工作岗位，仍不能胜任工作的；

（十）劳动合同订立时所依据的客观情况发生重大变化，致使劳动合同无法履行，经用人单位与劳动者协商，未能就变更劳动合同内容达成协议的；

（十一）用人单位依照企业破产法规定进行重整的；

（十二）用人单位生产经营发生严重困难的；

（十三）企业转产、重大技术革新或者经营方式调整，经变更劳动合同后，仍需裁减人员的；

（十四）其他因劳动合同订立时所依据的客观经济情况发生重大变化，致使劳动合同无法履行的。

第二十条 用人单位依照劳动合同法第四十条的规定，选择额外支付劳动者一个月工资解除劳动合同的，其额外支付的工资应当按照该劳动者上一个月的工资标准确定。

第二十一条 劳动者达到法定退休年龄的，劳动合同终止。

第二十二条 以完成一定工作任务为期限的劳动合同因任务完成而终止的，用人单位应当依照劳动合同法第四十七条的规定向劳动者支付经济补偿。

第二十三条 用人单位依法终止工伤职工的劳动合同的，除依照劳动合同法第四十七条的规定支付经济补偿外，还应当依照国家有关工伤保险的规定支付一次性工伤医疗补助金和伤残就业补助金。

第二十四条 用人单位出具的解除、终止劳动合同的证明，应当写明劳动合同期限、解除或者终止劳动合同的日期、工作岗位、在本单位的工作年限。

第二十五条 用人单位违反劳动合同法的规定解除或者终止劳动合同，依照劳动合同法第八十七条的规定支付了赔偿金的，不再支付经济补偿。赔偿金的计算年限自用工之日起计算。

第二十六条 用人单位与劳动者约定了服务期，劳动者依照劳动合同法第三十八条的规定解除劳动合同的，不属于违反服务期的约定，用人单位不得要求劳动者支付违约金。

有下列情形之一，用人单位与劳动者解除约定服务期的劳动合同的，劳动者应当按照劳动合同的约定向用人单位支付违约金：

（一）劳动者严重违反用人单位的规章制度的；

（二）劳动者严重失职，营私舞弊，给用人单位造成重大损害的；

（三）劳动者同时与其他用人单位建立劳动关系，对完成本单位的工作任务造成严重影响，或者经用人单位提出，拒不改正的；

（四）劳动者以欺诈、胁迫的手段或者乘人之危，使用人单位在违背真实意思的情况下订立或者变更劳动合同的；

（五）劳动者被依法追究刑事责任的。

第二十七条 劳动合同法第四十七条规定的经济补偿的月工资按照劳动者应得工资计算，包括计时工资或者计件工资以及奖金、津贴和补贴等货币性收入。劳动者在劳动合同解除或者终止前12个月的平均工资低于当地最低工资标准的，按照当地最低工资标准计算。劳动者工作不满12个月的，按照实际工作的月数计算平均工资。

第四章　劳务派遣特别规定

第二十八条 用人单位或者其所属单位出资或者合伙设立的劳务派遣单位，向本单位或者所属单位派遣劳动者的，属于劳动合同法第六十七条规定的不得设立的劳务派遣单位。

第二十九条 用工单位应当履行劳动合同法第六十二条规定的义务，维护被派遣劳动者的合法权益。

第三十条 劳务派遣单位不得以非全日制用工形式招用被派遣劳动者。

第三十一条 劳务派遣单位或者被派遣劳动者依法解除、终止劳动合同的经济补偿，依照劳动合同法第四十六条、第四十七条的规定执行。

第三十二条 劳务派遣单位违法解除或者终止被派遣劳动者的劳动合同的，依照劳动合同法第四十八条的规定执行。

第五章　法律责任

第三十三条 用人单位违反劳动合同法有关建立职工名册规定的，由劳动行政部门责令限期改正；逾期不改正的，由劳动行政部门处2 000元以上2万元以下的罚款。

第三十四条 用人单位依照劳动合同法的规定应当向劳动者每月支付两倍的工资或者应

当向劳动者支付赔偿金而未支付的，劳动行政部门应当责令用人单位支付。

第三十五条 用工单位违反劳动合同法和本条例有关劳务派遣规定的，由劳动行政部门和其他有关主管部门责令改正；情节严重的，以每位被派遣劳动者1 000元以上5 000元以下的标准处以罚款；给被派遣劳动者造成损害的，劳务派遣单位和用工单位承担连带赔偿责任。

第六章 附 则

第三十六条 对违反劳动合同法和本条例的行为的投诉、举报，县级以上地方人民政府劳动行政部门依照《劳动保障监察条例》的规定处理。

第三十七条 劳动者与用人单位因订立、履行、变更、解除或者终止劳动合同发生争议的，依照《中华人民共和国劳动争议调解仲裁法》的规定处理。

第三十八条 本条例自公布之日起施行。

女职工劳动保护特别规定

中华人民共和国国务院令　第 619 号

(2012 年 4 月 28 日发布)

第一条　为了减少和解决女职工在劳动中因生理特点造成的特殊困难，保护女职工健康，制定本规定。

第二条　中华人民共和国境内的国家机关、企业、事业单位、社会团体、个体经济组织以及其他社会组织等用人单位及其女职工，适用本规定。

第三条　用人单位应当加强女职工劳动保护，采取措施改善女职工劳动安全卫生条件，对女职工进行劳动安全卫生知识培训。

第四条　用人单位应当遵守女职工禁忌从事的劳动范围的规定。用人单位应当将本单位属于女职工禁忌从事的劳动范围的岗位书面告知女职工。

女职工禁忌从事的劳动范围由本规定附录列示。国务院安全生产监督管理部门会同国务院人力资源社会保障行政部门、国务院卫生行政部门根据经济社会发展情况，对女职工禁忌从事的劳动范围进行调整。

第五条　用人单位不得因女职工怀孕、生育、哺乳降低其工资、予以辞退、与其解除劳动或者聘用合同。

第六条　女职工在孕期不能适应原劳动的，用人单位应当根据医疗机构的证明，予以减轻劳动量或者安排其他能够适应的劳动。

对怀孕 7 个月以上的女职工，用人单位不得延长劳动时间或者安排夜班劳动，并应当在劳动时间内安排一定的休息时间。

怀孕女职工在劳动时间内进行产前检查，所需时间计入劳动时间。

第七条　女职工生育享受 98 天产假，其中产前可以休假 15 天；难产的，增加产假 15 天；生育多胞胎的，每多生育 1 个婴儿，增加产假 15 天。

女职工怀孕未满 4 个月流产的，享受 15 天产假；怀孕满 4 个月流产的，享受 42 天产假。

第八条　女职工产假期间的生育津贴，对已经参加生育保险的，按照用人单位上年度职工月平均工资的标准由生育保险基金支付；对未参加生育保险的，按照女职工产假前工资的标准由用人单位支付。

女职工生育或者流产的医疗费用，按照生育保险规定的项目和标准，对已经参加生育保险的，由生育保险基金支付；对未参加生育保险的，由用人单位支付。

第九条 对哺乳未满 1 周岁婴儿的女职工，用人单位不得延长劳动时间或者安排夜班劳动。

用人单位应当在每天的劳动时间内为哺乳期女职工安排 1 小时哺乳时间；女职工生育多胞胎的，每多哺乳 1 个婴儿每天增加 1 小时哺乳时间。

第十条 女职工比较多的用人单位应当根据女职工的需要，建立女职工卫生室、孕妇休息室、哺乳室等设施，妥善解决女职工在生理卫生、哺乳方面的困难。

第十一条 在劳动场所，用人单位应当预防和制止对女职工的性骚扰。

第十二条 县级以上人民政府人力资源社会保障行政部门、安全生产监督管理部门按照各自职责负责对用人单位遵守本规定的情况进行监督检查。

工会、妇女组织依法对用人单位遵守本规定的情况进行监督。

第十三条 用人单位违反本规定第六条第二款、第七条、第九条第一款规定的，由县级以上人民政府人力资源社会保障行政部门责令限期改正，按照受侵害女职工每人 1 000 元以上 5 000 元以下的标准计算，处以罚款。

用人单位违反本规定附录第一条、第二条规定的，由县级以上人民政府安全生产监督管理部门责令限期改正，按照受侵害女职工每人 1 000 元以上 5 000 元以下的标准计算，处以罚款。用人单位违反本规定附录第三条、第四条规定的，由县级以上人民政府安全生产监督管理部门责令限期治理，处 5 万元以上 30 万元以下的罚款；情节严重的，责令停止有关作业，或者提请有关人民政府按照国务院规定的权限责令关闭。

第十四条 用人单位违反本规定，侵害女职工合法权益的，女职工可以依法投诉、举报、申诉，依法向劳动人事争议调解仲裁机构申请调解仲裁，对仲裁裁决不服的，依法向人民法院提起诉讼。

第十五条 用人单位违反本规定，侵害女职工合法权益，造成女职工损害的，依法给予赔偿；用人单位及其直接负责的主管人员和其他直接责任人员构成犯罪的，依法追究刑事责任。

第十六条 本规定自公布之日起施行。1988 年 7 月 21 日国务院发布的《女职工劳动保护规定》同时废止。

附录

女职工禁忌从事的劳动范围

一、女职工禁忌从事的劳动范围：

（一）矿山井下作业；
（二）体力劳动强度分级标准中规定的第四级体力劳动强度的作业；
（三）每小时负重6次以上、每次负重超过20公斤的作业，或者间断负重、每次负重超过25公斤的作业。

二、女职工在经期禁忌从事的劳动范围：

（一）冷水作业分级标准中规定的第二级、第三级、第四级冷水作业；
（二）低温作业分级标准中规定的第二级、第三级、第四级低温作业；
（三）体力劳动强度分级标准中规定的第三级、第四级体力劳动强度的作业；
（四）高处作业分级标准中规定的第三级、第四级高处作业。

三、女职工在孕期禁忌从事的劳动范围：

（一）作业场所空气中铅及其化合物、汞及其化合物、苯、镉、铍、砷、氰化物、氮氧化物、一氧化碳、二硫化碳、氯、己内酰胺、氯丁二烯、氯乙烯、环氧乙烷、苯胺、甲醛等有毒物质浓度超过国家职业卫生标准的作业；
（二）从事抗癌药物、己烯雌酚生产，接触麻醉剂气体等的作业；
（三）非密封源放射性物质的操作，核事故与放射事故的应急处置；
（四）高处作业分级标准中规定的高处作业；
（五）冷水作业分级标准中规定的冷水作业；
（六）低温作业分级标准中规定的低温作业；
（七）高温作业分级标准中规定的第三级、第四级的作业；
（八）噪声作业分级标准中规定的第三级、第四级的作业；
（九）体力劳动强度分级标准中规定的第三级、第四级体力劳动强度的作业；
（十）在密闭空间、高压室作业或者潜水作业，伴有强烈振动的作业，或者需要频繁弯腰、攀高、下蹲的作业。

四、女职工在哺乳期禁忌从事的劳动范围：

（一）孕期禁忌从事的劳动范围的第一项、第三项、第九项；
（二）作业场所空气中锰、氟、溴、甲醇、有机磷化合物、有机氯化合物等有毒物质浓度超过国家职业卫生标准的作业。

事业单位人事管理条例

中华人民共和国国务院令　第652号

（2014年4月25日发布）

第一章　总　　则

第一条　为了规范事业单位的人事管理，保障事业单位工作人员的合法权益，建设高素质的事业单位工作人员队伍，促进公共服务发展，制定本条例。

第二条　事业单位人事管理，坚持党管干部、党管人才原则，全面准确贯彻民主、公开、竞争、择优方针。

国家对事业单位工作人员实行分级分类管理。

第三条　中央事业单位人事综合管理部门负责全国事业单位人事综合管理工作。

县级以上地方各级事业单位人事综合管理部门负责本辖区事业单位人事综合管理工作。

事业单位主管部门具体负责所属事业单位人事管理工作。

第四条　事业单位应当建立健全人事管理制度。

事业单位制定或者修改人事管理制度，应当通过职工代表大会或者其他形式听取工作人员意见。

第二章　岗位设置

第五条　国家建立事业单位岗位管理制度，明确岗位类别和等级。

第六条　事业单位根据职责任务和工作需要，按照国家有关规定设置岗位。

岗位应当具有明确的名称、职责任务、工作标准和任职条件。

第七条　事业单位拟订岗位设置方案，应当报人事综合管理部门备案。

第三章　公开招聘和竞聘上岗

第八条　事业单位新聘用工作人员，应当面向社会公开招聘。但是，国家政策性安置、按照人事管理权限由上级任命、涉密岗位等人员除外。

第九条　事业单位公开招聘工作人员按照下列程序进行：

（一）制定公开招聘方案；

（二）公布招聘岗位、资格条件等招聘信息；

（三）审查应聘人员资格条件；

（四）考试、考察；

（五）体检；

（六）公示拟聘人员名单；

（七）订立聘用合同，办理聘用手续。

第十条 事业单位内部产生岗位人选，需要竞聘上岗的，按照下列程序进行：

（一）制定竞聘上岗方案；

（二）在本单位公布竞聘岗位、资格条件、聘期等信息；

（三）审查竞聘人员资格条件；

（四）考评；

（五）在本单位公示拟聘人员名单；

（六）办理聘任手续。

第十一条 事业单位工作人员可以按照国家有关规定进行交流。

第四章 聘用合同

第十二条 事业单位与工作人员订立的聘用合同，期限一般不低于 3 年。

第十三条 初次就业的工作人员与事业单位订立的聘用合同期限 3 年以上的，试用期为 12 个月。

第十四条 事业单位工作人员在本单位连续工作满 10 年且距法定退休年龄不足 10 年，提出订立聘用至退休的合同的，事业单位应当与其订立聘用至退休的合同。

第十五条 事业单位工作人员连续旷工超过 15 个工作日，或者 1 年内累计旷工超过 30 个工作日的，事业单位可以解除聘用合同。

第十六条 事业单位工作人员年度考核不合格且不同意调整工作岗位，或者连续两年年度考核不合格的，事业单位提前 30 日书面通知，可以解除聘用合同。

第十七条 事业单位工作人员提前 30 日书面通知事业单位，可以解除聘用合同。但是，双方对解除聘用合同另有约定的除外。

第十八条 事业单位工作人员受到开除处分的，解除聘用合同。

第十九条 自聘用合同依法解除、终止之日起，事业单位与被解除、终止聘用合同人员的人事关系终止。

第五章 考核和培训

第二十条 事业单位应当根据聘用合同规定的岗位职责任务，全面考核工作人员的表现，重点考核工作绩效。考核应当听取服务对象的意见和评价。

第二十一条 考核分为平时考核、年度考核和聘期考核。

年度考核的结果可以分为优秀、合格、基本合格和不合格等档次，聘期考核的结果可以分为合格和不合格等档次。

第二十二条 考核结果作为调整事业单位工作人员岗位、工资以及续订聘用合同的依据。

第二十三条 事业单位应当根据不同岗位的要求，编制工作人员培训计划，对工作人员进行分级分类培训。

工作人员应当按照所在单位的要求，参加岗前培训、在岗培训、转岗培训和为完成特定任务的专项培训。

第二十四条 培训经费按照国家有关规定列支。

第六章 奖励和处分

第二十五条 事业单位工作人员或者集体有下列情形之一的，给予奖励：

（一）长期服务基层，爱岗敬业，表现突出的；

（二）在执行国家重要任务、应对重大突发事件中表现突出的；

（三）在工作中有重大发明创造、技术革新的；

（四）在培养人才、传播先进文化中作出突出贡献的；

（五）有其他突出贡献的。

第二十六条 奖励坚持精神奖励与物质奖励相结合、以精神奖励为主的原则。

第二十七条 奖励分为嘉奖、记功、记大功、授予荣誉称号。

第二十八条 事业单位工作人员有下列行为之一的，给予处分：

（一）损害国家声誉和利益的；

（二）失职渎职的；

（三）利用工作之便谋取不正当利益的；

（四）挥霍、浪费国家资财的；

（五）严重违反职业道德、社会公德的；

（六）其他严重违反纪律的。

第二十九条 处分分为警告、记过、降低岗位等级或者撤职、开除。

受处分的期间为：警告，6个月；记过，12个月；降低岗位等级或者撤职，24个月。

第三十条 给予工作人员处分，应当事实清楚、证据确凿、定性准确、处理恰当、程序合法、手续完备。

第三十一条 工作人员受开除以外的处分，在受处分期间没有再发生违纪行为的，处分期满后，由处分决定单位解除处分并以书面形式通知本人。

第七章 工资福利和社会保险

第三十二条 国家建立激励与约束相结合的事业单位工资制度。

事业单位工作人员工资包括基本工资、绩效工资和津贴补贴。

事业单位工资分配应当结合不同行业事业单位特点，体现岗位职责、工作业绩、实际贡献等因素。

第三十三条 国家建立事业单位工作人员工资的正常增长机制。

事业单位工作人员的工资水平应当与国民经济发展相协调、与社会进步相适应。

第三十四条 事业单位工作人员享受国家规定的福利待遇。

事业单位执行国家规定的工时制度和休假制度。

第三十五条 事业单位及其工作人员依法参加社会保险，工作人员依法享受社会保险待遇。

第三十六条 事业单位工作人员符合国家规定退休条件的，应当退休。

第八章 人事争议处理

第三十七条 事业单位工作人员与所在单位发生人事争议的，依照《中华人民共和国劳动争议调解仲裁法》等有关规定处理。

第三十八条 事业单位工作人员对涉及本人的考核结果、处分决定等不服的，可以按照国家有关规定申请复核、提出申诉。

第三十九条 负有事业单位聘用、考核、奖励、处分、人事争议处理等职责的人员履行职责，有下列情形之一的，应当回避：

（一）与本人有利害关系的；

（二）与本人近亲属有利害关系的；

（三）其他可能影响公正履行职责的。

第四十条 对事业单位人事管理工作中的违法违纪行为，任何单位或者个人可以向事业单位人事综合管理部门、主管部门或者监察机关投诉、举报，有关部门和机关应当及时调查处理。

第九章 法律责任

第四十一条 事业单位违反本条例规定的，由县级以上事业单位人事综合管理部门或者主管部门责令限期改正；逾期不改正的，对直接负责的主管人员和其他直接责任人员依法给予处分。

第四十二条 对事业单位工作人员的人事处理违反本条例规定给当事人造成名誉损害的，应当赔礼道歉、恢复名誉、消除影响；造成经济损失的，依法给予赔偿。

第四十三条 事业单位人事综合管理部门和主管部门的工作人员在事业单位人事管理工作中滥用职权、玩忽职守、徇私舞弊的，依法给予处分；构成犯罪的，依法追究刑事责任。

第十章 附则

第四十四条 本条例自2014年7月1日起施行。

失业保险金申领发放办法

中华人民共和国劳动和社会保障部令　第 8 号

（2000 年 10 月 26 日发布，根据 2018 年 12 月 14 日《人力资源社会保障部关于修改部分规章的决定》第一次修订，根据 2019 年 12 月 9 日《人力资源社会保障部关于修改部分规章的决定》第二次修订）

第一章　总　　则

第一条　为保证失业人员及时获得失业保险金及其他失业保险待遇，根据《失业保险条例》（以下简称《条例》），制定本办法。

第二条　参加失业保险的城镇企业事业单位职工以及按照省级人民政府规定参加失业保险的其他单位人员失业后（以下统称失业人员），申请领取失业保险金、享受其他失业保险待遇适用本办法；按照规定应参加而尚未参加失业保险的不适用本办法。

第三条　劳动保障行政部门设立的经办失业保险业务的社会保险经办机构（以下简称经办机构）按照本办法规定受理失业人员领取失业保险金的申请，审核确认领取资格，核定领取失业保险金、享受其他失业保险待遇的期限及标准，负责发放失业保险金并提供其他失业保险待遇。

第二章　失业保险金申领

第四条　失业人员符合《条例》第十四条规定条件的，可以申请领取失业保险金，享受其他失业保险待遇。其中，非因本人意愿中断就业的是指下列人员：

（一）终止劳动合同的；

（二）被用人单位解除劳动合同的；

（三）被用人单位开除、除名和辞退的；

（四）根据《中华人民共和国劳动法》第三十二条第二、三项与用人单位解除劳动合同的；

（五）法律、行政法规另有规定的。

第五条　失业人员失业前所在单位，应将失业人员的名单自终止或者解除劳动合同之日起 7 日内报受理其失业保险业务的经办机构备案，并按要求提供终止或解除劳动合同证明等有关材料。

第六条 失业人员应在终止或者解除劳动合同之日起60日内到受理其单位失业保险业务的经办机构申领失业保险金。

第七条 失业人员申领失业保险金应填写《失业保险金申领表》，并出示下列证明材料：

（一）本人身份证明；

（二）所在单位出具的终止或者解除劳动合同的证明；

（三）失业登记；

（四）省级劳动保障行政部门规定的其他材料。

第八条 失业人员领取失业保险金，应由本人按月到经办机构领取，同时应向经办机构如实说明求职和接受职业指导、职业培训情况。

第九条 失业人员在领取失业保险金期间患病就医的，可以按照规定向经办机构申请领取医疗补助金。

第十条 失业人员在领取失业保险金期间死亡的，其家属可持失业人员死亡证明、领取人身份证明、与失业人员的关系证明，按规定向经办机构领取一次性丧葬补助金和其供养配偶、直系亲属的抚恤金。失业人员当月尚未领取的失业保险金可由其家属一并领取。

第十一条 失业人员在领取失业保险金期间，应积极求职，接受职业指导和职业培训。失业人员在领取失业保险金期间求职时，可以按规定享受就业服务减免费用等优惠政策。

第十二条 失业人员在领取失业保险金期间或期满后，符合享受当地城市居民最低生活保障条件的，可以按照规定申请享受城市居民最低生活保障待遇。

第十三条 失业人员在领取失业保险金期间，发生《条例》第十五条规定情形之一的，不得继续领取失业保险金和享受其他失业保险待遇。

第三章　失业保险金发放

第十四条 经办机构自受理失业人员领取失业保险金申请之日起10日内，对申领者的资格进行审核认定，并将结果及有关事项告知本人。经审核合格者，从其办理失业登记之日起计发失业保险金。

第十五条 经办机构根据失业人员累计缴费时间核定其领取失业保险金的期限。失业人员累计缴费时间按照下列原则确定：

（一）实行个人缴纳失业保险费前，按国家规定计算的工龄视同缴费时间，与《条例》发布后缴纳失业保险费的时间合并计算。

（二）失业人员在领取失业保险金期间重新就业后再次失业的，缴费时间重新计算，其领取失业保险金的期限可以与前次失业应领取而尚未领取的失业保险金的期限合并计算，但是最长不得超过24个月。失业人员在领取失业保险金期间重新就业后不满一年再次失业的，可以继续申领其前次失业应领取而尚未领取的失业保险金。

第十六条 失业保险金以及医疗补助金、丧葬补助金、抚恤金、职业培训和职业介绍补贴等失业保险待遇的标准按照各省、自治区、直辖市人民政府的有关规定执行。

第十七条 失业保险金应按月发放，由经办机构开具单证，失业人员凭单证到指定银行领取。

第十八条 对领取失业保险金期限即将届满的失业人员，经办机构应提前一个月告知本人。

失业人员在领取失业保险金期间，发生《条例》第十五条规定情形之一的，经办机构有权即行停止其失业保险金发放，并同时停止其享受其他失业保险待遇。

第十九条 经办机构应当通过准备书面资料、开设服务窗口、设立咨询电话等方式，为失业人员、用人单位和社会公众提供咨询服务。

第二十条 经办机构应按规定负责失业保险金申领、发放的统计工作。

第四章 失业保险关系转迁

第二十一条 对失业人员失业前所在单位与本人户籍不在同一统筹地区的，其失业保险金的发放和其他失业保险待遇的提供由两地劳动保障行政部门进行协商，明确具体办法。协商未能取得一致的，由上一级劳动保障行政部门确定。

第二十二条 失业人员失业保险关系跨省、自治区、直辖市转迁的，失业保险费用应随失业保险关系相应划转。需划转的失业保险费用包括失业保险金、医疗补助金和职业培训、职业介绍补贴。其中，医疗补助金和职业培训、职业介绍补贴按失业人员应享受的失业保险金总额的一半计算。

第二十三条 失业人员失业保险关系在省、自治区范围内跨统筹地区转迁，失业保险费用的处理由省级劳动保障行政部门规定。

第二十四条 失业人员跨统筹地区转移的，凭失业保险关系迁出地经办机构出具的证明材料到迁入地经办机构领取失业保险金。

第五章 附 则

第二十五条 经办机构发现不符合条件，或以涂改、伪造有关材料等非法手段骗取失业保险金和其他失业保险待遇的，应责令其退还；对情节严重的，经办机构可以提请劳动保障行政部门对其进行处罚。

第二十六条 经办机构工作人员违反本办法规定的，由经办机构或主管该经办机构的劳动保障行政部门责令其改正；情节严重的，依法给予行政处分；给失业人员造成损失的，依法赔偿。

第二十七条 失业人员因享受失业保险待遇与经办机构发生争议的，可以向主管该经办机构的劳动保障行政部门申请行政复议。

第二十八条 符合《条例》规定的劳动合同期满未续订或者提前解除劳动合同的农民合同制工人申领一次性生活补助，按各省、自治区、直辖市办法执行。

第二十九条 《失业保险金申领表》的样式，由劳动和社会保障部统一制定。

第三十条 本办法自二〇〇一年一月一日起施行。

附件 1

失业保险金申领登记表（略）

附件 2

《中华人民共和国劳动法》第三十二条　有下列情形之一的，劳动者可以随时通知用人单位解除劳动合同：

（一）在试用期内的；

（二）用人单位以暴力、威胁或者非法限制人身自由的手段强迫劳动的；

（三）用人单位未按照劳动合同约定支付劳动报酬或者提供劳动条件的。

《失业保险条例》第十四条　具备下列条件的失业人员，可以领取失业保险金：

（一）按照规定参加失业保险，所在单位和本人已按照规定履行缴费义务满 1 年的；

（二）非因本人意愿中断就业的；

（三）已办理失业登记，并有求职要求的。

失业人员在领取失业保险金期间，按照规定同时享受其他失业保险待遇。

《失业保险条例》第十五条　失业人员在领取失业保险金期间有下列情形之一的，停止领取失业保险金，并同时停止享受其他失业保险待遇：

（一）重新就业的；

（二）应征服兵役的；

（三）移居境外的；

（四）享受基本养老保险待遇的；

（五）被判刑收监执行或者被劳动教养的；

（六）无正当理由，拒不接受当地人民政府指定的部门或者机构介绍的工作的；

（七）有法律、行政法规规定的其他情形的。

社会保险行政争议处理办法

中华人民共和国劳动和社会保障部令　第13号

（2001年5月27日发布）

第一条　为妥善处理社会保险行政争议，维护公民、法人和其他组织的合法权益，保障和监督社会保险经办机构（以下简称经办机构）依法行使职权，根据劳动法、行政复议法及有关法律、行政法规，制定本办法。

第二条　本办法所称的社会保险行政争议，是指经办机构在依照法律、法规及有关规定经办社会保险事务过程中，与公民、法人或者其他组织之间发生的争议。

本办法所称的经办机构，是指法律、法规授权的劳动保障行政部门所属的专门办理养老保险、医疗保险、失业保险、工伤保险、生育保险等社会保险事务的工作机构。

第三条　公民、法人或者其他组织认为经办机构的具体行政行为侵犯其合法权益，向经办机构或者劳动保障行政部门申请社会保险行政争议处理，经办机构或者劳动保障行政部门处理社会保险行政争议适用本办法。

第四条　经办机构和劳动保障行政部门的法制工作机构或者负责法制工作的机构为本单位的社会保险行政争议处理机构（以下简称保险争议处理机构），具体负责社会保险行政争议的处理工作。

第五条　经办机构和劳动保障行政部门分别采用复查和行政复议的方式处理社会保险行政争议。

第六条　有下列情形之一的，公民、法人或者其他组织可以申请行政复议：

（一）认为经办机构未依法为其办理社会保险登记、变更或者注销手续的；

（二）认为经办机构未按规定审核社会保险缴费基数的；

（三）认为经办机构未按规定记录社会保险费缴费情况或者拒绝其查询缴费记录的；

（四）认为经办机构违法收取费用或者违法要求履行义务的；

（五）对经办机构核定其社会保险待遇标准有异议的；

（六）认为经办机构不依法支付其社会保险待遇或者对经办机构停止其享受社会保险待遇有异议的；

（七）认为经办机构未依法为其调整社会保险待遇的；

（八）认为经办机构未依法为其办理社会保险关系转移或者接续手续的；

（九）认为经办机构的其他具体行政行为侵犯其合法权益的。

属于前款第（二）、（五）、（六）、（七）项情形之一的，公民、法人或者其他组织可以直接向劳动保障行政部门申请行政复议，也可以先向作出该具体行政行为的经办机构申请复查，对复查决定不服，再向劳动保障行政部门申请行政复议。

第七条 公民、法人或者其他组织认为经办机构的具体行政行为所依据的除法律、法规、规章和国务院文件以外的其他规范性文件不合法，在对具体行政行为申请行政复议时，可以向劳动保障行政部门一并提出对该规范性文件的审查申请。

第八条 公民、法人或者其他组织对经办机构作出的具体行政行为不服，可以向直接管理该经办机构的劳动保障行政部门申请行政复议。

第九条 申请人认为经办机构的具体行政行为侵犯其合法权益的，可以自知道该具体行政行为之日起60日内向经办机构申请复查或者向劳动保障行政部门申请行政复议。

申请人与经办机构之间发生的属于人民法院受案范围的行政案件，申请人也可以依法直接向人民法院提起行政诉讼。

第十条 经办机构作出具体行政行为时，未告知申请人有权申请行政复议或者行政复议申请期限的，行政复议申请期限从申请人知道行政复议权或者行政复议申请期限之日起计算，但最长不得超过二年。

因不可抗力或者其他正当理由耽误法定申请期限的，申请期限自障碍消除之日起继续计算。

第十一条 申请人向经办机构申请复查或者向劳动保障行政部门申请行政复议，一般应当以书面形式提出，也可以口头提出。口头提出的，接到申请的保险争议处理机构应当当场记录申请人的基本情况、请求事项、主要事实和理由、申请时间等事项，并由申请人签字或者盖章。

劳动保障行政部门的其他工作机构接到以书面形式提出的行政复议申请的，应当立即转送本部门的保险争议处理机构。

第十二条 申请人向作出该具体行政行为的经办机构申请复查的，该经办机构应指定其内部专门机构负责处理，并应当自接到复查申请之日起20日内作出维持或者改变该具体行政行为的复查决定。决定改变的，应当重新作出新的具体行政行为。

经办机构作出的复查决定应当采用书面形式。

第十三条 申请人对经办机构的复查决定不服，或者经办机构逾期未作出复查决定的，申请人可以向直接管理该经办机构的劳动保障行政部门申请行政复议。

申请人在经办机构复查该具体行政行为期间，向劳动保障行政部门申请行政复议的，经办机构的复查程序终止。

第十四条 经办机构复查期间，行政复议的申请期限中止，复查期限不计入行政复议申请期限。

第十五条 劳动保障行政部门的保险争议处理机构接到行政复议申请后，应当注明收到日期，并在5个工作日内进行审查，由劳动保障行政部门按照下列情况分别作出决定：

（一）对符合法定受理条件，但不属于本行政机关受理范围的，应当告知申请人向有关机关提出；

（二）对不符合法定受理条件的，应当作出不予受理决定，并制作行政复议不予受理决定书，送达申请人。该决定书中应当说明不予受理的理由。

除前款规定外，行政复议申请自劳动保障行政部门的保险争议处理机构收到之日起即为受理，并制作行政复议受理通知书，送达申请人和被申请人。该通知中应当告知受理日期。

本条规定的期限，从劳动保障行政部门的保险争议处理机构收到行政复议申请之日起计算；因行政复议申请书的主要内容欠缺致使劳动保障行政部门难以作出决定而要求申请人补正有关材料的，从保险争议处理机构收到补正材料之日起计算。

第十六条 经办机构作出具体行政行为时，没有制作或者没有送达行政文书，申请人不服提起行政复议的，只要能证明具体行政行为存在，劳动保障行政部门应当依法受理。

第十七条 申请人认为劳动保障行政部门无正当理由不受理其行政复议申请的，可以向上级劳动保障行政部门申诉，上级劳动保障行政部门在审查后，作出以下处理决定：

（一）申请人提出的行政复议申请符合法定受理条件的，应当责令下级劳动保障行政部门予以受理；其中申请人不服的具体行政行为是依据劳动保障法律、法规、部门规章、本级以上人民政府制定的规章或者本行政机关制定的规范性文件作出的，或者上级劳动保障行政部门认为有必要直接受理的，可以直接受理；

（二）上级劳动保障行政部门认为下级劳动保障行政部门不予受理行为确属有正当理由，应当将审查结论告知申请人。

第十八条 劳动保障行政部门的保险争议处理机构对已受理的社会保险行政争议案件，应当自收到申请之日起7个工作日内，将申请书副本或者申请笔录复印件和行政复议受理通知书送达被申请人。

第十九条 被申请人应当自接到行政复议申请书副本或者申请笔录复印件之日起10日内，提交答辩书，并提交作出该具体行政行为的证据、所依据的法律规范及其他有关材料。

被申请人不提供或者无正当理由逾期提供的，视为该具体行政行为没有证据、依据。

第二十条 申请人可以依法查阅被申请人提出的书面答辩、作出具体行政行为的证据、依据和其他有关材料。

第二十一条 劳动保障行政部门处理社会保险行政争议案件，原则上采用书面审查方式。必要时，可以向有关单位和个人调查了解情况，听取申请人、被申请人和有关人员的意见，并制作笔录。

第二十二条 劳动保障行政部门处理社会保险行政争议案件，以法律、法规、规章和依法制定的其他规范性文件为依据。

第二十三条 劳动保障行政部门在依法向有关部门请示行政复议过程中所遇到的问题应当如何处理期间，行政复议中止。

第二十四条 劳动保障行政部门在审查申请人一并提出的作出具体行政行为所依据的有关规定的合法性时，应当根据具体情况，分别作出以下处理：

（一）该规定是由本行政机关制定的，应当在30日内对该规定依法作出处理结论；

（二）该规定是由本行政机关以外的劳动保障行政部门制定的，应当在7个工作日内将有关材料直接移送制定该规定的劳动保障行政部门，请其在60日内依法作出处理结论，并将处理结论告知移送的劳动保障行政部门；

（三）该规定是由政府及其他工作部门制定的，应当在7个工作日内按照法定程序转送有权处理的国家机关依法处理。

审查该规定期间，行政复议中止，劳动保障行政部门应将有关中止情况通知申请人和被申请人。

第二十五条 行政复议中止的情形结束后，劳动保障行政部门应当继续对该具体行政行为进行审查，并将恢复行政复议审查的时间通知申请人和被申请人。

第二十六条 申请人向劳动保障行政部门提出行政复议申请后，在劳动保障行政部门作出处理决定之前，撤回行政复议申请的，经说明理由，劳动保障行政部门可以终止审理，并将有关情况记录在案。

第二十七条 劳动保障行政部门行政复议期间，被申请人变更或者撤销原具体行政行为的，应当书面告知劳动保障行政部门和申请人。劳动保障行政部门可以终止对原具体行政行为的审查，并书面告知申请人和被申请人。

申请人对被申请人变更或者重新作出的具体行政行为不服，向劳动保障行政部门提出行政复议申请的，劳动保障行政部门应当受理。

第二十八条 劳动保障行政部门的保险争议处理机构应当对其组织审理的社会保险行政争议案件提出处理建议，经本行政机关负责人审查同意或者重大案件经本行政机关集体讨论决定后，由本行政机关依法作出行政复议决定。

第二十九条 劳动保障行政部门作出行政复议决定，应当制作行政复议决定书。行政复议决定书应当载明下列事项：

（一）申请人的姓名、性别、年龄、工作单位、住址（法人或者其他组织的名称、地址、法定代表人的姓名、职务）；

（二）被申请人的名称、地址、法定代表人的姓名、职务；

（三）申请人的复议请求和理由；

（四）被申请人的答辩意见；

（五）劳动保障行政部门认定的事实、理由，适用的法律、法规、规章和依法制定的其他规范性文件；

（六）复议结论；

（七）申请人不服复议决定向人民法院起诉的期限；

（八）作出复议决定的年、月、日。

行政复议决定书应当加盖本行政机关的印章。

第三十条 经办机构和劳动保障行政部门应当依照民事诉讼法有关送达的规定，将复查决定和行政复议文书送达申请人和被申请人。

第三十一条 申请人对劳动保障行政部门作出的行政复议决定不服的，可以依法向人民法院提起行政诉讼。

第三十二条 经办机构必须执行生效的行政复议决定书。拒不执行或者故意拖延不执行的，由直接主管该经办机构的劳动保障行政部门责令其限期履行，并按照人事管理权限对直接负责的主管人员给予行政处分，或者建议经办机构对有关人员给予行政处分。

第三十三条 经办机构或者劳动保障行政部门审查社会保险行政争议案件，不得向申请人收取任何费用。

行政复议活动所需经费，由本单位的行政经费予以保障。

第三十四条 本办法自发布之日起施行。

最低工资规定

中华人民共和国劳动和社会保障部令　第21号

（2004年1月20日发布）

第一条　为了维护劳动者取得劳动报酬的合法权益，保障劳动者个人及其家庭成员的基本生活，根据劳动法和国务院有关规定，制定本规定。

第二条　本规定适用于在中华人民共和国境内的企业、民办非企业单位、有雇工的个体工商户（以下统称用人单位）和与之形成劳动关系的劳动者。

国家机关、事业单位、社会团体和与之建立劳动合同关系的劳动者，依照本规定执行。

第三条　本规定所称最低工资标准，是指劳动者在法定工作时间或依法签订的劳动合同约定的工作时间内提供了正常劳动的前提下，用人单位依法应支付的最低劳动报酬。

本规定所称正常劳动，是指劳动者按依法签订的劳动合同约定，在法定工作时间或劳动合同约定的工作时间内从事的劳动。劳动者依法享受带薪年休假、探亲假、婚丧假、生育（产）假、节育手术假等国家规定的假期间，以及法定工作时间内依法参加社会活动期间，视为提供了正常劳动。

第四条　县级以上地方人民政府劳动保障行政部门负责对本行政区域内用人单位执行本规定情况进行监督检查。

各级工会组织依法对本规定执行情况进行监督，发现用人单位支付劳动者工资违反本规定的，有权要求当地劳动保障行政部门处理。

第五条　最低工资标准一般采取月最低工资标准和小时最低工资标准的形式。月最低工资标准适用于全日制就业劳动者，小时最低工资标准适用于非全日制就业劳动者。

第六条　确定和调整月最低工资标准，应参考当地就业者及其赡养人口的最低生活费用、城镇居民消费价格指数、职工个人缴纳的社会保险费和住房公积金、职工平均工资、经济发展水平、就业状况等因素。

确定和调整小时最低工资标准，应在颁布的月最低工资标准的基础上，考虑单位应缴纳的基本养老保险费和基本医疗保险费因素，同时还应适当考虑非全日制劳动者在工作稳定性、劳动条件和劳动强度、福利等方面与全日制就业人员之间的差异。

月最低工资标准和小时最低工资标准具体测算方法见附件。

第七条　省、自治区、直辖市范围内的不同行政区域可以有不同的最低工资标准。

第八条　最低工资标准的确定和调整方案，由省、自治区、直辖市人民政府劳动保障行政部门会同同级工会、企业联合会/企业家协会研究拟订，并将拟订的方案报送劳动保障部。方案内容包括最低工资确定和调整的依据、适用范围、拟订标准和说明。劳动保障部在收到拟订方案后，应征求全国总工会、中国企业联合会/企业家协会的意见。

劳动保障部对方案可以提出修订意见，若在方案收到后 14 日内未提出修订意见的，视为同意。

第九条 省、自治区、直辖市劳动保障行政部门应将本地区最低工资标准方案报省、自治区、直辖市人民政府批准，并在批准后 7 日内在当地政府公报上和至少一种全地区性报纸上发布。省、自治区、直辖市劳动保障行政部门应在发布后 10 日内将最低工资标准报劳动保障部。

第十条 最低工资标准发布实施后，如本规定第六条所规定的相关因素发生变化，应当适时调整。最低工资标准每两年至少调整一次。

第十一条 用人单位应在最低工资标准发布后 10 日内将该标准向本单位全体劳动者公示。

第十二条 在劳动者提供正常劳动的情况下，用人单位应支付给劳动者的工资在剔除下列各项以后，不得低于当地最低工资标准：

（一）延长工作时间工资；

（二）中班、夜班、高温、低温、井下、有毒有害等特殊工作环境、条件下的津贴；

（三）法律、法规和国家规定的劳动者福利待遇等。

实行计件工资或提成工资等工资形式的用人单位，在科学合理的劳动定额基础上，其支付劳动者的工资不得低于相应的最低工资标准。

劳动者由于本人原因造成在法定工作时间内或依法签订的劳动合同约定的工作时间内未提供正常劳动的，不适用于本条规定。

第十三条 用人单位违反本规定第十一条规定的，由劳动保障行政部门责令其限期改正；违反本规定第十二条规定的，由劳动保障行政部门责令其限期补发所欠劳动者工资，并可责令其按所欠工资的 1 至 5 倍支付劳动者赔偿金。

第十四条 劳动者与用人单位之间就执行最低工资标准发生争议，按劳动争议处理有关规定处理。

第十五条 本规定自 2004 年 3 月 1 日起实施。1993 年 11 月 24 日原劳动部发布的《企业最低工资规定》同时废止。

附件

最低工资标准测算方法

一、确定最低工资标准应考虑的因素

确定最低工资标准一般考虑城镇居民生活费用支出、职工个人缴纳社会保险费、住房公积金、职工平均工资、失业率、经济发展水平等因素。可用公式表示为：

$$M=f(C、S、A、U、E、a)$$

M 最低工资标准；

C 城镇居民人均生活费用；

S 职工个人缴纳社会保险费、住房公积金；

A 职工平均工资；

U 失业率；

E 经济发展水平；

a 调整因素。

二、确定最低工资标准的通用方法

1. 比重法

即根据城镇居民家计调查资料，确定一定比例的最低人均收入户为贫困户，统计出贫困户的人均生活费用支出水平，乘以每一就业者的赡养系数，再加上一个调整数。

2. 恩格尔系数法

即根据国家营养学会提供的年度标准食物谱及标准食物摄取量，结合标准食物的市场价格，计算出最低食物支出标准，除以恩格尔系数，得出最低生活费用标准，再乘以每一就业者的赡养系数，再加上一个调整数。

以上方法计算出月最低工资标准后，再考虑职工个人缴纳社会保险费、住房公积金、职工平均工资水平、社会救济金和失业保险金标准、就业状况、经济发展水平等进行必要的修正。

举例：某地区最低收入组人均每月生活费支出为 210 元，每一就业者赡养系数为 1.87，最低食物费用为 127 元，恩格尔系数为 0.604，平均工资为 900 元。

1. 按比重法计算得出该地区月最低工资标准为：

$$月最低工资标准=210\times1.87+a=393+a（元） \quad (1)$$

2. 按恩格尔系数法计算得出该地区月最低工资标准为：

$$月最低工资标准=127\div0.604\times1.87+a=393+a（元） \quad (2)$$

公式（1）与（2）中 a 的调整因素主要考虑当地个人缴纳养老、失业、医疗保险费和住房公积金等费用。

另，按照国际上一般月最低工资标准相当于月平均工资的 40%～60%，则该地区月最低

工资标准范围应在360~540元之间。

小时最低工资标准=［(月最低工资标准÷20.92÷8)×(1+单位应当缴纳的基本养老保险费、基本医疗保险费比例之和)］×(1+浮动系数)

浮动系数的确定主要考虑非全日制就业劳动者工作稳定性、劳动条件和劳动强度、福利等方面与全日制就业人员之间的差异。

各地可参照以上测算办法，根据当地实际情况合理确定月、小时最低工资标准。

事业单位公开招聘人员暂行规定

中华人民共和国人事部令　第 6 号

（2005 年 11 月 16 日发布）

第一章　总　　则

第一条　为实现事业单位人事管理的科学化、制度化和规范化，规范事业单位招聘行为，提高人员素质，制定本规定。

第二条　事业单位招聘专业技术人员、管理人员和工勤人员，适用本规定。参照公务员制度进行管理和转为企业的事业单位除外。

事业单位新进人员除国家政策性安置、按干部人事管理权限由上级任命及涉密岗位等确需使用其他方法选拔任用人员外，都要实行公开招聘。

第三条　公开招聘要坚持德才兼备的用人标准，贯彻公开、平等、竞争、择优的原则。

第四条　公开招聘要坚持政府宏观管理与落实单位用人自主权相结合，统一规范、分类指导、分级管理。

第五条　公开招聘由用人单位根据招聘岗位的任职条件及要求，采取考试、考核的方法进行。

第六条　政府人事行政部门是政府所属事业单位进行公开招聘工作的主管机关。政府人事行政部门与事业单位的上级主管部门负责对事业单位公开招聘工作进行指导、监督和管理。

第七条　事业单位可以成立由本单位人事部门、纪检监察部门、职工代表及有关专家组成的招聘工作组织，负责招聘工作的具体实施。

第二章　招聘范围、条件及程序

第八条　事业单位招聘人员应当面向社会，凡符合条件的各类人员均可报名应聘。

第九条　应聘人员必须具备下列条件：

（一）具有中华人民共和国国籍；

（二）遵守宪法和法律；

（三）具有良好的品行；

（四）岗位所需的专业或技能条件；

（五）适应岗位要求的身体条件；

（六）岗位所需要的其他条件。

第十条 事业单位公开招聘人员，不得设置歧视性条件要求。

第十一条 公开招聘应按下列程序进行：

（一）制定招聘计划；

（二）发布招聘信息；

（三）受理应聘人员的申请，对资格条件进行审查；

（四）考试、考核；

（五）身体检查；

（六）根据考试、考核结果，确定拟聘人员；

（七）公示招聘结果；

（八）签订聘用合同，办理聘用手续。

第三章 招聘计划、信息发布与资格审查

第十二条 招聘计划由用人单位负责编制，主要包括以下内容：招聘的岗位及条件、招聘的时间、招聘人员的数量、采用的招聘方式等。

第十三条 国务院直属事业单位的年度招聘计划须报人事部备案；国务院各部委直属事业单位的招聘计划须报上级主管部门核准并报人事部备案。

各省、自治区、直辖市人民政府直属事业单位的招聘计划须报省（区、市）政府人事行政部门备案；各省、自治区、直辖市政府部门直属事业单位的招聘计划须报上级主管部门核准并报同级政府人事行政部门备案。

地（市）、县（市）人民政府所属事业单位的招聘计划须报地区或设区的市政府人事行政部门核准。

第十四条 事业单位招聘人员应当公开发布招聘信息，招聘信息应当载明用人单位情况简介、招聘的岗位、招聘人员数量及待遇；应聘人员条件；招聘办法；考试、考核的时间（时限）、内容、范围；报名方法等需要说明的事项。

第十五条 用人单位或组织招聘的部门应对应聘人员的资格条件进行审查，确定符合条件的人员。

第四章 考试与考核

第十六条 考试内容应为招聘岗位所必需的专业知识、业务能力和工作技能。

第十七条 考试科目与方式根据行业、专业及岗位特点确定。

第十八条 考试可采取笔试、面试等多种方式。对于应聘工勤岗位的人员，可根据需要重点进行实际操作能力测试。

第十九条 考试由事业单位自行组织，也可以由政府人事行政部门、事业单位上级主管部门统一组织。

政府人事行政部门所属考试服务机构和人才服务机构可受事业单位、政府人事行政部门或事业单位上级主管部门委托，为事业单位公开招聘人员提供服务。

第二十条 急需引进的高层次、短缺专业人才，具有高级专业技术职务或博士学位的人员，可以采取直接考核的方式招聘。

第二十一条 对通过考试的应聘人员，用人单位应组织对其思想政治表现、道德品质、业务能力、工作实绩等情况进行考核，并对应聘人员资格条件进行复查。

第五章 聘 用

第二十二条 经用人单位负责人员集体研究，按照考试和考核结果择优确定拟聘人员。

第二十三条 对拟聘人员应在适当范围进行公示，公示期一般为 7 至 15 日。

第二十四条 用人单位与拟聘人员签订聘用合同前，按照干部人事管理权限的规定报批或备案。

第二十五条 用人单位法定代表人或者其委托人与受聘人员签订聘用合同，确立人事关系。

第二十六条 事业单位公开招聘的人员按规定实行试用期制度。试用期包括在聘用合同期限内。

试用期满合格的，予以正式聘用；不合格的，取消聘用。

第六章 纪律与监督

第二十七条 事业单位公开招聘人员实行回避制度。

凡与聘用单位负责人员有夫妻关系、直系血亲关系、三代以内旁系血亲或者近姻亲关系的应聘人员，不得应聘该单位负责人员的秘书或者人事、财务、纪律检查岗位，以及有直接上下级领导关系的岗位。

聘用单位负责人员和招聘工作人员在办理人员聘用事项时，涉及与本人有上述亲属关系或者其他可能影响招聘公正的，也应当回避。

第二十八条 招聘工作要做到信息公开、过程公开、结果公开，接受社会及有关部门的监督。

第二十九条 政府人事行政部门和事业单位的上级主管部门要认真履行监管职责，对事业单位招聘过程中违反干部人事纪律及本规定的行为要予以制止和纠正，保证招聘工作的公开、公平、公正。

第三十条 严格公开招聘纪律。对有下列违反本规定情形的，必须严肃处理。构成犯罪的，依法追究刑事责任。

（一）应聘人员伪造、涂改证件、证明，或以其他不正当手段获取应聘资格的；

（二）应聘人员在考试考核过程中作弊的；

（三）招聘工作人员指使、纵容他人作弊，或在考试考核过程中参与作弊的；

（四）招聘工作人员故意泄露考试题目的；

（五）事业单位负责人员违反规定私自聘用人员的；

（六）政府人事行政部门、事业单位主管部门工作人员违反规定，影响招聘公平、公正进行的；

（七）违反本规定的其他情形的。

第三十一条 对违反公开招聘纪律的应聘人员，视情节轻重取消考试或聘用资格；对违反本规定招聘的受聘人员，一经查实，应当解除聘用合同，予以清退。

第三十二条 对违反公开招聘纪律的工作人员，视情节轻重调离招聘工作岗位或给予处分；对违反公开招聘纪律的其他相关人员，按照有关规定追究责任。

第七章 附 则

第三十三条 事业单位需要招聘外国国籍人员的，须报省级以上政府人事行政部门核准，并按照国家有关规定进行招聘。

第三十四条 省、自治区、直辖市政府人事行政部门可以根据本规定，制定本地区的公开招聘办法。

第三十五条 本规定自2006年1月1日起执行。

机关事业单位工作人员带薪年休假实施办法

中华人民共和国人事部令 第9号

(2008年2月15日发布)

第一条 为了规范机关、事业单位实施带薪年休假(以下简称年休假)制度,根据《职工带薪年休假条例》(以下简称《条例》)及国家有关规定,制定本办法。

第二条 《条例》第二条中所称"连续工作"的时间和第三条、第四条中所称"累计工作"的时间,机关、事业单位工作人员(以下简称工作人员)均按工作年限计算。

工作人员工作年限满1年、满10年、满20年后,从下月起享受相应的年休假天数。

第三条 国家规定的探亲假、婚丧假、产假的假期,不计入年休假的假期。

第四条 工作人员已享受当年的年休假,年内又出现《条例》第四条第(二)、(三)、(四)、(五)项规定的情形之一的,不享受下一年的年休假。

第五条 依法应享受寒暑假的工作人员,因工作需要未休寒暑假的,所在单位应当安排其休年休假;因工作需要休寒暑假天数少于年休假天数的,所在单位应当安排补足其年休假天数。

第六条 工作人员因承担野外地质勘查、野外测绘、远洋科学考察、极地科学考察以及其他特殊工作任务,所在单位不能在本年度安排其休年休假的,可以跨1个年度安排。

第七条 机关、事业单位因工作需要不安排工作人员休年休假,应当征求工作人员本人的意见。

机关、事业单位应当根据工作人员应休未休的年休假天数,对其支付年休假工资报酬。年休假工资报酬的支付标准是:每应休未休1天,按照本人应休年休假当年日工资收入的300%支付,其中包含工作人员正常工作期间的工资收入。

工作人员年休假工资报酬中,除正常工作期间工资收入外,其余部分应当由所在单位在下一年第一季度一次性支付,所需经费按现行经费渠道解决。实行工资统发的单位,应当纳入工资统发。

第八条 工作人员应休年休假当年日工资收入的计算办法是:本人全年工资收入除以全年计薪天数(261天)。

机关工作人员的全年工资收入,为本人全年应发的基本工资、国家规定的津贴补贴、年终一次性奖金之和;事业单位工作人员的全年工资收入,为本人全年应发的基本工资、国家规定的津贴补贴、绩效工资之和。其中,国家规定的津贴补贴不含根据住房、用车等制度改革向工作人员直接发放的货币补贴。

第九条 机关、事业单位已安排年休假，工作人员未休且有下列情形之一的，只享受正常工作期间的工资收入：

（一）因个人原因不休年休假的；

（二）请事假累计已超过本人应休年休假天数，但不足20天的。

第十条 机关、事业单位根据工作的具体情况，并考虑工作人员本人意愿，统筹安排，保证工作人员享受年休假。机关、事业单位应当加强年休假管理，严格考勤制度。

县级以上地方人民政府人事行政部门应当依据职权，主动对机关、事业单位执行年休假的情况进行监督检查。

第十一条 机关、事业单位不安排工作人员休年休假又不按本办法规定支付年休假工资报酬的，由县级以上地方人民政府人事行政部门责令限期改正。对逾期不改正的，除责令该单位支付年休假工资报酬外，单位还应当按照年休假工资报酬的数额向工作人员加付赔偿金。

对拒不支付年休假工资报酬、赔偿金的，属于机关和参照公务员法管理的事业单位的，应当按照干部管理权限，对直接负责的主管人员以及其他直接责任人员依法给予处分，并责令支付；属于其他事业单位的，应当按照干部管理权限，对直接负责的主管人员以及其他直接责任人员依法给予处分，并由同级人事行政部门或工作人员本人申请人民法院强制执行。

第十二条 工作人员与所在单位因年休假发生的争议，依照国家有关公务员申诉控告和人事争议处理的规定处理。

第十三条 驻外使领馆工作人员、驻港澳地区内派人员以及机关、事业单位驻外非外交人员的年休假，按照《条例》和本办法的规定执行。

按照国家规定经批准执行机关、事业单位工资收入分配制度的其他单位工作人员的年休假，参照《条例》和本办法的规定执行。

第十四条 本办法自发布之日起施行。

工伤认定办法

中华人民共和国人力资源社会保障部令　第8号

（2010年12月31日发布）

第一条　为规范工伤认定程序，依法进行工伤认定，维护当事人的合法权益，根据《工伤保险条例》的有关规定，制定本办法。

第二条　社会保险行政部门进行工伤认定按照本办法执行。

第三条　工伤认定应当客观公正、简捷方便，认定程序应当向社会公开。

第四条　职工发生事故伤害或者按照职业病防治法规定被诊断、鉴定为职业病，所在单位应当自事故伤害发生之日或者被诊断、鉴定为职业病之日起30日内，向统筹地区社会保险行政部门提出工伤认定申请。遇有特殊情况，经报社会保险行政部门同意，申请时限可以适当延长。

按照前款规定应当向省级社会保险行政部门提出工伤认定申请的，根据属地原则应当向用人单位所在地设区的市级社会保险行政部门提出。

第五条　用人单位未在规定的时限内提出工伤认定申请的，受伤害职工或者其近亲属、工会组织在事故伤害发生之日或者被诊断、鉴定为职业病之日起1年内，可以直接按照本办法第四条规定提出工伤认定申请。

第六条　提出工伤认定申请应当填写《工伤认定申请表》，并提交下列材料：

（一）劳动、聘用合同文本复印件或者与用人单位存在劳动关系（包括事实劳动关系）、人事关系的其他证明材料；

（二）医疗机构出具的受伤后诊断证明书或者职业病诊断证明书（或者职业病诊断鉴定书）。

第七条　工伤认定申请人提交的申请材料符合要求，属于社会保险行政部门管辖范围且在受理时限内的，社会保险行政部门应当受理。

第八条　社会保险行政部门收到工伤认定申请后，应当在15日内对申请人提交的材料进行审核，材料完整的，作出受理或者不予受理的决定；材料不完整的，应当以书面形式一次性告知申请人需要补正的全部材料。社会保险行政部门收到申请人提交的全部补正材料后，应当在15日内作出受理或者不予受理的决定。

社会保险行政部门决定受理的，应当出具《工伤认定申请受理决定书》；决定不予受理的，应当出具《工伤认定申请不予受理决定书》。

第九条 社会保险行政部门受理工伤认定申请后，可以根据需要对申请人提供的证据进行调查核实。

第十条 社会保险行政部门进行调查核实，应当由两名以上工作人员共同进行，并出示执行公务的证件。

第十一条 社会保险行政部门工作人员在工伤认定中，可以进行以下调查核实工作：

（一）根据工作需要，进入有关单位和事故现场；

（二）依法查阅与工伤认定有关的资料，询问有关人员并作出调查笔录；

（三）记录、录音、录像和复制与工伤认定有关的资料。调查核实工作的证据收集参照行政诉讼证据收集的有关规定执行。

第十二条 社会保险行政部门工作人员进行调查核实时，有关单位和个人应当予以协助。用人单位、工会组织、医疗机构以及有关部门应当负责安排相关人员配合工作，据实提供情况和证明材料。

第十三条 社会保险行政部门在进行工伤认定时，对申请人提供的符合国家有关规定的职业病诊断证明书或者职业病诊断鉴定书，不再进行调查核实。职业病诊断证明书或者职业病诊断鉴定书不符合国家规定的要求和格式的，社会保险行政部门可以要求出具证据部门重新提供。

第十四条 社会保险行政部门受理工伤认定申请后，可以根据工作需要，委托其他统筹地区的社会保险行政部门或者相关部门进行调查核实。

第十五条 社会保险行政部门工作人员进行调查核实时，应当履行下列义务：

（一）保守有关单位商业秘密以及个人隐私；

（二）为提供情况的有关人员保密。

第十六条 社会保险行政部门工作人员与工伤认定申请人有利害关系的，应当回避。

第十七条 职工或者其近亲属认为是工伤，用人单位不认为是工伤的，由该用人单位承担举证责任。用人单位拒不举证的，社会保险行政部门可以根据受伤害职工提供的证据或者调查取得的证据，依法作出工伤认定决定。

第十八条 社会保险行政部门应当自受理工伤认定申请之日起 60 日内作出工伤认定决定，出具《认定工伤决定书》或者《不予认定工伤决定书》。

第十九条 《认定工伤决定书》应当载明下列事项：

（一）用人单位全称；

（二）职工的姓名、性别、年龄、职业、身份证号码；

（三）受伤害部位、事故时间和诊断时间或职业病名称、受伤害经过和核实情况、医疗救治的基本情况和诊断结论；

（四）认定工伤或者视同工伤的依据；

（五）不服认定决定申请行政复议或者提起行政诉讼的部门和时限；

（六）作出认定工伤或者视同工伤决定的时间。

《不予认定工伤决定书》应当载明下列事项：

（一）用人单位全称；

（二）职工的姓名、性别、年龄、职业、身份证号码；

（三）不予认定工伤或者不视同工伤的依据；

（四）不服认定决定申请行政复议或者提起行政诉讼的部门和时限；

（五）作出不予认定工伤或者不视同工伤决定的时间。

《认定工伤决定书》和《不予认定工伤决定书》应当加盖社会保险行政部门工伤认定专用印章。

第二十条 社会保险行政部门受理工伤认定申请后，作出工伤认定决定需要以司法机关或者有关行政主管部门的结论为依据的，在司法机关或者有关行政主管部门尚未作出结论期间，作出工伤认定决定的时限中止，并书面通知申请人。

第二十一条 社会保险行政部门对于事实清楚、权利义务明确的工伤认定申请，应当自受理工伤认定申请之日起 15 日内作出工伤认定决定。

第二十二条 社会保险行政部门应当自工伤认定决定作出之日起 20 日内，将《认定工伤决定书》或者《不予认定工伤决定书》送达受伤害职工（或者其近亲属）和用人单位，并抄送社会保险经办机构。

《认定工伤决定书》和《不予认定工伤决定书》的送达参照民事法律有关送达的规定执行。

第二十三条 职工或者其近亲属、用人单位对不予受理决定不服或者对工伤认定决定不服的，可以依法申请行政复议或者提起行政诉讼。

第二十四条 工伤认定结束后，社会保险行政部门应当将工伤认定的有关资料保存 50 年。

第二十五条 用人单位拒不协助社会保险行政部门对事故伤害进行调查核实的，由社会保险行政部门责令改正，处 2 000 元以上 2 万元以下的罚款。

第二十六条 本办法中的《工伤认定申请表》、《工伤认定申请受理决定书》、《工伤认定申请不予受理决定书》、《认定工伤决定书》、《不予认定工伤决定书》的样式由国务院社会保险行政部门统一制定。

第二十七条 本办法自 2011 年 1 月 1 日起施行。劳动和社会保障部 2003 年 9 月 23 日颁布的《工伤认定办法》同时废止。

实施《中华人民共和国社会保险法》若干规定

中华人民共和国人力资源社会保障部令　第 13 号

（2011 年 6 月 29 日发布）

第一章　关于基本养老保险

第一条　社会保险法第十五条规定的统筹养老金，按照国务院规定的基础养老金计发办法计发。

第二条　参加职工基本养老保险的个人达到法定退休年龄时，累计缴费不足十五年的，可以延长缴费至满十五年。社会保险法实施前参保、延长缴费五年后仍不足十五年的，可以一次性缴费至满十五年。

第三条　参加职工基本养老保险的个人达到法定退休年龄后，累计缴费不足十五年（含依照第二条规定延长缴费）的，可以申请转入户籍所在地新型农村社会养老保险或者城镇居民社会养老保险，享受相应的养老保险待遇。

参加职工基本养老保险的个人达到法定退休年龄后，累计缴费不足十五年（含依照第二条规定延长缴费），且未转入新型农村社会养老保险或者城镇居民社会养老保险的，个人可以书面申请终止职工基本养老保险关系。社会保险经办机构收到申请后，应当书面告知其转入新型农村社会养老保险或者城镇居民社会养老保险的权利以及终止职工基本养老保险关系的后果，经本人书面确认后，终止其职工基本养老保险关系，并将个人账户储存额一次性支付给本人。

第四条　参加职工基本养老保险的个人跨省流动就业，达到法定退休年龄时累计缴费不足十五年的，按照《国务院办公厅关于转发人力资源社会保障部财政部城镇企业职工基本养老保险关系转移接续暂行办法的通知》（国办发〔2009〕66 号）有关待遇领取地的规定确定继续缴费地后，按照本规定第二条办理。

第五条　参加职工基本养老保险的个人跨省流动就业，符合按月领取基本养老金条件时，基本养老金分段计算、统一支付的具体办法，按照《国务院办公厅关于转发人力资源社会保障部财政部城镇企业职工基本养老保险关系转移接续暂行办法的通知》（国办发〔2009〕66 号）执行。

第六条　职工基本养老保险个人账户不得提前支取。个人在达到法定的领取基本养老金条件前离境定居的，其个人账户予以保留，达到法定领取条件时，按照国家规定享受相应的养老保险待遇。其中，丧失中华人民共和国国籍的，可以在其离境时或者离境后书面申请终止职工基本养老保险关系。社会保险经办机构收到申请后，应当书面告知其保留个人账户的权利以及终止职工基本养老保险关系的后果，经本人书面确认后，终止其职工基本养老保险关系，并将个人账户储存额一次性支付给本人。

参加职工基本养老保险的个人死亡后，其个人账户中的余额可以全部依法继承。

第二章　关于基本医疗保险

第七条　社会保险法第二十七条规定的退休人员享受基本医疗保险待遇的缴费年限按照各地规定执行。

参加职工基本医疗保险的个人，基本医疗保险关系转移接续时，基本医疗保险缴费年限累计计算。

第八条　参保人员在协议医疗机构发生的医疗费用，符合基本医疗保险药品目录、诊疗项目、医疗服务设施标准的，按照国家规定从基本医疗保险基金中支付。

参保人员确需急诊、抢救的，可以在非协议医疗机构就医；因抢救必须使用的药品可以适当放宽范围。参保人员急诊、抢救的医疗服务具体管理办法由统筹地区根据当地实际情况制定。

第三章　关于工伤保险

第九条　职工（包括非全日制从业人员）在两个或者两个以上用人单位同时就业的，各用人单位应当分别为职工缴纳工伤保险费。职工发生工伤，由职工受到伤害时工作的单位依法承担工伤保险责任。

第十条　社会保险法第三十七条第二项中的醉酒标准，按照《车辆驾驶人员血液、呼气酒精含量阈值与检验》（GB 19522—2004）执行。公安机关交通管理部门、医疗机构等有关单位依法出具的检测结论、诊断证明等材料，可以作为认定醉酒的依据。

第十一条　社会保险法第三十八条第八项中的因工死亡补助金是指《工伤保险条例》第三十九条的一次性工亡补助金，标准为工伤发生时上一年度全国城镇居民人均可支配收入的 20 倍。

上一年度全国城镇居民人均可支配收入以国家统计局公布的数据为准。

第十二条　社会保险法第三十九条第一项治疗工伤期间的工资福利，按照《工伤保险条例》第三十三条有关职工在停工留薪期内应当享受的工资福利和护理等待遇的规定执行。

第四章　关于失业保险

第十三条　失业人员符合社会保险法第四十五条规定条件的，可以申请领取失业保险金并享受其他失业保险待遇。其中，非因本人意愿中断就业包括下列情形：

（一）依照劳动合同法第四十四条第一项、第四项、第五项规定终止劳动合同的；

（二）由用人单位依照劳动合同法第三十九条、第四十条、第四十一条规定解除劳动合同的；

（三）用人单位依照劳动合同法第三十六条规定向劳动者提出解除劳动合同并与劳动者

协商一致解除劳动合同的；

（四）由用人单位提出解除聘用合同或者被用人单位辞退、除名、开除的；

（五）劳动者本人依照劳动合同法第三十八条规定解除劳动合同的；

（六）法律、法规、规章规定的其他情形。

第十四条 失业人员领取失业保险金后重新就业的，再次失业时，缴费时间重新计算。失业人员因当期不符合失业保险金领取条件的，原有缴费时间予以保留，重新就业并参保的，缴费时间累计计算。

第十五条 失业人员在领取失业保险金期间，应当积极求职，接受职业介绍和职业培训。失业人员接受职业介绍、职业培训的补贴由失业保险基金按照规定支付。

第五章 关于基金管理和经办服务

第十六条 社会保险基金预算、决算草案的编制、审核和批准，依照《国务院关于试行社会保险基金预算的意见》（国发〔2010〕2号）的规定执行。

第十七条 社会保险经办机构应当每年至少一次将参保人员个人权益记录单通过邮寄方式寄送本人。同时，社会保险经办机构可以通过手机短信或者电子邮件等方式向参保人员发送个人权益记录。

第十八条 社会保险行政部门、社会保险经办机构及其工作人员应当依法为用人单位和个人的信息保密，不得违法向他人泄露下列信息：

（一）涉及用人单位商业秘密或者公开后可能损害用人单位合法利益的信息；

（二）涉及个人权益的信息。

第六章 关于法律责任

第十九条 用人单位在终止或者解除劳动合同时拒不向职工出具终止或者解除劳动关系证明，导致职工无法享受社会保险待遇的，用人单位应当依法承担赔偿责任。

第二十条 职工应当缴纳的社会保险费由用人单位代扣代缴。用人单位未依法代扣代缴的，由社会保险费征收机构责令用人单位限期代缴，并自欠缴之日起向用人单位按日加收万分之五的滞纳金。用人单位不得要求职工承担滞纳金。

第二十一条 用人单位因不可抗力造成生产经营出现严重困难的，经省级人民政府社会保险行政部门批准后，可以暂缓缴纳一定期限的社会保险费，期限一般不超过一年。暂缓缴费期间，免收滞纳金。到期后，用人单位应当缴纳相应的社会保险费。

第二十二条 用人单位按照社会保险法第六十三条的规定，提供担保并与社会保险费征收机构签订缓缴协议的，免收缓缴期间的滞纳金。

第二十三条 用人单位按照本规定第二十一条、第二十二条缓缴社会保险费期间，不影响其职工依法享受社会保险待遇。

第二十四条 用人单位未按月将缴纳社会保险费的明细情况告知职工本人的，由社会保险行政部门责令改正；逾期不改的，按照《劳动保障监察条例》第三十条的规定处理。

第二十五条 医疗机构、药品经营单位等社会保险服务机构以欺诈、伪造证明材料或者其他手段骗取社会保险基金支出的，由社会保险行政部门责令退回骗取的社会保险金，处骗取金额二倍以上五倍以下的罚款。对与社会保险经办机构签订服务协议的医疗机构、药品经营单位，由社会保险经办机构按照协议追究责任，情节严重的，可以解除与其签订的服务协议。对有执业资格的直接负责的主管人员和其他直接责任人员，由社会保险行政部门建议授予其执业资格的有关主管部门依法吊销其执业资格。

第二十六条 社会保险经办机构、社会保险费征收机构、社会保险基金投资运营机构、开设社会保险基金专户的机构和专户管理银行及其工作人员有下列违法情形的，由社会保险行政部门按照社会保险法第九十一条的规定查处：

（一）将应征和已征的社会保险基金，采取隐藏、非法放置等手段，未按规定征缴、入账的；

（二）违规将社会保险基金转入社会保险基金专户以外的账户的；

（三）侵吞社会保险基金的；

（四）将各项社会保险基金互相挤占或者其他社会保障基金挤占社会保险基金的；

（五）将社会保险基金用于平衡财政预算，兴建、改建办公场所和支付人员经费、运行费用、管理费用的；

（六）违反国家规定的投资运营政策的。

第七章 其 他

第二十七条 职工与所在用人单位发生社会保险争议的，可以依照《中华人民共和国劳动争议调解仲裁法》《劳动人事争议仲裁办案规则》的规定，申请调解、仲裁，提起诉讼。

职工认为用人单位有未按时足额为其缴纳社会保险费等侵害其社会保险权益行为的，也可以要求社会保险行政部门或者社会保险费征收机构依法处理。社会保险行政部门或者社会保险费征收机构应当按照社会保险法和《劳动保障监察条例》等相关规定处理。在处理过程中，用人单位对双方的劳动关系提出异议的，社会保险行政部门应当依法查明相关事实后继续处理。

第二十八条 在社会保险经办机构征收社会保险费的地区，社会保险行政部门应当依法履行社会保险法第六十三条所规定的有关行政部门的职责。

第二十九条 2011 年 7 月 1 日后对用人单位未按时足额缴纳社会保险费的处理，按照社会保险法和本规定执行；对 2011 年 7 月 1 日前发生的用人单位未按时足额缴纳社会保险费的行为，按照国家和地方人民政府的有关规定执行。

第三十条 本规定自 2011 年 7 月 1 日起施行。

事业单位工作人员处分暂行规定

中华人民共和国人力资源社会保障部
中华人民共和国监察部令　第 18 号

（2012 年 8 月 22 日发布）

第一章　总　　则

第一条　为严肃事业单位纪律，规范事业单位工作人员行为，保证事业单位及其工作人员依法履行职责，制定本规定。

第二条　事业单位工作人员违法违纪，应当承担纪律责任的，依照本规定给予处分。

对法律、法规授权的具有公共事务管理职能的事业单位中经批准参照《中华人民共和国公务员法》管理的工作人员给予处分，参照《行政机关公务员处分条例》的有关规定办理。

对行政机关任命的事业单位工作人员，法律、法规授权的具有公共事务管理职能的事业单位中不参照《中华人民共和国公务员法》管理的工作人员，国家行政机关依法委托从事公共事务管理活动的事业单位工作人员给予处分，适用本规定；但监察机关对上述人员违法违纪行为进行调查处理的程序和作出处分决定的权限，以及作为监察对象的事业单位工作人员对处分决定不服向监察机关提出申诉的，依照《中华人民共和国行政监察法》及其实施条例办理。

第三条　给予事业单位工作人员处分，应当坚持公正、公平和教育与惩处相结合的原则。

给予事业单位工作人员处分，应当与其违法违纪行为的性质、情节、危害程度相适应。

给予事业单位工作人员处分，应当事实清楚、证据确凿、定性准确、处理恰当、程序合法、手续完备。

第四条　事业单位工作人员涉嫌犯罪的，应当移送司法机关依法追究刑事责任。

第二章　处分的种类和适用

第五条　处分的种类为：

（一）警告；

（二）记过；

（三）降低岗位等级或者撤职；

（四）开除。

其中，撤职处分适用于行政机关任命的事业单位工作人员。

第六条 受处分的期间为：

（一）警告，6个月；

（二）记过，12个月；

（三）降低岗位等级或者撤职，24个月。

第七条 事业单位工作人员受到警告处分的，在受处分期间，不得聘用到高于现聘岗位等级的岗位；在作出处分决定的当年，年度考核不能确定为优秀等次。

事业单位工作人员受到记过处分的，在受处分期间，不得聘用到高于现聘岗位等级的岗位，年度考核不得确定为合格及以上等次。

事业单位工作人员受到降低岗位等级处分的，自处分决定生效之日起降低一个以上岗位等级聘用，按照事业单位收入分配有关规定确定其工资待遇；在受处分期间，不得聘用到高于受处分后所聘岗位等级的岗位，年度考核不得确定为基本合格及以上等次。

行政机关任命的事业单位工作人员在受处分期间的任命、考核、工资待遇按照干部人事管理权限，参照本条第一款、第二款、第三款规定执行。

事业单位工作人员受到开除处分的，自处分决定生效之日起，终止其与事业单位的人事关系。

第八条 事业单位工作人员受到记过以上处分的，在受处分期间不得参加本专业（技术、技能）领域专业技术职务任职资格或者工勤技能人员技术等级考试（评审）。应当取消专业技术职务任职资格或者职业资格的，按照有关规定办理。

第九条 事业单位工作人员同时有两种以上需要给予处分的行为的，应当分别确定其处分。应当给予的处分种类不同的，执行其中最重的处分；应当给予开除以外多个相同种类处分的，执行该处分，但处分期应当按照一个处分期以上、两个处分期之和以下确定。

事业单位工作人员在受处分期间受到新的处分的，其处分期为原处分期尚未执行的期限与新处分期限之和，但是最长不得超过48个月。

第十条 事业单位工作人员两人以上共同违法违纪，需要给予处分的，按照各自应当承担的责任，分别给予相应的处分。

第十一条 有下列情形之一的，应当从重处分：

（一）在两人以上的共同违法违纪行为中起主要作用的；

（二）隐匿、伪造、销毁证据的；

（三）串供或者阻止他人揭发检举、提供证据材料的；

（四）包庇同案人员的；

（五）法律、法规、规章规定的其他从重情节。

第十二条 有下列情形之一的，应当从轻处分：

（一）主动交代违法违纪行为的；

（二）主动采取措施，有效避免或者挽回损失的；

（三）检举他人重大违法违纪行为，情况属实的。

第十三条 事业单位工作人员主动交代违法违纪行为，并主动采取措施有效避免或者挽回损失的，应当减轻处分或者免予处分。

事业单位工作人员违法违纪行为情节轻微，经过批评教育后改正的，可以免予处分。

第十四条 事业单位工作人员有本规定第十一条、第十二条规定情形之一的，应当在本规定第三章规定的处分幅度以内从重或者从轻给予处分。

事业单位工作人员有本规定第十三条第一款规定情形的，应当在本规定第三章规定的处分幅度以外，减轻一个处分的档次给予处分。应当给予警告处分，又有减轻处分的情形的，免予处分。

第十五条 事业单位有违法违纪行为，应当追究纪律责任的，依法对负有责任的领导人员和直接责任人员给予处分。

第三章 违法违纪行为及其适用的处分

第十六条 有下列行为之一的，给予记过处分；情节较重的，给予降低岗位等级或者撤职处分；情节严重的，给予开除处分：

（一）散布损害国家声誉的言论，组织或者参加旨在损害国家利益的集会、游行、示威等活动的；

（二）组织或者参加非法组织的；

（三）接受境外资助从事损害国家利益或者危害国家安全活动的；

（四）接受损害国家荣誉和利益的境外邀请、奖励，经批评教育拒不改正的；

（五）违反国家民族宗教法规和政策，造成不良后果的；

（六）非法出境、未经批准获取境外永久居留资格或者取得外国国籍的；

（七）携带含有依法禁止内容的书刊、音像制品、电子读物进入国（境）内的；

（八）其他违反政治纪律的行为。

有前款第（一）项至第（三）项规定的行为，但属于不明真相被裹挟参加、经批评教育后确有悔改表现的，可以减轻或者免予处分。

第十七条 有下列行为之一的，给予警告或者记过处分；情节较重的，给予降低岗位等级或者撤职处分；情节严重的，给予开除处分：

（一）在执行国家重要任务、应对公共突发事件中，不服从指挥、调遣或者消极对抗的；

（二）破坏正常工作秩序，给国家或者公共利益造成损失的；

（三）违章指挥、违规操作，致使人民生命财产遭受损失的；

（四）发生重大事故、灾害、事件，擅离职守或者不按规定报告、不采取措施处置或者处置不力的；

（五）在项目评估评审、产品认证、设备检测检验等工作中徇私舞弊，或者违反规定造成不良影响的；

（六）泄露国家秘密的；

（七）泄露因工作掌握的内幕信息，造成不良后果的；

（八）采取不正当手段为本人或者他人谋取岗位，或者在事业单位公开招聘等人事管理工作中有其他违反组织人事纪律行为的；

（九）其他违反工作纪律失职渎职的行为。

有前款第（六）项规定行为的，给予记过以上处分。

第十八条 有下列行为之一的，给予警告或者记过处分；情节较重的，给予降低岗位等级或者撤职处分；情节严重的，给予开除处分：

（一）贪污、索贿、受贿、行贿、介绍贿赂、挪用公款的；

（二）利用工作之便为本人或者他人谋取不正当利益的；

（三）在公务活动或者工作中接受礼金、各种有价证券、支付凭证的；

（四）利用知悉或者掌握的内幕信息谋取利益的；

（五）用公款旅游或者变相用公款旅游的；

（六）违反国家规定，从事、参与营利性活动或者兼任职务领取报酬的；

（七）其他违反廉洁从业纪律的行为。

有前款第（一）项规定行为的，给予记过以上处分。

第十九条 有下列行为之一的，给予警告或者记过处分；情节较重的，给予降低岗位等级或者撤职处分；情节严重的，给予开除处分：

（一）违反国家财政收入上缴有关规定的；

（二）违反规定使用、骗取财政资金或者社会保险基金的；

（三）擅自设定收费项目或者擅自改变收费项目的范围、标准和对象的；

（四）挥霍、浪费国家资财或者造成国有资产流失的；

（五）违反国有资产管理规定，擅自占有、使用、处置国有资产的；

（六）在招标投标和物资采购工作中违反有关规定，造成不良影响或者损失的；

（七）其他违反财经纪律的行为。

第二十条 有下列行为之一的，给予警告或者记过处分；情节较重的，给予降低岗位等级或者撤职处分；情节严重的，给予开除处分：

（一）利用专业技术或者技能实施违法违纪行为的；

（二）有抄袭、剽窃、侵吞他人学术成果，伪造、篡改数据文献，或者捏造事实等学术不端行为的；

（三）利用职业身份进行利诱、威胁或者误导，损害他人合法权益的；

（四）利用权威、地位或者掌控的资源，压制不同观点，限制学术自由，造成重大损失或者不良影响的；

（五）在申报岗位、项目、荣誉等过程中弄虚作假的；

（六）工作态度恶劣，造成不良社会影响的；

（七）其他严重违反职业道德的行为。

有前款第（一）项规定行为的，给予记过以上处分。

第二十一条 有下列行为之一的，给予警告或者记过处分；情节较重的，给予降低岗位等级或者撤职处分；情节严重的，给予开除处分：

（一）制造、传播违法违禁物品及信息的；

（二）组织、参与卖淫、嫖娼等色情活动的；

（三）吸食毒品或者组织、参与赌博活动的；

（四）违反规定超计划生育的；

（五）包养情人的；

（六）有虐待、遗弃家庭成员，或者拒不承担赡养、抚养、扶养义务等的；

（七）其他严重违反公共秩序、社会公德的行为。

有前款第（二）项、第（三）项、第（四）项、第（五）项规定行为的，给予降低岗位等级或者撤职以上处分。

第二十二条 事业单位工作人员被依法判处刑罚的，给予降低岗位等级或者撤职以上处分。其中，被依法判处有期徒刑以上刑罚的，给予开除处分。

行政机关任命的事业单位工作人员，被依法判处刑罚的，给予开除处分。

第四章 处分的权限和程序

第二十三条 对事业单位工作人员的处分，按照以下权限决定：

（一）警告、记过、降低岗位等级或者撤职处分，按照干部人事管理权限，由事业单位或者事业单位主管部门决定。其中，由事业单位决定的，应当报事业单位主管部门备案。

（二）开除处分由事业单位主管部门决定，并报同级事业单位人事综合管理部门备案。

对中央和地方直属事业单位工作人员的处分，按照干部人事管理权限，由本单位或者有关部门决定；其中，由本单位作出开除处分决定的，报同级事业单位人事综合管理部门备案。

第二十四条 对事业单位工作人员的处分，按照以下程序办理：

（一）对事业单位工作人员违法违纪行为初步调查后，需要进一步查证的，应当按照干部人事管理权限，经事业单位负责人批准或者有关部门同意后立案；

（二）对被调查的事业单位工作人员的违法违纪行为作进一步调查，收集、查证有关证据材料，并形成书面调查报告；

（三）将调查认定的事实及拟给予处分的依据告知被调查的事业单位工作人员，听取其陈述和申辩，并对其所提出的事实、理由和证据进行复核，记录在案。被调查的事业单位工作人员提出的事实、理由和证据成立的，应予采信；

（四）按照处分决定权限，作出对该事业单位工作人员给予处分、免予处分或者撤销案件的决定；

（五）处分决定单位印发处分决定；

（六）将处分决定以书面形式通知受处分事业单位工作人员本人和有关单位，并在一定范围内宣布；

（七）将处分决定存入受处分事业单位工作人员的档案。

处分决定自作出之日起生效。

第二十五条 事业单位工作人员涉嫌违法违纪，已经被立案调查，不宜继续履行职责的，可以按照干部人事管理权限，由事业单位或者有关部门暂停其职责。

被调查的事业单位工作人员在违法违纪案件立案调查期间，不得解除聘用合同、出国（境）或者办理退休手续。

第二十六条 对事业单位工作人员违法违纪案件进行调查，应当由两名以上办案人员进行；接受调查的单位和个人应当如实提供情况。

以暴力、威胁、引诱、欺骗等非法方式收集的证据不得作为定案的根据。

第二十七条 参与事业单位工作人员违法违纪案件调查、处理的人员有下列情形之一的，应当提出回避申请；被调查的事业单位工作人员以及与案件有利害关系的公民、法人或者其他组织有权要求其回避：

（一）与被调查的事业单位工作人员有夫妻关系、直系血亲、三代以内旁系血亲关系或者近姻亲关系的；

（二）与被调查的案件有利害关系的；

（三）与被调查的事业单位工作人员有其他关系，可能影响案件公正处理的。

第二十八条 处分决定单位负责人的回避，按照干部人事管理权限决定；其他参与违法违纪案件调查、处理的人员的回避，由处分决定单位负责人决定。

处分决定单位发现参与违法违纪案件调查、处理的人员有应当回避情形的，可以直接决定该人员回避。

第二十九条 给予事业单位工作人员处分，应当自批准立案之日起6个月内作出决定；案情复杂或者遇有其他特殊情形的可以延长，但是办案期限最长不得超过12个月。

第三十条 处分决定应当包括下列内容：

（一）受处分事业单位工作人员的姓名、工作单位、原所聘岗位（所任职务）名称及等级等基本情况；

（二）经查证的违法违纪事实；

（三）处分的种类、受处分的期间和依据；

（四）不服处分决定的申诉途径和期限；

（五）处分决定单位的名称、印章和作出决定的日期。

第三十一条 事业单位工作人员受到开除处分后，事业单位应当及时办理档案和社会保险关系转移手续，具体办法按照有关规定执行。

第五章 处分的解除

第三十二条 事业单位工作人员受开除以外的处分，在受处分期间有悔改表现，并且没有再出现违法违纪情形的，处分期满，经原处分决定单位批准后解除处分。

事业单位工作人员在受处分期间终止或解除聘用合同的，处分期满后，自然解除处分。受处分事业单位工作人员要求原处分决定单位提供解除处分相关证明的，原处分决定单位应当予以提供。

第三十三条 事业单位工作人员在受处分期间有重大立功表现，按照有关规定给予个人记功以上奖励的，经批准后可以提前解除处分。

第三十四条 事业单位工作人员处分的解除或者提前解除，按照以下程序办理：

（一）按照干部人事管理权限，事业单位或者有关部门对受处分事业单位工作人员在受处分期间的表现情况，进行全面了解，并形成书面报告；

（二）按照处分决定权限，作出解除或者提前解除处分的决定；

（三）印发解除或者提前解除处分的决定；

（四）将解除或者提前解除处分的决定以书面形式通知本人，并在原宣布处分的范围内宣布；

（五）将解除或者提前解除处分的决定存入该工作人员的档案。

解除处分决定自作出之日起生效。

第三十五条 事业单位工作人员处分的解除或者提前解除按照本规定第二十七条、第二十八条的规定执行回避。

第三十六条 解除或者提前解除处分的决定应当包括原处分的种类和解除或者提前解除处分的依据，以及该工作人员在受处分期间的表现情况等内容。

第三十七条 处分解除后，考核、竞聘上岗和晋升工资按照国家有关规定执行，不再受原处分的影响。但是，受到降低岗位等级或者撤职处分的，不视为恢复受处分前的岗位等级和工资待遇。

第三十八条 解除处分的决定应当在处分期满后一个月内作出。

第六章 复核和申诉

第三十九条 受到处分的事业单位工作人员对处分决定不服的，可以自知道或者应当知道该处分决定之日起三十日内向原处分决定单位申请复核。对复核结果不服的，可以自接到复核决定之日起三十日内，按照规定向原处分决定单位的主管部门或者同级事业单位人事综合管理部门提出申诉。

受到处分的中央和地方直属事业单位工作人员的申诉，按照干部人事管理权限，由同级事业单位人事综合管理部门受理。

第四十条 原处分决定单位应当自接到复核申请后的三十日内作出复核决定。受理申诉的单位应当自受理之日起六十日内作出处理决定；案情复杂的，可以适当延长，但是延长期限最多不超过三十日。

复核、申诉期间不停止处分的执行。

事业单位工作人员不因提出复核、申诉而被加重处分。

第四十一条 有下列情形之一的，受理处分复核、申诉的单位应当撤销处分决定，重新作出决定或者责令原处分决定单位重新作出决定：

（一）处分所依据的事实不清、证据不足的；

（二）违反规定程序，影响案件公正处理的；

（三）超越职权或者滥用职权作出处分决定的。

第四十二条 有下列情形之一的，受理复核、申诉的单位应当变更处分决定或者责令原处分决定单位变更处分决定：

（一）适用法律、法规、规章错误的；

（二）对违法违纪行为的情节认定有误的；

（三）处分不当的。

第四十三条 事业单位工作人员的处分决定被变更，需要调整该工作人员的岗位等级或者工资待遇的，应当按照规定予以调整；事业单位工作人员的处分决定被撤销的，应当恢复该工作人员的岗位等级、工资待遇，按照原岗位等级安排相应的岗位，并在适当范围内为其恢复名誉。

被撤销处分或者被减轻处分的事业单位工作人员工资待遇受到损失的，应当予以补偿。

第七章　附　　则

第四十四条　已经退休的事业单位工作人员有违法违纪行为应当受到处分的，不再作出处分决定。但是，应当给予降低岗位等级或者撤职以上处分的，相应降低或者取消其享受的待遇。

第四十五条　对事业单位工作人员处分工作中有滥用职权、玩忽职守、徇私舞弊、收受贿赂等违法违纪行为的工作人员，按照有关规定给予处分；涉嫌犯罪的，移送司法机关依法追究刑事责任。

第四十六条　对机关工勤人员给予处分，参照本规定执行。

第四十七条　教育、医疗卫生、科技、体育等部门，可以依据本规定，结合自身工作的实际情况，与国务院人力资源社会保障部门和国务院监察机关联合制定具体办法。

第四十八条　本规定自 2012 年 9 月 1 日起施行。

工伤职工劳动能力鉴定管理办法

中华人民共和国人力资源社会保障部

国家卫生和计划生育委员会令　第21号

（2014年2月20日发布，根据2018年12月14日《人力资源社会保障部关于修改部分规章的决定》修订）

第一章　总　　则

第一条　为了加强劳动能力鉴定管理，规范劳动能力鉴定程序，根据《中华人民共和国社会保险法》、《中华人民共和国职业病防治法》和《工伤保险条例》，制定本办法。

第二条　劳动能力鉴定委员会依据《劳动能力鉴定职工工伤与职业病致残等级》国家标准，对工伤职工劳动功能障碍程度和生活自理障碍程度组织进行技术性等级鉴定，适用本办法。

第三条　省、自治区、直辖市劳动能力鉴定委员会和设区的市级（含直辖市的市辖区、县，下同）劳动能力鉴定委员会分别由省、自治区、直辖市和设区的市级人力资源社会保障行政部门、卫生计生行政部门、工会组织、用人单位代表以及社会保险经办机构代表组成。

承担劳动能力鉴定委员会日常工作的机构，其设置方式由各地根据实际情况决定。

第四条　劳动能力鉴定委员会履行下列职责：

（一）选聘医疗卫生专家，组建医疗卫生专家库，对专家进行培训和管理；

（二）组织劳动能力鉴定；

（三）根据专家组的鉴定意见作出劳动能力鉴定结论；

（四）建立完整的鉴定数据库，保管鉴定工作档案50年；

（五）法律、法规、规章规定的其他职责。

第五条　设区的市级劳动能力鉴定委员会负责本辖区内的劳动能力初次鉴定、复查鉴定。

省、自治区、直辖市劳动能力鉴定委员会负责对初次鉴定或者复查鉴定结论不服提出的再次鉴定。

第六条　劳动能力鉴定相关政策、工作制度和业务流程应当向社会公开。

第二章 鉴定程序

第七条 职工发生工伤，经治疗伤情相对稳定后存在残疾、影响劳动能力的，或者停工留薪期满（含劳动能力鉴定委员会确认的延长期限），工伤职工或者其用人单位应当及时向设区的市级劳动能力鉴定委员会提出劳动能力鉴定申请。

第八条 申请劳动能力鉴定应当填写劳动能力鉴定申请表，并提交下列材料：

（一）有效的诊断证明、按照医疗机构病历管理有关规定复印或者复制的检查、检验报告等完整病历材料；

（二）工伤职工的居民身份证或者社会保障卡等其他有效身份证明原件。

第九条 劳动能力鉴定委员会收到劳动能力鉴定申请后，应当及时对申请人提交的材料进行审核；申请人提供材料不完整的，劳动能力鉴定委员会应当自收到劳动能力鉴定申请之日起5个工作日内一次性书面告知申请人需要补正的全部材料。

申请人提供材料完整的，劳动能力鉴定委员会应当及时组织鉴定，并在收到劳动能力鉴定申请之日起60日内作出劳动能力鉴定结论。伤情复杂、涉及医疗卫生专业较多的，作出劳动能力鉴定结论的期限可以延长30日。

第十条 劳动能力鉴定委员会应当视伤情程度等从医疗卫生专家库中随机抽取3名或者5名与工伤职工伤情相关科别的专家组成专家组进行鉴定。

第十一条 劳动能力鉴定委员会应当提前通知工伤职工进行鉴定的时间、地点以及应当携带的材料。工伤职工应当按照通知的时间、地点参加现场鉴定。对行动不便的工伤职工，劳动能力鉴定委员会可以组织专家上门进行劳动能力鉴定。组织劳动能力鉴定的工作人员应当对工伤职工的身份进行核实。

工伤职工因故不能按时参加鉴定的，经劳动能力鉴定委员会同意，可以调整现场鉴定的时间，作出劳动能力鉴定结论的期限相应顺延。

第十二条 因鉴定工作需要，专家组提出应当进行有关检查和诊断的，劳动能力鉴定委员会可以委托具备资格的医疗机构协助进行有关的检查和诊断。

第十三条 专家组根据工伤职工伤情，结合医疗诊断情况，依据《劳动能力鉴定职工工伤与职业病致残等级》国家标准提出鉴定意见。参加鉴定的专家都应当签署意见并签名。

专家意见不一致时，按照少数服从多数的原则确定专家组的鉴定意见。

第十四条 劳动能力鉴定委员会根据专家组的鉴定意见作出劳动能力鉴定结论。劳动能力鉴定结论书应当载明下列事项：

（一）工伤职工及其用人单位的基本信息；

（二）伤情介绍，包括伤残部位、器官功能障碍程度、诊断情况等；

（三）作出鉴定的依据；

（四）鉴定结论。

第十五条 劳动能力鉴定委员会应当自作出鉴定结论之日起20日内将劳动能力鉴定结论及时送达工伤职工及其用人单位，并抄送社会保险经办机构。

第十六条 工伤职工或者其用人单位对初次鉴定结论不服的，可以在收到该鉴定结论之日起15日内向省、自治区、直辖市劳动能力鉴定委员会申请再次鉴定。

申请再次鉴定，应当提供劳动能力鉴定申请表，以及工伤职工的居民身份证或者社会保障卡等有效身份证明原件。

省、自治区、直辖市劳动能力鉴定委员会作出的劳动能力鉴定结论为最终结论。

第十七条 自劳动能力鉴定结论作出之日起1年后，工伤职工、用人单位或者社会保险经办机构认为伤残情况发生变化的，可以向设区的市级劳动能力鉴定委员会申请劳动能力复查鉴定。

对复查鉴定结论不服的，可以按照本办法第十六条规定申请再次鉴定。

第十八条 工伤职工本人因身体等原因无法提出劳动能力初次鉴定、复查鉴定、再次鉴定申请的，可由其近亲属代为提出。

第十九条 再次鉴定和复查鉴定的程序、期限等按照本办法第九条至第十五条的规定执行。

第三章 监督管理

第二十条 劳动能力鉴定委员会应当每3年对专家库进行一次调整和补充，实行动态管理。确有需要的，可以根据实际情况适时调整。

第二十一条 劳动能力鉴定委员会选聘医疗卫生专家，聘期一般为3年，可以连续聘任。

聘任的专家应当具备下列条件：

（一）具有医疗卫生高级专业技术职务任职资格；

（二）掌握劳动能力鉴定的相关知识；

（三）具有良好的职业品德。

第二十二条 参加劳动能力鉴定的专家应当按照规定的时间、地点进行现场鉴定，严格执行劳动能力鉴定政策和标准，客观、公正地提出鉴定意见。

第二十三条 用人单位、工伤职工或者其近亲属应当如实提供鉴定需要的材料，遵守劳动能力鉴定相关规定，按照要求配合劳动能力鉴定工作。

工伤职工有下列情形之一的，当次鉴定终止：

（一）无正当理由不参加现场鉴定的；

（二）拒不参加劳动能力鉴定委员会安排的检查和诊断的。

第二十四条 医疗机构及其医务人员应当如实出具与劳动能力鉴定有关的各项诊断证明和病历材料。

第二十五条 劳动能力鉴定委员会组成人员、劳动能力鉴定工作人员以及参加鉴定的专家与当事人有利害关系的，应当回避。

第二十六条 任何组织或者个人有权对劳动能力鉴定中的违法行为进行举报、投诉。

第四章 法律责任

第二十七条 劳动能力鉴定委员会和承担劳动能力鉴定委员会日常工作的机构及其工作人员在从事或者组织劳动能力鉴定时，有下列行为之一的，由人力资源社会保障行政部门或者有关部门责令改正，对直接负责的主管人员和其他直接责任人员依法给予相应处分；构成犯罪的，依法追究刑事责任：

（一）未及时审核并书面告知申请人需要补正的全部材料的；

（二）未在规定期限内作出劳动能力鉴定结论的；

（三）未按照规定及时送达劳动能力鉴定结论的；

（四）未按照规定随机抽取相关科别专家进行鉴定的；

（五）擅自篡改劳动能力鉴定委员会作出的鉴定结论的；

（六）利用职务之便非法收受当事人财物的；

（七）有违反法律法规和本办法的其他行为的。

第二十八条 从事劳动能力鉴定的专家有下列行为之一的，劳动能力鉴定委员会应当予以解聘；情节严重的，由卫生计生行政部门依法处理：

（一）提供虚假鉴定意见的；

（二）利用职务之便非法收受当事人财物的；

（三）无正当理由不履行职责的；

（四）有违反法律法规和本办法的其他行为的。

第二十九条 参与工伤救治、检查、诊断等活动的医疗机构及其医务人员有下列情形之一的，由卫生计生行政部门依法处理：

（一）提供与病情不符的虚假诊断证明的；

（二）篡改、伪造、隐匿、销毁病历材料的；

（三）无正当理由不履行职责的。

第三十条 以欺诈、伪造证明材料或者其他手段骗取鉴定结论、领取工伤保险待遇的，按照《中华人民共和国社会保险法》第八十八条的规定，由人力资源社会保障行政部门责令退回骗取的社会保险金，处骗取金额2倍以上5倍以下的罚款。

第五章 附 则

第三十一条 未参加工伤保险的公务员和参照公务员法管理的事业单位、社会团体工作人员因工（公）致残的劳动能力鉴定，参照本办法执行。

第三十二条 本办法中的劳动能力鉴定申请表、初次（复查）鉴定结论书、再次鉴定结论书、劳动能力鉴定材料收讫补正告知书等文书基本样式由人力资源社会保障部制定。

第三十三条 本办法自2014年4月1日起施行。

专业技术人员继续教育规定

中华人民共和国人力资源社会保障部令　第25号

（2015年8月13日发布）

第一章　总　　则

第一条　为了规范继续教育活动，保障专业技术人员权益，不断提高专业技术人员素质，根据有关法律法规和国务院规定，制定本规定。

第二条　国家机关、企业、事业单位以及社会团体等组织（以下称用人单位）的专业技术人员继续教育（以下称继续教育），适用本规定。

第三条　继续教育应当以经济社会发展和科技进步为导向，以能力建设为核心，突出针对性、实用性和前瞻性，坚持理论联系实际、按需施教、讲求实效、培养与使用相结合的原则。

第四条　用人单位应当保障专业技术人员参加继续教育的权利。

专业技术人员应当适应岗位需要和职业发展的要求，积极参加继续教育，完善知识结构、增强创新能力、提高专业水平。

第五条　继续教育实行政府、社会、用人单位和个人共同投入机制。

国家机关的专业技术人员参加继续教育所需经费应当按照国家有关规定予以保障。企业、事业单位等应当依照法律、行政法规和国家有关规定提取和使用职工教育经费，不断加大对专业技术人员继续教育经费的投入。

第六条　继续教育工作实行统筹规划、分级负责、分类指导的管理体制。

人力资源社会保障部负责对全国专业技术人员继续教育工作进行综合管理和统筹协调，制定继续教育政策，编制继续教育规划并组织实施。

县级以上地方人力资源社会保障行政部门负责对本地区专业技术人员继续教育工作进行综合管理和组织实施。

行业主管部门在各自职责范围内依法做好本行业继续教育的规划、管理和实施工作。

第二章　内容和方式

第七条　继续教育内容包括公需科目和专业科目。

公需科目包括专业技术人员应当普遍掌握的法律法规、理论政策、职业道德、技术信息等基本知识。专业科目包括专业技术人员从事专业工作应当掌握的新理论、新知识、新技术、新方法等专业知识。

第八条 专业技术人员参加继续教育的时间，每年累计应不少于90学时，其中，专业科目一般不少于总学时的三分之二。

专业技术人员通过下列方式参加继续教育的，计入本人当年继续教育学时：

（一）参加培训班、研修班或者进修班学习；

（二）参加相关的继续教育实践活动；

（三）参加远程教育；

（四）参加学术会议、学术讲座、学术访问等活动；

（五）符合规定的其他方式。

继续教育方式和学时的具体认定办法，由省、自治区、直辖市人力资源社会保障行政部门制定。

第九条 用人单位可以根据本规定，结合本单位发展战略和岗位要求，组织开展继续教育活动或者参加本行业组织的继续教育活动，为本单位专业技术人员参加继续教育提供便利。

第十条 专业技术人员根据岗位要求和职业发展需要，参加本单位组织的继续教育活动，也可以利用业余时间或者经用人单位同意利用工作时间，参加本单位组织之外的继续教育活动。

第十一条 专业技术人员按照有关法律法规规定从事有职业资格要求工作的，用人单位应当为其参加继续教育活动提供保障。

第十二条 专业技术人员经用人单位同意，脱产或者半脱产参加继续教育活动的，用人单位应当按照国家有关规定或者与劳动者的约定，支付工资、福利等待遇。

用人单位安排专业技术人员在工作时间之外参加继续教育活动的，双方应当约定费用分担方式和相关待遇。

第十三条 用人单位可以与生产、教学、科研等单位联合开展继续教育活动，建立生产、教学、科研以及项目、资金、人才相结合的继续教育模式。

第十四条 国家通过实施重大人才工程和继续教育项目、区域人才特殊培养项目、对口支援等方式，对重点领域、特殊区域和关键岗位的专业技术人员继续教育工作给予扶持。

第三章 组织管理和公共服务

第十五条 专业技术人员应当遵守有关学习纪律和管理制度，完成规定的继续教育学时。

专业技术人员承担全部或者大部分继续教育费用的，用人单位不得指定继续教育机构。

第十六条 用人单位应当建立本单位专业技术人员继续教育与使用、晋升相衔接的激励机制，把专业技术人员参加继续教育情况作为专业技术人员考核评价、岗位聘用的重要依据。

专业技术人员参加继续教育情况应当作为聘任专业技术职务或者申报评定上一级资格的重要条件。有关法律法规规定专业技术人员参加继续教育作为职业资格登记或者注册的必要条件的，从其规定。

第十七条 用人单位应当建立继续教育登记管理制度，对专业技术人员参加继续教育的种类、内容、时间和考试考核结果等情况进行记录。

第十八条 依法成立的高等院校、科研院所、大型企业的培训机构等各类教育培训机构（以下称继续教育机构）可以面向专业技术人员提供继续教育服务。

继续教育机构应当具备与继续教育目的任务相适应的场所、设施、教材和人员，建立健全相应的组织机构和管理制度。

第十九条 继续教育机构应当认真实施继续教育教学计划，向社会公开继续教育的范围、内容、收费项目及标准等情况，建立教学档案，根据考试考核结果如实出具专业技术人员参加继续教育的证明。

继续教育机构可以充分利用现代信息技术开展远程教育，形成开放式的继续教育网络，为基层、一线专业技术人员更新知识结构、提高能力素质提供便捷高效的服务。

第二十条 继续教育机构应当按照专兼职结合的原则，聘请具有丰富实践经验、理论水平高的业务骨干和专家学者，建设继续教育师资队伍。

第二十一条 人力资源社会保障部按照国家有关规定遴选培训质量高、社会效益好、在继续教育方面起引领和示范作用的继续教育机构，建设国家级专业技术人员继续教育基地。

县级以上地方人力资源社会保障行政部门和有关行业主管部门可以结合实际，建设区域性、行业性专业技术人员继续教育基地。

第二十二条 人力资源社会保障行政部门会同有关行业主管部门和行业组织，建立健全继续教育公共服务体系，搭建继续教育公共信息综合服务平台，发布继续教育公需科目指南和专业科目指南。

人力资源社会保障行政部门会同有关行业主管部门和行业组织，根据专业技术人员不同岗位、类别和层次，加强课程和教材体系建设，推荐优秀课程和优秀教材，促进优质资源共享。

第二十三条 人力资源社会保障行政部门和有关行业主管部门直接举办继续教育活动的，应当突出公益性，不得收取费用。

人力资源社会保障行政部门和有关行业主管部门委托继续教育机构举办继续教育活动的，应当依法通过招标等方式选择，并与继续教育机构签订政府采购合同，明确双方权利和义务。

鼓励和支持企业、事业单位、行业组织等举办公益性继续教育活动。

第二十四条 人力资源社会保障行政部门应当建立继续教育统计制度，对继续教育人数、时间、经费等基本情况进行常规统计和随机统计，建立专业技术人员继续教育情况数据库。

第二十五条 人力资源社会保障行政部门或者其委托的第三方评估机构可以对继续教育效果实施评估，评估结果作为政府有关项目支持的重要参考。

第二十六条 人力资源社会保障行政部门应当依法对用人单位、继续教育机构执行本规定的情况进行监督检查。

第四章　法 律 责 任

第二十七条　用人单位违反本规定第五条、第十一条、第十二条、第十五条第二款、第十六条、第十七条规定的，由人力资源社会保障行政部门或者有关行业主管部门责令改正；给专业技术人员造成损害的，依法承担赔偿责任。

第二十八条　专业技术人员违反本规定第八条第一款、第十五条第一款规定，无正当理由不参加继续教育或者在学习期间违反学习纪律和管理制度的，用人单位可视情节给予批评教育、不予报销或者要求退还学习费用。

第二十九条　继续教育机构违反本规定第十九条第一款规定的，由人力资源社会保障行政部门或者有关行业主管部门责令改正，给予警告。

第三十条　人力资源社会保障行政部门、有关行业主管部门及其工作人员，在继续教育管理工作中不认真履行职责或者徇私舞弊、滥用职权、玩忽职守的，由其上级主管部门或者监察机关责令改正，并按照管理权限对直接负责的主管人员和其他直接责任人员依法予以处理。

第五章　附　　则

第三十一条　本规定自 2015 年 10 月 1 日起施行。1995 年 11 月 1 日原人事部发布的《全国专业技术人员继续教育暂行规定》（人核培发〔1995〕131 号）同时废止。

劳动人事争议仲裁办案规则

中华人民共和国人力资源社会保障部令　第33号

（2017年5月8日发布）

第一章　总　　则

第一条　为公正及时处理劳动人事争议（以下简称争议），规范仲裁办案程序，根据《中华人民共和国劳动争议调解仲裁法》（以下简称调解仲裁法）以及《中华人民共和国公务员法》（以下简称公务员法）、《事业单位人事管理条例》、《中国人民解放军文职人员条例》和有关法律、法规、国务院有关规定，制定本规则。

第二条　本规则适用下列争议的仲裁：

（一）企业、个体经济组织、民办非企业单位等组织与劳动者之间，以及机关、事业单位、社会团体与其建立劳动关系的劳动者之间，因确认劳动关系，订立、履行、变更、解除和终止劳动合同，工作时间、休息休假、社会保险、福利、培训以及劳动保护，劳动报酬、工伤医疗费、经济补偿或者赔偿金等发生的争议；

（二）实施公务员法的机关与聘任制公务员之间、参照公务员法管理的机关（单位）与聘任工作人员之间因履行聘任合同发生的争议；

（三）事业单位与其建立人事关系的工作人员之间因终止人事关系以及履行聘用合同发生的争议；

（四）社会团体与其建立人事关系的工作人员之间因终止人事关系以及履行聘用合同发生的争议；

（五）军队文职人员用人单位与聘用制文职人员之间因履行聘用合同发生的争议；

（六）法律、法规规定由劳动人事争议仲裁委员会（以下简称仲裁委员会）处理的其他争议。

第三条　仲裁委员会处理争议案件，应当遵循合法、公正的原则，先行调解，及时裁决。

第四条　仲裁委员会下设实体化的办事机构，称为劳动人事争议仲裁院（以下简称仲裁院）。

第五条　劳动者一方在十人以上并有共同请求的争议，或者因履行集体合同发生的劳动争议，仲裁委员会应当优先立案，优先审理。

第二章　一般规定

第六条　发生争议的用人单位未办理营业执照、被吊销营业执照、营业执照到期继续经营、被责令关闭、被撤销以及用人单位解散、歇业，不能承担相关责任的，应当将用人单位和其出资人、开办单位或者主管部门作为共同当事人。

第七条　劳动者与个人承包经营者发生争议，依法向仲裁委员会申请仲裁的，应当将发包的组织和个人承包经营者作为共同当事人。

第八条　劳动合同履行地为劳动者实际工作场所地，用人单位所在地为用人单位注册、登记地或者主要办事机构所在地。用人单位未经注册、登记的，其出资人、开办单位或者主管部门所在地为用人单位所在地。

双方当事人分别向劳动合同履行地和用人单位所在地的仲裁委员会申请仲裁的，由劳动合同履行地的仲裁委员会管辖。有多个劳动合同履行地的，由最先受理的仲裁委员会管辖。劳动合同履行地不明确的，由用人单位所在地的仲裁委员会管辖。

案件受理后，劳动合同履行地或者用人单位所在地发生变化的，不改变争议仲裁的管辖。

第九条　仲裁委员会发现已受理案件不属于其管辖范围的，应当移送至有管辖权的仲裁委员会，并书面通知当事人。

对上述移送案件，受移送的仲裁委员会应当依法受理。受移送的仲裁委员会认为移送的案件按照规定不属于其管辖，或者仲裁委员会之间因管辖争议协商不成的，应当报请共同的上一级仲裁委员会主管部门指定管辖。

第十条　当事人提出管辖异议的，应当在答辩期满前书面提出。仲裁委员会应当审查当事人提出的管辖异议，异议成立的，将案件移送至有管辖权的仲裁委员会并书面通知当事人；异议不成立的，应当书面决定驳回。

当事人逾期提出的，不影响仲裁程序的进行。

第十一条　当事人申请回避，应当在案件开庭审理前提出，并说明理由。回避事由在案件开庭审理后知晓的，也可以在庭审辩论终结前提出。

当事人在庭审辩论终结后提出回避申请的，不影响仲裁程序的进行。

仲裁委员会应当在回避申请提出的三日内，以口头或者书面形式作出决定。以口头形式作出的，应当记入笔录。

第十二条　仲裁员、记录人员是否回避，由仲裁委员会主任或者其委托的仲裁院负责人决定。仲裁委员会主任担任案件仲裁员是否回避，由仲裁委员会决定。

在回避决定作出前，被申请回避的人员应当暂停参与该案处理，但因案件需要采取紧急措施的除外。

第十三条　当事人对自己提出的主张有责任提供证据。与争议事项有关的证据属于用人单位掌握管理的，用人单位应当提供；用人单位不提供的，应当承担不利后果。

第十四条　法律没有具体规定、按照本规则第十三条规定无法确定举证责任承担的，仲裁庭可以根据公平原则和诚实信用原则，综合当事人举证能力等因素确定举证责任的承担。

第十五条　承担举证责任的当事人应当在仲裁委员会指定的期限内提供有关证据。当事人在该期限内提供证据确有困难的，可以向仲裁委员会申请延长期限，仲裁委员会根据当事人的申请适当延长。当事人逾期提供证据的，仲裁委员会应当责令其说明理由；拒不说明理由或者理由不成立的，仲裁委员会可以根据不同情形不予采纳该证据，或者采纳该证据但予以训诫。

第十六条 当事人因客观原因不能自行收集的证据，仲裁委员会可以根据当事人的申请，参照民事诉讼有关规定予以收集；仲裁委员会认为有必要的，也可以决定参照民事诉讼有关规定予以收集。

第十七条 仲裁委员会依法调查取证时，有关单位和个人应当协助配合。

仲裁委员会调查取证时，不得少于两人，并应当向被调查对象出示工作证件和仲裁委员会出具的介绍信。

第十八条 争议处理中涉及证据形式、证据提交、证据交换、证据质证、证据认定等事项，本规则未规定的，可以参照民事诉讼证据规则的有关规定执行。

第十九条 仲裁期间包括法定期间和仲裁委员会指定期间。

仲裁期间的计算，本规则未规定的，仲裁委员会可以参照民事诉讼关于期间计算的有关规定执行。

第二十条 仲裁委员会送达仲裁文书必须有送达回证，由受送达人在送达回证上记明收到日期，并签名或者盖章。受送达人在送达回证上的签收日期为送达日期。

因企业停业等原因导致无法送达且劳动者一方在十人以上的，或者受送达人拒绝签收仲裁文书的，通过在受送达人住所留置、张贴仲裁文书，并采用拍照、录像等方式记录的，自留置、张贴之日起经过三日即视为送达，不受本条第一款的限制。

仲裁文书的送达方式，本规则未规定的，仲裁委员会可以参照民事诉讼关于送达方式的有关规定执行。

第二十一条 案件处理终结后，仲裁委员会应当将处理过程中形成的全部材料立卷归档。

第二十二条 仲裁案卷分正卷和副卷装订。

正卷包括：仲裁申请书、受理（不予受理）通知书、答辩书、当事人及其他仲裁参加人的身份证明材料、授权委托书、调查证据、勘验笔录、当事人提供的证据材料、委托鉴定材料、开庭通知、庭审笔录、延期通知书、撤回仲裁申请书、调解书、裁决书、决定书、案件移送函、送达回证等。

副卷包括：立案审批表、延期审理审批表、中止审理审批表、调查提纲、阅卷笔录、会议笔录、评议记录、结案审批表等。

第二十三条 仲裁委员会应当建立案卷查阅制度。对案卷正卷材料，应当允许当事人及其代理人依法查阅、复制。

第二十四条 仲裁裁决结案的案卷，保存期不少于十年；仲裁调解和其他方式结案的案卷，保存期不少于五年；国家另有规定的，从其规定。

保存期满后的案卷，应当按照国家有关档案管理的规定处理。

第二十五条 在仲裁活动中涉及国家秘密或者军事秘密的，按照国家或者军队有关保密规定执行。

当事人协议不公开或者涉及商业秘密和个人隐私的，经相关当事人书面申请，仲裁委员会应当不公开审理。

第三章　仲裁程序

第一节　申请和受理

第二十六条　本规则第二条第（一）、（三）、（四）、（五）项规定的争议，申请仲裁的时效期间为一年。仲裁时效期间从当事人知道或者应当知道其权利被侵害之日起计算。

本规则第二条第（二）项规定的争议，申请仲裁的时效期间适用公务员法有关规定。

劳动人事关系存续期间因拖欠劳动报酬发生争议的，劳动者申请仲裁不受本条第一款规定的仲裁时效期间的限制；但是，劳动人事关系终止的，应当自劳动人事关系终止之日起一年内提出。

第二十七条　在申请仲裁的时效期间内，有下列情形之一的，仲裁时效中断：

（一）一方当事人通过协商、申请调解等方式向对方当事人主张权利的；

（二）一方当事人通过向有关部门投诉，向仲裁委员会申请仲裁，向人民法院起诉或者申请支付令等方式请求权利救济的；

（三）对方当事人同意履行义务的。

从中断时起，仲裁时效期间重新计算。

第二十八条　因不可抗力，或者有无民事行为能力或者限制民事行为能力劳动者的法定代理人未确定等其他正当理由，当事人不能在规定的仲裁时效期间申请仲裁的，仲裁时效中止。从中止时效的原因消除之日起，仲裁时效期间继续计算。

第二十九条　申请人申请仲裁应当提交书面仲裁申请，并按照被申请人人数提交副本。

仲裁申请书应当载明下列事项：

（一）劳动者的姓名、性别、出生日期、身份证件号码、住所、通讯地址和联系电话，用人单位的名称、住所、通讯地址、联系电话和法定代表人或者主要负责人的姓名、职务；

（二）仲裁请求和所根据的事实、理由；

（三）证据和证据来源，证人姓名和住所。

书写仲裁申请确有困难的，可以口头申请，由仲裁委员会记入笔录，经申请人签名、盖章或者捺印确认。

对于仲裁申请书不规范或者材料不齐备的，仲裁委员会应当当场或者在五日内一次性告知申请人需要补正的全部材料。

仲裁委员会收取当事人提交的材料应当出具收件回执。

第三十条　仲裁委员会对符合下列条件的仲裁申请应当予以受理，并在收到仲裁申请之日起五日内向申请人出具受理通知书：

（一）属于本规则第二条规定的争议范围；

（二）有明确的仲裁请求和事实理由；

（三）申请人是与本案有直接利害关系的自然人、法人或者其他组织，有明确的被申请人；

（四）属于本仲裁委员会管辖范围。

第三十一条 对不符合本规则第三十条第（一）、（二）、（三）项规定之一的仲裁申请，仲裁委员会不予受理，并在收到仲裁申请之日起五日内向申请人出具不予受理通知书；对不符合本规则第三十条第（四）项规定的仲裁申请，仲裁委员会应当在收到仲裁申请之日起五日内，向申请人作出书面说明并告知申请人向有管辖权的仲裁委员会申请仲裁。

对仲裁委员会逾期未作出决定或者决定不予受理的，申请人可以就该争议事项向人民法院提起诉讼。

第三十二条 仲裁委员会受理案件后，发现不应当受理的，除本规则第九条规定外，应当撤销案件，并自决定撤销案件后五日内，以决定书的形式通知当事人。

第三十三条 仲裁委员会受理仲裁申请后，应当在五日内将仲裁申请书副本送达被申请人。

被申请人收到仲裁申请书副本后，应当在十日内向仲裁委员会提交答辩书。仲裁委员会收到答辩书后，应当在五日内将答辩书副本送达申请人。被申请人逾期未提交答辩书的，不影响仲裁程序的进行。

第三十四条 符合下列情形之一，申请人基于同一事实、理由和仲裁请求又申请仲裁的，仲裁委员会不予受理：

（一）仲裁委员会已经依法出具不予受理通知书的；

（二）案件已在仲裁、诉讼过程中或者调解书、裁决书、判决书已经发生法律效力的。

第三十五条 仲裁处理结果作出前，申请人可以自行撤回仲裁申请。申请人再次申请仲裁的，仲裁委员会应当受理。

第三十六条 被申请人可以在答辩期间提出反申请，仲裁委员会应当自收到被申请人反申请之日起五日内决定是否受理并通知被申请人。

决定受理的，仲裁委员会可以将反申请和申请合并处理。

反申请应当另行申请仲裁的，仲裁委员会应当书面告知被申请人另行申请仲裁；反申请不属于本规则规定应当受理的，仲裁委员会应当向被申请人出具不予受理通知书。

被申请人答辩期满后对申请人提出反申请的，应当另行申请仲裁。

第二节　开庭和裁决

第三十七条 仲裁委员会应当在受理仲裁申请之日起五日内组成仲裁庭并将仲裁庭的组成情况书面通知当事人。

第三十八条 仲裁庭应当在开庭五日前，将开庭日期、地点书面通知双方当事人。当事人有正当理由的，可以在开庭三日前请求延期开庭。是否延期，由仲裁委员会根据实际情况决定。

第三十九条 申请人收到书面开庭通知，无正当理由拒不到庭或者未经仲裁庭同意中途退庭的，可以按撤回仲裁申请处理；申请人重新申请仲裁的，仲裁委员会不予受理。被申请人收到书面开庭通知，无正当理由拒不到庭或者未经仲裁庭同意中途退庭的，仲裁庭可以继续开庭审理，并缺席裁决。

第四十条 当事人申请鉴定的，鉴定费由申请鉴定方先行垫付，案件处理终结后，由鉴定结果对其不利方负担。鉴定结果不明确的，由申请鉴定方负担。

第四十一条 开庭审理前，记录人员应当查明当事人和其他仲裁参与人是否到庭，宣布仲裁庭纪律。

开庭审理时，由仲裁员宣布开庭、案由和仲裁员、记录人员名单，核对当事人，告知当事人有关的权利义务，询问当事人是否提出回避申请。

开庭审理中，仲裁员应当听取申请人的陈述和被申请人的答辩，主持庭审调查、质证和辩论、征询当事人最后意见，并进行调解。

第四十二条 仲裁庭应当将开庭情况记入笔录。当事人或者其他仲裁参与人认为对自己陈述的记录有遗漏或者差错的，有权当庭申请补正。仲裁庭认为申请无理由或者无必要的，可以不予补正，但是应当记录该申请。

仲裁员、记录人员、当事人和其他仲裁参与人应当在庭审笔录上签名或者盖章。当事人或者其他仲裁参与人拒绝在庭审笔录上签名或者盖章的，仲裁庭应当记明情况附卷。

第四十三条 仲裁参与人和其他人应当遵守仲裁庭纪律，不得有下列行为：

（一）未经准许进行录音、录像、摄影；

（二）未经准许以移动通信等方式现场转播庭审活动；

（三）其他扰乱仲裁庭秩序、妨害审理活动进行的行为。

仲裁参与人或者其他人有前款规定的情形之一的，仲裁庭可以训诫、责令退出仲裁庭，也可以暂扣进行录音、录像、摄影、传播庭审活动的器材，并责令其删除有关内容。拒不删除的，可以采取必要手段强制删除，并将上述事实记入庭审笔录。

第四十四条 申请人在举证期限届满前可以提出增加或者变更仲裁请求；仲裁庭对申请人增加或者变更的仲裁请求审查后认为应当受理的，应当通知被申请人并给予答辩期，被申请人明确表示放弃答辩期的除外。

申请人在举证期限届满后提出增加或者变更仲裁请求的，应当另行申请仲裁。

第四十五条 仲裁庭裁决案件，应当自仲裁委员会受理仲裁申请之日起四十五日内结束。案情复杂需要延期的，经仲裁委员会主任或者其委托的仲裁院负责人书面批准，可以延期并书面通知当事人，但延长期限不得超过十五日。

第四十六条 有下列情形的，仲裁期限按照下列规定计算：

（一）仲裁庭追加当事人或者第三人的，仲裁期限从决定追加之日起重新计算；

（二）申请人需要补正材料的，仲裁委员会收到仲裁申请的时间从材料补正之日起重新计算；

（三）增加、变更仲裁请求的，仲裁期限从受理增加、变更仲裁请求之日起重新计算；

（四）仲裁申请和反申请合并处理的，仲裁期限从受理反申请之日起重新计算；

（五）案件移送管辖的，仲裁期限从接受移送之日起重新计算；

（六）中止审理期间、公告送达期间不计入仲裁期限内；

（七）法律、法规规定应当另行计算的其他情形。

第四十七条 有下列情形之一的，经仲裁委员会主任或者其委托的仲裁院负责人批准，可以中止案件审理，并书面通知当事人：

（一）劳动者一方当事人死亡，需要等待继承人表明是否参加仲裁的；

（二）劳动者一方当事人丧失民事行为能力，尚未确定法定代理人参加仲裁的；

（三）用人单位终止，尚未确定权利义务承继者的；

（四）一方当事人因不可抗拒的事由，不能参加仲裁的；

（五）案件审理需要以其他案件的审理结果为依据，且其他案件尚未审结的；

（六）案件处理需要等待工伤认定、伤残等级鉴定以及其他鉴定结论的；

（七）其他应当中止仲裁审理的情形。

中止审理的情形消除后，仲裁庭应当恢复审理。

第四十八条 当事人因仲裁庭逾期未作出仲裁裁决而向人民法院提起诉讼并立案受理的，仲裁委员会应当决定该案件终止审理；当事人未就该争议事项向人民法院提起诉讼的，仲裁委员会应当继续处理。

第四十九条 仲裁庭裁决案件时，其中一部分事实已经清楚的，可以就该部分先行裁决。当事人对先行裁决不服的，可以按照调解仲裁法有关规定处理。

第五十条 仲裁庭裁决案件时，申请人根据调解仲裁法第四十七条第（一）项规定，追索劳动报酬、工伤医疗费、经济补偿或者赔偿金，如果仲裁裁决涉及数项，对单项裁决数额不超过当地月最低工资标准十二个月金额的事项，应当适用终局裁决。

前款经济补偿包括《中华人民共和国劳动合同法》（以下简称劳动合同法）规定的竞业限制期限内给予的经济补偿、解除或者终止劳动合同的经济补偿等；赔偿金包括劳动合同法规定的未签订书面劳动合同第二倍工资、违法约定试用期的赔偿金、违法解除或者终止劳动合同的赔偿金等。

根据调解仲裁法第四十七条第（二）项的规定，因执行国家的劳动标准在工作时间、休息休假、社会保险等方面发生的争议，应当适用终局裁决。

仲裁庭裁决案件时，裁决内容同时涉及终局裁决和非终局裁决的，应当分别制作裁决书，并告知当事人相应的救济权利。

第五十一条 仲裁庭对追索劳动报酬、工伤医疗费、经济补偿或者赔偿金的案件，根据当事人的申请，可以裁决先予执行，移送人民法院执行。

仲裁庭裁决先予执行的，应当符合下列条件：

（一）当事人之间权利义务关系明确；

（二）不先予执行将严重影响申请人的生活。

劳动者申请先予执行的，可以不提供担保。

第五十二条 裁决应当按照多数仲裁员的意见作出，少数仲裁员的不同意见应当记入笔录。仲裁庭不能形成多数意见时，裁决应当按照首席仲裁员的意见作出。

第五十三条 裁决书应当载明仲裁请求、争议事实、裁决理由、裁决结果、当事人权利和裁决日期。裁决书由仲裁员签名，加盖仲裁委员会印章。对裁决持不同意见的仲裁员，可以签名，也可以不签名。

第五十四条 对裁决书中的文字、计算错误或者仲裁庭已经裁决但在裁决书中遗漏的事项，仲裁庭应当及时制作决定书予以补正并送达当事人。

第五十五条 当事人对裁决不服向人民法院提起诉讼的，按照调解仲裁法有关规定处理。

第三节 简易处理

第五十六条 争议案件符合下列情形之一的，可以简易处理：

（一）事实清楚、权利义务关系明确、争议不大的；

（二）标的额不超过本省、自治区、直辖市上年度职工年平均工资的；

（三）双方当事人同意简易处理的。

仲裁委员会决定简易处理的，可以指定一名仲裁员独任仲裁，并应当告知当事人。

第五十七条 争议案件有下列情形之一的，不得简易处理：

（一）涉及国家利益、社会公共利益的；

（二）有重大社会影响的；

（三）被申请人下落不明的；

（四）仲裁委员会认为不宜简易处理的。

第五十八条 简易处理的案件，经与被申请人协商同意，仲裁庭可以缩短或者取消答辩期。

第五十九条 简易处理的案件，仲裁庭可以用电话、短信、传真、电子邮件等简便方式送达仲裁文书，但送达调解书、裁决书除外。

以简便方式送达的开庭通知，未经当事人确认或者没有其他证据证明当事人已经收到的，仲裁庭不得按撤回仲裁申请处理或者缺席裁决。

第六十条 简易处理的案件，仲裁庭可以根据案件情况确定举证期限、开庭日期、审理程序、文书制作等事项，但应当保障当事人陈述意见的权利。

第六十一条 仲裁庭在审理过程中，发现案件不宜简易处理的，应当在仲裁期限届满前决定转为按照一般程序处理，并告知当事人。

案件转为按照一般程序处理的，仲裁期限自仲裁委员会受理仲裁申请之日起计算，双方当事人已经确认的事实，可以不再进行举证、质证。

第四节 集体劳动人事争议处理

第六十二条 处理劳动者一方在十人以上并有共同请求的争议案件，或者因履行集体合同发生的劳动争议案件，适用本节规定。

符合本规则第五十六条第一款规定情形之一的集体劳动人事争议案件，可以简易处理，不受本节规定的限制。

第六十三条 发生劳动者一方在十人以上并有共同请求的争议的，劳动者可以推举三至五名代表参加仲裁活动。代表人参加仲裁的行为对其所代表的当事人发生效力，但代表人变更、放弃仲裁请求或者承认对方当事人的仲裁请求，进行和解，必须经被代表的当事人同意。

因履行集体合同发生的劳动争议，经协商解决不成的，工会可以依法申请仲裁；尚未建立工会的，由上级工会指导劳动者推举产生的代表依法申请仲裁。

第六十四条 仲裁委员会应当自收到当事人集体劳动人事争议仲裁申请之日起五日内作出受理或者不予受理的决定。决定受理的，应当自受理之日起五日内将仲裁庭组成人员、答辩期限、举证期限、开庭日期和地点等事项一次性通知当事人。

第六十五条 仲裁委员会处理集体劳动人事争议案件，应当由三名仲裁员组成仲裁庭，设首席仲裁员。

仲裁委员会处理因履行集体合同发生的劳动争议，应当按照三方原则组成仲裁庭处理。

第六十六条 仲裁庭处理集体劳动人事争议，开庭前应当引导当事人自行协商，或者先行调解。

仲裁庭处理集体劳动人事争议案件，可以邀请法律工作者、律师、专家学者等第三方共同参与调解。

协商或者调解未能达成协议的，仲裁庭应当及时裁决。

第六十七条 仲裁庭开庭场所可以设在发生争议的用人单位或者其他便于及时处理争议的地点。

第四章 调解程序

第一节 仲裁调解

第六十八条 仲裁委员会处理争议案件，应当坚持调解优先，引导当事人通过协商、调解方式解决争议，给予必要的法律释明以及风险提示。

第六十九条 对未经调解、当事人直接申请仲裁的争议，仲裁委员会可以向当事人发出调解建议书，引导其到调解组织进行调解。当事人同意先行调解的，应当暂缓受理；当事人不同意先行调解的，应当依法受理。

第七十条 开庭之前，经双方当事人同意，仲裁庭可以委托调解组织或者其他具有调解能力的组织、个人进行调解。

自当事人同意之日起十日内未达成调解协议的，应当开庭审理。

第七十一条 仲裁庭审理争议案件时，应当进行调解。必要时可以邀请有关单位、组织或者个人参与调解。

第七十二条 仲裁调解达成协议的，仲裁庭应当制作调解书。

调解书应当写明仲裁请求和当事人协议的结果。调解书由仲裁员签名，加盖仲裁委员会印章，送达双方当事人。调解书经双方当事人签收后，发生法律效力。

调解不成或者调解书送达前，一方当事人反悔的，仲裁庭应当及时作出裁决。

第七十三条 当事人就部分仲裁请求达成调解协议的，仲裁庭可以就该部分先行出具调解书。

第二节 调解协议的仲裁审查

第七十四条 经调解组织调解达成调解协议的，双方当事人可以自调解协议生效之日起十五日内，共同向有管辖权的仲裁委员会提出仲裁审查申请。

当事人申请审查调解协议，应当向仲裁委员会提交仲裁审查申请书、调解协议和身份证明、资格证明以及其他与调解协议相关的证明材料，并提供双方当事人的送达地址、电话号码等联系方式。

第七十五条　仲裁委员会收到当事人仲裁审查申请，应当及时决定是否受理。决定受理的，应当出具受理通知书。

有下列情形之一的，仲裁委员会不予受理：

（一）不属于仲裁委员会受理争议范围的；

（二）不属于本仲裁委员会管辖的；

（三）超出规定的仲裁审查申请期间的；

（四）确认劳动关系的；

（五）调解协议已经人民法院司法确认的。

第七十六条　仲裁委员会审查调解协议，应当自受理仲裁审查申请之日起五日内结束。因特殊情况需要延期的，经仲裁委员会主任或者其委托的仲裁院负责人批准，可以延长五日。

调解书送达前，一方或者双方当事人撤回仲裁审查申请的，仲裁委员会应当准许。

第七十七条　仲裁委员会受理仲裁审查申请后，应当指定仲裁员对调解协议进行审查。

仲裁委员会经审查认为调解协议的形式和内容合法有效的，应当制作调解书。调解书的内容应当与调解协议的内容相一致。调解书经双方当事人签收后，发生法律效力。

第七十八条　调解协议具有下列情形之一的，仲裁委员会不予制作调解书：

（一）违反法律、行政法规强制性规定的；

（二）损害国家利益、社会公共利益或者公民、法人、其他组织合法权益的；

（三）当事人提供证据材料有弄虚作假嫌疑的；

（四）违反自愿原则的；

（五）内容不明确的；

（六）其他不能制作调解书的情形。

仲裁委员会决定不予制作调解书的，应当书面通知当事人。

第七十九条　当事人撤回仲裁审查申请或者仲裁委员会决定不予制作调解书的，应当终止仲裁审查。

第五章　附　　则

第八十条　本规则规定的“三日”“五日”“十日”指工作日，“十五日”“四十五日”指自然日。

第八十一条　本规则自2017年7月1日起施行。2009年1月1日人力资源社会保障部公布的《劳动人事争议仲裁办案规则》（人力资源和社会保障部令第2号）同时废止。

事业单位公开招聘违纪违规行为处理规定

中华人民共和国人力资源社会保障部令　第35号

（2017年10月9日发布）

第一章　总　　则

第一条　为加强事业单位公开招聘工作管理，规范公开招聘违纪违规行为的认定与处理，保证招聘工作公开、公平、公正，根据《事业单位人事管理条例》等有关规定，制定本规定。

第二条　事业单位公开招聘中违纪违规行为的认定与处理，适用本规定。

第三条　认定与处理公开招聘违纪违规行为，应当事实清楚、证据确凿、程序规范、适用规定准确。

第四条　中央事业单位人事综合管理部门负责全国事业单位公开招聘工作的综合管理与监督。

各级事业单位人事综合管理部门、事业单位主管部门、招聘单位按照事业单位公开招聘管理权限，依据本规定对公开招聘违纪违规行为进行认定与处理。

第二章　应聘人员违纪违规行为处理

第五条　应聘人员在报名过程中有下列违纪违规行为之一的，取消其本次应聘资格：

（一）伪造、涂改证件、证明等报名材料，或者以其他不正当手段获取应聘资格的；

（二）提供的涉及报考资格的申请材料或者信息不实，且影响报名审核结果的；

（三）其他应当取消其本次应聘资格的违纪违规行为。

第六条　应聘人员在考试过程中有下列违纪违规行为之一的，给予其当次该科目考试成绩无效的处理：

（一）携带规定以外的物品进入考场且未按要求放在指定位置，经提醒仍不改正的；

（二）未在规定座位参加考试，或者未经考试工作人员允许擅自离开座位或者考场，经提醒仍不改正的；

（三）经提醒仍不按规定填写、填涂本人信息的；

（四）在试卷、答题纸、答题卡规定以外位置标注本人信息或者其他特殊标记的；

（五）在考试开始信号发出前答题，或者在考试结束信号发出后继续答题，经提醒仍不停止的；

（六）将试卷、答题卡、答题纸带出考场，或者故意损坏试卷、答题卡、答题纸及考试相关设施设备的；

（七）其他应当给予当次该科目考试成绩无效处理的违纪违规行为。

第七条 应聘人员在考试过程中有下列严重违纪违规行为之一的，给予其当次全部科目考试成绩无效的处理，并将其违纪违规行为记入事业单位公开招聘应聘人员诚信档案库，记录期限为五年：

（一）抄袭、协助他人抄袭的；

（二）互相传递试卷、答题纸、答题卡、草稿纸等的；

（三）持伪造证件参加考试的；

（四）使用禁止带入考场的通讯工具、规定以外的电子用品的；

（五）本人离开考场后，在本场考试结束前，传播考试试题及答案的；

（六）其他应当给予当次全部科目考试成绩无效处理并记入事业单位公开招聘应聘人员诚信档案库的严重违纪违规行为。

第八条 应聘人员有下列特别严重违纪违规行为之一的，给予其当次全部科目考试成绩无效的处理，并将其违纪违规行为记入事业单位公开招聘应聘人员诚信档案库，长期记录：

（一）串通作弊或者参与有组织作弊的；

（二）代替他人或者让他人代替自己参加考试的；

（三）其他应当给予当次全部科目考试成绩无效处理并记入事业单位公开招聘应聘人员诚信档案库的特别严重的违纪违规行为。

第九条 应聘人员应当自觉维护招聘工作秩序，服从工作人员管理，有下列行为之一的，终止其继续参加考试，并责令离开现场；情节严重的，按照本规定第七条、第八条的规定处理；违反《中华人民共和国治安管理处罚法》的，交由公安机关依法处理；构成犯罪的，依法追究刑事责任：

（一）故意扰乱考点、考场以及其他招聘工作场所秩序的；

（二）拒绝、妨碍工作人员履行管理职责的；

（三）威胁、侮辱、诽谤、诬陷工作人员或者其他应聘人员的；

（四）其他扰乱招聘工作秩序的违纪违规行为。

第十条 在阅卷过程中发现应聘人员之间同一科目作答内容雷同，并经阅卷专家组确认的，给予其当次该科目考试成绩无效的处理。作答内容雷同的具体认定方法和标准，由中央事业单位人事综合管理部门确定。

应聘人员之间同一科目作答内容雷同，并有其他相关证据证明其违纪违规行为成立的，视具体情形按照本规定第七条、第八条处理。

第十一条 应聘人员在体检过程中弄虚作假或者隐瞒影响聘用的疾病、病史的，给予其不予聘用的处理。有请他人顶替体检以及交换、替换化验样本等严重违纪违规行为的，给予其不予聘用的处理，并将其违纪违规行为记入事业单位公开招聘应聘人员诚信档案库，记录期限为五年。

第十二条 应聘人员在考察过程中提供虚假材料、隐瞒事实真相或者有其他妨碍考察工作的行为，干扰、影响考察单位客观公正作出考察结论的，给予其不予聘用的处理；情节严重、影响恶劣的，将其违纪违规行为记入事业单位公开招聘应聘人员诚信档案库，记录期限为五年。

第十三条 应聘人员聘用后被查明有本规定所列违纪违规行为的，由招聘单位与其解除聘用合同、予以清退，其中符合第七条、第八条、第十一条、第十二条违纪违规行为的，记入事业单位公开招聘应聘人员诚信档案库。

第十四条 事业单位公开招聘应聘人员诚信档案库由中央事业单位人事综合管理部门统一建立，纳入全国信用信息共享平台，向招聘单位及社会提供查询，相关记录作为事业单位聘用人员的重要参考，管理办法另行制定。

第三章 招聘单位和招聘工作人员违纪违规行为处理

第十五条 招聘单位在公开招聘中有下列行为之一的，事业单位主管部门或者事业单位人事综合管理部门应当责令限期改正；逾期不改正的，对直接负责的主管人员和其他直接责任人员依法给予处分：

（一）未按规定权限和程序核准（备案）招聘方案，擅自组织公开招聘的；

（二）设置与岗位无关的指向性或者限制性条件的；

（三）未按规定发布招聘公告的；

（四）招聘公告发布后，擅自变更招聘程序、岗位条件、招聘人数、考试考察方式等的；

（五）未按招聘条件进行资格审查的；

（六）未按规定组织体检的；

（七）未按规定公示拟聘用人员名单的；

（八）其他应当责令改正的违纪违规行为。

第十六条 招聘工作人员有下列行为之一的，由相关部门给予处分，并停止其继续参加当年及下一年度招聘工作：

（一）擅自提前考试开始时间、推迟考试结束时间及缩短考试时间的；

（二）擅自为应聘人员调换考场或者座位的；

（三）未准确记录考场情况及违纪违规行为，并造成一定影响的；

（四）未执行回避制度的；

（五）其他一般违纪违规行为。

第十七条 招聘工作人员有下列行为之一的，由相关部门给予处分，并将其调离招聘工作岗位，不得再从事招聘工作；构成犯罪的，依法追究刑事责任：

（一）指使、纵容他人作弊，或者在考试、考察、体检过程中参与作弊的；

（二）在保密期限内，泄露考试试题、面试评分要素等应当保密的信息的；

（三）擅自更改考试评分标准或者不按评分标准进行评卷的；

（四）监管不严，导致考场出现大面积作弊现象的；

（五）玩忽职守，造成不良影响的；

（六）其他严重违纪违规行为。

第四章　处 理 程 序

第十八条　应聘人员的违纪违规行为被当场发现的，招聘工作人员应当予以制止。对于被认定为违纪违规的，要收集、保存相应证据材料，如实记录违纪违规事实和现场处理情况，当场告知应聘人员记录内容，并要求本人签字；对于拒绝签字或者恶意损坏证据材料的，由两名招聘工作人员如实记录其拒签或者恶意损坏证据材料的情况。违纪违规记录经考点负责人签字认定后，报送组织实施公开招聘的部门。

第十九条　对应聘人员违纪违规行为作出处理决定前，应当告知应聘人员拟作出的处理决定及相关事实、理由和依据，并告知应聘人员依法享有陈述和申辩的权利。作出处理决定的部门对应聘人员提出的事实、理由和证据，应当进行复核。

对应聘人员违纪违规行为作出处理决定的，应当制作公开招聘违纪违规行为处理决定书，依法送达被处理的应聘人员。

第二十条　应聘人员对处理决定不服的，可以依法申请行政复议或者提起行政诉讼。

第二十一条　参与公开招聘的工作人员对因违纪违规行为受到处分不服的，可以依法申请复核或者提出申诉。

第五章　附　　则

第二十二条　本规定自2018年1月1日起施行。

职称评审管理暂行规定

中华人民共和国人力资源社会保障部令　第40号

（2019年7月1日发布）

第一章　总　　则

第一条　为规范职称评审程序，加强职称评审管理，保证职称评审质量，根据有关法律法规和国务院规定，制定本规定。

第二条　职称评审是按照评审标准和程序，对专业技术人才品德、能力、业绩的评议和认定。职称评审结果是专业技术人才聘用、考核、晋升等的重要依据。

对企业、事业单位、社会团体、个体经济组织等（以下称用人单位）以及自由职业者开展专业技术人才职称评审工作，适用本规定。

第三条　职称评审坚持德才兼备、以德为先的原则，科学公正评价专业技术人才的职业道德、创新能力、业绩水平和实际贡献。

第四条　国务院人力资源社会保障行政部门负责全国的职称评审统筹规划和综合管理工作。县级以上地方各级人力资源社会保障行政部门负责本地区职称评审综合管理和组织实施工作。

行业主管部门在各自职责范围内负责本行业的职称评审管理和实施工作。

第五条　职称评审标准分为国家标准、地区标准和单位标准。

各职称系列国家标准由国务院人力资源社会保障行政部门会同行业主管部门制定。

地区标准由各地区人力资源社会保障行政部门会同行业主管部门依据国家标准，结合本地区实际制定。

单位标准由具有职称评审权的用人单位依据国家标准、地区标准，结合本单位实际制定。

地区标准、单位标准不得低于国家标准。

第二章　职称评审委员会

第六条　各地区、各部门以及用人单位等按照规定开展职称评审，应当申请组建职称评审委员会。

职称评审委员会负责评议、认定专业技术人才学术技术水平和专业能力，对组建单位负责，受组建单位监督。

职称评审委员会按照职称系列或者专业组建，不得跨系列组建综合性职称评审委员会。

第七条 职称评审委员会分为高级、中级、初级职称评审委员会。

申请组建高级职称评审委员会应当具备下列条件：

（一）拟评审的职称系列或者专业为职称评审委员会组建单位主体职称系列或者专业；

（二）拟评审的职称系列或者专业在行业内具有重要影响力，能够代表本领域的专业发展水平；

（三）具有一定数量的专业技术人才和符合条件的高级职称评审专家；

（四）具有开展高级职称评审的能力。

第八条 国家对职称评审委员会实行核准备案管理制度。职称评审委员会备案有效期不得超过3年，有效期届满应当重新核准备案。

国务院各部门、中央企业、全国性行业协会学会、人才交流服务机构等组建的高级职称评审委员会由国务院人力资源社会保障行政部门核准备案；各地区组建的高级职称评审委员会由省级人力资源社会保障行政部门核准备案；其他用人单位组建的高级职称评审委员会按照职称评审管理权限由省级以上人力资源社会保障行政部门核准备案。

申请组建中级、初级职称评审委员会的条件以及核准备案的具体办法，按照职称评审管理权限由国务院各部门、省级人力资源社会保障行政部门以及具有职称评审权的用人单位制定。

第九条 职称评审委员会组成人员应当是单数，根据工作需要设主任委员和副主任委员。按照职称系列组建的高级职称评审委员会评审专家不少于25人，按照专业组建的高级职称评审委员会评审专家不少于11人。各地区组建的高级职称评审委员会的人数，经省级人力资源社会保障行政部门同意，可以适当调整。

第十条 职称评审委员会的评审专家应当具备下列条件：

（一）遵守宪法和法律；

（二）具备良好的职业道德；

（三）具有本职称系列或者专业相应层级的职称；

（四）从事本领域专业技术工作；

（五）能够履行职称评审工作职责。

评审专家每届任期不得超过3年。

第十一条 各地区、各部门和用人单位可以按照职称系列或者专业建立职称评审委员会专家库，在职称评审委员会专家库内随机抽取规定数量的评审专家组成职称评审委员会。

职称评审委员会专家库参照本规定第八条进行核准备案，从专家库内抽取专家组成的职称评审委员会不再备案。

第十二条 职称评审委员会组建单位可以设立职称评审办事机构或者指定专门机构作为职称评审办事机构，由其负责职称评审的日常工作。

第三章　申报审核

第十三条 申报职称评审的人员（以下简称申报人）应当遵守宪法和法律，具备良好的职业道德，符合相应职称系列或者专业、相应级别职称评审规定的申报条件。

申报人应当为本单位在职的专业技术人才，离退休人员不得申报参加职称评审。

事业单位工作人员受到记过以上处分的，在受处分期间不得申报参加职称评审。

第十四条 申报人一般应当按照职称层级逐级申报职称评审。取得重大基础研究和前沿技术突破、解决重大工程技术难题，在经济社会各项事业发展中作出重大贡献的专业技术人才，可以直接申报高级职称评审。

对引进的海外高层次人才和急需紧缺人才，可以合理放宽资历、年限等条件限制。

对长期在艰苦边远地区和基层一线工作的专业技术人才，侧重考查其实际工作业绩，适当放宽学历和任职年限要求。

第十五条 申报人应当在规定期限内提交申报材料，对其申报材料的真实性负责。

凡是通过法定证照、书面告知承诺、政府部门内部核查或者部门间核查、网络核验等能够办理的，不得要求申报人额外提供证明材料。

第十六条 申报人所在工作单位应当对申报材料进行审核，并在单位内部进行公示，公示期不少于 5 个工作日，对经公示无异议的，按照职称评审管理权限逐级上报。

第十七条 非公有制经济组织的专业技术人才申报职称评审，可以由所在工作单位或者人事代理机构等履行审核、公示、推荐等程序。

自由职业者申报职称评审，可以由人事代理机构等履行审核、公示、推荐等程序。

第十八条 职称评审委员会组建单位按照申报条件对申报材料进行审核。

申报材料不符合规定条件的，职称评审委员会组建单位应当一次性告知申报人需要补正的全部内容。逾期未补正的，视为放弃申报。

第四章 组 织 评 审

第十九条 职称评审委员会组建单位组织召开评审会议。评审会议由主任委员或者副主任委员主持，出席评审会议的专家人数应当不少于职称评审委员会人数的 2/3。

第二十条 职称评审委员会经过评议，采取少数服从多数的原则，通过无记名投票表决，同意票数达到出席评审会议的评审专家总数 2/3 以上的即为评审通过。

未出席评审会议的评审专家不得委托他人投票或者补充投票。

第二十一条 根据评审工作需要，职称评审委员会可以按照学科或者专业组成若干评议组，每个评议组评审专家不少于 3 人，负责对申报人提出书面评议意见；也可以不设评议组，由职称评审委员会 3 名以上评审专家按照分工，提出评议意见。评议组或者分工负责评议的专家在评审会议上介绍评议情况，作为职称评审委员会评议表决的参考。

第二十二条 评审会议结束时，由主任委员或者主持评审会议的副主任委员宣布投票结果，并对评审结果签字确认，加盖职称评审委员会印章。

第二十三条 评审会议应当做好会议记录，内容包括出席评委、评审对象、评议意见、投票结果等内容，会议记录归档管理。

第二十四条 评审会议实行封闭管理，评审专家名单一般不对外公布。

评审专家和职称评审办事机构工作人员在评审工作保密期内不得对外泄露评审内容，不得私自接收评审材料，不得利用职务之便谋取不正当利益。

第二十五条　评审专家与评审工作有利害关系或者其他关系可能影响客观公正的，应当申请回避。

职称评审办事机构发现上述情形的，应当通知评审专家回避。

第二十六条　职称评审委员会组建单位对评审结果进行公示，公示期不少于 5 个工作日。

公示期间，对通过举报投诉等方式发现的问题线索，由职称评审委员会组建单位调查核实。

经公示无异议的评审通过人员，按照规定由人力资源社会保障行政部门或者职称评审委员会组建单位确认。具有职称评审权的用人单位，其经公示无异议的评审通过人员，按照规定由职称评审委员会核准部门备案。

第二十七条　申报人对涉及本人的评审结果不服的，可以按照有关规定申请复查、进行投诉。

第二十八条　不具备职称评审委员会组建条件的地区和单位，可以委托经核准备案的职称评审委员会代为评审。具体办法按照职称评审管理权限由国务院各部门、省级人力资源社会保障行政部门制定。

第二十九条　专业技术人才跨区域、跨单位流动时，其职称按照职称评审管理权限重新评审或者确认，国家另有规定的除外。

第五章　评 审 服 务

第三十条　职称评审委员会组建单位应当建立职称评价服务平台，提供便捷化服务。

第三十一条　职称评审委员会组建单位应当加强职称评审信息化建设，推广在线评审，逐步实现网上受理、网上办理、网上反馈。

第三十二条　人力资源社会保障行政部门建立职称评审信息化管理系统，统一数据标准，规范评审结果等数据采集。

第三十三条　人力资源社会保障行政部门在保障信息安全和个人隐私的前提下，逐步开放职称信息查询验证服务，积极探索实行职称评审电子证书。电子证书与纸质证书具有同等效力。

第六章　监 督 管 理

第三十四条　人力资源社会保障行政部门和行业主管部门应当加强对职称评审工作的监督检查。

被检查的单位、相关机构和个人应当如实提供与职称评审有关的资料，不得拒绝检查或者谎报、瞒报。

第三十五条　人力资源社会保障行政部门和行业主管部门通过质询、约谈、现场观摩、查阅资料等形式，对各级职称评审委员会及其组建单位开展的评审工作进行抽查、巡查，依据有关问题线索进行倒查、复查。

第三十六条　人力资源社会保障行政部门和行业主管部门应当依法查处假冒职称评审、制作和销售假证等违法行为。

第三十七条 职称评审委员会组建单位应当依法执行物价、财政部门核准的收费标准，自觉接受监督和审计。

第七章 法律责任

第三十八条 违反本规定第八条规定，职称评审委员会未经核准备案、有效期届满未重新核准备案或者超越职称评审权限、擅自扩大职称评审范围的，人力资源社会保障行政部门对其职称评审权限或者超越权限和范围的职称评审行为不予认可；情节严重的，由人力资源社会保障行政部门取消职称评审委员会组建单位职称评审权，并依法追究相关人员的责任。

第三十九条 违反本规定第十三条、第十五条规定，申报人通过提供虚假材料、剽窃他人作品和学术成果或者通过其他不正当手段取得职称的，由人力资源社会保障行政部门或者职称评审委员会组建单位撤销其职称，并记入职称评审诚信档案库，纳入全国信用信息共享平台，记录期限为 3 年。

第四十条 违反本规定第十六条规定，申报人所在工作单位未依法履行审核职责的，由人力资源社会保障行政部门或者职称评审委员会组建单位对直接负责的主管人员和其他直接责任人员予以批评教育，并责令采取补救措施；情节严重的，依法追究相关人员责任。

违反本规定第十七条规定，非公有制经济组织或者人事代理机构等未依法履行审核职责的，按照前款规定处理。

第四十一条 违反本规定第十八条规定，职称评审委员会组建单位未依法履行审核职责的，由人力资源社会保障行政部门对其直接负责的主管人员和其他直接责任人员予以批评教育，并责令采取补救措施；情节严重的，取消其职称评审权，并依法追究相关人员责任。

第四十二条 评审专家违反本规定第二十四条、第二十五条规定的，由职称评审委员会组建单位取消其评审专家资格，通报批评并记入职称评审诚信档案库；构成犯罪的，依法追究刑事责任。

职称评审办事机构工作人员违反本规定第二十四条、第二十五条规定的，由职称评审委员会组建单位责令不得再从事职称评审工作，进行通报批评；构成犯罪的，依法追究刑事责任。

第八章 附 则

第四十三条 涉密领域职称评审的具体办法，由相关部门和单位参照本规定另行制定。

第四十四条 本规定自 2019 年 9 月 1 日起施行。

二、政策文件

（一）事业单位改革

1. 事业单位综合配套改革

人力资源社会保障部关于认真贯彻落实分类推进事业单位改革有关文件精神的通知

人社部发〔2011〕133号

各省、自治区、直辖市人力资源社会保障厅（局），福建省公务员局，新疆生产建设兵团人事局：

为认真贯彻落实《中共中央　国务院关于分类推进事业单位改革的指导意见》（中发〔2011〕5号）和相关配套文件精神，扎实做好事业单位人事制度、收入分配制度、养老保险制度改革工作，充分发挥人力资源社会保障系统在分类推进事业单位改革中的作用，现就有关问题通知如下：

一、切实用文件精神统一思想。分类推进事业单位改革，对于深入贯彻落实科学发展观、加快中国特色社会公益服务体系建设、构建社会主义和谐社会具有重要意义。深化事业单位人事制度、收入分配制度改革，推进社会保险制度改革，是分类推进事业单位改革的重要组成部分，对于创新体制机制，激发事业单位工作人员活力具有重要作用。各级人力资源社会保障部门要把学习贯彻文件精神作为一项重要任务，结合工作和改革的实际，切实抓紧抓好。要进一步明确并落实人力资源社会保障部门在分类推进事业单位改革中承担的重要职能和基本任务，明确当前和今后一个时期的工作重点和原则要求，把思想和行动统一到中央的决策部署上来。

二、抓紧部署贯彻实施。党中央、国务院对分类推进事业单位改革的部署和要求已经明确，各地区、各部门正在贯彻部署。各级人力资源社会保障部门要结合本地区、本部门的贯彻部署，按照“分类指导、分业推进、分级组织、分步实施”的方针，坚持从实际出发，分别对事业单位人事制度改革、收入分配制度改革、养老保险制度改革做出安排部署，对所承担的各项改革任务逐级进行分解，明确任务，明确责任，明确时限，明确要求，逐一落实到位。当前，要按照统一部署，积极参与事业单位清理规范和分类工作。

三、着力完善政策措施。各级人力资源社会保障部门要在中央文件精神和配套政策框架内，结合本地区、本部门实际，以创新体制机制为核心，进一步完善政策措施。在人事制度改革方面，要以转换用人机制、搞活用人制度为核心，以健全聘用制度和岗位管理制度为重点，逐步建立和完善权责清晰、分类科学、机制灵活、监管有力的事业单位人事管理制度。

在收入分配制度改革方面，要以完善工资分配激励约束机制为核心，健全符合事业单位特点、体现岗位绩效和分级分类管理要求的收入分配制度。在社会保险制度改革方面，要进一步完善事业单位及其工作人员参加基本养老、基本医疗、失业、工伤等社会保险政策，建立起独立于单位之外、资金来源多渠道、保障方式多层次、管理服务社会化的社会保障体系。同时，要注意做好原有行业体制改革以及本地区、本部门改革试点政策与分类推进事业单位改革有关文件的衔接，避免因改革政策措施不衔接而引发新的矛盾。人力资源社会保障部将会同有关部门，就人事制度、收入分配制度和养老保险制度等有关政策问题加强调研，逐步完善政策措施并指导工作的开展。

四、扎实推进重点工作。事业单位改革涉及面广，任务繁重且工作要求较高。各级人力资源社会保障部门要集中力量，抓好事业单位人事制度、收入分配制度、养老保险制度改革等重点工作的推进。要深化人事制度改革，全面推行聘用制度，抓紧完善聘后管理。全面实施岗位管理制度，尽快实现岗位设置管理制度的入轨运行。全面推行公开招聘制度，尽快实现公开招聘全覆盖。会同有关部门开展事业单位公开招聘检查，遏制和防范进人上的不正之风，规范用人行为。要深化收入分配制度改革，在巩固义务教育学校、公共卫生与基层医疗卫生事业单位实施绩效工资成果的基础上，全面推进其他事业单位绩效工资实施工作。加强事业单位特殊岗位津贴补贴的规范管理，研究拟订事业单位高层次人才激励机制、工作人员兼职兼薪管理指导意见和主要领导激励约束机制等政策。要加快社会保险制度改革，山西、上海、浙江、广东、重庆等5个事业单位养老保险改革试点省市，要在确保社会稳定的前提下，以事业单位分类、人事制度、收入分配制度改革为基础，开展计发办法测算论证和试行职业年金的准备工作，抓紧拟定试点方案，报国务院审定后适时启动试点工作。

五、大力开展业务培训。分类推进事业单位改革不仅政策性强，更涉及广大事业单位工作人员的切身利益，对从事此项工作的同志深刻理解和准确把握政策的能力提出了更高的要求。各级人力资源社会保障部门要加大培训力度，以人力资源社会保障厅局长和从事事业单位改革工作的同志为对象，以分类推进事业单位改革及人事制度改革、收入分配制度改革、养老保险制度改革为主要内容，通过专题研讨班、业务培训班、政策解读、专家学者讲座、经验交流等多种形式，组织开展专门的培训。同时，要督促和参与组织本地区、各部门及所属事业单位从事这方面工作人员的业务培训。人力资源社会保障部将分期分批对省、市、县人社部门分管事业单位改革的负责同志进行专题培训。

六、认真指导基层抓好落实。分类推进事业单位改革的大政方针和部署要求已经确定，关键在落实。各级人力资源社会保障部门要深入实际、深入群众、深入基层，深入宣传改革政策，帮助和引导基层干部正确理解、准确把握政策，确保政策措施执行到位、落实到位。要深入开展调查研究，特别要认真听取事业单位工作人员对改革的意见和建议，针对改革中的重点、难点问题，集思广益，不断探索，寻求破解之策，积极化解矛盾，推动改革在基层扎实有序开展。省市两级人力资源社会保障部门要着力抓好基层的贯彻落实工作，切实加强对县、乡和基层事业单位的指导，及时发现、及时上报、及时帮助基层解决工作中遇到的困难和问题。人力资源社会保障部将会同有关部门对基层贯彻落实工作进行督促检查，确保中央的精神和部署落到实处。

七、切实加强组织领导。事业单位分类改革情况复杂，涉及各个方面，需要多方协调，互相支持。各级人力资源社会保障部门要加强组织领导，成立以主要负责同志为组长的协调小组，配备精干人员，在本地区、本部门分类推进事业单位改革领导小组指导下，做好事业单位人事制度、收入分配制度和养老保险制度改革工作。人力资源社会保障部将成立由部领导牵头，相关司局参加的事业单位改革工作协调小组，进一步加强对分类推进事业单位改革的指导和协调。各级人力资源社会保障部门要认真履行职能，主动就改革中的有关问题，与组织、编制、财政等部门加强沟通协调，密切协作。要积极配合行业主管部门，继续深化教育、科技、文化、卫生等行业体制改革。要加强新闻宣传和思想政治工作，正确引导社会舆论，营造良好改革氛围。要正确处理改革发展稳定的关系，妥善处理不同利益群体间的关系，使改革得到绝大多数人的拥护，确保社会和谐稳定。

人力资源社会保障部

2011 年 12 月 26 日

事业单位领导人员管理规定

（2015年5月28日发布，2022年1月14日修订）

第一章　总　　则

第一条　为了加强和改进事业单位领导人员管理，健全选拔任用机制和管理监督机制，建设一支德才兼备、忠诚干净担当的高素质专业化事业单位领导人员队伍，根据有关党内法规和法律，制定本规定。

第二条　本规定适用于省级以上党委和政府直属以及部门所属事业单位领导班子成员，省级以上人大常委会、政协、纪委监委、人民法院、人民检察院、群众团体机关所属事业单位领导班子成员。

有关党内法规和法律对事业单位领导人员管理另有规定的，从其规定。

事业单位内设机构负责人选拔任用工作按照本规定第二章、第三章有关条款执行。

第三条　事业单位领导人员的管理，应当适应事业单位公益性、服务性、专业性、技术性等特点，遵循领导人员成长规律，激发事业单位活力，推动公益事业高质量发展。工作中，坚持下列原则：

（一）党管干部、党管人才。

（二）德才兼备、以德为先，五湖四海、任人唯贤。

（三）事业为上、人岗相适、人事相宜。

（四）注重实干担当和工作实绩、群众公认。

（五）分级分类管理。

（六）民主集中制。

（七）依规依法办事。

第四条　党委（党组）及其组织（人事）部门按照干部管理权限履行事业单位领导人员管理职责，负责本规定的组织实施。

第二章　任职条件和资格

第五条　事业单位领导人员应当具备下列基本条件：

（一）思想政治素质好，理想信念坚定，自觉坚持以马克思列宁主义、毛泽东思想、邓小平理论、“三个代表”重要思想、科学发展观、习近平新时代中国特色社会主义思想为指导，坚决贯彻执行党的理论和路线方针政策，增强“四个意识”、坚定“四个自信”、做到

“两个维护”，自觉在思想上政治上行动上同党中央保持高度一致。

（二）组织领导能力强，自觉贯彻执行民主集中制，善于科学管理、沟通协调、依法办事、推动落实，工作实绩突出。

（三）专业素养好，熟悉有关政策法规和行业发展情况，具有胜任岗位职责的专业知识和专业能力。

（四）创新意识强，勤于学习，勇于探索，敢于攻坚克难，有开拓进取、追求卓越的韧劲，能够切实推进技术、管理、制度等重要创新。

（五）事业心和责任感强，热爱公益事业；坚持以人民为中心的发展思想，求真务实、勤勉敬业、担当作为，忠实履行公共服务的政治责任和社会责任；有斗争精神和斗争本领；团结协作，群众威信高。

（六）正确行使职权，坚持原则，带头践行社会主义核心价值观，恪守职业道德，严于律己，清正廉洁。

不同行业事业单位领导人员基本条件应当适应本行业特点和要求。其中，宣传思想文化系统事业单位领导人员应当坚持政治家办报办刊办台办新媒体，有强烈的意识形态阵地意识；高等学校和中小学校领导人员应当认真贯彻党的教育方针，坚持社会主义办学方向，自觉落实立德树人根本任务；科研事业单位领导人员应当坚持高水平科技自立自强的方向，坚持面向世界科技前沿、面向经济主战场、面向国家重大需求、面向人民生命健康，尊重科研工作规律，弘扬科学家精神，自觉践行创新科技、服务国家、造福人民的价值理念；公立医院领导人员应当坚持为人民健康服务的方向，有适应医院高质量发展的先进管理理念和实践经验。

党员领导人员应当自觉履行党建工作“一岗双责”，专职从事党务工作的领导人员还应当熟悉党建工作，善于做思想政治工作。

正职领导人员应当带头提高政治判断力、政治领悟力、政治执行力，具有驾驭全局的能力，善于抓班子带队伍，民主作风好。

第六条 事业单位领导人员应当具备下列基本资格：

（一）一般应当具有大学本科以上文化程度。

（二）提任六级以上管理岗位领导职务的，一般应当具有 5 年以上工作经历。

（三）从管理岗位领导职务副职提任正职的，应当具有副职岗位 2 年以上任职经历；从下级正职提任上级副职的，应当具有下级正职岗位 3 年以上任职经历。

（四）主要以专业技术面向社会提供公益服务的事业单位领导班子行政正职、分管业务工作的副职一般应当具有从事本行业专业工作的经历。

（五）具有正常履行职责的身体条件。

（六）符合有关党内法规、法律法规和行业主管部门规定的其他任职资格要求。

第七条 事业单位内设机构负责人基本条件应当符合本规定第五条规定；基本资格应当符合本规定第六条第一、二、三、五、六项规定，其中，负责业务工作的内设机构负责人，还应当具有与本岗位相关的专业教育背景或者具有从事本行业专业工作的经历。

第八条 从专业技术岗位到管理岗位担任领导人员或者内设机构负责人的，其任职资格一般应当符合第六条第一、二、五、六项规定，并且具有相应的专业技术职务（岗位）任职经历。其中，直接提任领导人员的，还应当具有一定的管理工作经历。

第九条 特别优秀的，或者因国家重大战略、重大工程、重大项目、重点任务选拔高精尖缺人才担任领导人员以及内设机构负责人等工作特殊需要的，可以适当放宽任职资格。

放宽任职资格以及从专业技术岗位到管理岗位担任领导班子正职或者四级以上管理岗位领导职务的，应当从严掌握，并报上级组织（人事）部门同意。

第三章 选拔任用

第十条 党委（党组）及其组织（人事）部门按照干部管理权限，根据事业单位不同领导体制和领导班子建设实际，提出启动领导人员选拔任用工作意见。

事业单位领导班子配备和领导人员选拔任用，应当立足事业发展需要，加强通盘考虑、科学谋划，及时选优配强，优化年龄、专业、经历等结构，增强领导班子整体功能。

第十一条 事业单位领导人员选拔任用，必须严格按照核定或者批准的领导职数和岗位设置方案进行。

第十二条 选拔事业单位领导人员，一般采取单位内部推选、外部选派方式进行。根据行业特点和工作需要，可以采取竞争（聘）上岗、公开选拔（聘）、委托相关机构遴选等方式产生人选。

第十三条 选拔事业单位领导人员，应当经过民主推荐，合理确定参加民主推荐人员范围，规范谈话调研推荐和会议推荐方式方法。

第十四条 对事业单位领导职务拟任人选，必须依据选拔任用条件，结合行业特点和岗位要求，全面考察其德、能、勤、绩、廉，严把政治关、品行关、能力关、作风关、廉洁关。

第十五条 综合分析人选的考察考核、一贯表现和人岗相适等情况，全面历史辩证地作出评价，既重管理能力、专业素养和工作实绩，更重政治品质、道德品行、作风和廉政情况，防止简单以票或者以分取人。

第十六条 选拔任用事业单位领导人员，应当严格执行干部选拔任用工作任前事项报告制度，严格遵守党委（党组）讨论决定干部任免事项有关规定，按照干部管理权限由党委（党组）集体讨论作出任免决定，或者决定提出推荐、提名的意见。

第十七条 任用事业单位领导人员，区别不同情况实行选任制、委任制、聘任制。对行政领导人员，结合行业特点和单位实际，逐步加大聘任制推行力度。

实行聘任制的，聘任关系通过聘任通知、聘任书等形式确定，根据需要可以签订聘任合同，所聘职务及相关待遇在聘期内有效。

第十八条 提任三级以下管理岗位领导职务的，应当在一定范围内进行任职前公示，公示期不少于 5 个工作日。

第十九条 提任非选举产生的三级以下管理岗位领导职务的，实行任职试用期制度。试用期一般为 1 年。

第二十条 事业单位内设机构负责人选拔任用方式按照本规定第十二条、第十七条规定执行。主要以专业技术面向社会提供公益服务的事业单位，可以根据工作需要积极探索有效办法，搞活搞好内部用人制度。

根据干部管理权限和事业单位不同领导体制实际，实行党委领导下的行政领导人负责制的，由党委集体讨论作出任免决定；实行行政领导人负责制的，党政主要领导应当对人选等情况进行充分沟通，由党组织集体讨论作出任免决定，或者由党组织研究提出拟任人选、党政领导会议集体讨论，依规依法任免（聘任、解聘），根据工作需要，也可以由上级党组织统筹管理，按照规定程序讨论决定。

第二十一条 选拔任用工作具体程序和要求，参照《党政领导干部选拔任用工作条例》及有关规定，结合事业单位实际确定。

第四章 任期和任期目标责任

第二十二条 事业单位领导班子和领导人员一般应当实行任期制。

每个任期一般为 3 至 5 年。领导人员在同一岗位连续任职一般不超过 10 年，工作特殊需要的，按照干部管理权限经批准后可以适当延长任职年限。

第二十三条 事业单位领导班子和领导人员一般应当实行任期目标责任制。

任期目标的设定，应当符合立足新发展阶段、贯彻新发展理念、构建新发展格局、推动高质量发展的要求，体现不同行业、不同类型事业单位特点，注重打基础、利长远、求实效。

第二十四条 任期目标由事业单位领导班子集体研究确定，领导班子的任期目标一般应当报经主管机关（部门）批准或者备案。

制定任期目标时，应当充分听取单位职工代表大会或者职工代表的意见，注意体现服务对象的意见。

第五章 考核评价

第二十五条 事业单位领导班子和领导人员的考核，主要是年度考核和任期考核，根据工作实际开展平时考核、专项考核。考核评价以岗位职责、任期目标为依据，以日常管理为基础，注重政治素质、业绩导向和社会效益，突出党建工作实效。

积极推进分类考核，结合行业特点和事业单位实际，合理确定考核内容和指标，注意改进考核方法，提高质量和效率。

第二十六条 综合分析研判考核情况和日常了解掌握情况，客观公正地作出评价，形成考核评价意见，确定考核评价等次。

领导班子年度考核和任期考核的评价等次，分为优秀、良好、一般、较差；领导人员年度考核和任期考核的评价等次，分为优秀、合格、基本合格、不合格。

平时考核、专项考核的结果可以采用考核报告、评语、等次或者鉴定等形式确定。

第二十七条 考核评价结果应当以适当方式向领导班子和领导人员反馈，并作为领导班子建设和领导人员选拔任用、培养教育、管理监督、激励约束、问责追责等的重要依据。

第六章 交流、回避

第二十八条 完善事业单位领导人员交流制度。交流的重点对象一般是正职领导人员，专职从事党务工作、分管人财物的副职领导人员以及其他因工作需要交流的人员。

第二十九条 积极推进同行业或者相近行业事业单位之间领导人员交流，统筹推进事业单位与党政机关、国有企业、社会组织之间领导人员交流。

专业性强的领导人员交流，应当加强研判和统筹，注意发挥其专业特长。

第三十条 实行事业单位领导人员任职回避制度。有夫妻关系、直系血亲关系、三代以内旁系血亲关系以及近姻亲关系的，不得在同一事业单位领导班子任职，不得在同一单位担任双方直接隶属于同一领导人员的职务或者有直接上下级领导关系的职务，也不得在领导人员所在事业单位本级内设管理机构以及分管联系单位从事组织（人事）、纪检监察、审计、财务部门负责工作。

第三十一条 实行事业单位领导人员履职回避制度。事业单位领导人员在履行职责过程中，涉及本人及其近亲属利害关系或者其他可能影响公正履行职责情况的，本人应当回避。

第七章 职业发展和激励保障

第三十二条 完善事业单位领导人员培养教育制度，加强思想政治建设和能力培养，强化分行业培训，注重实践锻炼，提高思想政治素质、专业水平和管理工作能力。

第三十三条 统筹各类教育培训，充分利用党校（行政学院）、干部学院等机构资源，原则上每 5 年对事业单位领导人员培训全覆盖。

第三十四条 任期结束后未达到退休年龄界限的事业单位领导人员，适合继续从事专业工作的，鼓励和支持其后续职业发展；其他领导人员，根据本人实际和工作需要，作出适当安排。

第三十五条 完善事业单位领导人员收入分配制度，落实工资正常增长机制，根据事业单位类别和经费来源等，结合考核情况合理确定领导人员的绩效工资水平，使其收入与履职情况和单位长远发展相联系，与本单位职工的平均收入水平保持合理关系。

第三十六条 事业单位领导人员在本职工作中表现突出、有显著成绩和贡献的，在处理突发事件和承担专项重要工作中作出显著成绩和贡献的，或者有其他突出事迹的，按照有关规定给予表彰奖励。注意引导和促进领导人员在推动加快科技自立自强、服务保障民生等方面担当作为、履职尽责。

第三十七条 加强对事业单位领导人员的人文关怀，开展经常性谈心谈话，及时了解情况，听取意见建议，帮助解决实际困难。

按照有关规定做好容错纠错工作，宽容领导人员在改革创新中的失误，营造鼓励探索、支持创新的良好环境。

第八章 监督约束

第三十八条 党委（党组）及纪检监察机关、组织（人事）部门、行业主管部门按照管理权限和职责分工，履行对事业单位领导班子和领导人员的监督责任。

第三十九条 监督的重点内容是：践行“两个维护”，对党忠诚，贯彻落实党的理论和路线方针政策、党中央决策部署以及上级党组织决定情况；依法办事，执行民主集中制，履行职责，担当作为，行风建设，选人用人，国有资产管理，收入分配情况；落实全面从严治党主体责任和监督责任，职业操守，以身作则，遵守纪律，廉洁自律等情况。

第四十条 完善事业单位领导班子权力运行机制和领导人员特别是主要负责人监督制约机制，构建严密有效的监督体系。发挥党内监督带动作用，推动民主监督、行政监督、司法监督、审计监督、财会监督、群众监督、舆论监督等贯通协调、形成合力，强化领导班子内部监督，综合运用考察考核、述职述廉、民主生活会、谈心谈话、巡视巡察、提醒、函询、诫勉等措施，对领导班子和领导人员进行监督。

严格落实干部选拔任用工作“一报告两评议”、领导干部报告个人有关事项、规范干部兼职、因私出国（境）和配偶、子女及其配偶经商办企业，以及经济责任审计、问责等管理监督有关制度。

第四十一条 事业单位领导人员有违规违纪违法行为的，依规依纪依法给予处理、处分；构成犯罪的，依法追究刑事责任。

第九章 退　　出

第四十二条 完善事业单位领导人员退出机制，促进领导人员能上能下、能进能出，增强队伍生机活力。

第四十三条 事业单位领导人员有下列情形之一，一般应当免去现职：

（一）达到任职年龄界限或者退休年龄界限的；

（二）年度考核、任期考核被确定为不合格的，或者连续 2 年年度考核被确定为基本合格的；

（三）解除聘任关系（聘任合同）或者聘任期满不再续聘的；

（四）受到责任追究应当免职的；

（五）不适宜担任现职应当免职的；

（六）因违规违纪违法应当免职的；

（七）因健康原因，无法正常履行工作职责 1 年以上的；

（八）因工作需要或者其他原因应当免去现职的。

第四十四条 实行事业单位领导人员辞职制度。辞职包括因公辞职、自愿辞职、引咎辞职和责令辞职。辞职程序和辞职后从业限制等，按照有关规定执行。

第四十五条 事业单位领导人员的退休，按照有关规定执行。事业单位正职领导人员特别优秀的，根据工作需要和本人履职情况，按照有关规定经批准可以延迟免职（退休）。

第四十六条 事业单位领导人员退出领导岗位从事专业工作的，由本单位党委（党组）研究并报上级组织（人事）部门同意，可以不再按照领导人员管理。

第四十七条 事业单位领导人员退出领导岗位后，应当继续履行保密责任，严格执行保密规定，落实脱密期管理相关要求。

第十章 附　　则

第四十八条 中央组织部可以会同有关行业主管部门根据本规定，制定完善有关行业事业单位领导人员管理具体办法。

第四十九条 市（地、州、盟）级以下党委和政府直属以及部门所属事业单位和人大常委会、政协、纪委监委、人民法院、人民检察院、群众团体机关所属事业单位领导人员的管理，由各省、自治区、直辖市党委参照本规定制定或者完善具体办法。

第五十条 本规定由中央组织部负责解释。

第五十一条 本规定自发布之日起施行。

人力资源社会保障部关于加强基层专业技术人才队伍建设的意见

人社部发〔2016〕57号

各省、自治区、直辖市及新疆生产建设兵团人力资源社会保障厅（局）：

基层专业技术人才是我国人才队伍的重要组成部分，是推动基层经济社会发展的重要力量。为深入贯彻落实《中共中央印发〈关于深化人才发展体制机制改革的意见〉的通知》（中发〔2016〕9号），更好发挥人才在推动基层经济社会发展中的重要作用，进一步加强基层专业技术人才队伍建设，现提出如下意见。

一、指导思想、基本原则和主要目标

（一）指导思想。全面贯彻党的十八大和十八届三中、四中、五中全会精神，深入贯彻习近平总书记系列重要讲话精神，牢固树立创新、协调、绿色、开放、共享发展理念，遵循社会主义市场经济规律和专业技术人才成长规律，以服务基层发展为目标，以用好用活人才为核心，加快推进体制机制改革，创新政策措施，进一步加强基层专业技术人才队伍建设，为推动基层经济社会发展、满足基层人民群众需求、实现全面建成小康社会总体目标提供坚强有力人才支撑。

（二）基本原则。

——坚持服务发展。把服务发展作为加强基层专业技术人才队伍建设的出发点，科学确定基层专业技术人才队伍建设的目标任务和政策措施，以人才优先发展引领支撑基层经济社会发展。

——坚持问题导向。把解决制约基层专业技术人才发展的突出问题作为重要任务，加快推进培养、使用、评价、流动、激励保障等体制机制改革和政策创新，最大限度激发人才创新创业活力，让人才价值得到充分尊重和实现。

——坚持突出重点。结合基层实际，突出加强科技、教育、工程、农业、卫生等重点领域和新产业、新业态急需紧缺人才队伍建设，引导人才向新兴产业和农村基层一线、艰苦边远地区流动，促进人才规模、质量和结构与基层经济社会发展相适应、相协调。

——坚持强化服务。推进人才服务体系向基层延伸，简化优化公共服务流程，建立定期联系服务制度，加大投入保障力度，着力改善工作生活条件，加强宣传引导，创造基层专业技术人才发展良好环境。

（三）主要目标。通过5~10年努力，培养造就一支具有一定规模、符合基层需要、立足基层发展的专业技术人才队伍。基层专业技术人才数量基本满足发展需求，能力素质明显提升，结构进一步优化，评价、使用、激励等体制机制取得突破，职业发展空间不断拓展，发展环境不断改善，人才引领支撑发展作用进一步增强，实现人才发展与基层经济社会发展深度融合。

二、改革基层专业技术人才评价机制

（四）完善符合基层实际的评价标准。坚持德才兼备，突出以品德、能力、业绩和贡献为主的评价导向，建立体现基层专业技术人才工作实际和特点的评价标准。克服唯学历、唯论文等倾向，提高履行岗位职责的实践能力、工作业绩、工作年限等评价权重。对论文、科研等不作硬性要求，可用能够体现专业技术工作业绩和水平的工作总结、教案、病历、技术推广总结、工程项目方案、专利成果等替代。基层专业技术人才参加职称评审时外语和计算机应用能力可不作要求。

（五）创新评价机制。改进职称评价方式，建立以同行评价为基础的评价机制，灵活采用考试、评审、考评结合、考核认定等不同评价方式，严格规范评价程序，加强评价全过程监督，提高评价质量和公信力。有条件的地区可试行基层专业技术人才申报高级职称单独分组、单独评审、单独确定通过率。对长期扎根农村基层、艰苦边远地区工作，做出重要贡献业绩的专业技术人才，可破格参加职称评审。依托公共人才服务机构、行业协会等，畅通基层非公有制经济组织、社会组织等专业技术人才职称申报渠道，探索有针对性的评价办法。

（六）完善和落实职称倾斜政策。全面推开中小学教师、基层卫生专业技术人才职称制度改革，保证有关倾斜政策规定落实到位。结合工程技术、农业技术、科学研究等专业技术领域职称制度改革，研究制定对基层专业技术人才倾斜支持政策。鼓励各地、各部门结合实际情况，探索建立“定向评价、定向使用”的基层高级专业技术职称评审管理制度，完善岗位聘用、工资待遇、离开基层后资格转评确认等具体管理办法。

三、完善基层事业单位公开招聘和岗位管理制度

（七）改进基层事业单位公开招聘方式。改进完善基层事业单位公开招聘办法，放宽条件，降低进入门槛，强化对艰苦边远地区特殊倾斜政策，有效解决基层和艰苦边远地区“招人难”问题。基层事业单位招聘高层次和急需紧缺专业技术人才，可采取直接考察等方式。省、市级所属事业单位面向社会公开招聘时，应拿出一定数量岗位招聘有基层专业技术岗位工作经历的人员。全面落实事业单位公开招聘制度，强化监督检查，建立防范公开招聘突出问题长效机制，形成民主、公开、竞争、择优的基层事业单位进人制度。

（八）优化基层事业单位岗位管理制度。建立事业单位岗位结构比例动态调整机制，适当提高基层事业单位中、高级专业技术岗位结构比例。“定向评价、定向使用”的基层事业单位高级专业技术岗位实行总量控制、比例单列，不占各地专业技术高级结构比例。乡镇事业单位通过特设岗位引进的急需高层次人才，其所聘岗位等级可放宽至专业技术八级，不受单位岗位总量、结构比例限制。扩大农村教师、农技推广特设岗位计划实施范围和规模，完善全科医生特设岗位政策，重点支持中西部老少边穷等地区补充专业技术人才。建立县乡事业单位管理岗位职员等级晋升制度。

四、加大基层专业技术人才激励力度

（九）健全完善收入分配制度。深入推进基层事业单位实施绩效工资工作，建立健全与岗位职责、工作业绩、实际贡献等紧密联系，充分体现人才价值、激发人才活力、鼓励创新创造的分配激励机制。落实艰苦边远地区津贴正常增长机制，实行乡镇工作补贴，对条件艰苦的偏远乡镇和长期在乡镇工作的人员进一步倾斜，保障基层专业技术人才合理工资待遇水平，逐步缩小地区间工资收入差距。对招聘高层次人才、急需紧缺人才的基层事业单位，在核定绩效工资总量时给予倾斜。加强基层科技成果转化工作网络建设，支持基层专业技术人才转移转化科技成果，落实成果转化收益分配有关规定。

（十）加大表彰奖励力度。坚持精神奖励和物质奖励相结合，建立以政府奖励为导向、单位奖励为主体、社会奖励为补充的基层专业技术人才奖励体系。对长期在基层工作、贡献突出的专业技术人才，按照国家有关规定优先给予表彰奖励。在全国杰出专业技术人才表彰、享受国务院政府特殊津贴和行业部门人才表彰奖励等工作中，适当提高基层专业技术人才比例。鼓励各地按照有关规定开展优秀基层专业技术人才表彰奖励工作，充分保护和调动广大基层专业技术人才工作热情和创新创业积极性。

五、着力提升基层专业技术人才能力素质

（十一）创新基层专业技术人才培养模式。突出基层经济社会发展需求导向，支持地方高等学校、职业院校根据区域特点、产业发展规划，动态调整学科专业设置，创新培养模式，注重培养基层急需的高素质应用型人才。继续实施免费师范生、免费医学生等制度，为基层定向培养教育、医疗卫生等重点领域专业技术人才。

（十二）健全基层专业技术人才继续教育制度。进一步强化继续教育对提升基层专业技术人才能力素质的主渠道作用。落实继续教育有关规定，基层专业技术人才每年参加继续教育时间累计不少于90学时，用人单位保障其参加继续教育权利和学习期间各项待遇。推进继续教育制度与工作考核、岗位聘用、职称评聘等人事管理制度的衔接。建立定期从基层选拔优秀专业技术人才到高等学校、职业院校、医疗机构、科研院所等进修学习制度。加强对新晋中、高级专业技术职称的基层专业技术人才专项培训工作。充分利用继续教育基地、各类教育培训机构和远程教育等资源，开展形式多样的继续教育活动，不断提升基层专业技术人才岗位适应、职业发展和实践能力。

（十三）统筹实施人才培养工程。通过组织实施重大人才培养工程、区域人才特殊培养、对口支援等多种方式，重点扶持基层重点领域、特殊区域和关键岗位专业技术人才培养培训工作。依托专业技术人才知识更新工程、高素质教育人才培养工程、全民健康卫生人才保障工程、现代农业人才支撑计划、边远贫困地区边疆民族地区和革命老区人才支持计划等国家重大人才工程，为基层培养培训一批急需紧缺和骨干专业技术人才。继续实施新疆、西藏少数民族科技骨干特殊培养工作。在东西部培训对口支援工作中，注重从基层一线选拔专业技术人才到发达地区进修培训。各地、各行业要结合实际组织实施各具特色的基层专业技术人才培养培训工程。

六、积极引导各类人才向基层一线流动

（十四）促进人才资源合理流动。充分发挥市场在人才资源配置中的决定性作用，更好发挥政府作用，进一步打破户籍、地域、身份、学历、人事关系等制约，加快人事档案管理服务信息化建设，完善社会保险转移接续办法，为人才向基层流动、合理配置提供便利条件。健全人才向基层一线和艰苦边远地区流动激励政策措施，加大职称、工资等政策倾斜力度，鼓励人才向基层最需要的地方流动。

（十五）创新基层柔性引才方式。创新双向挂职、对口支援、短期工作、项目合作、兼职等灵活多样的人才柔性流动政策，组织各类人才到基层创新创业和开展服务活动。深入实施万名专家服务基层行动计划、科技特派员、万名医师支援农村卫生、城市教师支援农村教育等制度项目，建立服务基层长效机制。专业技术人才由单位选派到基层服务期间，其原单位岗位、职级、工资福利保留不变，在基层工作经历和业绩可作为优先晋职、晋级、评聘和晋升专业技术职务的重要依据，有条件的单位可适当给予工作、生活补助。推广中小学教师、卫生等重点领域专业技术人才晋升高级职称须有 1 年以上农村基层工作服务经历的做法。

（十六）引导高校毕业生到基层工作。进一步完善引导和鼓励高校毕业生到基层工作的政策措施，建立基层专业技术人才补充新机制。通过政府购买岗位、实施学费和助学贷款代偿、提供创业扶持等方式，积极引导支持高校毕业生到基层工作和创业。统筹实施高校毕业生基层服务项目，加大基层急需紧缺专业毕业生选派力度，切实落实工作生活补贴、参加社会保险等相关待遇，采取有效措施鼓励服务期满后留在基层工作。

七、提高基层专业技术人才服务保障水平

（十七）切实加强组织领导。各地要充分认识加强基层专业技术人才队伍建设的重要意义，把基层专业技术人才队伍建设纳入本地区人才工作总体规划统一部署实施，并作为人才工作考核的重要内容，高度重视，加强领导。各级人力资源社会保障部门要充分发挥政府人才综合管理职能作用，与相关行业部门密切沟通协作，健全工作机制，创新完善政策，形成共同推进基层专业技术人才队伍建设的强大合力。

（十八）加大投入保障力度。建立健全政府、用人单位和社会力量共同参与的多元投入保障机制。将基层专业技术人才队伍建设经费纳入各级政府人才工作经费预算，并占有一定比重。用人单位应依照国家有关规定提取和使用职工教育经费，不断加大基层专业技术人才培训经费投入。鼓励和引导社会力量参与支持基层专业技术人才队伍建设。

（十九）加强联系服务工作。按照实现城乡基本公共服务均等化的要求，推动政府人才公共服务体系向基层延伸，简化服务流程，优化服务质量，依托“互联网+”等模式，为基层专业技术人才提供优质高效便捷服务。建立联系服务基层专业技术人才制度，畅通建言献策渠道，定期开展慰问休假考察等活动。切实改善基层专业技术人才学习培训、医疗保障、居住、子女就学、文化需求等条件，为他们安心基层工作创造良好环境。

（二十）加强宣传引导工作。加强理想信念教育和职业道德建设，增强基层专业技术人才社会责任感和职业认同感。加强政策解读和宣传引导工作，使基层单位和人才充分了解各

项基层专业技术人才政策措施。充分运用各类新闻媒体，广泛宣传优秀基层专业技术人才先进事迹，积极营造关心支持基层专业技术人才的良好氛围，激励引导广大基层专业技术人才立足岗位、扎根基层、务实奉献，为全面建成小康社会做出积极贡献。

各地人力资源社会保障部门要结合实际，抓紧制定本地区具体实施意见和配套办法，精心组织，狠抓落实。本意见原则上适用于县级及以下企事业单位从事专业技术工作的人员，各地可根据实际情况确定具体范围。要鼓励基层大胆探索，不断创新政策措施，及时总结推广基层新做法新经验。要加强指导监督，及时研究解决新情况新问题，确保各项政策措施落地见效。

人力资源社会保障部

2016 年 7 月 1 日

人力资源社会保障部关于支持和鼓励事业单位专业技术人员创新创业的指导意见

人社部规〔2017〕4号

各省、自治区、直辖市及新疆生产建设兵团人力资源社会保障厅（局），国务院各部委、各直属机构人事部门：

为贯彻落实党中央、国务院关于加快实施创新驱动发展战略、深化人才发展体制机制改革、大力推进大众创业万众创新和做好新形势下就业创业工作的总体部署和要求，发挥事业单位在科技创新和大众创业万众创新中的示范引导作用，激发高校、科研院所等事业单位（简称事业单位）专业技术人员科技创新活力和干事创业热情，促进人才在事业单位和企业间合理流动，营造有利于创新创业的政策和制度环境，按照简政放权、放管结合、优化服务的要求，现就支持和鼓励事业单位专业技术人员创新创业提出以下指导意见。

一、支持和鼓励事业单位选派专业技术人员到企业挂职或者参与项目合作

事业单位选派符合条件的专业技术人员到企业挂职或者参与项目合作，是强化科技同经济对接、创新成果同产业对接、创新项目同现实生产力对接的重要举措，有助于实现企业、高校、科研院所协同创新，强化对企业技术创新的源头支持。

事业单位专业技术人员到企业挂职或者参与项目合作期间，与原单位在岗人员同等享有参加职称评审、项目申报、岗位竞聘、培训、考核、奖励等方面权利。合作期满，应返回原单位，事业单位可以按照有关规定对业绩突出人员在岗位竞聘时予以倾斜；所从事工作确未结束的，三方协商一致可以续签协议。专业技术人员与企业协商一致，自愿流动到企业工作的，事业单位应当及时与其解除聘用合同并办理相关手续。

事业单位选派专业技术人员到企业挂职或者参与项目合作，应当根据实际情况，与专业技术人员变更聘用合同，约定岗位职责和考核、工资待遇等管理办法。事业单位、专业技术人员、企业应当约定工作期限、报酬、奖励等权利义务，以及依据专业技术人员服务形成的新技术、新材料、新品种以及成果转让、开发收益等进行权益分配等内容。

二、支持和鼓励事业单位专业技术人员兼职创新或者在职创办企业

支持和鼓励事业单位专业技术人员到与本单位业务领域相近企业、科研机构、高校、社会组织等兼职，或者利用与本人从事专业相关的创业项目在职创办企业，是鼓励事业单位专业技术人员合理利用时间，挖掘创新潜力的重要举措，有助于推动科技成果加快向现实生产

力转化。

事业单位专业技术人员在兼职单位的工作业绩或者在职创办企业取得的成绩可以作为其职称评审、岗位竞聘、考核等的重要依据。专业技术人员自愿流动到兼职单位工作，或者在职创办企业期间提出解除聘用合同的，事业单位应当及时与其解除聘用合同并办理相关手续。

事业单位专业技术人员兼职或者在职创办企业，应该同时保证履行本单位岗位职责、完成本职工作。专业技术人员应当提出书面申请，并经单位同意；单位应当将专业技术人员兼职和在职创办企业情况在单位内部进行公示。事业单位应当与专业技术人员约定兼职期限、保密、知识产权保护等事项。创业项目涉及事业单位知识产权、科研成果的，事业单位、专业技术人员、相关企业可以订立协议，明确权益分配等内容。

三、支持和鼓励事业单位专业技术人员离岗创新创业

事业单位专业技术人员带着科研项目和成果离岗创办科技型企业或者到企业开展创新工作（简称离岗创业），是充分发挥市场在人才资源配置中的决定性作用，提高人才流动性，最大限度激发和释放创新创业活力的重要举措，有助于科技创新成果快速实现产业化，转化为现实生产力。

事业单位专业技术人员离岗创业期间依法继续在原单位参加社会保险，工资、医疗等待遇，由各地各部门根据国家和地方有关政策结合实际确定，达到国家规定退休条件的，应当及时办理退休手续。创业企业或所工作企业应当依法为离岗创业人员缴纳工伤保险费用，离岗创业人员发生工伤的，依法享受工伤保险待遇。离岗创业期间非因工死亡的，执行人事关系所在事业单位抚恤金和丧葬费规定。离岗创业人员离岗创业期间执行原单位职称评审、培训、考核、奖励等管理制度。离岗创业期间取得的业绩、成果等，可以作为其职称评审的重要依据；创业业绩突出，年度考核被确定为优秀档次的，不占原单位考核优秀比例。离岗创业期间违反事业单位工作人员管理相关规定的，按照事业单位人事管理条例等相关政策法规处理。

事业单位对离岗创业人员离岗创业期间空出的岗位，确因工作需要，经同级事业单位人事综合管理部门同意，可按国家有关规定用于聘用急需人才。离岗创业人员返回的，如无相应岗位空缺，可暂时突破岗位总量聘用，并逐步消化。离岗创业人员离岗创业期间，本人提出与原单位解除聘用合同的，原单位应当依法解除聘用合同；本人提出提前返回的，可以提前返回原单位。离岗创业期满无正当理由未按规定返回的，原单位应当与其解除聘用合同，终止人事关系，办理相关手续。

事业单位专业技术人员离岗创业，须提出书面申请，经单位同意，可在3年内保留人事关系。对离岗创办科技型企业的，按规定享受国家创业有关扶持政策。事业单位与离岗创业人员应当订立离岗协议，约定离岗事项、离岗期限、基本待遇、保密、成果归属等内容，明确双方权利义务，同时相应变更聘用合同。离岗创业项目涉及原单位知识产权、科研成果的，事业单位、离岗创业人员、相关企业可以订立协议，明确收益分配等内容。

四、支持和鼓励事业单位设置创新型岗位

在事业单位设置创新型岗位，是促进事业单位全面参与国家创新体系建设的重要举措，

有助于充分发挥高校、科研院所等事业单位人力资源和技术资源优势，加快推动科技创新。

事业单位可根据创新工作需要设置开展科技项目开发、科技成果推广和转化、科研社会服务等工作的岗位（简称创新岗位），并按规定调整岗位设置方案。通过调整岗位设置难以满足创新工作需求的，可按规定申请设置特设岗位，不受岗位总量和结构比例限制。创新岗位人选可以通过内部竞聘上岗或者面向社会公开招聘等方式产生，任职条件要求具有与履行岗位职责相符的科技研发、科技创新、科技成果推广能力和水平。事业单位根据创新工作实际，可探索在创新岗位实行灵活、弹性的工作时间，便于工作人员合理安排利用时间开展创新工作。事业单位绩效工资分配应当向在创新岗位做出突出成绩的工作人员倾斜。创新岗位工作人员依法取得的科技成果转化奖励收入，不纳入单位绩效工资；取得的技术项目开发、科技成果推广和转化、科研社会服务成果，应当作为职称评审、项目申报、岗位竞聘、考核、奖励的重要依据。事业单位应当与创新岗位工作人员订立或者变更聘用合同，聘用合同内容应当符合创新工作实际，明确合同期限、岗位职责要求、岗位工作条件、工资待遇、社会保险、合同变更、终止和解除的条件、违反合同的责任等条款，双方协商一致，可以约定知识产权保护等条款。

事业单位可以设立流动岗位，吸引有创新实践经验的企业管理人才、科技人才和海外高水平创新人才兼职。事业单位设置流动岗位，可按规定申请调整工资总额，用于发放流动岗位人员工作报酬。流动岗位人员通过公开招聘、人才项目引进等方式被事业单位正式聘用的，其在流动岗位工作业绩可以作为事业单位岗位聘用和职称评审的重要依据。事业单位应当与流动岗位人员订立协议，明确工作期限、工作内容、工作时间、工作要求、工作条件、工作报酬、保密、成果归属等内容。

五、组织实施

各级人力资源社会保障部门要树立大局意识，充分认识到支持和鼓励事业单位专业技术人员参与创新创业工作的重要意义，把这项工作摆到重要议事日程。要解放思想，大胆创新，结合本地区本部门实际，细化相关政策，研究具体措施，做到真正切实管用；要加强组织实施，指导事业单位主管部门和事业单位落实文件要求，建立健全内部管理制度，确保政策落到实处；要搞好跟踪服务，切实解决事业单位专业技术人员创新创业中的实际困难，解决他们的后顾之忧，为事业单位专业技术人员投身创新发展实践提供人事政策保障。同时，要通过完善聘用合同管理、强化考核等办法，加强规范管理；指导事业单位按规定定期将离岗创业人员情况按程序报主管部门并同级事业单位人事综合管理部门备案。要及时研究解决政策实施过程中碰到的新情况、新问题，重点问题及时向人力资源社会保障部报告。

人力资源社会保障部

2017 年 3 月 10 日

人力资源社会保障部关于进一步支持和鼓励事业单位科研人员创新创业的指导意见

人社部发〔2019〕137号

各省、自治区、直辖市及新疆生产建设兵团人力资源社会保障厅（局），国务院各部委、各直属机构人事部门：

为贯彻党中央、国务院关于加快实施创新驱动发展战略、壮大新动能的精神，落实《国务院关于推动创新创业高质量发展打造“双创”升级版的意见》（国发〔2018〕32号）决策部署，现就进一步支持和鼓励高校、科研院所等事业单位聘用在专业技术岗位上的科研人员，依据《中华人民共和国促进科技成果转化法》开展科技成果研发和转化的活动（以下简称“双创”活动），提出以下指导意见。

一、支持和鼓励科研人员离岗创办企业

（一）完善离岗创办企业政策。科研人员开展“双创”活动可申请离岗创办企业，职称、年龄、资历、科技成果形式、获奖层次、获得专利与否均不作为限制离岗创办企业的条件。离岗创办企业申请应经事业单位批准，期限不超过3年，期满后创办企业尚未实现盈利的可以申请延长1次，延长期限不超过3年。离岗创办企业期限最长不超过离岗创办企业人员达到国家规定的退休年龄的年限。在同一事业单位申请离岗创办企业的期限累计不超过6年。

（二）规范聘用和岗位管理。事业单位应当与离岗创办企业人员订立离岗协议，同时相应变更聘用合同。聘用合同变更后，未执行的合同期限应与离岗协议期限一致。离岗创办企业期间空出的岗位，可按国家有关规定用于聘用急需或者紧缺人才。离岗创办企业人员返回时，如无相应岗位空缺，可暂时突破岗位总量和结构比例，将其聘用至不低于离岗创办企业时原岗位等级的岗位，通过自然消化方式逐步核销。离岗创办企业人员提出提前返回的，应提前书面报告其人事关系所在单位，单位应及时为其安排相应岗位；提出解除聘用合同的，其人事关系所在单位应及时依法解除聘用合同。

（三）保障离岗创办企业人员合法权益。允许离岗创办企业人员在所创办企业申报职称，所获得的职称可以作为其返回事业单位后参加岗位竞聘、重新订立聘用合同的参考。离岗创办企业业绩突出，其年度考核被确定为优秀档次的，不占人事关系所在单位考核优秀比例；经济效益或者社会效益显著的，可按国家有关规定给予表彰奖励。离岗创办企业人员依法继续在人事关系所在单位缴纳社会保险，其他基本待遇由各地各部门根据国家和地方有关

政策结合实际确定。创办企业应当依法为离岗创办企业人员缴纳工伤保险费用，离岗创办企业人员发生工伤的，依法享受工伤保险待遇。

二、支持和鼓励科研人员兼职创新、在职创办企业

（四）维护兼职创新、在职创办企业人员在人事关系所在单位的合法权益。科研人员开展“双创”活动，可在保证保质保量完成本职工作的基础上，进行兼职创新、在职创办企业。兼职创新、在职创办企业人员继续享有参加职称评审、项目申报、岗位竞聘、培训、考核、奖励等各方面权利，工资、社会保险等各项福利待遇不受影响。经与人事关系所在单位协商一致，科研人员兼职创新或在职创办企业期间，可以实行相对灵活、弹性的工作时间。

（五）加大对兼职创新、在职创办企业人员的政策支持。兼职创新、在职创办企业人员可以在兼职单位或者创办企业申报职称。到企业兼职创新的人员，与企业职工同等享有获取报酬、奖金、股权激励的权利，国家另有规定的从其规定。兼职单位或创办企业应当依法为兼职创新、在职创办企业人员缴纳工伤保险费，其在人事关系所在单位外工作期间发生工伤的，依法享受工伤保险待遇，由相关单位或企业承担工伤保险责任。鼓励企业为兼职创新人员参加个人储蓄性养老保险提供补贴。

三、支持和鼓励事业单位选派科研人员到企业工作或者参与项目合作

（六）理顺选派人员的人事管理。事业单位根据开展“双创”活动需要，选派科研人员到企业工作或者参与项目合作，应与科研人员变更聘用合同，约定岗位职责、工作标准和考核、工资待遇等。派出单位、选派人员、派驻企业应当签订三方协议，约定选派人员的工作内容、期限、报酬、奖励等权利义务以及成果转让、开发收益等权益分配内容。合作期满，选派人员应当返回派出单位原岗位工作，或者由派出单位安排相应等级的岗位工作；所从事工作确未结束的，三方协商一致可以续签协议。选派人员在选派期间执行事业单位人事管理政策规定和派出单位的内部人事管理办法，同时遵守派驻企业的规章制度。

（七）充分调动选派人员的积极性主动性创造性。选派人员在选派期间，与派出单位在岗同类人员享有同等权益，并与派驻企业职工同等享有获取报酬、奖金的权利，国家另有规定的从其规定。选派人员在派驻企业的工作业绩应作为其职称评审、岗位竞聘、考核奖励等的主要依据，派出单位可以按照有关规定对业绩突出人员在岗位竞聘时予以倾斜。建立健全事业单位成果转化处置和收益分配政策，事业单位转化科技成果依法获得的收入全部留归本单位，可按国家有关规定对完成或者转化职务科技成果做出贡献的人员给予奖励和报酬，相关支出计入当年本单位绩效工资总量，但不受总量限制，不纳入总量基数。

四、支持和鼓励事业单位设置创新型岗位

（八）健全创新岗位设置和选人用人办法。事业单位根据开展“双创”活动需要，可根据人事综合管理部门备案后的岗位设置方案，在专业技术岗位中自主设置创新岗位。现有岗位设置方案难以满足创新工作需求的，可以按规定申请调整岗位设置方案，也可以按规定申请设置特设岗位，不受岗位总量和结构比例限制。创新岗位人选可以通过内部竞聘上岗或者面向社会公开招聘等方式产生，任职条件要求具有与履行岗位职责相符的科技研发、科技创

新、科技成果推广能力和水平。其中，高层次紧缺人才可通过直接考察的方式引进。

（九）优化创新岗位科研人员管理。事业单位根据创新工作实际，可探索在创新岗位实行相对灵活、弹性的工作时间，便于科研人员合理安排利用时间开展创新工作。在创新岗位工作期间，取得的技术项目开发、科技成果推广和转化、科研社会服务成果，应作为科研人员职称评审、项目申报、岗位竞聘、考核、奖励的主要依据。事业单位绩效工资分配应向在创新岗位做出突出成绩的科研人员倾斜。对创新岗位科研人员，按照国家有关规定，经有关部门批准可实行协议工资、项目工资等灵活多样的分配方法。创新岗位科研人员依法取得的职务科技成果转化现金奖励，计入当年本单位绩效工资总量，但不受总量限制，不纳入总量基数。

（十）动态管理流动岗位。事业单位可根据开展“双创”活动需要自主设置流动岗位，不纳入人事综合管理部门备案后的岗位设置方案，用于引进高层次紧缺人才。流动岗位人员由事业单位自主引进，不与事业单位建立人事关系，其薪酬由双方协商确定。事业单位应与流动岗位人员订立协议，明确工作期限、工作内容、工作时间、工作要求、工作条件、工作报酬、保密纪律、成果归属等内容。流动岗位人员通过公开招聘等方式被事业单位正式聘用的，其在流动岗位期间的工作业绩可以作为岗位聘用和职称评审的重要依据。

五、加强监督管理

（十一）落实领导责任。进一步强化参加“双创”活动的科研人员人事关系所在单位领导把关责任，加强事中事后监管，完善对违反政策要求的惩戒措施。事业单位应当根据国务院《关于加强和规范事中事后监管的指导意见》要求，对新技术、新产业、新业态、新模式，充分给予支持和鼓励，同时健全监管规则，创新监管方式，完善监管措施，坚守质量和安全底线，严禁简单封杀或放任不管。对掌握国家秘密和关系国家安全、社会经济发展的关键核心技术、重要信息情报等的科研人员，要引导他们到诚信记录良好、具有保密资质的国有企业、民营企业从事“双创”活动，既要适当支持，更要有效规范，并严格落实保密纪律。

（十二）规范人事管理。事业单位要切实提高政治站位，从深入贯彻实施创新驱动发展战略的高度出发，支持符合条件的科研人员以各种形式参与“双创”活动。要简化审核流程，对科研人员兼职创新、在职创办企业的申请，在不影响完成本职工作的情况下，一般应予同意，且不应随意撤销或变更；对审核同意的离岗创办企业申请，应当自审核手续完成15个工作日内与其订立离岗协议。鼓励事业单位在“双创”活动中赋予科研人员职务科技成果所有权或长期使用权。要建立健全事业单位内部人事管理制度，完善聘用合同、岗位聘用、考核奖励等各项制度，规范人事管理，不得擅自扩大离岗创办企业政策实施范围、违规设置创新型岗位，坚决杜绝不符合条件的人员违规“搭便车”，出现新的“吃空饷”问题。

（十三）严肃纪律要求。科研人员应当严格遵守国家有关规定，不得损害或侵占本单位合法权益，不得通过交叉兼职等手段规避国家收入分配政策。对离岗创办企业或者到企业工作期满无正当理由未返回的人员，按旷工处理。对欺骗组织从事非“双创”活动等各类违纪违规行为，同级人力资源社会保障部门予以记录，并按照干部人事管理权限予以纠正；对拒不改正的，终止其“双创”活动；情节严重的，依法依规给予组织处理或处分。同时，对违规获取的资金、项目、荣誉等，按照国家有关规定取消或者撤销。

各级人力资源社会保障部门要进一步提高政治站位，切实推进“放管服”改革，对事业单位科研人员参与“双创”活动不作审批或备案，对“双创”活动的经济效益指标不作要求，对科技成果转化成功率不作要求，同时加强事中事后监管，优化服务，进一步推动事业单位科研人员创新创业高质量发展。

此前与本指导意见不一致的，以本指导意见为准。

人力资源社会保障部

2019 年 12 月 27 日

2. 事业单位分类改革

关于印发《关于深化科研事业单位人事制度改革的实施意见》的通知

人发〔2000〕30号

各省、自治区、直辖市党委组织部和人民政府人事（人事劳动）厅（局）、科学技术委员会，党中央各部门和国务院各部委、各直属机构人事（干部）、科技部门：

现将《关于深化科研事业单位人事制度改革的实施意见》印发给你们，请结合本地区、本部门的实际情况贯彻执行。

中共中央组织部
人事部
科学技术部
2000年3月30日

关于深化科研事业单位人事制度改革的实施意见

改革和完善科研事业单位（指自然科学与技术类科研事业单位，以下简称科研机构）人事制度，是推进科研机构管理体制改革，进一步转变科技工作运行机制的关键环节。经过十多年的科技体制改革，我国科研机构已较普遍地实行了院（所）长负责制、专业技术职务聘任制等内部管理制度，有效地激发了广大科技人员的创新精神和工作积极性。但是，目前科研机构仍然不同程度地存在着用人机制不灵活，分配制度不适应科技工作新形势等问题，人才资源配置不合理的状况还没有从根本上得到解决。因此，按照建立社会主义市场经济体制的要求，深化科研机构人事制度改革，已成为推进我国科技改革与发展的一项重要任务。

根据《中共中央　国务院关于加强技术创新、发展高科技、实现产业化的决定》精神，现就深化科研机构人事制度改革问题，提出以下意见：

一、深化科研机构人事制度改革的指导思想、主要目标和任务

1. 指导思想和主要目标：坚持以邓小平理论、党的基本路线和党的十五大精神为指导，贯彻党的干部路线方针政策和党管干部原则，正确处理继承、借鉴、创新的关系，根据各类科研机构的改革与发展方向和各类科技人才的成长规律，建立以“开放、流动、竞争、协作”为基础的各具特色的人才培养、使用和激励制度，实现人员能进能出、职务能上能下、待遇能高能低，充分调动广大科技人员的积极性和创造性，推动科技人才队伍结构调整，优化人才资源配置，使优秀人才脱颖而出，促进科技事业的健康发展。

2. 主要任务：按照建立社会主义市场经济体制和与之相适应的新型科技体制的要求，对科研机构的人事工作实行分类管理。对向企业化转制的科研机构，实行企业用人制度和分配制度；对按非营利机构运行和管理、国家资助与自我发展相结合的科研机构，要赋予充分的人事管理自主权；对主要依靠财政支持的科研机构，推行固定岗位与流动岗位相结合的用人制度，国家对固定岗位实行制度化的总量控制，建立以竞争和流动为核心的动态人事管理机制，实行人才供求市场调节和人才服务社会化。

绝大部分技术开发类机构和有面向市场能力的社会公益类机构、农业科研机构，要转为科技型企业、进入企业或转为企业性质的中介服务机构。少数具有公共服务性质、难以获得经济回报的社会公益类机构和农业类科研机构，经有关部门批准可以按非营利机构运行和管理。基础性研究机构要优化组合、分流人才。国家财政集中支持少数重点科研机构。

二、建立科研机构人员规模宏观调控制度

3. 根据各类科研机构的性质、规模和发展方向，对科技队伍的人员结构、规模进行合理的规划、调整和控制。

根据国家科技与经济发展需要，稳住一支精干的从事基础研究，社会公益研究和关系国民经济全局的科技攻关项目研究的科技人员队伍；放开从事技术开发、技术服务的科技人员队伍，逐步减少财政支持的人员规模，形成专业学科结构合理，能够适应不同科技工作特点的科技人员队伍。

由各级财政重点支持的科研机构，要在减员增效的基础上，根据国家确定的发展方向科学合理地设置固定岗位，根据完成国家任务的需要自主决定流动岗位，优化内部结构和学科队伍配置。

按非营利机构运行和管理的科研机构，可享有充分的人事管理自主权，在保障公共服务的同时，可以组织科技人员开展其他面向市场的有偿技术服务，提高自我发展能力。转为企业、进入企业的机构，实行企业用人制度。在转制期间，国家本着承认职工过去所做贡献的原则，制定具体的过渡政策。

4. 构造优秀人才脱颖而出的机制和环境。要在科研机构内部建立以竞争为核心的用人制度，支持优秀青年科技人才通过竞争进入关键岗位，发挥骨干作用。科研机构要努力改善青年科技人员的工作条件和生活条件，为他们进修深造和参加国内外学术交流活动创造条件。通过多种途径加大各类青年科技基金的比例，科学选人、重点支持，使他们能够尽快成才，特别是要加强重点行业、重点领域的科技人才培养。对极少数具有国际竞争力的拔尖人

才，中组部、人事部、科技部将会同有关部门研究制定吸引、使用的专项政策。

5. 加快科技人才社会化服务体系建设，充分开发人才资源。逐步建立人事争议仲裁制度，及时、公平、合理地处理人事争议，保护争议双方的合法权益。按照人才服务社会化的原则，发展多层次、多渠道、城乡结合的人才市场体系，建立人才库，实行网络化管理，调节人才供求，促进人才资源的合理流动与配置。

三、完善科研机构行政领导任用制度

6. 在坚持党管干部原则，严格干部管理权限的前提下，引入竞争激励机制，改革对科研机构院（所）长的单一任命制，区别不同类型的科研机构，分别实行主管部门公开招聘、职工选举基础上的主管部门聘用、主管部门直接聘用和委任等多种形式的院（所）长任用制度。要制定科学的院（所）长选聘标准和办法，建立规范化的院（所）长选聘制度。在选聘中要发扬民主，引入群众评议监督机制。

7. 进一步完善院（所）长负责制，落实科研机构的自主权。在保证完成国家任务的前提下，科研机构可自主制定内部人员管理制度，依据国家有关规定深化内部分配改革，解聘、辞退职工，在干部管理权限内任用中层干部。对行政领导人员实行任期目标责任制，加强对任期目标完成情况的考核，并将考核结果与任用、奖惩挂钩。

8. 对主要从事基础性研究的国家重点科研机构，行业性、区域性重点科研机构，或按非营利机构管理和运行的机构，探索实行理事会制，形成理事会决策，院（所）长负责执行和日常管理，职工代表大会监督的管理体制。

四、建立符合科研机构特点的充满生机活力的用人制度

9. 全面推行聘用制。推行聘用制度是科研机构转换用人机制的基本环节，通过签订聘用合同确定单位和个人的人事关系，明确单位和个人在人事管理上的基本权利和义务。推行聘用制可采取“老人老办法，新人新办法”，逐步到位。

10. 实行岗位管理制度。科研机构要科学、合理地设置岗位，明确岗位责任、任职条件、聘用期限，以及相应的选聘、奖惩制度。按照“公开、平等、竞争、择优”的原则，按岗聘用，竞争上岗。在坚持用人基本条件前提下，对研究开发人员要着重于学术水平和学术贡献，对经营管理人员要着重于促进成果转化能力和经济效益，对新进人员直接按照岗位任职要求进行专业技术职务考核和聘用；对行政管理人员要着重于管理知识、技能和效率；对工勤人员要进一步完善技术等级岗位规范。通过竞争上岗所取得的岗位职务和相应待遇仅在聘期内适用。

逐步实行科研机构专业技术职务聘任与岗位聘用的统一。随着国家科技投入方式的改革，人事部门对科研机构内部的职务级别比例不再实行指标控制，科研机构根据自身发展需要，自主决定本单位不同职务等级的任职条件和比例。科研机构在国家规定的行业要认真执行执业资格制度。

11. 建立公开招聘制度。科研机构要制定规章制度，建立科研项目课题选人用人公开招聘制度，通过组织专家评审，公开招聘，在一定的范围和领域内选择优秀人才，确保项目的质量。对基础研究领域内的国家重点科研机构，其关键岗位的人才公开招聘工作应聘请部分

国内、国际知名专家参加评审。

12. 建立解聘、辞聘制度。科研事业单位实行解聘、辞聘制度，单位可按照国家有关规定和程序解聘职工，职工也可以按照聘用合同辞聘，畅通人员出口，增强用人制度的灵活性。要认真贯彻执行事业单位辞职辞退制度的政策法规，依法保护单位和职工双方的合法权益。

13. 科研机构实行固定岗位和流动岗位相结合的用人方式，促进科研人员的合理流动。对关键、重要岗位要增加竞争的透明度，实行固定岗位用人方式，对辅助性岗位可以实行流动岗位用人方式，努力使流动岗位人员达到科研单位总人数的一定比例，建立灵活的用人机制。

14. 鼓励科研人员创办高新技术企业或在完成本职工作的前提下兼职从事研究开发和成果转化活动。也可以根据长期交流与合作的需要，选派科研人员在一定时间内到其他科研机构或企业工作。科研机构按照国家有关规定通过合同或协议，建立规范的管理制度，明确单位与个人相互之间的权利、义务。

五、建立科研机构未聘人员的分流安置制度

15. 科研机构对实行聘用制以后的未聘人员，要坚持以单位内部消化为主，采取多种方式妥善处置，并积极探索各种有效的社会化安置方式。鼓励他们按照国家的有关规定进入市场。各单位对未聘人员要统一管理，区别对待，通过内部转岗、交内部人才交流中心托管等方式进行安置，并建立相应的管理制度。对受专业知识的局限，不适宜在原单位发展的人员，要为其向其他科研、教学、设计、生产单位流动提供便利；通过拓宽本单位的业务活动领域、创办经济实体和大力发展与科技进步相关的产业等多种途径分流人员、精干科研队伍，提高效益。

16. 有条件的部门和地方可以建立对所属科研机构的未聘人员实行集中管理和服务的内部人才交流服务机构，有组织地分流安置各类未聘人员，减轻科研机构的冗员负担。有关部门要加强对人才交流服务机构的指导、扶持和管理。

六、建立灵活有效的符合科研单位特点的分配激励机制

17. 根据按岗定酬、按任务定酬、按业绩定酬的精神，进一步搞活科研机构的分配。丰富和完善科技生产要素参与分配的方法和途径，使科技人员的贡献、绩效与其收入挂钩。扩大科研机构的分配自主权，建立起重实绩、重贡献，向优秀人才和关键岗位倾斜、自主灵活的分配激励机制。

18. 科研机构要积极探索符合国家规定，适合本单位特点、体现技术价值的科学合理的多种分配形式和办法。对于转为企业或进入企业的科研机构，可实行按岗位、任务和业绩定酬的分配制度，允许单位自主决定内部分配；对科技人员的工资来源主要靠国家拨款的科研事业单位，在执行国家分配政策和工资制度的基础上，进一步加大搞活内部分配的力度，拉开收入档次；对按非营利机构管理和运行的，可实行工资总额包干的办法；对少数有条件的、经费完全自给的机构及实行企业化管理的机构，应在坚持工资总额增长幅度低于本单位经济效益增长幅度、职工实际平均工资增长幅度低于本单位劳动生产率增长幅度的原则下，

确定工资分配办法，搞活内部分配；经国家有关部门审核批准，允许科研机构高薪聘用高层次拔尖人才。

19. 落实《促进科技成果转化的若干规定》的各项政策。制定科技成果转化奖励和优惠政策的实施办法，保证科技人员成果转化后的奖励兑现，允许和鼓励专业技术人员通过转化科技成果、促进科技进步先富起来。

七、加强对科研机构人事制度改革的组织领导

20. 科研事业单位人事制度改革是干部人事制度改革的重要组成部分，各级党委和政府要高度重视，摆上日程，加强领导，认真组织。组织、人事部门要发挥宏观管理和指导协调的职能作用，与科技部门一起，统筹规划改革进程，大力推进科研事业单位人事制度改革。

21. 科研机构人事制度改革要与整个科研机构管理体制改革配套推进。本文件发布后，各地、各部门要根据文件的精神，在充分调查研究的基础上，抓紧制定所属科研机构人事制度改革方案和实施计划；在具备条件的科研机构应立即着手实行本文件所明确的各项改革的试点工作，以点带面，全面启动科研机构人事制度改革。

22. 积极稳妥地推进科研机构人事制度改革。科研机构人事制度改革涉及广大科技人员的切身利益，各部门、各地方必须对科研机构人事制度改革给予高度重视，及时研究解决深化改革中出现的新情况、新问题，要注意区别不同情况和轻重缓急，从实际出发，分类指导，加强思想政治工作，确保安定团结，积极稳妥地把科研事业单位人事制度改革引向深入。

关于印发《关于深化卫生事业单位人事制度改革的实施意见》的通知

人发〔2000〕31号

各省、自治区、直辖市党委组织部和人民政府人事（人事劳动）厅（局）、卫生厅（局），党中央各部门和国务院各部委、各直属机构人事（干部）部门：

现将《关于深化卫生事业单位人事制度改革的实施意见》印发给你们，请结合本地区、本部门的实际情况贯彻执行。

中共中央组织部
人事部
卫生部
2000年3月30日

关于深化卫生事业单位人事制度改革的实施意见

改革开放以来，随着我国社会主义市场经济体制的逐步建立和完善，卫生事业单位为满足人民群众不断增长的卫生需求，稳步进行了各项改革，取得了很大成绩。目前，卫生改革正在不断深化并处于攻坚阶段，深化卫生事业单位人事制度改革，对进一步推动卫生事业的改革和发展具有十分重要的作用。

一、深化卫生事业单位人事制度改革的指导思想、目标和原则

1. 深化卫生事业单位人事制度改革的指导思想是：坚持以邓小平理论、党的基本路线和十五大精神为指导，认真贯彻党的干部路线方针政策和中央关于卫生改革与发展的决定精神，从服务于社会主义现代化建设和满足人民群众卫生需求出发，以优化卫生人才资源配置，提高卫生服务质量为核心，理顺政事职能，下放管理权限，引入竞争机制，搞活用人制度，为推进卫生改革和促进卫生事业的发展提供强有力的组织保证和人才支持。

2. 卫生事业单位人事制度改革的目标是：力争用3至5年或更长一点时间，逐步建立起符合卫生工作特点的政事职责分开，政府依法监督，单位自主用人，人员自由择业，科学

分类管理，配套措施完善的管理新体制，基本建立起人员能进能出，职务能上能下，待遇能高能低，人才结构合理，有利于优秀人才脱颖而出，充满生机和活力的运行机制。

3. 卫生事业单位人事制度改革必须坚持的原则是：坚持党管干部原则；坚持干部队伍“四化”方针和德才兼备的标准；坚持尊重知识，尊重人才；坚持公开、平等、竞争、择优；坚持按劳分配和生产要素参与分配。

二、改革卫生管理制度，优化卫生人力资源配置

4. 各级政府和卫生行政部门要以区域卫生规划为指导，根据本地区的卫生需求，逐步优化卫生人力资源的配置。卫生事业单位要以卫生部制定的编制原则或有关部门核定的编制标准为依据，合理配置各类人员，根据业务需求和工作量控制人员总量，优化人员结构，提高人员素质。

5. 卫生事业单位要以“精简、高效”为原则，按照规定合理设置内设机构。内设机构不要求统一，不要求上下对口，对职能相近相似、工作量不足的要精简合并。医疗机构可根据医疗任务需求，自行设置业务科室。

6. 卫生事业单位实行并完善院（站、所）长负责制。要建立和完善任期目标责任制，明确院（站、所）长的责、权、利。要充分发挥党组织的政治核心和监督保证作用，依靠职代会实行民主管理和民主监督，建立有效的监督保障机制。实行产权制度改革的试点单位，经批准可探索试行理事会（董事会）决策制、监事会监管制等新型管理制度。要严格执行离任审计制度。

7. 积极推进卫生事业单位后勤社会化的改革，实行适合卫生事业单位工作需要的后勤管理模式。具备条件的后勤部门应从单位中剥离出去，成为面向社会的独立经济实体。暂不具备条件的后勤部门要实行单独核算、自收自支、自负盈亏。在医疗机构相对集中的大、中城市，多家医院的后勤部门可联合组成后勤服务集团。

三、改革卫生事业单位的用人制度

8. 实行聘用制。按照公开招聘、择优聘用、平等自愿、协商一致的原则，单位与职工通过签订聘用合同，明确单位与被聘人员的责、权、利，保证双方的合法权益。根据各类不同人员的特点实行相应的聘用办法，打破行政职务、专业技术职务终身制，实行由身份管理向岗位管理的转变。在聘用人员中，对优秀人才和技术骨干可采用不同的聘用办法，实行不同的聘期，给予较高的聘用待遇，相对稳定一批技术骨干。还可根据工作需要采取专职与兼职相结合的方式，聘用部分兼职技术骨干。医疗机构要根据医疗工作的特点，制定兼职管理规定，加强对兼职人员的管理。

9. 卫生事业单位要进行科学合理的岗位设置。岗位设置要坚持按需设岗、精简高效的原则，充分考虑社会的需求、单位的发展、人才结构和人才培养等多种因素。可根据工作需要，确定一部分关键岗位。要明确岗位责任、任职条件、聘用期限，做到职责明确，权限清晰，条件合理。根据主管部门制定的岗位设置原则及专业技术职务结构比例要求，依据自身承担的任务，自主决定高、中、初级专业技术岗位的设置。同一单位各个科室结构比例不要强求统一，岗位设置要有利于学科的发展及社会对卫生服务的需求。

10. 改革卫生事业单位领导人员管理制度。在坚持党管干部原则和严格干部管理权限的前提下，引入竞争机制，改革单一的委任制，区别不同情况分别实行聘任、选任、委任、考任等多种选拔任用方式。建立健全任期目标责任制，加强对任期目标完成情况的考核，并将考核结果与任用、奖惩挂钩。

11. 卫生管理人员实行职员聘任制，逐步建立符合卫生事业单位行政管理特点的岗位序列和体现管理人员能力、业绩、资历、岗位需要的工资待遇。卫生事业单位中层以上领导干部实行任期目标责任制，可以采用直接聘任、招标聘任、推选聘任、委任等多种任用形式，推行任前“公示制”。

12. 卫生专业技术人员实行专业技术职务聘任制。要以深化职称改革、推行执业资格制度为切入点，实行从业准入制，逐步建立和完善与社会主义市场经济体制相适应的科学的卫生专业技术人才管理机制。要按照评聘分开、强化聘任的原则，实行专业技术职务聘任制。在政府人事部门的政策指导下，由卫生行政部门根据专业技术职务聘任工作的需要，负责组织实施卫生行业专业技术资格的评价和认证工作，逐步建立符合卫生行业特点的社会化卫生人才评价体系。

13. 卫生事业单位中的工勤人员实行合同制。卫生工勤人员要在加强职业技能培训，规范工人技术等级考核，提高素质的基础上，根据其职业工种、技能等级、实际能力等条件，可采用竞争上岗、择优聘用、定期考核等办法，规范工勤人员进、管、出环节。

14. 加强聘后管理，建立和完善岗位考核制度。对聘用人员进行全面考核，并把考核结果作为续聘、晋级、分配、奖惩和解聘的主要依据。要根据医疗等卫生专业技术人员的工作特点，制定能量化的考核要素，建立健全适合各类不同人员的简便、易操作的考核评价体系。

15. 建立解聘、辞聘制度。卫生事业单位要通过建立解聘、辞聘制度，使单位能按照规定的程序解聘职工，职工也可以按照聘用合同辞聘，畅通人员出口，增加用人制度的灵活性。对医疗机构等卫生服务部门中服务质量、服务态度较差，但又不够解聘条件的人员，可实行诫勉制度，限期改正，到期不改的，予以解聘。

16. 对新进人员实行公开招聘制度。卫生事业单位需要补充人员时，要公布缺员岗位的用人条件和职责，实行公开招聘。招聘采取考试与考核相结合的方式，择优聘用。应聘卫生技术岗位必须具备相应的专业学历或规定的资格条件，非卫生专业技术人员不得参加应聘进入卫生技术岗位工作，已在卫生技术岗位的必须转岗。在实行聘用制中，对新进人员采取新人新办法，实行人事代理制。

四、改革卫生事业单位的工资分配机制

17. 卫生事业单位工资分配制度的改革要按照按劳分配和生产要素参与分配的原则，结合卫生工作知识密集、脑和与体力结合、高风险等特点，在逐步推进管理体制改革的条件下，进一步搞活内部分配，扩大各事业单位的分配自主权，根据按岗定酬、按任务定酬、按业绩定酬的精神，建立起重实绩、重贡献，向优秀人才和关键岗位倾斜，自主灵活的分配激励机制。

18. 根据卫生事业单位的性质、特点及发展需要，结合经费自给率和财政支持强度，对

不同类型的卫生事业单位实行不同的工资管理办法。

对于主要依靠国家拨款的卫生事业单位，要实行有控制的单位工资总额包干形式，并在工资总额包干范围内，对活的工资部分进行重新分配。对于国家定额或定项补助的卫生事业单位，可在执行事业单位工资制度和工资政策的基础上，根据国家核定的工资总额，自主确定各类人员的内部分配办法。对于有条件的、经费完全自给的卫生事业单位，应在坚持工资总额增长幅度低于经济效益增长幅度，职工实际平均工资增长幅度低于本单位劳动生产率增长幅度原则的前提下，确定工资分配办法。

19. 探索新的分配机制。积极开展按生产要素参与分配的改革试点，研究探索技术、管理等生产要素参与分配的方法和途径。根据不同岗位的责任、技术劳动的复杂和承担风险的程度、工作量的大小等不同情况，将管理要素、技术要素、责任要素一并纳入分配因素确定岗位工资，按岗定酬。拉开分配档次，向关键岗位和优秀人才倾斜，对于少数能力、水平、贡献均十分突出的技术和管理骨干，可通过一定形式的评议，确定较高的内部分配标准。

五、建立卫生人才流动机制，妥善安置未聘人员

20. 卫生事业单位要积极做好改革过程中的思想政治工作，妥善做好未聘人员的分流安置工作。未聘人员要以内部消化为主，采取多种方式妥善安置。组织和支持未聘人员以各种形式开展服务工作；要结合本单位实际情况，积极采取措施，兴办、开发新的服务项目和领域；要通过转岗、交内部人才交流中心托管等方式分流安置未聘人员。同时，积极探索各种有效的社会化安置方式。

21. 运用市场机制，调整卫生人才结构，促进卫生人才合理流动。有条件的省、自治区、直辖市、计划单列市卫生厅局可根据实际情况，按规定申请建立卫生人才交流服务中心。卫生人才交流服务中心要积极配合卫生事业单位人事制度改革，为卫生专业人员和其他卫生工作人员在行业内或行业间流动提供服务。要针对未聘人员的实际情况，为分流人员安置提供信息和指导，组织举办各类岗位技能培训班，鼓励未聘人员面向社会争取再就业。地方政府和有关部门应加强对人才交流服务机构的指导和管理。

卫生事业单位可将未聘人员向卫生人才交流服务中心申请托管，由人才交流中心、单位和托管人员签订协议，明确三方责任有主有关事项，对未聘人员集中管理，以减轻卫生事业单位冗员负担。

六、加强对卫生事业单位人事制度改革的组织领导

22. 卫生事业单位人事制度改革是干部人事制度改革的重要组成部分，各级党委和政府要加强领导，高度重视。组织、人事部门要加强宏观管理和指导，卫生行政部门要发挥主管部门的职能作用，精心组织，周密安排，保证卫生事业单位人事制度改革的顺利进行。

23. 卫生事业单位的人事制度改革要注意与卫生改革的其他措施相配合，统筹规划，分步实施，互相推动。要根据本人意见，结合本地区本单位实际情况，制定具体的实施方案和配套措施。要在抓好试点、积累经验的基础上逐步全面推开。

24. 卫生事业单位人事制度改革涉及面广，政策性强，是一项复杂的社会系统工程，涉

及广大卫生人员的切身利益，一定要处理好改革、发展、稳定的关系，确保安定团结。组织、人事及卫生行政部门要按照国家有关政策规定，加强对卫生事业单位人事制度改革的监督管理，及时协调处理人员制度改革中出现的人事争议，依法保护双方的合法权益。要认真研究和解决改革中遇到的问题，促进卫生事业单位人事制度改革不断深化。

25. 本实施意见适用于医疗、预防保健等卫生事业单位。卫生教育、科研单位可参照教育和科研事业单位人事制度改革的有关方案执行。

关于印发《关于深化高等学校人事制度改革的实施意见》的通知

人发〔2000〕59号

各省、自治区、直辖市党委组织部，人民政府人事（人事劳动）厅（局）、教育厅（教委），党中央各部门和国务院各部委、各直属机构人事（干部）部门，教育部直属高等学校：

现将《关于深化高等学校人事制度改革的实施意见》印发给你们，请结合本地区、本部门的实际情况贯彻执行。

中共中央组织部
人事部
教育部
2000年6月2日

关于深化高等学校人事制度改革的实施意见

随着我国高等教育管理体制、办学体制、内部管理体制改革的不断深入，各地在高等学校人事管理体制和运行机制改革方面进行了许多有益的探索，取得了一些经验。为了适应我国高等教育改革和发展的要求，迫切需要进一步加快高等学校人事和分配制度改革的步伐，建立起适应社会主义市场经济体制和符合高等教育发展规律的高等学校人事管理制度。

一、深化高等学校人事制度改革的指导思想和目标

1. 深化高等学校人事制度改革的指导思想是，以邓小平理论和党的十五大精神为指导，认真贯彻实施科教兴国的战略方针，实施《教师法》《高等教育法》和党中央、国务院关于深化教育改革的一系列重大决策，以合理配置教育人才资源、优化高等学校人员结构、全面提高教育质量和办学效益为核心，理顺人事管理体制，引入竞争激励机制，加强机构编制管理，进一步改革用人和分配制度，为高等学校的改革与发展提供强有力的组织保证和人才支持。

2. 深化高等学校人事制度改革的目标是，通过规范政府及其职能部门、高等学校主管部门与高等学校的职责权限，理顺政事关系，下放管理权限，落实高等学校办学自主权，为高等学校的改革和发展创造良好的社会环境；逐步建立符合高等学校特点的学校自主用人、人员自主择业、政府依法监督、配套措施完善的人事管理新体制；进一步健全高等学校内部的竞争机制和激励机制，转换人事管理的运行机制，搞活用人制度和分配制度。

二、积极推进高等学校机构编制改革，规范高等学校内部组织结构

3. 按照“总量控制、微观放权、规范合理、精减高效”的原则进行高等学校机构编制改革。理顺编制管理体制，实行国家制定编制法规和实施宏观控制、高等学校主管部门贯彻编制法规和进行检查评估、高等学校遵守编制法规和有效实施编制管理的管理办法。

教育部会同有关部门抓紧研究制定高等学校机构编制管理办法。

4. 根据高等学校教学、科研、校办产业、后勤服务各方面的不同职能，实行不同的管理办法。教学、科研是高等学校的主要任务，要进一步改革和完善教学、科研工作的管理体制，探索和建立符合教学、科研规律的组织形式；后勤服务要从学校中剥离出来，抓住有利时机，创造条件，实现社会化。校办产业要与学校建立规范的关系，明确学校与校办产业之间的职责与权益，校办产业要按照独立法人实体进行企业化管理，逐步建立现代企业制度。

5. 根据《高等教育法》和《中国共产党普通高等学校基层组织工作条例》所确定的高等学校的工作任务和精干、高效的原则，合理设置学校党政职能部门。高等学校的内设机构不要求上下对口。合并主体职能相近的部门，对任务性质基本相同的机构可实行合署办公。要根据高等学校教学、科研的发展需要和党的建设工作的要求，在上级主管部门核定的编制总数内合理确定人员结构比例并配置各类人员，优化高等学校的教职工队伍，努力提高生员比和生师比，大幅度提高教师占教职工的比例。

三、坚持党管干部原则，改进高等学校领导人员管理办法

6. 高等学校实行党委领导下的校长负责制，要把坚持党管干部原则同充分尊重支持校长依法行使用人权有机地结合起来。要选拔那些政治坚定、师德高尚、学术水平较高、具有较强领导能力和管理水平的同志担任高等学校的领导职务，特别要注重选配好党委书记和校长。

高等学校党委要在不断加强自身建设的同时，切实抓好院（系）领导班子建设，加强对校内各级各类领导干部的管理和监督。适应新形势下高等学校工作的新情况、新特点，全面加强学校中党的建设工作和思想政治工作，切实维护团结稳定的大局。继续大力加强教师队伍建设，特别是加强师德、师风建设，努力建设一支适应全面贯彻党的教育方针、适应新世纪要求的高素质的教师队伍。

7. 引入竞争机制，坚持走群众路线，继续深化高等学校领导干部选拔、任用制度改革。对不同类型的学校和不同领导职务，分别实行聘任、选任、委任、考任等多种任用形式。努力扩大选人视野，大力拓宽选人渠道，按照公开、平等、竞争、择优的原则，尽可能地在较大范围内选拔担任学校领导职务的合适人选。

8. 探索实行高等学校领导班子和领导人员任期制。要明确任期目标，加强届中、届满

时对完成任期目标情况的考核，并把考核结果作为对领导人员奖惩和任用的重要依据。

四、全面推行聘用制，建立符合高等学校办学规律、充满生机与活力的用人制度

9. 进一步强化竞争机制，改革固定用人制度，破除职务终身制和人才单位所有制，按照“按需设岗、公开招聘、平等竞争、择优聘用、严格考核、合同管理”的原则，在高等学校工作人员中全面推行聘用（聘任）制度。学校根据学科建设和教学、科研任务的需要，科学合理地设置教学、科研、管理等各类岗位，明确岗位职责、任职条件、权利义务和聘任期限，按照规定程序对各级各类岗位实行公开招聘，平等竞争、择优聘用。学校和教职工在平等自愿的基础上，通过签订聘用（聘任）合同，确立受法律保护的人事关系。

10. 高等学校的教师和其他专业技术人员实行职务聘任制。把教师职务聘任制和教师资格制度结合起来，坚持从具有教师资格的人员中聘用教师。专业技术职务聘任工作要理顺评审与聘任的关系，淡化“身份”评审，强化岗位聘任。

11. 高等学校的管理人员实行教育职员制度。教育职员实行聘任制。教育职员制度先在部分高等学校进行试点，在取得经验、完善办法后逐步推开。

12. 探索建立教学、科研、管理关键岗位制度。积极吸引和遴选国内外优秀学术带头人和优秀管理人才到高等学校任教、工作，在学校努力形成优秀拔尖人才脱颖而出的机制。

13. 按照相对稳定、合理流动、专兼结合、资源共享原则，探索建立相对稳定的骨干人员和出入有序的流动人员相结合、以教师为主的高等学校人才资源开发机制。鼓励校际之间互聘、联聘教师。通过聘任社会兼职教师、实行在学研究生的助教、助研、助管的“三助”制度等多种途径，促进高等学校教师与社会人才资源的优化配置，提高办学效益。

14. 进一步健全考核制度，加强聘后管理。结合年度考核工作，采取适当形式，对聘用（聘任）人员应履行的职责任务进行考核。经考核不能胜任本职工作的，或聘方所提供的条件发生重大变化时，可以通过解聘、辞聘等形式，解除聘用合同，终止聘用关系。同时，被聘人员也有权要求学校按照聘用（聘任）合同的规定提供教学、科研等工作条件。

15. 根据国家有关人事争议处理的有关政策，积极稳妥地处理有关人事争议，依法保障教职工和学校双方的合法权益。教职工对学校作出的涉及本人权益的人事处理决定不服，可向人事争议调解组织申请调解；调解未果的，可向人事争议仲裁机构申请仲裁。

五、加大分配制度改革的力度，健全高等学校的分配激励机制

16. 积极推进高等学校分配制度改革。在国家政策指导下，进一步加大搞活学校内部分配的力度，扩大学校分配自主权，建立重实绩、重贡献、向高层次人才和重点岗位倾斜的分配激励机制。高等学校主管部门根据国家工资管理的有关规定，通过实行工资总额动态包干管理等办法，搞活高等学校内部分配。

17. 高等学校要积极探索适合本单位特点的多种分配形式和办法。在国家政策指导下，根据“效率优先、兼顾公平”“生产要素参与分配”的原则，探索建立以岗定薪、按劳取酬、优劳优酬、以岗位工资为主要内容的校内分配办法。要将教职工的工资收入与岗位职责、工作业绩、实际贡献以及知识、技术、成果转化中产生的社会效益和经济效益等直接挂

钩，向优秀人才和关键岗位倾斜，充分发挥工资的激励功能。

18. 认真落实《促进科技成果转化的若干规定》和国家有关科技成果转化奖励和优惠的政策，加强产学研相结合，兑现高等学校科技人员成果转化的奖励，允许和鼓励高等学校专业技术人员通过转化科技成果、促进科技进步先富起来。

19. 进一步发挥工资的导向作用，实行向优秀人才和关键岗位倾斜的政策，经国家有关部门批准，高等学校可根据教学、科研和管理工作的实际需要，高薪聘用优秀拔尖人才，努力实现一流人才、一流业绩、一流报酬。

六、妥善安置未聘人员，形成人才合理流动的机制

20. 按照“新人新办法”的原则，对本实施意见实行后新聘用（聘任）的教职工，严格按照聘用（聘任）合同管理的规定，在聘期内双方履行规定的权利和义务，聘期满后双方可根据自愿的原则续聘或不再续聘。

按照“老人老办法”的原则，对本实施意见实行前原学校教职工中的落聘、待聘人员，采取校内转岗聘任等办法，以及鼓励高等学校教师到其他大学、高职、专科学校或中小学任教，形成合理的梯次流动。对少数因身体原因等不适用继续工作的教职工，可按照国家有关文件规定办理退休手续。

21. 有条件的高等学校可设立校内人才交流中心，主要承担本校教师及专业人员的人才交流工作。待聘、落聘等富余人员可通过高等学校人才交流中心与所在地政府人才交流机构形成的网络，在学校之间、地区之间进行流动，也可由所在地政府人事部门所属的人才交流机构实行人事代理。

采取优惠政策鼓励经济发达地区或城市的大学教职工到边远地区大中小学任教。政府人事部门所属的人才交流机构应积极为高等学校人才的流动提供服务。各校要开展多种形式的培训，为富余人员再就业提供学习、培训机会。

七、切实加强对高等学校人事制度改革的领导

22. 高等学校人事制度改革是我国整个干部人事制度改革的一个重要组成部分。各级党委和政府要高度重视，加强领导。近年来已进行高校内部管理体制改革或人事分配制度改革的地区和部门，要认真按照本实施意见进一步深化高等学校人事制度改革；尚未开展改革的地区和部门，要根据本实施意见立即开展各项改革。在推进改革的过程中，要坚持从实际出发，加强分类指导，及时研究解决改革中出现的各种新情况新问题，积极稳妥地推进高等学校人事制度改革。

23. 在高等学校人事制度改革过程中，要认真贯彻《教育法》和《高等教育法》，进一步落实高等学校办学自主权。学校作为具有独立法人资格的事业单位主体，依法自主、有效地管理学校内部事务，承担相应的义务和责任。各级政府及其职能部门，都不得干预学校自主办学权范围内的事务。各级党委和组织、人事部门，要加强对高等学校人事制度改革工作的宏观管理和指导协调，教育行政部门或高等学校主管部门要发挥职能作用，结合实际，研究制定实施意见，统筹规划改革进程，认真组织实施工作。

24. 各高等学校要在深入调查研究和科学论证的基础上，研究制定切实可行的具体方

案，精心组织，周密部署，积极稳妥地推进本校的改革工作。学校党委书记、校长要亲自挂帅，成立专门领导小组，积极推进改革。改革的一些重大措施，要在充分酝酿的基础上，由学校党政领导班子集体讨论决策，注意通过教职工代表大会等多种途径广泛征求教职工的意见。要发挥党组织的政治优势，正确把握改革方向，有针对性地开展思想政治工作，引导广大教职工积极支持和参与改革，认真处理好高等学校改革、发展和稳定的关系，确保各项人事制度改革收到实效，以促进我国高等教育改革与发展各项工作的顺利进行。

关于印发《关于深化广播影视事业单位人事制度改革的实施意见》的通知

人发〔2003〕13号

各省、自治区、直辖市党委组织部、宣传部，人民政府人事厅（局）、广播电影电视局，党中央各部门和国务院各部委、各直属机构人事（干部）部门，国家广播电影电视总局各直属单位：

现将《关于深化广播影视事业单位人事制度改革的实施意见》印发给你们，请结合本地区、本部门实际情况贯彻执行。

中共中央组织部
中共中央宣传部
人事部
国家广播电影电视总局
2003年1月20日

关于深化广播影视事业单位人事制度改革的实施意见

我国已进入全面建设小康社会、加快推进社会主义现代化的新的发展阶段，广播影视事业的发展既面临新的机遇，也面临严峻的挑战。为了全面贯彻落实党的十六大精神，深化广播影视事业单位人事制度改革，以适应社会主义市场经济和广播影视事业持续发展的要求，根据《中共中央办公厅关于印发〈深化干部人事制度改革纲要〉的通知》（中办发〔2000〕15号）《中共中央办公厅　国务院办公厅关于转发〈中共中央宣传部　国家广播电影电视总局　新闻出版总署关于深化新闻出版广播影视业改革的若干意见〉的通知》（中办发〔2001〕17号）《国务院办公厅转发人事部关于在事业单位试行人员聘用制度意见的通知》（国办发〔2002〕35号）和中共中央组织部、人事部《关于印发〈关于加快推进事业单位人事制度改革的意见〉的通知》（人发〔2000〕78号），结合广播影视事业单位工作实际，提出以下实施意见。

一、广播影视事业单位人事制度改革的指导思想、目标和任务

1. 指导思想：坚持以马克思列宁主义、毛泽东思想为指导，高举邓小平理论伟大旗帜，全面贯彻“三个代表”的重要思想，坚持解放思想，实事求是，与时俱进，坚持党的基本路线，贯彻干部队伍的“四化”方针和党管干部的原则，尊重劳动、尊重知识、尊重人才、尊重创造。按照党中央、国务院对广播影视工作的要求，牢牢把握先进文化的前进方向，遵循广播影视事业发展的内在规律，改革不适应广播影视事业发展的用人制度和分配制度。改革要有利于加强党对广播影视工作的领导，使之成为党、政府和人民的坚强喉舌，成为社会主义思想文化的重要阵地，从组织上保证广播影视工作的正确导向，有利于调动广大广播影视工作者的积极性，激发创造性，提高竞争力，有利于广播影视事业的持续繁荣和发展。改革要积极稳妥，确保广播影视单位的正常宣传秩序。

2. 目标：在广播电台、电视台和广播发射台等广播影视事业单位，建立单位自主用人、人员自主择业、政府依法管理配套措施完善的人事管理体制；努力形成广纳群贤，人尽其才，能上能下，充满活力的用人机制，营造优秀人才脱颖而出的良好环境，为推进广播影视事业的改革与发展提供强有力的组织保证和人才支持。

3. 任务：推行聘用制度，建立单位与个人之间以聘用合同管理为基础的平等的人事关系，打破身份管理界限，建立包括岗位聘用、岗位考核、岗位培训等为内容的岗位管理制度；扩大内部分配自主权，建立以岗位工资为核心的多种分配方式并存的分配制度；建立和完善人才流动机制，合理配置人才资源，妥善安置未聘人员。

二、建立适应广播影视事业发展要求的充满生机与活力的用人制度

4. 全面推行聘用制度。聘用制是广播影视事业单位的基本用人制度。单位与职工双方要按照国家关于事业单位聘用制度的有关规定，通过签订聘用合同，确立单位同职工的人事关系，明确双方的责任、权利和义务。单位与职工聘用关系的建立、延续或解除，以职工与岗位的双向需求关系和履行岗位职责、业绩考核情况为依据。

5. 建立岗位管理制度。科学、合理地设置领导岗位、管理岗位、专业技术岗位、工勤岗位，不同的岗位实行不同的管理办法。岗位管理的基本要求是：按需设岗，职责明确，竞聘上岗，择优聘用，严格考核，按岗付酬，合约管理。岗位应有明确的岗位职责、聘用条件、考核指标、薪酬标准。

6. 改革和完善领导人员管理制度。选拔任用广播影视事业单位领导人员，要扩大民主，引进竞争机制，改进选拔方式，拓宽选人渠道。广播影视事业单位的领导人员实行委任制、聘任制等任用方式，建立健全领导人员任期制，实行任期目标责任管理。任期届满，要对其任期目标完成情况进行考核并将考核结果作为是否续任的依据。完善相关制度和措施，加强对领导人员的监督管理。

7. 管理岗位实行竞争上岗和目标管理制度。逐步取消行政级别，建立体现管理人员水平、能力、业绩、资历的广播影视职员等级序列，在试点的基础上逐步推行。在中层管理人员选拔任用中引入竞争机制，实行目标管理，推行轮岗、挂职等交流制度，注意培养和选拔年轻干部。

8. 专业技术岗位实行岗位职务聘任制度。单位根据各项业务工作的需要，按类别和等级，自主分类设置专业技术岗位，动态管理。专业技术岗位应确定任职条件，竞聘上岗。改革和完善专业技术职务评聘管理制度，实行评聘分开。专业技术人员自主向指定的专业评审机构申报并取得专业技术职务任职资格。单位根据国家有关专业技术职务管理规定，在核定的专业技术职务结构比例内，对获得任职资格的专业技术人员自主选择、择优聘任。专业技术职务的聘任要逐步与岗位聘用统一起来。

专业技术要害、关键岗位建立职业资格证书制度，实行人员资质管理。广播电台、电视台、广播发射台内直接关系节目质量和播出安全的专业技术要害、关键岗位实行持证上岗，其聘用和待遇要制定相应的管理办法。在要害、关键岗位上工作的人员试用期满，确认合格后，可签订长期聘用合同。

9. 工勤岗位实行等级管理。根基国家关于工勤人员岗位等级位等级规范及管理办法，按照工作需要和岗位的技术要求设置工勤岗位等级，按照岗位技术等级规范，对工勤人员聘用、培训和考核，规范工勤岗位人员管理。

10. 规范临时工作人员的管理。根据工作任务和工作需要，可以聘用临时工作人员。用人单位与临时工作人员建立劳务聘用关系，签订聘用合同，聘期一次不超过一年，以支付劳务费、稿酬为主要付酬形式。聘用合同由个人、用人单位双方共同签订，明确双方的责任、权利和义务。临时工作人员在聘期间，可以计算为本单位连续工作时间。

11. 广播影视事业单位补充工作人员，原则上实行公开招聘办法。公开招聘要按照岗位要求，通过考试考核择优聘用。招聘考试组织机构要有专家参加，保证各类适用人才公平竞争的机会。特殊专业技术人才还要通过专家考核推荐。

12. 加强岗位聘后管理，完善岗位考核制度。对各类岗位都要根据不同的岗位目标职责，确定定性与定量相结合并尽可能量化的业绩考核指标。要将考核作为聘后管理的重要措施，充分发挥考核的激励、监督作用，把考核结果作为续聘、解聘、收入分配、奖惩的主要依据。

13. 加强岗位培训，促进知识更新和技术创新，提高队伍整体素质。各级广播影视事业单位都应制定、落实培训规划和年度培训计划，建立和完善培训制度。要将各类人员参加培训的情况作为考核内容之一，列入申报专业技术职务和竞争上岗的资格条件。单位要为职工学习提供有利条件，采取灵活多样的形式，使学历教育和非学历教育、继续教育和岗位培训相结合，鼓励职工利用业余时间学习。

三、建立符合广播影视事业单位特点的分配制度

14. 广播影视事业单位内部收入分配改革，要确立劳动、资本、技术和管理等生产要素按贡献参与分配的原则，完善按劳分配为主体，多种分配方式并存的分配制度。坚持效率优先、兼顾公平。内部收入分配方案的设计要着眼于有效保证任务目标的实现，有利于吸纳人才和稳定人才。

15. 结合经费自给率和财政支持强度，对不同类型的广播影视事业单位实行不同的收入分配形式和管理办法。对事业经费主要靠国家财政拨款的事业单位，可试行工资总额包干的管理办法，允许将单位创收中规定可分配部分，纳入单位内部分配；对国家财政补助开支的事业单位，可在执行事业单位工资制度和工资政策的基础上，按国家有关规定从创收中提取

一定经费，用于搞活单位内部分配；对有条件的、经费完全自给的广播影视事业单位，经批准可试行工资总额与经济效益挂钩的办法，自主制定内部分配办法；对企业化管理的事业单位可执行企业的分配制度。

16. 探索建立按岗定酬与按任务定酬、按业绩定酬相结合、以岗位工资为主要内容的内部分配办法，岗变薪变。岗酬设计要向重要岗位和艰苦岗位倾斜。

17. 积极落实国家有关转化科技成果奖励和优惠的政策，探索将产生良好社会效益和经济效益的技术、管理等生产要素参与分配的实现形式。鼓励专业技术人员勇于创新，并允许在创新中通过成果转化获取相应收入。

四、完善广播影视事业单位人才流动机制，妥善安置未聘人员

18. 合理配置人才资源，促进各类人才有序流动。广播影视单位要根据自身的发展及人才结构现状，充分运用市场机制，制定针对性强、便于操作的人才流动办法，为各类人才合理、有序地流动创造良好的政策环境。打破人才部门所有、单位所有，保护单位和职工的合法权益。积极推进广播影视事业单位职工参加社会保险。

19. 发挥人才交流机构的作用。发挥人才交流机构在人才招聘、人员托管、人员培训方面的作用，配合事业单位用人制度的改革，为单位和个人提供相关的人事代理服务，为各类人才合理流动牵线搭桥，为广播影视事业单位人员的能进能出创造条件、提供服务，促进广播影视人才资源的合理配置。

20. 妥善安置未聘人员。要采取有力措施，坚持以单位内部消化为主，多种方式、多种渠道妥善安置未聘人员。要注意采取先挖渠、后分流的办法，通过兴办发展新的产业、转岗培训等方式安置未聘人员；引导鼓励未聘人员面向基层，面向社会，在新的领域发挥作用，并提供创办或进入企业的优惠条件；在有条件的地方，也可由人才交流机构进行托管。对单位内部的未聘人员，提供基本的生活保障。

五、加强对广播影视事业单位人事制度改革的组织领导

21. 广播影视事业单位人事制度改革是干部人事制度改革的组成部分，各级党委和政府要高度重视，加强领导。各级党委组织、宣传和政府人事部门要加强宏观管理和指导协调，要与广播影视行政部门一起，精心组织，周密安排。要根据本实施意见，结合实际创造性地研究制定本地区的实施方案，及时研究解决改革中出现的各种新情况新问题。人事制度改革要与整个广播影视管理体制改革配套推进。改革的措施、方案要由单位领导集体讨论决定，同时要通过各种途径广泛征求群众意见，动员群众积极参与、支持改革，保证广播影视事业单位人事制度改革的顺利进行。

22. 广播影视事业单位人事制度改革涉及面广，政策性强，关系到广播影视从业人员的切身利益，要处理好改革发展稳定的关系，积极主动地做好思想政治工作，创造良好的改革舆论环境。要因地制宜，突出重点，分类指导，分步实施。

少数民族地区广播影视事业单位要注意结合本地区的实际，从维护民族团结和国家稳定的大局出发，积极探索适合民族地区特点的事业单位人事制度改革的路子，制定切实可行的方案，认真组织实施。

关于印发《关于深化文化事业单位人事制度改革的实施意见》的通知

人发〔2003〕14号

各省、自治区、直辖市党委组织部、宣传部，人民政府人事厅（局）、文化、文物厅（局），党中央各部门和国务院各部委、各直属机构人事（干部）部门，文化部直属事业单位：

现将《关于深化文化事业单位人事制度改革的实施意见》印发给你们，请结合本地区、本部门实际情况贯彻执行。

中共中央组织部
中共中央宣传部
人事部
文化部
2003年1月23日

关于深化文化事业单位人事制度改革的实施意见

为了深入贯彻落实党的十六大精神，加快建立与社会主义市场经济体制相适应的文化事业单位（包括文物事业单位，下同）人事管理制度，根据《深化干部人事制度改革纲要》（中办发〔2000〕15号）《关于在事业单位试行人员聘用制度的意见》（国办发〔2002〕35号）和《关于加快推进事业单位人事制度改革的意见》（人发〔2000〕78号），制定本实施意见。

一、文化事业单位人事制度改革的指导思想、原则和目标

1. 深化文化事业单位人事制度改革，必须坚持以马克思列主义、毛泽东思想、邓小平理论和“三个代表”重要思想为指导，坚持解放思想、实事求是、与时俱进，适应社会主义市场经济发展和文化体制改革的要求，认直贯彻落实党中央、国务院关于发展文化事业的一系列重大决策，遵循文化行业专门人才成长的规律，理顺人事管理体制，改革用人和分配制度，为文化事业的繁荣和发展提供强有力的组织保证和人才支持。

2. 深化文化事业单位人事制度改革，必须全面贯彻干部队伍“四化”方针；必须坚持党管干部原则，任人唯贤、德才兼备原则，公开、平等、竞争、择优原则；必须贯彻尊重劳动、尊重知识、尊重人才、尊重创造方针；必须坚持从实际出发，充分发扬民主，保证职工的知情权、参与权、选择权和监督权。

3. 深化文化事业单位人事制度改革的目标是，力争用3至5年的时间，逐步建立符合文化事业单位特点的单位自主用人、人员自主择业、政府依法监督、配套措施完善的人事管理体制；健全竞争和激励机制，搞活用人和分配制度，逐步形成人员能进能出，职务能上能下，待遇能升能降，人才结构合理，优秀人才能够脱颖而出，充满生机与活力的人事管理机制。

二、加强宏观管理，建立文化事业单位人事分类管理制度

4. 根据文化事业单位的不同职能，对文化事业单位的人事工作实行分类管理。对主要依靠政府财政保障的图书资料、群众文化、文物、博物等公益型文化事业单位，要按照“精简、高效”的原则，加强机构编制管理，控制人员总量规模，科学合理地设定岗位，搞活内部用人机制；对艺术表演团体等具有公益性又可不同程度地实行经营运作的文化事业单位，要赋予充分的人事管理自主权，提高流动岗位所占比例，促进人员流动；对直接面向市场，自主经营、自负盈亏的文化事业单位，可实行更加灵活的用人制度和分配制度。

5. 调整人员规模和结构，形成专业门类齐全、梯次结构合理的各类专业人员队伍。采取措施稳定从事公共文化产品和服务、田野考古、文物保护研究、优秀传统文化艺术的人员队伍；搞活从事文艺表演、中介服务、开发经营的人员队伍，逐步减少财政支持的人员规模。

6. 构筑优秀人才脱颖而出的机制和环境。鼓励和支持优秀人才通过竞争进入关键岗位。重视文化艺术人才的规划、培训和开发工作。努力改善文化艺术人才的工作和生活条件，为中青年优秀人才进修深造和参加国内外文化交流活动创造条件。采取必要措施，吸引、鼓励海外文化艺术人才回国工作或以适当方式为国服务。

三、完善文化事业单位内部领导体制，建立健全领导人员选拔任用和管理监督机制

7. 实行行政领导人员负责制的单位，要充分发挥党组织的政治核心作用。实行党委领导下的行政领导人负责制的单位，要充分保证行政领导人的经营和管理权。文化事业单位作为法人实体，依法享有民事权利，承担民事责任。

8. 不同类型的文化事业单位领导人员可根据实际情况采取委任、聘任、选任、考任等多种任用形式。按照群众公认、注重实绩和公开、平等、竞争、择优的原则，推行公开选拔、竞争上岗的选拔方法。实行任前公示制。积极探索完善行政领导人员聘任制。行政副职由行政主要领导人聘任的，必须通过民主程序提名推荐，按照干部管理权限，报上级主管部门考察批准后，由单位行政主要领导人履行聘任手续。党组织的负责人按照党章的有关规定产生。

9. 建立和完善行政领导人员任期目标责任制，实行任期目标管理。完善考核办法，量

化考核指标，加强对任期目标完成情况的考核，并将考核结果作为领导人员任用、奖惩的重要依据。严格执行离任审计制度。建立健全职工代表大会制度，实行民主管理和民主监督。

四、推行人员聘用制度和岗位管理制度，形成充满生机与活力的用人机制

10. 全面实行人员聘用制度。通过签订聘用合同明确双方与工作有关的权利和义务，转换用人机制，实现人事管理由身份管理向岗位管理转变，由行政任用关系向平等协商的聘用关系转变。推行聘用制应先易后难，稳步实施，逐步到位。

11. 推行公开招聘制度。文化事业单位补充工作人员，应在国家核定的编制和人员计划内，公布缺员岗位的用人条件和职责，公开招考，择优聘用。专业技术岗位逐步推行职业资格制度。

12. 加强聘后管理工作。聘用合同订立后，聘用单位和受聘人员都应严格遵守并全面履行合同。受聘人员应遵守职业道德和聘用单位的规章制度，认真负责地完成岗位工作；聘用单位应当为受聘人员提供必要的工作条件，保障约定的权利和待遇。文化事业单位要完善岗位考核办法，并把考核结果作为续聘、晋级、收入分配、奖惩和解聘的重要依据。加快建立和完善人事争议调解、仲裁制度，及时、客观、公正地处理人员聘用中的人事争议问题，化解矛盾，维护聘用单位和受聘人员双方的合法权益。

13. 实行解聘、辞聘制度。文化事业单位可以按照国家有关规定和合同约定解聘工作人员，工作人员也可以按照聘用合同辞聘。通过解聘、辞聘，疏通人员出口，促进合理流动。单位解聘工作人员或工作人员辞聘后，单位和工作人员要按照有关规定及时办理人事行政关系、档案接转以及社会保险关系调转等手续，做好后续工作。

14. 建立岗位管理制度。文化事业单位要按照科学合理、精简效能的原则，根据工作任务、发展规划、人才结构等多种因素，合理设定岗位，明确岗位责任、任职条件、聘用期限，做到职责明确、权限清晰、条件合理、待遇透明。对基础性、骨干性岗位实行总量控制，对工勤等辅助性岗位逐步实行社会化服务，对自由从业程度高的岗位，以及指挥、首席等特殊岗位可试行项目（剧目）聘任管理。鼓励艺术表演团体试行剧目制作人制、演出经纪人制和演员签约制。

在坚持用人基本条件的前提下，文化事业单位可根据岗位要求和不同人员的具体情况，既可高职低聘，也可低职高聘；既可短期聘用，也可长期聘用。对专业技术岗位的聘用要注重业务能力、学术水平、社会效果和实际贡献，逐步实行专业技术职务聘任和岗位聘任的统一；对行政管理岗位的聘用要注重政策水平、管理水平和工作效率；对经营管理岗位的聘用要注重成果转化、市场开发和经济效益；对工勤岗位要注重服务质量、服务水平和服务态度。

15. 鼓励文化事业单位工作人员在完成本职工作的前提下兼职从事与本职工作相关的教学、表演、学术交流及研究开发活动。根据文化交流和合作需要，允许单位选派工作人员在一定时间内到基层、企业或其他相关单位工作。文化事业单位要按照国家有关规定通过合同和协议，明确单位与个人之间的权利和义务，建立规范的管理制度。

五、加大分配制度改革力度，充分发挥收入分配的激励导向作用

16. 文化事业单位要坚持劳动、资本、技术和管理等生产要素按贡献参与分配的原则，

完善按劳分配为主体、多种分配方式并存的分配制度，结合文化行业从业特点，根据按岗定酬、按任务定酬、按业绩定酬的精神，建立重实绩、重贡献，向优秀人才和关键岗位倾斜，灵活多样的分配激励机制。

17. 文化事业单位可根据本行业、本单位特点，探索多种分配形式和办法。主要依靠政府财政保障的公益型事业单位，在执行国家统一工资制度和工资政策的基础上，加大津贴分配改革力度，适当拉开差距，搞活内部分配。具有公益性又可实行经营运作的单位，可在国家核定的工资总额内，根据国家有关分配政策，将工作人员的收入和所在岗位、实际贡献直接挂钩。自主经营、自负盈亏的单位可根据工作任务、社会贡献和单位积累合理确定内部分配办法。经有关部门批准，单位可根据工作需要高薪聘用高、精、尖专业人才。对从业早、淘汰快、艺术青春短的舞蹈、武功、杂技、管乐，以及考古发掘和钻探、文物保护和修复等特殊专业的从业人员，实行更为灵活的分配办法。

18. 探索具有文化行业特点的新的分配机制。积极开展生产要素参与分配的改革试点。根据不同岗位的工作量、所承担责任及风险的大小，劳动的复杂程度等情况，将管理、技术、责任一并纳入分配因素，确定岗位工资。对于少数能力、水平、贡献十分突出的业务技术和管理骨干，可以实行较高的内部分配标准。

六、稳步推行人事代理，促进人员合理流动

19. 稳步推行人事代理制度。文化事业单位根据聘用制度的有关规定，可将受聘人员的人事行政关系委托政府人才中介机构管理，逐步建立起单位与受聘人员之间新型的人事关系。本实施意见下发后，对新招聘人员，原则上都要实行人事代理；对原有职工，要按照自主自愿、平等协商的原则，逐步实行人事代理。各地应根据实际情况，做好试点工作，在取得经验后，逐步扩大代理事项和代理范围。

20. 加快建设文化艺术人才社会化服务体系，积极培育文化艺术人才市场，通过建立文化艺术人才库、推行文化艺术人才网络化管理等手段，促进人才资源合理配置和有序流动。

21. 妥善安置未聘人员。对这次改革中的未聘人员，要坚持内部消化为主的原则，采取多种形式安置。单位可通过离岗培训等方式促进内部转岗，也可采取由单位、行业或委托政府人才中介机构等多种方式对未聘人员集中管理，促进未聘人员的转岗安置。对因受职业限制，不能继续从事原工作的人员，单位要采取切实措施，为其向教学、研究和生产单位流动提供便利。鼓励创办与之相关的教学、培训实体，为未聘人员转岗就业提供条件。尚未建立社会保障制度的地区，要采取必要措施切实保障未聘人员待岗期间的基本生活。加大文化行业从业人员社会保障的力度，解除他们的后顾之忧。

对长期从事舞蹈、武功、杂技、管乐等特殊专业的人员，各地应根据实际情况，采取适当措施，以利人员新老更替。

七、加强组织领导，推进改革健康发展

22. 文化事业单位人事制度改革是干部人事制度改革的重要组成部分，各级党委和政府要高度重视，切实加强领导。组织、宣传、人事部门要加强综合管理和指导协调，文化、文物行政部门要充分发挥主管部门的职能作用，积极争取有关部门的支持，稳步推进文化事业

单位人事制度改革。

23. 文化事业单位人事制度改革要与文化方面的其他改革措施相配套。本实施意见下发后，各地要在广泛调查研究的基础上，抓紧研究制定本地区文化事业单位人事制度改革实施方案和实施计划。在通过试点取得经验的基础上，以点带面，全面启动文化事业单位人事制度改革。

24. 文化事业单位人事制度改革涉及面广，政策性强，关系广大文化工作者的切身利益，关系文化事业的繁荣和发展。各地各部门必须高度重视，在改革进程中，要坚持依法办事，妥善处理改革、发展与稳定的关系，及时研究解决改革中出现的新情况、新问题。文化事业单位党组织要切实发挥政治核心作用，做好深入细致的思想政治工作。要加强舆论宣传，创造良好的改革氛围。通过各方面的共同努力，保证文化事业单位人事制度改革的健康发展。

关于印发《关于深化中小学人事制度改革的实施意见》的通知

国人部发〔2003〕24号

各省、自治区、直辖市人事厅（局）、教育厅（教委），国务院各部委、各直属机构人事部门：

现将《关于深化中小学人事制度改革的实施意见》印发给你们，请结合本地区、本部门的实际情况贯彻执行。

人事部

教育部

2003年9月17日

关于深化中小学人事制度改革的实施意见

为深入贯彻党的十六大精神，全面推进素质教育，促进基础教育的改革和发展，进一步完善基础教育管理体制，转换学校运行机制，提高教育质量和管理水平，需要加快中小学人事制度改革的步伐，建立符合中小学特点的人事管理制度。根据《国务院关于基础教育改革与发展的决定》（国发〔2001〕21号）《国务院关于进一步加强农村教育工作的决定》（国发〔2000〕19号）《深化干部人事制度改革纲要》（中办发〔2000〕15号）和《关于加快推进事业单位人事制度改革的意见》（人发〔2000〕78号），制定本实施意见。

一、深化人事制度改革的指导思想和目标任务

1. 深化中小学人事制度改革，要坚持以邓小平理论和“三个代表”重要思想为指导，坚持解放思想、实事求是、与时俱进、开拓创新，全面贯彻党的教育方针和人才政策，尊重劳动、尊重知识、尊重人才、尊重创造，充分调动广大教职工的积极性和创造性，促进基础教育的改革与发展，促进科教事业进步，为全面建设小康社会提供保证。

2. 深化中小学人事制度改革的总体目标是：以实行聘用（聘任）制和岗位管理为重点，以合理配置人才资源，优化中小学教职工结构，全面提高教育质量和管理水平为核心，加快

用人制度和分配制度改革，建立符合中小学特点的人事管理运行机制，建设一支高素质专业化的中小学教师队伍和管理人员队伍。主要任务是：加强编制管理，调整优化中小学教职工队伍结构；进一步完善校长负责制，改进和完善校长选拔任用制度；实行教职工聘用（聘任）制；完善中小学教职工工资保障机制，建立健全分配激励机制；促进人才合理流动。

二、加强编制管理，规范学校机构和岗位设置

3. 按照保证基础教育发展的基本需要、与经济发展水平和财政承受能力相适应、力求精简和高效、因地制宜区别对待的原则，根据教育层次、地域、学校教育教学工作任务、学生数和班额、教职工工作量，合理确定中小学教职工编制。

4. 按照国家关于中小学编制管理的有关规定，根据中小学校类别、规模和任务，严格控制学校领导职数，合理设置学校内部机构，努力做到机构精简、职责分明、管理高效。中小学在核定的编制数和教师职务结构比例内科学设置岗位，明确岗位职责。

5. 严格编制管理。通过定编工作，清理超编人员。中小学不得超编聘用人员。任何单位和部门不得违反规定占用或变相占用中小学教职工编制，对占用学校编制的各类“在编不在岗”人员，要限期与学校脱离关系。

三、进一步完善校长负责制，改进校长选拔任用办法

6. 进一步完善校长负责制。实行校长负责制的中小学，校长全面负责学校工作，并充分发挥基层党组织的政治核心作用。校长必须正确贯彻执行党和国家的教育方针政策，坚持社会主义办学方向，积极实施素质教育，依法管理。

7. 改进和完善中小学校长选拔任用制度。积极推行中小学校长聘任制。中小学校长的选拔任用要扩大民主，引入竞争机制。逐步采取在本系统或面向全社会公开招聘、平等竞争、严格考核、择优聘任的办法选拔任用中小学校长。

8. 严格掌握中小学校长任职条件和资格。中小学校长应当具备以下基本条件：思想政治素质和品德良好；热爱教育事业，具有改革创新精神；具有履行职责所需要的专业知识和较强的组织管理能力；遵纪守法，廉洁自律；具有团结协作精神，作风民主。中小学校长任职的资格是：具有教师资格；具有中级（含）以上教师职务任职经历；一般应从事教育教学工作5年以上；身心健康。

9. 中小学校长实行任期制。校长每届任期原则上为3~5年，可以连任，要明确任期内的目标责任。进一步完善中小学校长考核办法，加强履职考核，把考核结果作为校长奖惩、续聘或解聘的重要依据。

10. 逐步取消中小学学校的行政级别，探索形成体现中小学校长特点和规律的管理制度。要按照先行试点、稳步推开的原则，积极开展中小学校长管理改革的试点工作。

四、全面推行教职工聘用（聘任）制度，进一步加强岗位管理

11. 全面实施教师资格制度，严把教师队伍入口关。凡在中小学专门从事教育教学工作的人员必须依法取得教师资格，未取得教师资格的人员应调整出教师队伍。努力拓宽教师来源渠道，择优聘用具备教师资格的毕业生和社会上具备教师资格的人员到中小学任教。

12. 全面推行中小学教职工聘用（聘任）制度。根据《国务院办公厅转发人事部关于在事业单位试行人员聘用制度意见的通知》精神，按需设岗、公开招聘、平等竞争、择优聘用，在平等自愿、协商一致的基础上，由学校与教职工签订聘用（聘任）合同，明确聘期内的岗位职责、工作目标、任务以及相应待遇。

13. 完善教师职务聘任制度。中小学校在核定的教师职务结构比例内科学合理地设置教师职务岗位，经批准可适当提高农村中小学教师中、高级职务的比例。要按照一岗一聘的原则，进一步强化教师职务聘任，严格聘任程序。

14. 进一步健全和完善教师考核制度。学校应对教师的政治思想、师德、履行岗位职责的情况进行年度考核和聘期考核。考核必须坚持客观、公正的原则。要研究制定符合实施素质教育和教师工作特点的考核办法。学校可根据实际情况，邀请社区代表以及学生家长参与学校评价和教师考核等工作。考核结果作为收入分配、奖惩和聘用（聘任）的重要依据。

15. 根据国家有关规定，认真妥善地处理人事争议，依法保障教职工和学校双方的合法权益。教职工与学校在履行聘用（聘任）合同时发生争议的，应由教师人事争议调解委员会先行调解；调解未果的，当事人可以向当地人事争议仲裁委员会申请仲裁。仲裁结果对争议双方具有约束力。

五、完善与聘用（聘任）制度相适应，符合中小学特点的分配激励机制

16. 认真执行国家关于中小学的工资制度和政策，保证中小学教职工的工资待遇得到落实。学校要在国家政策允许的范围内，制定与聘用（聘任）制度相适应的校分配办法，教职工的工资待遇与其岗位职责、工作数量和工作绩效挂钩。

17. 坚持按劳分配，效率优先，兼顾公平的分配原则，建立重能力、重实绩、重贡献的分配激励机制。实行向骨干教师倾斜的分配政策，对在教学、管理等方面做出显著成绩和突出贡献的人员，经有关部门批准可给予相对优厚的工资待遇或相应奖励。根据实际情况采取措施鼓励教师到农村任教，切实落实对边远、贫困地区中小学教师的优惠政策，以稳定和优化农村中小学教师队伍，吸引人才到农村中小学任教。

18. 各地要采取有效措施，切实保证教师工资按时足额发放。农村中小学要坚持工资统一发放措施。

六、合理配置人才资源，调整优化教职工队伍结构

19. 建立城镇教师到农村或薄弱学校任教服务期制度。坚持城镇中小学教师晋升高级职务应有一年以上在农村或薄弱学校任教的经历。有条件的地区，通过试点，逐步实现教师合理流动的制度化，促进教育系统内部人才资源合理配置，加强农村地区学校和薄弱学校的建设与发展，缓解农村边远地区中小学教师不足的矛盾，提高教师资源的使用效益。

20. 调整优化教职工队伍结构。通过调整岗位、进修培训、吸引具有教师资格的优秀人员到中小学任教等途径，逐步解决中小学教师队伍学段、区域、学科结构不合理等结构性失衡问题，特别是边远和贫困地区中小学教师短缺的问题。

21. 加强对人员流动的引导与服务。积极推动中小学人员在校际、区域之间合理流动。努力引导未聘人员转岗再就业，鼓励未聘人员进入人才市场，面向社会跨行业流动，支持未

聘人员自谋职业。

22. 积极配合探索社会保障制度改革。根据社会保障制度改革的进展情况，积极探索中小学教职工社会保险的改革办法，以及通过建立社会保障体系安置未聘人员的机制。

七、加强领导，积极稳妥地推进中小学人事制度改革

23. 加强领导，统筹规划。中小学人事制度改革是干部人事制度改革的重要组成部分，各级政府要高度重视，把这项改革摆到重要议事日程。人事部门要加强对中小学人事制度改革工作的宏观管理和指导协调。教育行政部门要发挥主管部门的职能作用，统筹规划，精心组织，周密安排，具体实施。

24. 狠抓落实，稳步实施。中小学人事制度改革政策性强，涉及到广大中小学教职工的切身利益。要充分发挥学校党组织的政治核心作用，做好深入细致的思想政治工作，改革方案要通过教职工代表大会等多种途径征求意见。要处理好改革、发展、稳定的关系，改革过程中要及时总结经验，对出现的矛盾和问题要认真研究，制定切实可行的解决办法，保证中小学人事制度改革顺利进行。

关于印发《关于深化新闻出版事业单位人事制度改革的实施意见》的通知

国人部发〔2006〕35号

各省、自治区、直辖市党委组织部、宣传部，人民政府人事厅（局）、新闻出版局，党中央各部门和国务院各部委、各直属机构人事（干部）部门：

现将《关于深化新闻出版事业单位人事制度改革的实施意见》印发给你们，请结合本地区、本部门实际，认真贯彻执行。

中共中央组织部
中共中央宣传部
人事部
新闻出版总署
2006年4月18日

关于深化新闻出版事业单位人事制度改革的实施意见

为了深入贯彻落实党的十六大和全国人才工作会议精神，加快建立与社会主义市场经济体制相适应的新闻出版事业单位人事制度，根据《中共中央国务院关于进一步加强人才工作的决定》（中发〔2003〕16号）《中共中央国务院关于深化文化体制改革的若干意见》（中发〔2005〕14号）《中共中央办公厅关于印发〈深化干部人事制度改革纲要〉的通知》（中办发〔2000〕15号）《国务院办公厅转发人事部关于在事业单位试行人员聘用制度意见的通知》（国办发〔2002〕35号）和中央组织部、人事部《关于印发〈关于加快推进事业单位人事制度改革的意见〉的通知》（人发〔2000〕78号）精神，结合新闻出版事业单位实际，提出以下实施意见。

一、深化新闻出版事业单位人事制度改革的指导思想、主要原则和目标任务

1. 深化新闻出版事业单位人事制度改革，必须坚持以邓小平理论和“三个代表”重要思想为指导，按照党的十六大和十六届四中、五中全会的要求，全面贯彻落实科学发展观，

大力加强党的执政能力建设；必须贯彻干部队伍“四化”方针，坚持党管干部和党管人才的原则，坚持科学人才观，坚持尊重劳动、尊重知识、尊重人才、尊重创造，坚持公开、公平、公正的原则，坚持德才兼备的选人用人标准；按照分类推进事业单位改革的总体要求，遵循新闻出版事业发展的规律，探索新闻出版事业单位在市场经济条件下培养、吸引、使用人才的新机制，实现由固定用人向合同用人的转变，由身份管理向岗位管理的转变，促进新闻出事业单位人事管理的科学化、民主化、法制化。

2. 深化新闻出版事业单位人事制度改革，要有利于加强和改善党对新闻出版工作的领导，有利于坚持正确的舆论导向，充分发挥新闻出版机构作为党和人民喉舌的作用，有利于凝聚优秀人才和骨干人才，调动广大新闻出版工作者的积极性、创造性，为新闻出版事业的持续繁荣、全面发展提供强有力的组织保证和人才支持。

3. 深化新闻出版事业单位人事制度改革的目标任务是：按照政事职责分开、单位自主用人、个人自主择业、政府依法监管的要求，以推行聘用制度和岗位管理制度为重点，逐步建立起符合社会主义市场经济要求，符合新闻出版事业单位特点的人事管理制度。做到按需设岗、竞聘上岗、以岗定酬、合同管理，逐步实现人员能进能出，职务能上能下，待遇能高能低。形成广纳群贤，人尽其才，有利于优秀人才脱颖而出，充满生机和活力的用人机制。坚持按劳分配与按生产要素分配相结合和效率优先、兼顾公平等分配原则，进一步深化内部收入分配改革，逐步建立与事业单位人事制度改革相适应的分配激励机制。

二、建立应新闻出版事业发展要求的新型用人制度

4. 全面推行聘用制度。聘用制度是新闻出版事业单位基本的用人制度。要按照先入轨、后完善的要求，加大新闻出版事业单位推行聘用制度的力度。单位与职工双方要按照国家关于事业单位聘用制度的有关规定，按照岗位需要和职责要求，在平等自愿、协商一致的基础上，通过签订聘用合同明确双方的责任、权利和义务。单位与职工聘用关系的建立、续聘或解聘，要以职工的品德、能力、业绩和履行岗位职责的考核情况为主要依据。

5. 建立岗位管理制度。新闻出版事业单位应根据其职责任务、规模和事业发展的需要，本着精简效能的原则，按照国家关于岗位总量、结构比例、最高等级设置的规定和要求，科学合理设置管理岗位、专业技术岗位和工勤岗位，使岗位的职责、权利和义务相统一、相协调，形成以岗位管理为基础的人事管理制度。各个岗位要有明确的职责、聘用条件、考核指标和工资标准。按照按需设岗、职责明确、竞聘上岗、科学考核、以岗定酬、合同管理的基本要求，建立岗位管理制度。

6. 改革和完善领导人员管理制度。选拔任用新闻出版事业单位领导人员，要扩大民主，引入竞争机制，改进选拔任用方式，拓宽选人渠道。按照干部管理权限，对新闻出版事业单位的领导人员实行委任制、聘任制等任用方式。建立健全领导人员任期制，实行任期目标责任管理，任期届满要对目标完成情况进行严格考核，并将考核结果作为是否继续委任、聘任的依据。要积极探索对新闻出版事业单位领导人员加强监督管理的途径和方式，完善监督管理机制。

7. 管理岗位实行竞聘上岗和目标管理制度。要针对管理岗位的特点，建立以品德、知识、能力、业绩为主要依据的人才评价和使用办法。在中层管理人员选拔任用中一般应采取

竞聘上岗的办法，根据聘期实行动态调整和目标管理。

8. 专业技术岗位实行岗位聘用制度。新闻出版事业单位要依据上级主管部门核定的岗位结构比例和工作需要，按照有关规定自主设置专业技术岗位。对法律法规有明确要求的专业技术岗位，要依法实行人员资格准入控制。单位根据国家有关专业技术职务管理规定和内部岗位需要，自主、择优聘用具有相应专业技术资格的专业技术人员，逐步实现专业技术职务的聘任与岗位聘用的统一。

9. 工勤岗位实行岗位等级管理。根据工勤人员岗位等级规范，按照工作需要和岗位要求设置工勤岗位等级。对工勤人员要按照岗位等级规范的要求开展聘用、培训和考核等工作，以规范工勤岗位的人员管理。对部分社会通用性强的工勤岗位，可实行社会化服务和管理。

10. 对新进人员实行公开招聘制度。根据国家有关规定，新闻出版事业单位补充工作人员要在核定的人员总量内，按照岗位要求进行公开招聘，通过考试、考核的办法择优聘用。公开招聘要按照国家规定的程序进行，确保信息公开、过程公开、结果公开，形成公开、平等、竞争、择优的选人用人机制。

11. 规范各种形式的用人办法。根据工作任务和工作需要，可采取固定岗位和流动岗位相结合，以中长期聘用、短期聘用和项目聘用等办法，聘用各类工作人员。各种形式的用人都要按照规范的程序建立聘用关系，签订聘用合同。用人单位必须按有关规定为短期（临时）聘用的工作人员解决在本单位工作期间的养老等社会保险问题。

12. 完善考核制度。建立平时、年度和聘期考核制度。考核要坚持客观公正、民主公开、注重实绩的原则，实行组织考察与群众评议相结合，做到注重实效，简便易行，易于操作。要围绕聘用合同和履行岗位职责，建立适合新闻出版事业单位岗位特点的考核制度。要加强聘后管理，将考核结果作为任用、续聘、解聘、奖惩、调整岗位及工资待遇的主要依据。

13. 加强岗位培训。新闻出版事业单位要加强管理人员、专业技术人员和工勤人员的岗位培训，制定职工培训规划和年度实施计划，建立和完善培训制度，确保职工接受培训、参加继续教育的权利。新闻出版事业单位领导人员，要接受行业主管部门规定的任职培训。培训要围绕树立正确的职业道德，增强履行岗位职责的能力，采取多种形式，有针对性地开展。有条件的可根据实际情况，将培训作为上岗的条件和岗位考核的内容。对事业单位专业技术人员的继续教育要按照国家有关政策规定执行。

14. 完善权益保障机制。新闻出版事业单位要认真执行事业单位人事争议仲裁规定，建立健全人事争议处理机制。单位与职工之间因履行聘用合同发生的争议可以向有管辖权的人事争议仲裁机构申请仲裁，切实维护单位和职工的合法权益。

三、建立符合新闻出版事业单位特点的收入分配激励机制

15. 深化新闻出版事业单位内部收入分配改革，逐步建立起体现岗位绩效的收入分配激励机制。实行按岗定酬与按任务定酬、按业绩定酬相结合，以岗位绩效工资为主要内容的内部分配办法，使新闻出版事业单位工作人员的收入与岗位职责、贡献、绩效相联系，有利于吸纳人才和稳定人才队伍。

16. 根据新闻出版事业单位特点和财政支持程度，对不同类型的新闻出版事业单位实行不同的收入分配管理办法。经费来源主要由财政拨款及经费来源部分由财政拨款的事业单位，在必须执行国家统一的工资制度和工资政策基础上，要逐步加大内部收入分配改革力度，适当拉开差距，搞活内部分配；经费自理的事业单位，在保证国有资产保值增值的前提下，按照核定的工资总额和国家有关政策自主决定内部分配。

17. 按照国家关于实行聘用制后工资待遇处理意见的规定，妥善处理各类人员之间的工资关系。逐步规范个人收入，实现单位领导和职工个人收入的公开化、透明化。

四、完善新闻出版人才流动机制，妥善安置未聘人员

18. 合理配置人才资源，促进各类人才有序流动。要打破人才部门所有、单位所有的壁垒，根据新闻出版事业发展需要和人才结构现状，充分发挥市场机制在新闻出版人才配置中的基础性作用，促进各类人才合理、有序流动。建立与聘用制相适应的人员流动政策和管理办法，整合人才资源，盘活现有人才，调整人才结构，加强人才队伍建设，形成凝聚优秀和骨干人才，充分调动广大职工积极性创造性的良发环境。

19. 发挥政府人事部门所属人才交流机构在促进人才流动等方面的作用。配合事业单位用人制度的改革，为单位和个人提供相关的人事代理服务，为新闻出版事业单位人员的合理流动提供服务，促进新闻出版人才的优化配置。

20. 妥善安置未聘人员。坚持内部消化为主、多种渠道安置、不能简单推向社会的原则，在解决养老、失业等社会保障问题的基础上，逐步探索扩大社会接纳的渠道和办法。对单位内部未聘人员，单位必须提供基本的生活保障，并加强其在待聘期间的培训，着重提高其上岗和转岗能力。要通过兴办新的产业或服务项目及转岗培训等方式，妥善安置未聘人员。引导、鼓励未聘人员面向基层、面向社会，在新的领域发挥作用。

五、加强对新闻出版事业单位人事制度改革的组织领导

21. 新闻出版事业单位人事制度改革是干部人事制度改革的重要组成部分，各级党委和政府要高度重视，认真组织，加强领导。各省、自治区、直辖市党委组织、宣传和政府人事部门要加强宏观管理和指导协调，新闻出版行政部门要发挥主管部门的职能作用，精心组织，周密安排，突出重点，分步实施，正确处理改革发展稳定的关系。要结合新闻出版管理体制改革，做好人事制度、改入分配制度改革与机构编制、社会保障、财政供给等制度改革的配套工作。

22. 新闻出版事业单位人事制度改革步及广大新闻出版工作人员的切身利益，政策性强。要充分发挥新闻出版事业单位党组织的政治核心作用，加强思想政治工作，创造良好的改革环境。要及时研究解决改革中出现的新情况新问题。改革方案要通过各种途径广泛征求群众意见，动员群众积极参与、支持改革，保证新闻出版事业单位人事制度改革的顺利进行。

23. 各地区新闻出版行政主管部门可根据本实施意见，结合本地区新闻出版事业单位整体改革的实际情况，制定相应的实施办法。少数民族地区新闻出版事业单位要积极探索符合民族地区特点的改革路子，制定切实可行的方案。

24. 本实施意见适用于事业性质的报社、通讯社、出版社、期刊社等新闻出版单位。

人力资源社会保障部　国家文物局关于进一步加强文博事业单位人事管理工作的指导意见

人社部发〔2019〕120号

各省、自治区、直辖市人力资源社会保障厅（局）、文物局（文化和旅游厅/局），新疆生产建设兵团人力资源社会保障局、文物局：

为贯彻落实党的十九大和十九届三中全会精神，根据《中共中央办公厅　国务院办公厅印发〈关于加强文物保护利用改革的若干意见〉的通知》（中办发〔2018〕54号）《中共中央办公厅　国务院办公厅印发〈关于进一步深化事业单位人事制度改革的意见〉的通知》（中办发〔2011〕28号）和《事业单位人事管理条例》（国务院令第652号）等有关政策法规，现就进一步加强文博事业单位人事管理工作提出如下指导意见。

一、总体要求

1. 指导思想。以习近平新时代中国特色社会主义思想为指导，全面贯彻党的十九大和十九届二中、三中、四中全会精神，加强党对文博事业单位的全面领导，坚持简政放权、放管结合、优化服务，强化文博事业单位公益属性，建设高素质专业化文博事业单位工作人员队伍，为文物事业发展提供强有力的人事人才支撑保障。

2. 基本原则。坚持党管干部、党管人才，贯彻落实党的干部路线方针政策；坚持正确选人用人导向，突出政治标准；坚持分级管理，充分体现文物事业发展的特点和规律；坚持严管与厚爱相结合、激励与约束并重，激励文博事业单位工作人员担当作为。

二、创新用人机制

3. 优化岗位结构。文博事业单位专业技术岗位一般不低于单位岗位总量的70%，承担较多文物修复工作的事业单位专业技术岗位比例可适当降低，不得低于50%。地方各级文博事业单位中，一级博物馆、文物保护及研究机构专业技术高级岗位比例按不超过40%控制，二级博物馆、文物保护及研究机构专业技术高级岗位比例按不超过35%控制，三级博物馆、文物保护及研究机构专业技术高级岗位比例按不超过30%控制。其他博物馆、文物保护及研究机构专业技术高级岗位比例按不超过25%控制。

4. 完善公开招聘条件和方式。拓宽引才渠道，具有特殊专长的人才参加文物保护和修复研究类专业技术岗位公开招聘的，学历要求可放宽至大学专科；参加文物保护和修复技能岗位公开招聘的，学历要求可放宽至高中、中专（含技工学校）。文博事业单位专业技术岗位、文物保护和修复技能岗位的考试，可以根据应聘人员报名、专业分布等情况适当降低开考比例，或不设开考比例，划定成绩合格线，对于急需紧缺的高层次人才，可采取直接考察的方式聘用。对文物保护和修复技能岗位的公开招聘重在“干什么、考什么”，着重采取实际操作能力测试的方式进行考试。

5. 打通各类人才内部转岗通道。严格按照干部人事管理权限，以公开公平公正、竞争择优为原则，以岗位职责能力为依据，允许文博事业单位专业技术人才、工勤技能人才比照管理岗位同等资历人员条件，通过竞聘上岗等方式，转聘相应的管理岗位。从专业技术人才、工勤技能人才中选拔任用事业单位领导人员的，按照有关规定执行。

6. 科学评价人才。深化文博系列职称制度改革。坚持以品德、能力、业绩为导向，不唯学历、不唯资历、不唯论文、不唯奖项，科学评价文博事业单位专业技术人才。考古发掘报告、文物修复方案、勘探报告、保护规划设计方案、文物绘图和文物摄影作品等成果形式可替代论文要求。直接从事文物保护和修复的专业技术人才参加职称评审，可适当放宽学历要求。从事文物保护工程的高技能人才，符合条件的可参加工程技术人才职称评审。对县以下基层文物博物专业技术人员，可以实行高级专业技术岗位“定向评价、定向使用”，总量控制、比例单列，不占各地高级岗位比例。促进文博系列职称制度与文博事业单位岗位聘用制度相衔接，把职称评审作为岗位聘用的重要依据和关键环节。完善文物保护工程水平评价类职业资格。根据文物保护工程工作实际，科学设置专业分类，完善各专业评价标准，充分发挥行业协会学会作用，实行全国统一考试，确保评价质量。

三、规范人事管理

7. 规范聘用合同管理。按照国家有关规定，规范聘用合同的订立、履行、变更、解除、终止，以聘用合同规范单位和工作人员双方的权利义务。根据文物工作特点，鼓励文博事业单位与工作人员订立5年以上期限的合同，对关键核心岗位和紧缺岗位上的工作人员，经双方协商一致，可与之订立聘用至退休的合同，鼓励其潜心研究、甘于奉献。合同履行期间，经双方协商一致，需变动岗位的，按规定变更聘用合同。单位可与主要技术负责人和专业骨干就是否完成所承担的省级以上重要文物研究、保护和修复专项任务，约定为工作人员解除聘用合同的限制性条款。

8. 加强考核工作。文博事业单位应当根据聘用合同规定的岗位职责任务，全面考核工作人员的表现，重点考核工作绩效，重点听取服务对象的意见。其中，对为单位正常运转提供支持保障的人员考核，应当听取本单位相关工作人员的意见和评价；对为公众直接提供服务的人员考核，应当采取以即时评价为主的方式进行；对其他工作人员的考核，应当根据其岗位和工作任务，听取相关单位和人员的意见。对领导人员考核，按照有关规定执行。

9. 完善奖惩制度。根据《中华人民共和国文物保护法》《中华人民共和国勋章和国家荣誉称号法》《事业单位人事管理条例》和《事业单位工作人员处分暂行规定》《事业单位工作人员奖励规定》等，对符合条件的文博事业单位工作人员，视情形给予嘉奖、记功、记大功、授予称号等奖励；对文博事业单位工作人员违反相关法律法规，非法侵占国有文物、不负责任造成珍贵文物损毁或流失、从事文物虚假鉴定获取收益或造成国有资产损失的，依法依规给予组织处理或处分，涉嫌违法犯罪的，移交司法机关处理。

四、强化能力建设

10. 健全培训机制。健全岗前培训、在岗培训、转岗培训、专项培训制度。坚持将学习贯彻习近平新时代中国特色社会主义思想摆在文博事业单位工作人员培训最突出的位置，教育引导工作人员增强“四个意识”，坚定“四个自信”，做到“两个维护”，重点提升工作人员的理想信念、思想觉悟、职业道德和综合素养。管理人员培训，注重提高文物保护利用管理能力、专业水平和职业素养；专业技术人员培训，注重提高文物保护利用专业技术水平和依法利用文物资源参与创新创造创业的能力；工勤技能人员培训，注重提高文物修复技能水平和服务保障能力。注重培养专业能力、专业精神，根据不同岗位的要求，编制工作人员培训计划，对工作人员进行分级分类培训，切实提高文博事业单位工作人员整体素质能力。

11. 提升创新能力。文博事业单位可根据创新工作需要设置开展文物保护科技研发工作的创新岗位，岗位不足的，可按规定申请设置特设岗位，不受岗位总量和结构比例限制。创新岗位人选可以通过内部竞聘上岗或者面向社会公开招聘等方式产生，任职条件要求具有与履行岗位职责相符的研发创新能力和水平。创新岗位可探索实行灵活、弹性的工作时间，便于工作人员合理安排利用时间开展创新工作。绩效工资分配应当向在创新岗位做出突出成绩的工作人员倾斜。鼓励有条件的地方探索文博事业单位和工作人员文博创意产品收益分享机制。

12. 拓宽才智汇集机制。文博事业单位可设立流动岗位，吸引具有文物保护相关科技研发能力、文博创意产品开发和营销能力的企业人才以及具有传统技艺的民间匠人等进行兼职。流动岗位人员通过公开招聘、人才项目引进等方式被文博事业单位正式聘用的，其在流动岗位工作业绩可以作为职称评审和岗位聘用的重要依据。文博事业单位应当与流动岗位人员订立协议，明确工作期限、工作内容、工作时间、工作要求、工作条件、工作报酬、保密、成果归属等内容。

各级人力资源社会保障、文博主管部门以及文博事业单位要根据本指导意见和国家有关规定，结合实际抓好落实，促进新时代文物事业的新发展。

人力资源社会保障部
国家文物局
2019 年 11 月 6 日

（二）岗位设置管理

关于印发《事业单位岗位设置管理试行办法》的通知

国人部发〔2006〕70号

各省、自治区、直辖市人事厅（局），新疆生产建设兵团人事局，国务院各部委、各直属机构人事（干部）部门：

现将《事业单位岗位设置管理试行办法》印发给你们，请结合本地区、本部门实际办理。

《中共中央　国务院关于进一步加强人才工作的决定》和《国务院办公厅转发人事部关于在事业单位试行人员聘用制度意见的通知》要求，在事业单位推行聘用制度和岗位管理制度。试行事业单位岗位设置管理制度，是推进事业单位分类改革的需要，是深化事业单位人事制度改革的需要，也是改革事业单位工作人员收入分配制度的紧迫要求，对于事业单位转换用人机制，实现由身份管理向岗位管理的转变，调动事业单位各类人员的积极性、创造性，促进社会公益事业的发展，具有十分重要的意义。

《事业单位岗位设置管理试行办法》是在深入调查研究、广泛听取各地区、各部门和事业单位意见的基础上制定的。在事业单位试行岗位设置管理制度，关系事业单位广大职工的切身利益，涉及面广，政策性强，情况复杂，是一项十分艰巨的任务。各地区、各部门要高度重视，统一认识，加强领导，精心组织，周密部署，做好试行工作。要将事业单位岗位设置管理与事业单位工作人员收入分配制度改革结合起来，与事业单位人员聘用制度结合起来，与促进事业单位用人机制转换结合起来。要坚持以人为本，从实际出发，从促进社会事业发展出发，从维护广大职工的根本利益出发，积极稳妥地推进改革。要深入细致地做好广大职工的思想政治工作，正确处理改革发展稳定的关系，确保改革工作平稳顺利推进。

各地区、各部门要结合实际情况，制定岗位设置管理的具体实施意见。在工作中遇到的问题，请及时反馈人事部专业技术人员管理司。

人事部

2006年7月4日

事业单位岗位设置管理试行办法

第一章 总　　则

第一条 为深化事业单位人事制度改革，建立健全事业单位岗位设置管理制度，实现事业单位人事管理的科学化、规范化、制度化，制定本办法。

第二条 本办法适用于为了社会公益目的，由国家机关举办或其他组织利用国有资产举办的事业单位。经批准参照公务员法进行管理的事业单位除外。

岗位设置管理中涉及事业单位领导人员的，按照干部人事管理权限的有关规定执行。

第三条 本办法所称岗位是指事业单位根据其社会功能、职责任务和工作需要设置的工作岗位，应具有明确的岗位名称、职责任务、工作标准和任职条件。

第四条 事业单位要按照科学合理、精简效能的原则进行岗位设置，坚持按需设岗、竞聘上岗、按岗聘用、合同管理。

第五条 国家对事业单位岗位设置实行宏观调控，分类指导，分级管理。

国家确定事业单位通用的岗位类别和等级，根据事业单位的功能、规格、规模以及隶属关系等情况，对岗位实行总量、结构比例和最高等级控制。

第六条 政府人事行政部门是事业单位岗位设置管理的综合管理部门，负责事业单位岗位设置的政策指导、宏观调控和监督管理。事业单位主管部门负责所属事业单位岗位设置的工作指导、组织实施和监督管理。

人事部会同有关行业主管部门制定有关行业事业单位岗位设置管理的指导意见。

第七条 事业单位根据岗位设置的政策规定，按照核准的岗位总量、结构比例和最高等级，自主设置本单位的具体工作岗位。

第二章 岗位类别

第八条 事业单位岗位分为管理岗位、专业技术岗位和工勤技能岗位三种类别。

第九条 管理岗位指担负领导职责或管理任务的工作岗位。管理岗位的设置要适应增强单位运转效能、提高工作效率、提升管理水平的需要。

第十条 专业技术岗位指从事专业技术工作，具有相应专业技术水平和能力要求的工作岗位。专业技术岗位的设置要符合专业技术工作的规律和特点，适应发展社会公益事业与提高专业水平的需要。

第十一条 工勤技能岗位指承担技能操作和维护、后勤保障、服务等职责的工作岗位。工勤技能岗位的设置要适应提高操作维护技能，提升服务水平的要求，满足单位业务工作的实际需要。

鼓励事业单位后勤服务社会化，已经实现社会化服务的一般性劳务工作，不再设置相应的工勤技能岗位。

第十二条 根据事业发展和工作需要，经批准，事业单位可设置特设岗位，主要用于聘用急需的高层次人才等特殊需要。

第三章　岗 位 等 级

第十三条　根据岗位性质、职责任务和任职条件，对事业单位管理岗位、专业技术岗位、工勤技能岗位分别划分通用的岗位等级。

第十四条　管理岗位分为10个等级，即一至十级职员岗位。

第十五条　专业技术岗位分为13个等级，包括高级岗位、中级岗位和初级岗位。高级岗位分7个等级，即一至七级；中级岗位分3个等级，即八至十级；初级岗位分3个等级，即十一至十三级。

第十六条　工勤技能岗位包括技术工岗位和普通工岗位，其中技术工岗位分为5个等级，即一至五级。普通工岗位不分等级。

第十七条　特设岗位的等级根据实际需要，按照规定的程序和管理权限确定。

第四章　岗位结构比例及等级确定

第十八条　根据不同类型事业单位的职责任务、工作性质和人员结构特点，实行不同的岗位类别结构比例控制。

第十九条　对事业单位管理岗位、专业技术岗位、工勤技能岗位实行最高等级控制和结构比例控制。

第二十条　管理岗位的最高等级和结构比例根据单位的规格、规模、隶属关系，按照干部人事管理有关规定和权限确定。

第二十一条　专业技术岗位的最高等级和结构比例（包括高级、中级、初级之间的结构比例以及高级、中级、初级内部各等级之间的比例）按照单位的功能、规格、隶属关系和专业技术水平等因素综合确定。

第二十二条　工勤技能岗位的最高等级和结构比例按照岗位等级规范、技能水平和工作需要确定

第二十三条　特设岗位的设置须经主管部门审核后，按程序报地区或设区的市以上政府人事行政部门核准。

第五章　岗位设置程序及权限

第二十四条　事业单位设置岗位按照以下程序进行：

（一）制定岗位设置方案，填写岗位设置审核表；

（二）按程序报主管部门审核、政府人事行政部门核准；

（三）在核准的岗位总量、结构比例和最高等级限额内，制定岗位设置实施方案；

（四）广泛听取职工对岗位设置实施方案的意见；

（五）岗位设置实施方案由单位负责人员集体讨论通过；

（六）组织实施。

第二十五条　国务院直属事业单位的岗位设置方案报人事部核准。国务院各部门所属事业单位的岗位设置方案经主管部门审核后，报人事部备案。

各省、自治区、直辖市政府直属事业单位的岗位设置方案报本地区人事厅（局）核准。各省、自治区、直辖市政府部门所属事业单位的岗位设置方案经主管部门审核后，报本地区人事厅（局）核准。

地（市）、县（市）政府所属事业单位的岗位设置方案经主管部门审核后，按程序报地区或设区的市政府人事行政部门核准。

第二十六条 事业单位的岗位总量、结构比例和最高等级应保持相对稳定。

第二十七条 有下列情形之一的，岗位设置方案可按照第二十五条的权限申请变更：

（一）事业单位出现分立、合并，须对本单位的岗位进行重新设置的；

（二）根据上级或同级机构编制部门的正式文件，增减机构编制的；

（三）按照业务发展和实际情况，为完成工作任务确需变更岗位设置的。

第六章 岗位聘用

第二十八条 事业单位聘用人员，应在岗位有空缺的条件下，按照公开招聘、竞聘上岗的有关规定择优聘用。

第二十九条 事业单位应当与聘用人员签订聘用合同，确定相应的工资待遇。聘用合同期限内调整岗位的，应对聘用合同的相关内容作出相应变更。

第三十条 事业单位应按照管理岗位、专业技术岗位、工勤技能岗位的职责任务和任职条件聘用人员。

第三十一条 专业技术高级、中级和初级岗位的聘用条件应不低于国家规定的基本条件。实行职业资格准入控制的，应符合准入控制的要求。

第三十二条 事业单位人员原则上不得同时在两类岗位上任职，因行业特点确需兼任的，须按人事管理权限审批。

第三十三条 专业技术一级岗位人员的聘用，由事业单位按照行政隶属关系逐级上报，经省、自治区、直辖市或国务院部门审核后报人事部，人事部商有关部门确定。

第七章 监督管理

第三十四条 政府人事行政部门要制定和完善相关政策措施，加强对事业单位岗位设置的指导、监督和管理，定期检查，及时纠正违规行为，确保岗位设置工作有序进行。

第三十五条 事业单位岗位设置实行核准制度，严格按照规定的程序和管理权限进行审核。

第三十六条 经核准的岗位设置方案作为聘用人员、确定岗位等级、调整岗位以及核定工资的依据。

第三十七条 不按规定进行岗位设置和岗位聘用的事业单位，政府人事行政部门及有关部门不予确认岗位等级、不予兑现工资、不予核拨经费。情节严重的，对相关领导和责任人予以通报批评，按照人事管理权限给予相应的纪律处分。

第八章 附 则

第三十八条 使用事业编制的社会团体，除经批准参照公务法进行管理的以外，参照本办法执行。

第三十九条 各省、自治区、直辖市可以根据本办法和有关行业岗位设置的指导意见，结合实际情况，制定本地区事业单位岗位设置管理的实施意见。第四十条本办法自下发之日起施行。

附表：1. 事业单位岗位等级表

2. 事业单位岗位设置审核表

附表 1

事业单位岗位等级表

管理岗位
一级
二级
三级
四级
五级
六级
七级
八级
九级
十级

专业技术岗位	
一级	高级
二级	
三级	
四级	
五级	
六级	
七级	
八级	中级
九级	
十级	
十一级	初级
十二级	
十三级	

工勤技能岗位	
技术工	一级
	二级
	三级
	四级
	五级
普通工	

附表 2

事业单位岗位设置审核表

单位名称（盖章）：

<table>
<tr><td colspan="2" rowspan="3">单位岗位总量</td><td>类别</td><td colspan="3">管理岗位</td><td colspan="3">专业技术岗位</td><td colspan="3">工勤技能岗位</td><td colspan="3">特设岗位</td></tr>
<tr><td>比例</td><td colspan="3"></td><td colspan="3"></td><td colspan="3"></td><td colspan="3"></td></tr>
<tr><td>数量</td><td colspan="3"></td><td colspan="3"></td><td colspan="3"></td><td colspan="3"></td></tr>
<tr><td rowspan="3">管理岗位</td><td>等级</td><td>一</td><td>二</td><td>三</td><td>四</td><td>五</td><td>六</td><td>七</td><td>八</td><td>九</td><td colspan="4">十</td></tr>
<tr><td>比例</td><td></td><td></td><td></td><td></td><td></td><td></td><td></td><td></td><td></td><td colspan="4"></td></tr>
<tr><td>数量</td><td></td><td></td><td></td><td></td><td></td><td></td><td></td><td></td><td></td><td colspan="4"></td></tr>
<tr><td rowspan="6">专业技术岗位</td><td>层级</td><td colspan="7">高级</td><td colspan="3">中级</td><td colspan="3">初级</td></tr>
<tr><td>比例</td><td colspan="7"></td><td colspan="3"></td><td colspan="3"></td></tr>
<tr><td>数量</td><td colspan="7"></td><td colspan="3"></td><td colspan="3"></td></tr>
<tr><td>等级</td><td>一</td><td>二</td><td>三</td><td>四</td><td>五</td><td>六</td><td>七</td><td>八</td><td>九</td><td>十</td><td>十一</td><td>十二</td><td>十三</td></tr>
<tr><td>比例</td><td></td><td></td><td></td><td></td><td></td><td></td><td></td><td></td><td></td><td></td><td></td><td></td><td></td></tr>
<tr><td>数量</td><td></td><td></td><td></td><td></td><td></td><td></td><td></td><td></td><td></td><td></td><td></td><td></td><td></td></tr>
<tr><td rowspan="4">工勤技能岗位</td><td rowspan="2">等级</td><td colspan="5">技术工</td><td rowspan="2">普通工</td><td colspan="2" rowspan="4">主管部门意见</td><td colspan="2" rowspan="4"></td><td rowspan="4">政府人事部门意见</td><td colspan="2" rowspan="4"></td></tr>
<tr><td>一</td><td>二</td><td>三</td><td>四</td><td>五</td></tr>
<tr><td>比例</td><td></td><td></td><td></td><td></td><td></td><td></td></tr>
<tr><td>数量</td><td></td><td></td><td></td><td></td><td></td><td></td></tr>
</table>

关于印发《〈事业单位岗位设置管理试行办法〉实施意见》的通知

国人部发〔2006〕87号

各省、自治区、直辖市人事厅（局），新疆生产建设兵团人事局，国务院各部委、各直属机构人事部门：

根据《事业单位岗位设置管理试行办法》（国人部发〔2006〕70号），我们研究制定了《〈事业单位岗位设置管理试行办法〉实施意见》，现印发给你们，请结合本地区、本部门实际认真贯彻实施。

事业单位岗位设置管理是事业单位人事制度改革的重要内容，是一项十分重要的基础性工作。各级政府人事行政部门要从创新人事管理体制、转换用人机制，确保事业单位工作人员收入分配制度改革顺利实施的高度，充分认识这项工作的重要性、紧迫性、复杂性，认真做好事业单位岗位设置的政策指导、宏观调控和监督管理工作。要严格执行事业单位岗位设置管理的政策规定，严格控制岗位结构比例，认真做好组织实施工作。

各地区、各部门人事部门要根据《事业单位岗位设置管理试行办法》和本实施意见，制订本地区、本部门的具体实施意见。在实施中遇到的问题，请及时反馈人事部专业技术人员管理司。

人事部

2006年8月31日

《事业单位岗位设置管理试行办法》实施意见

为贯彻落实《事业单位岗位设置管理试行办法》（以下简称《试行办法》），做好事业单位岗位设置管理实施工作，提出以下意见：

一、岗位设置管理的实施范围

1. 为了社会公益目的，由国家机关举办或者其他组织利用国有资产举办的事业单位，包括经费来源主要由财政拨款、部分由财政支持以及经费自理的事业单位，都要按照《试行办法》和本实施意见实施岗位设置管理。

2. 事业单位管理人员（职员）、专业技术人员和工勤技能人员，都要纳入岗位设置管理。

岗位设置管理中涉及事业单位领导人员的，按照干部人事管理权限的有关规定执行。

3. 使用事业编制的各类学会、协会、基金会等社会团体工作人员，参照《试行办法》和本实施意见，纳入岗位设置管理。

4. 经批准参照《中华人民共和国公务员法》进行管理的事业单位、社会团体，各类企业所属的事业单位和事业单位所属独立核算的企业，以及由事业单位已经转制为企业的单位，不适用《试行办法》和本实施意见。

二、岗位类别设置

5. 根据事业单位的社会功能、职责任务、工作性质和人员结构特点等因素，综合确定事业单位管理岗位、专业技术岗位、工勤技能岗位（以下简称三类岗位）总量的结构比例。

6. 事业单位三类岗位的结构比例由政府人事行政部门和事业单位主管部门确定，控制标准如下：

（1）主要以专业技术提供社会公益服务的事业单位，应保证专业技术岗位占主体，一般不低于单位岗位总量的70%；

（2）主要承担社会事务管理职责的事业单位，应保证管理岗位占主体，一般应占单位岗位总量的一半以上；

（3）主要承担技能操作维护、服务保障等职责的事业单位，应保证工勤技能岗位占主体，一般应占单位岗位总量的一半以上；

（4）事业单位主体岗位之外的其他两类岗位，应该保持相对合理的结构比例；

（5）鼓励事业单位后勤服务社会化，逐步扩大社会化服务的覆盖面。已经实现社会化服务的一般性劳务工作，不再设置相应的工勤技能岗位。

7. 各省（自治区、直辖市）、国务院各有关部门根据实际情况，按照本实施意见和行业指导意见，制定本地区、本部门事业单位三类岗位结构比例的具体控制标准。

三、岗位等级设置

（一）管理岗位等级设置

8. 管理岗位的最高等级和结构比例根据事业单位的规格、规模、隶属关系，按照干部人事管理有关规定和权限确定。

9. 事业单位现行的部级正职、部级副职、厅级正职、厅级副职、处级正职、处级副职、科级正职、科级副职、科员、办事员依次分别对应管理岗位一到十级职员岗位。

10. 根据事业单位的规格、规模和隶属关系，按照干部人事管理权限设置事业单位各等级管理岗位的职员数量。

（二）专业技术岗位等级设置

11. 专业技术岗位的最高等级和结构比例按照事业单位的功能、规格、隶属关系和专业技术水平等因素，根据现行专业技术职务管理有关规定和行业指导意见确定。

12. 专业技术高级岗位分7个等级，即一至七级。高级专业技术职务正高级的岗位包括一至四级，副高级的岗位包括五至七级；中级岗位分3个等级，即八至十级；初级岗位分3个等级，即十一至十三级，其中十三级是员级岗位。

高级专业技术职务不区分正副高的，暂按现行专业技术职务有关规定执行，具体改革办法结合深化职称制度改革另行研究制定。

13. 专业技术高级、中级、初级岗位之间，以及高级、中级、初级岗位内部不同等级岗位之间的结构比例，根据地区经济、社会事业发展水平和行业特点，以及事业单位的功能、规格、隶属关系和专业技术水平，实行不同的结构比例控制。

专业技术高级、中级、初级岗位之间的结构比例全国总体控制目标为1∶3∶6。

高级、中级、初级岗位内部不同等级岗位之间的结构比例全国总体控制目标：二级、三级、四级岗位之间的比例为1∶3∶6，五级、六级、七级岗位之间的比例为2∶4∶4，八级、九级、十级岗位之间的比例为3∶4∶3，十一级、十二级岗位之间的比例为5∶5。

14. 各省（自治区、直辖市）、国务院各有关部门要根据实际情况，在总结事业单位专业技术职务结构比例管理经验的基础上，按照优化结构、合理配置的要求，制定本地区、本部门事业单位专业技术高级、中级、初级岗位之间以及高级、中级、初级岗位内部不同等级岗位之间结构比例控制的标准和办法。各级人事部门及事业单位主管部门要严格控制专业技术岗位结构比例，严格控制高级专业技术岗位的总量，事业单位要严格执行核准的专业技术岗位结构比例。

（三）工勤技能岗位等级设置

15. 工勤技能岗位的最高等级和结构比例按照岗位等级规范、技能水平和工作需要确定。

16. 事业单位中的高级技师、技师、高级工、中级工、初级工，依次分别对应一至五级工勤技能岗位。

17. 工勤技能岗位结构比例，一级、二级、三级岗位的总量占工勤技能岗位总量的比例全国总体控制目标为25%左右，一级、二级岗位的总量占工勤技能岗位总量的比例全国总体控制目标为5%左右。

18. 工勤技能一级、二级岗位主要应在专业技术辅助岗位承担技能操作和维护职责等对技能水平要求较高的领域设置。各地区、各部门要制定政策措施严格控制工勤技能一级、二级岗位的总量。

（四）特设岗位设置

19. 特设岗位是事业单位根据事业发展聘用急需的高层次人才等特殊需要，经批准设置的工作岗位，是事业单位中的非常设岗位。特设岗位的等级根据具体情况确定。

特设岗位不受事业单位岗位总量、最高等级和结构比例限制，在完成工作任务后，按照管理权限予以核销。

20. 特设岗位的设置经主管部门审核后，报设区的市级以上政府人事行政部门核准。

各地区、各部门根据实际情况，制定具体的管理办法。

四、岗位基本条件

（一）各类岗位的基本条件

21. 事业单位管理岗位、专业技术岗位和工勤技能岗位的基本条件，主要根据岗位的职责任务和任职条件确定。事业单位三类岗位的基本任职条件：

（1）遵守宪法和法律；

（2）具有良好的品行；

（3）岗位所需的专业、能力或技能条件；

（4）适应岗位要求的身体条件。

（二）管理岗位基本条件

22. 职员岗位一般应具有中专以上文化程度，其中六级以上职员岗位，一般应具有大学专科以上文化程度，四级以上职员岗位一般应具有大学本科以上文化程度。

23. 各等级职员岗位的基本任职条件：

（1）三级、五级职员岗位，须分别在四级、六级职员岗位上工作两年以上；

（2）四级、六级职员岗位，须分别在五级、七级职员岗位上工作三年以上；

（3）七级、八级职员岗位，须分别在八级、九级职员岗位上工作三年以上。

24. 一级、二级职员岗位按照国家有关规定执行。

（三）专业技术岗位基本条件

25. 专业技术岗位的基本任职条件按照现行专业技术职务评聘的有关规定执行。

26. 实行职业资格准入控制的专业技术岗位的基本条件，应包括准入控制的要求。

27. 各省（自治区、直辖市）、国务院各有关部门以及事业单位在国家规定的专业技术高级、中级、初级岗位基本条件基础上，根据行业指导意见，结合实际情况，制定本地区、本部门以及本单位的具体条件。

28. 专业技术高级、中级、初级岗位内部不同等级岗位的条件，由主管部门和事业单位，按照《试行办法》、本实施意见以及行业指导意见，根据岗位的职责任务、专业技术水平要求等因素综合确定。

（四）工勤技能岗位基本条件

29. 工勤技能岗位基本任职条件：

（1）一级、二级工勤技能岗位，须在本工种下一级岗位工作满 5 年，并分别通过高级技师、技师技术等级考评；

（2）三级、四级工勤技能岗位，须在本工种下一级岗位工作满 5 年，并分别通过高级工、中级工技术等级考核；

（3）学徒（培训生）学习期满和工人见习、试用期满，通过初级工技术等级考核后，可确定为五级工勤技能岗位。

五、岗位设置的审核

30. 国务院直属事业单位的岗位设置方案报人事部核准后实施。

国务院各部门所属事业单位的岗位设置方案报主管部门审核汇总后，报人事部备案。

31. 省（自治区、直辖市）政府直属事业单位的岗位设置方案报本地区人事厅（局）核准。

省（自治区、直辖市）政府各部门所属事业单位的岗位设置方案经主管部门审核后，报本地区人事厅（局）核准。

32. 地（市）政府直属事业单位的岗位设置方案报本地（市）政府人事行政部门核准。

地（市）政府各部门所属事业单位的岗位设置方案经主管部门审核后，报本地（市）政府人事行政部门核准。

33. 县（县级市、区）政府直属事业单位的岗位设置方案经县（县级市、区）政府人事行政部门审核后，报地区或设区的市政府人事行政部门核准。

县（县级市、区）政府各部门所属事业单位的岗位设置方案经主管部门、县（县级市、区）政府人事行政部门审核汇总后，报地区或设区的市政府人事行政部门核准。

34. 国务院直属机构中垂直管理的，其事业单位的岗位设置管理实施方案，报人事部备案后，由国务院直属机构组织实施。

实行省以下垂直管理的政府直属机构，其事业单位的岗位设置实施方案，报省（自治区、直辖市）人事厅（局）核准后，由该直属机构组织实施。

六、岗位聘用

35. 事业单位按照《试行办法》和本实施意见、行业指导意见以及核准的岗位设置方案，根据按需设岗、竞聘上岗、按岗聘用的原则，确定具体岗位，明确岗位等级，聘用工作人员，签订聘用合同。

36. 事业单位要严格按照岗位的职责任务和任职条件，按照不低于国家规定的基本条件的要求聘用人员。对确有真才实学，岗位急需且符合破格条件的，可以按照有关规定破格聘用。

37. 尚未实行聘用制度和岗位管理制度的事业单位，应按照《国务院办公厅转发人事部关于在事业单位试行人员聘用制度意见的通知》和《试行办法》、本实施意见及行业指导意见的精神，抓紧进行岗位设置，实行聘用制度，组织岗位聘用。

已经实行聘用制度，签订聘用合同的事业单位，可以根据《试行办法》、本实施意见及行业指导意见的要求，按照核准的岗位设置方案，对本单位现有人员确定不同等级的岗位，并变更合同相应的内容。

38. 政府人事行政部门和事业单位主管部门对事业单位完成岗位设置、组织岗位聘用并签订聘用合同的情况进行认定。对符合政策规定，完成规范的岗位设置和岗位聘用的，根据所聘岗位确定岗位工资待遇。

39. 各级政府人事行政部门、事业单位主管部门和事业单位要根据国家有关规定，使事业单位现有在册的正式工作人员，按照现聘职务或岗位进入相应等级的岗位。

各地区、各部门和事业单位必须严格把握政策，不得违反规定突破现有的职务数额，不得突击聘用人员，不得突击聘用职务。要采取措施严格限制专业技术高级、中级、初级岗位中高等级岗位的设置。

40. 事业单位首次进行岗位设置和岗位聘用，岗位结构比例不得突破现有人员的结构比例。现有人员的结构比例已经超过核准的结构比例的，应通过自然减员、调出、低聘或解聘的办法，逐步达到规定的结构比例。尚未达到核准的结构比例的，要严格控制岗位聘用数量，根据事业发展要求和人员队伍状况等情况逐年逐步到位。

七、专业技术一级岗位

41. 专业技术一级岗位是国家专设的特级岗位。

42. 专业技术一级岗位的任职应具有下列条件之一：

（1）中国科学院院士、中国工程院院士；

（2）在自然科学、工程技术、社会科学领域做出系统的、创造性的成就和重大贡献的专家、学者；

（3）其他为国家做出重大贡献，享有盛誉，业内公认的一流人才。

43. 专业技术一级岗位由国家实行总量控制和管理，按照以下基本程序确定：

（1）按照行政隶属关系，事业单位将符合专业技术一级岗位条件的人选逐级上报至省（自治区、直辖市）政府或国务院主管部门；

（2）省（自治区、直辖市）政府或国务院主管部门对专业技术一级岗位人选进行审核后报人事部；

（3）人事部会同有关部门对各地区、各部门上报的人选进行审核确定。

确定专业技术一级岗位的具体办法另行制定。

八、组织实施

44. 各级政府人事行政部门作为事业单位岗位设置管理的综合管理部门，要根据《试行办法》和本实施意见的要求，加强政策指导、宏观调控和监督管理。要充分发挥各有关主管部门的职能作用，严格按照核准的各类岗位结构比例标准，共同做好岗位设置管理的组织实施工作。

45. 事业单位要按照岗位设置管理的有关规定自主设置本单位的各类具体岗位，明确岗位等级。政府人事行政部门和事业单位主管部门要落实单位用人自主权，确保事业单位根据岗位的职责任务和任职条件自主聘用人员。

46. 有行业岗位设置指导意见的，要按照《试行办法》、本实施意见和行业指导意见，做好事业单位岗位设置管理工作；能够参照行业岗位设置指导意见的，经政府人事行政部门同意，参照相近行业指导意见执行；其他事业单位的岗位设置由政府人事行政部门会同事业单位主管部门按照《试行办法》和本实施意见的精神执行。

47. 鼓励有条件的地区、部门和事业单位建立岗位设置管理信息数据库，运用计算机信息化技术，提高事业单位岗位管理的信息化、规范化水平。

48. 各地区、各部门和事业单位在岗位设置和岗位聘用工作中，要严格执行有关政策规定，坚持原则，坚持走群众路线。对违反规定滥用职权、打击报复、以权谋私的，要追究相应责任。对不按《试行办法》和本实施意见进行岗位设置和岗位聘用的事业单位，政府人事行政部门及有关部门不予确认岗位等级、不予兑现工资、不予核拨经费。情节严重的，对相关领导和责任人予以通报批评，按照人事管理权限给予相应的纪律处分。

49. 各省（自治区、直辖市）人事厅（局）、国务院各部委和直属机构人事部门要结合实际，根据《试行办法》、本实施意见和行业指导意见，制定本地区、本部门具体的岗位设置管理实施意见，报人事部备案后组织实施。

50. 本实施意见由人事部负责解释。

关于印发《关于文化事业单位岗位设置管理的指导意见》的通知

国人部发〔2007〕19号

各省、自治区、直辖市人事厅（局）、文化厅（局），新疆生产建设兵团人事局、文化局，国务院各部委、各直属机构人事部门：

根据《事业单位岗位设置管理试行办法》（国人部发〔2006〕70号）和《〈事业单位岗位设置管理试行办法〉实施意见》（国人部发〔2006〕87号）文件精神，结合文化事业单位的实际情况，我们制定了《关于文化事业单位岗位设置管理的指导意见》。现印发给你们，请遵照执行。

人事部
文化部
2007年2月2日

关于文化事业单位岗位设置管理的指导意见

根据《事业单位岗位设置管理试行办法》（国人部发（2006）70号，以下简称《试行办法》）和《〈事业单位岗位设置管理试行办法〉实施意见》（国人部发〔2006〕87号，以下简称《实施意见》），为做好文化事业单位岗位设置管理的组织实施工作，结合文化行业事业单位的特点，提出以下指导意见。

一、适用范围

1. 为了社会公益目的，由国家机关举办或者其他组织利用国有资产举办的文化事业单位，包括经费来源主要由财政拨款、部分由财政支持以及经费自理的文化事业单位，都要实施岗位设置管理。文化事业单位主要包括：

国家兴办的图书馆、博物馆（院）、文化馆（站、中心）、群众艺术馆、美术馆、展览馆、纪念馆等公益性文化事业单位；国家兴办的实行事业体制的各类专业艺术表演团体，艺术教育、艺术创作研究等专业艺术机构，以及其他文化事业单位。

2. 文化事业单位管理人员（职员）、专业技术人员和工勤技能人员，都要纳入岗位设置管理。

岗位设置管理中涉及文化事业单位领导人员的，按照干部人事管理权限的有关规定执行。

3. 使用事业编制的文化类学会、协会等社会团体工作人员，参照《试行办法》《实施意见》和本指导意见，纳入岗位设置管理。

4. 经批准参照《中华人民共和国公务员法》进行管理的文化事业单位、社会团体，各类企业所属的文化事业单位和文化事业单位所属独立核算的企业，以及已经转制为企业的文化单位，不适用本指导意见。

二、岗位类别设置

5. 文化事业单位岗位分为管理岗位、专业技术岗位和工勤技能岗位三种类别（以下简称三类岗位）。

6. 管理岗位指担负领导职责或管理任务的工作岗位。管理岗位的设置要适应增强单位运转效能、提高工作效率、提升管理水平的需要。

7. 专业技术岗位指从事专业技术工作，具有相应专业技术水平和能力要求的工作岗位。专业技术岗位的设置要符合文化艺术工作和人才成长的规律和特点，适应发展社会公益文化事业与提高专业水平的需要。

8. 工勤技能岗位指承担技能操作和维护、后勤保障、服务等职责的工作岗位。工勤技能岗位的设置要适应提高操作维护技能，提升服务水平的要求，满足文化事业单位业务工作的实际需要。

鼓励文化事业单位后勤服务社会化，已经实现社会化服务的一般性劳务工作，不再设置相应的工勤技能岗位。

9. 根据文化事业单位的社会功能、职责任务、工作性质和人员结构特点等因素，综合确定文化事业单位三类岗位总量的结构比例。

10. 文化事业单位三类岗位的结构比例由政府人事行政部门和文化事业单位主管部门确定。控制标准如下：

（1）主要以专业技术提供社会公益服务的文化事业单位，应保证专业技术岗位占主体。

图书馆、博物馆（院）、文化馆（站、中心）、群众艺术馆、美术馆、展览馆、纪念馆等文化事业单位，专业技术岗位一般不低于单位岗位总量的70%。

各类专业艺术表演团体专业技术岗位一般不低于单位岗位总量的70%；主要从事舞蹈、杂技、管乐演奏等艺术表演团体，专业技术岗位比例可适当降低。

艺术教育、艺术创作研究等专业艺术机构专业技术岗位一般不低于单位岗位总量的70%。

（2）主要承担社会事务管理职责的文化事业单位，应保证管理岗位占主体，一般应占单位岗位总量的一半以上。

（3）主要承担技能操作维护、服务保障等职责的文化事业单位，应保证工勤技能岗位占主体，一般应占单位岗位总量的一半以上。

（4）文化事业单位主体岗位之外的其他两类岗位，应该保持相对合理的结构比例。

三、岗位等级设置

（一）管理岗位等级设置

11. 管理岗位分为 10 个等级。管理岗位的最高等级和结构比例根据文化事业单位的规格、规模、隶属关系，按照干部人事管理有关规定和权限确定。

12. 文化事业单位现行的部级正职、部级副职、厅级正职、厅级副职、处级正职、处级副职、科级正职、科级副职、科员、办事员依次分别对应管理岗位一至十级职员岗位。

13. 根据文化事业单位的规格、规模和隶属关系，按照干部人事管理权限设置文化事业单位各等级管理岗位的职员数量。

（二）专业技术岗位等级设置

14. 专业技术岗位的最高等级和结构比例按照文化事业单位的功能、规格、隶属关系和专业技术水平等因素，根据文化行业现行专业技术职务管理的有关规定和本指导意见确定。

15. 专业技术岗位高级岗位分 7 个等级，即一至七级。高级专业技术职务正高级的岗位包括一至四级，副高级的岗位包括五至七级；中级岗位分 3 个等级，即八至十级；初级岗位分 3 个等级，即十一至十三级，其中十三级是员级岗位。

16. 专业技术高级、中级、初级岗位之间，以及高级、中级、初级岗位内部不同等级岗位之间的结构比例，根据地区经济、社会文化事业发展水平，以及文化事业单位的功能、规格、隶属关系和专业技术水平，实行不同的结构比例控制。

根据全国事业单位专业技术人员高级、中级、初级岗位之间的结构比例总体控制目标的要求，按照文化事业单位专业技术人员高中初结构比例现状，根据文化事业发展需要和“十一五”人才发展规划，合理确定专业技术人员高级、中级、初级岗位之间的结构比例。

国家级图书馆、博物馆、美术馆以及文化艺术创作单位，国家水准的艺术机构中专业技术人员高中初的结构比例可适当高于基层文化事业单位。

文化事业单位高级、中级、初级岗位内部不同等级之间的结构比例全国总体控制目标：二级、三级、四级岗位之间的比例为 1∶3∶6；五级、六级、七级岗位之间的比例为 2∶4∶4，八级、九级、十级岗位之间的比例为 3∶4∶3，十一级、十二级岗位之间的比例为 5∶5。

基层单位小、人员少、较分散的文化事业单位，专业技术岗位设置的结构比例可实行集中调控、集中管理的办法。具体办法由省级政府人事行政部门和主管部门研究制定。

17. 各级政府人事行政部门和文化事业单位主管部门要严格控制专业技术岗位结构比例，严格控制高级专业技术岗位的总量，文化事业单位要严格执行核准的专业技术岗位结构比例。

（三）工勤技能岗位等级设置

18. 工勤技能岗位包括技术工岗位和普通工岗位，其中技术工岗位分为 5 个等级，普通工岗位不分等级。

19. 工勤技能岗位的最高等级和结构比例按照岗位等级规范、技术水平和工作需要确定。

20. 文化事业单位中的高级技师、技师、高级工、中级工、初级工，依次分别对应一至五级工勤技能岗位。

21. 文化事业单位工勤技能岗位结构比例，一级、二级、三级岗位的总量占工勤技能岗位总量的比例全国控制目标为25%左右，一级、二级岗位的总量占工勤技能岗位总量的比例全国总体控制目标为5%左右。

22. 文化事业单位工勤技能一级、二级岗位主要应在专业技术辅助岗位承担技能操作和维护职责等对技能水平要求较高的领域设置。要严格控制工勤技能一级、二级岗位的总量。

（四）特设岗位设置

23. 文化事业单位中的特设岗位是根据文化艺术单位特点和文化艺术发展规律，聘用急需的高层次人才等特殊需要，经批准设置的工作岗位，是文化事业单位中的非常设岗位。特设岗位的等级按照规定的程序确足。

特设岗位不受文化事业单位岗位总量、最高等级和结构比例限制，在完成工作任务后，按照管理权限予以核销。

24. 文化事业单位特设岗位的设置须经主管部门审核后，按程序报设区的市级以上政府人事行政部门核准。具体管理办法由各省（自治区、直辖市）根据实际情况制定。

四、专业技术岗位名称及岗位等级

25. 图书馆、博物馆（院）、文化馆（站、中心）、群众艺术馆、美术馆、展览馆、纪念馆等文化事业单位中，正高级专业技术岗位名称为研究馆员一级岗位、研究馆员二级岗位、研究馆员三级岗位、研究馆员四级岗位，分别对应一至四级专业技术岗位；副高级专业技术岗位名称为副研究馆员一级岗位、副研究馆员二级岗位、副研究馆员三级岗位，分别对应五至七级专业技术岗位；中级专业技术岗位名称为馆员一级岗位、馆员二级岗位、馆员三级岗位，分别对应八至十级专业技术岗位；初级专业技术岗位名称为助理馆员一级岗位、助理馆员二级岗位，分别对应十一至十二级专业技术岗位；员级专业技术岗位名称为管理员岗位，对应十三级专业技术岗位。

26. 各类文化艺术表演团体中，正高级专业技术岗位名称为一级演员（编剧、导演、作曲、指挥、演奏员、舞美设计、美术师等，下同）一级岗位、一级演员二级岗位、一级演员三级岗位、一级演员四级岗位，分别对应一至四级专业技术岗位；副高级专业技术岗位名称为二级演员一级岗位、二级演员二级岗位、二级演员三级岗位，分别对应五至七级专业技术岗位；中级专业技术岗位名称为三级演员一级岗位、三级演员二级岗位、三级演员三级岗位，分别对应八至十级专业技术岗位；初级专业技术岗位名称为四级演员一级岗位、四级演员二级岗位、四级演员三级岗位，分别对应十一至十三级专业技术岗位。

舞台技术人员岗位最高等级设置为五级专业技术岗位。舞台技术副高级专业技术岗位名称为主任舞台技师一级岗位、主任舞台技师二级岗位、主任舞台技师三级岗位，分别对应五至七级专业技术岗位；中级专业技术岗位名称为舞台技师一级岗位、舞台技师二级岗位、舞台技师三级岗位，分别对应八至十级专业技术岗位；初级专业技术岗位名称为舞台技术员一级岗位、舞台技术员二级岗位、舞台技术员三级岗位，分别对应十一至十三级专业技术岗位。

27. 其他专业技术岗位名称和对应等级参照相关行业指导意见和标准执行。原则上沿用现专业技术名称。

28. 文化事业单位专业技术一级岗位属国家专设的特级岗位。

文化事业单位专业技术一级岗位人员的确定按国家有关规定执行。

29. 文化事业单位应根据单位主体业务确定主体专业技术岗位，其他系列专业技术岗位的等级原则上应低于主体专业技术岗位。

五、岗位基本条件

（一）各类岗位的基本条件

30. 文化事业单位三类岗位的基本条件，主要根据岗位的职责任务和任职条件确定。文化事业单位三类岗位的基本任职条件：

（1）遵守宪法和法律；

（2）具有良好的品行；

（3）岗位所需的专业、能力或技能条件；

（4）适应岗位要求的身体条件。

（二）管理岗位基本条件

31. 职员岗位一般应具有中专以上文化程度，其中六级以上职员岗位，一般应具有大学专科以上文化程度，四级以上职员岗位一般应具有大学本科以上文化程度。

32. 各等级职员岗位的基本任职条件：

（1）三级、五级职员岗位，须分别在四级、六级职员岗位上工作两年以上；

（2）四级、六级职员岗位，须分别在五级、七级职员岗位上工作三年以上；

（3）七级、八级职员岗位，须分别在八级、九级职员岗位上工作三年以上。

33. 各省（自治区、直辖市）、国务院各有关部门以及文化事业单位在上述基本任职条件的基础上，根据本指导意见，结合实际情况，制定本地区、本部门以及本单位职员的具体条件。

34. 一级、二级职员岗位按照国家有关规定执行。

（三）专业技术岗位基本条件

35. 文化事业单位专业技术岗位的基本任职条件按照文化行业现行专业技术职务评聘的有关规定执行。

36. 文化行业实行职业资格准入控制的专业技术岗位的基本条件，应包括准入控制的要求。

37. 各省（自治区、直辖市）、国务院有关部门以及文化事业单位在国家规定的专业技术高级、中级、初级岗位基本条件基础上，根据本指导意见，结合实际情况，制定本地区、本部门以及本单位的具体条件。

38. 文化事业单位专业技术高级、中级、初级岗位内部不同等级岗位的条件，由主管部门和文化事业单位，按照《试行办法》《实施意见》和本指导意见，根据岗位的职责任务、专业技术水平要求等因素综合确定。

（四）工勤技能岗位基本条件

39. 工勤技能岗位基本任职条件：

（1）一级、二级工勤技能岗位，须在本工种下一级岗位工作满5年，并分别通过高级技师、技师技术等级考评；

（2）三级、四级工勤技能岗位，须在本工种下一级岗位工作满5年，并分别通过高级工、中级工技术等级考核；

（3）学徒（培训生）学习期满和工人见习、试用期满，通过初级工技术等级考核后，可确定为五级工勤技能岗位。

六、岗位设置的审核

40. 文化事业单位岗位设置实行核准制度，严格按照规定的程序和管理权限进行审核。

41. 文化事业单位设置岗位按照以下程序进行：

（1）制定岗位设置方案，填写岗位设置审核表；

（2）按程序报主管部门审核、政府人事行政部门核准；

（3）在核准的岗位总量、结构比例和最高等级限额内，制定岗位设置实施方案；

（4）广泛听取职工对岗位设置实施方案的意见；

（5）岗位设置实施方案由单位负责人员集体讨论通过；

（6）组织实施。

42. 国务院直属文化事业单位的岗位设置方案报人事部核准后实施。

国务院各部门所属文化事业单位的岗位设置方案报主管部门审核汇总后，报人事部备案。其中，文化部直属事业单位的岗位设置方案报文化部审核汇总后，报人事部备案。

43. 省（自治区、直辖市）政府直属文化事业单位的岗位设置方案报本地区人事厅（局）核准。

省（自治区、直辖市）政府各部门所属文化事业单位的岗位设置方案经主管部门审核后，报本地区人事厅（局）核准。

44. 地（市）政府直属文化事业单位的岗位设置方案报本地（市）政府人事行政部门核准。

地（市）政府各部门所属文化事业单位的岗位设置方案经主管部门审核后，报本地（市）政府人事行政部门核准。

45. 县（县级市、区）政府直属文化事业单位的岗位设置方案经县（县级市、区）政府人事行政部门审核后，报地区或设区的市政府人事行政部门核准。

县（县级市、区）政府各部门所属文化事业单位的岗位设置方案经主管部门、县（县级市、区）政府人事行政部门审核汇总后，报地区或设区的市政府人事行政部门核准。

46. 文化事业单位的岗位总量、结构比例和最高等级应保持相对稳定。有下列情形之一的，岗位设置方案可按照第42、43、44、45条的权限申请变更：

（1）文化事业单位出现分立、合并，须对本单位的岗位进行重新设置的；

（2）根据上级或同级机构编制部门的正式文件，增减机构编制的；

（3）按照业务发展和实际情况，为完成工作任务确需变更岗位设置的。

47. 经核准的岗位设置方案作为聘用人员、确定岗位等级、调整岗位以及核定工资的依据。

七、岗位聘用

48. 文化事业单位按照《试行办法》《实施意见》和本指导意见以及核准的岗位设置方案，根据按需设岗、竞聘上岗、按岗聘用的原则，确定具体岗位，明确岗位等级，聘用工作人员，签订聘用合同。

49. 文化事业单位聘用人员，应在岗位有空缺的条件下，按照公开招聘、竞聘上岗的有关规定择优聘用。

文化事业单位应分别按照管理岗位、专业技术岗位、工勤技能岗位的职责任务和任职条件，在核定的结构比例内聘用人员，聘用条件不得低于国家规定的基本条件。

50. 基层单位小、人员少、较分散，对岗位结构比例实行集中调控、集中管理的文化事业单位，可根据实际情况实行人员集中聘用。

51. 根据文化艺术人才的特点，对文化事业单位中确有真才实学、成绩显著、贡献突出的专业技术人员，岗位急需且符合破格条件的，经上一级主管部门批准，可以根据有关规定破格聘用。

52. 文化事业单位新参加工作人员见习、试用期满后，管理人员按照《实施意见》规定确定相应的岗位等级；专业技术人员按照岗位条件要求确定岗位等级；工勤技能人员通过初级工技术等级岗位考核后，可确定为五级工勤技能岗位。

对于在校期间已在大型国内外艺术比赛中获奖或在舞台演出中担任主演以上角色的艺术院校毕业生中的优秀人员，经上级主管部门批准，可不实行见习期，直接聘用到相应的专业技术岗位。

53. 尚未实行聘用制度和岗位管理制度的文化事业单位，应按照《国务院办公厅转发人事部关于在事业单位试行人员聘用制度意见的通知》《关于深化文化事业单位人事制度改革的实施意见》《试行办法》《实施意见》和本指导意见的精神，抓紧进行岗位设置，实行聘用制度，组织岗位聘用。

已经实行聘用制度、签订聘用合同的文化事业单位，可以根据《试行办法》《实施意见》和本指导意见的要求，按照核准的岗位设置方案，对本单位现有人员确定不同等级的岗位，并变更合同相应的内容。

54. 各级政府人事行政部门、文化事业单位主管部门和文化事业单位要根据国家有关规定，使现有在册的正式工作人员，按照现聘职务或岗位进入相应等级的岗位。

各地区、各部门和文化事业单位必须严格把握政策，不得违反规定突破现有的职务数额，不得突击聘用人员，不得突击聘用职务。要采取措施严格限制专业技术高级、中级、初级岗位中的高等级岗位的设置。

55. 文化事业单位聘用人员原则上不得同时在两类岗位上任职。根据文化事业单位的工作特点，确需兼任的，须按人事管理权限审批。

56. 文化事业单位首次进行岗位设置和岗位聘用，岗位结构比例不得突破现有人员的结构比例。现有人员的结构比例已经超过核准的结构比例的，应通过自然减员、调出、低聘或解聘的办法，逐步达到规定的结构比例。尚未达到核准的结构比例的，要严格控制岗位聘用数量，根据文化事业发展和人员队伍状况等情况逐年逐步到位。

八、组织实施

57. 岗位设置管理是文化事业单位人事制度改革的重要内容，是一项开创性、基础性工作，关系到文化事业的长远发展和广大干部职工的切身利益。要坚持以人为本，从文化事业单位的实际出发，尊重文化艺术发展规律和管理特点，切实保证职工的切身利益，积极稳妥地推进改革。

58. 各级文化行政部门要提高认识，发挥职能作用，制定具体方案，组织好所属文化事业单位岗位设置管理的实施工作。各级人事行政部门要加强与文化行政部门的沟通协调，结合本地区文化事业单位的特点，认真贯彻执行《试行办法》《实施意见》和本指导意见。

59. 各地区、各部门和文化事业单位在岗位设置和岗位聘用工作中，要严格执行有关政策规定，坚持原则，坚持走群众路线。对违反规定滥用职权、打击报复、以权谋私的，要追究相应责任。对不按《试行办法》《实施意见》和本指导意见进行岗位设置和岗位聘用的文化事业单位，政府人事行政部门、文化行政部门及有关部门不予确认岗位等级、不予兑现工资、不予核拨经费。情节严重的，对相关领导和责任人予以通报批评，按照人事管理权限给予相应的纪律处分。

60. 本指导意见由人事部、文化部负责解释。

关于印发《关于科学研究事业单位岗位设置管理的指导意见》的通知

国人部发〔2007〕24号

各省、自治区、直辖市人事厅（局）、科技厅（局），新疆生产建设兵团人事局、科技局，国务院各部委、各直属机构人事部门：

根据《事业单位岗位设置管理试行办法》（国人部发〔2006〕70号）和《〈事业单位岗位设置管理试行办法〉实施意见》（国人部发〔2006〕87号）文件精神，结合科学研究事业单位的实际情况，我们制定了《关于科学研究事业单位岗位设置管理的指导意见》。现印发给你们，请遵照执行。

人事部
科学技术部
2007年2月15日

关于科学研究事业单位岗位设置管理的指导意见

根据《事业单位岗位设置管理试行办法》（国人部发〔2006〕70号，以下简称《试行办法》）和《〈事业单位岗位设置管理试行办法〉实施意见》（国人部发〔2006〕87号，以下简称《实施意见》），为做好科学研究事业单位岗位设置管理工作，结合科学研究事业单位的特点，制定本指导意见。

一、适用范围

1. 国务院及有关部门（单位）所属科学研究事业单位、各地方所属科学研究事业单位以及其他使用事业编制的科学研究事业单位。

2. 科学研究事业单位的在册正式工作人员都要纳入岗位管理。

岗位设置管理中涉及科学研究事业单位领导人员的，按照干部人事管理权限的有关规定执行。

二、岗位类别设置

3. 科学研究事业单位岗位分为管理岗位、专业技术岗位、工勤技能岗位三种类别（以下简称三类岗位）。

4. 管理岗位指担负领导职责或管理任务的工作岗位。管理岗位的设置要适应增强单位运转效能、提高工作效率、提升管理水平的需要。

5. 专业技术岗位指从事专业技术工作，具有相应专业技术水平和能力要求的工作岗位。专业技术岗位的设置要符合科学研究工作和人才成长的规律和要求，适应发展科技事业和提高科技水平的需要。

6. 工勤技能岗位指承担技能操作和维护、后勤保障、服务等职责的工作岗位。工勤技能岗位的设置要适应提高操作维护技能，提升服务水平的要求，满足科学研究事业单位业务工作的实际需要。

鼓励科学研究事业单位后勤服务社会化，已经实现社会化服务的一般性劳务工作，不再设置相应的工勤技能岗位。

7. 根据科学研究事业单位的社会功能、职责任务、工作性质和人员结构特点等因素，综合确定科学研究事业单位三类岗位总量的结构比例。

8. 科学研究事业单位三类岗位的结构比例由政府人事行政部门和科学研究事业单位主管部门确定。控制标准如下：

以科学研究为主的，专业技术岗位原则上不低于单位岗位总量的 70%；以科学研究管理为主的，管理岗位不低于单位岗位总量的 50%；以实验操作为主的，工勤技能岗位占单位岗位总量的比例可以适当高于以科学研究为主的科学研究事业单位。

科学研究事业单位主体岗位以外的其他两类岗位，应保持相对合理的结构比例。

三、岗位等级设置

（一）管理岗位等级设置

9. 科学研究事业单位管理岗位分 10 个等级，即一至十级职员岗位。管理岗位的最高等级和结构比例，要根据科学研究事业单位的规格、规模、隶属关系按照管理权限确定。

10. 科学研究事业单位现行的部级正职、部级副职、厅级正职、厅级副职、处级正职、处级副职、科级正职、科级副职、科员、办事员依次对应管理岗位一至十级职员岗位。

11. 根据科学研究事业单位的规格、规模和隶属关系，按照干部人事管理权限设置科学研究事业单位各等级管理岗位的职员数量。

（二）专业技术岗位等级设置

12. 专业技术岗位的最高等级和结构比例按照科学研究事业单位的功能、规格、隶属关系和专业技术水平等因素，根据科学研究行业现行专业技术职务管理的有关规定和本指导意见确定。

13. 专业技术岗位分为 13 个等级。其中，专业技术岗位高级岗位分为 7 个等级，即一至七级。高级专业技术职务正高级的岗位包括一至四级，副高级的岗位包括五至七级为；中级岗位分 3 个等级，即八至十级；初级岗位分 3 个等级，即十一至十三级，其中十三级是员级岗位。

14. 科学研究事业单位专业技术高级、中级、初级岗位之间，以及高级、中级、初级岗位内部不同等级之间的结构比例，根据地区经济、科学研究事业发展水平，以及科学研究事业单位的功能、规格、隶属关系和专业技术水平，实行不同的结构比例控制。

根据全国事业单位专业技术人员高级、中级、初级岗位之间的结构比例总体控制目标的要求，按照科学研究事业单位专业技术人员高中初结构比例现状，根据科学研究事业发展需要和“十一五”人才发展规划，合理确定科学研究事业单位专业技术高级、中级、初级岗位之间的结构比例。

国务院直属科学研究事业单位、国务院部门（单位）所属科学研究事业单位以及省（自治区、直辖市）直属科学研究事业单位高级、中级、初级专业技术岗位的结构比例适当高于省（自治区、直辖市）政府部门所属科学研究事业单位的专业技术高级、中级、初级之间的结构比例。地（市）以下政府所属科学研究事业单位的专业技术高级、中级、初级之间的比例结构，由政府人事行政部门和事业单位主营部门按照低于上述结构比例的原则研究确定，实行宏观调控。

科学研究事业单位的专业技术高级、中级、初级岗位内部不同等级岗位之间的结构比例，全国总体控制目标：二级、三级、四级岗位之间的比例为 1∶3∶6，五级、六级、七级岗位之间的比例为 2∶4∶4，八级、九级、十级岗位之间的比例为 3∶4∶3，十一级、十二级岗位之间的比例为 5∶5。

15. 各级政府人事行政部门和科学研究事业单位主管部门要严格控制专业技术岗位结构比例，严格控制高级专业技术岗位的总量，科学研究事业单位要严格执行核准的专业技术岗位结构比例。

（三）工勤技能岗位等级设置

16. 工勤技能岗位包括技术工岗位和普通工岗位，其中技术工岗位分为 5 个等级，即一至五级。普通工岗位不分等级。

科学研究事业单位中的高级技师、技师、高级工、中级工、初级工，依次分别对应一至五级工勤技能岗位。

17. 科学研究事业单位工勤技能岗位结构比例，一级、二级、三级岗位的总量占工勤技能岗位总量的比例全国总体控制目标为 25%左右，一级、二级岗位的总量占工勤技能岗位总量的比例全国总体控制目标为 5%左右。要严格控制工勤技能一级、二级岗位的总量。

（四）特设岗位设置

18. 特设岗位是科学研究事业单位根据事业发展聘用急需的高层次人才等特殊需要，经批准设置的工作岗位，是事业单位中的非常设岗位。特设岗位的等级根据具体情况确定。

特设岗位不受科学研究事业单位岗位总量、最高等级和结构比例限制，在完成工作任务后，按照管理权限予以核销。

19. 科学研究事业单位特设岗位的设置须经主管部门审核后，按程序报设区的市级以上政府人事行政部门核准。具体管理办法由各省（自治区、直辖市）根据实际情况制定。

四、科学研究专业技术岗位名称及岗位等级

20. 科学研究事业单位中，科学研究专业技术人员正高级专业技术岗位名称为研究员一

级岗位、研究员二级岗位、研究员三级岗位、研究员四级岗位，分别对应一至四级专业技术岗位；副高级专业技术岗位名称为副研究员一级岗位、副研究员二级岗位、副研究员三级岗位，分别对应五至七级专业技术岗位；中级专业技术岗位名称为助理研究员一级岗位、助理研究员二级岗位、助理研究员三级岗位，分别对应八至十级专业技术岗位；初级专业技术岗位名称为研究实习员一级岗位、研究实习员二级岗位，分别对应十一至十二级专业技术岗位。

21. 其他专业技术岗位名称和对应等级参照相关行业指导意见和标准执行。原则上沿用现有专业技术名称。

22. 科学研究事业单位专业技术一级岗位属国家专设的特级岗位。

科学研究事业单位专业技术人员一级岗位人员的确定按国家有关规定执行。

23. 科学研究事业单位应根据单位主体业务确定主体专业技术岗位，其他系列专业技术岗位的等级原则上应低于主体专业技术岗位。

五、岗位基本条件

（一）各类岗位的基本条件

24. 科学研究事业单位管理岗位、专业技术岗位和工勤技能岗位的基本任职条件：

（1）热爱祖国，遵纪守法，爱岗敬业；

（2）学风端正，科学态度严谨，职业道德良好，具有团结协作精神；

（3）岗位所需的专业能力或技能条件；

（4）适应岗位要求的身体条件；

（5）岗位所需的其他条件。

（二）管理岗位基本条件

25. 科学研究事业单位的职员岗位一般应具有中专以上文化程度，其中六级以上职员岗位，一般应具有大学专科以上文化程度，四级以上职员岗位一般应具有大学本科以上文化程度。

26. 各等级职员岗位的基本条件：

（1）一、二级职员岗位按照国家有关规定执行；

（2）其他等级职员岗位的基本条件，除满足《实施意见》规定的任职年限外，具体任职条件由主管部门和科学研究事业单位确定。

（三）专业技术岗位基本条件

27. 科研事业单位研究实习员、助理研究员、副研究员、研究员的基本任职条件按照现行专业技术职务评聘的有关规定执行。

28. 科学研究事业单位中其他专业技术职务序列的岗位基本条件，按国家有关规定执行。

29. 实行职业资格准入控制的专业技术岗位的基本条件，还应包括职业资格准入控制的要求。

30. 各省（自治区、直辖市）、国务院各有关部门以及科学研究事业单位在国家规定的专业技术高级、中级、初级岗位基本条件基础上，根据本指导意见，结合实际情况，制定本地区、本部门以及本单位的具体条件。

31. 科学研究事业单位专业技术高级、中级、初级岗位内部不同等级岗位的条件，由主管部门和科学研究事业单位，按照《试行办法》《实施意见》和本指导意见，根据岗位的职责任务、专业技术水平要求等因素综合确定。

（四）工勤技能岗位基本条件

32. 工勤技能岗位基本任职条件：

（1）一级、二级工勤技能岗位，须在本工种下一级岗位工作满 5 年，并分别通过高级技师、技师技术等级考评；

（2）三级、四级工勤技能岗位，须在本工种下一级岗位工作满 5 年，并分别通过高级工、中级工技术等级考核；

（3）学徒（培训生）学习期满和工人见习、试用期满，通过初级工技术等级考核后，可确定为五级工勤技能岗位。

六、岗位设置的审核

33. 科学研究事业单位岗位设置实行核准制度，严格按照规定的程序和管理权限进行审核。

34. 国务院直属科学研究事业单位的岗位设置方案，报人事部核准后实施。

国务院各部门所属科学研究事业单位的岗位设置方案报主管部门审核汇总后，报人事部备案。

35. 省（自治区、直辖市）政府直属科学研究事业单位岗位设置方案报本地区人事厅（局）核准后实施。

省（自治区、直辖市）政府部门所属科学研究事业单位的岗位设置方案经主管部门审核后，报本地区人事厅（局）核准。

36. 地（市）政府直属科学研究事业单位的岗位设置方案报本地（市）政府人事行政部门核准。

地（市）政府各部门所属科学研究事业单位的岗位设置方案经主管部门审核后，报本地（市）政府人事行政部门核准。

37. 县（县级市、区）政府直属科学研究事业单位的岗位设置方案经县（县级市、区）政府人事行政部门审核后，报地区或设区的市政府人事行政部门核准。

县（县级市、区）政府各部门所属科学研究事业单位的岗位设置方案经主管部门、县（县级市、区）政府人事行政部门审核汇总后，报地区或设区的市政府人事行政部门核准。

38. 科学研究事业单位的岗位总量、结构比例和最高等级应保持相对稳定。有下列情形之一的，岗位设置方案可按照第 34、35、36、37 条的权限申请变更：

（1）科学研究事业单位出现分立、合并、须对本单位的岗位进行重新设置的；

（2）根据上级或同级机构编制部门的正式文件，增减机构编制的；

（3）按照业务发展和实际情况，为完成工作任务确需变更岗位设置的。

39. 经核准的岗位设置方案作为聘用人员、确定岗位等级、调整岗位以及核定工资的依据。

七、岗位聘用

40. 科学研究事业单位按照核准的岗位设置方案，根据按需设岗、竞聘上岗、按岗聘用的原则，确定具体工作岗位，明确岗位等级，聘用工作人员。科学研究事业单位中具备条件的岗位，应推行面向全社会公开招聘。

41. 科学研究事业单位聘用人员，应在岗位有空缺的条件下，按照公开招聘、竞聘上岗的有关规定择优聘用。

科学研究事业单位应分别按照岗位管理、专业技术岗位、工勤技能岗位的职责任务和任职条件，在核定的结构比例内聘用人员，聘用条件不得低于国家规定的基本条件。

42. 尚未实行聘用制和岗位管理的科研事业单位，应按照《国务院办公厅转发人事部关于在事业单位试行人员聘用制度意见的通知》《试行办法》《实施意见》和本指导意见的精神，抓紧进行岗位设置，实行聘用制度，组织岗位聘用。

已经实行聘用制度和岗位管理、普遍签订聘用合同的科学研究事业单位，可以根据《试行办法》《实施意见》和本指导意见，对本单位现有人员确定不同的工作岗位等级，并变更合同相应内容。

43. 科学研究事业单位完成岗位设置、组织岗位聘用并签订聘用合同，并经主管部门和同级政府人事部门认定后，按照有关规定根据聘用的岗位确定受聘人员的工资待遇。

44. 科学研究事业单位新参加工作人员见习、试用期满后，管理人员按照《实施意见》规定确定相应的岗位等级；专业技术人员按照岗位条件要求确定岗位等级；工勤技能人员通过初级工技术等级岗位考核后，可确定为五级工勤技能岗位。

45. 对科学研究事业单位确有真才实学、成绩显著、贡献突出的专业技术人员，岗位急需且符合破格条件的，经上一级主管部门批准，可根据有关规定破格聘用。

46. 各地区、各部门和科学研究事业单位必须根据国家有关规定，保证科学研究事业单位在册的管理岗位、专业技术岗位和工勤技能岗位的正式工作人员聘入相应岗位。

各地区、各部门和各单位要严格把握政策，不得违反规定突破现有的职务数额，不得突击聘用人员，不得突击聘用职务。要采取措施严格限制专业技术高级、中级、初级岗位中高等级岗位的设置。

47. 科学研究事业单位聘用人员原则上不得同时在两类岗位上任职。根据科学研究事业单位的工作特点，确需兼任的，须按人事管理权限审批。

48. 科学研究事业单位首次进行岗位设置，专业技术高级、中级、初级岗位的结构比例设置不得突破现有人员专业技术职务结构比例。对于现已超过核定结构比例的，应通过自然减员、调出、低聘或解聘等办法，逐步达到规定的结构比例。尚未达到结构比例的，要严格控制岗位聘用数量，根据事业发展要求和人员队伍状况等情况逐年逐步到位。

八、组织实施

49. 科学研究事业单位的主管部门要根据《试行办法》《实施意见》和本指导意见的要求，负责指导所属科学研究事业单位进行岗位设置，保证岗位设置工作平稳有序进行。各级人事行政部门要加强与科学研究事业单位主管部门的沟通协调，结合本地区本部门科学研究事业单位的特点，认真贯彻执行《试行办法》《实施意见》和本指导意见。

50. 各地区、各部门和科学研究事业单位在岗位设置和岗位聘用工作中，要严格执行有关政策规定，坚持原则，坚持走群众路线。对违反规定滥用职权、打击报复、以权谋私的，要追究相应责任。对不按《试行办法》《实施意见》和本指导意见进行岗位设置和岗位聘用的科学研究事业单位，政府人事行政部门、主管部门及有关部门不予确认岗位等级、不予兑现工资、不予核拨经费。情节严重的，对相关领导和责任人予以通报批评，按照人事管理权限给予相应的法律处分。

51. 本指导意见由人事部、科技部负责解释。

关于印发《关于卫生事业单位岗位设置管理的指导意见》的通知

国人部发〔2007〕35号

各省、自治区、直辖市人事厅（局）、卫生厅（局），新疆生产建设兵团人事局、卫生局，国务院各部委、各直属机构人事部门：

根据《事业单位岗位设置管理试行办法》（国人部发〔2006〕70号）和《〈事业单位岗位设置管理试行办法〉实施意见》（国人部发〔2006〕87号）文件精神，结合卫生事业单位的实际情况，我们制定了《关于卫生事业单位岗位设置管理的指导意见》。现印发给你们，请遵照执行。

人事部
卫生部
2007年3月19日

关于卫生事业单位岗位设置管理的指导意见

为做好卫生事业单位岗位设置管理的组织实施工作，根据《事业单位岗位设置管理试行办法》（国人部发〔2006〕70号，以下简称《试行办法》）和《〈事业单位岗位设置管理试行办法〉实施意见》（国人部发〔2006〕87号，以下简称《实施意见》），结合卫生事业单位的特点，提出以下指导意见。

一、适用范围

1. 为了社会公益目的，由国家举办或者其他组织利用国有资产举办的医院、妇幼保健机构、疾病预防控制机构、社区卫生服务机构、农村乡镇卫生院等卫生事业单位，包括经费来源主要由财政拨款、部分由财政支持以及经费自理的卫生事业单位，都要实施岗位设置管理。

2. 卫生事业单位管理人员（职员）、专业技术人员和工勤技能人员，都要纳入岗位设置管理。

岗位设置管理中涉及卫生事业单位领导人员的，按照干部人事管理权限的有关规定执行。

3. 使用事业编制的卫生行业学会、协会、基金会等社会团体工作人员，参照《试行办法》《实施意见》和本指导意见，纳入岗位设置管理。

4. 经批准参照《中华人民共和国公务员法》进行管理的卫生事业单位、社会团体，各类企业所属的卫生事业单位和卫生事业单位所属独立核算的企业，以及已经转制为企业的卫生单位，不适用本指导意见。

二、岗位类别设置

5. 卫生事业单位岗位分为管理岗位、专业技术岗位和工勤技能岗位三种类别（以下简称三类岗位）。

6. 管理岗位指担负领导职责或管理任务的工作岗位。管理岗位的设置要适应增强单位运转效能、提高工作效率、提升管理水平的需要。

7. 专业技术岗位指从事专业技术工作，具有相应的专业技术水平和能力要求的工作岗位。专业技术岗位的设置要符合卫生工作和人才成长的规律和特点，适应发展社会公益卫生事业与提高专业水平的需要。

根据卫生行业特点，专业技术岗位分卫生专业技术岗位和非卫生专业技术岗位。卫生事业单位专业技术岗位的设置，以医、药、护、技等卫生专业技术岗位为主体，并根据工作需要适当设置非卫生专业技术岗位。

8. 工勤技能岗位指承担技能操作和维护、后勤保障、服务等职责的工作岗位。工勤技能岗位的设置要适应提高操作维护技能，提升服务水平的要求，满足卫生事业单位业务工作的实际需要。

工勤技能岗位根据卫生事业单位工作需要，按照国家确定的卫生行业特殊工种、通用工种和普通工种设置。

9. 根据卫生事业单位的社会功能、职责任务、工作性质和人员结构特点等因素，综合确定卫生事业单位三类岗位总量的结构比例。

10. 卫生事业单位应保证专业技术岗位占主体，原则上不低于单位岗位总量的80%。卫生专业技术岗位中医、药、护、技各职种应当根据实际工作需要科学设置，并符合有关标准和规定。管理岗位、工勤技能岗位的设置，应保持相对合理的结构比例。

鼓励卫生事业单位后勤服务社会化，已经实现社会化服务的一般性劳务工作，不再设置相应的工勤技能岗位。

三、岗位等级设置

（一）管理岗位等级设置

11. 全国事业单位的管理岗位分为10个等级，卫生事业单位管理岗位最高等级为三级职员岗位，共8个等级。卫生事业单位管理岗位的最高等级和结构比例根据卫生事业单位的规格、规模、隶属关系，按照干部人事管理有关规定和权限确定。

12. 卫生事业单位现行的厅级正职、厅级副职、处级正职、处级副职、科级正职、科级副职、科员、办事员依次分别对应管理岗位三至十级职员岗位。

13. 根据卫生事业单位的规格、规模和隶属关系，按照干部人事管理权限设置卫生事业单位各等级管理岗位的职员数量。

（二）专业技术岗位等级设置

14. 专业技术岗位分为 13 个等级。高级岗位分为 7 个等级，即一至七级，其中，正高级岗位包括一至四级，副高级岗位包括五至七级；中级岗位分为 3 个等级，即八至十级；初级岗位分为 3 个等级，即十一至十三级，其中十三级是士级岗位。

15. 卫生事业单位专业技术高级、中级、初级岗位之间，以及高级、中级、初级岗位内部不同等级岗位之间的结构比例，

根据地区经济、卫生事业发展水平以及卫生事业单位的功能、规格、隶属关系和专业技术水平，实行不同的结构比例控制。

根据全国事业单位专业技术人员高级、中级、初级岗位之间的结构比例总体控制目标的要求，按照卫生事业单位专业技术人员高级、中级、初级结构比例现状，根据卫生事业发展需要和“十一五”人才发展规划，合理确定卫生事业单位专业技术高级、中级、初级岗位之间的结构比例。

三级医院、省级及以上公共卫生机构、医疗保健机构等卫生事业单位高级专业技术岗位的比例适当高于二级医院、地市级公共卫生、医疗保健等机构；二级医院、地市级公共卫生、医疗保健等机构高级专业技术岗位的比例适当高于基层医疗卫生机构。承担医学教学、科研任务的医疗卫生机构高级专业技术岗位比例可适当提高。

卫生事业单位专业技术高级、中级、初级不同等级岗位之间的结构比例全国总体控制目标：二级、三级、四级岗位之间的结构比例为 1∶3∶6；五级、六级、七级岗位之间的结构比例为 2∶4∶4；八级、九级、十级岗位之间的结构比例为 3∶4∶3；十一级、十二级岗位之间的结构比例为 5∶5。

对规模小、人员少、较分散的基层卫生事业单位，专业技术岗位设置的结构比例可根据实际情况实行集中调控、集中管理。具体办法由省级政府人事行政部门和卫生事业单位主管部门研究制定。

16. 各省（自治区、直辖市）政府人事行政部门和卫生行政部门、卫生事业单位主管部门，在总结卫生专业技术职务结构比例管理经验的基础上，按照优化结构、合理配置的要求，制定卫生事业单位专业技术高级、中级、初级岗位结构比例控制的标准和办法。

17. 各级政府人事行政部门和卫生事业单位主管部门要严格控制专业技术岗位结构比例，严格控制高级专业技术岗位的总量，卫生事业单位要严格执行核准的专业技术岗位结构比例。

（三）工勤技能岗位等级设置

18. 工勤技能岗位包括技术工岗位和普通工岗位，其中技术工岗位分 5 个等级。普通工岗位不分等级。

19. 工勤技能岗位的最高等级和结构比例按照岗位等级规范、技能水平和工作需要确定。

20. 卫生事业单位中的高级技师、技师、高级工、中级工、初级工，依次分别对应技术

工一至五级工勤技能岗位。

21. 卫生事业单位工勤技能岗位结构比例，一级、二级、三级岗位的总量占工勤技能岗位总量的比例全国控制目标为25%左右，一级、二级岗位的总量占工勤技能岗位总量的比例全国总体控制目标为5%左右。

22. 卫生事业单位工勤技能岗位的一级、二级岗位，主要应在卫生专业技术辅助岗位承担技能操作和维护职责等对技能水平要求较高的领域设置。要严格控制工勤技能一级、二级岗位的总量

（四）特设岗位设置

23. 卫生事业单位中的特设岗位是根据卫生事业单位职能，以及因业务发展急需聘用高层次人才等特殊需要，经批准设置的非常设岗位。特设岗位的等级按照规定的程序确定。

特设岗位不受卫生事业单位岗位总量、最高等级和结构比例的限制，在完成工作任务后，应按照管理权限予以核销。

24. 卫生事业单位特设岗位的设置须经主管部门审核后，按程序报设区的市级以上政府人事行政部门核准。具体管理办法由各省（自治区、直辖市）根据实际情况制定。

四、专业技术岗位名称及岗位等级

25. 卫生事业单位中，正高级卫生专业技术岗位名称为特级主任医（药、护、技）师岗位、一级主任医（药、护、技）师岗位、二级主任医（药、护、技）师岗位、三级主任医（药、护、技）师岗位，分别对应一至四级专业技术岗位；副高级卫生专业技术岗位名称为一级副主任医（药、护、技）师岗位、二级副主任医（药、护、技）师岗位、三级副主任医（药、护、技）师岗位，分别对应五至七级专业技术岗位；中级卫生专业技术岗位名称为一级主治（主管）医（药、护、技）师岗位、二级主治（主管）医（药、护、技）师岗位、三级主治（主管）医（药、护、技）师岗位，分别对应八至十级专业技术岗位；初级专业技术岗位名称为一级医（药、护、技）师岗位、二级医（药、护、技）师岗位和医（药、护、技）士岗位，分别对应十一至十三级专业技术岗位。

26. 其他专业技术岗位名称和对应等级参照相关行业指导意见和标准执行，原则上沿用现专业技术名称。

27. 卫生事业单位专业技术一级岗位属国家专设的特级岗位。

卫生事业单位专业技术一级岗位人员的确定按国家有关规定执行。

五、岗位任职基本条件

（一）各类岗位的基本条件

28. 卫生事业单位三类岗位的基本条件，主要根据岗位职责任务和任职条件确定。卫生事业单位三类岗位的基本任职条件：

（1）遵守宪法和法律；

（2）具有良好的品行；

（3）具有履行岗位职责所需的专业、能力或技能；

（4）适应岗位要求的身体条件。

（二）管理岗位基本条件

29. 职员岗位一般应具有中专以上文化程度，其中六级以上职员岗位，一般应具有大学专科以上文化程度，四级以上职员岗位一般应具有大学本科以上文化程度。

30. 各等级职员岗位的基本任职条件：

（1）三级、五级职员岗位，须分别在四级、六级职员岗位上工作两年以上；

（2）四级、六级职员岗位，须分别在五级、七级职员岗位上工作三年以上；

（3）七级、八级职员岗位，须分别在八级、九级职员岗位上工作三年以上。

31. 各省（自治区、直辖市）、国务院各有关部门以及卫生事业单位在上述基本任职条件的基础上，根据本指导意见，结合实际情况，制定本地区、本部门以及本单位职员的具体条件。

（三）专业技术岗位基本条件

32. 卫生事业单位专业技术岗位的基本任职条件按照现行卫生专业技术职务评聘的有关规定执行。

33. 卫生事业单位中实行职业资格准入控制的专业技术岗位的基本条件，应包括准入控制的要求。

34. 各省（自治区、直辖市）、国务院各有关部门以及卫生事业单位在国家规定的专业技术高级、中级、初级岗位基本条件基础上，根据本指导意见，结合实际情况，综合考虑各岗位的知识、技能、责任、风险等因素，制定本地区、本部门以及本单位卫生专业技术岗位的具体条件。

35. 卫生事业单位中，卫生专业技术高级、中级、初级岗位内部不同等级岗位的条件，由主管部门和卫生事业单位，按照《试行办法》《实施意见》和本指导意见，根据综合考虑各岗位的知识、技能、责任、风险等因素综合确定。

36. 卫生事业单位中非卫生专业技术岗位的条件，按现行专业技术职务评聘有关规定和其相应的行业指导意见执行。

（四）工勤技能岗位的基本条件

37. 一级、二级工勤技能岗位，须在本工种下一级岗位工作满 5 年，并分别通过高级技师、技师技术等级考评。

38. 三级、四级工勤技能岗位，须在本工种下一级岗位工作满 5 年，并分别通过高级工、中级工技术等级考核。

39. 学徒（培训生）学习期满和工人见习、试用期满，通过初级工技术等级考核后，可确定为五级工勤技能岗位。

六、岗位设置的审核

40. 卫生事业单位岗位设置实行核准制度，严格按照规定的程序和管理权限进行审核。

41. 卫生事业单位岗位设置工作按以下程序进行：

（1）制定岗位设置方案，填写岗位设置审核表；

（2）按程序报主管部门审核、政府人事行政部门核准；

（3）在核准的岗位总量、结构比例和最高等级限额内，制定岗位设置实施方案；

（4）广泛听取职工对岗位设置实施方案的意见；

（5）岗位设置实施方案由单位负责人员集体讨论通过；

（6）组织实施。

42. 国务院有关部门所属卫生事业单位的岗位设置方案报主管部门审核汇总后，报人事部备案。

43. 省（自治区、直辖市）政府部门所属卫生事业单位的岗位设置方案经主管部门审核后，报本地区人事厅（局）核准。

44. 地（市）政府部门所属卫生事业单位的岗位设置方案经主管部门审核后，报本地（市）政府人事行政部门核准。

45. 县（县级市、区）政府部门所属卫生事业单位的岗位设置方案经主管部门、县（市）政府人事行政部门审核汇总后，报地区或设区的市政府人事行政部门核准。

46. 卫生事业单位岗位总量、结构比例应保持相对稳定，并实行动态管理。有下列情形之一的，岗位设置方案可按照第 42 条、第 43 条、第 44 条、第 45 条的权限申请变更：

（1）卫生事业单位出现分立、合并，须对本单位的岗位进行重新设置的；

（2）根据上级或同级机构编制部门的正式文件，增减机构编制的；

（3）按照业务发展和实际情况，为完成工作任务确需变更岗位设置的。

47. 经核准的岗位设置方案是聘用人员、确定岗位等级、调整岗位以及核定工资的依据。

七、岗位聘用

48. 卫生事业单位按照《试行办法》《实施意见》和本指导意见以及核准的岗位设置方案，根据按需设岗、竞聘上岗、按岗聘用的原则，确定具体的工作岗位，明确岗位等级，聘用工作人员，签订聘用合同。

49. 卫生事业单位聘用人员，应在岗位有空缺的条件下，按照公开招聘、竞聘上岗的有关规定择优聘用。

卫生事业单位应分别按照管理岗位、专业技术岗位、工勤技能岗位的职责任务和任职条件，在核定的结构比例内聘用人员，聘用条件不得低于国家规定的基本条件。

50. 对设置的岗位结构比例实行集中调控、集中管理的卫生事业单位，可根据实际情况实行人员集中聘用。

51. 根据卫生人才的特点，对确属技术拔尖、成绩显著、贡献突出、岗位急需且符合破格条件的特殊人才，经上一级主管部门批准，可以按照有关规定破格聘用。

52. 卫生事业单位新参加工作人员见习、试用期满后，管理人员、专业技术人员按照岗位条件要求确定岗位等级；工勤技能人员通过初级工技术等级岗位考核后，可确定为五级工勤技能岗位。

53. 尚未实行聘用制度和岗位管理制度的卫生事业单位，应按照《国务院办公厅转发人事部关于在事业单位试行人员聘用制度意见的通知》《中组部　人事部　卫生部关于深化卫生行业事业单位人事制度改革的实施意见》《试行办法》《实施意见》和本指导意见的精神，抓紧进行岗位设置，实行聘用制度，组织岗位聘用。

已经实行聘用制度，签订聘用合同的卫生事业单位，可以根据《试行办法》《实施意见》和本指导意见的要求，按照核准的岗位设置方案，对本单位现有人员确定不同等级的岗位，并变更合同的相应内容。

54. 各级政府人事、卫生行政部门和卫生事业单位要根据国家有关规定，使卫生事业单位现有在册的正式工作人员，按照现聘职务或岗位进入相应等级的岗位。

各地区、各部门和卫生事业单位必须严格把握政策，不得违反规定突破现有的职务数额，不得突击聘用人员，不得突击聘用职务。要采取措施严格限制专业技术高级、中级、初级岗位中的高等级岗位的设置。

55. 卫生事业单位聘用人员原则上不得同时在两类岗位上任职。根据卫生事业单位的工作特点，确需兼任的，须按人事管理权限审批。

56. 卫生事业单位首次进行岗位设置和岗位聘用，岗位结构比例不得突破现有人员的结构比例。现有人员的结构比例已经超过核准的结构比例的，应通过自然减员、调出、低聘或解聘的办法，逐步达到规定的结构比例。尚未达到核准的结构比例的，要严格控制岗位聘用数量，根据卫生事业发展要求和人员队伍状况等情况逐年逐步到位。

八、组织实施

57. 岗位设置管理工作是卫生事业单位人事制度和收入分配制度改革的前提和重要基础，是加强卫生人才队伍建设的重要内容。各级政府人事、卫生行政部门要高度重视，加强领导，精心组织实施，要及时研究解决组织实施过程中可能出现的新情况、新问题，确保卫生事业单位的稳定和持续发展。

58. 岗位设置工作涉及面广，关系到广大卫生工作者的切身利益。各级卫生事业单位要提高认识，正确处理好改革、发展与稳定的关系，认真细致地做好广大干部职工的思想政治工作，积极稳妥地推进岗位设置管理工作。

59. 岗位设置和岗位聘用是一项政策性很强的工作，各地区、各部门和事业单位在实际工作中要坚持原则，走群众路线，严格工作程序和工作纪律。对违反规定滥用职权、打击报复、以权谋私的，要严肃追究相应责任。对未按《试行办法》《实施意见》和本指导意见进行岗位设置和岗位聘用的卫生事业单位，政府人事、卫生行政部门及有关部门不予确认岗位等级、不予兑现工资、不予核拨经费。情节严重的，对相关领导和责任人予以通报批评，按照人事管理权限给予相应的纪律处分。

60. 本指导意见由人事部、卫生部负责解释。

关于印发《关于机关直属服务性事业单位岗位设置管理的指导意见》的通知

国人部发〔2007〕39号

各省、自治区、直辖市人事厅（局），新疆生产建设兵团人事局，国务院各部委、各直属机构人事部门：

根据《事业单位岗位设置管理试行办法》（国人部发〔2006〕70号）和《〈事业单位岗位设置管理试行办法〉实施意见》（国人部发〔2006〕87号）文件精神，结合机关直属服务性事业单位的实际情况，我们制定了《关于机关直属服务性事业单位岗位设置管理的指导意见》。现印发给你们，请遵照执行。

人事部

2007年3月21日

关于机关直属服务性事业单位岗位设置管理的指导意见

根据《事业单位岗位设置管理试行办法》（国人部发〔2006〕70号，以下简称《试行办法》）和《〈事业单位岗位设置管理试行办法〉实施意见》（国人部发〔2006〕87号，以下简称《实施意见》），为做好机关直属服务性事业单位岗位设置管理的组织实施工作，结合机关直属服务性事业单位特点，提出如下指导意见。

一、适用范围

1. 为了社会公益目的，由国家机关举办，主要为机关提供业务、技术支持和后勤保障的机关直属服务性事业单位，包括经费来源主要由财政拨款、部分由财政支持以及经费自理的机关直属服务性事业单位，都要实施岗位设置管理。

2. 机关直属服务性事业单位，如机关服务中心、信息中心、培训中心等单位，其管理人员（职员）、专业技术人员和工勤技能人员，都要纳入岗位设置管理。

岗位设置管理中涉及机关直属服务性事业单位领导人员的，按照干部人事管理权限的有关规定执行。

3. 机关直属使用事业编制的各类学会、协会、基金会等社会团体工作人员，参照《试行办法》《实施意见》和本指导意见，纳入岗位设置管理。

二、岗位类别设置

4. 机关直属服务性事业单位岗位分为管理岗位、专业技术岗位和工勤技能岗位三种类别（以下简称三类岗位）。

5. 管理岗位指担负领导职责或管理任务的工作岗位。管理岗位的设置要适应增强单位运转效能、提高工作效率、提升管理水平的需要。

6. 专业技术岗位指从事专业技术工作，具有相应专业技术水平和能力要求的工作岗位。专业技术岗位的设置要符合专业技术工作和人才成长的规律和特点，适应发展事业和提高服务水平的需要。

7. 工勤技能岗位指承担技能操作和维护、后勤服务保障等职责的工作岗位。工勤技能岗位的设置要适应提高操作维护技能，提升服务水平的要求，满足机关直属服务性事业单位业务工作的实际需要。

鼓励机关直属服务性事业单位后勤服务社会化，已经实现社会化服务的一般性劳务工作，不再设置相应的工勤技能岗位。

8. 根据机关直属服务性事业单位的社会功能、职责任务、工作性质和人员结构特点等因素，综合确定机关直属服务性事业单位三类岗位总量的结构比例。

9. 机关直属服务性事业单位三类岗位的结构比例由政府人事行政部门和机关直属服务性事业单位主管部门确定。控制标准如下：

（1）主要以专业技术提供服务的机关直属服务性事业单位，应保证专业技术岗位占主体，一般不低于单位岗位总量的70%；

（2）主要承担社会事务管理服务和支持职责的机关直属服务性事业单位，应保证管理岗位占主体，一般应占单位岗位总量的一半以上；

（3）主要承担技能操作、服务保障等职责的机关直属服务性事业单位，应保证工勤技能岗位占主体，一般应占单位岗位总量的一半以上；

（4）机关直属服务性事业单位主体岗位以外的其他两类岗位，应保持相对合理的结构比例。

三、岗位等级设置

（一）管理岗位等级设置

10. 全国事业单位的管理岗位分为10个等级，机关直属服务性事业单位管理岗位的最高等级和结构比例根据机关直属服务性事业单位的规格、规模、隶属关系，按照干部人事管理有关规定和权限确定。

11. 机关直属服务性事业单位现行的厅级正职、厅级副职、处级正职、处级副职、科级正职、科级副职、科员、办事员依次分别对应管理岗位三至十级职员岗位。

12. 根据机关直属服务性事业单位的规格、规模和隶属关系，按照干部人事管理权限设置机关直属服务性事业单位各等级管理岗位的职员数量。

（二）专业技术岗位等级设置

13. 专业技术岗位的最高等级和结构比例按照机关直属服务性事业单位的功能、规格、隶属关系和专业技术水平等因素，根据现行专业技术职务管理有关规定和本指导意见确定。

14. 专业技术岗位分为13个等级。高级岗位分为7个等级，即一至七级，其中，正高级岗位包括一至四级，副高级岗位包括五至七级；中级岗位分为3个等级，即八至十级；初级岗位分为3个等级，即十一至十三级，其中十三级是员级岗位。

15. 机关直属服务性事业单位专业技术高级、中级、初级岗位之间，以及高级、中级、初级岗位内部不同等级岗位之间的结构比例，根据地区经济、社会事业发展水平，以及机关直属服务性事业单位的功能、规格、隶属关系和专业技术水平，实行不同的结构比例控制。

根据全国事业单位专业技术人员高级、中级、初级岗位之间的结构比例总体控制目标的要求，按照机关直属服务性事业单位专业技术人员高级、中级、初级结构比例现状，根据单位发展需要，合理确定机关服务性事业单位专业技术高级、中级、初级岗位之间的结构比例。

国务院各部门所属服务性事业单位以及省（自治区、直辖市）直属服务性事业单位专业技术高级、中级、初级岗位的结构比例适当高于省（自治区、直辖市）政府部门所属服务性事业单位的专业技术高级、中级、初级岗位之间的结构比例。地（市）以下政府所属服务性事业单位的专业技术高级、中级、初级岗位之间的比例结构，由政府人事行政部门和事业单位主管部门按照低于上述结构比例的原则研究确定，实行宏观调控。

机关直属服务性事业单位专业技术高级、中级、初级内部不同等级岗位之间的结构比例全国总体控制目标：二级、三级、四级岗位之间的结构比例为1∶3∶6；五级、六级、七级岗位之间的结构比例为2∶4∶4；八级、九级、十级岗位之间的结构比例为3∶4∶3；十一级、十二级岗位之间的结构比例为5∶5。

16. 各级政府人事行政部门和机关直属服务性事业单位主管部门要严格控制专业技术岗位结构比例，严格控制高级专业技术岗位的总量，机关直属服务性事业单位要严格执行核准的专业技术岗位结构比例。

17. 机关直属服务性事业单位应根据单位主体业务确定主体专业技术岗位，其他系列专业技术岗位的最高等级原则上应低于主体专业技术岗位。

（三）工勤技能岗位等级设置

18. 工勤技能岗位包括技术工岗位和普通工岗位，其中技术工岗位分5个等级。普通工岗位不分等级。

19. 工勤技能岗位的最高等级和结构比例按照岗位等级规范、技能水平和工作需要确定。

20. 机关直属服务性事业单位中的高级技师、技师、高级工、中级工、初级工，依次分别对应技术工一至五级工勤技能岗位。

21. 机关直属服务性事业单位工勤技能岗位结构比例，一级、二级、三级岗位的总量占工勤技能岗位总量的比例全国控制目标为25%左右，一级、二级岗位的总量占工勤技能岗位总量的比例全国总体控制目标为5%左右。

22. 机关直属服务性事业单位工勤技能岗位的一级、二级岗位，主要应在专业技术辅助岗位承担技能操作和维护职责等对技能水平要求较高的领域设置。要严格控制工勤技能一级、二级岗位的总量。

（四）特设岗位设置

23. 机关直属服务性事业单位中的特设岗位是根据事业发展聘用急需的高层次人才等特殊需要，经批准设置的工作岗位，是机关直属服务性事业单位中的非常设岗位。特设岗位的等级按照规定的程序确定。

特设岗位不受机关直属服务性事业单位岗位总量和结构比例限制，在完成工作任务后，按照管理权限予以核销。

24. 机关直属服务性事业单位特设岗位的设置须经主管部门审核后，按程序报设区的市级以上政府人事行政部门核准。具体管理办法由各省（自治区、直辖市）根据实际情况制定。

四、岗位基本条件

（一）各类岗位的基本条件

25. 机关直属服务性事业单位三类岗位的基本条件，主要根据岗位职责任务和任职条件确定。机关直属服务性事业单位三类岗位的基本任职条件：

（1）遵守宪法和法律；

（2）具有良好的品行；

（3）具有履行岗位职责所需的专业、能力或技能；

（4）适应岗位要求的身体条件。

（二）管理岗位基本条件

26. 机关直属服务性事业单位职员岗位一般应具有中专以上文化程度，其中六级以上职员岗位，一般应具有大学专科以上文化程度，四级以上职员岗位一般应具有大学本科以上文化程度。

27. 机关直属服务性事业单位各等级职员岗位的基本任职条件：

（1）三级、五级职员岗位，须分别在四级、六级职员岗位上工作两年以上；

（2）四级、六级职员岗位，须分别在五级、七级职员岗位上工作三年以上；

（3）七级、八级职员岗位，须分别在八级、九级职员岗位上工作三年以上。

28. 各省（自治区、直辖市）、国务院各有关部门以及机关直属服务性事业单位在上述基本任职条件的基础上，根据本指导意见，结合实际情况，制定本地区、本部门以及本单位职员的具体条件。

（三）专业技术岗位基本条件

29. 机关直属服务性事业单位专业技术岗位的基本任职条件按照现行专业技术职务评聘的有关规定执行。

30. 机关直属服务性事业单位中实行职业资格准入控制的专业技术岗位的基本条件，应包括准入控制的要求。

31. 国务院各部门、省（自治区、直辖市）政府各有关部门以及机关直属服务性事业单位，在国家规定的专业技术高级、中级、初级岗位基本条件基础上，根据本指导意见，结合实际情况，制定本部门、本地区以及本单位的具体条件。

32. 机关直属服务性事业单位专业技术高级、中级、初级岗位内部不同等级岗位的任职条件，由主管部门和机关直属服务性事业单位，按照《试行办法》《实施意见》和本指导意见，根据岗位的职责任务、专业技术水平要求等因素综合确定。

（四）工勤技能岗位的基本条件

33. 工勤技能岗位基本任职条件：

（1）一级、二级工勤技能岗位，须在本工种下一级岗位工作满 5 年，并分别通过高级技师、技师技术等级考评；

（2）三级、四级工勤技能岗位，须在本工种下一级岗位工作满 5 年，并分别通过高级工、中级工技术等级考核；

（3）学徒（培训生）学习期满和工人见习、试用期满，通过初级工技术等级考核后，可确定为五级工勤技能岗位。

五、岗位设置的审核

34. 机关直属服务性事业单位岗位设置实行核准制度，严格按照规定的程序和管理权限进行审核。

35. 机关直属服务性事业单位岗位设置工作按以下程序进行：

（1）制定岗位设置方案，填写岗位设置审核表；

（2）按程序报主管部门审核、政府人事行政部门核准；

（3）在核准的岗位总量、结构比例和最高等级限额内，制定岗位设置实施方案；

（4）广泛听取职工对岗位设置实施方案的意见；

（5）岗位设置实施方案由单位负责人员集体讨论通过；

（6）组织实施。

36. 国务院各部门机关直属服务性事业单位的岗位设置方案报主管部门审核汇总后，报人事部备案。

37. 省（自治区、直辖市）政府部门机关直属服务性事业单位的岗位设置方案经主管部门审核后，报本地区人事厅（局）核准。

38. 地（市）政府直属服务性事业单位的岗位设置方案报本地（市）人事行政部门核准。

地（市）政府部门机关直属服务性事业单位的岗位设置方案经主管部门审核后，报本地（市）政府人事行政部门核准。

39. 县（市、区）政府直属服务性事业单位的岗位设置方案经县（市、区）政府人事行政部门审核后，报地区或设区的市政府人事行政部门核准。县（市、区）政府部门机关直属服务性事业单位的岗位设置方案经主管部门、县（市、区）政府人事行政部门审核汇总后，报地区或设区的市政府人事行政部门核准。

40. 机关直属服务性事业单位岗位总量、结构比例应保持相对稳定。有下列情形之一的，岗位设置方案可按照第 36 条、第 37 条、第 38 条、第 39 条的权限申请变更：

（1）机关直属服务性事业单位出现分立、合并，须对本单位的岗位进行重新设置的；

（2）根据上级或同级机构编制部门的正式文件，增减机构编制的；

（3）按照业务发展和实际情况，为完成工作任务确需变更岗位设置的。

41. 经核准的岗位设置方案作为聘用人员、确定岗位等级、调整岗位以及核定工资的依据。

六、岗位聘用

42. 机关直属服务性事业单位按照《试行办法》《实施意见》和本指导意见以及核准的岗位设置实施方案，根据按需设岗、竞聘上岗、按岗聘用的原则，确定具体岗位，明确岗位等级，聘用工作人员，签订聘用合同。

43. 机关直属服务性事业单位聘用人员，应在岗位有空缺的条件下，按照公开招聘、竞聘上岗的有关规定择优聘用。

机关直属服务性事业单位应分别按照管理岗位、专业技术岗位、工勤技能岗位的职责任务和任职条件，在核定的结构比例内聘用人员，聘用条件不得低于国家规定的基本条件。

44. 机关直属服务性事业单位新参加工作人员见习、试用期满后，管理人员和专业技术人员按照岗位条件要求确定岗位等级；工勤技能人员通过初级工技术等级岗位考核后，可确定为五级工勤技能岗位。

45. 尚未实行聘用制度和岗位管理制度的机关直属服务性事业单位，应按照《国务院办公厅转发人事部关于在事业单位试行人员聘用制度意见的通知》《试行办法》《实施意见》和本指导意见的精神，抓紧进行岗位设置，实行聘用制度，组织岗位聘用。

已经实行聘用制度，签订聘用合同的机关直属服务性事业单位，可以根据《试行办法》《实施意见》和本指导意见的要求，按照核准的岗位设置方案，对本单位现有人员确定不同等级的岗位，并变更合同的相应内容。

46. 各级政府人事行政部门、主管部门和机关直属服务性事业单位要根据国家有关规定，使机关直属服务性事业单位现有在册的正式工作人员，按照现聘职务或岗位进入相应等级的岗位。

各地区、各部门和机关直属服务性事业单位必须严格把握政策，不得违反规定突破现有的职务数额，不得突击聘用人员，不得突击聘用职务。要采取措施严格限制专业技术高级、中级、初级岗位中的高等级岗位的设置。

47. 机关直属服务性事业单位聘用人员原则上不得同时在两类岗位上任职。根据机关直属服务性事业单位的工作特点，确需兼任的，须按人事管理权限审批。

48. 机关直属服务性事业单位首次进行岗位设置和岗位聘用，岗位结构比例不得突破现有人员的结构比例。现有人员的结构比例已经超过核准的结构比例的，应通过自然减员、调出、低聘或解聘的办法，逐步达到规定的结构比例。尚未达到核准的结构比例的，要严格控制岗位聘用数量，根据机关直属服务性事业单位发展要求和人员队伍状况等情况逐年逐步到位。

七、组织实施

49. 岗位设置管理工作是机关直属服务性事业单位人事制度和分配制度改革的前提和重

要基础，是加强队伍建设的重要内容。各地区、各部门人事行政部门要提高对做好岗位设置工作重要意义的认识，加强领导，严密组织，确保此项工作的顺利实施。

50. 要认真落实有关政策规定，严格按照本指导意见实施岗位等级设置和结构比例控制，不得擅自提高等级、突破比例。要加强对本部门、本地区机关直属服务性事业单位岗位设置的监督、管理和指导，对组织实施中遇到的各种矛盾和困难，及时研究，认真总结，制定符合本部门、本地区实际的具体措施。要加强思想政治工作，做好政策解释，缓解各种矛盾，确保此项工作的顺利推进。

51. 各地区、各部门和事业单位在实际工作中要坚持原则，走群众路线，严格工作程序和工作纪律。对违反规定滥用职权、打击报复、以权谋私的，要严肃追究相应责任。对不按《试行办法》《实施意见》和本指导意见进行岗位设置和岗位聘用的机关直属服务性事业单位，政府人事行政部门及有关部门不予确认岗位等级、不予兑现工资、不予核拨经费。情节严重的，对相关领导和责任人予以通报批评，按照人事管理权限给予相应的纪律处分。

52. 本指导意见由人事部负责解释。

关于印发《关于广播影视事业单位岗位设置管理的指导意见》的通知

国人部发〔2007〕48号

各省、自治区、直辖市人事厅（局）、广播电影电视局，新疆生产建设兵团人事局、广播电视局，国务院各部委、各直属机构人事部门：

根据《事业单位岗位设置管理试行办法》（国人部发〔2006〕70号）和《〈事业单位岗位设置管理试行办法〉实施意见》（国人部发〔2006〕87号）文件精神，结合广播影视事业单位的实际情况，我们制定了《关于广播影视事业单位岗位设置管理的指导意见》。现印发给你们，请遵照执行。

人事部
国家广播电影电视总局
2007年4月21日

关于广播影视事业单位岗位设置管理的指导意见

根据《事业单位岗位设置管理试行办法》（国人部发〔2006〕70号，以下简称《试行办法》）和《〈事业单位岗位设置管理试行办法〉实施意见》（国人部发〔2006〕87号，以下简称《实施意见》），为做好广播影视事业单位岗位设置管理的组织实施工作，结合广播影视事业单位的特点，提出以下指导意见。

一、适用范围

1. 全国广播影视事业单位，经费来源主要由财政拨款、部分由财政支持以及经费自理的，都要实施岗位设置管理。

2. 广播影视事业单位管理人员（职员）、专业技术人员和工勤技能人员，都要纳入岗位设置管理。

岗位设置管理中涉及广播影视事业单位领导人员的，按照干部人事管理权限的有关规定执行。

3. 使用事业编制的广播影视类学会、协会等社会团体工作人员，参照《试行办法》《实施意见》和本指导意见，纳入岗位设置管理。

4. 经批准参照《中华人民共和国公务员法》进行管理的广播影视事业单位、社会团体，各类企业所属的广播影视事业单位和广播影视事业单位所属独立核算的企业，以及由事业单位已经转制为企业的广播影视单位，不适用本指导意见。

二、岗位类别设置

5. 广播影视事业单位岗位分为管理岗位、专业技术岗位和工勤技能岗位三种类别（以下简称三类岗位）。

6. 管理岗位指担负领导职责或管理任务的工作岗位。管理岗位的设置要适应增强广播影视事业单位运转效能、提高工作效率、提升管理水平的需要。

7. 专业技术岗位指从事专业技术工作，具有相应专业技术水平和能力要求的工作岗位。专业技术岗位的设置要符合广播影视工作和人才成长的规律和特点，适应发展广播影视事业与提高专业水平的需要。

8. 工勤技能岗位指承担技能操作和维护、后勤保障、服务等职责的工作岗位。工勤技能岗位的设置要适应提高操作维护技能，提升服务水平的要求，满足广播影视事业单位业务工作的实际需要。

鼓励广播影视事业单位后勤服务社会化，已经实现社会化服务的一般性劳务工作，不再设置相应的工勤技能岗位。

9. 根据广播影视事业单位的社会功能、职责任务、工作性质和人员结构特点等因素，综合确定广播影视事业单位三类岗位总量的结构比例。

10. 广播影视事业单位三类岗位的结构比例由政府人事行政部门和广播影视事业单位主管部门确定。控制标准如下：

广播影视事业单位以专业技术岗位为主体，其中广播电台电视台、影视剧制作单位等单位，专业技术岗位一般不低于单位岗位总量的70%；传输发射监测单位，专业技术岗位比例可适当降低。

广播影视事业单位管理岗位和工勤技能岗位，应该保持相对合理的结构比例。

三、岗位等级设置

（一）管理岗位等级设置

11. 管理岗位分为10个等级，即一至十级职员岗位。管理岗位的最高等级和结构比例根据广播影视事业单位的规格、规模、隶属关系，按照干部人事管理有关规定和权限确定。

12. 广播影视事业单位现行的部级正职、部级副职、厅级正职、厅级副职、处级正职、处级副职、科级正职、科级副职、科员、办事员依次分别对应管理岗位一至十级职员岗位。

13. 根据广播影视事业单位的规格、规模和隶属关系，按照干部人事管理权限设置广播影视事业单位各等级管理岗位的职员数量。

（二）专业技术岗位等级设置

14. 专业技术岗位的最高等级和结构比例按照广播影视事业单位的功能、规格、隶属关系和专业技术水平等因素，根据广播影视行业现行专业技术职务管理的有关规定和本指导意见确定。

广播电台电视台按照中央、省（自治区、直辖市）、计划单列市和省会城市、地（市）、县（县级市、区）五类，确定岗位，等级和岗位结构比例。

广播电视传输发射监测单位按照中央、省（自治区、直辖市）和计划单列市、地县三类确定岗位等级和岗位结构比例。

影视剧制作单位按照中央（国家）、省（部、自治区、直辖市）、地（市）三类确定岗位等级和岗位结构比例。

15. 专业技术岗位分为 13 个等级。专业技术高级岗位分 7 个等级，即一至七级，其中高级专业技术职务正高级的岗位包括一至四级，副高级的岗位包括五至七级；中级岗位分 3 个等级，即八至十级；初级岗位分 3 个等级，即十一至十三级，其中十三级是员级岗位。

16. 广播影视事业单位专业技术岗位高级、中级、初级岗位之间，以及高级、中级、初级岗位内部不同等级岗位之间的结构比例，根据地区经济、社会事业发展水平，以及广播影视事业单位的功能、规格、隶属关系和专业技术水平，实行不同的结构比例控制。

根据全国事业单位专业技术高级、中级、初级岗位之间的结构比例总体控制目标的要求，按照广播影视行业专业技术人员高级、中级、初级结构比例现状，根据广播影视事业发展需要和“十一五”人才发展规划，合理确定广播影视事业单位专业技术高级、中级、初级岗位之间的结构比例。

中央所属的广播影视事业单位专业技术高级、中级、初级岗位之间的结构比例可适当高于省市所属广播影视事业单位，省市所属广播影视事业单位可适当高于基层广播影视事业单位。

广播影视事业单位高级、中级、初级岗位内部不同等级岗位之间的结构比例全国总体控制目标：二级、三级、四级岗位之间的比例为 1∶3∶6，五级、六级、七级岗位之间的比例为 2∶4∶4，八级、九级、十级岗位之间的比例为 3∶4∶3，十一级、十二级岗位之间的比例为 5∶5。

17. 各级政府人事行政部门和广播影视事业单位主管部门要严格控制专业技术岗位结构比例，严格控制高级专业技术岗位的总量。广播影视事业单位要严格执行核准的专业技术岗位结构比例。

（三）工勤技能岗位等级设置

18. 工勤技能岗位包括技术工岗位和普通工岗位，其中技术工岗位分为 5 个等级，普通工岗位不分等级。

19. 广播影视事业单位工勤技能岗位的最高等级和结构比例按照岗位等级规范、技术水平和工作需要确定。

20. 广播影视事业单位中的高级技师、技师、高级工、中级工、初级工，依次分别对应一到五级工勤技能岗位。

21. 广播影视事业单位工勤技能岗位结构比例，一级、二级、三级岗位的总量占工勤技能岗位总量的比例全国总体控制目标为 25%左右，一级、二级岗位的总量占工勤技能岗位总量的比例全国总体控制目标为 5%左右。

22. 广播影视事业单位工勤技能一级、二级岗位主要应在专业技术辅助岗位承担技能操作和维护职责等对技能水平要求较高的领域设置。要严格控制工勤技能一级、二级岗位的总量。

（四）特设岗位设置

23. 广播影视事业单位中的特设岗位是根据广播影视事业单位特点和广播影视事业发展规律，为适应聘用急需的高层次人才等特殊需要，经批准设置的工作岗位，是广播影视事业单位中的非常设岗位。特设岗位的等级按照规定的程序确定。

特设岗位不受广播影视事业单位岗位总量、最高等级和结构比例限制，在完成工作任务后，按照管理权限予以核销。

24. 广播影视事业单位特设岗位的设置须经主管部门审核后，按程序报设区的市级以上政府人事行政部门核准。具体管理办法由各省（自治区、直辖市）根据实际情况制定。

四、专业技术岗位名称及岗位等级

25. 广播电台电视台中播音系列正高级专业技术岗位名称为播音指导一级岗位、播音指导二级岗位、播音指导三级岗位、播音指导四级岗位，分别对应一至四级专业技术岗位；副高级专业技术岗位名称为主任播音员一级岗位、主任播音员二级岗位、主任播音员三级岗位，分别对应五至七级专业技术岗位；中级专业技术岗位名称为一级播音员一级岗位、一级播音员二级岗位、一级播音员三级岗位，分别对应八至十级专业技术岗位；初级专业技术岗位名称为二级播音员一级岗位、二级播音员二级岗位，分别对应十一至十二级专业技术岗位；员级专业技术岗位名称为三级播音员岗位，对应十三级专业技术岗位。

广播电台电视台中编辑、记者系列正高级专业技术岗位名称为高级编辑（高级记者）一级岗位、高级编辑（高级记者）二级岗位、高级编辑（高级记者）三级岗位、高级编辑（高级记者）四级岗位，分别对应一至四级专业技术岗位；副高级专业技术岗位名称为主任编辑（主任记者）一级岗位、主任编辑（主任记者）二级岗位、主任编辑（主任记者）三级岗位，分别对应五至七级专业技术岗位；中级专业技术岗位名称为编辑（记者）一级岗位、编辑（记者）二级岗位、编辑（记者）三级岗位，分别对应八至十级专业技术岗位；初级专业技术岗位名称为助理编辑（助理记者）一级岗位、助理编辑（助理记者）二级岗位，分别对应十一至十二级专业技术岗位。

26. 广播影视事业单位中其他专业技术岗位的名称和对应等级，按照国家有关规定执行。

27. 广播影视事业单位专业技术一级岗位是国家专设的特级岗位，其人员的确定按国家有关规定执行。

五、岗位基本条件

（一）各类岗位的基本条件

28. 广播影视事业单位三类岗位的基本条件，必须符合广播影视工作把握正确导向、确保安全播出、依法加强管理、发展事业产业的根本要求，主要根据岗位的职责任务和任职条件确定。广播影视事业单位三类岗位的基本任职条件：

（1）遵守宪法和法律；

（2）具有良好的品行；

（3）岗位所需的专业、能力或技能条件；

（4）适应岗位要求的身体条件。

（二）管理岗位基本条件

29. 广播影视事业单位职员岗位一般应具有中专以上文化程度，其中六级以上职员岗位，一般应具有大学专科以上文化程度，四级以上职员岗位，一般应具有大学本科以上文化程度。

30. 广播影视事业单位各等级职员岗位的基本任职条件是：

（1）三级、五级职员岗位，须分别在四级、六级职员岗位上工作两年以上；

（2）四级、六级职员岗位，须分别在五级、七级职员岗位上工作三年以上；

（3）七级、八级职员岗位，须分别在八级、九级职员岗位上工作三年以上。

31. 各省（自治区、直辖市）、国务院各有关部门以及广播电视事业单位在上述基本任职条件的基础上，根据本指导意见，结合实际情况，制定本地区、本部门以及本单位职员的具体条件。

32. 一级、二级职员岗位按照国家有关规定执行。

（三）专业技术岗位基本条件

33. 广播影视事业单位专业技术岗位的基本任职条件按照广播影视行业现行专业技术职务评聘的有关规定执行。

34. 广播影视事业单位实行职业资格准入控制的专业技术岗位的基本条件，应包括准入控制的要求。

35. 各省（自治区、直辖市）、国务院有关部门以及广播影视事业单位在国家规定的专业技术高级、中级、初级岗位基本条件基础上，根据本指导意见，结合不同类型、不同层次专业技术岗位的实际情况，制定本地区、本部门以及本单位专业技术岗位的具体条件。

36. 广播影视事业单位专业技术高级、中级、初级岗位内部不同等级岗位的条件，由主管部门和广播影视事业单位按照《试行办法》《实施意见》和本指导意见，根据岗位的职责任务、专业技术水平要求等因素综合确定。

（四）工勤技能岗位基本条件

37. 广播影视事业单位工勤技能岗位基本任职条件：

（1）一级、二级工勤技能岗位，须在本工种下一级岗位工作满 5 年，并分别通过高级技师、技师技术等级考评；

（2）三级、四级工勤技能岗位，须在本工种下一级岗位工作满 5 年，并分别通过高级工、中级工技术等级考核；

（3）学徒（培训生）学习期满和工人见习、试用期满，通过初级工技术等级考核后，可确定为五级工勤技能岗位。

六、岗位设置的审核

38. 广播影视事业单位岗位设置实行核准制度，严格按照规定的程序和管理权限进行审核。

39. 广播影视事业单位设置岗位按照以下程序进行：

（1）制定岗位设置方案，填写岗位设置审核表；

（2）按程序报主管部门审核、政府人事行政部门核准；

（3）在核准的岗位总量、结构比例和最高等级限额内，制定岗位设置实施方案；

（4）广泛听取职工对岗位设置实施方案的意见；

（5）岗位设置实施方案由单位负责人员集体讨论通过；

（6）组织实施。

40. 国家广播电影电视总局直属事业单位的岗位设置方案由国家广播电影电视总局审核，报人事部备案。

41. 各省（自治区、直辖市）以及地（市）所属广播影视事业单位的岗位设置方案经广播影视行政部门审核后，报本级政府人事行政部门核准。

42. 县（市、区）政府直属广播影视事业单位的岗位设置方案，经县（市、区）政府人事行政部门审核后，报地区或设区的市政府人事行政部门核准。县（市、区）政府各部门所属广播影视事业单位的岗位设置方案经主管部门、县（市、区）政府人事行政部门审核汇总后，报地区或设区的市政府人事行政部门核准。

43. 广播影视事业单位的岗位总量、结构比例和最高等级应保持相对稳定。有下列情形之一的，岗位设置方案可按照第40条、第41条、第42条的权限申请变更：

（1）广播影视事业单位出现分立、合并，须对本单位的岗位进行重新设置的；

（2）根据上级或同级机构编制部门的正式文件，增减机构编制的；

（3）按照业务发展和实际情况，为完成工作任务确需变更岗位设置的。

44. 经核准的岗位设置方案作为聘用人员、确定岗位等级、调整岗位以及核定工资的依据。

七、岗位聘用

45. 广播影视事业单位按照《试行办法》《实施意见》和本指导意见以及核准的岗位设置方案，根据按需设岗、竞聘上岗、按岗聘用的原则，确定具体岗位，明确岗位等级，聘用工作人员，签订聘用合同。

46. 广播影视事业单位聘用人员，应在岗位有空缺的条件下，按照公开招聘、竞聘上岗的有关规定择优聘用。

广播影视事业单位应分别按照管理岗位、专业技术岗位、工勤技能岗位的职责任务和任职条件，在核定的结构比例内聘用人员，聘用条件不得低于国家规定的基本条件。

47. 根据广播影视行业人才的特点，对广播影视事业单位中确有真才实学、成绩显著、贡献突出的专业技术人员，岗位急需且符合破格条件的，经上一级主管部门批准，可以根据有关规定破格聘用。

48. 广播影视事业单位新参加工作人员见习、试用期满后，管理人员按照《实施意见》规定确定相应的岗位等级；专业技术人员按照岗位条件要求确定岗位等级；工勤技能人员通过初级工技术等级考核后，可确定为五级工勤技能岗位。

49. 尚未实行聘用制度和岗位管理制度的广播影视事业单位，应按照《国务院办公厅转发人事部关于在事业单位试行人员聘用制度意见的通知》《关于深化广播影视事业单位人事制度改革的实施意见》《试行办法》《实施意见》和本指导意见的精神，抓紧进行岗位设置，实施聘用制度，组织岗位聘用。

已经实行聘用制度，签订聘用合同的广播影视事业单位，可以根据《试行办法》《实施意见》和本指导意见的要求，按照核准的岗位设置方案，对本单位现有人员确定不同等级的岗位，并变更聘用合同相应的内容。

50. 各级政府人事行政部门、广播影视事业单位主管部门和广播影视事业单位要根据国家有关规定，使现有在册与单位有聘用关系、工资关系的正式工作人员纳入岗位设置管理，按照现聘职务或岗位进入相应等级的岗位。

各地区、各部门和广播影视事业单位必须严格把握政策，不得违反规定突破现有的职务数额，不得突击聘用人员，不得突击聘用职务。要采取措施严格限制专业技术高级、中级、初级岗位中的高等级岗位的设置。

51. 广播影视事业单位聘用人员原则上不得同时在两类岗位上任职。根据广播影视事业单位的工作特点，确需兼任的，须按人事管理权限审批。

52. 广播影视事业单位首次进行岗位设置和岗位聘用，岗位结构比例不得突破现有人员的结构比例。现有人员的结构比例已经超过核准的结构比例的，应通过自然减员、调出、低聘或解聘的办法，逐步达到规定的结构比例。尚未达到核准的结构比例的，要严格控制岗位聘用数量，根据广播影视事业发展要求和人员队伍状况等情况逐年逐步到位。

八、组织实施

53. 岗位设置管理是广播影视事业单位人事制度改革的重要内容，是一项开创性、基础性工作，关系到广播影视事业的长远发展和广大干部职工的切身利益。要坚持以人为本，从广播影视事业单位的实际出发，尊重广播影视事业发展规律和特点，切实保证职工的切身利益，积极稳妥地推进改革。

54. 各级广播影视行政部门要提高认识，发挥职能作用，制定具体方案，组织好所属广播影视事业单位岗位设置管理的实施工作。各级政府人事行政部门要加强与广播影视行政部门的沟通协调，结合本地区广播影视事业单位的特点，认真贯彻执行《试行办法》《实施意见》和本指导意见。

55. 各地区、各部门和广播影视事业单位在岗位设置和岗位聘用工作中，要严格执行有关政策规定，坚持原则，坚持走群众路线。对违反规定滥用职权、打击报复、以权谋私的，要追究相应责任。对不按《试行办法》《实施意见》和本指导意见进行岗位设置和岗位聘用的广播影视事业单位，政府人事行政部门、广播影视行政部门及有关部门不予确认岗位等级、不予兑现工资、不予核拨经费。情节严重的，对相关领导和责任人予以通报批评，按照人事管理权限给予相应的纪律处分。

56. 本指导意见由人事部、国家广播电影电视总局负责解释。

关于印发《关于新闻出版事业单位岗位设置管理的指导意见》的通知

国人部发〔2007〕50号

各省、自治区、直辖市人事厅（局）、新闻出版局，新疆生产建设兵团人事局、新闻出版局，国务院各部委、各直属机构人事部门：

根据《事业单位岗位设置管理试行办法》（国人部发〔2006〕70号）和《〈事业单位岗位设置管理试行办法〉实施意见》（国人部发〔2006〕87号）文件精神，结合新闻出版事业单位的实际情况，我们制定了《关于新闻出版事业单位岗位设置管理的指导意见》。现印发给你们，请遵照执行。

人事部
新闻出版总署
2007年4月12日

关于新闻出版事业单位岗位设置管理的指导意见

根据《事业单位岗位设置管理试行办法》（国人部发〔2006〕70号，以下简称《试行办法》和《〈事业单位对位设置管理试行办法〉实施意见》（国人部发〔2006〕87号，以下简称《实施意见》，为做好新闻出版事业单位岗位设置管理的组织实施工作，结合新闻出版事业单位的特点，提出以下指导意见。

一、适用范围

1. 为了社会公益目的，由国家机关举办或者其他组织利用国有资产举办的新闻出版事业单位，包括经费来源主要由财政拨款、部分由财政支持以及经费自理的新闻出版事业单位，都要实施岗位设置管理。

新闻出版事业单位主要包括出版社、报社、期刊社、通讯社等。

2. 新闻出版事业单位管理人员（职员）、专业技术人员和工勤技能人员，都要纳入岗位设置管理。

岗位设置管理中涉及新闻出版事业单位领导人员的，按照干部人事管理权限和有关规定执行。

3. 使用事业编制的新闻出版行业各类学会、协会等社会团体工作人员，参照《试行办法》《实施意见》和本指导意见，纳入岗位设置管理。

4. 经批准参照《中华人民共和国公务员法》进行管理的新闻出版事业单位、社会团体，各类企业所属的新闻出版事业单位和新闻出版事业单位所属独立核算的企业，以及已经转制为企业的新闻出版单位，不适用本指导意见。

二、岗位类别设置

5. 新闻出版事业单位岗位分为管理岗位、专业技术岗位和工勤技能岗位三种类别（以下简称三类岗位）。

6. 管理岗位指担负领导职责或管理任务的工作岗位。管理岗位的设置要适应增强新闻出版事业单位运转效能、提高工作效率、提升管理水平的需要。

7. 专业技术岗位指从事专业技术工作，具有相应专业技术水平和能力要求的工作岗位。专业技术岗位的设置要符合新闻出版工作和人才成长的规律和特点，适应发展新闻出版事业与提高专业水平的需要。

8. 工勤技能岗位指承担技能操作和维护、后勤保障、服务等职责的工作岗位。工勤技能岗位的设置要适应提高操作维护技能，提升服务水平的要求，满足新闻出版事业单位业务工作的实际需要。

鼓励新闻出版事业单位后勤服务社会化，已经实现社会化服务的一般性劳务工作，不再设置相应的工勤技能岗位。

9. 根据新闻出版事业单位的社会功能、职责任务、工作性质和人员结构特点等因素，综合确定新闻出版事业单位三类岗位总量的结构比例。

10. 新闻出版事业单位三类岗位的结构比例由政府人事行政部门和新闻出版事业单位主管部门确定。

新闻出版事业单位的岗位设置以专业技术岗位为主，专业技术岗位一般不低于单位岗位总量的 70%。管理岗位、工勤技能岗位的设置，应保持相对合理的结构比例。

三、岗位等级设置

（一）管理岗位等级设置

11. 管理岗位分为 10 个等级，即一至十级职员岗位。管理岗位的最高等级和结构比例根据新闻出版事业单位的规格、规模、隶属关系，按照干部人事管理有关规定和权限确定。

12. 新闻出版事业单位现行的部级正职、部级副职、厅级正职、厅级副职、处级正职、处级副职、科级正职、科级副职、科员、办事员依次分别对应一至十级职员岗位。

13. 根据新闻出版事业单位的规格、规模和隶属关系，按照干部人事管理权限设置新闻出版事业单位各等级管理岗位的职员数量。

（二）专业技术岗位等级设置

14. 新闻出版事业单位专业技术岗位的最高等级和结构比例按照新闻出版事业单位的功

能、规格、隶属关系和专业技术水平等因素，根据新闻出版行业现行专业技术职务管理的有关规定和本指导意见确定。

15. 专业技术岗位分为 13 个等级。专业技术岗位高级岗位分 7 个等级，即一至七级，其中高级专业技术职务正高级的岗位包括一至四级，副高级的岗位包括五至七级；中级岗位分 3 个等级，即八至十级；初级岗位分 3 个等级，即十一至十三级，其中十三级是员级岗位。

16. 新闻出版事业单位专业技术高级、中级、初级岗位之间，以及高级、中级、初级岗位内部不同等级岗位之间的结构比例，根据地区经济、社会事业发展水平，以及新闻出版事业单位的规格、规模、隶属关系和专业技术水平，实行不同的结构比例控制。

根据全国事业单位专业技术高级、中级、初级岗位之间的结构比例总体控制目标的要求，按照新闻出版行业专业技术人员高级、中级、初级结构比例现状，根据新闻出版事业发展需要和“十一五”人才发展规划，合理确定新闻出版事业单位专业技术高级、中级、初级岗位之间的结构比例。

国家重要新闻出版事业单位高级、中级、初级专业技术岗位的结构比例适当高于省、部（含副省级）主管的新闻出版事业单位的专业技术高级、中级、初级岗位之间的结构比例。地（市）以下政府所属新闻出版事业单位专业技术高级、中级、初级岗位之间的结构比例，由政府人事行政部门和新闻出版事业单位主管部门按照低于上述结构比例的原则研究确定，实行宏观调控。

新闻出版事业单位专业技术高级、中级、初级岗位内部不同等级岗位之间的结构比例全国总体控制目标为：二级、三级、四级岗位之间的结构比例为 1∶3∶6；五级、六级、七级岗位之间的结构比例为 2∶4∶4；八级、九级、十级岗位之间的结构比例为 3∶4∶3；十一级、十二级岗位之间的结构比例为 5∶5。

17. 各级政府人事行政部门和新闻出版事业单位主管部门要严格控制专业技术岗位结构比例，严格控制高级专业技术岗位的总量。新闻出版事业单位要严格执行核准的专业技术岗位结构比例。

（三）工勤技能岗位等级设置

18. 工勤技能岗位包括技术工岗位和普通工岗位，其中技术工岗位分为 5 个等级，普通工岗位不分等级。

19. 新闻出版事业单位工勤技能岗位的最高等级和结构比例按照岗位等级规范、技能水平和工作需要确定。

20. 新闻出版事业单位中的高级技师、技师、高级工、中级工、初级工，依次分别对应一至五级工勤技能岗位。

21. 新闻出版事业单位工勤技能岗位结构比例，一级、二级、三级岗位的总量占工勤技能岗位总量的比例全国总体控制目标为 25%左右，一级、二级岗位的总量占工勤扶能岗位总量的比例全国总体控制目标为 5%左右。

22. 新闻出版事业单位工勤技能一级、二级岗位主要应在专业技术辅助岗位承担技能操作和维护职责等对技能水平要求较高的领域设置。要严格控制工勤技能一级、二级岗位的总量。

（四）特设岗位设置

23. 新闻出版事业单位中的特设岗位是根据新闻出版事业单位特点和新闻出版事业发展规律，为适应聘用急需的高层次人才等特殊需要，经批准设置的工作岗位，是新闻出版事业单位中的非常设岗位。特设岗位的等级按照规定的程序确定。

特设岗位不受新闻出版事业单位岗位总量、最高等级和结构比例限制，在完成工作任务后，按照管理权限予以核销。

24. 新闻出版事业单位特设岗位的设置须经主管部门审核后，按程序报设区的市级以上政府人事行政部门核准。具体管理办法由各省（自治区、直辖市）根据实际情况制定。

四、专业技术岗位名称及岗位等级

25. 报社、通讯社、时政类期刊社等新闻事业单佳中，正高级专业技术岗位名称为高级编辑（高级记者、译审）一级岗位、高级编辑（高级记者、译审）二级岗位、高级编辑（高级记者、译审）三级岗位、高级编辑（高级记者、译审）四级岗位，分别对应一至四级专业技术岗位；副高级专业技术岗位名称为主任编辑（主任记者、副译审）一级岗位、主任编辑（主任记者、副译审）二级岗位、主任编辑（主任记者、副译审）三级岗位，分别对应五至七级专业技术岗位；中级专业技术岗位名称为编辑（记者、翻译）一级岗位、编辑（记者、翻译）二级岗位、编辑（记者、翻译）三级岗位，分别对应八至十级专业技术岗位；初级专业技术岗位名称为助理编辑（助理记者、助理翻译）一级岗位、助理编辑（助理记者、助理翻译）二级岗位，分别对应十一至十二级专业技术岗位。

出版社、期刊社等出版事业单位中，编辑岗位和翻译岗位正高级专业技术岗位名称为编审（译审）一级岗位、编审（译审）级岗位、编审（译审）三级岗位、编审（译审）四级岗位，分别对应一至四级专业技术岗位；副高级专业技术岗位名称为副编审（副译审）一级岗位、副编审（副译审）二级岗位、副编审（副译审）三级岗位，分别对应五至七级专业技术岗位；中级专业技术岗位名称为编辑（翻译）一级岗位、编辑（翻译）二级岗位、编辑（翻译）三级岗位，分别对应八至十级专业技术岗位；初级专业技术岗位名称为助理编辑（助理翻译）一级岗位、助理编辑（助理翻译）二级岗位，分别对应十一至十二级专业技术岗位。

新闻出版事业单位中，技术编辑岗位和校对岗位副高级专业技术岗位名称为技术副编审（高级校对）一级岗位、技术副编审（高级校对）二级岗位、技术剧编审（高级校对）三级岗位，分别对应五至七级专业技术岗位；中级专业技术岗位名称为技术编辑（一级校对）一级岗位、技术编辑（一级校对）二级岗位、技术编辑（一级校对）三级岗位，分别对应八至十级专业技术岗位；初级专业技术岗位名称为助理技术编辑（二级校对）一级岗位、助理技术编辑（二级校对）二级岗位，分别对应十一至十二级专业技术岗位，技术设计员（三级校对）岗位对应十三级专业技术岗位。

26. 其他专业技术岗位名称和对应等级参照相关行业指导意见和标准执行。

27. 新闻出版事业单位专业技术一级岗位是国家专设的特级岗位，其人员的确定按照国家有关规定执行。

28. 新闻出版事业单位应根据单位主体业务确定主体专业技术岗位，其他系列专业技术岗位的最高等级原则上应低于主体专业技术岗位。

五、岗位基本条件

（一）各类岗位的基本条件

29. 新闻出版事业单位三类岗位的基本条件，必须符合新闻出版工作把握正确舆论导向的根本要求，主要根据岗位的职责任务和任职条件确定。新闻出版事业单位三类岗位的基本任职条件：

（1）遵守宪法和法律；

（2）具有良好的品行；

（3）岗位所需的专业、能力或技能条件；

（4）适应岗位要求的身体条件。

（二）管理岗位基本条件

30. 新闻出版事业单位职员岗位一般应具有中专以上文化程度，其中六级以上职员岗位，一般应具有大学专科以上文化程度，四级以上职员岗位，一般应具有大学木科以上文化程度。

31. 新闻出版事业单位备等级职员岗位的基本任职条件：

（1）三级、五级职员岗位，须分别在四级、六级职员岗位上工作两年以上；

（2）四级、六级职员岗位，须分捌在五级、七级职员岗位上工作三年以上；

（3）七级、八级职员岗位，须分别在八级、九级职员岗位上工作三年以上。

32. 各省（自治区、直辖市）、国务院各有关部门以及新闻出版事业单位在上述基本条件的基础上，根据本指导意见，结合实际情况，制定本地区、本部门以及本单位管理岗位的具体条件。

33. 一级、二级职员岗位条件按照国家有关规定执行。

（三）专业技术岗位基本条件

34. 新闻出版事业单位专业技术岗位的基本任职条件按照新闻出版行业现行专业技术职务评聘的有关规定执行。

35. 新闻出版事业单位实行职业资格准入控制的专业技术岗位的基本条件，应符合准入控制的要求。

36. 备省（自治区、直辖市）、国务院有关部门以及新闻出版事业单位在国家规定的专业技术高级、中级、初级岗位基本条件基础上，根据本指导意见，结合不同类型、不同层次专业技术岗位的实际情况，制定本地区、本部门以及本单位专业技术岗位的具体条件。

37. 新闻出版事业单位专业技术高级、中级、初级岗位内部不同等级岗位的条件，由主管部门和新闻出版事业单位按照《试行办法》《实施意见》和本指导意见，根据岗位的职责任务、专业技术水平要求等因素综合确定。

（四）工勤技能岗位基本条件

38. 新闻出版事业单位工勤技能岗位基本任职条件：

（1）一级、二级工勤技能岗位，须在本工种下一级岗位工作满 5 年，并分别通过高级技师、技师技术等级考评；

（2）三级、四级工勤技能岗位，须在本工种下一级岗位工作满 5 年，并分别通过高级工、中级工技术等级考核；

（3）学徒（培训生）学习期满和工人见习、试用期满，通过初级工技术等级考核后，可确定为五级工勤技能岗位。

六、岗位设置的审核

39. 新闻出版事业单位岗位设置实行核准制度，严格按照规定的程序和管理权限进行审核。

40. 新闻出版事业单位岗位设置按照以下程序进行：

（1）制定岗位设置方案，填写岗位设置审核表；

（2）按程序报主管部门审核、政府人事行政部门核准；

（3）在核准的岗位总量、结构比例和最高等级限额内，制定岗位设置实施方案；

（4）广泛听取职工对岗位设置实施方案的意见；

（5）岗位设置实施方案由单位负责人员集体讨论通过；

（6）组织实施。

41. 国务院直属新闻出版事业单位的岗位设置方案报人事部核准后实施。

国务院各部门所属新闻出版事业单位的岗位设置方案报主管部门审核汇总后，报人事部备案。

42. 省（自治区、直辖市）政府直属新闻出版事业单位的岗位设置方案报本地区人事厅（局）核准。

省（自治区、直辖市）政府各部门所属新闻出版事业单位的岗位设置方案经主管部门审核后，报本地区人事厅（局）核准。

43. 地（市）政府所属新闻出版事业单位的岗位设置方案报本地（市）政府人事部门核准。

44. 县（市、区）政府所属新闻出版事业单位的岗位设置方案经县（市、区）政府人事行政部门审核后，报地区或设区的市政府人事部门核准。

45. 高等院校的出版事业单位岗位设置方案按院校隶属关系履行核准手续。

46. 新闻出版事业单位的岗位总量、结构比例和最高等级应保持相对稳定。有下列情形之一的，岗位设置方案可按照第 41 条、第 42 条、第 43 条、第 44 条、第 45 条的权限申请变更：

（1）新闻出版事业单佳出现分立、合并，须对本单位的岗位进行重新设置的；

（2）根据上级或同级机构编制部门的正式文件，增减机构编制的；

（3）按照业务发展和实际情况，为完成工作任务确需变更岗位设置的。

47. 经核准的岗位设置方案作为聘用人员、确定岗位等级、调整岗位以及核定工资的依据。

七、岗位聘用

48. 新闻出版事业单位按照《试行办法》《实施意见》和本指导意见以及核准的岗位设

置方案，根据按需设岗、竞聘上岗、按岗聘用的原则，确定具体岗位，明确岗位等级，聘用工作人员，签订聘用合同。

49. 新闻出版事业单位聘用人员，应在岗位有空缺的条件下，按照公开招聘、竞聘上岗的有关规定择优聘用。

新闻出版事业单位应分别按照管理岗位、专业技术岗位、工勤技能岗位的职责任务和任职条件，在核定的结构比例内聘用人员，聘用条件不得低于国家规定的基本条件。

50. 根据新闻出版行业人才的特点，对新闻出版事业单位中确有真才实学、成绩显著、贡献突出的专业技术人员，岗位急需且符合破格条件的，经上一级主管部门批准，可以根据有关规定破格聘用。

51. 新闻出版事业单位新参加工作人员见习、试用期满后，管理人员按照《实施意见》规定确定相应的岗位等级；专业技术人员按照岗位条件要求确定岗位等级；工勤技能人员通过初级工技术等级考核后，可确定为五级工勤技能岗位。

52. 尚未实行聘用制度和岗位管理制度的新闻出版事业单位，应按照《国务院办公厅转发人事部关于在事业单位试行人员聘用制度意见的通知》《关于深化新闻出版事业单位人事制度改革的实施意见》《试行办法》《实施意见》和本指导意见的精神，抓紧进行岗位设置，实行聘用制度，组织岗位聘用。

已经实行聘用制度，签订聘用合同的新闻出版事业单位，可以根据《试行办法》《实施意见》和本指导意见的要求，按照核准的岗位设置方案，对本单位现有人员确定不同等级的岗位，并变更聘用合同相应的内容。

53. 各级政府人事行政部门、新闻出版事业单位主管部门和新闻出版事业单位要根据国家有关规定，使现有在册的正式工作人员，按照现聘职务或岗位进入相应等级的岗位。

各地区、各部门和新闻出版事业单位必须严格把握政策，不得违反规定突破现有的职务数额，不得突击聘用人员，不得突击聘用职务。要采取措施严格限制专业技术高级、中级、初级岗位中的高等级岗位的设置。

54. 新闻出版事业单位聘用人员原则上不得同时在两类岗位上任职。根据新闻出版事业单位的工作特点，确需兼任的，须按人事管理权限审批。

55. 新闻出版事业单位首次进行岗位设置和岗位聘用，岗位结构比例不得突破现有人员的结构比例。现有人员的结构比例已经超过核准的结构比例的，应通过自然减员、调出、低聘或解聘的办法，逐步达到规定的结构比例。尚未达到核准的结构比例的，要严格控制岗位聘用数量，根据新闻出版事业发展和人员队伍状况等情况逐年逐步到位。

八、组织实施

56. 岗位设置管理是新闻出版事业单位人事制度改革的重要内容，是一项开创性、基础性工作，关系到新闻出版事业的长远发展和广大干部职工的切身利益。要坚持以人为本，从新闻出版事业发展的实际出发，尊重新闻出版事业发展规律和特点，切实保证职工的切身利益，保证岗位设置工作平稳有序进行。

57. 各级新闻出版事业单位主管部门要提高认识，发挥职能作用，制定具体方案，组织好所属新闻出版事业单位岗位设置管理的实施工作。各级政府人事行政部门要加强与新闻出版事业单位主管部门的沟通协调，结合本地区新闻出版事业单位的特点，认真贯彻执行《试行办法》《实施意见》和本指导意见。

58. 各地区、各部门和新闻出版事业单位在岗位设置和岗位聘用工作中，要严格执行有关政策规定，坚持原则，坚持走群众路线。对违反规定滥用职权、打击报复、以权谋私的，要追究相应责任。对不按《试行办法》《实施意见》和本指导意见进行岗位设置和岗位聘用的新闻出版事业单位，政府人事行政部门、新闻出版行政部门及有关部门不予确认岗位等级、不予兑现工资、不予核拨经费。情节严重的，对相关领导和责任人予以通报批评，按照人事管理权限给予相应的纪律处分。

59. 本指导意见由人事部、新闻出版总署负责解释。

关于印发高等学校、义务教育学校、中等职业学校等教育事业单位岗位设置管理的三个指导意见的通知

国人部发〔2007〕59号

各省、自治区、直辖市人事厅（局）、教育厅（教委），新疆生产建设兵团人事局、教育局，国务院各部委、各直属机构人事、教育部门，教育部直属高等学校：

根据《事业单位岗位设置管理试行办法》（国人部发〔2006〕70号）和《〈事业单位岗位设置管理试行办法〉实施意见》（国人部发〔2006〕87号）文件精神，结合教育事业单位的实际情况，我们制定了《关于高等学校岗位设置管理的指导意见》《关于义务教育学校岗位设置管理的指导意见》和《关于中等职业学校、普通高中、幼儿园岗位设置管理的指导意见》。现印发给你们，请遵照执行。

人事部
教育部
2007年5月7日

关于高等学校岗位设置管理的指导意见

根据《事业单位岗位设置管理试行办法》（国人部发〔2006〕70号，以下简称《试行办法》）《〈事业单位岗位设置管理试行办法〉实施意见》（国人部发〔2006〕87号，以下简称《实施意见》），为做好高等学校岗位设置管理组织实施工作，结合我国高等教育的特点，提出以下指导意见。

一、适用范围

1. 教育部及国务院有关部门所属高等学校、各省（自治区、直辖市）及地方所属高等学校适用本指导意见。

2. 高等学校管理人员（职员）、专业技术人员和工勤技能人员，分别纳入相应岗位设置管理。

岗位设置管理中涉及高等学校领导人员的，按照干部人事管理权限的有关规定执行。

二、岗位类别设置

3. 高等学校岗位分为管理岗位、专业技术岗位、工勤技能岗位三种类别。

4. 管理岗位指担负领导职责或管理任务的工作岗位。管理岗位的设置要适应增强高等学校运转效能、提高工作效率、提升管理水平的需要。高等学校管理岗位包括校、院（系）以及其他内设机构的管理岗位。

5. 专业技术岗位指从事专业技术工作，具有相应专业技术水平和能力要求的工作岗位。专业技术岗位的设置要符合高等教育工作和人才成长的规律和特点，适应发展高等教育事业与提高专业水平的需要。根据高等教育的特点，高等学校的专业技术岗位分为教师岗位和其他专业技术岗位，其中教师岗位是专业技术主体岗位。

教师岗位包括具有教育教学、科学研究工作职责和相应能力水平要求的专业技术岗位。学校可根据教师在教学、科研等方面所侧重承担的主要职责，积极探索对教师岗位实行分类管理，在教师岗位中设置教学为主型岗位、教学科研型岗位和科研为主型岗位。

6. 其他专业技术岗位主要包括工程实验、图书资料、编辑出版、会计统计、医疗卫生等专业技术岗位。

7. 工勤技能岗位指承担技能操作和维护、后勤保障、服务等职责的工作岗位。工勤技能岗位的设置要适应提高操作维护技能，提升服务水平的要求，满足高等学校教学科研和日常运行等需要。

鼓励高等学校后勤服务社会化，已经实现社会化服务的一般性劳务工作，不再设置相应的工勤技能岗位。

8. 根据高等学校的社会功能、职责任务、工作性质和人员结构特点等因素，综合确定高等学校管理岗位、专业技术岗位、工勤技能岗位（以下简称三类岗位）总量的结构比例。

在确定岗位总量时，应根据核定的教职工编制总量和学校实际工作需要综合确定。高等学校专业技术岗位一般不低于岗位总量的 70%，其中，教师岗位一般不低于岗位总量的 55%，高水平大学为教学科研服务的辅助性专业技术岗位占岗位总量的比例可适当提高。管理岗位一般不超过岗位总量的 20%。按照后勤社会化的改革方向，要逐步减少工勤技能岗位的比例。

三、岗位等级设置

9. 高等学校岗位设置实行岗位总量、结构比例和最高等级控制。

（一）管理岗位等级设置

10. 高等学校管理岗位分为 9 个等级。管理岗位的最高等级、结构比例和各等级管理岗位的职员数量，根据高等学校的规格、规模、隶属关系，按照干部人事管理有关规定和权限确定。

11. 高等学校现行的部级副职、厅级正职、厅级副职、处级正职、处级副职、科级正职、科级副职、科员、办事员依次分别对应管理岗位二至十级职员。

（二）专业技术岗位等级设置

12. 专业技术岗位分为 13 个等级。专业技术高级岗位分 7 个等级，即一至七级。高级专业技术职务正高级的岗位包括一至四级，副高级的岗位包括五至七级；中级岗位分 3 个等级，即八至十级；初级岗位分为 3 个等级，即十一至十三级，其中十三级是员级岗位。

13. 专业技术高级、中级、初级岗位之间，以及高级、中级、初级岗位内部不同等级岗位之间的结构比例，根据地区经济、高等教育事业发展水平，以及高等学校的功能、规格、隶属关系和专业技术水平，实行不同的结构比例控制。

根据全国事业单位专业技术人员高级、中级、初级岗位之间的结构比例实行总体目标控制的要求，按照高等学校专业技术人员高级、中级、初级结构比例现状，结合高等教育事业发展需要和“十一五”人才发展规划纲要，合理确定高等学校专业技术人员高级、中级、初级岗位之间的结构比例。国家重点建设的高等学校专业技术高级岗位结构比例适当高于普通本科高校，普通本科高校专业技术高级岗位结构比例适当高于高等职业技术学院和高等专科学校。

高等学校高级、中级、初级岗位内部不同等级之间的结构比例全国总体控制目标：二级、三级、四级岗位之间的比例为 1∶3∶6；五级、六级、七级岗位之间的比例为 2∶4∶4，八级、九级、十级岗位之间的比例为 3∶4∶3，十一级、十二级岗位之间的比例为 5∶5。

14. 各省（自治区、直辖市）人事行政部门和教育行政部门、高等学校主管部门，在总结高等学校专业技术职务结构比例管理经验的基础上，按照优化结构、合理配置的要求，制定高等学校专业技术高级、中级、初级岗位结构比例控制的标准和办法。

15. 各级人事行政部门和高等学校主管部门要严格控制专业技术岗位结构比例，严格控制高级专业技术岗位的总量，高等学校要严格执行核准的专业技术岗位结构比例。

（三）工勤技能岗位等级设置

16. 工勤技能岗位包括技术工岗位和普通工岗位，其中技术工岗位分为 5 个等级，普通工岗位不分等级。高等学校工勤技能岗位的最高等级和结构比例按照岗位等级规范、技能水平和工作需要确定。

17. 高等学校中的高级技师、技师、高级工、中级工、初级工，依次分别对应一至五级工勤技能岗位。

18. 高等学校工勤技能岗位结构比例全国总体控制目标：一级、二级、三级岗位的总量占工勤技能岗位总量的比例为 25%左右，一级、二级岗位的总量占工勤技能岗位总量的比例为 5%左右。高水平大学可在此基础上适当提高。

19. 高等学校工勤技能一级、二级岗位应主要在专业技术辅助岗位承担技能操作和维护职责等对技能水平要求较高的领域设置。要严格控制工勤技能一级、二级岗位的总量。

（四）特设岗位设置

20. 高等学校中的特设岗位是根据高等学校特点和高等教育发展规律，为适应聘用急需的高层次人才等特殊需要，经批准设置的工作岗位，是高等学校中的非常设岗位。特设岗位的等级根据规定的程序确定。

特设岗位不受高等学校岗位总量、最高等级和结构比例限制，在完成工作任务后，按照管理权限予以核销。

21. 高等学校特设岗位的设置须经主管部门审核后，按程序报设区的市级以上政府人事行政部门核准。具体管理办法由各地区、各部门根据实际情况制定。

四、专业技术岗位名称及岗位等级

22. 高等学校正高级教师岗位名称为教授一级岗位、教授二级岗位、教授三级岗位、教授四级岗位，分别对应一至四级专业技术岗位；副高级教师岗位名称为副教授一级岗位、副教授二级岗位、副教授三级岗位，分别对应五至七级专业技术岗位；中级教师岗位名称为讲师一级岗位、讲师二级岗位、讲师三级岗位，分别对应八至十级专业技术岗位；初级教师岗位名称为助教一级岗位、助教二级岗位，分别对应十一级、十二级专业技术岗位。

23. 高等学校其他专业技术岗位名称和岗位等级设置参照相关行业指导意见和标准执行。

24. 高等学校专业技术一级岗位属国家专设的特级岗位，其人员的确定按国家有关规定执行。

25. 高等学校其他系列专业技术岗位的最高等级，原则上应低于教师岗位。

五、岗位基本条件

（一）各类岗位的基本条件

26. 高等学校三类岗位的基本条件，主要根据岗位的职责任务和任职条件确定。高等学校三类岗位的基本任职条件：

（1）遵守宪法和法律；

（2）具有良好的品行；

（3）岗位所需的专业、能力或技能条件；

（4）适应岗位要求的身体条件。

（二）管理岗位基本条件

27. 职员岗位一般应具有大学专科以上文化程度，其中六级以上职员岗位，一般应具有大学本科以上文化程度。

28. 各等级职员岗位的基本任职条件：

（1）三级、五级职员岗位，须分别在四级、六级职员岗位上工作两年以上；

（2）四级、六级职员岗位，须分别在五级、七级职员岗位上工作三年以上；

（3）七级、八级职员岗位，须分别在八级、九级职员岗位上工作三年以上。

确因工作需要，由专业技术岗位交流到管理岗位的人员，可根据干部人事管理权限和本人条件，直接聘任到相应的管理岗位。

29. 各省（自治区、直辖市）、国务院有关部门以及高等学校在上述基本任职条件的基础上，根据本指导意见，结合不同类型、不同层次职员岗位的实际情况，制定本地区、本部门以及本校职员的具体条件。要积极探索符合高等学校特点的高校职员制度。

30. 二级职员岗位按照国家有关规定执行。

（三）专业技术岗位基本条件

31. 高等学校专业技术岗位的基本任职条件按照现行专业技术职务评聘的有关规定执行。

32. 受聘教师岗位的人员应具有良好的学风、学术道德和合作精神，符合国家关于相应教师职务的基本任职条件，具备与履行岗位职责相适应的学术水平和创新能力。

33. 高等学校实行职业资格准入控制的专业技术岗位的基本条件，应包括国家规定的相关职业资格准入的条件。

34. 各省（自治区、直辖市）、国务院有关部门以及高等学校在国家规定的专业技术高级、中级、初级岗位基本条件基础上，根据本指导意见，结合不同类型、不同层次专业技术岗位的实际情况，制定本地区、本部门以及本单位的具体条件。

35. 高等学校专业技术高级、中级、初级岗位内部不同等级岗位的条件，由主管部门和高等学校按照《试行办法》《实施意见》和本指导意见，根据岗位的职责任务、专业技术水平要求等因素综合确定。

（四）工勤技能岗位基本条件

36. 工勤技能岗位基本任职条件：

（1）一级、二级工勤技能岗位，须在本工种下一级岗位工作满 5 年，并分别通过高级技师、技师技术等级考评；

（2）三级、四级工勤技能岗位，须在本工种下一级岗位工作满 5 年，并分别通过高级工、中级工技术等级考核；

（3）学徒（培训生）学习期满和工人见习、试用期满，通过初级工技术等级考核后，可确定为五级工勤技能岗位。

六、岗位设置的审核

37. 高等学校岗位设置实行核准制度，严格按照规定的程序和管理权限进行审核。

38. 高等学校的岗位设置方案包括岗位总量、结构比例以及最高等级限额等事项。

39. 高等学校岗位设置工作一般按以下程序进行：

（1）制定岗位设置方案，填写岗位设置审核表；

（2）按程序报主管部门审核、政府人事行政部门核准；

（3）在核准的岗位总量、结构比例和最高等级限额内，制定岗位设置实施方案；

（4）广泛听取教职工对岗位设置实施方案的意见；

（5）岗位设置实施方案由学校负责人员集体讨论通过；

（6）组织实施。

40. 国务院各部门所属高等学校的岗位设置方案经主管部门审核汇总后，报人事部备案。

41. 省（自治区、直辖市）政府所属高等学校的岗位设置方案经省级教育主管部门或上级主管部门审核后，报本地区人事厅（局）核准。

42. 地（市）以下政府所属高等学校的岗位设置方案经地（市）级教育主管部门审核后，报地（市）政府人事行政部门核准。

43. 高等学校设置特设岗位，按照岗位设置方案的核准程序进行。

44. 有下列情形之一的，岗位设置方案可按照第 40 条、第 41 条和第 42 条的权限申请变更：

（1）高等学校出现分立、合并，须对本单位的岗位进行重新设置的；

（2）根据上级或同级机构编制部门的正式文件，增减机构编制的；

（3）按照业务发展和实际情况，为完成工作任务确需变更岗位设置的。

45. 经核准的岗位设置方案作为聘用人员、确定岗位等级、调整岗位以及核定工资的依据。

七、岗位聘用

46. 高等学校在核定的岗位总量和结构比例内，按照《试行办法》《实施意见》和本指导意见以及核准的岗位设置方案，根据按需设岗、竞聘上岗、按岗聘用的原则，自主进行岗位聘用工作。专业技术岗位人员聘用工作，按照现行专业技术职务评聘的有关政策规定执行，逐步建立和完善专业技术职务评聘与岗位聘用相结合的用人制度。

47. 高等学校聘用人员，应在岗位有空缺的条件下，按照公开招聘、竞聘上岗的有关规定择优聘用。

高等学校应分别按照管理岗位、专业技术岗位、工勤技能岗位的职责任务和任职条件，在核定的结构比例内聘用人员，聘用条件不得低于国家规定的基本条件。

48. 高等学校要完善聘用办法，规范聘用程序，健全聘用组织及监督机制，确保岗位聘用工作公开、公平、公正。学校要成立聘用委员会，院（系）成立相关聘用组织，分别负责岗位聘用的有关工作。在聘用工作中，学校应充分发挥院（系）聘用组织和专家教授的重要作用，积极建立校内外同行专家学术评价制度。根据本校和所在地区的实际情况，学校在新聘用教职工时，应积极实行人事代理制度。

49. 高等学校应区别不同类型、不同层次的受聘人员，积极探索短期、中期、长期合同相结合的聘用合同管理办法。高等学校与受聘人员应当在平等自愿、协商一致的基础上签订聘用合同，明确受聘岗位职责要求、工作条件、工资福利待遇、岗位纪律、聘用合同变更、解除和终止的条件以及聘用合同期限等方面的内容。高等学校和聘用人员签订聘用合同，可以按规定约定试用期。聘用合同期限内调整岗位的，应当对聘用合同的相关内容作出相应变更。聘用合同期满前，高等学校应按国家有关规定和受聘人员的履职情况认真考核，及时作出续聘、岗位调整或解聘的决定。

50. 高等学校新参加工作人员见习、试用期满后，管理人员按照《实施意见》规定确定相应的岗位等级；专业技术人员按照岗位条件要求确定岗位等级；工勤技能人员通过初级工技术等级考核后，可确定为工勤技能技术工五级岗位。

51. 根据高等学校的特点，对确有真才实学、成绩显著、贡献突出，岗位急需且符合破格条件的专业技术人员，按照干部人事管理权限，可以根据有关规定破格聘用。

52. 高等学校聘用人员原则上不得同时在两类岗位上任职。根据高等学校管理的工作特点，确需兼任的，须按人事管理权限审批，并严格控制。

53. 尚未实行聘用制度的高等学校，应按照《国务院办公厅转发人事部关于在事业单位试行人员聘用制度意见的通知》《中组部　人事部　教育部关于深化高等学校人事制度改革的实施意见》《试行办法》《实施意见》和本指导意见的精神，抓紧进行岗位设置，实行聘用制度，组织岗位聘用。

已经实行聘用制度，签订聘用合同的高等学校，可以根据《试行办法》《实施意见》及本指导意见的要求，按照核准的岗位设置方案，对本单位现有人员确定不同等级的岗位，并变更合同相应的内容。

54. 各级政府人事行政部门、高等学校主管部门和高等学校要根据国家有关规定，使现有在册的正式工作人员，按照现聘职务或岗位进入相应等级的岗位。

各地区、各部门和高等学校必须严格把握政策，不得违反规定突破现有的职务数额，不得突击聘用人员，不得突击聘用职务。要采取措施严格限制专业技术高级、中级、初级岗位中的高等级岗位的设置。

55. 高等学校首次进行岗位设置和岗位聘用，岗位结构比例不得突破现有人员的结构比例。现有人员的结构比例已经超过核准的结构比例的，应通过自然减员、调出、低聘或解聘的办法，逐步达到规定的结构比例。尚未达到核准的结构比例的，要严格控制岗位聘用数量，根据高等教育事业发展要求和人员队伍状况等情况逐年逐步到位。

八、组织实施

56. 地方人事行政部门、教育行政部门和高等学校主管部门要高度重视，加强领导，认真组织好高等学校岗位设置工作。要按照积极稳妥的原则，结合本地实际，研究制定本指导意见的实施意见，对各类岗位的任职条件、工作标准、职责任务等作出具体规定。要统筹规划，分类指导，周密部署，及时研究解决改革中出现的新情况、新问题，确保高等学校的稳定和发展。

57. 岗位设置工作是高等学校实施人才强校战略的重要组成部分，涉及广大教职工的切身利益，高等学校党政领导班子要切实提高思想认识，把这项改革作为学校改革发展中的一件大事，精心组织，稳慎实施。要深入调研，认真分析学科发展和人才队伍状况，研究制定切实可行的具体实施方案。要正确处理改革、发展和稳定的关系，做好教职工的思想政治工作，积极稳妥地推进岗位设置工作的顺利进行。

58. 各地在高等学校岗位设置和岗位聘用工作中，要严格执行有关政策规定，坚持原则，坚持走群众路线。对违反规定滥用职权、打击报复、以权谋私的，要追究相应责任。对不按《试行办法》《实施意见》和本指导意见进行岗位设置和岗位聘用的高等学校，政府人事行政部门、教育行政部门及有关部门不予确认岗位等级、不予兑现工资、不予核拨经费。情节严重的，对相关领导和责任人予以通报批评，按照人事管理权限给予相应的纪律处分。

59. 本指导意见由人事部、教育部负责解释。

关于义务教育学校岗位设置管理的指导意见

根据《事业单位岗位设置管理试行办法》（国人部发〔2006〕70号，以下简称《试行办法》）《〈事业单位岗位设置管理试行办法〉实施意见》（国人部发〔2006〕87号，以下简称《实施意见》）的要求，为做好义务教育学校岗位设置管理组织实施工作，结合我国义务教育实际情况和义务教育事业发展需要，提出以下指导意见。

一、适用范围

1. 承担义务教育的小学、中学适用本指导意见。

2. 义务教育学校的管理人员（职员）、专业技术人员和工勤技能人员，分别纳入相应岗位设置管理。

二、岗位类别设置

3. 义务教育学校岗位分为管理岗位、专业技术岗位和工勤技能岗位三种类别。

4. 管理岗位指担负领导职责或管理任务的工作岗位。管理岗位的设置要适应增强学校运转效能、提高工作效率、提升管理水平的需要。义务教育学校管理岗位包括具有行政、党群等管理工作职责的岗位。

5. 专业技术岗位指从事专业技术工作，具有相应专业技术水平和能力要求的工作岗位。专业技术岗位的设置要符合义务教育工作和人才成长的规律和特点，适应发展义务教育事业与提高专业水平的需要。根据义务教育的特点，义务教育学校的专业技术岗位分为教师岗位和其他专业技术岗位，其中教师岗位是专业技术主体岗位。

教师岗位指具有教育教学工作职责和相应教师资格与教育教学能力水平要求的专业技术岗位；其他专业技术岗位主要包括学科实验、图书资料、财务会计、电化教育、卫生保健等具有教学辅助工作职责的专业技术岗位。

6. 工勤技能岗位指承担技能操作和维护、后勤保障、服务等职责的工作岗位。工勤技能岗位的设置要适应提高操作维护技能、提升服务水平的要求，满足义务教育学校业务工作的实际需要。义务教育学校工勤技能岗位根据义务教育学校教学科研和日常运行等需要设置。

义务教育学校可实现社会服务的一般性劳务工作，不再设置相应的工勤技能岗位。

7. 根据义务教育学校的社会功能、职责任务、工作性质和人员结构特点等因素，综合确定义务教育学校管理岗位、专业技术岗位、工勤技能岗位（以下简称三类岗位）总量的结构比例。

义务教育学校岗位总量应按照中小学编制标准，原则上以核定的教职工编制总量确定。岗位设置要优先满足教育教学工作的实际需要，严格控制非教学岗位。对寄宿制学校可适当增加管理岗位和工勤技能岗位。普通初中教师岗位占岗位总量的比例一般不低于85%，管理岗位、其他专业技术岗位和工勤技能岗位一般不超过15%。普通小学教师岗位占岗位总量的比例一般不低于90%，管理岗位、其他专业技术岗位和工勤技能岗位一般不超过10%。

三、岗位等级设置

8. 义务教育学校岗位设置实行岗位总量、结构比例和最高等级控制。

（一）管理岗位等级设置

9. 义务教育学校管理岗位一般设6个职员等级。管理岗位的最高等级、结构比例和各等级管理岗位的职员数量，根据义务教育学校的规格、规模和隶属关系，按照干部人事管理有关规定和权限确定。

10. 义务教育学校现行的处级正职、处级副职、科级正职、科级副职、科员、办事员依次分别对应管理岗位五至十级职员。

（二）专业技术岗位等级设置

11. 全国专业技术岗位分为 13 个等级。专业技术高级岗位分 7 个等级，即一至七级。高级专业技术职务正高级岗位包括一至四级，副高级岗位包括五至七级；中级岗位分 3 个等级，即八至十级；初级岗位分为 3 个等级，即十一至十三级，其中十三级是员级岗位。

12. 根据《义务教育法》的规定，国家建立统一的义务教育教师职务制度。国务院人事行政部门会同教育行政部门制定中小学实行统一的义务教育教师职务制度的实施办法之前，暂按现行的教师职务制度实施岗位设置和聘任工作。

按照现行专业技术职务管理制度，义务教育学校中学教师岗位共划分为 9 个等级。其中高级岗位分 3 个等级，分别对应事业单位专业技术岗位等级的五级、六级、七级；中级岗位分 3 个等级，分别对应事业单位专业技术岗位等级的八级、九级、十级；初级岗位分 3 个等级，分别对应事业单位专业技术岗位等级的十一级、十二级、十三级。其他专业技术职务系列按国家有关规定执行。

义务教育学校小学教师岗位暂按 6 个等级划分。现行小学高级教师职务对应事业单位专业技术岗位等级的八级、九级、十级；小学一级教师职务对应专业技术岗位等级的十一级、十二级；小学二级、三级教师职务对应专业技术岗位等级的十三级。小学中评聘了中学高级教师职务的，按现行规定对应专业技术岗位等级的五级、六级、七级。

13. 根据全国事业单位专业技术人员高级、中级、初级岗位之间的结构比例总体控制目标的要求，按照义务教育学校教师专业技术职务高级、中级、初级结构比例现状，结合义务教育事业发展需要和“十一五”人才发展规划纲要，合理确定义务教育学校教师高级、中级、初级岗位之间的结构比例。农村地区学校教师高级、中级岗位结构比例，应与本地城镇同类学校大体平衡。

教师高级岗位五至七级之间的结构比例为 2∶4∶4，中级岗位八到十级之间的结构比例为 3∶4∶3，初级岗位十一级、十二级之间的比例为 5∶5。

对于乡镇以下规模小、人员少的义务教育学校（或教学点），专业技术岗位设置的结构比例可以学区为基础实行集中调控、集中管理。具体办法由省级政府人事行政部门和教育行政部门研究制定。

高级、中级教师岗位的设置要兼顾不同学科教育教学工作的需要，有利于促进全面推进素质教育和新课程改革的实施。

14. 各省（自治区、直辖市）人事行政部门和教育行政部门，在总结义务教育学校专业技术职务结构比例管理经验的基础上，按照优化结构、合理配置的要求，制定本地区义务教育学校专业技术高级、中级、初级岗位结构比例控制的标准和办法。

15. 各级政府人事行政部门和义务教育学校主管部门要严格控制专业技术岗位结构比例，严格控制高级专业技术岗位的总量，义务教育学校要严格执行核准的专业技术岗位结构比例。

（三）工勤技能岗位等级设置

16. 义务教育学校工勤技能岗位的最高等级和结构比例按照岗位等级规范、技能水平和工作需要确定。

17. 义务教育学校中的高级技师、技师、高级工、中级工、初级工，依次分别对应一至五级工勤技能岗位。普通工岗位不分等级。

18. 义务教育学校工勤技能岗位结构比例，一级、二级、三级岗位的总量占工勤技能岗位总量的比例全国总体控制目标为25%左右，一级、二级岗位的总量占工勤技能岗位总量的比例全国总体控制目标为5%左右。

义务教育学校工勤技能一级、二级岗位主要应在专业技术辅助岗位承担技能操作和维护职责等对技能水平要求较高的领域设置。

（四）特设岗位设置

19. 义务教育学校中的特设岗位是根据义务教育学校特点和义务教育发展规律，为适应聘用急需的高层次人才等特殊需要，经批准设置的工作岗位，是义务教育学校中的非常设岗位。特设岗位的等级根据规定的程序确定。

20. 特设岗位不受义务教育学校岗位总量、最高等级和结构比例限制，在完成工作任务后，按照管理权限予以核销。

义务教育学校特设岗位的设置须经主管部门审核后，按程序报设区的市级以上政府人事行政部门核准。具体管理办法由各省（自治区、直辖市）根据实际情况制定。

21. 教育部、财政部、人事部、中央编办组织实施的"农村义务教育阶段学校教师特设岗位计划"，按有关文件规定执行。

四、专业技术岗位名称及岗位等级

22. 义务教育学校中学教师岗位名称：中学高级教师岗位名称为中学高级教师一级岗位、中学高级教师二级岗位、中学高级教师三级岗位，分别对应五至七级专业技术岗位；中学中级教师岗位名称为中学一级教师一级岗位、中学一级教师二级岗位、中学一级教师三级岗位，分别对应八至十级专业技术岗位；中学初级教师岗位名称为中学二级教师一级岗位、中学二级教师二级岗位，分别对应十一级、十二级专业技术岗位；中学员级教师岗位名称为中学三级教师岗位，对应十三级专业技术岗位。

义务教育学校小学教师岗位名称：小学高级教师一级岗位、小学高级教师二级岗位、小学高级教师三级岗位，分别对应八至十级专业技术岗位；小学一级教师一级岗位、小学一级教师二级岗位分别对应十一级、十二级专业技术岗位；小学二级教师、小学三级教师岗位对应十三级专业技术岗位。

23. 义务教育学校其他专业技术岗位名称和岗位等级设置参照相关行业办法和标准执行。

24. 义务教育学校其他系列专业技术岗位的最高等级，原则上应低于教师岗位。

五、岗位基本条件

（一）各类岗位的基本条件

25. 义务教育学校三类岗位的基本条件，主要根据岗位的职责任务和任职条件确定。义务教育学校三类岗位的基本任职条件：

（1）遵守宪法和法律；

（2）具有良好的品行；

（3）岗位所需的专业、能力或技能条件；

（4）适应岗位要求的身体条件。

（二）管理岗位基本条件

26. 职员岗位一般应具有中专以上文化程度，其中六级以上职员岗位，一般应具有大学专科以上文化程度。

27. 各等级职员岗位的基本任职条件：

（1）五级职员岗位，须在六级职员岗位上工作两年以上；

（2）六级职员岗位，须在七级职员岗位上工作三年以上；

（3）七级、八级职员岗位，须分别在八级、九级职员岗位上工作三年以上。

28. 各省（自治区、直辖市）以及义务教育学校在上述基本任职条件的基础上，根据本指导意见，结合实际情况，制定本地区以及本单位职员的具体条件。

（三）专业技术岗位基本条件

29. 专业技术岗位的基本任职条件按照现行专业技术职务评聘的有关规定执行。

30. 受聘教师岗位的人员应具有相应的教师资格，符合国家关于相应教师职务的基本任职条件。同时，应具备良好的师德修养，教育思想端正，关心爱护学生，善于学习，敬业爱岗，团结协作，严于律己。

31. 义务教育学校实行职业资格准入控制的专业技术岗位的基本条件，应包括国家规定的相关职业资格准入的条件。

32. 各省（自治区、直辖市）以及义务教育学校在国家规定的专业技术高级、中级、初级岗位基本条件基础上，根据本指导意见，结合实际情况，制定本地区以及本单位的具体条件。

33. 义务教育学校专业技术高级、中级、初级岗位内部不同等级岗位的条件，由主管部门和义务教育学校按照《试行办法》《实施意见》和本指导意见，根据岗位的职责任务、专业技术水平要求等因素综合确定。

（四）工勤技能岗位基本条件

34. 工勤技能岗位基本任职条件：

（1）一级、二级工勤技能岗位，须在本工种下一级岗位工作满 5 年，并分别通过高级技师、技师技术等级考评；

（2）三级、四级工勤技能岗位，须在本工种下一级岗位工作满 5 年，并分别通过高级工、中级工技术等级考核；

（3）学徒（培训生）学习期满和工人见习、试用期满，通过初级工技术等级考核后，可确定为工勤技能技术工五级岗位。

（五）义务教育学校校长

35. 按照国家有关规定，义务教育学校校长由县级人民政府教育行政部门依法聘任。受聘校长岗位的人员应符合国家规定的管理岗位基本条件，应具有良好的思想政治素质和品德修养；热爱教育事业，具有改革创新精神；具有履行职责所需要的专业知识和较强的组织管理能力；遵纪守法，廉洁自律；团结同志，作风民主；具有中级（含）以上教师职务任职经历；一般应从事教育教学工作 5 年以上；身心健康。

六、岗位设置的审核

36. 义务教育学校岗位设置实行核准制度，严格按照规定的程序和管理权限进行审核。

37. 义务教育学校的岗位设置方案包括岗位总量、结构比例以及最高等级限额等事项。

38. 义务教育学校岗位设置工作按以下程序进行：

（1）制定岗位设置方案，填写岗位设置审核表；

（2）按程序报县级教育行政部门审核，政府人事行政部门核准；

（3）在核准的岗位总量、结构比例和最高等级限额内，制定岗位设置实施方案；

（4）广泛听取教职工对岗位设置实施方案的意见；

（5）岗位设置实施方案由学校负责人员集体讨论通过；

（6）组织实施。

39. 县（县级市、区）所属各学校岗位设置方案经县（县级市、区）级教育行政部门审核汇总，并报县（县级市、区）级人事行政部门审核后，报地区或设区的市政府人事行政部门核准。

高等学校附属普通初中、小学的岗位设置的程序，按照行政隶属关系和人事管理权限，参照上述办法执行。

40. 有下列情形之一的，岗位设置方案可按照第 39 条的权限申请变更：

（1）义务教育学校出现分立、合并，须对本单位的岗位进行重新设置的；

（2）根据上级或同级机构编制部门的正式文件，增减机构编制的；

（3）按照业务发展和实际情况，为完成工作任务确需变更岗位设置的。

41. 经核准的岗位设置方案作为聘用人员、确定岗位等级、调整岗位以及核定工资的依据。

七、岗位聘用

42. 义务教育学校在核定的岗位总量和结构比例内，按照学校的岗位设置实施方案，根据按需设岗、竞聘上岗、按岗聘用的原则，自主进行岗位聘用工作。专业技术岗位人员聘用工作，按照现行专业技术职务评聘的有关政策规定执行，逐步建立和完善专业技术职务评聘与岗位聘用相结合的用人制度。教师高级岗位聘用，应向优秀班主任和其他优秀教师倾斜。

43. 义务教育学校聘用人员，应在岗位有空缺的条件下，按照公开招聘、竞聘上岗的有关规定择优聘用。

44. 义务教育学校应分别按照管理岗位、专业技术岗位、工勤技能岗位的职责任务和任职条件，在核定的结构比例内聘用人员，聘用条件不得低于国家规定的基本条件。

45. 义务教育学校要完善聘用办法、规范聘用程序、健全聘用组织及监督机制，确保岗位聘用工作公开、公平、公正进行。学校要成立聘用组织，负责岗位聘用的有关工作。

46. 义务教育学校与受聘人员应当在平等自愿、协商一致的基础上签订聘用合同，明确受聘岗位职责要求、工作条件、工资福利待遇、岗位纪律、聘用合同变更、解除和终止的条件以及聘用合同期限等方面的内容。聘用合同期限内调整岗位的，应当对聘用合同的相关内容作出相应变更。聘用合同期满前，义务教育学校应按国家有关规定和受聘人员的履职情况认真考核，及时作出续聘、岗位调整等决定。

47. 根据义务教育学校工作的特点，在教育教学管理岗位上的人员，原则上应直接从事部分教学工作，其他管理岗位人员及工勤人员应积极实行一岗多责，提高用人效益。

48. 对于乡镇以下规模小、人员少，对岗位结构比例实行集中调控、集中管理的义务教育学校（或教学点），可根据实际情况实行人员集中聘用。

49. 根据义务教育学校的特点，对义务教育学校确有真才实学、成绩显著、贡献突出，岗位急需且符合破格条件的教师，经上一级主管部门批准，可以根据有关规定破格聘用。

50. 义务教育学校新参加工作人员见习、试用期满后，管理人员按照《实施意见》规定确定相应的岗位等级；专业技术人员按照岗位条件要求确定岗位等级；工勤技能人员通过初级工技术等级考核后，可确定为工勤技能技术工五级岗位。

51. 尚未实行聘用制度的义务教育学校，应按照《国务院办公厅转发人事部关于在事业单位试行人员聘用制度意见的通知》《人事部　教育部关于深化中小学人事制度改革的实施意见》和《试行办法》《实施意见》以及本指导意见的精神，抓紧进行岗位设置，实行聘用制度，组织岗位聘用。

已经实行聘用制度，签订聘用合同的义务教育学校，可以根据《试行办法》《实施意见》及本指导意见的要求，按照核准的岗位设置方案，对本单位现有人员确定不同等级的岗位，并变更聘用合同相应的内容。

52. 义务教育学校首次进行岗位设置和岗位聘用，岗位结构比例不得突破现有人员的结构比例。现有人员的结构比例已经超过核准的结构比例的，应通过自然减员、调出、低聘或解聘的办法，逐步达到规定的结构比例。尚未达到核准的结构比例的，要严格控制岗位聘用数量，根据义务教育事业发展要求和人员队伍状况等情况逐年逐步到位。

53. 各地应按照义务教育学校所核定的岗位总量、结构比例、最高等级聘用教师，满足教育教学和课程设置对各级各类岗位教师的基本需求。要坚决制止在有合格条件人选的情况下出现“有岗不聘”的现象。对学校按规定要求聘用的人员，经教育主管部门和人事行政部门审核后，应及时办理相应人事关系，兑现工资待遇，严禁产生新的代课人员。

54. 地（市）以上教育督导机构要按照国家和当地义务教育学校岗位设置的指导标准，以及核定的岗位设置方案，依法加强对义务教育学校人员聘用及配置状况的督导检查。按照促进义务教育均衡发展的要求，城镇学校之间、城镇学校与农村地区同类学校之间的教师高级、中级岗位结构比例，应保持相对均衡，保证农村地区学校不低于城镇同类学校标准。

55. 义务教育学校要根据国家有关规定，使现有在册的正式工作人员，按照现聘职务或岗位进入相应等级的岗位。

各地必须严格把握政策，不得违反规定突破现有的职务数额，不得突击聘用人员，不得突击聘用职务。要采取措施严格限制高等级岗位的设置。

八、组织实施

56. 义务教育学校岗位设置工作事关义务教育人力资源合理配置。县级以上教育行政部门门和人事行政部门要高度重视，分工协作，加强领导。要结合本地实际情况，研究制定义务教育学校岗位设置管理的实施意见，对各类岗位的任职条件、工作标准、职责任务等作出具体规定。要统筹规划，分类指导，精心组织，周密部署，及时研究解决改革中出现的新情况、新问题，科学核定各义务教育学校的岗位设置方案，确保义务教育学校持续健康和均衡发展。

57. 岗位设置工作是义务教育学校人事制度改革的重要组成部分，关系学校广大教职工的切身利益。学校党政领导班子要坚持以人为本，开展深入细致的思想政治工作。要加大宣传力度，切实提高教职工的思想认识。要按照积极、稳妥的方针，统筹协调各方面的利益关系，正确处理遇到的矛盾和问题，确保改革平稳有序进行，维护学校教育教学工作的正常开展。

58. 各地在义务教育学校岗位设置和岗位聘用工作中，要严格执行有关政策规定，坚持原则，坚持走群众路线。对违反规定滥用职权、打击报复、以权谋私的，要追究相应责任。对不按《试行办法》《实施意见》和本指导意见进行岗位设置和岗位聘用的义务教育学校，政府人事行政部门、教育行政部门及有关部门不予确认岗位等级、不予兑现工资、不予核拨经费。情节严重的，对相关领导和责任人予以通报批评，按照人事管理权限给予相应的纪律处分。

59. 本指导意见由人事部、教育部负责解释。

关于中等职业学校、普通高中、幼儿园岗位设置管理的指导意见

根据《事业单位岗位设置管理试行办法》（国人部发〔2006〕70号，以下简称《试行办法》）《〈事业单位岗位设置管理试行办法〉实施意见》（国人部发〔2006〕87号，以下简称《实施意见》）的要求，为做好中等职业学校、普通高中、幼儿园岗位设置管理组织实施工作，结合我国中等职业学校、普通高中、幼儿园实际情况和事业发展需要，提出以下指导意见。

一、适用范围

1. 中等职业学校、普通高中、幼儿园适用本指导意见。

2. 中等职业学校、普通高中、幼儿园管理人员（职员）、专业技术人员和工勤技能人员，分别纳入相应岗位设置管理。

岗位设置管理中涉及中等职业学校、普通高中、幼儿园领导人员的，按照干部人事管理权限的有关规定执行。

二、岗位类别设置

3. 中等职业学校、普通高中、幼儿园岗位分为管理岗位、专业技术岗位和工勤技能岗位三种类别。

4. 管理岗位指担负领导职责或管理任务的工作岗位。管理岗位的设置要适应增强学校运转效能、提高工作效率、提升管理水平的需要。

5. 专业技术岗位指从事专业技术工作，具有相应专业技术水平和能力要求的工作岗位。专业技术岗位的设置要符合中等职业学校、普通高中、幼儿园工作和人才成长的规律和特点，适应发展中等职业学校、普通高中、幼儿园事业与提高专业水平的需要。根据中等职业学校、普通高中、幼儿园的特点，其专业技术岗位分为教师岗位和其他专业技术岗位，其中教师岗位是专业技术主体岗位。

教师岗位指具有教育教学、实习实训等工作职责和相应教师资格与相应能力水平要求的专业技术岗位；其他专业技术岗位主要包括学科实验、图书资料、财务会计、电化教育、卫生保健等具有教学辅助工作职责的专业技术岗位。

6. 工勤技能岗位指承担技能操作和维护、后勤保障、服务等职责的工作岗位。工勤技能岗位的设置要适应提高操作维护技能、提升服务水平的要求，满足中等职业学校、普通高中、幼儿园业务工作的实际需要。

中等职业学校、普通高中、幼儿园可实现社会服务的一般性劳务工作，不再设置相应的工勤技能岗位。

7. 根据中等职业学校、普通高中、幼儿园的社会功能、职责任务、工作性质和人员结构特点等因素，综合确定中等职业学校、普通高中、幼儿园管理岗位、专业技术岗位、工勤技能岗位（以下简称三类岗位）总量的结构比例。

在确定岗位总量时，应根据核定的教职工编制总量、正式工作人员数量等因素综合确定，并根据学校事业发展，实行动态管理。岗位设置要优先满足教育教学、实习实训等工作的实际需要，严格控制非教学人员岗位。中等职业学校、普通高中教师岗位占学校岗位总量的比例一般不低于85%，其他岗位原则上不超过15%。幼儿园教师岗位占幼儿园岗位总量的比例一般不低于88%，其他岗位原则上不超过12%。

三、岗位等级设置

8. 中等职业学校、普通高中、幼儿园岗位设置实行岗位总量、结构比例和最高等级控制。学校各类岗位及结构比例的确定，要充分体现学校的性质和特色，特别是适应中等职业学校重点专业、紧缺专业建设和普通高中实施新课程改革的需要。

（一）管理岗位等级设置

9. 中等职业学校、普通高中、幼儿园管理岗位一般设6个职员等级。管理岗位的最高等级、结构比例和各等级管理岗位的职员数量，根据中等职业学校、普通高中、幼儿园的规格、规模和隶属关系，按照干部人事管理有关规定和权限确定。

10. 中等职业学校、普通高中、幼儿园现行的处级正职、处级副职、科级正职、科级副职、科员、办事员依次分别对应管理岗位五至十级职员。

（二）专业技术岗位等级设置

11. 全国专业技术岗位分为13个等级。专业技术高级岗位分7个等级，即一至七级。高级专业技术职务正高级的岗位包括一至四级，副高级的岗位包括五至七级；中级岗位分3个等级，即八至十级；初级岗位分为3个等级，即十一至十三级，其中十三级是员级岗位。

12. 中等职业学校、普通高中专业技术岗位与相应教师职务序列相对应，设高级岗位、中级岗位和初级岗位，共划分9个等级。其中高级岗位设3个等级，分别对应事业单位专业技术岗位等级的五级、六级、七级；中级岗位设3个等级，分别对应事业单位专业技术岗位等级的八级、九级、十级；初级岗位设3个等级，分别对应事业单位专业技术岗位等级的十一级、十二级、十三级。

幼儿园教师岗位等级划分，参照普通小学岗位等级设置的规定执行。

13. 根据全国事业单位专业技术人员高级、中级、初级岗位之间的结构比例总体控制目标的要求，按照中等职业学校、普通高中、幼儿园专业技术人员高级、中级、初级职务结构比例现状，结合事业发展需要和“十一五”人才发展规划纲要，合理确定高级、中级、初级岗位之间的结构比例。

中等职业学校教师高级、中级岗位结构比例应与本地普通高中相协调。

教师高级岗位五至七级之间的结构比例为2∶4∶4，中级岗位八至十级之间的结构比例为3∶4∶3，初级岗位十一级、十二级之间的比例为5∶5。

14. 各省（自治区、直辖市）人事行政部门和教育行政部门、学校主管部门，在总结中等职业学校、普通高中、幼儿园专业技术职务结构比例管理经验的基础上，按照优化结构、合理配置的要求，制定学校专业技术高级、中级、初级岗位结构比例控制的标准和办法。

15. 各级人事行政部门和中等职业学校、普通高中、幼儿园主管部门要严格控制专业技术岗位结构比例，严格控制高级专业技术岗位的总量。中等职业学校、普通高中、幼儿园要严格执行核准的专业技术岗位结构比例。

（三）工勤技能岗位等级设置

16. 中等职业学校、普通高中、幼儿园工勤技能岗位的最高等级和结构比例按照岗位等级规范、技能水平和工作需要确定。

17. 中等职业学校、普通高中、幼儿园中的高级技师、技师、高级工、中级工、初级工，依次分别对应一至五级工勤技能岗位。普通工岗位不分等级。

18. 中等职业学校、普通高中、幼儿园工勤技能岗位结构比例，一级、二级、三级岗位的总量占工勤技能岗位总量的比例全国总体控制目标为25%左右，一级、二级岗位的总量占工勤技能岗位总量的比例全国总体控制目标为5%左右。技能操作任务较重的中等职业学校工勤技能岗位一级、二级的比例可适当提高。

中等职业学校、普通高中、幼儿园工勤技能一级、二级岗位主要应在专业技术辅助岗位承担技能操作和维护职责等对技能水平要求较高的领域设置。

（四）特设岗位设置

19. 中等职业学校、普通高中、幼儿园中的特设岗位是根据中等职业学校、普通高中、幼儿园特点和发展规律，为适应聘用急需的高层次人才等特殊需要，经批准设置的工作岗位，是中等职业学校、普通高中、幼儿园中的非常设岗位。特设岗位的等级根据规定的程序确定。

中等职业学校可设置一定比例的特设岗位，面向社会公开招聘办学急需的专业技术人员和高技能人才担任专业课和实习指导教师。

20. 特设岗位不受中等职业学校、普通高中、幼儿园岗位总量、最高等级和结构比例限制，在完成工作任务后，按照管理权限予以核销。

四、专业技术岗位名称及岗位等级

21. 中等职业学校高级教师岗位名称为高级讲师（或相当专业技术职务，下同）一级岗位、高级讲师二级岗位、高级讲师三级岗位，分别对应五至七级专业技术岗位；中级教师岗位名称为讲师（或相当专业技术职务，下同）一级岗位、讲师二级岗位、讲师三级岗位，分别对应八至十级专业技术岗位；初级教师岗位名称为助理讲师（或相当专业技术职务，下同）一级岗位、助理讲师二级岗位，分别对应十一级、十二级专业技术岗位；员级教师岗位名称为教员（或相当专业技术职务）岗位，对应十三级专业技术岗位。

普通高中高级教师岗位名称为中学高级教师一级岗位、中学高级教师二级岗位、中学高级教师三级岗位，分别对应五至七级专业技术岗位；中级教师岗位名称为中学一级教师一级岗位、中学一级教师二级岗位、中学一级教师三级岗位，分别对应八至十级专业技术岗位；初级教师岗位名称为中学二级教师一级岗位、中学二级教师二级岗位，分别对应十一级、十二级专业技术岗位；员级教师岗位名称为中学三级教师岗位，对应十三级专业技术岗位。

幼儿园使用小学教师岗位名称。小学高级教师一级岗位、小学高级教师二级岗位、小学高级教师三级岗位，分别对应八至十级专业技术岗位；小学一级教师一级岗位、小学一级教师二级岗位，分别对应十一级、十二级专业技术岗位；小学二级教师、小学三级教师岗位，对应十三级专业技术岗位。

22. 中等职业学校、普通高中、幼儿园其他专业技术岗位名称和岗位等级设置参照相关行业办法和标准执行。

23. 中等职业学校、普通高中、幼儿园其他系列专业技术岗位的最高等级，原则上应低于教师岗位。

五、岗位基本条件

（一）各类岗位的基本条件

24. 中等职业学校、普通高中、幼儿园三类岗位的基本条件，主要根据岗位的职责任务和任职条件确定。中等职业学校、普通高中、幼儿园三类岗位的基本任职条件：

（1）遵守宪法和法律；

（2）具有良好的品行；

（3）岗位所需的专业、能力或技能条件；

（4）适应岗位要求的身体条件。

（二）管理岗位基本条件

25. 职员岗位一般应具有中专以上文化程度，其中六级以上职员岗位，一般应具有大学专科以上文化程度。

26. 各等级职员岗位的基本任职条件：

（1）五级职员岗位，须在六级职员岗位上工作两年以上；

（2）六级职员岗位，须在七级职员岗位上工作三年以上；

（3）七级、八级职员岗位，须分别在八级、九级职员岗位上工作三年以上。

27. 各省（自治区、直辖市）、学校主管部门以及中等职业学校、普通高中、幼儿园在上述基本任职条件的基础上，根据本指导意见，结合实际情况，制定本地区、本部门以及本单位职员的具体条件。

（三）专业技术岗位基本条件

28. 专业技术岗位的基本任职条件按照现行专业技术职务评聘的有关规定执行。

29. 受聘教师岗位的人员，应具有相应的教师资格，符合国家关于相应教师职务的基本任职条件。同时，应具备良好的师德修养，教育思想端正，关心爱护学生，善于学习，敬业爱岗，团结协作，严于律己。其中，受聘至中等职业学校专业课教师岗位的人员，应具备相关实践操作技能和实践教学能力。

30. 中等职业学校、普通高中、幼儿园实行职业资格准入控制的专业技术岗位的基本条件，应包括国家规定的相关职业资格准入的条件。

31. 各省（自治区、直辖市）、学校主管部门以及中等职业学校、普通高中、幼儿园在国家规定的专业技术高级、中级、初级岗位基本条件基础上，根据本指导意见，结合实际情况，制定本地区、本部门以及本单位的具体条件。

32. 中等职业学校、普通高中、幼儿园专业技术高级、中级、初级岗位内部不同等级岗位的条件，由主管部门和中等职业学校、普通高中、幼儿园按照《试行办法》《实施意见》和本指导意见，根据岗位的职责任务、专业技术水平要求等因素综合确定。

（四）工勤技能岗位基本条件

33. 工勤技能岗位基本任职条件：

（1）一级、二级工勤技能岗位，须在本工种下一级岗位工作满 5 年，并分别通过高级技师、技师技术等级考评；

（2）三级、四级工勤技能岗位，须在本工种下一级岗位工作满 5 年，并分别通过高级工、中级工技术等级考核；

（3）学徒（培训生）学习期满和工人见习、试用期满，通过初级工技术等级考核后，可确定为工勤技能技术工五级岗位。

（五）中等职业学校、普通高中、幼儿园校（园）长

34. 校（园）长按照干部人事管理权限聘任。受聘校（园）长岗位的人员，应具有良好的思想政治素质和品德修养；热爱教育事业，具有改革创新精神；根据中等职业学校、普通高中校长和幼儿园园长岗位的不同特点和要求，应具有履行职责所需要的专业知识、较强的组织管理和协调能力；遵纪守法，廉洁自律；具有团结协作精神，作风民主；具有中级（含）以上教师职务任职经历；一般应从事教育教学工作 5 年以上；身心健康。

六、岗位设置的审核

35. 中等职业学校、普通高中、幼儿园岗位设置实行核准制度，严格按照规定的程序和管理权限进行审核。

36. 中等职业学校、普通高中、幼儿园岗位设置方案包括岗位总量、结构比例以及最高等级限额等事项。

37. 中等职业学校、普通高中、幼儿园岗位设置工作按以下程序进行：

（1）制定岗位设置方案，填写岗位设置审核表；

（2）按程序报主管部门审核、政府人事行政部门核准；

（3）在核准的岗位总量、结构比例和最高等级限额内，制定岗位设置实施方案；

（4）广泛听取教职工对岗位设置实施方案的意见；

（5）岗位设置实施方案由学校负责人员集体讨论通过；

（6）组织实施。

38. 省（自治区、直辖市）、地（市）政府所属学校的岗位设置方案经学校主管部门审核后，报省（自治区、直辖市）、地（市）政府人事行政部门核准。

39. 县（县级市、区）所属学校岗位设置方案经县（县级市、区）教育行政部门或学校上级主管部门审核汇总，并报县（县级市、区）级人事行政部门审核后，报地区或设区的市政府人事行政部门核准。

40. 中等职业学校、普通高中、幼儿园特设岗位的设置须经主管部门审核后，按程序报设区的市级以上政府人事行政部门核准。具体管理办法由各省（自治区、直辖市）根据实际情况制定。

41. 有下列情形之一的，岗位设置方案可按照第38条、第39条的权限申请变更：

（1）中等职业学校、普通高中、幼儿园出现分立、合并，须对本单位的岗位进行重新设置的；

（2）根据上级或同级机构编制部门的正式文件，增减机构编制的；

（3）按照业务发展和实际情况，为完成工作任务确需变更岗位设置的。

42. 经核准的岗位设置方案作为聘用人员、确定岗位等级、调整岗位以及核定工资的依据。

七、岗位聘用

43. 中等职业学校、普通高中、幼儿园聘用人员，应在核定的岗位总量和岗位结构比例内，根据按需设岗、竞聘上岗、按岗聘用的原则，在严格掌握聘用条件，完善考核评价办法的基础上，依照有关规定程序，由学校自主聘任到相应岗位。专业技术岗位人员聘用工作按照现行专业技术职务评聘的有关政策规定执行，逐步建立和完善专业技术职务评聘与岗位聘用相结合的用人制度。在教师高级岗位聘任中，应向优秀班主任和其他优秀教师倾斜。

44. 中等职业学校、普通高中、幼儿园聘用人员，应在岗位有空缺的条件下，按照公开招聘、竞聘上岗的有关规定择优聘用。

45. 中等职业学校、普通高中、幼儿园应分别按照管理岗位、专业技术岗位、工勤技能岗位的职责任务和任职条件，在核定的结构比例内聘用人员，聘用条件不得低于国家规定的基本条件。

46. 中等职业学校、普通高中、幼儿园要完善聘用办法、规范聘用程序、健全聘用组织及监督机制，确保岗位聘用工作公开、公平、公正进行。学校要成立聘用组织，负责岗位聘用的有关工作。要采取措施严格限制专业技术高级、中级、初级岗位中的高等级岗位的设置。

47. 中等职业学校、普通高中、幼儿园与受聘人员应当在平等自愿、协商一致的基础上签订聘用合同，明确受聘岗位职责要求、工作条件、工资福利待遇、岗位纪律、聘用合同变更、解除和终止的条件以及聘用合同期限等方面的内容。聘用合同期限内调整岗位的，应当对聘用合同的相关内容作出相应变更。

48. 根据中等职业学校、普通高中、幼儿园工作的特点，教育教学管理岗位上的人员原则上应直接从事部分教学工作，其他管理人员及工勤人员应积极实行一岗多责，提高用人效益。

49. 中等职业学校、普通高中、幼儿园新参加工作人员见习、试用期满后，管理人员按照《实施意见》相关规定确定相应的岗位等级；专业技术人员按照岗位条件要求确定岗位等级；工勤技能人员通过初级工技术等级考核后，可确定为工勤技能技术工五级岗位。

50. 根据中等职业学校、普通高中、幼儿园工作的特点，对确有真才实学、成绩显著、贡献突出，岗位急需且符合破格条件的专业技术人员，经上一级主管部门批准，可以根据有关规定破格聘用。

51. 尚未实行聘用制度和岗位管理制度的中等职业学校、普通高中、幼儿园，应按照《国务院办公厅转发人事部关于在事业单位试行人员聘用制度意见的通知》《人事部　教育部关于深化中小学人事制度改革的实施意见》和《试行办法》《实施意见》以及本指导意见的精神，抓紧进行岗位设置，实行聘用制度，组织岗位聘用。

已经实行聘用制度，签订聘用合同的中等职业学校、普通高中、幼儿园，可以根据《试行办法》《实施意见》及本指导意见的要求，按照核准的岗位设置方案，对本单位现有人员确定不同等级的岗位，并变更聘用合同相应的内容。聘用合同期满前，中等职业学校、普通高中、幼儿园应按国家有关规定和受聘人员的履职情况认真考核，及时作出续聘、岗位调整或解聘的决定。

52. 中等职业学校、普通高中、幼儿园首次进行岗位设置和岗位聘用，岗位结构比例不得突破现有人员的结构比例，不得突击聘用人员，不得突击聘用职务。要根据国家有关规定，使现有在册的正式工作人员，按照现聘职务或岗位进入相应等级的岗位。现有人员的结构比例已经超过核准的结构比例的，应通过自然减员、调出、低聘或解聘的办法，逐步达到规定的结构比例。尚未达到核准的结构比例的，要严格控制岗位聘用数量，根据中等职业学校、普通高中、幼儿园教育事业发展要求和人员队伍状况等情况逐年逐步到位。

53. 各地应按照中等职业学校、普通高中以及幼儿园所核定的岗位总量、结构比例、最高等级聘任教师，满足教育教学和课程设置对各级岗位教师的基本需求。要坚决制止在有合格条件人选的情况下出现“有岗不聘”的现象。对学校按规定要求聘用的人员，经教育主管部门或上级主管部门和人事行政部门审核后，应及时办理人事关系，兑现工资待遇。

54. 地（市）以上教育督导机构要按照国家和当地中等职业学校、普通高中、幼儿园岗位设置的指导标准，以及核定的岗位设置方案，依法加强对上述学校人员聘用及配置状况的督导检查。

各地在实施统一的义务教育教师职务制度后，幼儿园教师参照小学教师职务管理办法执行。

八、组织实施

55. 地方人事行政部门、教育行政部门和学校主管部门要高度重视，分工协作，加强领导，认真组织好中等职业学校、普通高中、幼儿园的岗位设置工作。要结合实际情况，研究制定学校岗位设置管理的实施意见，对各类岗位的任职条件、工作标准、职责任务等作出具体规定。要统筹规划，分类指导，周密部署，及时研究解决改革中出现的新情况、新问题，科学核定各学校的岗位设置方案，确保学校的人力资源供给和持续健康发展。

56. 岗位设置工作是中等职业学校、普通高中、幼儿园人事制度改革的重要组成部分，关系学校广大教职工的切身利益。学校党政领导班子要坚持以人为本，开展深入细致的思想政治工作。要加大宣传力度，切实提高教职工的思想认识。要按照积极、稳妥的方针，统筹协调各方面的利益关系，正确处理遇到的矛盾和问题，确保改革平稳有序进行，维护学校教育教学工作的正常开展。

57. 中等职业学校、普通高中、幼儿园在岗位设置和岗位聘用工作中，要严格执行有关政策规定，坚持原则，坚持走群众路线。对违反规定滥用职权、打击报复、以权谋私的，要追究相应责任。对不按《试行办法》《实施意见》和本指导意见进行岗位设置和岗位聘用的单位，政府人事行政部门、教育行政部门及有关部门不予确认岗位等级、不予兑现工资、不予核拨经费。情节严重的，对相关领导和责任人予以通报批评，按照人事管理权限给予相应的纪律处分。

58. 本指导意见由人事部、教育部负责解释。

关于做好党群系统事业单位岗位设置管理工作的通知

国人部发〔2007〕85号

各省（自治区、直辖市）党委组织部、政府人事厅（局），中央和国家机关各部委、各人民团体干部（人事）部门，新疆生产建设兵团党委组织部、人事局：

在事业单位试行岗位设置管理制度，是推进事业单位分类改革的需要，是深化事业单位人事制度改革的需要，也是改革事业单位工作人员收入分配制度的紧迫要求，对于事业单位转换用人机制，实现由身份管理向岗位管理的转变，调动事业单位各类人员的积极性、创造性，促进社会公益事业的发展，具有十分重要的意义。

2006年，人事部制定了《事业单位岗位设置管理试行办法》（国人部发〔2006〕70号，以下简称《试行办法》）和《〈事业单位岗位设置管理试行办法〉实施意见》（国人部发〔2006〕87号，以下简称《实施意见》），对政府所属事业单位岗位设置管理工作进行了规定。为做好党群系统事业单位岗位设置管理工作，现就有关问题通知如下。

一、党委、人大、政协、法院、检察院、民主党派和工商联机关，以及人民团体机关所属事业单位的岗位设置管理工作，参照《试行办法》《实施意见》以及相关的行业指导意见执行。

使用事业编制的各类学会、协会、基金会等党群系统社会团体工作人员，参照《试行办法》和《实施意见》，纳入岗位设置管理。

经批准参照《中华人民共和国公务员法》进行管理的党群系统事业单位、社会团体，党群系统事业单位所属独立核算的企业，以及由党群系统事业单位已经转制为企业的单位，不适用《试行办法》和《实施意见》。

二、中央直属事业单位的岗位设置方案送人事部备案后实施。

中央党群机关所属事业单位的岗位设置方案经主管部门审核汇总，送人事部备案后实施。

地方党群系统事业单位岗位设置方案审核办法，由各省（自治区、直辖市）参照《试行办法》和《实施意见》的规定，结合实际确定。

三、各地区、各部门要按照本通知的统一部署，认真做好党群系统事业单位岗位设置管理的组织实施工作。各级党委组织部门和政府人事部门要根据《试行办法》和《实施意见》的要求，加强政策指导、宏观调控和监督管理。各有关党群系统事业单位主管部门要加强对所属事业单位岗位设置管理的工作指导，充分落实事业单位的用人自主权。

各地区、各部门和党群系统事业单位必须严格执行政策，严格按照岗位设置管理的有关规定和核准的各类岗位结构比例标准设置各类岗位，要采取措施严格限制高等级专业技术岗位的设置。不得违反规定突破现有的职务数额，不得突击聘用人员，不得突击聘用职务。

各级党委组织部门、政府人事部门要密切合作，精心组织，周密安排，与党群系统事业单位主管部门和事业单位共同做好岗位设置管理的组织实施工作。

中共中央组织部

人事部

2007 年 6 月 6 日

关于印发《关于农业事业单位岗位设置管理的指导意见》的通知

国人部发〔2007〕97号

各省、自治区、直辖市人事厅（局）、农业厅（局），新疆生产建设兵团人事局、农业局，国务院各部委、各直属机构人事部门：

根据《事业单位岗位设置管理试行办法》（国人部发〔2006〕70号）和《〈事业单位岗位设置管理试行办法〉实施意见》（国人部发〔2006〕87号）精神，结合农业事业单位的实际情况，我们制定了《关于农业事业单位岗位设置管理的指导意见》。现印发给你们，请遵照执行。

人事部
农业部
2007年7月9日

关于农业事业单位岗位设置管理的指导意见

根据《事业单位岗位设置管理试行办法》（国人部发〔2006〕70号，以下简称《试行办法》）和《〈事业单位岗位设置管理试行办法〉实施意见》（国人部发〔2006〕87号，以下简称《实施意见》），为做好农业事业单位岗位设置管理的组织实施工作，结合农业事业单位的特点，提出以下指导意见。

一、适用范围

1. 各级农业主管部门（包括种植业、畜牧业、渔业、农业机械、乡镇企业、饲料、农垦、农村经营管理、农村能源和农业环境保护等主管部门）举办，或者利用国有资产按照规定程序设立、从事公益性服务、有以营利为目的的农业事业单位，都要实施岗位设置管理。

2. 农业事业单位管理人员（职员）、专业技术人员和工勤技能人员，都要纳入岗位设置管理范围。

岗位设置管理中涉及农业事业单位领导人员的，按照干部人事管理机限的有关规定执行。

3. 使用事业编制的各类农业社会团体，参照《试行办法》《实施意见》和本指导意见，纳入岗位设置管理。

4. 经批准参照《中华人民共和国公务员法》进行管理的农业事业单位，各类企业所属的农业事业单位和农业事业单位所属独立核算的企业，及已转制为企业的农业单位，不适用本指导意见。

5. 农业教育、科研、广播电视、新闻出版等事业单位，适用相关行业的指导意见。

二、岗位类别

6. 农业事业单位岗位分为管理岗位、专业技术岗位和工勤技能岗位三种类别（以下简称三类岗位）。

7. 管理岗位指担负领导职责或管理任务的工作岗位。管理岗位的设置要适应增强农业事业单位运转效能、提高工作效率、提升管理水平的需要。

8. 专业技术岗位是指从事专业技术工作，具有相应专业技术水平和能力要求的工作岗位。专业技术岗位的设置要符合农业工作和人才成长的规律和特点，适应事业发展与提高专业水平的需要。

9. 工勤技能岗位是指承担技能操作和维护、后勤保障、服务等职责的工作岗位。工勤技能岗位的设置要适应提高操作维护技能，提升服务水平的要求，满足农业事业单位业务工作的实际需要。

鼓励农业事业单位后勤服务社会化，已经实现社会化服务的一般性劳务工作，不再设置相应的工勤技能岗位。

10. 根据农业事业单位的社会功能、职责任务、工作性质和人员结构特点等因素，综合确定农业事业单位三类岗位总量的结构比例。

11. 农业事业单位三类岗位的结构比例由政府人事行政部门和农业事业单位主管部门确定。控制标准如下：

（1）主要履行法律法规授权或农业行政部门委托职能，承担执法监督、农业和农村事务管理任务的农业事业单位，岗位设置以管理岗位为主。其管理岗位一般不低于单位岗位总量的 50%，工勤技能岗位一般不高于单位岗位总量的 10%。

（2）主要以专业技术为社会提供公益性服务的农业事业单位，岗位设置以专业技术岗位为主。其专业技术岗位一般不低于单位岗位总量的 70%，工勤技能岗位一般不高于单位岗位总量的 10%。根据《国务院关于深化改革加强基层农业技术推广体系建设的意见》（国发〔2006〕30 号）的规定，基层公益性农业技术推广机构的农业专业技术岗位占岗位总量的比例不低于 80%农业事业单位应根据单位主体业务确定主体专业技术岗位。

（3）主要提供农业技能型服务，开展试验、示范性生产等活动的农业事业单位，岗位设置应以工勤技能岗位为主。其工勤技能岗位一般不低于单位岗位总量的 50%，管理岗位一般不高于单位岗位总量的 15%。

三、岗位等级

（一）管理岗位等级设置

12. 管理岗位的最高等级和结构比例根据农业事业单位的规格、规模、隶属关系，按照干部人事管理有关规定和权限确定。

13. 农业事业单位现行的厅级正职、厅级副职、处级正职、处级副职、科级正职、科级副职、科员、办事员依次分别对应管理岗位三至十级职员岗位。

14. 根据农业事单位的规格、规模和隶属关系，按照干部人事管理权限设置农业事业单位各等级管理岗位的职员数量。

（二）专业技术岗位等级设置

15. 专业技术岗位的最高等级和结构比例根据农业事单位的功能、规格、隶属关系和专业技术水平等因素，根据农业行业现行专业技术职务管理的有关规定和本指导意见确定。

16. 专业技术岗位分为 13 个等级。专业技术高级岗位分 7 个等级，即一至七级。高级专业技术职务中的正高级岗位包括一至四级，副高级的岗位包括五至七级；中级岗位分 3 个等级，即八至十级；初级岗位分 3 个等级，即十一至十三级，其中十三级是员级岗位。

17. 农业事业单位专业技术高级、中级、初级岗位之间，以及高级、中级、初级岗位内部不同等级之间的结构比例，根据地区经济、社会事业发展水平，以及农业事业单位的功能、规格、隶属关系和专业技术水平，实行不同的结构比例。

根据全国事业单位专业技术高级、中级、初级岗位之间的结构比例总体控制目标要求，按照农业事业单位专业技术人员高级、中级、初级结构比例现状，根据农业事业发展需要和“十一五”农业人才发展规划，合理确定专业技术人员高级、中级、初级岗位之间的结构比例。对农业专业技术水平较高、社会影响力较大的单位，高级岗位比例可适当提高。

农业事业单位高级、中级、初级岗位内部不同等级岗位之间的结构比例，全总体控制目标为：二级、三级、四级岗位之间的比例为 1∶3∶6，五级、六级、七级岗位之间的比例为 2∶4∶4，八级、九级、十级岗位之间的比例为 3∶4∶3，十一级、十二级岗位之间的比例为 5∶5。

县级及以下人员少、较分散的基层农业事业单位，专业技术岗位设置的结构比例可实行集中调控、集中管理的办法。具体办法由省级政府人事行政部门和主管部门根据《国务院关于推进兽医管理体制改革的若干意见》（国发〔2005〕15 号）和《国务院关于深化改革加强基层农业技术推广体系建设的意见》（国发〔2006〕30 号）的规定研究制定。

18. 各级政府人事行政部门和农业事业单位主管部门要严格控制专业技术岗位的结构比例，严格控制高级专业技术岗位总量。农业事业单位要严格执行核准的专业技术岗位结构比例。

（三）工勤技能岗位等级设置

19. 工勤技能岗位包括技术工岗位和普通工岗位，其中技术工岗位分为 5 个等级，普通工岗位不分等级。

20. 工勤技能岗位的最高等级和结构比例按照岗位等级规范、技能水平和工作需要确定。

21. 农业事业单位中的高级技师、技师、高级工、中级工、初级工，依次分别对应工勤技能一至五级岗位。

22. 农业事业单位工勤技能岗位结构比例，一级、二级、三级岗位的总量占工勤技能岗位总量的比例，全国总体控制目标为25%左右；一级、二级岗位的总量占工勤技能岗位总量的比例，全国总体控制目标为5%左右。

23. 农业事业单位工勤技能一级、二级岗位，主要应在专业技术辅助岗位承担技能操作和维护职责等对技能水平要求较高的领域设置。工勤技能一级、二级岗位的总量要严格控制。

（四）特设岗位设置

24. 特设岗位是根据农业事业单位特点和事业发展规律，为适应聘用急需的高层次人才等特殊需要，经批准设置的工作岗位，是农业事业单位中的非常设岗位。特设岗位的等级按照规定的程序确定。

特设岗位不受农业事业单位岗位总量、最高等级和结构比例限制，工作任务完成后，应按照管理权限予以核销。

25. 农业事业单位特设岗位的设置须经主管部门审核，并按程序报设区的市级以上人民政府人事行政部门核准。具体管理办法由各省（自治区、直辖市）根据实际情况制定。

四、专业技术岗位名称及岗位等级

26. 农业事业单位主体专业技术岗位中，正高级专业技术岗位名称为农业技术推广研究员一级岗位、农业技术推广研究员二级岗位、农业技术推广研究员三级岗位、农业技术推广研究员四级岗位，分别对应一至四级专业技术岗位；副高级岗位名称为高级农艺师（高级畜牧师、高级兽医师，下同）一级岗位、高级农艺师二级岗位、高级农艺师三级岗位，分别对应五至七级专业技术岗位；中级岗位名称农艺师（畜牧师、兽医师，下同）一级岗位、农艺师二级岗位、农艺师三级岗位，分别对应八至十级专业技术岗位；初级岗位名称为助理农艺师（助理畜牧师、助理兽医师，下同）一级岗位、助理农艺师二级岗位，分别对应十一级、十二级专业技术岗位；员级专业技术岗位名称为技术员岗位，对应十三级专业技术岗位。

27. 其他专业技术岗位名称和对应等级参照相关行业指导意见和标准执行。

28. 农业事业单位专业技术一级岗位属国家专设的特级岗位，其人员的确定按国家有关规定执行。

29. 农业事业单位其他系列专业技术岗位的最高等级原则上应低于主体专业技术岗位。

五、岗位条件

（一）各类岗位的基本条件

30. 农业事业单位三类岗位的基本条件，主要根据岗位的职责任务和任职条件确定。农业事业单位三类岗位的基本任职条件为：

（1）遵守宪法和法律；

（2）具有良好的品行；

（3）岗位所需的专业、能力或技能条件；

（4）适应岗位要求的身体条件。

（二）管理岗位基本条件

31. 职员岗位一般应具有中专以上文化程度，其中六级及以上职员岗位，一般应具有大学专科以上文化程度，四级及以上职员岗位，一般应具有大学本科以上文化程度。

32. 农业事业单位各等级职员岗位的基本任职条件为：

（1）三级、五级职员岗位，须分别在四级、六级职员岗位上工作两年以上；

（2）四级、六级职员岗位，须分别在五级、七级职员岗位上工作三年以上；

（3）七级、八级职员岗位，须分别在八级、九级职员岗位上工作三年以上。

33. 各省（自治区、直辖市）、国务院各有关部门以及农业事业单位在上述基本任职条件的基础上，根据本指导意见，结合实际情况，制定本地区、本部门以及本单位职员的具体条件。

（三）专业技术岗位基本条件

34. 农业事业单位专业技术岗位的基本任职条件按照农业行业现行专业技术职务评聘的有关规定执行。

35. 农业事业单位实行职业资格准入控制的专业技术岗位的基本条件，应包括准入控制的要求。

36. 各省（自治区、直辖市）、国务院有关部门以及农业事业单位在国家规定的专业技术高级、中级、初级岗位基本条件基础上，根据本指导意见，结合不同类型、不同层次专业技术岗位的实际情况，制定本地区、本部门以及本单位专业技术岗位的具体条件。

37. 农业事业单位专业技术高级、中级、初级岗位内部不同等级岗位的条件，由主管部门和农业事业单位按照《试行办法》《实施意见》和本指导意见，根据岗位的职责任务、专业技术水平要求等因素综合确定。

（四）工勤技能岗位基本条件

38. 农业事业单位工勤技能岗位的基本任职条件为：

（1）一级、二级工勤技能岗位，须在本工种下一级岗位工作满 5 年，并分别通过高级技师、技师技术等级考评；

（2）三级、四级工勤技能岗位，须在本工种下一级岗位工作满 5 年，并分别通过高级工、中级工技术等级考核；

（3）学徒（培训生）学习期满和工人见习、试用期满，通过初级工技术等级考核后，可确定为五级工勤技能岗位。

六、岗位设置的审核

39. 农业事业单位岗位设置实行核准制度，严格按照规定的程序和管理权限进行审核。

40. 农业事业单位设置岗位按照以下程序进行：

（1）制定岗位设置方案，填写岗位设置审核表；

（2）按程序报主管部门审核、政府人事行政部门核准；

（3）在核准的岗位总量、结构比例和最高等级限额内，制定岗位设置实施方案；

(4) 广泛听取职工对岗位设置实施方案的意见;

(5) 岗位设置实施方案由单位负责人员集体讨论通过;

(6) 组织实施。

41. 农业部所属农业事业单位的岗位设置方案报农业部审核汇总后,报人事部备案。

42. 省(自治区、直辖市)人民政府直属农业事业单位的岗位设置方案,报同级人事厅(局)核准后实施。

省(自治区、直辖市)人民政府各部门所属农业事业单位的岗位设置方案经主管部门审核后,报本地区人事厅(局)核准。

43. 地(市、州)人民政府直属农业事业单位的岗位设置方案,报本地(市、州)人事行政部门核准。

地(市、州)人民政府各部门所属农业事业单位的岗位设置方案经主管部门审核后,报本地(市、州)人民政府人事行政部门核准。

44. 县(县级市、区、旗)人民政府直属农业事业单位的岗位设置方案,经县(县级市、区、旗)人民政府人事行政部门审核后,报地区或设区的市人民政府人事行政部门核准。

县(县级市、区、旗)人民政府各部门所属农业事业单位的岗位设置方案经主管部门、县(县级市、区、旗)人民政府人事行政部门审核汇总后,报地区或设区的市人民政府人事行政部门核准。

45. 农业事业单位的岗位总量、结构比例和最高等级应保持相对稳定。有下列情形之一的,岗位设置方案可按照41条、第42条、第43条、第44条的权限申请变更:

(1) 农业事业单位出现分立、合并,须对本单位的岗位进行重新设置的;

(2) 根据上级或同级机构编制部门的正式文件,增减机构编制的;

(3) 按照业务发展和实际情况,为完成工作任务确需变更岗位设置的。

46. 经核准的岗位设置方案作为聘用人员、确定岗位等级、调整岗位以及核定工资的依据。

七、岗位聘用

47. 农业事业单位按照《试行办法》《实施意见》和本指导意见以及核准的岗位设置方案,根据按需设岗、竞聘上岗、按岗聘用的原则,确定具体岗位,明确岗位等级,聘用工作人员,签订聘用合同。

48. 农业事业单位聘用人员,应在岗位有空缺的情况下按照公开招聘、竞聘上岗的原则及有关规定择优聘用。

农业事业单位应分别按照管理岗位、专业技术岗位、工勤技能岗位的职责任务和任职条件,在核定的结构比例范围内聘用人员,聘用条件不得低于国家规定的基本条件。

49. 县级及以下人员少、机构分散,对岗位结构比例实行集中调控、集中管理的基层农业事业单位,可根据实际情况实行人员集中聘用。

50. 根据农业行业人才的特点,对农业事业单位确有真才实学、成绩显著、贡献突出的专业技术人员,岗位需要且符合破格条件的,经上级主管部门批准可予破格聘用。

51. 农业事业单位新参加工作人员见习、试用期满后，管理人员按照《实施意见》规定确定相应的岗位等级；专业技术人员按照岗位条件要求确定岗位等级。

52. 尚未实行聘用制度和岗位管理制度的农业事业单位，应按照《国务院办公厅转发人事部关于在事业单位试行人员聘用制度意见的通知》《试行办法》《实施意见》和本指导意见的精神，抓紧进行岗位设置，实行聘用制度，加强岗位管理。

已经实行聘用制度，签订聘用合同的农业事业单位，可根据《试行办法》《实施意见》和本指导意见，按照核准的岗位设置方案，对本单位现有人员确定相应的岗位，并变更聘用合同的有关内容。

53. 各级人民政府人事行政部门、农业事业单位主管部门和农业事业单位要根据国家有关规定，对现有在册的正式工作人员，按照现聘职务或岗位进入相应等级的岗位。

各地区、各部门和农业事业单位必须严格把握政策，不得违反规定突破现有的职务数额，不得突击聘用人员，不得突击聘用职务。要采取措施严格限制专业技术高级、中级、初级岗位中高级岗位的设置。

54. 农业事业单位聘用人员原则上不得同时在两类岗位上任职。根据农业事业单位的工作特点，确需兼任的，须按人事管理权限审批。

55. 农业事业单位首次进行岗位设置和岗位聘用的，岗位结构比例不得突破现有人员的结构比例。现有人员的结构比例已经超过核准比例的，应通过自然减员、调出、低聘或解聘等办法，逐步达到规定的结构比例。尚未达到核准的结构比例的，要严格控制岗位聘用数量，根据事业发展要求和人员队伍状况等情况逐年逐步到位。

八、组织实施

56. 岗位设置管理是农业事业单位人事制度改革的重要内容，是一项开创性、基础性工作，关系到农业事业的长远发展和广大干部职工的切身利益。要坚持以人为本，从农业事业单位的实际出发，根据事业的发展需要，切实保证职工的切身利益，积极稳妥地推进改革。

57. 各级农业主管部门要提高认识，发挥职能作用，制定具体方案，组织好所属农业事业单位岗位设置管理的实施工作。各级人事行政部门要加强与农业主管部门的沟通协调，结合本地区农业事业单位的特点，认真贯彻执行《试行办法》《实施意见》和本指导意见。

58. 各地区、各部门和农业事业单位在岗位设置和岗位聘用工作中，要严格执行有关政策规定，坚持原则，坚持走群众路线。对违反规定滥用职权、打击报复、以权谋私的，要追究责任。对不按《试行办法》《实施意见》和本指导意见进行岗位设置和岗位聘用的农业事业单位，政府人事行政部门、农业主管部门及有关部门不予确认岗位等级、不予兑现工资、不予核拨经费。情节严重的，对相关领导和责任人予以通报批评，按照人事管理权限给予相应的纪律处分。

59. 本指导意见由人事部、农业部负责解释。

关于印发《关于体育事业单位岗位设置管理的指导意见》的通知

国人部发〔2007〕101号

根据《事业单位岗位设置管理试行办法》（国人部发〔2006〕70号，以下简称《试行办法》）及《〈事业单位岗位设置管理试行办法〉实施意见》（国人部发〔2006〕87号，以下简称《实施意见》），为做好体育事业单位岗位设置管理工作，结合体育事业单位的特点，提出以下指导意见。

一、适用范围

1. 为了发展体育事业，由国家机关举办或者其他组织利用国有资产举办的体育事业单位，包括经费来源主要由财政拨款、部分由财政支持以及经费自理的体育事业单位，都要实施岗位设置管理。

本意见所指体育事业单位是指体育项目管理中心、体育工作大队、体育竞赛管理中心、体育训练基地、体育场馆、体育中心、中等体育运动学校、少年儿童体育学校等。

2. 体育事业单位的管理人员（职员）、专业技术人员、工勤技能人员和运动员，纳入岗位设置管理。

岗位设置管理中涉及体育事业单位领导人员的，按照干部人事管理权限的有关规定执行。

3. 使用事业编制的各级体育学会、体育协会、体育基金会等社会团体工作人员，参照《试行办法》《实施意见》和本指导意见，纳入岗位设置管理。

二、岗位类别设置

4. 体育事业单位岗位分为管理岗位、专业技术岗位、工勤技能岗位和运动员岗位。其中，运动员岗位管理的具体办法另行研究制定。

5. 体育事业单位管理岗位指担负领导职责或管理任务的工作岗位。管理岗位的设置要适应增强单位运转效能、提高工作效率、提升管理水平的需要。

6. 体育事业单位专业技术岗位指从事专业技术工作，具有相应专业技术水平和能力要求的工作岗位。专业技术岗位的设置要符合体育工作和人才成长的规律和特点，适应发展体育事业与提高专业水平的需要。

体育事业单位的专业技术岗位分为教练员岗位和其他专业技术岗位，教练员岗位是体育事业单位专业技术岗位中的主体岗位。

7. 体育事业单位工勤技能岗位指承担技能操作和维护、后勤保障、服务等职责的工作岗位。工勤技能岗位的设置要适应提高操作维护技能，提升服务水平的要求，满足体育事业单位业务工作的实际需要。

鼓励体育事业单位后勤服务社会化，已经实现社会化服务的一般性劳务工作，不再设置相应的工勤技能岗位。

8. 根据体育事业单位的社会功能、职责任务、工作性质和人员结构特点等因素，综合确定体育事业单位管理岗位、专业技术岗位、工勤技能岗位（以下简称三类岗位）总量的结构比例。

9. 体育事业单位三类岗位的结构比例由政府人事行政部门和体育事业单位主管部门确定。总体控制标准如下：

（1）主要以专业技术提供公益服务的体育事业单位，专业技术岗位一般应占单位岗位总量的70%；

（2）主要承担社会事务管理职责的体育事业单位，管理岗位一般应占单位岗位总量的一半以上；

（3）主要承担技能操作维护、服务保障等职责的体育事业单位，工勤技能岗位一般应占单位岗位总量的一半以上；

（4）其他两类岗位应该保持相对合理的结构比例。

对于承担职能较多、性质较为复杂的体育事业单位，其三类岗位之间的结构比例，可以视具体情况按照管理权限进行核定。

三、岗位等级设置

（一）管理岗位等级设置

10. 体育事业单位管理岗位的最高等级和结构比例根据单位的规格、规模、隶属关系，按照干部人事管理有关规定和权限确定。

11. 体育事业单位现行的厅级正职、厅级副职、处级正职、处级副职、科级正职、科级副职、科员、办事员依次分别对应管理岗位三至十级职员。

12. 根据体育事业单位的规格、规模和隶属关系，按照干部人事管理权限设置体育事业单位各等级管理岗位的职员数量。

（二）专业技术岗位等级设置

13. 体育事业单位专业技术岗位的最高等级和结构比例按照单位的功能、规格、隶属关系和专业技术水平等因素，根据现行专业技术职务管理的有关规定和本指导意见确定。

14. 体育事业单位专业技术岗位高级岗位分7个等级，即一至七级。高级专业技术职务正高级的岗位包括一至四级，副高级的岗位包括五至七级；中级岗位分3个等级，即八至十级；初级岗位分为3个等级，即十一至十三级，其中十三级是员级岗位。

15. 体育事业单位专业技术高级、中级、初级岗位之间，以及高级、中级、初级岗位内部不同等级岗位之间的结构比例，根据地区经济、体育事业发展水平，以及体育事业单位的功能、规格、隶属关系和专业技术水平，实行不同的结构比例控制。

根据全国事业单位专业技术高级、中级、初级岗位之间的结构比例总体控制目标的要求，按照体育事业单位专业技术人员高级、中级、初级结构比例现状，根据体育事业单位发展需要，合理确定体育事业单位专业技术高级、中级、初级岗位之间的结构比例。

体育教练员高级、中级、初级岗位之间的结构比例按照人事部、国家体育运动委员会《关于印发〈体育教练员职务等级标准〉和〈关于〈体育教练员职务等级标准〉若干问题的说明〉的通知》（人职发〔1994〕17号）的有关规定核定；地市级以上体育事业单位中专业技术高级、中级、初级岗位之间的结构比例可适当高于基层体育事业单位。承担优秀运动队管理和服务保障的体育事业单位专业技术岗位结构比例可适当提高；对于体育事业单位中被上级运动队征调一年以上的教练员、队医、科研等专业技术人员，在征调期间，其专业技术岗位职数单列。

体育事业单位专业技术高级、中级、初级岗位内部不同等级之间的结构比例全国总体控制目标：二级、三级、四级岗位之间的比例为1∶3∶6；五级、六级、七级岗位之间的比例为2∶4∶4；八级、九级、十级岗位之间的比例为3∶4∶3；十一级、十二级岗位之间的比例为5∶5。

16. 各级政府人事行政部门和体育事业单位主管部门要严格控制专业技术岗位结构比例，严格控制高级专业技术岗位的总量，体育事业单位要严格执行核准的专业技术岗位结构比例。

（三）工勤技能岗位等级设置

17. 体育事业单位工勤技能岗位的最高等级和结构比例按照岗位等级规范、技术水平和工作需要确定。

18. 体育事业单位中的高级技师、技师、高级工、中级工、初级工，依次分别对应一至五级工勤技能岗位。普通工岗位不分等级。

19. 体育事业单位工勤技能岗位结构比例，一级、二级、三级岗位的总量占工勤技能岗位总量的比例，全国总体控制目标为25%左右；一级、二级岗位的总量占工勤技能岗位总量的比例，全国总体控制目标为5%左右。

20. 体育事业单位工勤技能一级、二级岗位主要应在专业技术辅助岗位承担技能操作和维护职责等对技能水平要求较高的领域设置。

（四）特设岗位设置

21. 体育事业单位中的特设岗位是根据体育事业发展的特殊需要，经批准设置的工作岗位，是体育事业单位中的非常设岗位。特设岗位的等级根据规定的程序确定。

特设岗位不受体育事业单位岗位总量、最高等级和结构比例限制，在完成工作任务或特殊情况消失后，按照管理权限予以核销。

22. 体育事业单位特设岗位的设置须经主管部门审核后，按程序报设区的市级以上政府人事行政部门核准。具体管理办法由各地区、各部门根据实际情况制定。

四、专业技术岗位名称及岗位等级

23. 体育事业单位正高级教练员岗位名称为国家级教练一级岗位、国家级教练二级岗位、国家级教练三级岗位、国家级教练四级岗位，分别对应一至四级专业技术岗位；副高级教练员岗位名称为高级教练一级岗位、高级教练二级岗位、高级教练三级岗位，分别对应五至七级专业技术岗位；中级教练员岗位名称为教练一级岗位、教练二级岗位、教练三级岗位，分别对应八至十级专业技术岗位；初级教练员岗位名称为助理教练一级岗位、助理教练二级岗位，分别对应十一至十二级专业技术岗位；员级教练员岗位名称为见习教练岗位，对应十三级专业技术岗位。

24. 体育事业单位其他专业技术岗位名称和岗位等级设置参照相关行业办法和标准执行。

25. 体育事业单位专业技术一级岗位属国家专设的特级岗位，其人员的确定按国家有关规定执行。

五、岗位基本条件

（一）各类岗位的基本条件

26. 体育事业单位三类岗位的基本条件，主要根据岗位的职责任务和任职条件确定。体育事业单位三类岗位的基本任职条件：

（1）遵守宪法和法律；

（2）具有良好的品行；

（3）岗位所需的专业、能力或技能条件；

（4）适应岗位要求的身体条件。

（二）管理岗位基本条件

27. 体育事业单位职员岗位一般应具有中专以上文化程度，其中六级以上职员岗位，一般应具有大学专科以上文化程度，四级以上职员岗位一般应具有大学本科以上文化程度。

28. 体育事业单位各等级职员岗位的基本任职条件：

（1）三级、五级职员岗位，须分别在四级、六级职员岗位上工作两年以上；

（2）四级、六级职员岗位，须分别在五级、七级职员岗位上工作三年以上；

（3）七级、八级职员岗位，须分别在八级、九级职员岗位上工作三年以上。

29. 各省（自治区、直辖市）、国务院有关部门以及体育事业单位在上述基本任职条件的基础上，根据本指导意见，结合实际情况，制定本地区、本部门以及本单位职员的具体条件。

（三）专业技术岗位基本条件

30. 体育事业单位专业技术岗位的基本任职条件按照体育行业现行专业技术职务评聘的有关规定执行。

31. 教练员基本任职条件：

（1）遵守宪法和法律；

（2）热爱体育事业，有较强的事业心和有良好的职业道德，爱岗敬业；

（3）具备相应任职资格；

（4）开拓创新，求真务实，完成训练教学任务，不断提高运动技术水平；

（5）有相应的体育基础理论和业务水平，积极参加继续教育；

（6）身体健康，能坚持正常工作；

（7）教练员所应具备的其他条件。

32. 优秀运动队和各类体校国家级教练岗位的任职条件，由国务院体育行政部门会同人事行政部门另行研究制定。

33. 对于随队医生等长期为运动队服务的其他专业技术岗位的任职条件，根据管理权限和体育行业特点，由国务院体育行政部门会同人事、卫生行政部门确定。

34. 体育事业单位中国家实行职业资格准入控制的专业技术岗位的基本条件，应包括准入控制的要求。

35. 各省（自治区、直辖市）、国务院有关部门以及体育事业单位在国家规定的专业技术高级、中级、初级岗位基本条件基础上，根据本指导意见，结合实际情况，制定本地区、本部门以及本单位的具体条件。

36. 体育事业单位专业技术高级、中级、初级岗位内部不同等级岗位的条件，由主管部门和体育事业单位，按照《试行办法》《实施意见》和本指导意见，根据岗位的职责任务、专业技术水平要求等因素综合确定。

（四）工勤技能岗位基本条件

37. 体育事业单位工勤技能岗位基本任职条件：

（1）一级、二级工勤技能岗位，须在本工种下一级岗位工作满 5 年，并分别通过高级技师、技师技术等级考评；

（2）三级、四级工勤技能岗位，须在本工种下一级岗位工作满 5 年，并分别通过高级工、中级工技术等级考核；

（3）学徒（培训生）学习期满和工人见习、试用期满，通过初级工技术等级考核后，可确定为五级工勤技能岗位。

六、岗位设置的审核

38. 体育事业单位岗位设置实行核准制度，严格按照规定的程序和管理权限进行审核。

39. 体育事业单位设置岗位按照以下程序进行：

（1）制定岗位设置方案，填写岗位设置审核表；

（2）按程序报主管部门审核、政府人事行政部门核准；

（3）在核准的岗位总量、结构比例和最高等级限额内，制定岗位设置实施方案；

（4）广泛听取职工对岗位设置实施方案的意见；

（5）岗位设置实施方案由单位负责人员集体讨论通过；

（6）组织实施。

40. 国务院部门所属体育事业单位的岗位设置方案报主管部门审核汇总后，报人事部备案。

41. 省（自治区、直辖市）政府所属体育事业单位的岗位设置方案经主管部门审核后，报本地区人事厅（局）核准。

42. 地（市）政府所属体育事业单位的岗位设置方案经主管部门审核后，报本地（市）政府人事行政部门核准。

43. 县（县级市、区）政府所属体育事业单位的岗位设置方案经主管部门、县（县级市、区）政府人事行政部门审核汇总后，报地区或设区的市政府人事行政部门核准。

44. 有下列情形之一的，体育事业单位岗位设置方案可按照第 40 条、第 41 条、第 42 条、第 43 条的权限申请变更：

（1）体育事业单位出现分立、合并，须对本单位的岗位进行重新设置的；

（2）根据上级或同级机构编制部门的正式文件，增减机构编制的；

（3）按照业务发展和实际情况，为完成工作任务确需变更岗位设置的。

45. 体育事业单位岗位总量、结构比例和最高等级应保持相对稳定。对规模小、人员少的体育事业单位，专业技术岗位结构比例可进行集中调控、集中管理。具体办法由省级政府人事行政部门和体育行政部门研究制定。

46. 经核准的岗位设置方案作为体育事业单位聘用人员、确定岗位等级、调整岗位以及核定工资的依据。

七、岗位聘用

47. 体育事业单位按照《试行办法》《实施意见》和本指导意见以及核准的岗位设置方案，根据按需设岗、竞聘上岗、按岗聘用的原则，确定具体岗位，明确岗位等级，聘用工作人员，签订聘用合同。

48. 体育事业单位应分别按照管理岗位、专业技术岗位、工勤技能岗位的职责任务和任职条件，在核定的结构比例内聘用人员。聘用条件应不低于国家规定的基本条件。

49. 政府人事行政部门和体育事业单位主管部门对事业单位完成岗位设置、组织岗位聘用并签订聘用合同的情况进行认定。对符合政策规定，完成规范的岗位设置和岗位聘用的，根据所聘岗位确定岗位工资待遇。

50. 在岗位有空缺的条件下，应按照公开招聘、竞聘上岗的有关规定择优聘用工作人员。

51. 尚未实行聘用制度和岗位管理制度的体育事业单位，应按照《国务院办公厅转发人事部关于在事业单位试行人员聘用制度意见的通知》和《试行办法》《实施意见》及本指导意见的精神，抓紧进行岗位设置，实施聘用制度，组织岗位聘用。

已经实行聘用制度和岗位管理制度，普遍签订聘用合同的体育事业单位，可以根据《试行办法》《实施意见》及本指导意见的要求，按照核准的岗位设置方案，对本单位现有人员确定不同等级的岗位，并变更合同相应的内容。

52. 对成绩显著、贡献突出的体育事业单位专业技术人员，根据其具备的任职资格和工作需要，经上一级主管部门批准，可根据有关规定破格聘用。

53. 各级政府人事行政部门、体育事业单位主管部门和体育事业单位要根据国家有关规定，对现有在册的正式工作人员，按照现聘职务或岗位进入相应等级的岗位。

各地区、各部门和体育事业单位必须严格把握政策，不得违反规定突破现有的职务数额，不得突击聘用人员，不得突击聘用职务。要采取措施严格限制专业技术高级、中级、初级岗位中的高等级岗位的设置。

54. 体育事业单位人员原则上不得同时在两类岗位上任职，因行业特点确需兼任的，须按人事管理权限审批。

55. 体育事业单位首次进行岗位设置和岗位聘用，岗位结构比例不得突破现有人员的结构比例。现有人员的结构比例已经超过核准的结构比例的，应通过自然减员、调出、低聘或解聘的办法，逐步达到规定的结构比例。尚未达到核准的结构比例的，要严格控制岗位聘用数量，根据体育事业发展要求和人员队伍状况等情况逐年逐步到位。

八、组织实施

56. 体育事业单位岗位设置管理是体育事业单位人事制度改革的重要内容，是一项开创性、基础性工作，关系到体育事业的长远发展和广大干部职工的切身利益。要坚持以人为本，从体育事业单位的实际出发，尊重体育发展规律和特点，切实保证职工的切身利益，积极稳妥地推进改革。

57. 各级体育行政部门要提高认识，发挥职能作用，制定具体方案，组织好所属体育事业单位岗位设置管理的实施工作。各级人事行政部门要加强与体育行政部门的沟通协调，结合本地区体育事业单位的特点，认真贯彻执行《试行办法》《实施意见》和本指导意见。

58. 各地区、各部门和体育事业单位在岗位设置和岗位聘用工作中，要严格执行有关政策规定，坚持原则，坚持走群众路线。对违反规定滥用职权、打击报复、以权谋私的，要追究责任。对不按《试行办法》《实施意见》和本指导意见进行岗位设置和岗位聘用的体育事业单位，政府人事行政部门、体育行政部门及有关部门不予确认岗位等级、不予兑现工资、不予核拨经费。情节严重的，对相关领导和责任人予以通报批评，按照人事管理权限给予相应的纪律处分。

59. 本指导意见由人事部、国家体育总局负责解释。

人事部

国家体育总局

2007 年 7 月 13 日

关于印发公路、水路交通事业单位岗位设置管理的两个指导意见的通知

人社部发〔2008〕74号

各省、自治区、直辖市人事厅（局）、劳动保障厅（局）、交通厅（委），新疆生产建设兵团人事局、劳动保障局、交通局，国务院各部委、各直属机构人事劳动保障部门：

根据《事业单位岗位设置管理试行办法》（国人部发〔2006〕70号）和《〈事业单位岗位设置管理试行办法〉实施意见》（国人部发〔2006〕87号）文件精神，结合交通事业单位的实际情况，我们制定了《关于公路交通事业单位岗位设置管理的指导意见》和《关于水路交通事业单位岗位设置管理的指导意见》。现印发给你们，请遵照执行。

人力资源社会保障部
交通运输部
2008年9月5日

关于公路交通事业单位岗位设置管理的指导意见

根据《事业单位岗位设置管理试行办法》（国人部发〔2006〕70号，以下简称《试行办法》）和《〈事业单位岗位设置管理试行办法〉实施意见》（国人部发〔2006〕87号，以下简称《实施意见》），为做好公路交通事业单位岗位设置管理的组织实施工作，结合公路交通事业单位的特点，提出以下指导意见。

一、适用范围

1. 各级公路交通事业单位，包括公路管理（含建设、养护、运营、规费征稽、质量监督、造价、定额等管理）事业单位和道路运输管理（含客货运、运输站场、驾驶培训、机动车维修、汽车出租、公共交通等管理）事业单位，及其他利用国有资产按照规定程序设立、从事公益性服务的公路交通事业单位，包括经费来源主要由财政拨款、部分由财政支持以及经费自理的，都要实施岗位设置管理。

2. 公路交通事业单位的管理人员（职员）、专业技术人员和工勤技能人员，都要纳入岗

位设置管理。

岗位设置管理中涉及公路交通事业单位领导人员的，按照干部人事管理权限的有关规定执行。

3. 使用事业编制的公路学会、建设协会、道路运输协会等公路社会团体工作人员，参照《试行办法》《实施意见》和本指导意见，纳入岗位设置管理。

4. 经批准参照《中华人民共和国公务员法》进行管理的公路交通事业单位、社会团体，各类企业所属的公路交通事业单位和公路交通事业单位所属独立核算的企业，以及已经由事业单位转制为企业的公路单位，不适用本指导意见。

5. 公路交通教育、科研、卫生、广播影视、新闻出版等事业单位，适用相关行业的指导意见。

二、岗位类别设置

6. 公路交通事业单位岗位分为管理岗位、专业技术岗位和工勤技能岗位三种类别（以下简称三类岗位）。

7. 管理岗位指担负领导职责或管理任务的工作岗位。管理岗位的设置要适应增强单位运转效能、提高工作效率、提升管理水平的需要。

8. 专业技术岗位指从事专业技术工作，具有相应专业技术水平和能力要求的工作岗位。专业技术岗位的设置要符合公路交通工作和人才成长的规律和特点，适应公路交通事业发展与提高专业水平的需要。

公路交通事业单位的专业技术岗位分为主体专业技术岗位和其他专业技术岗位。根据公路交通的特点，主体专业技术岗位包括道桥工程、交通工程、道路运输、汽车运用、运输经济（含规费征稽中的统计、财会）、交通法律法规、交通信息化等公路交通特有专业技术岗位。

9. 工勤技能岗位指承担技能操作和维护、后勤保障、服务等职责的工作岗位。工勤技能岗位的设置要适应提高操作维护技能，提升服务水平的要求，满足公路交通事业单位业务工作的实际需要。

鼓励公路交通事业单位后勤服务社会化，已经实现社会化服务的一般性劳务工作，不再设置相应的工勤技能岗位。

10. 根据公路交通事业单位的社会功能、职责任务、工作性质和人员结构特点等因素，综合确定公路交通事业单位三类岗位总量的结构比例。在确定岗位总量时，应根据核定的人员编制总量和实际工作需要综合确定。

11. 公路交通事业单位三类岗位的结构比例由政府人事行政部门和公路交通事业单位主管部门确定。控制标准如下：

（1）主要履行法律法规授权或交通行政部门委托职能，承担执法监督、公路和道路运输行业管理、规费征稽任务的公路交通事业单位，岗位设置一般以管理岗位为主。其管理岗位一般不低于单位岗位总量的50%，工勤技能岗位一般不高于单位岗位总量的10%。

对于专业技术性很强以及管理层级高的上述公路交通事业单位，可适当提高专业技术岗位比例并相应降低其他两类岗位比例。

(2) 主要以专业技术为社会提供公益性服务，从事造价与定额编制、公路与桥梁检测等活动的公路交通事业单位，岗位设置以专业技术岗位为主。其专业技术岗位一般不低于单位岗位总量的 70%，工勤技能岗位一般不高于单位岗位总量的 10%。其中，主体专业技术岗位占全部专业技术岗位的比例一般不低于 70%。

(3) 主要提供公路技能型服务，从事公路养护生产、机动车辆检测等活动的公路交通事业单位，岗位设置应以工勤技能岗位为主。其工勤技能岗位一般不低于单位岗位总量的 50%，管理岗位一般不高于单位岗位总量的 15%。

三、岗位等级设置

(一) 管理岗位等级设置

12. 管理岗位分 8 个等级。管理岗位的最高等级和结构比例根据公路交通事业单位的规格、规模和隶属关系，按照干部人事管理有关规定和权限确定。

13. 公路交通事业单位现行的厅级正职、厅级副职、处级正职、处级副职、科级正职、科级副职、科员、办事员依次分别对应管理岗位三至十级职员岗位。

14. 根据公路交通事业单位的规格、规模和隶属关系，按照干部人事管理权限设置公路交通事业单位各等级管理岗位的职员数量。

(二) 专业技术岗位等级设置

15. 专业技术岗位的最高等级和结构比例根据公路交通事业单位的功能、规格、隶属关系和专业技术水平等因素，按照公路交通行业现行专业技术职务管理有关规定和本指导意见确定。

16. 专业技术岗位分 13 个等级。专业技术高级岗位分 7 个等级，即一至七级。高级专业技术职务正高级的岗位包括一至四级，副高级的岗位包括五至七级；中级岗位分 3 个等级，即八至十级；初级岗位分 3 个等级，即十一至十三级，其中十三级是员级岗位。

17. 专业技术高级、中级、初级岗位之间，以及高级、中级、初级岗位内部不同等级岗位之间的结构比例，根据地区经济、公路交通发展水平，以及公路交通事业单位的功能、规格、隶属关系和专业技术水平，实行不同的结构比例控制。

根据全国事业单位专业技术人员高级、中级、初级岗位之间的结构比例总体控制目标的要求，按照公路交通事业单位专业技术人员高级、中级、初级结构比例现状，结合公路交通事业发展需要和“十一五”人才发展规划，合理确定公路交通事业单位专业技术高级、中级、初级岗位之间的结构比例。

中央所属公路交通事业单位高级专业技术岗位的比例可适当高于省（自治区、直辖市）所属公路交通事业单位，省（自治区、直辖市）所属公路交通事业单位高级专业技术岗位的比例可适当高于地（市）所属公路交通事业单位；地（市）所属公路交通事业单位高级专业技术岗位的比例可适当高于县（县级市、区）所属公路交通事业单位。

18. 公路交通事业单位专业技术高级、中级、初级岗位内部不同等级岗位之间的结构比例全国总体控制目标为：二级、三级、四级岗位之间的比例为 1∶3∶6，五级、六级、七级岗位之间的比例为 2∶4∶4，八级、九级、十级岗位之间的比例为 3∶4∶3，十一级、十二级岗位之间的比例为 5∶5。

县级及以下单位小、人员少、较分散的基层公路交通事业单位，专业技术岗位设置的结构比例可实行集中调控、集中管理的办法。具体办法由省级政府人事行政部门和公路交通主管部门研究制定。

19. 各级政府人事行政部门和公路交通事业单位主管部门要严格控制专业技术岗位的结构比例，严格控制高级专业技术岗位总量。公路交通事业单位要严格执行核准的专业技术岗位结构比例。

（三）工勤技能岗位等级设置

20. 工勤技能岗位包括技术工岗位和普通工岗位，其中技术工岗位分 5 个等级，普通工岗位不分等级。

21. 工勤技能岗位的最高等级和结构比例按照岗位等级规范、技能水平和工作需要确定。

22. 公路交通事业单位中的高级技师、技师、高级工、中级工、初级工，依次分别对应一至五级工勤技能岗位。

23. 公路交通事业单位工勤技能岗位结构比例，一级、二级、三级岗位的总量占工勤技能岗位总量的比例，全国总体控制目标为 25%左右；一级、二级岗位的总量占工勤技能岗位总量的比例，全国总体控制目标为 5%左右。

24. 主要提供公路技能型服务、技能水平较高、技能人才密集的事业单位，其工勤技能岗位结构比例可适当高于其他事业单位。

25. 公路交通事业单位工勤技能一级、二级岗位，主要应在专业技术辅助岗位承担技能操作和维护职责等对技能水平要求较高的领域设置。工勤技能一级、二级岗位的总量要严格控制。

（四）特设岗位设置

26. 特设岗位是根据公路交通事业单位特点和事业发展规律，为适应聘用急需的高层次人才等特殊需要，经批准设置的工作岗位，是公路交通事业单位中的非常设岗位。特设岗位的等级按照规定的程序确定。

特设岗位不受公路交通事业单位岗位总量、最高等级和结构比例限制，在完成工作任务后，按照管理权限予以核销。

27. 公路交通事业单位特设岗位的设置须经主管部门审核，并按程序报设区的市级以上政府人事行政部门核准。具体管理办法由各省（自治区、直辖市）根据实际情况制定。

四、专业技术岗位名称及岗位等级

28. 公路交通事业单位主体专业技术岗位中，正高级岗位名称暂定为高级工程师一级岗位、高级工程师二级岗位、高级工程师三级岗位、高级工程师四级岗位，分别对应一至四级专业技术岗位；副高级岗位名称暂定为高级工程师五级岗位（高级经济师一级岗位）、高级工程师六级岗位（高级经济师二级岗位）、高级工程师七级岗位（高级经济师三级岗位），分别对应五至七级专业技术岗位；中级岗位名称为工程师（经济师，下同）一级岗位、工程师二级岗位、工程师三级岗位，分别对应八至十级专业技术岗位；初级岗位名称为助理工程师（助理经济师，下同）一级岗位、助理工程师二级岗位，分别对应十一级、十二级专业技术岗位；员级岗位名称为技术员岗位（经济员岗位），对应十三级专业技术岗位。

29. 其他专业技术岗位名称和对应等级参照相关行业指导意见和标准执行，原则上沿用现专业技术名称。

30. 公路交通事业单位专业技术一级岗位属国家专设的特级岗位，其人员的确定按国家有关规定执行。

31. 公路交通事业单位其他系列专业技术岗位的等级原则上应低于主体专业技术岗位。

五、岗位基本条件

（一）各类岗位的基本条件

32. 公路交通事业单位三类岗位的基本条件，主要根据岗位的职责任务和任职条件确定。公路交通事业单位三类岗位的基本任职条件为：

（1）遵守宪法和法律；

（2）具有良好的品行；

（3）具备岗位所需的专业、能力或技能条件；

（4）适应岗位要求的身体条件。

（二）管理岗位基本条件

33. 职员岗位一般应具有中专以上文化程度，其中六级以上的职员岗位，一般应具有大学专科以上文化程度，四级以上的职员岗位，一般应具有大学本科以上文化程度。

34. 公路交通事业单位各等级职员岗位的基本任职条件为：

（1）三级、五级职员岗位，须分别在四级、六级职员岗位上工作两年以上；

（2）四级、六级职员岗位，须分别在五级、七级职员岗位上工作三年以上；

（3）七级、八级职员岗位，须分别在八级、九级职员岗位上工作三年以上。

确因工作需要，由专业技术岗位交流到管理岗位的人员，可根据干部人事管理权限和岗位任职条件，比照同类人员，直接聘用到相应的管理岗位。

35. 各省（自治区、直辖市）、国务院有关部门以及公路交通事业单位在上述基本任职条件的基础上，根据本指导意见，结合实际情况，制定本地区、本部门以及本单位职员的具体条件。

（三）专业技术岗位基本条件

36. 公路交通事业单位专业技术岗位的基本任职条件按照现行专业技术职务评聘的有关规定执行。

37. 公路交通事业单位实行职业资格准入控制的专业技术岗位的基本条件，应包括准入控制的要求。

38. 各省（自治区、直辖市）、国务院有关部门以及公路交通事业单位在国家规定的专业技术高级、中级、初级岗位基本条件基础上，根据本指导意见，结合不同类型、不同层次专业技术岗位的实际情况，制定本地区、本部门以及本单位专业技术岗位的具体条件。

39. 公路交通事业单位专业技术高级、中级、初级岗位内部不同等级岗位的条件，由主管部门和公路交通事业单位按照《试行办法》《实施意见》和本指导意见，根据岗位的职责任务、专业技术水平要求等因素综合确定。

（四）工勤技能岗位基本条件

40. 公路交通事业单位工勤技能岗位的基本任职条件为：

（1）一级、二级工勤技能岗位，须在本工种下一级岗位工作满5年，并分别通过高级技师、技师技术等级考评；

（2）三级、四级工勤技能岗位，须在本工种下一级岗位工作满5年，并分别通过高级工、中级工技术等级考核；

（3）学徒（培训生）学习期满和工人见习、试用期满，通过初级工技术等级考核后，可确定为五级工勤技能岗位。

六、岗位设置的审核

41. 公路交通事业单位岗位设置实行核准制度，严格按照规定的程序和管理权限进行审核。

42. 公路交通事业单位设置岗位按照以下程序进行：

（1）制定岗位设置方案，填写岗位设置审核表；

（2）按程序报主管部门审核、政府人事行政部门核准；

（3）在核准的岗位总量、结构比例和最高等级限额内，制定岗位设置实施方案；

（4）广泛听取职工对岗位设置实施方案的意见；

（5）岗位设置实施方案由单位负责人员集体讨论通过；

（6）组织实施。

43. 国务院有关部门所属公路交通事业单位的岗位设置方案经主管部门审核汇总后，报人力资源社会保障部备案。

44. 省（自治区、直辖市）政府直属公路交通事业单位的岗位设置方案，报本地区人事厅（局）核准。

省（自治区、直辖市）政府部门所属公路交通事业单位的岗位设置方案经主管部门审核后，报本地区人事厅（局）核准。

45. 地（市）政府直属公路交通事业单位的岗位设置方案，报本地（市）政府人事行政部门核准。

地（市）政府部门所属公路交通事业单位的岗位设置方案经主管部门审核后，报本地（市）政府人事行政部门核准。

46. 县（县级市、区）政府直属公路交通事业单位的岗位设置方案，经同级政府人事行政部门审核后，报地区或设区的市政府人事行政部门核准。

县（县级市、区）政府部门所属公路交通事业单位的岗位设置方案经主管部门、同级政府人事行政部门审核汇总后，报地区或设区的市政府人事行政部门核准。

47. 实行省（自治区、直辖市）以下或者地（市）以下垂直管理的公路交通事业单位，其岗位设置实施方案由省（自治区、直辖市）或者地（市）公路交通事业单位主管部门汇总，报省（自治区、直辖市）或者地（市）政府人事行政部门核准后，由省（自治区、直辖市）或者地（市）公路交通事业单位组织实施。

48. 公路交通事业单位的岗位总量、结构比例和最高等级应保持相对稳定。有下列情形之一的，岗位设置方案可按照本指导意见第 43 条、第 44 条、第 45 条、第 46 条、第 47 条的权限申请变更：

（1）公路交通事业单位出现分立、合并，须对本单位的岗位进行重新设置的；

（2）根据上级或同级机构编制部门的正式文件，增减机构编制的；

（3）按照业务发展和实际情况，为完成工作任务确需变更岗位设置的。

49. 经核准的岗位设置方案作为公路交通事业单位聘用人员、确定岗位等级、调整岗位以及核定工资的依据。

七、岗位聘用

50. 公路交通事业单位按照《试行办法》《实施意见》和本指导意见以及核准的岗位设置方案，根据按需设岗、竞聘上岗、按岗聘用的原则，确定具体岗位，明确岗位等级，聘用工作人员，签订聘用合同。

按照原中央职称改革工作领导小组、国务院工资制度改革小组《关于试行提高部分高级工程师职务工资的通知》（职改字〔1986〕165 号）评定的成绩优异的高级工程师，可聘用在正高级专业技术岗位。

51. 公路交通事业单位聘用人员，应在岗位有空缺的情况下按照公开招聘、竞聘上岗的原则及有关规定择优聘用。

公路交通事业单位应按照管理岗位、专业技术岗位、工勤技能岗位的职责任务和任职条件，在核定的结构比例范围内聘用人员，聘用条件不得低于国家规定的基本条件。

52. 县级及以下单位小、人员少、较分散，对岗位结构比例实行集中调控、集中管理的基层公路交通事业单位，可根据实际情况实行人员集中聘用。

53. 根据公路交通行业人才的特点，对公路交通事业单位确有真才实学、成绩显著、贡献突出的专业技术人员，岗位急需且符合破格条件的，经上级主管部门批准，可根据有关规定破格聘用。

54. 公路交通事业单位新参加工作人员见习、试用期满后，管理人员按照《实施意见》规定确定相应的岗位等级；专业技术人员按照岗位条件要求确定岗位等级。

55. 尚未实行聘用制度和岗位管理制度的公路交通事业单位，应按照《国务院办公厅转发人事部关于在事业单位试行人员聘用制度意见的通知》（国办发〔2002〕35 号）《试行办法》《实施意见》和本指导意见的精神，抓紧进行岗位设置，实行聘用制度，组织岗位聘用。

已经实行聘用制度，签订聘用合同的公路交通事业单位，可以根据《试行办法》《实施意见》和本指导意见，按照核准的岗位设置方案，对本单位现有人员确定不同等级的岗位，并变更聘用合同的相应内容。

56. 各级政府人事行政部门、公路交通事业单位主管部门和公路交通事业单位要根据国家有关规定，使公路交通事业单位现有在册的正式工作人员，按照现聘职务或岗位进入相应等级的岗位。

各地区、各部门和公路交通事业单位必须严格把握政策，不得违反规定突破现有的职务数额，不得突击聘用人员，不得突击聘用职务。要采取措施严格限制专业技术高级、中级、初级岗位中的高等级岗位的设置。

57. 公路交通事业单位聘用人员原则上不得同时在两类岗位上任职。根据公路交通事业单位的工作特点，因工作需要，确需兼任的，须按人事管理权限审批。

58. 公路交通事业单位首次进行岗位设置和岗位聘用，岗位结构比例不得突破现有人员的结构比例。现有人员的结构比例已经超过核准比例的，应通过自然减员、调出、低聘或解聘等办法，逐步达到规定的结构比例。尚未达到核准的结构比例的，要严格控制岗位聘用数量，根据公路交通事业发展要求和人员队伍状况等情况逐年逐步到位。

八、组织实施

59. 岗位设置管理工作是公路交通事业单位人事制度和收入分配制度改革的前提和基础，是加强公路交通人才队伍建设的重要内容。各级公路交通事业单位主管部门及公路交通事业单位，要高度重视，加强领导，坚持以人为本，从实际出发，充分考虑公路交通科学发展的客观需要，切实保证职工的切身利益，积极稳妥地推进改革。

60. 各级公路交通事业单位主管部门要加强对公路交通事业单位岗位设置管理的组织领导，制定具体工作方案，及时研究解决新情况、新问题，确保改革有序进行。对于法律法规授权的具有公路路政、道路运政、规费征稽、质量监督等管理职能，尚未获准参照公务员法管理的公路交通事业单位，都应按照本指导意见做好岗位设置管理工作。

各级人事行政部门要加强与公路交通事业单位主管部门的沟通协调，结合本地区公路交通事业单位的特点，认真贯彻执行《试行办法》《实施意见》和本指导意见。

61. 各地区、各部门和公路交通事业单位在岗位设置和岗位聘用工作中，要严格执行有关政策规定，坚持原则，坚持走群众路线。对违反规定滥用职权、打击报复、以权谋私的，要追究责任。对不按《试行办法》《实施意见》和本指导意见进行岗位设置和岗位聘用的公路交通事业单位，政府人事行政部门、公路交通事业单位主管部门及有关部门不予确认岗位等级、不予兑现工资、不予核拨经费。情节严重的，对相关领导和责任人予以通报批评，按照人事管理权限给予相应的纪律处分。

62. 本指导意见由人力资源社会保障部、交通运输部负责解释。

关于水路交通事业单位岗位设置管理的指导意见

根据《事业单位岗位设置管理试行办法》（国人部发〔2006〕70号，以下简称《试行办法》）和《〈事业单位岗位设置管理试行办法〉实施意见》（国人部发〔2006〕87号，以下简称《实施意见》），为做好水路交通事业单位岗位设置管理的组织实施工作，结合水路交通事业单位的特点，提出以下指导意见。

一、适用范围

1. 为了社会公益目的，由国家机关举办或者其他组织利用国有资产举办的，经费来源主要由财政拨款、部分由财政支持以及经费自理的，具有航道、港政、运政、引航、海事、质监、船检等职能的水路交通事业单位，都要实施岗位设置管理。

2. 水路交通事业单位的管理人员（职员）、专业技术人员和工勤技能人员，都要纳入岗位设置管理。

岗位设置管理中涉及水路交通事业单位领导人员的，按照干部人事管理权限的有关规定执行。

3. 使用事业编制的水路交通各类学会、协会、基金会等社会团体工作人员，参照《试行办法》《实施意见》和本指导意见，纳入岗位设置管理。

4. 经批准参照《中华人民共和国公务员法》进行管理的水路交通事业单位、社会团体，各类企业所属的水路交通事业单位和水路交通事业单位所属独立核算的企业，以及已经由事业单位转制为企业的水路单位，不适用本指导意见。

5. 水路交通教育、科研、卫生、广播影视、新闻出版等事业单位，适用相关行业的指导意见。

二、岗位类别设置

6. 水路交通事业单位岗位分为管理岗位、专业技术岗位和工勤技能岗位三种类别（以下简称三类岗位）。

7. 管理岗位指担负领导职责或管理任务的工作岗位。管理岗位的设置要适应增强单位运转效能、提高工作效率、提升管理水平的需要。

8. 专业技术岗位指从事专业技术工作，具有相应专业技术水平和能力要求的工作岗位。专业技术岗位的设置要符合水路交通工作和人才成长的规律和特点，适应水路交通事业发展与提高专业水平的需要。

水路交通事业单位的专业技术岗位分为主体专业技术岗位和其他专业技术岗位。根据水路交通的特点，主体专业技术岗位包括港口、航道、水路运输管理、运输经济、航海、船舶检验、质量检验、试验检测、交通法律法规等水路交通特有专业技术岗位。

9. 工勤技能岗位指承担技能操作和维护、后勤保障、服务等职责的工作岗位。工勤技能岗位的设置要适应提高操作维护技能，提升服务水平的要求，满足水路交通事业单位业务工作的实际需要。

鼓励水路交通事业单位后勤服务社会化，已经实现社会化服务的一般性劳务工作，不再设置相应的工勤技能岗位。

10. 根据水路交通事业单位的社会功能、职责任务、工作性质和人员结构特点等因素，综合确定水路交通事业单位三类岗位总量的结构比例。

11. 水路交通事业单位三类岗位的结构比例由政府人事行政部门和水路交通事业单位主管部门确定。控制标准如下：

（1）主要履行法律法规授权或交通行政部门委托职能，承担行政执法、管理职能的港政、运政、航道行政管理、海事执法、质量监督等水路交通事业单位，岗位设置一般以管理岗位为主。其管理岗位一般不低于岗位总量的50%。

（2）主要以专业技术为社会提供公益性服务，从事航道建设及维护、船舶检验、水运工程试验检测、引航、航标、测绘、通信等活动的水路交通事业单位，岗位设置以专业技术岗位为主。专业技术岗位占岗位总量的比例一般不低于70%。

（3）水路交通事业单位主体岗位以外的其他两类岗位，应保持相对合理的结构比例。

（4）船员的岗位总量、结构比例按照国家有关规定执行。

三、岗位等级设置

（一）管理岗位等级设置

12. 管理岗位分8个等级。管理岗位的最高等级和结构比例根据水路交通事业单位的规格、规模、隶属关系，按照干部人事管理有关规定和权限确定。

13. 水路交通事业单位现行的厅级正职、厅级副职、处级正职、处级副职、科级正职、科级副职、科员、办事员依次分别对应管理岗位三到十级职员岗位。

14. 根据水路交通事业单位的规格、规模和隶属关系，按照干部人事管理权限设置水路交通事业单位各等级管理岗位的职员数量。

（二）专业技术岗位等级设置

15. 专业技术岗位的最高等级和结构比例，根据地区经济、社会事业发展水平及不同区域（水网和非水网地区、沿海与内河等）水路交通事业的发展规模、水平，及事业单位的功能、规格、隶属关系、专业技术水平等因素，按照水路交通行业现行专业技术职务管理的有关规定和本指导意见确定。

16. 专业技术岗位分13个等级。专业技术高级岗位分7个等级，即一至七级。高级专业技术职务正高级的岗位包括一至四级，副高级的岗位包括五至七级；中级岗位分3个等级，即八至十级；初级岗位分3个等级，即十一到十三级，其中十三级是员级岗位。

17. 专业技术高级、中级、初级岗位之间，以及高级、中级、初级岗位内部不同等级岗位之间的结构比例，根据地区经济、行业发展水平、行业不同业务类别以及水路交通事业单位的功能、规格、隶属关系和专业技术水平，实行不同的结构比例控制。

根据全国事业单位专业技术人员高级、中级、初级岗位之间的结构比例总体控制目标的要求，按照水路交通事业单位专业技术人员高级、中级、初级结构比例现状，结合水路交通事业发展需要和“十一五”人才发展规划，合理确定水路交通事业单位专业技术高级、中级、初级岗位之间的结构比例。

中央所属水路交通事业单位高级、中级、初级专业技术岗位的结构比例适当高于省（自治区、直辖市）所属水路交通事业单位的专业技术高级、中级、初级之间的结构比例。地（市）以下政府所属水路交通事业单位的专业技术高级、中级、初级之间的比例结构，由政府人事行政部门和事业单位主管部门按照低于上述结构比例的原则研究确定。

18. 水路交通事业单位专业技术高级、中级、初级岗位内部不同等级岗位之间的结构比例全国总体控制目标为：二级、三级、四级岗位之间的比例为1：3：6，五级、六级、七级岗位之间的比例为2：4：4，八级、九级、十级岗位之间的比例为3：4：3，十一级、十二级岗位之间的比例为5：5。

县级及以下单位小、人员少、较分散的基层水路交通事业单位，专业技术岗位设置的结构比例可实行集中调控、集中管理的办法。具体办法由省级政府人事行政部门和水路交通主管部门研究制定。

19. 各级政府人事行政部门和水路交通事业单位主管部门要严格控制专业技术岗位的结构比例，严格控制高级专业技术岗位的总量。水路交通事业单位要严格执行核准的专业技术岗位结构比例。

（三）工勤技能岗位等级设置

20. 工勤技能岗位包括技术工岗位和普通工岗位，其中技术工岗位分 5 个等级，普通工岗位不分等级。

21. 工勤技能岗位的最高等级和结构比例按照岗位等级规范、技能水平和工作需要确定。

22. 水路交通事业单位中的高级技师、技师、高级工、中级工、初级工依次分别对应一级至五级工勤技能岗位。

23. 水路交通事业单位工勤技能岗位结构比例，一级、二级、三级岗位的总量占工勤技能岗位总量的比例，全国总体控制目标为 25%左右；一级、二级岗位的总量占工勤技能岗位总量的比例，全国总体控制目标为 5%左右。

24. 水路交通事业单位工勤技能一级、二级岗位，主要应在专业技术辅助岗位承担技能操作和维护职责等对技能水平要求较高的领域设置。工勤技能一级、二级岗位的总量要严格控制。

（四）特设岗位设置

25. 特设岗位是根据水路交通事业单位特点和事业发展规律，为适应聘用急需的高层次人才等特殊需要，经批准设置的工作岗位，是水路交通事业单位中的非常设岗位。特设岗位的等级按照规定的程序确定。

特设岗位不受水路交通事业单位岗位总量、最高等级和结构比例限制，在完成工作任务后，按照管理权限予以核销。

26. 水路交通事业单位特设岗位的设置须经主管部门审核，并按程序报设区的市级以上政府人事行政部门核准。具体管理办法由各省（自治区、直辖市）根据实际情况制定。

四、专业技术岗位名称及岗位等级

27. 水路交通事业单位主体专业技术岗位中，正高级岗位名称暂定为高级工程师一级岗位、高级工程师二级岗位、高级工程师三级岗位和高级工程师四级岗位，分别对应一至四级专业技术岗位；副高级岗位名称暂定为高级工程师五级岗位（高级经济师一级岗位、高级引航员一级岗位、高级船长一级岗位、高级轮机长一级岗位）、高级工程师六级岗位（高级经济师二级岗位、高级引航员二级岗位、高级船长二级岗位、高级轮机长二级岗位）、高级工程师七级岗位（高级经济师三级岗位、高级引航员三级岗位、高级船长三级岗位、高级轮机长三级岗位），分别对应五至七级专业技术岗位；中级岗位名称为工程师（经济师）一级岗位和一级引航员岗位、工程师（经济师）二级岗位和二级引航员一级岗位、工程师（经济师）三级岗位和二级引航员二级岗位，分别对应八至十级专业技术岗位；初级岗位名称为助理工程师（助理经济师）一级岗位、助理工程师（助理经济师）二级岗位和三级引航员岗位，分别对应十一级至十二级专业技术岗位；技术员岗位对应十三级专业技术岗位。其他船员对应等级按照国家有关规定执行。

28. 其他专业技术岗位名称和对应等级参照相关行业指导意见和标准执行，原则上沿用现专业技术名称。

29. 水路交通事业单位专业技术一级岗位属国家专设的特级岗位，其人员的确定按国家有关规定执行。

30. 水路交通事业单位其他系列专业技术岗位的等级原则上应低于主体专业技术岗位。

五、岗位基本条件

（一）各类岗位的基本条件

31. 水路交通事业单位三类岗位的基本条件，主要根据岗位的职责任务和任职条件确定。水路交通事业单位三类岗位的基本任职条件为：

（1）遵守宪法和法律。

（2）具有良好的品行和敬业精神。

（3）具备岗位所需的专业、能力和技能等条件。

（4）适应岗位要求的身体条件。

（二）管理岗位基本条件

32. 职员岗位一般应具有中专以上文化程度，其中六级以上的职员岗位，一般应具有大学专科以上文化程度，四级以上职员岗位一般应具有大学本科以上文化程度。

33. 水路交通事业单位各等级职员岗位的基本任职条件为：

（1）三级、五级职员岗位，须分别在四级、六级职员岗位上工作两年以上。

（2）四级、六级职员岗位，须分别在五级、七级职员岗位上工作三年以上。

（3）七级、八级职员岗位，须分别在八级、九级职员岗位上工作三年以上。

确因工作需要，由专业技术岗位交流到管理岗位的人员，可根据干部人事管理权限和岗位任职条件，比照同类人员，直接聘用到相应的管理岗位。

34. 各省（自治区、直辖市）、国务院有关部门以及水路交通事业单位在上述基本任职条件的基础上，根据本指导意见，结合实际情况，制定本地区、本部门以及本单位职员的具体条件。

（三）专业技术岗位基本条件

35. 水路交通事业单位专业技术岗位的基本任职条件按照现行专业职务评聘的有关规定执行。

36. 水路交通事业单位实行职业资格准入控制的专业技术岗位的基本条件，应包括准入控制的要求。

37. 各省（自治区、直辖市）、国务院有关部门以及水路交通事业单位在国家规定的专业技术高级、中级、初级岗位基本条件基础上，根据本指导意见，结合不同类型、不同层次专业技术岗位的实际情况，制定本地区、本部门以及本单位专业技术岗位的具体条件。

38. 水路交通事业单位专业技术高级、中级、初级岗位内部不同等级岗位的条件，由主管部门和水路交通事业单位按照《试行办法》《实施意见》和本指导意见，根据岗位的职责任务、专业技术水平要求等因素综合确定。

（四）工勤技能岗位基本条件

39. 水路交通事业单位工勤技能岗位的基本任职条件为：

（1）一级、二级工勤技能岗位，须在本工种下一级岗位工作满 5 年，并分别通过高级技师、技师技术等级考评。

（2）三级、四级工勤技能岗位，须在本工种下一级岗位工作满 5 年，并分别通过高级工、中级工技术等级考核。

（3）学徒（培训生）学习期满和工人见习、试用期满，通过初级工技术等级考核后，可确定为五级工勤技能岗位。

六、岗位设置的审核

40. 水路交通事业单位岗位设置实行核准制度，严格按照规定的程序和管理权限进行审核。

41. 水路交通事业单位设置岗位按照以下程序进行：

（1）制定岗位设置方案，填写岗位设置审核表。

（2）按程序报主管部门审核、政府人事行政部门核准。

（3）在核准的岗位总量、结构比例和最高等级限额内，制定岗位设置实施方案。

（4）广泛听取职工对岗位设置实施方案的意见。

（5）岗位设置实施方案由单位负责人员集体讨论通过。

（6）组织实施。

42. 国务院有关部门所属水路交通事业单位的岗位设置方案经主管部门审核汇总后，报人力资源社会保障部备案。

43. 省（自治区、直辖市）政府直属水路交通事业单位的岗位设置方案，报本地区人事厅（局）核准。

省（自治区、直辖市）政府部门所属水路交通事业单位的岗位设置方案经主管部门审核后，报本地区人事厅（局）核准。

44. 地（市）政府直属水路交通事业单位的岗位设置方案，报本地（市）政府人事行政部门核准。

地（市）政府部门所属水路交通事业单位的岗位设置方案经主管部门审核后，报本地（市）政府人事行政部门核准。

45. 县（县级市、区）政府直属水路交通事业单位的岗位设置方案，经同级政府人事行政部门审核后，报地区或设区的市政府人事行政部门核准。

县（县级市、区）政府部门所属水路交通事业单位的岗位设置方案经主管部门、同级政府人事行政部门审核汇总后，报地区或设区的市政府人事行政部门核准。

46. 实行省（自治区、直辖市）以下或者地（市）以下垂直管理的水路交通事业单位，其岗位设置实施方案由省（自治区、直辖市）或者地（市）水路交通事业单位主管部门汇总，报省（自治区、直辖市）或者地（市）政府人事行政部门核准后，由省（自治区、直辖市）或者地（市）水路交通事业单位组织实施。

47. 水路交通事业单位的岗位总量、结构比例和最高等级应保持相对稳定。有下列情形之一的，岗位设置方案可按照本指导意见第 42 条、第 43 条、第 44 条、第 45 条、第 46 条的权限申请变更：

（1）水路交通事业单位出现分立、合并、须对本单位的岗位进行重新设置的。

（2）根据上级或同级机构编制部门的正式文件，增减机构编制的。

（3）按照业务发展和实际情况，为完成工作任务确需变更岗位设置的。

48. 经核准的岗位设置方案作为水路交通事业单位聘用人员、确定岗位等级、调整岗位以及核定工资的依据。

七、岗位聘用

49. 水路交通事业单位按照《试行办法》《实施意见》和本指导意见以及核准的岗位设置方案，根据按需设岗、竞聘上岗、按岗聘用的原则，确定具体岗位，明确岗位等级，聘用工作人员，签订聘用合同。

按照原中央职称改革工作领导小组、国务院工资制度改革小组《关于试行提高部分高级工程师职务工资的通知》（职改字〔1986〕165 号）评定的成绩优异的高级工程师，可聘用在正高级专业技术岗位。

50. 水路交通事业单位聘用人员，应在岗位有空缺的情况下按照公开招聘、竞聘上岗的原则及有关规定择优聘用。

水路交通事业单位应按照管理岗位、专业技术岗位、工勤技能岗位的职责任务和任职条件，在核定的结构比例范围内聘用人员，聘用条件不得低于国家规定的基本条件。

51. 县级及以下单位小、人员少、较分散，对岗位结构比例实行集中调控、集中管理的基层水路交通事业单位，可根据实际情况实行人员集中聘用。

52. 根据水路交通行业人才的特点，对水路交通事业单位确有真才实学、成绩显著、贡献突出的专业技术人员，岗位急需且符合破格条件的，经上级主管部门批准，可根据有关规定破格聘用。

53. 水路交通事业单位新参加工作人员见习、试用期满后，管理人员按照《实施意见》规定确定相应的岗位等级；专业技术人员按照岗位条件要求确定岗位等级。

54. 尚未实行聘用制度和岗位管理制度的水路交通事业单位，应按照《国务院办公厅转发人事部关于在事业单位试行人员聘用制度意见的通知》（国办发〔2002〕35 号）《试行办法》《实施意见》和本指导意见的精神，抓紧进行岗位设置，实行聘用制度，组织岗位聘用。

已经实行聘用制度，签订聘用合同的水路交通事业单位，可以根据《试行办法》《实施意见》和本指导意见，按照核准的岗位设置方案，对本单位现有人员确定不同等级的岗位，并变更聘用合同的相应内容。

55. 各级政府人事行政部门、水路交通事业单位主管部门和水路交通事业单位要根据国家有关规定，使水路交通事业单位现有在册的正式工作人员，按照现聘职务或岗位进入相应等级的岗位。

各地区、各部门和水路交通事业单位必须严格把握政策，不得违反规定突破现有的职务数额，不得突击聘用人员，不得突击聘用职务。要采取措施严格限制专业技术高级、中级、初级岗位中的高等级岗位的设置。

56. 水路交通事业单位聘用人员原则上不得同时在两类岗位上任职。根据水路交通事业单位的工作特点，因工作需要，确需兼任的，须按人事管理权限审批。

57. 水路交通事业单位首次进行岗位设置和岗位聘用，岗位结构比例不得突破现有人员的结构比例。现有人员的结构比例已经超过核准比例的，应通过自然减员、调出、低聘或解聘的办法，逐步达到规定的结构比例。尚未达到核准的结构比例的，要严格控制岗位聘用数量，根据水路交通事业发展要求和人员队伍状况等情况逐年逐步到位。

八、组织实施

58. 岗位设置管理工作是水路交通事业单位人事制度和收入分配制度改革的前提和基础，是加强水路交通人才队伍建设的重要内容。各级水路交通事业单位主管部门及水路交通事业单位，要高度重视，加强领导，坚持以人为本，从实际出发，充分考虑水路交通科学发展的客观需要，切实保证职工的切实利益，积极稳妥地推进改革。

59. 各级水路交通事业单位主管部门要加强对水路交通事业单位岗位设置管理的组织领导，制定具体工作方案，及时研究解决新情况、新问题，确保改革有序进行。对于主要依据法律法规授权或交通行政部门委托的行政执法、管理职能及专业技能为水路交通发展提供具体港政、运政、航道行政管理、海事执法、质量监督等事务性管理和公共服务的事业单位，以及其他符合公务员法的事业单位，在尚未获准参照公务员法管理之前，都应按照本指导意见做好岗位设置管理工作。

各级人事行政部门要加强与水路交通事业单位主管部门的沟通协调，结合本地区水路交通事业单位的特点，认真贯彻执行《试行办法》《实施意见》和本指导意见。

60. 各地区、各部门和水路交通事业单位在岗位设置和岗位聘用工作中，要严格执行有关政策规定，坚持原则，坚持走群众路线。对违反规定滥用职权、打击报复、以权谋私的，要追究责任。对不按《试行办法》《实施意见》和本指导意见进行岗位设置和岗位聘用的水路交通事业单位，政府人事行政部门、水路交通事业单位主管部门及有关部门不予确认岗位等级、不予兑现工资、不予核拨经费。情节严重的，对相关领导和责任人予以通报批评，按照人事管理权限给予相应的纪律处分。

61. 本指导意见由人力资源社会保障部、交通运输部负责解释。

关于印发《关于民政事业单位岗位设置管理指导意见》的通知

人社部发〔2008〕84号

各省、自治区、直辖市人事厅（局）、劳动保障厅（局）、民政厅（局），新疆生产建设兵团人事局、劳动保障局、民政局，各副省级市人事局、劳动保障局、民政局，国务院各部委、各直属机构人事劳动保障部门：

根据《事业单位岗位设置管理试行办法》（国人部发〔2006〕70号）和《〈事业单位岗位设置管理试行办法〉实施意见》（国人部发〔2006〕87号）精神，结合民政事业单位的实际情况，我们制定了《关于民政事业单位岗位设置管理的指导意见》。现印发给你们，请遵照执行。

人力资源社会保障部
民政部
2008年10月8日

关于民政事业单位岗位设置管理的指导意见

根据《事业单位岗位设置管理试行办法》（国人部发〔2006〕70号，以下简称《试行办法》）和《〈事业单位岗位设置管理试行办法〉实施意见》（国人部发〔2006〕87号，以下简称《实施意见》），为做好民政事业单位岗位设置管理的组织实施工作，结合民政事业单位的特点，提出以下指导意见。

一、适用范围

1. 由国家机关举办或者其他组织利用国有资产举办，承担社会管理和服务职能的民政事业单位，包括经费来源主要由财政拨款、部分由财政支持以及经费自理的，都要实施岗位设置管理。民政事业单位主要包括：

（1）优抚安置单位：优抚医院（荣誉军人康复医院、复员军人慢性病医院和复员退伍军人精神病院）、光荣院、烈士纪念建筑物保护单位、军休干部服务管理机构（军休所、军休服务管理中心、军休服务管理站)、军供站（军用饮食供应站、军用饮水供应站、军人接待转运站）等。

（2）社会福利单位：社会福利院、儿童福利院、精神病人福利院（福利医院）、城镇老年服务机构、福利彩票发行管理机构以及登记为事业单位的残障康复机构、农村五保供养服务机构、尚未转制为企业的假肢装配服务中心等。

（3）社会事务管理单位：收养登记机构、殡葬管理服务机构、婚姻登记机构等。

（4）慈善和社会救助单位：各级减灾机构、救助管理站、流浪儿童救助保护中心、艾滋致孤儿童救助安置指导中心、慈善机构、捐赠接收机构、救灾储备仓库、安置农场等。

（5）社区服务单位：社区服务中心、婚姻家庭服务机构等。

（6）其他民政事业单位。

2. 民政事业单位管理人员（职员)、专业技术人员和工勤技能人员，都要纳入岗位设置管理。

岗位设置管理中涉及民政事业单位领导人员的，按照干部人事管理权限的有关规定执行。

3. 使用事业编制的民政类社团、基金会，参照《试行办法》《实施意见》和本指导意见，纳入岗位设置管理。

4. 经批准参照《中华人民共和国公务员法》进行管理的民政事业单位、社会团体，各类企业所属的民政事业单位和民政事业单位所属独立核算的企业，以及由事业单位已经转制为企业的民政单位，不适用本指导意见。

5. 民政部门主管的新闻报刊、信息档案、科学研究、教育培训、后勤服务等事业单位，参照相关行业指导意见开展岗位设置管理工作。

二、岗位类别设置

6. 民政事业单位岗位分为管理岗位、专业技术岗位和工勤技能岗位三种类别（以下简称三类岗位)。

7. 管理岗位指担负领导职责或管理任务的工作岗位。管理岗位的设置要适应增强民政事业单位运转效能、提高工作效率、提升管理水平的需要。

8. 专业技术岗位是指从事专业技术工作，具有相应专业技术水平和能力要求的工作岗位。专业技术岗位的设置要符合民政工作和人才成长的规律和特点，适应发展民政服务事业与提高专业水平的需要。

民政事业单位原则上以社会工作岗位为主体专业技术岗位。

9. 工勤技能岗位是指承担技能操作和维护、后勤保障、服务等职责的工作岗位。工勤技能岗位的设置要适应提高操作维护技能，提升服务水平的要求，满足民政事业单位业务工作的实际需要。

鼓励民政事业单位后勤服务社会化，已经实现社会化服务的一般性劳务工作，不再设置相应的工勤技能岗位。

10. 根据民政事业单位的社会功能、职责任务、工作性质和人员结构特点等因素，综合确定民政事业单位三类岗位总量的结构比例。

11. 民政事业单位三类岗位的结构比例由政府人事行政部门和民政事业单位主管部门确定。控制标准如下：

（1）主要以专业技术提供公益性社会服务的民政事业单位，应保证专业技术岗位占主体，专业技术岗位一般不低于单位岗位总量的70%。

（2）主要承担社会事务管理职责的民政事业单位，应保证管理岗位占主体，管理岗位一般应占单位岗位总量的一半以上。

（3）主要承担技能操作维护、服务保障等职责的民政事业单位，应保证工勤技能岗位占主体，工勤技能岗位一般应占单位岗位总量的一半以上。

（4）民政事业单位主体岗位之外的其他两类岗位，应该保持相对合理的结构比例。

对于承担职能较多、性质较为复杂的民政事业单位，其三类岗位之间的结构比例，可以视具体情况按照管理权限进行核定。

三、岗位等级设置

（一）管理岗位等级设置

12. 管理岗位分为8个等级。管理岗位的最高等级和结构比例根据民政事业单位的规格、规模、隶属关系，按照干部人事管理有关规定和权限确定。

13. 民政事业单位现行的厅级正职、厅级副职、处级正职、处级副职、科级正职、科级副职、科员、办事员依次分别对应管理岗位三至十级职员岗位。

14. 根据民政事业单位的规格、规模和隶属关系，按照干部人事管理权限设置民政事业单位各等级管理岗位的职员数量。

（二）专业技术岗位等级设置

15. 专业技术岗位的最高等级和结构比例根据民政事业单位的功能、规格、隶属关系和专业技术水平等因素，按照民政行业现行专业技术职务管理的有关规定和本指导意见确定。

16. 专业技术岗位分为13个等级。专业技术高级岗位分7个等级，即一至七级，其中，高级专业技术职务中的正高级岗位包括一至四级，副高级岗位包括五至七级；中级岗位分3个等级，即八至十级；初级岗位分3个等级，即十一至十三级，其中十三级是员级岗位。

17. 民政事业单位专业技术高级、中级、初级岗位之间，以及高级、中级、初级岗位内部不同等级之间的结构比例，根据地区经济、社会事业发展水平，以及民政事业单位的功能、规格、隶属关系和专业技术水平，实行不同的结构比例控制。

根据全国事业单位专业技术高级、中级、初级岗位之间的结构比例总体控制目标要求，按照民政事业单位专业技术人员高级、中级、初级结构比例现状，结合民政事业发展需要，合理确定专业技术人员高级、中级、初级岗位之间的结构比例。

民政事业单位高级、中级、初级岗位内部不同等级岗位之间的结构比例，全国总体控制目标为：二级、三级、四级岗位之间的比例为1∶3∶6，五级、六级、七级岗位之间的比例为2∶4∶4，八级、九级、十级岗位之间的比例为3∶4∶3，十一级、十二级岗位之间的比例为5∶5。

单位小、人员少、较分散的基层民政事业单位，专业技术岗位设置的结构比例可实行集中调控、集中管理的办法。具体办法由省级政府人事行政部门和主管部门研究制定。

18. 各级政府人事行政部门和民政事业单位主管部门要严格控制专业技术岗位结构比例，严格控制高级专业技术岗位的总量。民政事业单位要严格执行核准的专业技术岗位结构比例。

（三）工勤技能岗位等级设置

19. 工勤技能岗位包括技术工岗位和普通工岗位，其中技术工岗位分为5个等级，普通工岗位不分等级。

20. 工勤技能岗位的最高等级和结构比例按照岗位等级规范、技能水平和工作需要确定。

21. 民政事业单位中的高级技师、技师、高级工、中级工、初级工，依次分别对应一至五级工勤技能岗位。

22. 民政事业单位工勤技能岗位结构比例，一级、二级、三级岗位的总量占工勤技能岗位总量的比例，全国总体控制目标为25%左右；一级、二级岗位的总量占工勤技能岗位总量的比例，全国总体控制目标为5%左右。

23. 民政事业单位工勤技能一级、二级岗位，主要应在专业技术辅助岗位承担技能操作和维护职责等对技能水平要求较高的领域设置。工勤技能一级、二级岗位的总量要严格控制。

（四）特设岗位设置

24. 特设岗位是根据民政事业单位特点和民政事业发展规律，聘用急需的高层次人才等特殊需要，经批准设置的工作岗位，是民政事业单位中的非常设岗位。特设岗位的等级根据实际需要，按照规定的程序确定。

特设岗位不受民政事业单位岗位总量、最高等级和结构比例限制，在工作任务完成后，按照管理权限予以核销。

25. 民政事业单位特设岗位的设置须经民政主管部门审核后，按程序报设区的市级以上政府人事行政部门核准。具体管理办法由各省（自治区、直辖市）根据实际情况制定。

四、专业技术岗位名称及岗位等级

26. 民政事业单位的社会工作岗位中，中级专业技术岗位名称为社会工作师一级岗位、社会工作师二级岗位、社会工作师三级岗位，分别对应八至十级专业技术岗位；初级专业技术岗位名称为助理社会工作师一级岗位、助理社会工作师二级岗位，分别对应十一至十二级专业技术岗位。高级专业技术岗位名称待高级社会工作师评价具体办法出台后另行规定。

27. 其他专业技术岗位名称和对应等级参照相关行业指导意见和标准执行。原则上沿用现有专业技术名称。

28. 民政事业单位专业技术一级岗位属国家专设的特级岗位，其人员的确定按国家有关规定执行。

五、岗位基本条件

（一）各类岗位的基本条件

29. 民政事业单位三类岗位的基本条件，主要根据岗位的职责任务和任职条件确定。民政事业单位三类岗位的基本任职条件为：

（1）遵守宪法和法律。

（2）具有良好的品行。

（3）具备岗位所需的专业、能力或技能条件。

（4）适应岗位要求的身体条件。

（二）管理岗位基本条件

30. 民政事业单位职员岗位一般应具有中专以上文化程度，其中六级以上职员岗位，一般应具有大学专科以上文化程度，四级以上职员岗位，一般应具有大学本科以上文化程度。

31. 各等级职员岗位的基本任职条件：

（1）三级、五级职员岗位，须分别在四级、六级职员岗位上工作两年以上。

（2）四级、六级职员岗位，须分别在五级、七级职员岗位上工作三年以上。

（3）七级、八级职员岗位，须分别在八级、九级职员岗位上工作三年以上。

32. 各省（自治区、直辖市）、国务院有关部门以及民政事业单位在上述基本任职条件的基础上，根据本指导意见，结合实际情况，制定本地区、本部门以及本单位职员的具体条件。

（三）专业技术岗位基本条件

33. 民政事业单位专业技术岗位的基本任职条件按照国家现行专业技术职务评聘的有关规定执行。

34. 民政事业单位实行职业资格准入控制的专业技术岗位的基本条件，应包括准入控制的要求。

35. 各省（自治区、直辖市）、国务院有关部门以及民政事业单位在国家规定的专业技术高级、中级、初级岗位基本条件基础上，根据本指导意见，结合不同类型、不同层次专业技术岗位的实际情况，制定本地区、本部门以及本单位专业技术岗位的具体条件。

36. 民政事业单位专业技术高级、中级、初级岗位内部不同等级岗位的条件，由主管部门和民政事业单位按照《试行办法》《实施意见》和本指导意见，根据岗位的职责任务、专业技术水平要求等因素综合确定。

（四）工勤技能岗位基本条件

37. 民政事业单位工勤技能岗位的基本任职条件为：

（1）一级、二级工勤技能岗位，须在本工种下一级岗位工作满 5 年，并分别通过高级技师、技师技术等级考评。

（2）三级、四级工勤技能岗位，须在本工种下一级岗位工作满 5 年，并分别通过高级工、中级工技术等级考核。

（3）学徒（培训生）学习期满和工人见习、试用期满，通过初级工技术等级考核后，可确定为五级工勤技能岗位。

六、岗位设置的审核

38. 民政事业单位岗位设置实行核准制度，严格按照规定的程序和管理权限进行审核。

39. 民政事业单位设置岗位按照以下程序进行：

（1）制定岗位设置方案，填写岗位设置审核表。

（2）按程序报主管部门审核、政府人事行政部门核准。

（3）在核准的岗位总量、结构比例和最高等级限额内，制定岗位设置实施方案。

（4）广泛听取职工对岗位设置实施方案的意见。

（5）岗位设置实施方案由单位负责人员集体讨论通过。

（6）组织实施。

40. 民政部直属的民政事业单位的岗位设置方案报民政部审核汇总后，报人力资源社会保障部备案。

41. 省（自治区、直辖市）民政部门直属民政事业单位的岗位设置方案经本省（自治区、直辖市）民政厅（局）审核后，报本省（自治区、直辖市）政府人事行政部门核准。

42. 地（市）民政部门直属民政事业单位的岗位设置方案经地（市）民政部门审核后，报本地（市）政府人事行政部门核准。

43. 县（县级市、区）民政部门直属民政事业单位的岗位设置方案经县（县级市、区）民政部门、县（县级市、区）政府人事行政部门审核汇总后，报地区或设区的市政府人事行政部门核准。

44. 民政事业单位的岗位总量、结构比例和最高等级应保持相对稳定。有下列情形之一的，岗位设置方案可按照第 40 条、第 41 条、第 42 条、第 43 条的权限申请变更：

（1）民政事业单位出现分立、合并，须对本单位的岗位进行重新设置的。

（2）根据上级或同级机构编制部门的正式文件，增减机构编制的。

（3）按照业务发展和实际情况，为完成工作任务确需变更岗位设置的。

45. 经核准的岗位设置方案作为聘用人员、确定岗位等级、调整岗位以及核定工资的依据。

七、岗位聘用

46. 民政事业单位按照《试行办法》《实施意见》和本指导意见以及核准的岗位设置方案，根据按需设岗、竞聘上岗、按岗聘用的原则，确定具体岗位，明确岗位等级，聘用工作人员，签订聘用合同。

47. 民政事业单位聘用人员，应在岗位有空缺的情况下按照公开招聘、竞聘上岗的原则及有关规定择优聘用。

民政事业单位应分别按照管理岗位、专业技术岗位、工勤技能岗位的职责任务和任职条件，在核定的结构比例范围内聘用人员，聘用条件不得低于国家规定的基本条件。

48. 基层单位小、人员少、较分散，对岗位结构比例实行集中调控、集中管理的民政事业单位，可根据实际情况实行人员集中聘用。

49. 根据民政领域人才的特点和实际需求，对民政事业单位确有真才实学、成绩显著、贡献突出的人员，岗位急需且符合破格条件的，经上一级主管部门批准，可以根据有关规定破格聘用。

50. 民政事业单位新参加工作人员见习、试用期满后，管理人员按照《实施意见》规定确定相应的岗位等级；专业技术人员按照岗位条件要求确定岗位等级。

51. 尚未实行聘用制度和岗位管理制度的民政事业单位，应按照《国务院办公厅转发人事部关于在事业单位试行人员聘用制度意见的通知》（国办发〔2002〕35 号）《试行办法》《实施意见》和本指导意见的精神，抓紧进行岗位设置，实行聘用制度，组织岗位聘用。

已经实行聘用制度，签订聘用合同的民政事业单位，可根据《试行办法》《实施意见》和本指导意见，按照核准的岗位设置方案，对本单位现有人员确定相应的岗位，并变更聘用合同的有关内容。

52. 各级政府人事行政部门、民政事业单位主管部门和民政事业单位要根据国家有关规定，对现有在册的正式工作人员，按照现聘职务或岗位进入相应等级的岗位。

各地区、各部门和民政事业单位必须严格把握政策，不得违反规定突破现有的职务数额，不得突击聘用人员，不得突击聘用职务。要严格限制专业技术高级、中级、初级岗位中的高等级岗位的设置。

53. 民政事业单位聘用人员原则上不得同时在两类岗位上任职。根据民政事业单位的工作特点，确需兼任的，须按人事管理权限审批。

54. 民政事业单位首次进行岗位设置和岗位聘用，岗位结构比例不得突破现有人员的结构比例。现有人员的结构比例已经超过核准比例的，应通过自然减员、调出、低聘或解聘等办法，逐步达到规定的结构比例。尚未达到核准结构比例的，要严格控制岗位聘用数量，根据事业发展要求和人员队伍状况等情况逐年逐步到位。

八、组织实施

55. 岗位设置管理是民政事业单位人事制度改革的重要内容，是一项开创性、基础性工作，关系到民政事业的长远发展和广大干部职工的切身利益。要坚持以人为本，从民政事业单位的实际出发，根据事业的发展需要，切实保障职工的切身利益，积极稳妥地推进改革。

56. 各级民政部门要紧密结合本地区经济社会发展水平和民政事业单位的实际情况，切实发挥职能作用，制定具体方案，组织好所属民政事业单位岗位设置管理的实施工作。各级人事行政部门要加强与民政部门的沟通协调，结合本地区民政事业单位的特点，认真贯彻执行《试行办法》《实施意见》和本指导意见精神。

57. 各地区、各部门和民政事业单位在岗位设置和岗位聘用工作中，要严格执行有关政策规定，坚持原则，坚持走群众路线。对违反规定滥用职权、打击报复、以权谋私的，要追究责任。对不按《试行办法》《实施意见》和本指导意见进行岗位设置和岗位聘用的民政事业单位，政府人事行政部门、民政部门及有关部门不予确认岗位等级、不予兑现工资、不予核拨经费。情节严重的，对相关领导和责任人予以通报批评，按照人事管理权限给予相应的纪律处分。

58. 本指导意见由人力资源社会保障部、民政部负责解释。

关于印发《关于国有林场岗位设置管理的指导意见》的通知

人社部发〔2015〕54号

各省、自治区、直辖市人力资源和社会保障厅（局）、林业厅（局），新疆生产建设兵团人力资源和社会保障局、林业局：

根据《中共中央 国务院关于印发〈国有林场改革方案〉和〈国有林区改革指导意见〉的通知》（中发〔2015〕6号）《关于进一步深化事业单位人事制度改革的意见》（中办发〔2011〕28号）《事业单位人事管理条例》（国务院令第652号）及事业单位岗位设置管理有关政策规定，为做好国有林场岗位设置管理的组织实施工作，结合国有林场特点和改革发展的需要，我们制定了《关于国有林场岗位设置管理的指导意见》。现印发给你们，请遵照执行。

人力资源社会保障部
国家林业局
2015年6月9日

关于国有林场岗位设置管理的指导意见

根据《中共中央 国务院关于印发〈国有林场改革方案〉和〈国有林区改革指导意见〉的通知》（中发〔2015〕6号）《关于进一步深化事业单位人事制度改革的意见》（中办发〔2011〕28号）《事业单位人事管理条例》（国务院令第652号）及事业单位岗位设置管理有关政策规定，为做好国有林场岗位设置管理的组织实施工作，结合国有林场特点和改革发展的需要，提出以下指导意见。

一、岗位类别设置

1. 国有林场管理岗位指担负国有林场领导职责或管理任务的工作岗位。管理岗位的设置要适应增强国有林场运转效能、提高工作效率、提升管理水平的需要。

国有林场专业技术岗位指主要从事森林培育、保护和利用等专业技术工作，具有相应专业技术水平和能力要求的工作岗位。专业技术岗位的设置要符合国有林场工作特点和事业发展的需要。

国有林场工勤技能岗位指主要从事森林管护等林业技能操作和维护、后勤保障、服务等职责的工作岗位。工勤技能岗位的设置要适应森林资源管护以及提高操作维护技能，提升服务水平的要求，满足国有林场工作的实际需要。

森林管护是指营造林、森林经营和管护、森林消防和应急救援、林木种苗繁育、有害生物防治等。

2. 国有林场三类岗位的结构比例由政府人力资源行政部门和国有林场主管部门确定。

（1）管理岗位一般不高于单位岗位总量的20%，专业技术岗位一般不低于单位岗位总量的40%，森林管护等林业技能岗位一般不低于单位岗位总量的35%，后勤保障、服务等一般性工勤技能岗位一般不高于单位岗位总量的5%。

（2）代管乡镇、村的国有林场，加挂省级以上自然保护区或者国家级森林（湿地）公园牌子的国有林场，管理岗位一般不高于单位岗位总量的25%，可相应核减专业技术岗位、工勤技能岗位比例。

（3）承担国家林木良种基地等科研实验任务的国有林场，专业技术岗位一般不低于单位岗位总量的45%，可相应核减管理岗位、工勤技能岗位比例。

3. 鼓励国有林场后勤服务社会化，已经实现社会化服务的一般性劳务工作，不再设置相应的工勤技能岗位。

二、岗位等级设置

4. 国有林场专业技术高级、中级、初级岗位的结构比例，根据地区经济发展水平，以及国有林场的功能、规格、规模、隶属关系和专业技术水平确定，原则上不应低于1∶4∶5。

承担国家林木良种基地等科研实验任务以及加挂省级以上自然保护区或者国家级森林（湿地）公园牌子的国有林场，专业技术高中初的结构比例应当高于其他国有林场。

小型国有林场的专业技术岗位结构比例可实行集中调控、集中管理的办法。具体办法由省级政府人力资源行政部门和林业行政主管部门研究制定。

5. 国有林场森林管护等林业技能岗位结构比例，一级、二级、三级岗位的总量占林业技能岗位总量的比例为50%左右；一级、二级岗位的总量占林业技能岗位总量的比例为12%左右。

后勤保障、服务等一般性工勤技能岗位，一级、二级、三级岗位的总量占一般性工勤技能岗位总量的比例为25%左右，一级、二级岗位的总量占一般性工勤技能岗位总量的比例为5%左右。

6. 特设岗位是国有林场为适应聘用急需高层次专业技术人才等特殊需要，经批准设置的工作岗位，是国有林场的非常设岗位。特设岗位的等级根据国有林场发展需要，按照规定的程序确定。

特设岗位不受国有林场岗位总量、最高等级和结构比例限制，在完成工作任务或者相关人员转入常设岗位后，按照管理权限予以核销。

三、专业技术岗位名称及岗位等级

7. 国有林场应根据其主体业务确定主体专业技术岗位，其他系列专业技术岗位的最高等级原则上应低于主体专业技术岗位。

8. 国有林场主体专业技术岗位中，正高级岗位名称暂定为高级工程师一级岗位、高级工程师二级岗位、高级工程师三级岗位、高级工程师四级岗位，分别对应一至四级专业技术岗位；副高级岗位名称暂定为高级工程师五级岗位、高级工程师六级岗位、高级工程师七级岗位，分别对应五至七级专业技术岗位；中级岗位名称为工程师一级岗位、工程师二级岗位、工程师三级岗位，分别对应八至十级专业技术岗位；初级岗位名称为助理工程师一级岗位、助理工程师二级岗位，分别对应十一级、十二级专业技术岗位；员级岗位名称为技术员岗位，对应十三级专业技术岗位。

9. 其他专业技术岗位名称和对应等级参照相关行业指导意见和标准执行，原则上沿用现专业技术名称。

10. 国有林场专业技术一级岗位属国家专设的特级岗位，其人员的确定按国家有关规定执行。

四、组织实施

11. 岗位设置管理工作是推进国有林场改革发展的重要保障，是国有林场人事制度改革的重要内容，是加强国有林场人才队伍建设的重要举措。要高度重视，加强领导，坚持以人为本，从实际出发，充分考虑国有林场地处偏远、工作艰苦的客观情况，维护职工的切身利益，积极稳妥地推进岗位设置管理实施工作。

12. 各级国有林场主管部门要紧密结合本地区经济社会发展水平和国有林场的实际情况，切实发挥职能作用，制定具体方案，组织好国有林场岗位设置管理的实施工作。各级国有林场主管部门要加强与政府人力资源行政部门的沟通协调，结合本地区国有林场工作的特点，认真贯彻执行本指导意见。

13. 各地区、各部门和国有林场在岗位设置和岗位聘用工作中，要严格执行有关政策规定，坚持原则，坚持走群众路线。对违反规定滥用职权、以权谋私的，要追究责任。对不按本指导意见进行岗位设置和岗位聘用的国有林场，政府人力资源行政部门、国有林场主管部门不予确认岗位等级、不予兑现工资、不予核拨经费。情节严重的，对相关领导和责任人予以通报批评，按照人事管理权限给予相应的纪律处分。

14. 岗位基本条件、岗位聘用程序及岗位设置核准备案等本指导意见未作规定的内容，按照《事业单位岗位设置管理试行办法》（国人部发〔2006〕70号）和《〈事业单位岗位设置管理试行办法〉实施意见》（国人部发〔2006〕87号）等政策文件执行。

关于印发《关于进一步完善中小学岗位设置管理的指导意见》的通知

人社部发〔2022〕58号

各省、自治区、直辖市及新疆生产建设兵团人力资源社会保障厅（局）、教育厅（教委、教育局）：

为深入贯彻落实习近平总书记关于教育的重要论述，深化中小学人事制度改革，建设高素质专业化创新型的中小学教职工队伍，现将《关于进一步完善中小学岗位设置管理的指导意见》印发给你们，请结合本地区实际认真贯彻执行。

人力资源社会保障部

教育部

2022年9月2日

关于进一步完善中小学岗位设置管理的指导意见

为贯彻《中共中央　国务院关于深化教育教学改革全面提高义务教育质量的意见》《中共中央　国务院关于全面深化新时代教师队伍建设改革的意见》要求，落实《新时代基础教育强师计划》，深化中小学人事制度改革，建设高素质专业化创新型的教职工队伍，根据《事业单位人事管理条例》及事业单位岗位设置管理有关规定，就进一步完善中小学岗位设置管理提出如下意见。

一、总体要求

（一）指导思想。全面贯彻党的十九大和十九届历次全会精神，以习近平新时代中国特色社会主义思想为指导，以促进基础教育事业发展为目标，遵循中小学教职工成长发展规律，创新岗位管理政策措施，拓宽职业发展通道，激发中小学教职工的积极性、主动性、创造性，进一步加强中小学教师队伍建设。

（二）基本原则。坚持分类施策、分级管理，立足国情，根据各级各类教师的不同特点和发展实际，考虑区域、城乡、校际差异，采取针对性的政策举措，定向发力；坚持因事设岗、精简效能，科学规范、评聘结合，全面实行中小学教师聘用制度和岗位管理制度，将教师职称评审和岗位聘用相结合；坚持激励和约束并重，发挥学校在用人上的主体作用，健全完善考核制度，加强聘后管理，奖优罚劣，树立重师德、重能力、重业绩、重贡献的导向，构建人员能上能下、能进能出的灵活用人机制。

二、主要内容

（三）健全教师岗位等级设置。中小学教师岗位等级设置划分为高、中、初级，按照国家现行事业单位专业技术岗位设置管理有关规定执行。

（四）科学制定岗位设置方案。岗位设置方案是学校公开招聘、确定岗位等级、调整岗位以及核定工资待遇的主要依据。各学校要严格按照国家政策规定，结合学校社会功能、职责任务、工作性质和人员结构特点等实际，制定岗位设置方案。岗位设置要优先满足教育教学工作实际需要，以教师岗位为主，根据需要合理设置管理岗位和工勤技能岗位。正高级教师岗位应具备的条件：具备过硬的思想政治素质和高尚的师德素养，在教育教学和教书育人方面业绩突出，能力卓越；在教育思想、课程改革、教学方法研究和推广等方面发挥示范和引领作用；在指导培养本地本学科教师方面作出突出贡献，在本地本学科领域有较高的声望和影响力。岗位设置方案由各级教育行政部门审核汇总后，按照规定的程序和权限报各级人力资源社会保障部门备案。岗位设置方案经备案后，应保持相对稳定，机构编制、职责任务和功能定位发生变化的，应按照规定的程序和权限在三个月内申请调整或变更。

各类学校要认真编写岗位说明书，明确岗位名称、岗位工作职责、目标任务、任职条件和绩效考核标准等内容，将其作为人员聘用和管理的依据。

（五）优化岗位结构。省级人力资源社会保障部门要会同教育行政部门按照优化结构、合理配置的要求，建立健全岗位动态调整机制，根据区域、学段、学科、人员结构特点等因素，制定高级教师岗位设置办法，分学段、分类型科学设置教师岗位结构，各类学校间专业技术岗位结构要保持相对平衡。“十四五”期间，正高级教师岗位数量控制在全国中小学教师岗位总量的千分之五以内。高级教师岗位比例偏高的省（区、市），要严格把握岗位标准和条件，适当优化控制高级岗位的结构比例，避免无序增长；高级教师岗位比例偏低的省（区、市），可结合当地教育事业发展需要和教师队伍建设要求，适当优化调整中小学岗位结构比例。

（六）实行县域统筹管理。县级人力资源社会保障部门要会同教育行政部门加强对县域内不同学段、不同类型学校岗位设置工作的指导。县级教育行政部门可按照班额、生源等情况，在核定的岗位总量内，统筹调配各校岗位数量，并向同级人力资源社会保障部门备案。按照乡村振兴战略部署，协调县域内同学段学校教师岗位结构并向乡村适当倾斜，努力使乡村学校中高级教师岗位比例不低于当地城镇同学段学校。义务教育学校要逐步实行县域统一的岗位结构比例。直辖市可按区统筹。

（七）落实岗位倾斜政策。乡村中小学引进急需紧缺高层次教师，经批准可以根据需要设置特设岗位，特设岗位岗位等级可放宽至专业技术八级，不受单位岗位总量、最高等级和结构比例限制。支持乡村中小学设置“定向评价、定向使用”教师中高级岗位，实行总量控制、比例单列、专岗专用，不占各地专业技术岗位结构比例，与常设岗位分开设置、单独管理，符合条件、通过评审的教师，可直接聘用至相应岗位。省级人力资源社会保障部门会同教育行政部门根据实际情况设置“定向评价、定向使用”教师岗位的总量或比例。对因组织安排援藏援疆援青的教师，援派期间取得高一级教师职称的，援派期满经考核合格，返回后派出单位按照援派期间取得的职称，在岗位出现空缺时将其优先聘用到相应教师岗位。

（八）规范开展岗位竞聘。各学校要在岗位结构比例内开展职称评审，按岗聘用。学校新设岗位、出现岗位空缺或者其他确需竞聘情形的，一般在备案的岗位总量、类别、等级范围内，采用竞聘上岗的方式进行。同一县域内中小学教师岗位出现空缺的，教师可以跨校评聘。

竞聘上岗可以综合采取笔试、面试、民主测评、同行评议、教学水平综合评价等方式，按照制定方案、公布竞聘信息、人员申报推荐、审查资格条件、组织竞聘、确定和公示拟聘人员名单、订立或者变更聘用合同等程序进行。

（九）加强聘后管理。各学校要严格根据聘用合同规定的岗位职责任务，全面考核教职工表现，以工作实绩和贡献为重点考核内容。要注重听取学生、家长的意见和评价，强化考核结果运用，将考核结果作为教职工岗位调整、职称评聘、岗位等级晋升、工资核定以及变更、续订、解除、终止聘用合同的基本依据。对长期不在教学岗位和教学工作量达不到学校同类人员任课标准的教师，要及时调整岗位。

三、组织实施

（十）加强组织领导。各地要充分认识加强中小学岗位设置管理的重要性，精心组织、周密部署，进一步明晰部门职责，人力资源社会保障部门主要负责中小学岗位设置管理的政策指导、宏观调控和监督管理，教育行政部门主要负责中小学岗位设置管理的工作指导、岗位配置和组织实施。

各地要结合实际情况，研究制定本地区中小学岗位设置管理的实施办法，优化岗位结构，做好组织落实工作，切实发挥岗位管理制度的基础作用。

（十一）强化监督管理。各地区、各部门和各学校在岗位设置和岗位聘用工作中，要严格执行本意见有关政策规定。对不按本意见进行岗位设置和岗位聘用的学校，人力资源社会保障部门、教育行政部门不予确认岗位等级、不予兑现工资，并提出限期整改要求。情节严重的，对相关领导和责任人予以通报批评，按照人事管理权限给予相应处分。

（十二）本意见适用于普通中小学、幼儿园、特殊教育学校、专门学校。

（十三）本意见自发布之日起施行，《人事部　教育部关于印发高等学校、义务教育学校、中等职业学校等教育事业单位岗位设置管理的三个指导意见的通知》（国人部发〔2007〕59号）有关规定与本意见不一致的，以本意见为准。

（三）公开招聘与聘用制度

1. 公开招聘

关于进一步规范事业单位公开招聘工作的通知

人社部发〔2010〕92号

各省、自治区、直辖市党委组织部、政府人力资源社会保障厅（局），福建省公务员局，新疆生产建设兵团党委组织部、人事局，各副省级市党委组织部、政府人力资源社会保障（人事）局，中央和国家机关各部委、各人民团体干部（人事）部门：

事业单位公开招聘制度推行以来，各地各部门结合实际，积极探索，稳步实施，有力推动了公开招聘制度在事业单位的建立。但同时也要看到，在实施公开招聘的过程中，还存在着制度推行不平衡、政策执行不到位、操作程序不规范等问题。为贯彻落实《2010—2020年深化干部人事制度改革规划纲要》（中办发〔2010〕43号）和《国家中长期人才发展规划纲要2010—2020年》（中发〔2010〕6号），加快推进事业单位公开招聘工作，规范事业单位招聘行为，促进事业单位公开招聘工作制度化、规范化，现就有关问题通知如下：

一、严格政策，全面落实事业单位公开招聘制度各项规定

事业单位新进人员，除国家政策性安置、按干部人事管理权限由上级任命及涉密岗位等确需使用其他方法选拔任用人员外，一律实行公开招聘。事业单位要在岗位空缺的前提下，按照岗位职责和任职条件，通过公开招聘择优聘用工作人员。严格执行《事业单位公开招聘人员暂行规定》（人事部令第6号）关于招聘范围、条件、程序、信息发布、资格审查、考试考核、聘用等方面的要求。事业单位应当按照规定制定公开招聘方案并报送有关部门核准备案。各级组织人事部门要按照规定权限严格履行招聘方案核准备案职责。

各地各部门要加快完善政策措施，尚未制定本地区本部门公开招聘实施办法的，要在2011年3月份前出台。已经出台实施办法的，要分类细化要求，完善公开招聘组织工作规程。到2012年，要基本实现公开招聘制度在全国各级各类事业单位的全覆盖。

二、坚持公开，增强事业单位公开招聘工作透明度

事业单位公开招聘要遵循民主、公开、竞争、择优的原则，切实做到信息公开、过程公开、结果公开。

严格规范公开招聘信息发布。事业单位招聘人员应当面向社会公开发布招聘信息，内容应包括公开招聘范围、条件、程序和时间安排、招聘办法、报名方法等内容。发布时间不少

于7个工作日。招聘信息须在组织人事部门网站、招聘单位及主管部门网站上免费公布，同时也可以在人力资源市场网站或者其他媒体上公布。招聘信息一经公布，应当严格执行，不得擅自更改。

增强公开招聘实施过程透明度。对于公开招聘中资格审查、笔试、面试、考核等环节的进展情况应当面向社会公布，并确保及时、全面、准确。

健全公开招聘结果公示制度。公开招聘结果应在招聘信息发布的范围内进行公示，时间不少于7个工作日。公示内容应包括招聘单位名称、招聘岗位情况以及拟聘人员基本情况。

三、突出分类，创新事业单位公开招聘组织方式方法

公开招聘要坚持统一规范、分类指导、分级管理。要严格按照统一的公开招聘制度的要求，充分体现不同行业、不同类型事业单位的特点以及各类工作人员的专业特点，分类组织实施公开招聘。

公开招聘方式方法应符合事业单位特点，充分体现行业、专业及岗位特点。公开招聘采取考试与考核相结合的方法，择优聘用。公开招聘高层次、紧缺人才，可以采取直接考核的方式。各地各部门要积极探索符合高校毕业生就业特点的公开招聘方式，更好地服务于高校毕业生就业工作。

规范和完善公开招聘考试、考核方法。考试可采取笔试、面试、实际操作能力测试等多种方式。按照“干什么，考什么”的原则，合理设置考试内容，符合岗位要求。对专业技术岗位和工勤技能岗位的招聘，不应将行政职业能力测试列为笔试内容。考核应侧重于思想政治表现、道德品质以及与应聘岗位相关的业务能力和工作实绩等。

各地各部门要研究制定公开招聘考试工作规程，规范考试命题、笔试阅卷、面试组织等环节。要完善保密制度，明确分工，责任到人，确保考务安全。要加强公开招聘考官培训工作，提高面试、实际操作能力测试工作水平，增强考试公正度。鼓励有条件的地方加强题库建设。

组织人事部门、事业单位主管部门要根据事业单位公开招聘工作的实际需求，发挥考试、人才等服务机构的优势，为事业单位公开招聘搭建考试考务服务平台。

四、严肃纪律，提升事业单位公开招聘工作公信力

要认真落实《事业单位公开招聘人员暂行规定》关于回避制度的规定。在公开发布的招聘信息中，要明确有关人员回避的要求。对违反回避规定的公开招聘行为，应当及时予以纠正，对相关人员予以批评教育，造成不良影响的，要对有关责任人进行严肃处理。

对违反事业单位公开招聘规定的，由县级以上组织人事部门视情况责令纠正或者宣布无效；对负有领导责任和直接责任的人员予以严肃处理，根据情节轻重进行批评教育、调离工作岗位或者给予处分；对违反公开招聘规定的应聘人员，要按照规定及时处理。

事业单位公开招聘人员，应确保符合条件的应聘人员不因民族、性别或者身体残疾而受歧视。落实人力资源社会保障部、教育部、卫生部《关于进一步规范入学和就业体检项目维护乙肝表面抗原携带者入学和就业权利的通知》（人社部发〔2010〕12号）要求，除卫生部核准并予以公布的特殊职业外，事业单位在公开招聘中不得要求进行乙肝项目检测。

五、强化监管，确保事业单位公开招聘工作有序进行

各级组织人事部门要切实履行好事业单位公开招聘工作综合管理部门的职责，建立严格的制度规范，加强管理，强化监督，指导事业单位依法行使用人自主权。要加大对县级以下事业单位公开招聘工作的指导力度。事业单位主管部门要切实履行对事业单位公开招聘工作的指导和管理职责。公开招聘工作要主动接受纪检监察机关的监督。

组织人事部门应当及时受理有关投诉或者举报，接受社会监督。对有关投诉或者实名举报的调查处理情况，应当向投诉人或者实名举报人反馈；对新闻媒体反映问题的调查处理情况，应当及时向社会公布。

要建立事业单位公开招聘工作舆情监测报告制度，密切关注网络、媒体等舆论动态，做到早发现，早报告。加强对公开招聘突发性事件的舆情研判，制定应急预案，通过新闻发布会、向媒体提供新闻通稿等形式，第一时间发布权威消息，引导舆论，及时采取有效的应对措施，妥善处理。畅通信息渠道，对于重大舆情要及时处置并报同级党委政府和上级组织人事部门。

中共中央组织部
人力资源社会保障部
2010 年 12 月 8 日

中共中央组织部　人力资源社会保障部关于进一步做好艰苦边远地区县乡事业单位公开招聘工作的通知

人社部规〔2016〕3号

各省、自治区、直辖市及新疆生产建设兵团党委组织部、政府人力资源社会保障厅（局）：

为鼓励和引导优秀人才到艰苦边远地区县乡事业单位干事创业，解决艰苦边远地区吸引留住人才难的问题，发挥好广大事业单位工作人员在打赢脱贫攻坚战、决胜全面建成小康社会中的重要作用，现就进一步做好艰苦边远地区县乡事业单位公开招聘工作通知如下。

一、实施范围

国家确定的集中连片特殊困难地区的县、国家扶贫开发工作重点县。

二、合理设置招聘条件

（一）招聘县乡事业单位管理人员和初级专业技术人员，年龄可以放宽到40周岁以下；招聘中、高级专业技术人员，可以根据工作需要进一步放宽。

（二）招聘乡镇事业单位工作人员，学历最低可以到高中、中专（含技工学校），但不突破行业职业准入对学历的要求。

（三）招聘乡镇事业单位管理人员，可以不作专业限制；招聘县乡事业单位专业技术人员，可以适当放宽专业要求。

（四）可以拿出一定数量岗位面向本县、本市或者周边县市户籍人员（或者生源）招聘，积极探索从优秀村干部中招聘乡镇事业单位工作人员。

三、改进招聘方式方法

（一）乡镇事业单位招聘大学本科以上毕业生，县级事业单位招聘中级以上专业技术职称或者硕士以上学位人员，以及行业、岗位、脱贫攻坚急需紧缺专业人才，可以根据实际情况，采取面试、组织考察等方式公开招聘。

（二）采取统一考试方式招聘的，可以根据工作需要，有区别地确定通用能力测试成绩权重，加大专业素质考试成绩的权重；可以根据应聘人员报名、专业分布等情况适当降低开考比例，或不设开考比例，划定成绩合格线。

（三）对“三支一扶”人员、大学生村官、西部志愿者等基层服务项目人员和退役士官士兵，可以按照有关规定进行专项招聘，并增加工作实绩在组织考察中的权重。

四、完善激励保障措施

（一）积极为事业单位工作人员搭建干事创业平台，适当提高艰苦边远地区县乡事业单位中、高级专业技术岗位设置比例。招聘高层次专业技术人员，可以采用特设岗位的办法，不受岗位结构比例限制。在岗位晋升、职称评审等方面，向县特别是乡镇事业单位倾斜，具体办法由省级组织、人力资源社会保障部门研究制定。

（二）落实乡镇工作补贴、艰苦边远地区津贴、高海拔地区折算工龄补贴、大中专毕业生到艰苦边远地区县乡工作提前转正定级并高定工资、带薪年休假制度等政策，采取有力措施改善工作、生活条件，帮助解决实际困难，加强人文关怀。

（三）拓宽县乡事业单位工作人员职业发展空间，积极选派业务骨干到上级单位或者发达地区挂职锻炼、跟班学习，注重选拔优秀乡镇站所负责人进入乡镇领导班子，大力表彰甘于奉献、实绩突出的事业单位工作人员，鼓励他们扎根基层、服务群众。

五、严密组织实施

（一）地方各级组织、人力资源社会保障部门要高度重视艰苦边远地区县乡事业单位公开招聘工作，在同级党委政府的领导下，发挥好职能作用，加强与相关部门协调配合，结合当地经济社会发展需要和队伍建设实际，综合施策，攻坚克难，着力形成“招得来、留得住、用得好”的体制机制，把各项工作落到实处。

（二）坚持事业单位公开招聘基本制度，坚持公开、公平、公正、择优，严格审核招聘方案，规范招聘程序，公示招聘结果。建立和完善省级公开招聘信息发布平台，便于应聘人员了解招聘政策和信息，便于群众监督。

（三）对放宽条件招聘的人员，用人单位可以视情况在聘用合同中约定3~5年最低服务期限，并明确违约责任和相关要求。在最低服务期限内，其他单位不得以借调、帮助工作等方式将其借出或调走。

（四）全面落实公开招聘各项纪律要求，采取有效措施，防止出现因人画像、人情招聘、暗箱操作等问题。对以权谋私、违规进人等违纪违法行为，坚决查处，严厉问责，公开通报。

其他条件特别艰苦、“招人难”“留人难”问题突出的县乡，可以参照本《通知》执行，具体范围由省级组织、人力资源社会保障部门研究确定、从严掌握。西藏和四川、云南、甘肃、青海四省藏区以及新疆南疆地区对事业单位公开招聘另有规定的，结合本《通知》一并执行。

中共中央组织部
人力资源社会保障部
2016年11月7日

人力资源社会保障部关于事业单位公开招聘岗位条件设置有关问题的通知

人社部规〔2017〕17号

各省、自治区、直辖市及新疆生产建设兵团人力资源社会保障厅（局），中央和国家机关各部委、各直属机构人事部门：

为完善事业单位公开招聘制度，规范事业单位选人用人行为，现就事业单位公开招聘岗位条件设置有关问题通知如下：

一、用人单位要根据招聘岗位需求，科学合理地设置招聘岗位条件，不得设置指向性或与岗位无关的歧视性条件。

二、专业设置须与招聘岗位相匹配。原则上应从宽确定专业要求，同一岗位可设置一个或多个相近的适合岗位要求的专业，也可按专业大类设置专业条件。对没有专业要求的招聘岗位，可设置为专业不限。

三、专业名称要准确、规范，具体可参照当地省级组织、人力资源社会保障部门制定或确定的公开招聘事业单位工作人员或考录公务员专业参考目录，也可参照教育部门的专业目录，并在招聘公告中明确相应的专业参考目录。

四、资格审查工作由用人单位或主管部门负责，事业单位人事综合管理部门负责监督，审查过程中要严格把关，确保相关材料真实、准确、有效。负责资格审查的单位和人员要认真履职，严格按照有关政策规定和招聘公告确定的招聘条件进行资格审查，准确把握审查标准，统一审查尺度，不得随意放宽招聘岗位条件。实施网上报名的，可在资格复审阶段查看原件。对没有通过资格审查的人员，用人单位或主管部门有义务接受其询问并告知其原因。

五、资格审查工作中，要重视和加强与应聘人员的沟通，做好政策宣传解释工作，及时化解争议，增强招聘工作公信力。

六、招聘岗位条件一经面向社会公开发布，未经招聘公告核准备案部门同意不得擅自更改。经同意确需更改的，要提前发布变更或补充公告。

七、从事事业单位公开招聘的工作人员要强化政治意识、责任意识，严格遵守各项工作纪律，维护公开招聘制度的严肃性。对违纪违规、失职渎职的责任人员要依法依规予以问责追责，严肃处理。

八、各地、各部门要根据本《通知》要求，制定具体的公开招聘岗位条件设置办法。

人力资源社会保障部

2017 年 10 月 16 日

人力资源社会保障部　应急管理部关于印发《国家综合性消防救援队伍消防员招录办法（试行）》的通知

人社部规〔2018〕5号

各省、自治区、直辖市及新疆生产建设兵团人力资源社会保障厅（局）、应急管理厅（局）、消防救援总队、森林消防总队：

现将《国家综合性消防救援队伍消防员招录办法（试行）》印发给你们，请遵照执行。

人力资源社会保障部
应急管理部
2018年12月23日

国家综合性消防救援队伍消防员招录办法（试行）

第一章　总　　则

第一条　为规范国家综合性消防救援队伍消防员招录工作，建设对党忠诚、纪律严明、赴汤蹈火、竭诚为民的消防救援队伍，依据《组建国家综合性消防救援队伍框架方案》和国家有关法律法规，制定本办法。

第二条　消防员招录工作实行计划管理，严格招录标准，坚持公开公正、平等自愿、竞争择优的原则。

第三条　招录工作由应急管理部统一部署，省级应急管理部门组织实施。人力资源社会保障部门进行政策指导和提供服务。

第四条　省级应急管理部门成立由消防救援总队、森林消防总队等组成的消防员招录工作办公室，负责招录具体工作。

第二章　招录条件与范围

第五条　消防员招录对象应具备下列基本条件：

（一）具有中华人民共和国国籍。

（二）遵守宪法和法律，拥护中国共产党领导和社会主义制度。

（三）志愿加入国家综合性消防救援队伍。

（四）年龄为18周岁以上、24周岁以下。

（五）具有高中以上文化程度。

（六）身体和心理健康。

（七）具有良好的品行。

（八）法律、法规规定的其他条件。

第六条 大专以上学历的毕业生、解放军和武警部队退役士兵、政府（企业）专职消防队伍中符合条件的人员可以优先招录。

具有大学本科以上学历的人员，年龄可放宽至26周岁；对消防救援工作急需的特殊专业人才，经应急管理部批准年龄还可以进一步放宽。

第七条 消防员面向社会公开招录，主要从本省级行政区域常住人口中招录，根据需要也可面向其他省份招录。

第三章 招录程序

第八条 省级应急管理部门会同消防救援总队、森林消防总队，根据消防员编配情况和工作需要提出招录需求，报应急管理部汇总审核，会同人力资源社会保障部下达年度招录计划。

招录计划应包括编制员额、在编人数、超缺编情况、拟招录数量和拟招录地区等内容。

第九条 消防员招录按照宣传动员、组织报名、资格审查、体格检查、政治审核、体能测试和岗位适应性测试、心理测试和面试、公示、录用等程序组织实施。

（一）宣传动员。积极协调教育部门、新闻媒体等开展宣传动员，并通过互联网、报刊、电视等发布消防员招录公告。

（二）组织报名。一般采用网上报名的方式。招录对象在规定时间内登录网站提交报名材料。报名材料须真实、准确。

（三）资格审查。消防员招录工作办公室对招录对象提交的报名信息进行资格初审，确定是否具有报名资格。

（四）体格检查。体格检查应在指定的市级以上综合性医院进行，标准参照《应征公民体格检查标准》执行。招录对象对体格检查结果有疑问的，可以按规定进行一次复检，体格检查结果以复检结论为准。

（五）政治审核。参照征兵政治考核要求，按照规定程序严格考核招录对象的政治面貌、宗教信仰、政治言行等，对具有《征兵政治考核工作规定》第八条、第九条所列情形的，政治考核不得通过。同时，应当对招录对象的个人基本信息、文化程度、毕业（就读）学校、主要经历、现实表现、奖惩情况以及家庭成员、主要社会关系成员的政治情况等进行全面核查了解。

（六）体能测试和岗位适应性测试。体能测试主要考察招录对象肌肉力量、肌肉耐力和柔韧素质等；岗位适应性测试主要考察招录对象协调能力、空间位置感知以及对高空、黑暗环境的心理适应度。

体能测试、岗位适应性测试项目及标准由应急管理部制定。

（七）心理测试和面试。心理测试主要考察招录对象的心理承受和自我调节能力；面试主要考察招录对象的身体形态、仪容仪表、语言表达、交流沟通能力等内容。

（八）公示。消防员招录工作办公室根据招录对象政治审核、体格检查、体能测试和岗位适应性测试、心理测试和面试等情况，择优提出拟录用人员名单，经省级应急管理部门会同消防救援总队、森林消防总队研究后，面向社会公示，公示时间不少于 7 个工作日。

（九）录用。公示期满，根据公示情况，确定录用人员名单。对没有问题或者反映问题不影响录用的，按照规定程序办理录用手续；对有严重问题并查有实据的，不予录用；对反映有严重问题，但一时难以查实的，暂缓录用，待查实并作出结论后再决定是否录用。

新录用消防员须填写《献身消防救援事业志愿书》。录用人员名单送省级人力资源社会保障部门、退役军人事务部门备案，并报应急管理部；应急管理部汇总后送人力资源社会保障部、退役军人事务部备案。

第十条 新录用消防员须参加为期一年的入职培训。

培训考核不合格，或有其他不适宜从事消防救援工作情形的，予以淘汰。培训合格的，正式签订接收协议，明确双方权利义务。工作 5 年（含入职培训期）内不得提前离职。非正当原因提前离职的，此后不得参加国家公职人员招录（聘），并记入公民征信系统。

第四章 纪律与监督

第十一条 消防员招录坚持信息公开、过程公开、结果公开，主动接受监督。招录工作实行回避制度，回避情形参照《事业单位公开招聘人员暂行规定》第二十七条执行。

第十二条 应急管理部门、人力资源社会保障部门应认真履行职责，及时受理相关举报，按有关规定调查处理，对消防员招录过程中违纪违规的行为及时予以制止和纠正，保证招录工作的公开、公平、公正。

第十三条 消防员招录单位在公开招录中有下列行为之一的，责令其限期改正；逾期不改正的，对直接负责的主管人员和其他直接责任人员依法依规给予处分：

（一）未按招录计划和规定资格条件、程序组织招录的。

（二）未按招录条件进行资格审查的。

（三）未按规定组织体格检查的。

（四）未按规定公示拟录用人员名单的。

（五）其他应当责令改正的违纪违规行为。

第十四条 消防员招录工作人员有下列行为之一的，由相关部门给予处分，并将其调离消防员招录工作岗位，不得再从事招录工作；构成犯罪的，依法追究刑事责任：

（一）指使、纵容他人作弊，或在政审、考核、测试、体格检查过程中参与作弊的。

（二）在保密期限内，泄露面试评分要素等应当保密的信息的。

（三）玩忽职守，造成不良影响的。

（四）其他严重违纪违规行为。

第十五条 招录对象有下列情形之一的，依照有关规定给予相应处理：

（一）伪造、涂改证件、证明等报名材料，或者以其他不正当手段获取录用资格的。

（二）提供的涉及招录资格的申请材料或者信息不实，且影响资格审查结果的。

（三）作弊、串通作弊或者参与有组织作弊的。

（四）拒绝、妨碍工作人员履行管理职责的。

（五）威胁、侮辱、诽谤、诬陷工作人员或者其他招录对象的。

（六）其他扰乱招录工作秩序的违纪违规行为。

第五章　附　　则

第十六条　消防员招录所需经费，由财政分级保障。

第十七条　省级消防员招录工作办公室使用统一印章，由应急管理部刻制下发。

第十八条　本办法由人力资源社会保障部、应急管理部共同负责解释。

第十九条　本办法自颁布之日起施行。

中共中央组织部办公厅 人力资源社会保障部办公厅关于应对新冠肺炎疫情影响做好事业单位公开招聘高校毕业生工作的通知

人社厅发〔2020〕27号

各省、自治区、直辖市及新疆生产建设兵团党委组织部、政府人力资源社会保障厅（局），中央和国家机关各部委、各人民团体组织人事部门：

习近平总书记在统筹推进新冠肺炎疫情防控和经济社会发展工作部署会议上强调，“要注重高校毕业生就业工作，统筹做好毕业、招聘、考录等相关工作，让他们顺利毕业、尽早就业”。为切实贯彻落实习近平总书记的重要讲话精神，现就应对新冠肺炎疫情影响做好事业单位公开招聘高校毕业生工作有关事项通知如下。

一、各地各部门要落实分区分级精准防控要求，在切实做好疫情防控工作的同时，安全有序开展事业单位公开招聘工作。要创新招聘方式，尽量采用电话、视频、网络等形式组织线上报名、笔试、面试。对疫情低风险地区，可在落实卫生防疫要求、控制规模、确保安全的前提下，开展现场笔试、面试等工作。对疫情高、中风险地区高校毕业生报名参加招聘的，暂不组织现场笔试、面试，以适当方式开展线上笔试、面试。

二、要加大事业单位面向高校毕业生的公开招聘力度，今明两年事业单位空缺岗位主要用于专项招聘高校毕业生（含择业期内未落实工作单位的高校毕业生）。其中，湖北省事业单位可以面向湖北省高校的毕业生或湖北籍高校毕业生开展专项招聘。

三、要组织指导事业单位及早发布招聘公告，公布岗位数量和岗位条件，及时为高校毕业生应聘提供岗位信息，增加就业机会。招聘公告须在事业单位人事综合管理部门公开招聘服务平台、主管部门网站上发布；有条件的地区，可在省级事业单位人事综合管理部门公开招聘服务平台上集中发布；要有针对性地通过报纸、电视、广播、网络等媒介广泛推介招聘信息，扩大信息发布范围和社会知晓度。

四、要积极鼓励和引导高校毕业生到艰苦边远地区基层事业单位工作，在打赢脱贫攻坚战、决胜全面建成小康社会中建功立业。艰苦边远地区乡镇事业单位招聘本科以上高校毕业生、县级事业单位招聘硕士以上高校毕业生，以及招聘行业、岗位、脱贫攻坚急需紧缺专业高校毕业生，可以结合实际情况，采取面试、直接考察的方式公开招聘；可以根据应聘人员报名、专业分布等情况适当降低开考比例，或不设开考比例，划定成绩合格线。

五、要积极鼓励和引导高校毕业生参加“三支一扶”基层服务项目计划。对高校毕业生参加“三支一扶”计划服务期满且考核合格的，可以按照有关规定进行专项招聘，并增加工作实绩在组织考察中的权重。对今明两年经省级人力资源社会保障部门统一组织招募参加“三支一扶”计划，服务期满且考核合格的人员，所在基层事业单位有岗位空缺的可以直接聘用，并不再约定试用期。

六、各地各部门要根据疫情防控要求，制定事业单位公开招聘活动防疫指南，落实落细各项防疫措施。事业单位人事综合管理部门、主管部门和事业单位要统筹毕业和招聘工作的衔接，优化做好高校毕业生特别是疫情严重地区高校毕业生公开招聘报名、考试、考察、体检、聘用报到等工作，保障疫情高风险地区高校毕业生公平参加招聘的权益，切实把党中央、国务院对高校毕业生的关心关爱落实到位。

中共中央组织部办公厅

人力资源社会保障部办公厅

2020 年 3 月 11 日

人力资源社会保障部关于职业院校毕业生参加事业单位公开招聘有关问题的通知

人社部发〔2021〕82号

各省、自治区、直辖市及新疆生产建设兵团人力资源社会保障厅（局），国务院各部委、各直属机构人事部门：

为深入贯彻习近平总书记在中央人才工作会议上的重要讲话精神和对职业教育、技能人才工作的重要指示精神，落实党中央、国务院关于积极推动职业院校毕业生在参加事业单位招聘等方面与普通高校毕业生享受同等待遇的要求，促进职业教育事业发展和技能人才队伍建设，根据《事业单位人事管理条例》和《事业单位公开招聘人员暂行规定》，现就职业院校（含技工院校，下同）毕业生参加事业单位公开招聘有关问题通知如下。

一、事业单位公开招聘要树立正确的选人用人理念，破除唯名校、唯学历的用人导向，建立以品德和能力为导向、以岗位需求为目标的人才使用机制。要合理制定公开招聘资格条件要求，不得将毕业院校、国（境）外学习经历、学习方式作为限制性条件，切实维护、保障职业院校毕业生参加事业单位公开招聘的合法权益和平等竞争机会。

二、事业单位公开招聘资格条件中的专业条件要求，应当以完成岗位职责任务所需具备的管理能力、专业素质或者技能水平为依据，按照事业单位公开招聘专业指导目录设置，或者参考考试录用公务员、高等学校、职业教育、技工院校等专业目录设置，并将所参考目录在招聘公告中予以明确。

三、事业单位公开招聘中有职业技能等级要求的岗位，可以适当降低学历要求，或者不再设置学历要求。在符合专业等其他条件的前提下，技工院校预备技师（技师）班毕业生可报名应聘学历要求为大学本科的岗位，高级工班毕业生可报名应聘学历要求为大学专科的岗位。

四、事业单位公开招聘主要以技能操作或技能指导履行职责任务的岗位，实际操作能力测试在考试中的比重原则上不低于50%。职业院校毕业生为世界技能大赛国家集训选手、全国技能大赛优胜奖以上选手、全国行业职业技能竞赛获奖选手（一类职业技能大赛中获决赛单人赛项前10名、双人赛项前7名、三人赛项前5名的选手）的，可作为高技能人才按规定采取直接考察的方式公开招聘到与所获技能奖项相关的岗位工作。

五、鼓励引导职业院校毕业生积极投身乡村振兴事业，职业院校毕业生与普通高校毕业生同等享受艰苦边远地区基层事业单位公开招聘倾斜政策。乡村振兴重点帮扶县基层事业单位工勤技能岗位补充急需紧缺技能人才的，可面向职业院校毕业生专项招聘。

各地各部门要进一步提高政治站位，从贯彻新发展理念、服务国家经济社会高质量发展的高度，充分认识做好职业院校毕业生参加事业单位公开招聘的重要性、必要性，认真履职尽责，按照本通知要求抓好贯彻落实，促进公共服务事业发展和技能人才队伍建设，助力营造人人皆可成才、人人尽展其才的良好社会环境。

人力资源社会保障部

2021 年 10 月 22 日

2. 聘用制度

国务院办公厅转发人事部关于在事业单位试行人员聘用制度意见的通知

国办发〔2002〕35号

各省、自治区、直辖市人民政府，国务院各部委、各直属机构：

人事部《关于在事业单位试行人员聘用制度的意见》已经国务院同意，现转发给你们，请认真贯彻执行。

在事业单位试行人员聘用制度，是用人制度的一项重要改革，是建立适应社会主义市场经济体制要求的事业单位人事制度的重要措施，对实施科教兴国战略和“人才强国”战略，调动事业单位各类人员的积极性和创造性，促进我国经济建设和各项社会事业的发展具有重要作用。各地区、各部门要高度重视，切实加强领导，积极稳妥地组织实施。要注意试行中可能出现的问题，及时研究解决，不断总结经验，确保事业单位人员聘用工作的顺利实施。

国务院办公厅

2002年7月6日

关于在事业单位试行人员聘用制度的意见

随着我国社会主义市场经济体制的建立和加入世界贸易组织，迫切要求转换事业单位用人机制，建立充满生机和活力的用人制度。在事业单位试行人员聘用制度，是加快推进事业单位人事制度改革、提高队伍整体素质、增强事业单位活力的重要措施。为了规范事业单位人员聘用工作（简称人员聘用工作），保护单位和职工的合法权益，促进社会稳定，现就在事业单位试行人员聘用制度提出如下意见：

一、聘用制度的基本原则和实施范围

事业单位与职工应当按照国家有关法律、政策和本意见的要求，在平等自愿、协商一致的基础上，通过签订聘用合同，明确聘用单位和受聘人员与工作有关的权利和义务。人员聘

用制度主要包括公开招聘、签订聘用合同、定期考核、解聘辞聘等制度。通过实行人员聘用制度，转换事业单位用人机制，实现事业单位人事管理由身份管理向岗位管理转变，由行政任用关系向平等协商的聘用关系转变，建立一套符合社会主义市场经济体制要求的事业单位人事管理制度。

建立和推行事业单位人员聘用制度，要贯彻党的干部路线，坚持党管干部原则；坚持尊重知识、尊重人才的方针，树立人才资源是第一资源的观念；坚持平等自愿、协商一致的原则；坚持公开、平等、竞争、择优的原则；坚持走群众路线，保证职工的参与权、知情权和监督权。

事业单位除按照国家公务员制度进行人事管理的以及转制为企业的以外，都要逐步试行人员聘用制度。对事业单位领导人员的任用，根据干部人事管理权限和规定的程序，可以采用招聘或者任命等形式。使用事业单位编制的社会团体录用专职工作人员，除按照国家公务员制度进行人事管理的以外，也要参照本意见逐步试行人员聘用制度。

二、全面推行公开招聘制度

为了规范用人行为，防止用人上的随意性和不正之风，事业单位凡出现空缺岗位，除涉密岗位确需使用其他方法选拔人员的以外，都要试行公开招聘。

事业单位要结合本单位的任务，按照科学合理、精简效能的原则设置岗位，并根据国家有关规定确定岗位的工资待遇；按照岗位的职责和聘用条件，通过公开招聘、考试或者考核的方法择优聘用工作人员。受聘人员应当具有履行岗位职责的能力，能够坚持正常工作；应聘实行执业资格制度岗位的，必须持有相应的执业资格证书。

为了保证人员聘用工作的顺利平稳进行，聘用人员应当优先从本单位现有人员中选聘；面向社会招聘的，同等条件下本单位的应聘人员优先。机构编制部门核定人员编制的事业单位聘用人员，不得突破核定的编制数额。

三、严格人员聘用的程序

为了保证人员聘用工作公平、公正，提高工作效率，聘用单位要成立与人员聘用工作相适应的聘用工作组织，严格人员聘用程序。聘用工作组织由本单位人事部门负责人、纪律检查部门负责人和工会代表组成，根据需要也可以聘请有关专家参加。人员的聘用、考核、续聘、解聘等事项由聘用工作组织提出意见，报本单位负责人员集体决定。

人员聘用的基本程序是：

（一）公布空缺岗位及其职责、聘用条件、工资待遇等事项；

（二）应聘人员申请应聘；

（三）聘用工作组织对应聘人员的资格、条件进行初审；

（四）聘用工作组织对通过初审的应聘人员进行考试或者考核，根据结果择优提出拟聘人员名单；

（五）聘用单位负责人员集体讨论决定受聘人员；

（六）聘用单位法定代表人或者其委托的人与受聘人员签订聘用合同。

聘用合同期满，岗位需要、本人愿意、考核合格的，可以续签聘用合同。

人员聘用实行回避制度。受聘人员凡与聘用单位负责人员有夫妻关系、直系血亲关系、三代以内旁系血亲或者近姻亲关系的，不得被聘用从事该单位负责人员的秘书或者人事、财务、纪律检查岗位的工作，也不得在有直接上下级领导关系的岗位工作。聘用工作组织成员在办理人员聘用事项时，遇有与自己有上述亲属关系的，也应当回避。

四、规范聘用合同的内容

聘用合同由聘用单位的法定代表人或者其委托的人与受聘人员以书面形式订立。聘用合同必须具备下列条款：

（一）聘用合同期限；

（二）岗位及其职责要求；

（三）岗位纪律；

（四）岗位工作条件；

（五）工资待遇；

（六）聘用合同变更和终止的条件；

（七）违反聘用合同的责任。

经双方当事人协商一致，可以在聘用合同中约定试用期、培训和继续教育、知识产权保护、解聘提前通知时限等条款。

聘用合同分为短期、中长期和以完成一定工作为期限的合同。对流动性强、技术含量低的岗位一般签订 3 年以下的短期合同；岗位或者职业需要、期限相对较长的合同为中长期合同；以完成一定工作为期限的合同，根据工作任务确定合同期限。合同期限最长不得超过应聘人员达到国家规定的退休年龄的年限。聘用单位与受聘人员经协商一致，可以订立上述任何一种期限的合同。

对在本单位工作已满 25 年或者在本单位连续工作已满 10 年且年龄距国家规定的退休年龄已不足 10 年的人员，提出订立聘用至退休的合同的，聘用单位应当与其订立聘用至该人员退休的合同。

聘用单位与受聘人员签订聘用合同，可以约定试用期。试用期一般不超过 3 个月；情况特殊的，可以延长，但最长不得超过 6 个月。被聘人员为大中专应届毕业生的，试用期可以延长至 12 个月。试用期包括在聘用合同期限内。

聘用单位与受聘人员订立聘用合同时，不得收取任何形式的抵押金、抵押物或者其他财物。

五、建立和完善考核制度

聘用单位对受聘人员的工作情况实行年度考核；必要时，还可以增加聘期考核。考核必须坚持客观、公正的原则，实行领导考核与群众评议相结合、考核工作实绩与考核工作态度相统一的方法。考核的内容应当与岗位的实际需要相符合。考核结果分为优秀、合格、基本合格、不合格 4 个等次。聘用工作组织在群众评议意见和受聘人员领导意见的基础上提出考核等次意见，报聘用单位负责人员集体决定。

考核结果是续聘、解聘或者调整岗位的依据。受聘人员年度考核或者聘期考核不合格的，聘用单位可以调整该受聘人员的岗位或者安排其离岗接受必要的培训后调整岗位。岗位变化后，应当相应改变该受聘人员的岗位工资待遇，并对其聘用合同作相应变更。受聘人员无正当理由不同意变更的，聘用单位有权单方面解除聘用合同。

六、规范解聘辞聘制度

聘用单位、受聘人员双方经协商一致，可以解除聘用合同。

受聘人员有下列情形之一的，聘用单位可以随时单方面解除聘用合同：

（一）连续旷工超过 10 个工作日或者 1 年内累计旷工超过 20 个工作日的；

（二）未经聘用单位同意，擅自出国或者出国逾期不归的；

（三）违反工作规定或者操作规程，发生责任事故，或者失职、渎职，造成严重后果的；

（四）严重扰乱工作秩序，致使聘用单位、其他单位工作不能正常进行的；

（五）被判处有期徒刑以上刑罚收监执行的，或者被劳动教养的。

对在试用期内被证明不符合本岗位要求又不同意单位调整其工作岗位的，聘用单位也可以随时单方面解除聘用合同。

受聘人员有下列情形之一的，聘用单位可以单方面解除聘用合同，但是应当提前 30 日以书面形式通知拟被解聘的受聘人员：

（一）受聘人员患病或者非因工负伤，医疗期满后，不能从事原工作也不能从事由聘用单位安排的其他工作的；

（二）受聘人员年度考核或者聘期考核不合格，又不同意聘用单位调整其工作岗位的，或者虽同意调整工作岗位，但到新岗位后考核仍不合格的。

受聘人员有下列情形之一的，聘用单位不得解除聘用合同：

（一）受聘人员患病或者负伤，在规定的医疗期内的；

（二）女职工在孕期、产期和哺乳期内的；

（三）因工负伤，治疗终结后经劳动能力鉴定机构鉴定为 1 至 4 级丧失劳动能力的；

（四）患职业病以及现有医疗条件下难以治愈的严重疾病或者精神病的；

（五）受聘人员正在接受纪律审查尚未作出结论的；

（六）属于国家规定的不得解除聘用合同的其他情形的。

有下列情形之一的，受聘人员可以随时单方面解除聘用合同：

（一）在试用期内的；

（二）考入普通高等院校的；

（三）被录用或者选调到国家机关工作的；

（四）依法服兵役的。

除上述情形外，受聘人员提出解除聘用合同未能与聘用单位协商一致的，受聘人员应当坚持正常工作，继续履行聘用合同；6 个月后再次提出解除聘用合同仍未能与聘用单位协商一致的，即可单方面解除聘用合同。

受聘人员经聘用单位出资培训后解除聘用合同，对培训费用的补偿在聘用合同中有约定的，按照合同的约定补偿。受聘人员解除聘用合同后违反规定使用或者允许他人使用原所在聘用单位的知识产权、技术秘密的，依法承担法律责任。涉密岗位受聘人员的解聘或者工作调动，应当遵守国家有关涉密人员管理的规定。

有下列解除聘用合同情形之一的，聘用单位应当根据被解聘人员在本单位的实际工作年限向其支付经济补偿：

（一）聘用单位提出解除聘用合同，受聘人员同意解除的；

（二）受聘人员患病或者非因工负伤，医疗期满后，不能从事原工作也不能从事由聘用单位安排的其他工作，聘用单位单方面解除聘用合同的；

（三）受聘人员年度考核不合格或者聘期考核不合格，又不同意聘用单位调整其工作岗位的，或者虽同意调整工作岗位，但到新岗位后考核仍不合格，聘用单位单方面解除聘用合同的。

经济补偿以被解聘人员在该聘用单位每工作 1 年，支付其本人 1 个月的上年月平均工资为标准；月平均工资高于当地月平均工资 3 倍以上的，按当地月平均工资的 3 倍计算。聘用单位分立、合并、撤销的，应当妥善安置人员；不能安置受聘人员到相应单位就业而解除聘用合同的，应当按照上述规定给予经济补偿。

受聘人员与所在聘用单位的聘用关系解除后，聘用单位要按照国家有关规定及时为职工办理社会保险关系调转手续，做好各项社会保险的衔接工作。

七、认真做好人事争议的处理工作

为了保障人员聘用制度的实施，聘用合同订立后，聘用单位与受聘人员双方都应当严格遵守、全面履行合同的约定。受聘人员应当遵守职业道德和聘用单位的规章制度，认真负责地完成岗位工作任务；聘用单位应当保障受聘人员的工作条件，保障受聘人员享受按照国家有关规定和合同约定应当享受的待遇。

为妥善处理人员聘用工作中出现的各种问题，及时化解矛盾，维护聘用单位和受聘人员双方的合法权益，要建立和完善事业单位人事争议仲裁制度，及时公正合理地处理、裁决人员聘用中的争议问题。受聘人员与聘用单位在公开招聘、聘用程序、聘用合同期限、定期或者聘期考核、解聘辞聘、未聘安置等问题上发生争议的，当事人可以申请当地人事争议仲裁委员会仲裁。仲裁结果对争议双方具有约束力。

八、积极稳妥地做好未聘人员安置工作

事业单位未聘人员的安置和管理，是人员聘用工作的重点和难点，政策性强，必须予以高度重视。要将未聘人员尽量安置在本单位或者当地本行业、本系统内，同时要探索多种安置办法。城市和有条件的地区可以跨行业、跨系统调剂安置。各地区、各部门要制定切实可行的政策，为未聘人员创办经济实体或者进入企业提供优惠条件，引导鼓励未聘人员面向基层、农村和中小企业，使他们在新的领域发挥作用、施展才干。

九、加强对人员聘用工作的组织领导

试行人员聘用制度涉及广大事业单位职工的切身利益，政策性强，情况复杂，在工作中，要切实加强领导，坚持原则，防止滥用职权、打击报复、以权谋私等行为的发生，对违

反规定的，要追究行政纪律责任。各级人事部门要加强指导协调和监督检查，要充分发挥各有关部门的职能作用，认真做好事业单位人员聘用制度的组织实施工作。

要贯彻积极、稳妥的方针，正确处理好改革、发展、稳定的关系，充分考虑群众对改革的承受能力，不搞“一刀切”。要因地制宜、周密部署、缜密实施。在实施过程中，一方面要保证单位工作的正常运转，做到工作不断档，国有资产不流失；另一方面，要做好深入细致的思想政治工作，引导事业单位广大职工支持并积极参与这项改革，保证事业单位人员聘用制度的顺利实施，更好地为经济建设和社会发展服务。

关于印发《事业单位试行人员聘用制度有关问题的解释》的通知

国人部发〔2003〕61号

各省、自治区、直辖市人事厅（局），国务院各部委、各直属机构人事部门，新疆生产建设兵团人事局，副省级市人事局：

现将《事业单位试行人员聘用制度有关问题的解释》印发给你们，请认真贯彻执行。

人事部

2003年12月10日

事业单位试行人员聘用制度有关问题的解释

国务院办公厅转发人事部《关于在事业单位试行人员聘用制度的意见》（国办发〔2002〕35号，以下简称《意见》）以后，各地在实施中遇到了一些需要解释的具体问题。为了更好地贯彻《意见》精神，规范事业单位人员聘用制度，现对实施中的有关问题解释如下：

一、聘用制度实施范围

1. 事业单位（含实行企业化管理的事业单位）除按照国家公务员制度进行人事管理的以及转制为企业的以外都要逐步试行人员聘用制度。

2. 试行人员聘用制度的事业单位中，原固定用人制度职工、合同制职工、新进事业单位的职工，包括工勤人员都要实行聘用制度。

3. 事业单位的党群组织专职工作人员，在已与单位明确了聘用关系的人员范围内，按照各自章程或法律规定产生、任用。

二、推行聘用制度首次签订聘用合同的有关问题

4. 事业单位首次实行人员聘用制度，可以按照竞争上岗，择优聘用的原则，优先从本单位现有人员中选聘符合岗位要求的人员签订聘用合同，也可以根据本单位的实际情况，在

严格考核的前提下，采用单位与现有在职职工签订聘用合同的办法予以过渡。

5. 有下列情况之一的，单位应与职工签订聘用合同：

（1）现役军人的配偶；

（2）女职工在孕期、产期、哺乳期内的；

（3）残疾人员；

（4）患职业病或因工负伤，经劳动能力鉴定委员会鉴定为1~6级伤残的；

（5）国家政策有明确规定的。

6. 经指定的医疗单位确诊患有难以治愈的严重疾病、精神病的，暂缓签订聘用合同，缓签期延续至前述情况消失；或者只保留人事关系和工资关系，直至该人员办理退休（退职）手续。经劳动能力鉴定委员会鉴定完全丧失劳动能力的，按照国家有关规定办理退休（退职）手续。

7. 在首次签订聘用合同中，职工拒绝与单位签订合同的，单位给予其不少于3个月的择业期，择业期满后未调出的，应当劝其办理辞职手续，未调出又不辞职的，予以辞退。

三、公开招聘

8. 经费来源主要由财政拨款的事业单位，以及经费来源部分由财政支持的事业单位，公开招聘工作人员应在编制内进行。

9. 事业单位公开招聘必须在本地区发布招聘公告，采用公开方式对符合报名条件的应聘人员进行考试或考核，考试或考核结果及拟聘人员应进行公示。

四、聘用合同的期限

10. 聘用合同分为四种类型：3年（含）以下的合同为短期合同，对流动性强、技术含量低的岗位一般签订短期合同；3年（不含）以上的合同为中期合同；至职工退休的合同为长期合同；以完成一定工作为期限的合同为项目合同。

11. 试用期的规定只适用于单位新进的人员，试用期只能约定一次。试用期包括在聘用合同期限内。原固定用人制度职工签订聘用合同，不再规定试用期。

12. “对在本单位工作已满25年或者在本单位连续工作已满10年且年龄距国家规定的退休年龄已不足10年的人员，提出订立聘用至退休的合同的，聘用单位应当与其订立聘用至该人员退休的合同”中，“对在本单位工作已满25年”的规定，可按在本单位及国有单位工作的工龄合计已满25年掌握。

符合上述条件，在竞争上岗中没有被聘用的人员，应当比照《意见》中规定的未聘人员安置政策，予以妥善安置，不得解除与单位的人事关系。

13. 军队转业干部、复员退伍军人等政策性安置人员可以签订中、长期合同，首次签订聘用合同不得约定试用期，聘用合同的期限不得低于3年。

五、解聘辞聘

14. 被人民法院判处拘役、有期徒刑缓刑的，单位可以解除聘用合同。

15. 受聘人员提出解除聘用合同未能与聘用单位协商一致的，受聘人员应当坚持正常工作，继续履行聘用合同；6 个月后再次提出解除聘用合同，仍未能与聘用单位协商一致，受聘人员即可单方面解除聘用合同。但对在涉及国家秘密岗位上工作，承担国家和地方重点项目的主要技术负责人和技术骨干不适用此项规定。

16.《意见》中事业单位职工医疗期的确定可暂时参照企业职工患病或非因工负伤医疗期的规定执行。

17. 在聘用合同中对培训费用没有约定的，受聘人员提出解除聘用合同后，单位不得收取培训费用；有约定的，按约定收取培训费，但不得超过培训的实际支出，并按培训结束后每服务一年递减 20%执行。

18. 事业单位与职工解除工作关系，适用辞职辞退的有关规定；实行聘用制度以后，事业单位与职工解除聘用合同，适用解聘辞聘的有关规定。

19. 聘用合同解除后，单位和个人应当在 3 个月内办理人事档案转移手续。单位不得以任何理由扣留无聘用关系职工的人事档案；个人不得无故不办理档案转移手续。

六、经济补偿

20.《意见》中关于解除聘用合同的经济补偿是按职工在本单位工作的工龄核定补偿标准，不是对其在本单位工作的工龄补偿。

21. 在已经试行事业单位养老等社会保险的地区，受聘人员与所在单位的聘用关系解除后，聘用单位要按照国家有关规定及时为职工办理社会保险关系调转手续。

22. 单位分立、合并、撤销的，上级主管部门应当制定人员安置方案，重点做好未聘人员的安置等有关工作。

七、其他问题

23. 下列聘用合同为无效合同：

（1）违反国家法律、法规的聘用合同；

（2）采取欺诈、威胁等不正当手段订立的聘用合同；

（3）权利义务显失公正，严重损害一方当事人合法权益的聘用合同；

（4）未经本人书面委托，由他人代签的聘用合同，本人提出异议的。无效合同由有管辖权的人事争议仲裁委员会确认。

24. 聘用工作组织是单位推行人员聘用工作的专门工作组织。《意见》对聘用工作组织的人员构成和工作职责做了专门规定。单位应按规定组建聘用工作组织，并按照规定的程序进行人员聘用工作，以保证聘用工作的客观、公正、公平。

人事部办公厅关于印发《事业单位聘用合同（范本）》的通知

国人厅发〔2005〕158号

各省、自治区、直辖市人事厅（局）、新疆生产建设兵团人事局、副省级城市人事局，国务院各部委、各直属机构人事部门：

根据《国务院办公厅转发人事部关于在事业单位试行人员聘用制度意见的通知》（国办发〔2002〕35号）的有关规定，为做好事业单位聘用合同签订工作，现将《事业单位聘用合同（范本）》印发给你们，并就有关事项通知如下：

一、《事业单位聘用合同（范本）》用于为事业单位签订聘用合同提供指导和示范。

二、各地区、各部门和事业单位在使用《事业单位聘用合同（范本）》的过程中，可根据本合同范本的有关内容并结合本单位实际情况，确定与职工签订聘用合同的条款及内容，切实维护单位和职工双方的合法权益。

三、《事业单位聘用合同（范本）》在人事部网站（www.mop.gov.cn）上公布，可以下载使用。

在使用《事业单位聘用合同（范本）》中如遇有问题，请及时与人事部专业技术人员管理司联系。

联系电话：010-84214786　84228923

人事部办公厅

2005年12月20日

编号：____________

事业单位聘用合同
（范本）

聘用单位（甲方）：

受聘人员（乙方）：

中华人民共和国人事部

填写说明

1. 本聘用合同书根据《国务院办公厅转发人事部关于在事业单位试行人员聘用制度意见的通知》（国办发〔2002〕35 号）制定，作为聘用单位与受聘人员签订聘用合同的范本。除本合同所列内容外，经聘用单位与受聘人员协商一致，可增加有关条款。

2. 填写聘用合同书一律用蓝、黑墨水书写，字迹清晰、工整，涂改处必须加盖校对章，否则无效。

3. 本聘用合同书须由聘用单位和受聘人员双方当事人亲自签订，因故确需代签的，须经本人书面委托，否则代签无效。

4. 本聘用合同书内的年、月、日一律使用公历，除落款日期外，均用阿拉伯数字填写，工资报酬等金额一律使用大写。

甲方（聘用单位）

名称：__________________

法定代表人或委托代理人：__________

地址：____________________________________邮政编码：_______

联系电话：__________________

乙方（受聘人员）

姓名：__________

性别：__________出生年月：__________

身份证号码：__________________

住址：____________________________________

联系电话：__________________

根据《国务院办公厅转发人事部关于在事业单位试行人员聘用制度意见的通知》（国办发〔2002〕35号）和____________________________________规定，甲乙双方在平等自愿、协商一致的基础上，签订如下聘用合同条款，共同遵照履行。本合同自双方签订之日起生效。

一、聘用合同期限

本合同期限按下列第_______项执行：

（一）本合同期限为_______年，自_______年___月___日至_______年___月___日止。试用期为___个月，自_______年___月___日至_______年___月___日止。

（二）本合同期限自签订之日起算，至乙方达到国家规定的退休年龄之日终止。

（三）本合同期限自签订之日起算，至____________________________________工作任务完成时止。试用期为___个月，自_______年___月___日至_______年___月___日止。

二、聘用岗位及职责要求

（一）甲方聘用乙方在____________部门从事_______________岗位的工作。

（二）由甲方确定乙方的岗位职责要求，具体内容如下：

1. ____

2. ____

3. ____

……

（三）乙方服从甲方的工作安排，按照岗位职责要求按时完成甲方规定的工作任务，达到规定的工作质量标准。

（四）在聘期内，甲方可以根据工作需要，与乙方协商后，调整乙方的工作岗位。

三、岗位纪律

（一）甲方有权按照岗位职责，建立健全各项考核制度，做到职权清晰、责任明确、考核严格、奖惩分明。

（二）乙方应严格遵守国家和本地方的各项法律、法规，遵守甲方的各项规章制度和岗位纪律，服从甲方的领导和管理。

（三）乙方如违反规章制度和岗位纪律，甲方有权进行批评教育，按照有关规定给予相应的处理。

四、岗位工作条件

（一）甲方保障乙方履行职责所需的物质技术条件，提供必需的工作条件和有效的劳动安全卫生防护措施。甲方提供乙方的岗位工作条件须以书面形式告知乙方。

（二）甲方严格执行国家有关职工工作时间和工休假日等规定，对乙方实行符合职业特点的工作日制。

（三）甲方应当根据工作需要为乙方提供职业道德、专业技术、业务知识、安全生产和规章制度等方面的培训。

五、工资福利与社会保险待遇

（一）甲方根据国家政策和单位的有关规定、乙方从事的岗位以及乙方的工作表现、工作成果和贡献大小，以货币形式按时足额支付乙方的工资待遇。乙方工资的构成和标准如下：

____

____

（二）乙方工资调整，奖金、津贴、补贴以及特殊情况下的工资支付等，均按照国家政策和单位的有关规定执行。

（三）乙方享受国家和单位规定的各项福利待遇。本合同中未尽的权益，乙方在合同期内因工或非因工负伤、致残、疾病及死亡等事宜按照国家政策和单位的有关规定执行。

（四）参加社会保险的单位，甲方按照国家和地方的有关规定按期为乙方缴付失业保险金、医疗保险金、养老保险金以及其他社会保险金。乙方个人应缴纳的部分可以由甲方从乙方的工资中代为扣缴，统一办理有关手续，并及时以书面形式告知乙方。

六、聘用合同的变更

（一）甲乙双方协商一致，可以变更本合同的相关内容。

（二）本合同订立时所依据的法律、法规、规章和政策已经发生变化的，应当依法变更本合同的相关内容。

（三）本合同确需变更的，由甲乙双方按照规定程序签订《聘用合同变更书》（附件一），以书面形式确定合同变更的内容。

（四）乙方年度考核或者聘期考核不合格，甲方可以调整乙方的岗位或安排其离岗接受必要的培训后调整岗位，并向乙方出具《岗位调整通知书》（附件二），对本合同作出相应的变更。

七、聘用合同的解除

（一）甲方、乙方双方经协商一致，可以解除本合同。

（二）乙方有下列情形之一的，甲方可以随时单方面解除本合同：

1. 连续旷工超过10个工作日或者1年内累计旷工超过20个工作日的；

2. 未经甲方同意，擅自出国或者出国逾期不归的；

3. 违反工作规定或者操作规程，发生责任事故，或者失职、渎职，造成严重后果的；

4. 严重扰乱工作秩序，致使甲方、其他单位工作不能正常进行的；

5. 被判处拘役、有期徒刑缓刑以及有期徒刑以上刑罚收监执行，或者被劳动教养的。

对在试用期内被证明不符合本岗位要求又不同意单位调整其工作岗位的，甲方也可以随时单方面解除本合同。

（三）乙方有下列情形之一，甲方可以单方面解除本合同，但是应当提前30日以书面形式通知乙方：

1. 乙方患病或者非因工负伤，医疗期满后，不能从事原工作也不能从事由甲方安排的其他工作的；

2. 乙方年度考核或者聘期考核不合格，又不同意甲方调整其工作岗位的，或者虽同意调整工作岗位，但到新岗位后考核仍不合格的。

（四）乙方有下列情形之一的，甲方不得解除本合同：

1. 乙方患病或者负伤，在规定的医疗期内的；

2. 女职工在孕期、产期和哺乳期内的；

3. 因工负伤，治疗终结后经劳动能力鉴定机构鉴定为1至4级丧失劳动能力的；

4. 患职业病以及现有医疗条件下难以治愈的严重疾病或者精神病的；

5. 乙方正在接受纪律审查尚未作出结论的；

6. 属于国家规定的不得解除本合同的其他情形的。

（五）有下列情形之一的，乙方可以随时单方面解除本合同：

1. 在试用期内的；

2. 考入普通高等院校的；

3. 被录用或者选调为公务员的；

4. 依法服兵役的。

除上述情形外，乙方提出解除本合同未能与甲方协商一致的，乙方应当坚持正常工作，继续履行本合同；6个月后再次提出解除本合同仍未能与甲方协商一致的，即可单方面解除本合同。

（六）本合同订立时所依据的客观情况发生重大变化，致使合同无法履行，经甲乙双方协商不能就变更合同达成协议的，双方均可以单方面解除本合同。

（七）有下列情形之一的，甲方应当根据乙方在本单位的实际工作年限向其支付经济补偿：

1. 甲方提出解除本合同，乙方同意解除的；

2. 乙方患病或者非因工负伤，医疗期满后，不能从事原工作也不能从事由甲方安排的其他工作，甲方单方面解除本合同的；

3. 乙方年度考核或者聘期考核不合格，又不同意甲方调整其工作岗位的，或者虽同意调整工作岗位，但到新岗位后考核仍不合格，甲方单方面解除本合同的。

经济补偿以乙方在甲方每工作 1 年，支付其本人 1 个月的上年月平均工资为标准；月平均工资高于当地月平均工资 3 倍以上的，按当地月平均工资的 3 倍计算。

（八）合同解除后，甲方应当为乙方开具《解除聘用合同证明书》（附件三），并办理相关手续。甲、乙双方应当在 3 个月内办理人事档案转移手续。甲方不得以任何理由扣留乙方的人事档案，乙方不得无故不办理档案转移手续。符合规定的经济补偿条件的，甲方应当按照国家和本地方的有关规定给予乙方经济补偿。

（九）乙方在涉密岗位工作的，解除本合同应当遵守国家有关涉密人员管理的规定。

八、聘用合同的终止

（一）有下列情形之一的，本合同终止：

1. 本合同期限届满；

2. 甲、乙双方约定的合同终止条件出现；

3. 乙方按照国家有关规定退休或退职的；

4. 乙方死亡或者被人民法院宣告死亡的；

5. 甲方被依法注销、撤销或者解散的。

（二）聘用合同终止后，甲方应当为乙方开具《终止聘用合同证明书》（附件四），并办理相关手续。

九、聘用合同的续签

本合同期满前，甲乙双方协商一致，可以按照规定的程序续签聘用合同，续签聘用合同应当在聘用合同期满前 30 日内办理。续签的聘用合同期限和工作内容等由双方协商确定，并签订《聘用合同续签书》（附件五）。聘用合同期满，没有办理终止聘用合同手续而存在事实聘用工作关系的，视为延续聘用合同，延续聘用合同的期限与原合同期限相同，但最长不超过乙方达到退休年龄的年限。

十、违反聘用合同的责任

（一）甲方违约责任

1. 甲方有下列情形之一的，应当向乙方支付赔偿金：

（1）克扣或者无故拖欠乙方工资的；

（2）解除本合同后，未依照有关规定给予乙方经济补偿的。支付赔偿金的标准为：

2. 因甲方违反本合同约定而造成乙方损失的，甲方应当按照乙方的实际损失承担赔偿责任。甲方违反本合同约定，造成乙方中断履行合同的，应继续履行合同，同时负责赔偿在合同中断期间乙方的经济损失。

（二）乙方违约责任

1. 乙方经甲方出资培训，原约定的服务期未满而提出解除本合同的，应当向甲方赔偿培训费，标准为：

____

2. 乙方违反本合同的约定，使用或者允许他人使用甲方的知识产权、技术秘密的，应当依法承担法律责任。

3. 因乙方违反本合同约定而造成甲方损失的，乙方应当按照甲方的实际损失承担赔偿责任。乙方违反本合同约定，造成甲方中断履行合同的，应继续履行合同，同时负责赔偿在合同中断期间甲方的经济损失。

（三）双方共同约定的其他违约责任条款

1. ____

2. ____

……

十一、双方约定的其他事项

（一）____

（二）____

……

十二、争议处理

甲乙双方因履行聘用合同发生争议的，由当事人双方协商解决。当事人也可以自争议发生之日起60日内向有管辖权的人事争议仲裁委员会申请仲裁；对仲裁裁决不服的，可以自收到仲裁裁决之日起15日内向甲方所在地或者聘用合同履行地的基层人民法院提起诉讼。一方当事人在法定期间内不起诉又不履行仲裁裁决的，另一方当事人可以向人民法院申请执行。

十三、附则

1. 甲方有权根据国家和本地方的法律、法规及有关政策的规定，制定本单位的规章制度，并以适当方式公告，或告知乙方，作为履行本合同的依据。乙方应当熟知本单位的规章制度，并严格遵守。

2. 本合同一式三份，聘用单位和受聘人员当事人双方各执一份，一份存入受聘人员个人档案。

甲方（盖章）	乙方（签字盖章）
法定代表人或	
委托代理人（签字盖章）	
年　月　日	年　月　日

附件一

聘用合同变更书

经甲、乙双方协商一致，同意于________年____月____日变更________年____月____日双方签订的聘用合同（编号：____________________________）。聘用合同的内容作如下变更：

1. ____
____
2. ____
____
3. ____
____
……

聘用合同书未变更部分的内容，双方仍继续遵照执行。

甲方（盖章）　　　　　　　　　　　　乙方（签字盖章）
法定代表人或
委托代理人（签字盖章）
年　月　日　　　　　　　　　　　　　年　月　日

附件二

岗位调整通知书

____字第____号

________：（乙方）

因你在________年度/______________聘期的考核中被确定为不合格等次，根据《国务院办公厅转发人事部关于在事业单位试行人员聘用制度意见的通知》（国办发〔2002〕35号）的有关规定，我方对你的工作岗位做以下调整：__________________________________

____

特此通知。

甲方（盖章）

法定代表人或

委托代理人（签字盖章）

年　　月　　日

附件三

解除聘用合同证明书

____字第____号

根据《国务院办公厅转发人事部关于在事业单位试行人员聘用制度意见的通知》（国办发〔2002〕35号）和____的有关规定，我单位与________于________年____月____日解除________年____月____日双方签订的聘用合同（编号：__________________________）。

特此证明。

甲方（盖章）

法定代表人或

委托代理人（签字盖章）

年　　月　　日

附件四

终止聘用合同证明书

____字第____号

根据《国务院办公厅转发人事部关于在事业单位试行人员聘用制度意见的通知》（国办发〔2002〕35号）和____的有关规定，我单位与_________于________年____月____日终止________年____月____日双方签订的聘用合同（编号：____________________________）。

特此证明。

甲方（盖章）

法定代表人或

委托代理人（签字盖章）

年　　月　　日

附件五

聘用合同续签书

经甲、乙双方协商一致，同意于________年____月____日续签________年____月____日双方签订的聘用合同（编号：______________________________）。原聘用合同书内容不变，续签合同期限从________年____月____日至________年____月____日止。

甲、乙双方补充约定如下事项：

1. ____

2. ____

……

甲方（盖章）　　　　　　　　　　　　　　　　　　　　乙方（签字盖章）

法定代表人或

委托代理人（签字盖章）

年　　月　　日　　　　　　　　　　　　　　　　　　　　年　　月　　日

（四）考核与培训

1. 考核

国家林业和草原局　人力资源社会保障部关于印发《国有林场职工绩效考核办法》的通知

林场发〔2020〕31号

各省、自治区、直辖市林业和草原主管部门、人力资源社会保障厅（局）：

为了有效评价国有林场职工的德才表现和工作实绩，调动职工工作积极性，增强国有林场发展活力，我们研究制定了《国有林场职工绩效考核办法》（见附件），现予印发，请遵照执行。

特此通知。

国家林业和草原局
人力资源社会保障部
2020年3月9日

国有林场职工绩效考核办法

第一章　总　　则

第一条　为了有效评价国有林场职工的德才表现和工作实绩，调动职工工作积极性，增强国有林场发展活力，根据国家有关规定，结合国有林场实际，制定本办法。

第二条　本办法考核对象为事业性质国有林场职工。

国有林场领导班子成员的绩效考核，按照干部人事管理权限，由国有林场主管部门参照本办法组织实施。

第三条　职工绩效考核坚持公开公平、民主集中、全面客观、注重实绩的原则，实现奖勤罚懒、优绩优酬、多劳多得的目的。

第二章　考核组织和方式

第四条　国有林场应当成立职工绩效考核领导小组（以下简称“考核领导小组”），负责组织实施职工绩效考核工作，并制定职工绩效考核实施办法、审定考核档次、受理对考核结果不服的复核申请等。成员由国有林场主要负责人、分管人事财务工作负责人以及纪检监察、人事、财务、工会等部门人员和若干职工代表组成。

第五条　职工绩效考核采取平时考核和年度考核相结合的方式进行。平时考核按季度进行，侧重职工的一贯表现，重点是完成日常工作任务、阶段工作目标以及出勤等情况。在平时考核中，发现职工存在问题的，考核领导小组应当向被考核职工进行反馈，督促其进行改正。

年度考核对职工进行全面评价，按照有关规定侧重职工工作实绩。包括所承担的工作任务完成情况、发挥的作用和取得的工作成效以及担当作为、尽职尽责、工作创新等。

职工绩效考核的平时考核、年度考核情况，所占权重分别为0.4、0.6。

第三章　考核档次确定

第六条　职工绩效考核结果分为优秀、合格、基本合格和不合格4个档次。

优秀：综合表现突出，能够出色履行工作职责或者岗位要求，圆满完成年度工作任务。

合格：综合表现好，能够履行好工作职责或者岗位要求，较好完成年度工作任务。

基本合格：综合表现较好，能履行工作职责或者岗位要求，基本完成年度工作任务。

不合格：综合表现较差，不能履行工作职责或者岗位要求，没有完成年度工作任务。或者在某一个方面存在严重错误，并造成重大损失或者恶劣影响。

第七条　经主管部门年度考核确定为优秀档次或者当年获得地厅级以上荣誉表彰奖励的国有林场，职工优秀档次人数的比例可比规定的比例增加5个百分点。当年获得省部级以上荣誉表彰奖励的国有林场，职工优秀档次人数的比例可比规定的比例增加10个百分点。

第四章　考核结果运用

第八条　职工绩效考核结果作为晋升薪级工资、发放绩效工资以及续订聘用合同的依据。

第九条　职工绩效考核被确定为优秀档次的，应当按照有关规定正常晋升薪级工资、享受绩效工资；优先推荐参加各种评优评先活动；连续达到3次以上的，优先晋升岗位等级。

第十条　职工绩效考核被确定为合格档次的，应当按照有关规定正常晋升薪级工资、享受绩效工资。

第十一条　职工绩效考核被确定为基本合格档次的，按照下列规定办理：

（一）薪级工资不予晋升；

（二）2年内不得晋升岗位等级；

（三）单位根据实际情况，适当扣减绩效工资；

（四）连续2年被确定为基本合格档次的，降低岗位等级。

第十二条　职工绩效考核被确定为不合格档次的，按照下列规定办理：

（一）薪级工资不予晋升；

（二）降低岗位等级；

（三）单位根据实际情况，适当扣减绩效工资，进行批评教育，所在的工作班组不得评优评先；

（四）连续 2 年考核不合格的，可以按照有关规定解除聘用合同。

第十三条 被确定为基本合格、不合格档次的职工应当进行诫勉谈话，限期改进。

第十四条 经主管部门年度考核确定为优秀档次或者当年获得地厅级以上荣誉表彰奖励的国有林场，可按《事业单位工作人员奖励规定》（人社部规〔2018〕4 号），对职工绩效考核合格及以上档次人员进行奖励，给予一次性奖金。经主管部门年度考核为合格档次的国有林场，对职工绩效考核优秀档次人员进行奖励，给予一次性奖金。

第五章 监督管理

第十五条 国有林场主管部门负责国有林场职工绩效考核工作的政策指导和监督检查。

第十六条 职工绩效考核结果应当在国有林场范围内公开，接受职工和社会监督，提高绩效考核工作的透明度。在职工绩效考核结束时，各国有林场应当将考核工作总结报国有林场主管部门进行审核。

第十七条 职工对涉及本人的绩效考核结果有异议的，可以按照有关规定向考核领导小组申请复核。若对复核意见不服，可以向国有林场主管部门提出申诉，申诉期间不影响原考核结果执行。

第十八条 职工绩效考核应当坚持公平、公正、公开的原则，不得徇私舞弊、弄虚作假。发生上述行为的，依照有关规定给予严肃处理。

第十九条 涉嫌违纪违法被立案调查尚未结案、受党纪政纪处分或者组织处理的国有林场职工，其绩效考核按照有关规定进行。

第六章 附则

第二十条 各国有林场根据本办法制定职工绩效考核具体办法，并经职工代表大会讨论通过后施行，并报国有林场主管部门备案。

第二十一条 企业性质国有林场，可按照国家有关法律法规和关于国有企业改革有关政策要求自行制定绩效考核办法或者参照本办法执行。

第二十二条 国有林场临时聘用人员参照本办法执行。

第二十三条 本办法自印发之日起施行。

中共中央组织部　人力资源社会保障部关于印发《事业单位工作人员考核规定》的通知

人社部发〔2023〕6号

各省、自治区、直辖市党委组织部、政府人力资源社会保障厅（局），中央和国家机关各部委、各人民团体组织人事部门，新疆生产建设兵团党委组织部、人力资源社会保障局，部分高等学校党委：

为准确评价事业单位工作人员的德才表现和工作实绩，规范事业单位工作人员考核工作，根据《事业单位人事管理条例》等法律法规，中央组织部、人力资源社会保障部共同研究制定了《事业单位工作人员考核规定》，现印发给你们，请结合本地区、本部门实际认真贯彻执行。

中共中央组织部
人力资源社会保障部
2023年1月12日

事业单位工作人员考核规定

第一章　总　　则

第一条　为了准确评价事业单位工作人员的德才表现和工作实绩，规范事业单位工作人员考核工作，推动建设堪当民族复兴重任、忠诚干净担当的高素质专业化事业单位工作人员队伍，把新时代好干部标准落到实处，根据《事业单位人事管理条例》和有关法律法规，制定本规定。

第二条　事业单位工作人员考核，是指事业单位或者主管机关（部门）按照干部人事管理权限及规定的标准和程序，对事业单位工作人员的政治素质、履职能力、工作实绩、作风表现等进行的了解、核实和评价。

对事业单位领导人员的考核，按照有关规定执行。

第三条　事业单位工作人员考核工作，坚持以习近平新时代中国特色社会主义思想为指导，贯彻新时代党的组织路线和干部工作方针政策，着眼于充分调动事业单位工作人员积极性主动性创造性、促进新时代公益事业高质量发展，坚持尊重劳动、尊重知识、尊重人才、尊重创造，全面准确评价事业单位工作人员，鲜明树立新时代选人用人导向，推动形成能者上、优者奖、庸者下、劣者汰的良好局面。工作中，应当坚持下列原则：

（一）党管干部、党管人才。

（二）德才兼备、以德为先。

（三）事业为上、公道正派。

（四）注重实绩、群众公认。

（五）分级分类、简便有效。

（六）考用结合、奖惩分明。

第四条 事业单位工作人员考核的方式主要是年度考核和聘期考核，根据工作实际开展平时考核、专项考核。

第二章 考核内容

第五条 对事业单位工作人员的考核，以岗位职责和所承担的工作任务为基本依据，全面考核德、能、勤、绩、廉，突出对德和绩的考核。

（一）德。坚持将政治标准放在首位，全面考核政治品质和道德品行，重点了解学习贯彻习近平新时代中国特色社会主义思想，坚定拥护“两个确立”，增强“四个意识”、坚定“四个自信”、做到“两个维护”，坚定理想信念，坚守初心使命，忠于宪法、忠于国家、忠于人民的情况；做到坚持原则、敢于斗争、善于斗争的情况；模范践行社会主义核心价值观，胸怀祖国、服务人民，恪守职业道德，遵守社会公德、家庭美德和个人品德等情况。

（二）能。全面考核适应新时代要求履行岗位职责的政治能力、工作能力、专业素养和技术技能水平，重点了解政治判断力、政治领悟力、政治执行力和学习调研能力、依法办事能力、群众工作能力、沟通协调能力、贯彻执行能力、改革创新能力、应急处突能力等情况。

（三）勤。全面考核精神状态和工作作风，重点了解爱岗敬业、勤勉尽责、担当作为、锐意进取、勇于创造、甘于奉献等情况。

（四）绩。全面考核践行以人民为中心的发展思想，依法依规履行岗位职责、承担急难险重任务、为群众职工办实事等情况，重点了解完成工作的数量、质量、时效、成本，产生的社会效益和经济效益，服务对象满意度等情况。

（五）廉。全面考核廉洁从业情况，重点了解落实中央八项规定及其实施细则精神，执行本系统、本行业、本单位行风建设相关规章制度，遵规守纪、廉洁自律等情况。

第六条 对事业单位工作人员实行分级分类考核，考核内容应当细化明确考核要素和具体指标，体现不同行业、不同类型、不同层次、不同岗位工作人员的特点和具体要求，增强针对性、有效性。

第七条 对面向社会提供公益服务的事业单位工作人员的考核，突出公益服务职责，加强服务质量、行为规范、技术技能、行风建设等考核。宣传思想文化、教育、科技、卫生健康等重点行业领域事业单位要按照分类推进人才评价机制改革有关要求，分别确定工作人员考核内容的核心要素，合理设置指标权重，实行以行业属性为基础的差别化考核。

对主要为机关提供支持保障的事业单位工作人员的考核，突出履行支持保障职责情况考核。根据实际情况，可以与主管机关（部门）工作人员考核统筹。

第八条 对事业单位专业技术人员的考核，应当结合专业技术工作特点，以创新价值、能力、贡献为导向，注重公共服务意识、专业理论知识、专业能力水平、创新服务及成果等。

对事业单位管理人员的考核，应当结合管理工作特点，注重管理水平、组织协调能力、工作规范性、廉政勤政情况等。

对事业单位工勤技能人员的考核，应当结合工勤技能工作特点，注重技能水平、服务态度、质量、效率等。

第三章 年度考核

第九条 年度考核是以年度为周期对事业单位工作人员总体表现所进行的综合性考核，一般每年年末或者次年年初进行。

第十条 年度考核的结果一般分为优秀、合格、基本合格和不合格四个档次。

第十一条 年度考核确定为优秀档次应当具备下列条件：

（一）思想政治素质高，理想信念坚定，贯彻落实党中央决策部署坚决有力，模范遵守法律法规，恪守职业道德，具有良好社会公德、家庭美德和个人品德。

（二）履行岗位职责能力强，精通本职业务，与岗位要求相应的专业技术技能或者管理水平高。

（三）公共服务意识和工作责任心强，勤勉敬业奉献，改革创新意识强，工作作风好。

（四）全面履行岗位职责，高质量地完成各项工作任务，工作实绩突出，对社会或者单位有贡献，服务对象满意度高。

（五）廉洁从业且在遵守廉洁纪律方面具有模范带头作用。

第十二条 年度考核确定为合格档次应当具备下列条件：

（一）思想政治素质较高，能够贯彻落实党中央决策部署，自觉遵守法律法规和职业道德，具有较好社会公德、家庭美德和个人品德。

（二）履行岗位职责能力较强，熟悉本职业务，与岗位要求相应的专业技术技能或者管理水平较高。

（三）公共服务意识和工作责任心较强，工作认真负责，工作作风较好。

（四）能够履行岗位职责，较好地完成工作任务，服务对象满意度较高。

（五）廉洁从业。

第十三条 事业单位工作人员有下列情形之一的，年度考核应当确定为基本合格档次：

（一）思想政治素质一般，在贯彻落实党中央决策部署以及遵守职业道德、社会公德、家庭美德、个人品德等方面存在明显不足。

（二）履行岗位职责能力较弱，与岗位要求相应的专业技术技能或者管理水平较低。

（三）公共服务意识和工作责任心一般，工作纪律性不强，工作消极，或者工作作风方面存在明显不足。

（四）能够基本履行岗位职责、完成工作任务，但完成工作的数量不足、质量和效率不高，或者在工作中有一定的失误，或者服务对象满意度较低。

（五）能够基本做到廉洁从业，但某些方面存在不足。

第十四条 事业单位工作人员有下列情形之一的，年度考核应当确定为不合格档次：

（一）思想政治素质较差，在贯彻落实党中央决策部署以及职业道德、社会公德、家庭美德、个人品德等方面存在严重问题。

（二）业务素质和工作能力不能适应岗位要求。

（三）公共服务意识和工作责任心缺失，工作不担当、不作为，或者工作作风差。

（四）不履行岗位职责、未能完成工作任务，或者在工作中因严重失职失误造成重大损失或者恶劣社会影响。

（五）在廉洁从业方面存在问题，且情形较为严重。

第十五条 事业单位工作人员年度考核优秀档次人数，一般不超过本单位应参加年度考核的工作人员总人数的20%。优秀档次名额应当向一线岗位、艰苦岗位以及获得表彰奖励的人员倾斜。

事业单位在相应考核年度内有下列情形之一的，经主管机关（部门）或者同级事业单位人事综合管理部门审核同意，工作人员年度考核优秀档次的比例可以适当提高，一般掌握在25%：

（一）单位获得集体记功以上奖励的。

（二）单位取得重大工作创新或者作出突出贡献，取得有关机关（部门）认定的。

（三）单位绩效考核获得优秀档次的。

对单位绩效考核为不合格档次的，以及问题较多、被问责的事业单位，主管机关（部门）或者同级事业单位人事综合管理部门应当降低其年度考核优秀档次比例，一般不超过15%。

第十六条 对事业单位工作人员开展年度考核，可以成立考核委员会或者考核工作领导小组，负责考核工作的组织实施，相应的组织人事部门承担具体工作。考核委员会或者考核工作领导小组由本单位成立的，一般由单位主要负责人担任主任（组长），成员由单位其他领导人员、组织人事部门和纪检监察机构有关人员、职工代表等组成；由主管机关（部门）成立的，一般由主管机关（部门）组织人事部门负责人担任主任（组长），成员由主管机关（部门）组织人事部门有关人员以及事业单位有关领导人员、从事组织人事和纪检监察工作的有关人员、职工代表等组成。

第十七条 年度考核一般按照下列程序进行：

（一）制定方案。考核委员会或者考核工作领导小组制定事业单位年度考核工作方案，通过职工代表大会或者其他形式听取工作人员意见后，面向全单位发布。

（二）总结述职。事业单位工作人员按照岗位职责任务、考核内容以及有关要求进行总结，填写年度考核表，必要时可以在一定范围内述职。

（三）测评、核实与评价。考核委员会或者考核工作领导小组可以采取民主测评、绩效评价、听取主管领导意见以及单位内部评议、服务对象满意度调查、第三方评价等符合岗位特点的方法，对考核对象进行综合评价，提出考核档次建议。

（四）确定档次。事业单位领导班子或者主管机关（部门）组织人事部门集体研究审定考核档次。拟确定为优秀档次的须在本单位范围进行公示，公示期一般不少于5个工作日。考核结果以书面形式告知被考核人员，由本人签署意见。

第四章　聘期考核

第十八条　聘期考核是对事业单位工作人员在一个完整聘期内总体表现所进行的全方位考核，以聘用（任）合同为依据，以聘期内年度考核结果为基础，一般在聘用（任）合同期满前一个月内完成。

聘期考核侧重考核聘期任务目标完成情况。

第十九条　聘期考核的结果一般分为合格和不合格等档次。

第二十条　事业单位工作人员完成聘期目标任务，且聘期内年度考核均在合格及以上档次的，聘期考核应当确定为合格档次。

第二十一条　事业单位工作人员无正当理由，未完成聘期目标任务的，聘期考核应当确定为不合格档次。

第二十二条　事业单位工作人员聘期考核一般应当按照总结述职，测评、核实与评价，实绩分析，确定档次等程序进行，结合实际也可以与年度考核统筹进行。

第五章　平时考核和专项考核

第二十三条　平时考核是对事业单位工作人员日常工作和一贯表现所进行的经常性考核。

第二十四条　对事业单位工作人员开展平时考核，主要结合日常管理工作进行，根据行业和单位特点，可以采取工作检查、考勤记录、谈心谈话、听取意见等方法，具体操作办法由事业单位结合实际确定。

事业单位可以根据自身实际，探索建立平时考核记录，形成考核结果。平时考核结果可以采用考核报告、评语、档次或者鉴定等形式确定。

第二十五条　专项考核是对事业单位工作人员在完成重要专项工作、承担急难险重任务、应对和处置突发事件中的工作态度、担当精神、作用发挥、实际成效等情况所进行的针对性考核。

根据平时掌握情况，对表现突出或者问题反映较多的工作人员，可以进行专项考核。

第二十六条　对事业单位工作人员开展专项考核，可以按照了解核实、综合研判、结果反馈等程序进行，或者结合推进专项工作灵活安排。

专项考核结果可以采用考核报告、评语、档次或者鉴定等形式确定。

第六章　考核结果运用

第二十七条　坚持考用结合，将考核结果与选拔任用、培养教育、管理监督、激励约束、问责追责等结合起来，作为事业单位工作人员调整岗位、职务、职员等级、工资和评定职称、奖励，以及变更、续订、解除、终止聘用（任）合同等的依据。

第二十八条　事业单位工作人员年度考核被确定为合格以上档次的，按照下列规定办理：

（一）增加一级薪级工资。

（二）按照有关规定发放绩效工资。

（三）本考核年度计算为现聘岗位（职员）等级的任职年限。

其中，年度考核被确定为优秀档次的，在绩效工资分配时，同等条件下应当予以倾斜；在岗位晋升、职称评聘时，同等条件下应当予以优先考虑。

第二十九条 事业单位工作人员年度考核被确定为基本合格档次的，按照下列规定办理：

（一）责令作出书面检查，限期改进。

（二）不得增加薪级工资。

（三）相应核减绩效工资。

（四）本考核年度不计算为现聘岗位（职员）等级的任职年限，下一考核年度内不得晋升岗位（职员）等级。

（五）连续两年被确定为基本合格档次的，予以组织调整或者组织处理。

第三十条 事业单位工作人员年度考核被确定为不合格档次的，按照下列规定办理：

（一）不得增加薪级工资。

（二）相应核减绩效工资。

（三）向低一级岗位（职员）等级调整。

（四）本考核年度不计算为现聘岗位（职员）等级的任职年限。

（五）被确定为不合格档次且不同意调整工作岗位，或者连续两年被确定为不合格档次的，可以按规定解除聘用（任）合同。

其中，受处理、处分时已按规定降低岗位（职员）等级且当年年度考核被确定为不合格档次的，为避免重复处罚，不再向低一级岗位（职员）等级调整。

第三十一条 事业单位工作人员年度考核不确定档次的，按照下列规定办理：

（一）不得增加薪级工资。

（二）相应核减绩效工资。

（三）本考核年度不计算为现聘岗位（职员）等级的任职年限，连续两年不确定档次的，视情况调整工作岗位。

第三十二条 事业单位工作人员聘期考核被确定为合格档次且所聘岗位存续的，经本人、单位协商一致，可以续订聘用（任）合同。

聘期考核被确定为不合格档次的，合同期满一般不再续聘；特殊情况确需续订聘用（任）合同的，应当报经主管机关（部门）审核同意。

第三十三条 事业单位工作人员考核形成的结论性材料，应当存入本人干部人事档案。

第三十四条 平时考核、专项考核结果作为年度考核、聘期考核的重要参考。

运用平时考核、专项考核结果，有针对性地加强激励约束、培养教育，鼓励先进、鞭策落后。

第三十五条 考核中发现事业单位工作人员存在问题的，根据问题性质和情节轻重，依规依纪依法给予处理、处分；对涉嫌犯罪的，依法追究刑事责任。

第三十六条 事业单位工作人员对考核确定为基本合格或者不合格档次不服的，可以按照有关规定申请复核、提出申诉。

第七章 相关事宜

第三十七条 对初次就业的事业单位工作人员，在本单位工作不满考核年度半年的（含试用期），参加年度考核，只写评语，不确定档次。

对非初次就业的工作人员，当年在其他单位工作时间与本单位工作时间合并计算，不满考核年度半年的（含试用期），参加年度考核，只写评语，不确定档次；满考核年度半年的（含试用期），由其现所在事业单位进行年度考核并确定档次，原工作单位提供有关情况。

前款所称其他单位工作时间，可以根据干部人事档案有关记载、劳动合同、社会保险缴费证明等综合认定。

第三十八条 对事业单位外派的工作人员进行年度考核，按照下列规定办理：

（一）挂职、援派、驻外的工作人员，在外派期间一般由工作时间超过考核年度半年的单位进行考核并以适当的方式听取派出单位或者接收单位的意见。

（二）单位派出学习培训、执行任务的工作人员，经批准以兼职创新、在职创办企业或者选派到企业工作、参与项目合作等方式进行创新创业的专业技术人员，由人事关系所在单位进行考核，主要根据学习培训、执行任务、创新创业的表现确定档次，由相关单位提供在外表现情况。

第三十九条 对同时在事业单位管理岗位和专业技术岗位两类岗位任职人员的考核，应当以两类岗位的职责任务为依据，实行双岗位双考核。

第四十条 对高校、科研院所等事业单位的科研人员，立足其工作特点，探索完善考核方法，合理确定考核周期和频次，促进科研人员潜心研究、创造科研成果。

第四十一条 病假、事假、非单位派出外出学习培训累计超过考核年度半年的事业单位工作人员，参加年度考核，不确定档次。

女职工按规定休产假超过考核年度半年的，参加年度考核，确定档次。

第四十二条 事业单位工作人员涉嫌违纪违法被立案审查调查尚未结案的，参加年度考核，不写评语，不确定档次。结案后未受处分或者给予警告处分的，按规定补定档次。

第四十三条 受党纪政务处分或者组织处理、诫勉的事业单位工作人员参加年度考核，按照有关规定办理。

同时受党纪政务处分和组织处理的，按照对其年度考核结果影响较重的处理、处分确定年度考核结果。

第四十四条 对无正当理由不参加考核的事业单位工作人员，经教育后仍拒绝参加的，直接确定其考核档次为不合格。

第四十五条 事业单位或者主管机关（部门）应当加强考核工作统筹，优化工作流程，注意运用互联网技术和信息化手段，简便高效开展考核工作，提高考核质量和效率。

第四十六条 各级事业单位人事综合管理部门和主管机关（部门），应当加强对事业单位工作人员考核工作的指导监督。

对在考核过程中有徇私舞弊、打击报复、弄虚作假等行为的，按照有关规定予以严肃处理。

第八章　附　　则

第四十七条　机关工勤人员的考核，参照本规定执行。

第四十八条　各地区各部门可以根据本规定，结合实际制定事业单位工作人员考核具体办法或者细则。

第四十九条　本规定由中共中央组织部、人力资源社会保障部负责解释。

第五十条　本规定自发布之日起施行。

2. 培训

人力资源社会保障部办公厅关于印发《国家级专业技术人员继续教育基地管理办法》的通知

人社厅发〔2013〕53号

各省、自治区、直辖市及新疆生产建设兵团人力资源社会保障厅（局），国务院有关部委、直属机构人事部门，有关中央企业：

为加强国家级专业技术人员继续教育基地运行管理，保障专业技术人才知识更新工程实施，根据《国家中长期人才发展规划纲要（2010—2020年）》和《专业技术人才知识更新工程实施方案》，我部制定了《国家级专业技术人员继续教育基地管理办法》。现印发给你们，请结合实际认真贯彻落实。

人力资源社会保障部办公厅

2013年5月22日

国家级专业技术人员继续教育基地管理办法

第一章　总　　则

第一条　根据《国家中长期人才发展规划纲要（2010—2020年）》，为保障专业技术人才知识更新工程实施，规范和加强国家级专业技术人员继续教育基地运行管理，推动继续教育公共服务体系建设，制定本办法。

第二条　国家级专业技术人员继续教育基地（以下简称“国家级继续教育基地”）是经人力资源社会保障部认定，以对专业技术人员进行补充、更新知识，拓展知识结构，提高综合素质和创新能力为基本内容开展教育培训的机构，是国家培养培训高层次、急需紧缺和骨干专业技术人才的服务平台。

第三条　国家级继续教育基地根据地域和领域发展需要，按照“优化布局、突出特色、资源共享、注重实效”的原则，实行分期分批建设和分级分类管理。

第二章 职　　责

第四条 人力资源社会保障部是国家级继续教育基地的综合管理部门，负责国家级继续教育基地的设立、调整和撤销，制定有关政策、规章和规划，组织国家级继续教育基地交流，监督指导基地的运行管理。

第五条 有关地方、部门和中央企事业单位人事部门是所推荐国家级继续教育基地的管理单位，负责国家级继续教育基地的使用和管理，制定实施具有本地区、本部门和本行业特点的基地管理政策措施。

第六条 获准设立国家级继续教育基地的高等院校、科研院所和其它施教机构是基地的建设单位，负责建立健全基地管理机构，配备专门人员，制定本基地的运行管理办法，承担本基地运行管理的具体工作。

第七条 国家级继续教育基地是依托高等院校、科研院所和其它施教机构建设的培训实体，不改变原有隶属关系，在继续教育业务上接受管理单位的指导，实行人财物相对独立的管理机制。

第三章 基地设立

第八条 设立国家级继续教育基地的单位应具有丰富的培养培训专业技术人员经验，在本地区、本行业具有一定影响，并具备以下基本条件：

（一）具有满足培训需要、相对稳定、密切联系科研生产一线的高素质专（兼）职师资队伍。专（兼）职师资应当具有较高理论水平、实践经验，在本专业领域具有较高影响力和公认度。

（二）有健全的继续教育管理机构及从事继续教育管理的专（兼）职人员。有健全的教学组织管理、学员考核管理、教学科研管理、培训登记管理、培训经费管理、后勤保障管理以及规范的培训效果评估、跟踪反馈等基地管理制度。

（三）能为基地基本建设和日常工作提供配套经费保障。具备与所承担的中高级专业技术人才培训任务相适应的固定教室、教学设备、专业图书资料及相应的硬件设施；专业性强的领域或继续教育科目，还要有能供专业技术人员进行实训的场所或实训合作单位。

（四）具备现代化远程教育条件，具有满足大规模网络培训所需的教学设备和基础设施，建立网络化的培训和管理信息平台，实现网上培训和网络互动交流。

（五）围绕着经济社会发展重点领域和现代服务业领域，每年培训不少于 2 000 名专业技术人才。

第九条 国家级继续教育基地分期分批进行申报及评定。

（一）国家级继续教育基地申报遵循自愿原则。

（二）国家级继续教育基地主要从在专业技术人员继续教育方面具有实践基础的高等院校、科研院所，地方、部门或行业教育培训机构，专业协会（学会）及大中型企业培训机构中遴选。优先从地区或部门、行业设立的区域性、行业性专业技术人员继续教育基地中遴选。

（三）具备条件的施教机构填写《国家级专业技术人员继续教育基地申报表》，由副省部级以上（含）地方人力资源社会保障部门或行业主管部门人事部门审核同意并签署推荐意见后，报人力资源社会保障部。

（四）人力资源社会保障部组织继续教育和相关领域专家组成专家评审委员会，对申报材料进行审核、论证、考察和评审，并对通过评审的施教机构予以认定。

第十条 经认定的国家级继续教育基地由人力资源社会保障部统一公布，并颁发国家级专业技术人员继续教育基地匾牌。

第四章 基地运行

第十一条 国家级继续教育基地要严格遵守继续教育法规和政策，紧密围绕经济社会发展需求，紧跟世界科技发展前沿开展专业技术人员继续教育及相关管理工作。

第十二条 根据地区、部门和行业发展需要，国家级继续教育基地主要承担相应区域、领域和行业国家级高层次、急需紧缺和骨干专业技术人才的培养培训工作，承担地方、部门和行业继续教育师资培训任务。

第十三条 国家级继续教育基地须聘请继续教育和相关行业领域的专家、学者组成评估小组，结合地区和行业发展要求，提出基地的培训规划、课程设置等，报管理单位同意后实施。

第十四条 国家级继续教育基地要为专业技术人员提供优质高效的继续教育服务，特别是突出新理论、新知识、新技术、新方法的培训，不断提高专业技术人员的职业道德水平，不断增强专业技术人员的学习能力、实践能力、创新能力和科研能力。

第十五条 国家级继续教育基地提供继续教育服务的主要形式包括：承办国家级专业技术人员继续教育重大专项工程项目；举办政府部门、行业协会、企事业单位委托的培训班、研修班或进修班；协助开展专业技术人员公需科目或专业科目的培训、考核和管理工作；开展继续教育理论研究，开发有针对性和实效性的培训项目与培训课程；举办继续教育交流服务活动等。

第十六条 国家级继续教育基地有承担政府部门委托的继续教育公共服务项目的义务，实施公益性继续教育时要向各个地区、各类经济组织和广大专业技术人员平等开放，并对革命老区、民族地区、边远地区和贫困地区给予倾斜。

第十七条 鼓励国家级继续教育基地充分利用自身资源优势，在保障政府人才培训任务的基础上，主动为社会上各类单位和专业技术人员提供业务培训、岗位进修、能力提升、职业资格继续教育等服务。

第十八条 国家级继续教育基地应加强师资队伍建设，不断创新培训内容，不断改进培训方式方法，加强培训过程管理和质量监控，不断提高培训水平，逐步提高培训的针对性和实效性。

第十九条 国家级继续教育基地应积极探索产学研相结合的人才培养培训机制，与重点领域权威研究机构和领头企事业单位建立长期合作关系，及时引入最新科研成果、先进技术经验和业务骨干，逐步形成专业品牌和培训特色。

第二十条 国家级继续教育基地要积极推广网络培训、远程教育、电化教育等新的教学方式方法，积极开发在线学习平台，建设具有专业特色的网络学习中心，不断提高在线培训和开展现代化远程教育的能力。

第二十一条 国家级继续教育基地可采用走出去和请进来的方式，积极参与国际继续教育交流，利用境外的优质资源，不断提高继续教育的质量和效益。

第五章 管理监督

第二十二条 国家级继续教育基地实行年度计划审核备案制度。国家级继续教育基地应根据培训需求制定年度任务计划，并于每年 12 月 10 日前，将年度计划执行情况总结和下一年度计划报推荐设立该基地的管理单位审核；审核同意后，于当年 12 月 31 日前将年度计划执行情况总结和下一年度计划一并报人力资源社会保障部备案。

第二十三条 国家级继续教育基地应按照管理单位审核同意的年度计划内容开展培训活动，培训结束后要认真做好培训情况的建档登记和效果评估工作。

第二十四条 未经国家级继续教育基地的管理单位同意，国家级继续教育基地及其建设单位不得以国家级继续教育基地的名义开展教育培训活动。

第二十五条 国家级继续教育基地实行检查考核制度。检查考核的主要内容包括：基地师资队伍建设情况、基地经费使用情况、设施配套情况、制度执行情况、继续教育任务完成情况、培训效果及后续跟踪情况等。

第二十六条 国家级继续教育基地的管理单位负责国家级继续教育基地的检查考核，并制定具体办法。

第二十七条 人力资源社会保障部会同基地的管理单位，在检查考核基础上对国家级继续教育基地进行定期检查评估和不定期抽查，并将有关结果向社会公布。检查评估或抽查结果作为调整、撤销国家级继续教育基地及下一阶段任务分配的重要依据。

对成绩突出、评估优秀的国家级继续教育基地，将及时宣传推广经验做法，在培训资源配置、任务分配等方面给予一定倾斜。对不按本办法开展继续教育工作、不能完成继续教育任务或达不到教学管理要求的国家级继续教育基地，责令限期整改。在规定时间内仍然达不到要求的，取消国家级继续教育基地资格。

第二十八条 对违反年度计划备案审核制度及有关规定，出现乱办班、乱收费、乱发证现象的国家级继续教育基地，依法追究其单位领导和当事人的责任。

第二十九条 对在申请过程中弄虚作假或被取消国家级继续教育基地资格的施教机构，不再受理其认定申请。

第六章 保障措施

第三十条 人力资源社会保障部为国家级继续教育基地建设提供政策和项目支持，支持国家级继续教育基地承办继续教育项目和活动。

第三十一条 人力资源社会保障部会同地方、部门、行业组织开发教材、课件、网站等优质培训资源，无偿或以优惠价格提供给国家级继续教育基地内部使用。

第三十二条 人力资源社会保障部支持各领域从事科研、生产、教学等方面工作的专家参与继续教育基地的人才培养培训工作。对表现突出、成效明显的专家，在其本人参加继续教育、评聘专业技术职务、享受政府特殊津贴和国家百千万人才工程国家级人选选拔、参与专家休假等方面给予倾斜。

第三十三条 中央财政按规定为国家级继续教育基地提供一定的专项经费资助。专项经费主要用于开展专家授课、师资培训、教材课件开发、数据库开发、课题研究等工作。基地建设单位按照国家有关规定，制定专项经费的使用办法和使用方案，基地的管理单位负责审核专项经费使用办法和使用方案，确保专款专用并取得最大效益。

第三十四条 国家级继续教育基地的建设单位和管理单位应为基地的基础建设和日常工作提供配套经费。

第三十五条 国家级继续教育基地的管理单位应在政策扶持、项目支持、师资队伍建设、资源整合、培训宣传等多方面为国家级继续教育基地提供支持，帮助国家级继续教育基地形成科学有效的专业技术人才培养培训体系。

第三十六条 专业技术人员在国家级继续教育基地参加培训的情况，可记入《专业技术人员继续教育证书》或学习档案，作为对专业技术人员考核评价、岗位聘用、职称评聘和执业注册的重要依据。

第三十七条 国家级继续教育基地为社会提供继续教育服务时，可按照有关规定适当收取培训费用，但不得擅自提高收费标准。收取的相关费用优先用于保障基地的建设和发展。

第三十八条 支持国家级继续教育基地加强与企业、高校和科研院所的合作，建立产、学、研相结合的继续教育协作体系，促进继续教育成果转化，并根据需要组织开展经验交流和成果推广等活动。

第七章 附 则

第三十九条 国家级继续教育基地机构名称、联系方式等重要信息发生变更，须及时报人力资源社会保障部备案并向社会公布。

第四十条 地方人力资源社会保障部门和行业主管部门可参照本办法，结合各自实际，制定相应的国家级继续教育基地管理政策措施。

第四十一条 军队系统的国家级继续教育基地管理参照本办法执行。

第四十二条 鼓励和支持地区、部门和行业结合实际，建设区域性、行业性专业技术人员继续教育基地，形成上下衔接、优势互补、资源共享的继续教育基地体系。

第四十三条 本办法由人力资源社会保障部负责解释。

第四十四条 本办法自发布之日起施行。

财政部　人力资源社会保障部关于印发《会计专业技术人员继续教育规定》的通知

财会〔2018〕10号

各省、自治区、直辖市、计划单列市财政厅（局）、人力资源社会保障厅（局），新疆生产建设兵团财政局、人力资源社会保障局，中共中央直属机关事务管理局，国家机关事务管理局，中央军委后勤保障部财务局：

为了规范会计专业技术人员继续教育，保障会计专业技术人员合法权益，不断提高会计专业技术人员素质，根据《中华人民共和国会计法》和《专业技术人员继续教育规定》（人力资源社会保障部令第25号），我们制定了《会计专业技术人员继续教育规定》。现予印发，请遵照执行。

财政部
人力资源社会保障部
2018年5月19日

会计专业技术人员继续教育规定

第一章　总　　则

第一条　为了规范会计专业技术人员继续教育，保障会计专业技术人员合法权益，不断提高会计专业技术人员素质，根据《中华人民共和国会计法》和《专业技术人员继续教育规定》（人力资源社会保障部令第25号），制定本规定。

第二条　国家机关、企业、事业单位以及社会团体等组织（以下称单位）具有会计专业技术资格的人员，或不具有会计专业技术资格但从事会计工作的人员（以下简称会计专业技术人员）继续教育，适用本规定。

第三条　会计专业技术人员继续教育应当紧密结合经济社会和会计行业发展要求，以能力建设为核心，突出针对性、实用性，兼顾系统性、前瞻性，为经济社会和会计行业发展提供人才保证和智力支持。

第四条　会计专业技术人员继续教育工作应当遵循下列基本原则：

（一）以人为本，按需施教。会计专业技术人员继续教育面向会计专业技术人员，引导会计专业技术人员更新知识、拓展技能，完善知识结构、全面提高素质。

（二）突出重点，提高能力。把握会计行业发展趋势和会计专业技术人员从业基本要求，引导会计专业技术人员树立诚信理念、提高职业道德和业务素质，全面提升专业胜任能力。

（三）加强指导，创新机制。统筹教育资源，引导社会力量参与继续教育，不断丰富继续教育内容，创新继续教育方式，提高继续教育质量，形成政府部门规划指导、社会力量积极参与、用人单位支持配合的会计专业技术人员继续教育新格局。

第五条　用人单位应当保障本单位会计专业技术人员参加继续教育的权利。

会计专业技术人员享有参加继续教育的权利和接受继续教育的义务。

第六条　具有会计专业技术资格的人员应当自取得会计专业技术资格的次年开始参加继续教育，并在规定时间内取得规定学分。

不具有会计专业技术资格但从事会计工作的人员应当自从事会计工作的次年开始参加继续教育，并在规定时间内取得规定学分。

第二章　管 理 体 制

第七条　财政部负责制定全国会计专业技术人员继续教育政策，会同人力资源社会保障部监督指导全国会计专业技术人员继续教育工作的组织实施，人力资源社会保障部负责对全国会计专业技术人员继续教育工作进行综合管理和统筹协调。

除本规定另有规定外，县级以上地方人民政府财政部门、人力资源社会保障部门共同负责本地区会计专业技术人员继续教育工作。

第八条　新疆生产建设兵团按照财政部、人力资源社会保障部有关规定，负责所属单位的会计专业技术人员继续教育工作。中共中央直属机关事务管理局、国家机关事务管理局（以下统称中央主管单位）按照财政部、人力资源社会保障部有关规定，分别负责中央在京单位的会计专业技术人员继续教育工作。

第三章　内容与形式

第九条　会计专业技术人员继续教育内容包括公需科目和专业科目。

公需科目包括专业技术人员应当普遍掌握的法律法规、政策理论、职业道德、技术信息等基本知识，专业科目包括会计专业技术人员从事会计工作应当掌握的财务会计、管理会计、财务管理、内部控制与风险管理、会计信息化、会计职业道德、财税金融、会计法律法规等相关专业知识。

财政部会同人力资源社会保障部根据会计专业技术人员能力框架，定期发布继续教育公需科目指南、专业科目指南，对会计专业技术人员继续教育内容进行指导。

第十条　会计专业技术人员可以自愿选择参加继续教育的形式。会计专业技术人员继续教育的形式有：

（一）参加县级以上地方人民政府财政部门、人力资源社会保障部门，新疆生产建设兵团财政局、人力资源社会保障局，中共中央直属机关事务管理局，国家机关事务管理局（以下统称继续教育管理部门）组织的会计专业技术人员继续教育培训、高端会计人才培训、全国会计专业技术资格考试等会计相关考试、会计类专业会议等；

（二）参加会计继续教育机构或用人单位组织的会计专业技术人员继续教育培训；

（三）参加国家教育行政主管部门承认的中专以上（含中专，下同）会计类专业学历（学位）教育；承担继续教育管理部门或行业组织（团体）的会计类研究课题，或在有国内统一刊号（CN）的经济、管理类报刊上发表会计类论文；公开出版会计类书籍；参加注册会计师、资产评估师、税务师等继续教育培训；

（四）继续教育管理部门认可的其他形式。

第十一条 会计专业技术人员继续教育采用的课程、教学方法，应当适应会计工作要求和特点。同时，积极推广网络教育等方式，提高继续教育教学和管理的信息化水平。

第四章 学分管理

第十二条 会计专业技术人员参加继续教育实行学分制管理，每年参加继续教育取得的学分不少于90学分。其中，专业科目一般不少于总学分的三分之二。

会计专业技术人员参加继续教育取得的学分，在全国范围内当年度有效，不得结转以后年度。

第十三条 参加本规定第十条规定形式的继续教育，其学分计量标准如下：

（一）参加全国会计专业技术资格考试等会计相关考试，每通过一科考试或被录取的，折算为90学分；

（二）参加会计类专业会议，每天折算为10学分；

（三）参加国家教育行政主管部门承认的中专以上会计类专业学历（学位）教育，通过当年度一门学习课程考试或考核的，折算为90学分；

（四）独立承担继续教育管理部门或行业组织（团体）的会计类研究课题，课题结项的，每项研究课题折算为90学分；与他人合作完成的，每项研究课题的课题主持人折算为90学分，其他参与人每人折算为60学分；

（五）独立在有国内统一刊号（CN）的经济、管理类报刊上发表会计类论文的，每篇论文折算为30学分；与他人合作发表的，每篇论文的第一作者折算为30学分，其他作者每人折算为10学分；

（六）独立公开出版会计类书籍的，每本会计类书籍折算为90学分；与他人合作出版的，每本会计类书籍的第一作者折算为90学分，其他作者每人折算为60学分；

（七）参加其他形式的继续教育，学分计量标准由各省、自治区、直辖市、计划单列市财政厅（局）（以下称省级财政部门）、新疆生产建设兵团财政局会同本地区人力资源社会保障部门、中央主管单位制定。

第十四条 对会计专业技术人员参加继续教育情况实行登记管理。

用人单位应当对会计专业技术人员参加继续教育的种类、内容、时间和考试考核结果等情况进行记录，并在培训结束后及时按照要求将有关情况报送所在地县级以上地方人民政府财政部门、新疆生产建设兵团财政局或中央主管单位。

省级财政部门、新疆生产建设兵团财政局、中央主管单位应当建立会计专业技术人员继续教育信息管理系统，对会计专业技术人员参加继续教育取得的学分进行登记，如实记载会计专业技术人员接受继续教育情况。

继续教育登记可以采用以下方式：

（一）会计专业技术人员参加继续教育管理部门组织的继续教育和会计相关考试，县级以上地方人民政府财政部门、新疆生产建设兵团财政局或中央主管单位应当直接为会计专业技术人员办理继续教育事项登记；

（二）会计专业技术人员参加会计继续教育机构或用人单位组织的继续教育，县级以上地方人民政府财政部门、新疆生产建设兵团财政局或中央主管单位应当根据会计继续教育机构或用人单位报送的会计专业技术人员继续教育信息，为会计专业技术人员办理继续教育事项登记；

（三）会计专业技术人员参加继续教育采取上述（一）、（二）以外其他形式的，应当在年度内登陆所属县级以上地方人民政府财政部门、新疆生产建设兵团财政局或中央主管单位指定网站，按要求上传相关证明材料，申请办理继续教育事项登记；也可持相关证明材料向所属继续教育管理部门申请办理继续教育事项登记。

第五章　会计继续教育机构管理

第十五条　会计继续教育机构必须同时符合下列条件：

（一）具备承担继续教育相适应的教学设施，面授教育机构还应有相应的教学场所；

（二）拥有与承担继续教育相适应的师资队伍和管理力量；

（三）制定完善的教学计划、管理制度和其他相关制度；

（四）能够完成所承担的继续教育任务，保证教学质量；

（五）符合有关法律法规的规定。

应当充分发挥国家会计学院、会计行业组织（团体）、各类继续教育培训基地（中心）等在开展会计专业技术人员继续教育方面的主渠道作用，鼓励、引导高等院校、科研院所等单位参与会计专业技术人员继续教育工作。

第十六条　会计继续教育机构应当认真实施继续教育教学计划，向社会公开继续教育的范围、内容、收费项目及标准等情况。

第十七条　会计继续教育机构应当按照专兼职结合的原则，聘请具有丰富实践经验、较高理论水平的业务骨干和专家学者，建立继续教育师资库。

第十八条　会计继续教育机构应当建立健全继续教育培训档案，根据考试或考核结果如实出具会计专业技术人员参加继续教育的证明，并在培训结束后及时按照要求将有关情况报送所在地县级以上地方人民政府财政部门、新疆生产建设兵团财政局或中央主管单位。

第十九条　会计继续教育机构不得有下列行为：

（一）采取虚假、欺诈等不正当手段招揽生源；

（二）以会计专业技术人员继续教育名义组织旅游或者进行其他高消费活动；

（三）以会计专业技术人员继续教育名义乱收费或者只收费不培训。

第六章　考核与评价

第二十条　用人单位应当建立本单位会计专业技术人员继续教育与使用、晋升相衔接的激励机制，将参加继续教育情况作为会计专业技术人员考核评价、岗位聘用的重要依据。

会计专业技术人员参加继续教育情况，应当作为聘任会计专业技术职务或者申报评定上一级资格的重要条件。

第二十一条　继续教育管理部门应当加强对会计专业技术人员参加继续教育情况的考核与评价，并将考核、评价结果作为参加会计专业技术资格考试或评审、先进会计工作者评选、高端会计人才选拔等的依据之一，并纳入其信用信息档案。

对未按规定参加继续教育或者参加继续教育未取得规定学分的会计专业技术人员，继续教育管理部门应当责令其限期改正。

第二十二条　继续教育管理部门应当依法对会计继续教育机构、用人单位执行本规定的情况进行监督。

第二十三条　继续教育管理部门应当定期组织或者委托第三方评估机构对所在地会计继续教育机构进行教学质量评估，评估结果作为承担下年度继续教育任务的重要参考。

第二十四条　会计继续教育机构发生本规定第十九条行为，继续教育管理部门应当责令其限期改正，并依法依规进行处理。

第七章　附　　则

第二十五条　中央军委后勤保障部会计专业技术人员继续教育工作，参照本规定执行。

第二十六条　省级财政部门、新疆生产建设兵团财政局可会同本地区人力资源社会保障部门根据本规定制定具体实施办法，报财政部、人力资源社会保障部备案。

中央主管单位可根据本规定制定具体实施办法，报财政部、人力资源社会保障部备案。

第二十七条　本规定自 2018 年 7 月 1 日起施行。财政部 2013 年 8 月 27 日印发的《会计人员继续教育规定》（财会〔2013〕18 号）同时废止。

中共中央组织部　人力资源社会保障部关于印发《事业单位工作人员培训规定》的通知

人社部规〔2019〕4号

各省、自治区、直辖市及新疆生产建设兵团党委组织部、政府人力资源社会保障厅（局），中央和国家机关各部委、各人民团体组织人事部门，部分高等学校党委：

为推进事业单位工作人员培训工作科学化、制度化、规范化，培养造就高素质专业化事业单位工作人员队伍，根据《干部教育培训工作条例》、《事业单位人事管理条例》和有关法律法规，中央组织部、人力资源社会保障部共同研究制定了《事业单位工作人员培训规定》，现印发给你们，请结合本地区、本部门实际认真贯彻执行。

中共中央组织部
人力资源社会保障部
2019年11月28日

事业单位工作人员培训规定

第一章　总　　则

第一条　为推进事业单位工作人员培训工作科学化、制度化、规范化，培养造就高素质专业化事业单位工作人员队伍，根据《干部教育培训工作条例》《事业单位人事管理条例》和有关法律法规，制定本规定。

第二条　事业单位及其主管部门、人事综合管理部门根据工作需要，组织事业单位工作人员开展培训，适用本规定。

事业单位领导人员的培训，另有规定的，从其规定。

第三条　事业单位工作人员培训工作坚持以习近平新时代中国特色社会主义思想为指导，以坚定理想信念宗旨为根本，以全面增强公共服务本领为重点，突出政治训练、政治历练，强化专业能力、专业精神，坚持政治统领、服务大局，坚持分类分级、全员覆盖，坚持精准效能、按需施训，坚持依法治教、从严管理，增强培训的系统性、持续性、针对性、有效性。

第四条 坚持将学习贯彻习近平新时代中国特色社会主义思想摆在事业单位工作人员培训最突出的位置，教育引导事业单位工作人员增强“四个意识”，坚定“四个自信”，做到“两个维护”。完善培训内容体系，重点提升事业单位工作人员的理想信念、思想觉悟、职业道德和综合素养。管理人员培训，注重提高管理能力、专业水平和职业素养；专业技术人员培训，注重提高专业技术水平和创新创造创业能力；工勤技能人员培训，注重提高职业技能水平和实际操作能力。加强对中青年骨干特别是高层次、急需紧缺人才的培训。

第五条 事业单位工作人员培训分为岗前培训、在岗培训、转岗培训和专项培训，根据不同行业、不同类型、不同岗位特点，按照规定的方式进行。

第六条 事业单位工作人员有接受培训的权利和义务，一般每年度参加各类培训的时间累计不少于 90 学时或者 12 天。

事业单位工作人员培训情况应当作为其考核的内容和岗位聘用、等级晋升的重要依据之一。

第二章 岗前培训

第七条 对事业单位新聘用工作人员应当进行岗前培训，以提高适应单位和岗位工作的能力。

对新引进的高层次人才，可以根据实际情况灵活安排岗前培训。

第八条 事业单位工作人员岗前培训内容包括公共科目和专业科目。公共科目包括应当普遍掌握的政治理论、法律法规、政策知识、行为规范、纪律要求等。专业科目包括所聘或者拟聘岗位所需的理论、知识、技术、技能等。

第九条 岗前公共科目培训由事业单位人事综合管理部门编制计划，统一组织或者委托专门培训机构组织，或者授权主管部门、事业单位按规定组织，一般采取脱产培训方式进行。岗前专业科目培训由主管部门或者事业单位组织，一般采取脱产培训、网络培训、以师带徒等方式进行。

第十条 岗前培训一般在工作人员聘用之日起 6 个月内完成，最长不超过 12 个月，累计时间不少于 40 学时或者 5 天。

第三章 在岗培训

第十一条 正常在岗的事业单位工作人员应当定期参加在岗培训，以增强思想政治素质、培育职业道德、更新知识结构、提高工作能力。

第十二条 管理人员在岗培训内容包括公共科目和专业科目。公共科目参照本规定第八条执行，专业科目包括所聘岗位需要更新的政策法规、理论知识和管理实务，包括公共管理、财务、资产、人事、外事、安全、保密、信息化等。

第十三条 管理人员在岗期间公共科目培训由主管部门负责，统一组织或者委托专门培训机构组织，一般采取脱产培训、网络培训、在职自学等方式进行，在一个聘期内至少参加一次不少于 20 学时或者 3 天的公共科目脱产培训。

第十四条 管理人员在岗期间专业科目培训由主管部门负责，统一组织或者委托专门培训机构组织，或者授权事业单位按规定组织，一般采取脱产培训、网络培训、集体学习等方式进行。

第十五条 专业技术人员、工勤技能人员在岗培训分别按照继续教育、职业技能培训等相关规定执行，注重加强政治理论、职业道德、爱国奉献精神等方面培训。

第四章 转岗培训

第十六条 对岗位类型发生变化或者岗位职责任务发生较大变化的事业单位工作人员应当进行转岗培训，以提高适应新岗位职责任务的能力。

第十七条 岗位类型发生变化的，转岗培训内容根据其拟聘或者所聘岗位类型，按照本规定第四条执行。岗位类型不变但岗位职责任务发生较大变化的，转岗培训内容根据实际情况确定。

转岗培训的方式由事业单位或者主管部门自主确定。

第十八条 转岗培训一般应当在岗位类型或者岗位职责任务发生变化前完成，根据工作需要，也可在发生变化后3个月内完成，累计时间不少于40学时或者5天。

第五章 专项培训

第十九条 对参加重大项目、重大工程、重大行动等特定任务的事业单位工作人员应当进行专项培训，以适应完成特定任务的要求。

第二十条 专项培训的内容和方式由任务组织方根据该工作任务的实际需要确定，可以采取团队集训等办法进行。

第二十一条 事业单位新聘用工作人员参加专项培训的，其培训时间可计入本规定第十条规定的岗前培训累计时间中。

第六章 培训管理与纪律

第二十二条 培训经费按照国家有关规定列支。

加强事业单位工作人员培训经费管理，厉行节约，勤俭办学，提高经费使用效益。培训经费应当严格用于工作人员的培训工作，严禁挪作他用。

第二十三条 各级事业单位人事综合管理部门应当根据师资条件、人员素质、办学基本条件、教学管理水平、教学质量等条件，重点联系一批专门培训机构，加强统筹协调，保持培训工作相对稳定。

从事事业单位工作人员培训工作的授课人员，必须拥护中国共产党的领导，不得传播违反党的理论和路线方针政策、违反中央决定的错误观点。培训组织方要对师资人选和培训内容进行严格把关。

中央事业单位人事综合管理部门会同有关行业主管部门和行业组织，根据不同行业、不同类型、不同岗位特点，加强课程和教材体系建设。

第二十四条 事业单位工作人员培训实行登记管理。事业单位应当建立和完善工作人员培训档案，对工作人员参加培训的种类、内容、时间和考试考核结果等情况进行登记。

第二十五条 健全组织调训制度，加强统筹协调，避免和防止多头调训、重复培训、长期不训等问题。探索“错峰”调训和分段式培训，缓解工学矛盾。

第二十六条 事业单位及其主管部门应当按照本规定和培训计划组织培训，加强培训管理。培训工作应当注重培训实效，不得层层委托，不得走过场。

第二十七条 事业单位人事综合管理部门、主管部门应当对事业单位开展工作人员培训工作进行监督，制止和纠正违反本规定的行为。

上级事业单位人事综合管理部门应当对下级事业单位人事综合管理部门开展培训相关工作进行监督，制止和纠正违反本规定的行为。

第二十八条 事业单位工作人员必须严格遵守学习培训和廉洁自律各项规定，完成规定的培训任务。事业单位工作人员因故未按规定参加培训或者未达到培训要求的，应当及时补训。事业单位工作人员无正当理由不参加培训，视情节轻重，给予批评教育直至组织处理或者处分。参加培训期间违反培训有关规定和纪律的，视情节轻重，给予批评教育直至组织处理或者处分。

第七章 附 则

第二十九条 机关工勤人员的培训，参照本规定执行。

第三十条 各省、自治区、直辖市事业单位人事综合管理部门，以及中央和国家机关各部门可以根据本规定，结合实际情况制定实施细则。

第三十一条 本规定由中共中央组织部、人力资源社会保障部负责解释。

第三十二条 本规定自 2020 年 1 月 1 日起施行。

人力资源社会保障部　财政部
工业和信息化部　科技部　教育部　中国科学院
关于印发《专业技术人才知识更新
工程实施方案》的通知

人社部发〔2021〕73号

各省、自治区、直辖市及新疆生产建设兵团人力资源社会保障厅（局）、财政厅（局）、工业和信息化厅（局）、科技厅（局）、教育厅（局、教委），中共海南省委人才发展局，国务院有关部委、直属机构人事部门，有关行业协会、企业、事业单位：

为贯彻落实党的十九大和十九届五中全会精神，人力资源社会保障部、财政部、工业和信息化部、科技部、教育部、中国科学院决定2021年至2030年继续实施专业技术人才知识更新工程。现将《专业技术人才知识更新工程实施方案》印发给你们，请结合本地区、本部门、本领域实际，认真组织实施。

人力资源社会保障部
财政部
工业和信息化部
科技部
教育部
中国科学院
2021年9月15日

专业技术人才知识更新工程实施方案

为深入实施人才强国战略，加强全国专业技术人才队伍建设，促进专业技术人才能力素质提升，根据国家“十四五”规划和2035年远景目标纲要，制定本实施方案。

一、指导思想

以习近平新时代中国特色社会主义思想为指导，深入实施人才强国战略和创新驱动发展战略，聚焦科技自立自强、聚焦“卡脖子”问题、聚焦高质量发展、聚焦国家重大战略，以人才能力建设为核心，以培养高层次、急需紧缺和骨干专业技术人才为重点，加大人力资本投入，创新完善人才培养机制，推进分类分层的专业技术人才继续教育体系建设，开展大规模知识更新继续教育，培养造就一批创新型、应用型、技术型人才，壮大高水平工程师队伍，为夺取全面建设社会主义现代化国家新胜利、实现中华民族伟大复兴的中国梦提供有力的人才支撑。

二、目标任务

围绕我国经济结构优化、经济社会高质量发展和自主创新能力提升，在新一代信息技术、生物技术、新能源、新材料、高端装备、新能源汽车、绿色环保以及航空航天、海洋装备等战略性新兴产业领域，开展大规模知识更新继续教育，每年培训 100 万名高层次、急需紧缺和骨干专业技术人才；依托高等院校、科研院所、大型企业现有施教机构，建设一批国家级专业技术人员继续教育基地。

三、重点项目

（一）高级研修项目

围绕服务创新驱动发展、乡村振兴、可持续发展和制造强国、网络强国、数字强国、质量强国等国家重大战略以及区域协调发展战略，瞄准量子信息、生命健康、脑科学、生物育种、空天科技、深地深海等前沿领域，攻坚关键核心技术，推动传统产业高端化、智能化、绿色化，按照高水平、小规模、重特色的要求，主要面向中高层次专业技术人员和经营管理人员，每年举办 300 期左右国家级高级研修班，培养培训 2 万名左右高层次专业技术人才和经营管理人才，培养造就一批素质优良、创新能力强、具有较强竞争力的专业技术人才。

实施办法：按照《专业技术人才知识更新工程高级研修项目管理办法》，每年度各地各部门申报研修选题，经审核批准确定年度研修计划；各期国家级高级研修班由地方或部门组织举办；中央财政给予重点保障，鼓励自筹经费保障的部分研修计划列入国家级高级研修项目。中央财政支持的办班经费采取在一定限额内实报实销的办法拨付。鼓励各地各部门组织开展省（区、市）级或行业高级研修项目。

（二）专业技术人员能力提升项目

围绕工程重点领域，针对专业技术人才职业发展和工作需要，实施大规模、广覆盖、高质量的知识更新继续教育，加强公需科目学习，开展思想政治学习、知识更新拓展、科学精神培育、职业道德养成、团队合作建设等能力提升培训，普及数字技术、知识产权、网络安全、应急管理等知识，引导专业技术人员学习新思想、新知识、新技术、新方法，不断更新知识结构、掌握先进技术、提升专业水平、提高创新能力，每年培养培训各类专业技术人才 90 万人左右。

实施办法：国家发展改革委、教育部、科技部、工业和信息化部、财政部、自然资源部、生态环境部、交通运输部、农业农村部、应急管理部、国家市场监管总局、中国科学院、国家能源局、国家知识产权局等重点领域主管部门科学确定本领域人才培养培训规划，组织开发行业人才培训包，指导开展行业人才培养培训。人力资源社会保障部定期发布公需科目参考目录，组织遴选开发课件，共享给各地人力资源社会保障部门开展公需科目免费线上学习。各地人力资源社会保障部门加大统筹协调力度，指导国家级和省级专业技术人员继续教育基地主动对接各重点领域人才需求，按照每年培训国家级基地不少于 2 000 人、省级基地不少于 500 人的要求，科学制定年度任务计划，开展贴近行业特色、方式灵活多样的能力提升培训活动。国家级继续教育基地于每年 12 月 10 日前将年度执行情况总结和下一年度计划报推荐设立该基地的管理单位审核，审核同意后，于当年 12 月 31 日前将年度计划执行情况总结和下一年度计划，以及各地各类专业技术人员继续教育基地开展能力提升培训项目情况一并报人力资源社会保障部。

（三）数字技术工程师培育项目

围绕人工智能、物联网、大数据、云计算、数字化管理、智能制造、工业互联网、虚拟现实、区块链、集成电路等数字技术技能领域，组织制定颁布国家职业标准，开发培训大纲和培训教程，实施规范化培训、社会化评价，提升从业人员数字技术水平，每年培养培训数字技术技能人员 8 万人左右，培育壮大高水平数字技术工程师队伍。

实施办法：人力资源社会保障部统筹协调数字技术工程师培育工作，会同有关行业主管部门制定颁布数字技术领域新职业标准，指导中国人力资源和社会保障出版集团开发全国新职业培训教程和培训大纲，实施规范化培训、社会化评价、项目化管理，分职业、分方向、分等级进行，稳妥推进数字技术人员培训评价。人力资源社会保障部对项目中的培训评价实施目录清单管理，制定数字技术职业目录、培训机构目录、评价机构目录，及时向社会公开并实行动态调整。培训机构优先遴选国家级专业技术人员继续教育基地，坚持市场导向、需求导向、目标导向，以能力建设为核心，按照国家职业标准和培训大纲，科学制定培训计划，加强师资建设，开发教学课程，配套软硬件教学环境，开展线上线下培训，严格学员考勤管理，对完成规定学时和内容的学员进行结业考核，颁发培训合格证书。评价机构优先遴选相关职业标准开发单位或行业组织、龙头企业，组织师资和考评员培训，建设考核题库，规范考核流程，严把标准质量，组织符合申报条件的学员进行专业技术等级考核，为考核合格人员颁发专业技术等级证书。人力资源社会保障部统一专业技术等级证书样式、编码规则，提供证书信息查询验证网络服务。

（四）国家级专业技术人员继续教育基地建设项目

根据工程培养培训任务要求，依托高等院校、科研院所、大型企业现有施教机构，分期建设一批国家级专业技术人员继续教育基地。加强基地建设管理，定期考核评估，建立退出机制，实行动态管理。组织开展基地间交流合作，推进培训项目、专家师资、教材课程、课题研究和在线学习平台等建设，促进培训资源整合，提升基地施教水平，更好发挥基地培养人才的平台作用。

实施办法：按照《国家级专业技术人员继续教育基地管理办法》，每年由各地各部门组织申报，经审核批准后运行。制定国家级专业技术人员继续教育基地考核评估办法，加强基地承担培养培训任务评估检查。基地评估结果作为各地各部门承接工程项目的重要参考。鼓励各地各部门给予必要经费支持。

四、组织实施

（一）加强组织领导

工程实施实行统一领导、分工负责、分类指导、分级组织的原则，采取年度项目计划管理的方式进行。在中央人才工作领导小组领导下，由人力资源社会保障部会同有关部门成立全国专业技术人才知识更新工程指导协调小组（简称全国指导协调小组），负责全国工程的组织领导工作，审定发布工程总体实施方案、实施细则和工作部署。全国指导协调小组下设办公室，设在人力资源社会保障部专业技术人员管理司，负责全国工程的组织实施工作，制定工程项目规划和年度计划，对工程实施进行指导监督和检查评估，并作为下一年度任务安排的重要依据，奖优罚劣。各省（区、市）由人力资源社会保障厅（局）会同有关部门成立相应的指导协调小组，有关重点领域行业主管部门根据工作需要也可成立指导协调小组。各地各部门要切实落实好工程实施方案、培养培训任务及经费预算，做好监督检查工作。发挥中国继续工程教育协会及各地各部门继续工程教育协会的职能作用。调动政府部门、社会组织、培养培训基地（机构）、用人单位和专业技术人才各方积极性，推动建立多层次、多渠道、多类别、多形式的培养培训格局。

（二）支持人才培训

专业技术人员参加工程学习情况作为个人专业技术经历，高级研修、能力提升和数字技术工程师培育等项目的学员名单均可上传至国家专业技术人才知识更新工程公共服务平台（网址：zsgx. mohrss. gov. cn），相应学时记入《专业技术人员继续教育证书》。进一步完善继续教育与工作考核、职称评审、岗位聘任（聘用）、职业资格注册等人事管理制度的衔接。实行“人才+项目”的培养模式，主动对接国家重大专项、重大工程、重大建设项目。推进“互联网+继续教育”，推动公需科目免费学习惠及全体专业技术人员。重视发挥企业作用，加强用人单位人才培养培训与工程培养培训任务的衔接，在实践中集聚和培养创新型人才。非公有制单位专业技术人员参加工程培养培训项目享受同等政策待遇。

参加数字技术工程师培育项目，取得培训合格证书的，按照有关规定申领职业培训补贴；取得高级专业技术等级证书的，可作为申报高级职称评审的重要参考；取得中级、初级专业技术等级证书的，可纳入各地各部门中级、初级职称认定范围。各地人力资源社会保障部门负责将培训机构目录、评价机构目录等信息纳入本地职业技能提升行动“两目录一系统”，结合实际自行研究制定具体职业培训补贴政策、职称认定或衔接办法。

（三）强化经费保障

工程经费主要由政府、社会、用人单位和个人投入等多元构成。政府经费主要发挥对工程经费投入的支持和引导作用，各级政府承担的工程项目任务，由同级财政予以保障。有关部门要加强统筹规划、突出重点、优化结构，整合现有专业技术人才培养培训项目资源，避免重复建设，做好政策衔接，确保重点项目的实施。国家级专业技术人员继续教育基地开展的专业技术人员能力提升培训和数字技术工程师培育项目要突出公益性、示范性，按照弥补成本、以支定收的原则合理合法合规确定收费标准，培训师资、开发课件、升级教学设备和网络教学平台等经费可从基地补助经费列支。各用人单位按规定比例提取职工培训费，保障本单位开展人才培养培训支出。

（四）严格监督管理

完善工程项目管理制度，对入选的工程项目和承办单位进行公示，接受社会监督；对工程项目开展情况进行指导、监督和检查。建立健全工程人才培养培训评估体系，及时跟踪考核工程社会效益和实际效果。加强经费使用情况的监督，建立完善配套制度，确保培养培训资金专款专用。提升工程信息化水平，依托国家专业技术人才知识更新工程网，逐步实现工程管理服务网络化、数字化，及时掌握情况，实时监控，动态调控，确保工程实施效果。加强对工程项目实施的指导监督，采取“双随机、一公开”的监管模式，鼓励行业自律和社会监督，对群众投诉的问题及时调查核实处理，确有违规行为的，交有关主管部门依法依规处理。

（五）稳步推进实施

工程采取分阶段、分步骤、动态调整的方式组织实施。2021 年，研究制定新一轮《专业技术人才知识更新工程实施方案》，启动工程实施工作；2021—2025 年，逐步落实工程各项工作，大规模开展专业技术人员培养培训活动，推动制度改革和机制创新；2025—2030 年，全面开展工程各项工作，进行中期检查评估，巩固成果，加强薄弱环节，适时调整重点方向，力争在制度建设、机制创新上有突破；2030 年，对工程实施情况进行全面总结和评估。

人力资源社会保障部办公厅关于印发《专业技术人才知识更新工程数字技术工程师培育项目实施办法》的通知

人社厅发〔2021〕71号

各省、自治区、直辖市及新疆生产建设兵团人力资源社会保障厅（局），中共海南省委人才发展局，国务院有关部委、直属机构人事部门，有关行业协会、企业、事业单位：

党的十九届五中全会提出，发展战略性新兴产业，推动互联网、大数据、人工智能等同各产业深度融合，推动先进制造业集群发展，构建一批各具特色、优势互补、结构合理的战略性新兴产业增长引擎。为加快数字技术技能人才培养，支持战略性新兴产业发展，助力数字经济和实体经济深度融合，我部根据《专业技术人才知识更新工程实施方案》和《人力资源社会保障部办公厅关于加强新职业培训工作的通知》，研究制定了《专业技术人才知识更新工程数字技术工程师培育项目实施办法》。现将实施办法印发给你们，请结合实际认真贯彻落实。

各地区、各有关部门要高度重视数字技术技能人才培养和评价工作，加强组织领导和沟通协调，统筹谋划，科学部署，规范有序开展工作，不断提升培养评价质量。加强政策保障，结合实际研究制定配套措施办法，兑现相关政策待遇。加强培训和评价全过程监督检查，构建政府监管、机构自律、社会监督的管理体系。加大宣传力度，做好政策解读，大力宣传典型经验和做法，强化引领示范作用，营造良好社会氛围。在项目实施过程中如有问题，请及时与国家专业技术人才知识更新工程指导协调小组办公室（人力资源社会保障部专业技术人员管理司）联系。

人力资源社会保障部办公厅

2021年10月8日

专业技术人才知识更新工程数字技术工程师培育项目实施办法

为实施好专业技术人才知识更新工程数字技术工程师培育项目（以下简称项目），根据《专业技术人才知识更新工程实施方案》和《人力资源社会保障部办公厅关于加强新职业培训工作的通知》有关要求，制定本实施办法。

一、目标任务

2021年至2030年，围绕人工智能、物联网、大数据、云计算、数字化管理、智能制造、工业互联网、虚拟现实、区块链、集成电路等数字技术技能领域，每年培养培训数字技术技能人员8万人左右，培育壮大高水平数字技术工程师队伍。

二、组织领导

（一）坚持统一领导、分工负责、分类指导、分级组织的原则，实施规范化培训、社会化评价，探索建立数字技术工程师培育认证制度。

（二）国家专业技术人才知识更新工程指导协调小组（以下简称工程指导协调小组）负责项目的政策制定、统筹协调、组织管理，建立政府主导、社会参与、市场推动、多方监督的管理体制。

（三）工程指导协调小组办公室设在人力资源社会保障部专业技术人员管理司，负责项目的组织实施，组织制定项目实施办法，制定专业技术等级证书样式和编码规则，安排部署相关工作，对项目实施进行指导协调和监督检查；会同中国就业培训技术指导中心征集遴选发布培训机构和评价机构目录。

（四）各地人力资源社会保障部门负责本地区项目的具体实施，对在本地区组织的培训和评价全过程进行监督检查，制定相关配套政策措施。

（五）中国就业培训技术指导中心具体负责组织开发国家职业标准、提供专业技术等级证书信息网络查询服务等工作。

三、职业培训和评价

（一）国家职业标准是数字技术技能领域从业人员培训和评价的依据。人力资源社会保障部会同有关行业主管部门统筹规划并制定颁布国家职业标准。各职业均分为初级、中级、高级三个专业技术等级，分职业、分方向、分等级开展培训和评价。

（二）人力资源社会保障部会同行业主管部门组织相关职业领域的专家学者编写培训大纲和培训教程，中国人力资源和社会保障出版集团负责出版培训教程，供相关领域培训和评价使用。

（三）培训和评价工作坚持质量第一、以用为本原则，坚持市场导向、需求导向、目标导向，以能力建设为核心，以培育壮大高水平数字技术工程师队伍为目标，高标准、高质量规范组织实施，确保培训质量、评价结果经得起社会和市场检验。

（四）培训机构按照国家职业标准和培训大纲明确的培训学时、内容和要求，规范开展线上、线下培训，对完成规定学时和内容的学员进行结业考核，颁发培训合格证书。

（五）符合国家职业标准规定申报条件的学员，按照申报考核证明事项告知承诺制的有关要求，向评价机构诚实守信申报相关职业专业技术等级考核。培训机构应主动对接评价机构，协调做好学员申报考核有关服务保障工作。

（六）评价机构按照国家职业标准规定的申报条件审核确认报考名单，科学、客观、公正地组织专业技术等级考核，理论知识考核和专业能力考核成绩皆达60分（含）以上者为合格，考核合格者获得相应专业技术等级证书。

（七）评价机构按照全国统一的编码规则和证书样式，制作并颁发专业技术等级证书（或电子证书，可将社会保障卡作为电子证书的载体），谁评价、谁发证、谁负责。电子证书与纸质证书具有同等效力。

四、培训机构和评价机构的遴选

（一）坚持公开、公平、公正，对项目中的培训和评价实施目录清单管理，制定职业目录、培训机构目录、评价机构目录，目录向社会公开并动态调整。

（二）具备以下条件的独立法人机构，可向人力资源社会保障部门申请开展数字技术技能人员职业培训或评价工作：

1. 在中国境内依法登记具有培训资质的机构，建有规范的财务制度和管理制度，社会信用良好，无违法、失信、重大经济纠纷等不良记录。

2. 在拟开展培训或评价的职业（行业）领域具有较强的影响力、公信力、认可度，配有专职工作人员、稳定的师资队伍，配备相应的场地、设备和工具（软件）系统等实训场所、工作现场或线上平台，能开展线上、线下培训或考核。

3. 培训机构和评价机构一般应具有 5 年以上技术技能人员培训、考核经验，达到年培训、考核技术技能人员 2 000 人次以上的规模。

4. 自愿接受人力资源社会保障部门的监督。

（三）培训机构优先遴选国家级专业技术人员继续教育基地；评价机构优先遴选相关职业标准开发单位，逐步扩大到管理规范、运行正常、符合条件的行业组织、龙头企业。

（四）具备相关资质条件的社会机构自愿申请，经省级人力资源社会保障部门或行业主管部门人事部门推荐，由中国就业培训技术指导中心组织专家进行初评，初评结果经工程指导协调小组办公室审核后，报工程指导协调小组确定培训机构和评价机构目录。

（五）工程指导协调小组办公室将遴选确定的培训机构和评价机构面向社会公示 15 个工作日，对公示无异议的机构，在技能（技术）人才评价工作网（网址：www. osta. org. cn）和国家专业技术人才知识更新工程公共服务平台（网址：zsgx. mohrss. gov. cn）公布培训机构和评价机构目录。

（六）列入目录的培训机构和评价机构有效期限为 3 年，并在有效期限内按照以下要求具体实施：

1. 培训机构和评价机构应制定培训考核年度计划，年终进行总结，并将总结和年度计划报送工程指导协调小组办公室。

2. 培训机构应建设稳定的高水平师资队伍，加大经费投入，配套培训场地和软、硬件基础设施，开发利用线上培训平台，建立学员考勤、质量评估等制度，规范开展培训。

3. 评价机构应加强命题专家、考评员和质量督导员队伍建设，依托现有培训场地建设标准化考场和环境，开发利用线上考核平台，建设考核题库，建立考务管理、考核保密、证书管理等制度，客观、公正、严密组织考核，并在考核结束后 1 个月内将专业技术等级证书数据和考核有关情况统计表报属地省级人力资源社会保障厅（局）进行数据真实性、合规性审核归集后，通过信息报送渠道报中国就业培训技术指导中心初核，由工程指导协调小组办公室审核后上网。

4. 培训机构和评价机构应根据服务成本、市场需求和经济发展水平等因素合法合理确定收费标准，并向社会公开。国家级专业技术人员继续教育基地要突出公益性、示范性，按照弥补成本、以支定收的原则确定收费标准。鼓励地方、部门、用人单位和个人等多渠道给予经费支持。

5. 培训机构和评价机构应当妥善保管培训和评价工作全过程资料，纸质资料保管不少于 3 年，电子资料不少于 5 年，确保培训和评价的过程及结果可追溯、可倒查。

五、政策保障

各地人力资源社会保障部门要坚持以用为本，建立健全培养与使用、评价与激励相衔接的制度保障，将取得专业技术等级证书和职业技能等级证书人员信息纳入人才统计范围，兑现相关政策。

（一）参加数字技术工程师培育项目取得的相应学时记入《专业技术人员继续教育证书》，当年度全国有效。

（二）取得高级专业技术等级证书的，可作为申报高级职称评审的重要参考；取得中级、初级专业技术等级证书的，可纳入各地各部门中级、初级职称认定范围。具体职称认定或衔接办法由各地各部门结合实际自行研究制定。

（三）取得培训合格证书的，按照有关规定申领职业培训补贴。各地人力资源社会保障部门负责将培训机构目录、评价机构目录等信息纳入本地职业技能提升行动“两目录一系统”，制定完善职业培训补贴政策。

六、服务和监管

（一）中国就业培训技术指导中心依托技能（技术）人才评价工作网，向社会提供信息查询服务，内容包括培训机构、评价机构、有效期限、培训评价职业及等级范围、国家职业标准、专业技术等级证书等信息。

（二）人力资源社会保障部门会同有关部门采取“双随机、一公开”监管模式，通过调阅资料、现场检查等方式对培训机构、评价机构及其培训、评价活动进行抽查检查，探索建立以培训出勤率、考核通过率、就业创业成功率等为主要内容的评估机制，构建政府监管、机构自律、社会监督的监督体系。

（三）培训机构和评价机构不得发布虚假广告、发放“培训贷”、夸大培训效果（如包过、不过退费、包就业、包年薪等），不得在目录之外或转包、转让给其他机构开展相关培训评价活动，不得弄虚作假，严禁违规套取或冒领费用。有上述违规行为的，一经调查核实，则退出培训机构或评价机构目录，并交有关主管部门依法依规处理。

国家新闻出版署　人力资源社会保障部 国家广播电视总局　国家互联网信息办公室 关于印发《新闻专业技术人员继续教育暂行规定》的通知

国新出发〔2022〕8号

各省、自治区、直辖市新闻出版局、人力资源社会保障厅（局）、广播电视局、网信办，中央和国家机关各部委、各人民团体有关主管部门，中央军委政治工作部宣传局，中央各主要新闻单位：

现将《新闻专业技术人员继续教育暂行规定》印发给你们，请认真遵照执行。

国家新闻出版署
人力资源社会保障部
国家广播电视总局
国家互联网信息办公室
2022年4月25日

新闻专业技术人员继续教育暂行规定

第一章　总　　则

第一条　为进一步加强和规范新闻专业技术人员继续教育工作，不断提升新闻专业技术人员队伍素质，根据《干部教育培训工作条例》《专业技术人员继续教育规定》《新闻记者证管理办法》等，结合新闻工作实际，制定本规定。

第二条　在国家新闻出版、广播电视、网信主管部门批准设立的新闻单位从事新闻采编岗位工作，并持有新闻记者证的人员继续教育，适用本规定。

第三条　新闻专业技术人员继续教育工作坚持以习近平新时代中国特色社会主义思想为指导，牢牢把握党的新闻舆论工作职责使命，健全完善新闻专业技术人员教育培训机制，不断增强新闻专业技术人员脚力、眼力、脑力、笔力，培养造就一支政治坚定、业务精湛、作风优良、党和人民放心的新闻舆论工作队伍，为推动新时代党的新闻舆论工作提供人才保证和智力支持。

第四条 新闻专业技术人员继续教育工作遵循下列原则：

（一）服务大局，确保导向。紧紧围绕党的新闻舆论工作职责使命，深入开展马克思主义新闻观教育，把政治能力建设贯穿继续教育全过程，引导新闻专业技术人员始终坚持正确政治方向、舆论导向、价值取向，增强“四个意识”、坚定“四个自信”、做到“两个维护”。

（二）以人为本，按需施教。遵循新闻传播规律和人才成长规律，结合新闻专业技术人员岗位职责，加强职业道德教育，强化专业能力建设，引导新闻专业技术人员恪守职业操守、完善知识结构、全面提升岗位履职能力。

（三）改革创新，注重实效。创新方式方法，适应形势任务发展变化，建立健全继续教育培训内容更新机制，不断提高新闻专业技术人员继续教育的科学化水平，引导新闻专业技术人员运用所学知识指导实践、推动工作。

第五条 新闻专业技术人员享有参加继续教育的权利和接受继续教育的义务。新闻单位应当依照法律法规和国家有关规定，提取和使用职工教育经费，为本单位新闻专业技术人员参加继续教育提供保障和支持。新闻专业技术人员经所在单位同意，脱产或半脱产参加继续教育活动的，所在单位应当按照国家有关规定，保障工资、福利等待遇。

第二章 管理体制

第六条 新闻专业技术人员继续教育实行统筹规划、分级负责、分类指导的管理体制。

第七条 国家新闻出版署会同人力资源社会保障部负责对全国新闻专业技术人员继续教育工作进行综合管理和统筹协调，制定全国新闻专业技术人员继续教育政策，指导监督全国新闻专业技术人员继续教育工作的组织实施。

国家新闻出版署、广电总局、国家网信办根据职责分工，负责对本行业本领域新闻专业技术人员继续教育工作进行指导和监督。

第八条 各省级有关主管部门和人力资源社会保障部门，共同负责本地区新闻专业技术人员继续教育工作的综合管理和组织实施。

中央主要新闻单位经国家新闻出版主管部门批准后，可按要求自行组织新闻专业技术人员继续教育培训活动。

其他机关、企业、事业单位、社会团体等在各自职责范围内，依法做好本单位新闻专业技术人员继续教育的管理和实施工作。

第三章 内容与形式

第九条 新闻专业技术人员继续教育内容包括公需科目和专业科目。

公需科目包括新闻专业技术人员应当普遍掌握的政治理论、法律法规、职业道德等基本知识。专业科目包括新闻专业技术人员从事新闻工作必须具备并应当掌握的行业政策法规和新闻采访、媒体融合等专业知识，以及行业发展需要的新理论、新知识、新技术等。

国家新闻出版署、人力资源社会保障部统筹规划公需科目课程和教材建设，国家新闻出版署、广电总局、国家网信办会同人力资源社会保障部统筹规划本行业本领域继续教育专业科目课程和教材建设，定期发布继续教育公需科目指南、专业科目指南，对继续教育内容进行指导。

第十条 新闻专业技术人员可以选择参加继续教育的形式。具体形式有：

（一）参加省级以上有关主管部门、人力资源社会保障部门及其公布的继续教育机构组织的面授、网络等继续教育培训活动。

（二）参加国家教育行政主管部门承认的本科以上相关专业学历（学位）教育。

（三）承担省级以上有关主管部门或相关行业协会的新闻类研究课题，或承担国家级科研基金项目。

（四）在拥有国内统一连续出版物号、经国家新闻出版主管部门认定的学术期刊上发表新闻类或与工作相关的学术论文，公开出版与工作职责相关的学术著作、译著等。

（五）参加省级以上有关主管部门组织的新闻单位与高校互聘交流计划，担任高校有关课程（讲座）授课（报告）人。

（六）担任省级以上有关主管部门或相关行业协会组织的宣讲、巡讲，举办的培训班、学术会议、专题讲座等授课（报告）人。

（七）参加省级以上有关主管部门或相关行业协会组织的新闻类评比、竞赛等。

（八）参加省级以上有关主管部门组织的专项主题报道活动，所采写的作品（或提供的素材）在省级以上媒体主报、主屏、主频率或其所属新闻网站、新媒体平台首页首屏等刊播。

（九）参加所在单位或相关专业机构等组织的与本单位业务范围相关的专业类培训。

（十）省级以上有关主管部门、人力资源社会保障部门认可的其他继续教育形式。

第四章　学 时 管 理

第十一条 新闻专业技术人员参加继续教育的时间，每年累计应不少于 90 学时。其中，专业科目学时一般不少于总学时的三分之二。

新闻专业技术人员参加继续教育取得的学时，在全国范围内当年度有效，不得结转或顺延至下一年度。

第十二条 新闻专业技术人员参加本规定第十条规定形式的继续教育，其学时计算标准如下：

（一）参加省级以上有关主管部门、人力资源社会保障部门及其公布的继续教育机构组织的面授培训，每天按 8 学时计算。

（二）参加省级以上有关主管部门、人力资源社会保障部门组织的网络培训，按实际学时计算，每年最多 40 学时。

（三）参加国家教育行政主管部门承认的本科以上相关专业学历（学位）教育，获得学历（学位）当年度折算为 40 学时。

（四）独立承担省级以上有关主管部门或相关行业协会的新闻类研究课题，或独立承担国家级科研基金项目，课题结项的，当年度每项折算为 40 学时；与他人合作完成的，主持人每项折算为 30 学时，参与人每人每项折算为 10 学时。

（五）独立公开发表新闻类或与工作相关的学术论文，每篇折算为 10 学时；与他人合作发表的，每人每篇折算为5学时。每年最多折算为20学时。

（六）独立公开出版与工作职责相关的学术著作、译著等，每本折算为30学时；与他人合作出版的，第一作者每本折算为20学时，其他作者每人每本折算为10学时。每年最多折算为40学时。

（七）参加省级以上有关主管部门组织的新闻单位与高校互聘交流计划，担任高校有关课程（讲座）授课（报告）人，按实际授课（报告）时间的6倍计算学时。每年最多折算为50学时。

（八）担任省级以上有关主管部门或相关行业协会组织的宣讲、巡讲，举办的培训班、学术会议、专题讲座等授课（报告）人，按实际授课（报告）时间的6倍计算学时。每年最多折算为50学时。

（九）参加省级以上有关主管部门或相关行业协会组织的新闻类评比、竞赛等，获得优秀以上等次，获奖当年度每项折算为30学时，同一作品不累计计算。

（十）省级新闻单位新闻专业技术人员参加中央有关主管部门组织的专项主题报道活动，所采写的作品（或提供的素材）在中央媒体主报、主屏、主频率或其所属新闻网站、新媒体平台首页首屏等刊播，市级、县级新闻单位新闻专业技术人员参加省级以上有关主管部门组织的专项主题报道活动，所采写的作品（或提供的素材）在省级以上媒体主报、主屏、主频率或其所属新闻网站、新媒体平台首页首屏等刊播，每篇（条）折算为10学时。每年最多折算为20学时，同一作品不累计计算。

（十一）参加所在单位或相关专业机构等组织的与本单位业务范围相关的专业类培训，每年最多折算为30学时。

第十三条 新闻专业技术人员参加继续教育情况实行学时登记管理。学时登记实行分级负责、逐级审核，具体登记办法由国家新闻出版署、广电总局、国家网信办会同人力资源社会保障部分别制定。

省级有关主管部门每年将本地区新闻专业技术人员继续教育审核情况送同级人力资源社会保障部门备案。

第十四条 参加挂职锻炼或外派等重大专项工作的，由本单位出具证明，报省级有关主管部门备案，可视同参加继续教育；由于伤、病、孕等特殊原因无法在当年度完成继续教育学时的，由所在单位出具证明，可适当顺延完成。

第五章 继续教育机构

第十五条 国家新闻出版署、广电总局、国家网信办会同人力资源社会保障部指导加强新闻专业技术人员继续教育机构建设，推动构建分工明确、优势互补、布局合理、开放有序的继续教育培训体系。鼓励并引导行业协会、培训中心、高等院校等具备培训条件的单位参与新闻专业技术人员继续教育工作。

第十六条 继续教育机构每年须将培训方案、课程内容、授课师资等报当地有关主管部门审核。

第十七条 继续教育机构须具备与新闻专业技术人员继续教育相适应的教学设施、场所、师资队伍和管理力量，建立健全相应的组织机构和管理制度。

第十八条 继续教育机构应当认真组织实施新闻专业技术人员继续教育教学计划，严格执行有关学员、师资管理规定，严肃学习纪律，加强学风建设，根据考试考核结果如实出具新闻专业技术人员参加继续教育的证明。

第十九条 继续教育机构要突出政治引领，把提高政治觉悟、政治能力贯穿教学管理全过程，全面提升新闻专业技术人员政治素养、理论水平、思想作风和业务能力。

第二十条 建立继续教育师资库，建立健全符合新闻工作特点和新闻专业技术人员成长成才规律的师资动态管理机制。

第二十一条 各级有关主管部门、人力资源社会保障部门直接举办继续教育活动的，应当突出公益性，不得收取费用。

第二十二条 继续教育机构不得采取弄虚作假、欺诈等不正当手段招揽生源，不得以继续教育名义组织旅游或与培训无关的活动，不得以继续教育名义乱收费或只收费不培训，以及从事其他有关法律法规明令禁止的行为。

第六章 考核与监督

第二十三条 新闻单位应当建立本单位新闻专业技术人员继续教育与使用、晋升相衔接的激励机制，把新闻专业技术人员参加继续教育情况作为新闻专业技术人员考核评价、岗位聘用的重要依据。

第二十四条 新闻专业技术人员参加继续教育情况，应当作为聘任专业技术职务或者申报评定职称，以及新闻记者证年度核验、换发的重要条件。

第二十五条 省级以上有关主管部门、人力资源社会保障部门应当对新闻专业技术人员继续教育机构、新闻单位执行本规定的情况进行监督检查。

第二十六条 省级以上有关主管部门、人力资源社会保障部门应当定期组织或委托第三方评估机构对本地区新闻专业技术人员继续教育机构进行教学质量评估，评估结果作为评价继续教育机构办学质量的重要标准和承担下一年度继续教育任务的重要依据。

第二十七条 新闻单位违反本规定的，由省级以上有关主管部门责令改正。

第二十八条 新闻专业技术人员无正当理由不参加继续教育或者在学习培训期间违反学习纪律和管理制度的，所在单位可视情给予批评教育、不予报销或者要求退还培训费用等。

第二十九条 继续教育机构违反本规定的，由省级以上有关主管部门责令改正，并依法依规进行处理。

第七章 附　　则

第三十条 中国人民解放军和中国人民武装警察部队所属新闻单位新闻专业技术人员继续教育工作，参照本规定执行。

第三十一条 本规定由国家新闻出版署负责解释。

第三十二条 本规定自 2023 年 1 月 1 日起施行。

（五）职称管理与职称制度改革

1. 职称管理

人力资源社会保障部办公厅关于在部分职称系列设置正高级职称有关问题的通知

人社厅发〔2017〕139号

各省、自治区、直辖市及新疆生产建设兵团人力资源社会保障厅（局），中央和国家机关各部委、各直属机构人事部门，中央管理的企业：

为进一步健全职称层级，拓展专业技术人才职业发展空间，最大限度释放和激发专业技术人才创新创造创业活力，根据《关于深化职称制度改革的意见》（中办发〔2016〕77号）要求，经研究决定，目前未设置正高级职称的职称系列均设置到正高级。现将有关事宜通知如下：

一、系列和名称

（一）增设正高级的职称系列和正高级名称分别为：工程系列增设正高级工程师，经济系列增设正高级经济师，会计系列增设正高级会计师（其中审计专业为正高级审计师），统计系列增设正高级统计师，技工院校教师系列增设正高级讲师、正高级实习指导教师，中等专业学校教师系列增设正高级讲师，工艺美术系列增设正高级工艺美术师，艺术系列增设高级舞台技师（副高级为主任舞台技师），实验技术系列增设正高级实验师，船舶系列增设正高级船长、正高级轮机长、正高级船舶电子员、正高级引航员，民用航空飞行系列增设正高级飞行员、正高级领航员、正高级飞行通信员、正高级飞行机械员。农业系列继续开展农业技术推广研究员职称评审工作，可设置农业、林业相关专业。其他系列个别专业未设置到正高级职称的，在分类推进各系列职称制度改革时进一步完善。

（二）在实行岗位管理的事业单位，增设的正高级职称对应专业技术岗位一至四级。各系列高级、中级、初级岗位之间的比例，以及高级、中级、初级岗位内部各等级的结构比例，按照国家关于事业单位岗位设置管理及各行业事业单位岗位设置指导意见的相关规定执行。

二、基本标准条件

（三）申报评审正高级职称的人员必须遵守中华人民共和国宪法和法律，具有良好的职业道德和敬业精神，具备正常履行岗位职责必需的身体条件和心理素质。还应同时具备以下条件：

1. 具有系统、扎实的专业理论和实践功底，科研水平、学术造诣或科学实践能力强，全面掌握本专业国内外前沿发展动态，取得重大理论研究成果和关键技术突破，或取得其他创造性研究成果，推动了本专业的发展。

2. 长期从事本专业工作，工作业绩突出，能够主持完成本专业领域重大项目，能够解决重大疑难问题或掌握关键技术，取得了显著的经济效益和社会效益。

3. 在本专业领域具有较高的知名度和影响力，在指导、培养中青年学术技术骨干方面做出突出贡献，发挥了较强的引领和示范作用。

4. 一般应具有大学本科及以上学历，取得本系列相应专业副高级职称，在副高级岗位上从事相关工作5年及以上。

5. 国家对职业准入有明确要求的，还应具备相应的职业资格。

（四）正高级职称评价标准实行国家标准、地区标准和单位标准相结合。各省、自治区、直辖市及新疆生产建设兵团（以下简称各省），中央和国家机关有关部门、中央管理的企业（以下简称中央有关部门和单位）可按照职称制度改革的要求，结合本地区本行业实际情况，制定不低于基本标准条件的具体评价标准。

三、评审组织

（五）各省、中央有关部门和单位负责组建正高级职称评审委员会，评审相应系列正高级职称。中央有关部门和单位组建的正高级职称评审委员会报人力资源社会保障部核准备案。各地以及实行自主评审的单位经授权组建的正高级职称评审委员会报省级人力资源社会保障部门核准备案。备案有效期按照国家有关规定执行，备案情况定期向社会公示。未经核准备案，不得自行开展正高级职称评审工作。

（六）正高级职称评审委员会委员由本专业或相近专业高水平专家组成，一般应具有正高级职称。首次评审可以吸纳高校、科研机构、大型企业、行业协会学会等相邻或相近专业具有正高级职称的专家或本专业领域业内公认、业绩突出的资深专家担任评审委员会委员。

（七）创新正高级职称评审方式，建立以同行专家评审为基础的业内评价机制。可采用个人述职、成果展示、面试答辩、实践操作、综合评议、业绩考察等多种形式，提高正高级职称评审的针对性和科学性。

（八）正高级职称评审委员会应坚持以品德、能力、业绩为导向，严格掌握标准条件，确保评审质量，切实发挥正高级职称评审的导向作用。

（九）省级人力资源社会保障部门、中央有关部门和单位要对本地区、本单位正高级职称数量进行宏观调控。全面实行岗位管理的事业单位，一般应在岗位结构比例内开展评审。其他单位也要坚持质量第一、宁缺毋滥，严格评审标准，进行适当的比例控制，统筹考虑高层次人才队伍建设的长远规划。

（十）本通知实施前自行试点评审的正高级职称，要按照通知要求通过一定程序进行确认，具体衔接办法由各省、中央有关部门和单位另行制定。

四、监督管理

（十一）加强正高级职称评审工作的事中事后监管，充分发挥广大专业技术人才的监督作用。建立职称评审公开制度，实行政策公开、标准公开、程序公开、结果公开，正高级职称的评审办法、具体评价标准在正高级职称评审委员会备案时一并上报，并向社会公开或在本单位内部公开。

（十二）正高级职称评审委员会应按照评审权限开展工作，不得擅自扩大评审范围。各级人力资源社会保障部门要加强对评审过程的监督管理，建立随机抽查、巡查制度，对违反评审工作纪律，不能保证评审质量的评委会，视情节停止该评委会的工作，直至收回评审权，并追究相关责任人的责任。

（十三）探索建立职称申报评审诚信档案和失信黑名单制度，纳入信用信息共享平台。完善诚信承诺和失信惩戒机制，实行学术造假“一票否决制”，对通过弄虚作假、暗箱操作等违纪违规行为取得的正高级职称，一律予以撤销。

增设正高级职称是深化职称制度改革的重要举措，涉及面广，政策性强，各省、中央有关部门和单位要高度重视，加强领导，精心组织。坚持分类推进、试点先行、稳步实施，抓紧制定各系列实施方案，科学制定评价标准，做好衔接过渡，妥善处理改革过程中遇到的矛盾和问题。要加强舆论引导，搞好政策解读，引导广大专业技术人才正确对待和积极参与改革工作。

本通知自发布之日起施行。执行中遇到的重大问题和意见建议，要及时报告人力资源社会保障部。

人力资源社会保障部办公厅

2017 年 11 月 1 日

人力资源社会保障部关于在工程技术领域实现高技能人才与工程技术人才职业发展贯通的意见（试行）

人社部发〔2018〕74号

各省、自治区、直辖市及新疆生产建设兵团人力资源社会保障厅（局），国务院各部委、各直属机构人事劳动保障工作机构，中央企业等人事劳动保障工作机构：

为拓宽人才发展空间，促进人才合理流动，提高技术技能人才待遇和地位，根据党中央、国务院《新时期产业工人队伍建设改革方案》《关于深化职称制度改革的意见》等有关要求，现就在工程技术领域实现高技能人才与工程技术人才职业发展贯通提出如下意见。

一、总体要求

（一）指导思想

全面贯彻党的十九大和十九届二中、三中全会精神，坚持以习近平新时代中国特色社会主义思想为指导，牢固树立和贯彻落实新发展理念，深入实施人才强国战略，坚决破除束缚人才发展的思想观念和体制机制障碍，最大限度激发各类人才创新创造创业活力，努力形成人人渴望成才、人人努力成才、人人皆可成才、人人尽展其才的良好局面，加快建设知识型、技能型、创新型劳动者大军，为实现“两个一百年”奋斗目标和中华民族伟大复兴中国梦提供坚实人才保障。

（二）基本原则

1. 坚持遵循规律。适应人才融合发展趋势，遵循社会主义市场经济规律和人才成长规律，建立高技能人才与专业技术人才职业发展通道，促进两类人才深度融合。

2. 坚持问题导向。针对束缚人才发展的思想观念和体制机制问题，打破职业技能评价与专业技术职称评审界限，改变人才发展独木桥、天花板现象，搭建人才成长立交桥。

3. 坚持科学评价。破除身份、学历、资历等障碍，突出品德、能力、业绩评价导向，建立体现两类人才特点的评价机制，让各类人才价值得到充分尊重和体现。两类人才贯通条件大体平衡，适当向高技能人才倾斜。

4. 坚持以用为本。围绕用好用活两类人才，发挥用人主体作用，建立评价与培养使用激励相联系的机制，营造有利于人才成长和发挥作用的制度环境。

二、主要内容

（一）支持工程技术领域高技能人才参评工程系列专业技术职称

1. 明确参评范围。参加工程系列专业技术职称评审的高技能人才，应为在工程技术领域生产一线岗位，从事技术技能工作，具有高超技艺和精湛技能，能够进行创造性劳动，并作出贡献的技能劳动者。

2. 严格评审条件。高技能人才参加工程系列专业技术职称评审应具备以下基本条件：符合国家规定的工程技术人才职称评价基本标准条件；遵守单位规章制度和生产操作规程；具有高级工以上职业资格或职业技能等级，在现工作岗位上近3年年度考核合格。

技工院校中级工班、高级工班、预备技师（技师）班毕业，可分别按相当于中专、大专、本科学历申报评审相应专业职称。

获得高级工职业资格或职业技能等级后从事技术技能工作满2年，可申报评审相应专业助理工程师；获得技师职业资格或职业技能等级后从事技术技能工作满3年，可申报评审相应专业工程师；获得高级技师职业资格或职业技能等级后从事技术技能工作满4年，可申报评审相应专业高级工程师。

3. 突出高技能人才工作特点。高技能人才职称评审应充分体现其职业特点，坚持把职业道德放在评审的首位，引导技能人才爱岗敬业，弘扬工匠精神。要以职业能力和工作业绩评定为重点，注重评价高技能人才执行操作规程、解决生产难题、完成工作任务、参与技术改造革新、传技带徒等方面的能力和贡献，把技能技艺、工作实绩、生产效率、产品质量、技术和专利发明、科研成果、技能竞赛成绩等作为评价条件。改变唯身份、唯论文等倾向，不得将身份、论文等作为高技能人才职称评审的限制性条件。要通过职称评审，评价选拔一批技能精湛、专业知识扎实的工程技术人才，鼓励和支持他们在更宽广的领域钻研业务，解决工程技术难题，促进工程理论知识与技术技能的深度融合。

4. 注重向高技能领军人才倾斜。对长期坚守生产一线且在工程技术岗位从事技术技能工作、具有高超技艺技能和一流业绩水平、为经济发展和国家重大战略实施作出突出贡献的高技能人才，包括获得中华技能大奖、全国技术能手等荣誉，担任国家级技能大师工作室负责人，享受省级以上政府特殊津贴，或各省（自治区、直辖市）人民政府认定的高技能领军人才，可破格申报专业技术职称评审。

（二）鼓励专业技术人才参加职业技能评价

1. 首次参加职业技能评价（含职业技能鉴定和职业技能等级认定，下同）。专业技术人才在技能岗位工作，可按有关规定申请参加与现岗位相对应职业（工种）的职业技能评价。取得助理工程师、工程师、高级工程师职称，其累计工作年限达到申报条件的，可分别申请参加与现岗位相对应职业（工种）的高级工、技师、高级技师职业技能评价，合格后取得相应职业资格证书或职业技能等级证书。

2. 参加晋级评价。专业技术人才在取得现从事职业（工种）职业资格或职业技能等级1年后，可按累计工作年限申报现从事职业（工种）晋级评价。助理工程师在取得现从事职业（工种）高级工1年后，其累计工作年限达到技师申报条件的，可申报技师考评；工程师在取得现从事职业（工种）技师1年后，其累计工作年限达到高级技师申报条件的，可申报高级技师考评。

3. 注重技能考核。对参加职业技能评价的专业技术人才，应注重技能考核。对具有所申报职业（专业）或相关职业（专业）毕业证书的，可免于理论知识考试。

（三）建立评价与培养使用激励相联系的工作机制

落实中共中央办公厅、国务院办公厅《关于提高技术工人待遇的意见》要求，鼓励用人单位对在聘的高级工、技师、高级技师在学习进修、岗位聘任、职务职级晋升等方面，比照相应层级工程技术人员享受同等待遇。

三、组织实施

在工程技术领域实现高技能人才与工程技术人才职业发展贯通，促进技能人才与专业技术人才融合发展，是贯彻落实党中央、国务院人才强国战略部署的重要举措，各级人力资源社会保障部门要加强统筹管理，各部门和各有关单位要高度重视，加强领导，精心组织。要健全完善制度，制定具体实施方案，对评价条件、评价程序、评价办法和配套政策等作出具体规定。要严格评价标准，规范评价程序，不得随意降低评价标准条件，不得擅自扩大评价范围。要坚持试点先行，及时总结经验，逐步推开。要完善监管机制，加强指导监督，及时妥善处理工作中遇到的各种新情况新问题。要加强舆论引导，搞好政策解读，引导广大技能人才和专业技术人才积极参与和支持贯通工作，促进人才流动和发展。

人力资源社会保障部

2018 年 11 月 25 日

人力资源社会保障部办公厅关于做好水平评价类技能人员职业资格退出目录有关工作的通知

人社厅发〔2020〕80号

各省、自治区、直辖市及新疆生产建设兵团人力资源社会保障厅（局），国务院有关部门、有关行业组织人事劳动保障工作机构，中央军委政治工作部兵员和文职人员局：

2019年12月，国务院常务会议决定分步取消水平评价类技能人员职业资格，推行社会化职业技能等级认定。为贯彻落实国务院常务会议精神，统筹推进疫情防控和经济社会发展，促进就业创业，现就做好水平评价类技能人员职业资格退出国家职业资格目录有关工作通知如下：

一、要深刻理解和领会取消水平评价类技能人员职业资格、推行社会化职业技能等级认定的重要意义。将技能人员水平评价由政府认定改为实行社会化等级认定，接受市场和社会认可与检验，这是推动政府职能转变、形成以市场为导向的技能人才培养使用机制的一场革命，有利于破除对技能人才成长和弘扬工匠精神的制约，促进产业升级和高质量发展。各级人力资源社会保障部门和有关部门、行业组织要从加强技能人才培养、使用、评价、激励工作大局出发，稳妥有序推进技能人才评价制度改革，将水平评价类技能人员职业资格分批有序退出目录，不再由政府或其授权的单位认定发证，转为社会化等级认定，由用人单位和相关社会组织按照职业标准或评价规范开展职业技能等级认定、颁发职业技能等级证书，支持服务技能人才队伍建设。

二、今年年底前，拟分批将水平评价类技能人员职业资格退出目录。人力资源社会保障部门和有关部门组织实施的14项职业资格（涉及29个职业）拟于9月30日前第一批退出。其他部门（单位）组织实施的66项职业资格（涉及156个职业）拟于12月31日前第二批退出。与公共安全、人身健康、生命财产安全等密切相关的职业（工种）拟依法调整为准入类职业资格。上述有关工作请于今年年底前完成（具体安排详见附件）。

三、妥善处理水平评价类技能人员职业资格退出目录的有关后续工作。对已发布鉴定考试公告或已受理鉴定考试报名的，可以根据考生意愿，继续做好鉴定考试工作，或者退回有关费用。对已组织完成鉴定考试的，要做好职业资格证书发放等工作。对按技能人才职业资格证书培养计划招生的职业院校（含技工院校），或企业招收的企业新型学徒，要支持其执行培养培训计划，保证政策不断线，帮助学生（学员）毕结业时能够取得相应职业资格证书或职业技能等级证书。

四、加强职业资格证书管理。要规范实施职业技能鉴定，保证鉴定质量，严格职业资格证书发放，严禁违规、突击发放证书。退出目录前已发放的职业资格证书继续有效，可作为持证者职业能力水平的证明。

五、做好职业技能等级认定工作。要认真总结职业技能等级认定试点工作，大力推行职业技能等级认定。要推动各类企业等用人单位全面开展技能人才自主评价，遴选发布社会培训评价组织并指导其按规定开展职业技能等级认定，颁发职业技能等级证书，支持劳动者实现技能提升。

六、对与公共安全、人身健康、生命财产安全等密切相关的水平评价类技能人员职业资格，有关单位要抓紧配合做好相关法律法规制定修订工作，依法将其调整为准入类职业资格。人力资源社会保障部门职业技能鉴定中心要加快职能转变，加强职业技能等级认定工作的质量监管，做好公共服务。有关单位职业技能鉴定中心可结合实际探索向社会培训评价组织转型。

附件：水平评价类技能人员职业资格退出目录安排

人力资源社会保障部办公厅

2020 年 7 月 20 日

附件

水平评价类技能人员职业资格退出目录安排

（水平评价类 76 项）

序号	职业资格名称		实施部门（单位）	批次
1	机械设备修理人员	设备点检员	中国钢铁工业协会	2
		电工	应急管理部、人力资源社会保障部	
		锅炉设备检修工、变电设备检修工	中国电力企业联合会	
		工程机械维修工	中国机械工业联合会	
2	通用工程机械操作人员	起重装卸机械操作工	交通运输部、人力资源社会保障部	2
3	建筑安装施工人员	电梯安装维修工、制冷空调系统安装维修工	人力资源社会保障部	1
4	土木工程建筑施工人员	筑路工、桥隧工	交通运输部、住房和城乡建设部	2
		防水工	住房和城乡建设部、人力资源社会保障部	
		电力电缆安装运维工	中国电力企业联合会	
5	房屋建筑施工人员	砌筑工、混凝土工、钢筋工、架子工	住房和城乡建设部、人力资源社会保障部	2
6	水生产、输排和水处理人员	水生产处理工	中国石油和化学工业联合会、中国电力企业联合会、住房和城乡建设部	2
		工业废水处理工	中国石油和化学工业联合会	
7	气体生产、处理和输送人员	工业气体生产工	中国石油和化学工业联合会	2
		工业废气治理工	中国石油和化学工业联合会、中国电力企业联合会	
		压缩机操作工	中国石油和化学工业联合会、中国煤炭工业协会	
8	电力、热力生产和供应人员	锅炉运行值班员、发电集控值班员、变配电运行值班员、继电保护员、燃气轮机值班员	中国电力企业联合会	2
		锅炉操作工	人力资源社会保障部	1

续表

序号	职业资格名称		实施部门（单位）	批次
9	仪器仪表装配人员	钟表及计时仪器制造工	中国轻工业联合会	2
10	电子设备装配调试人员	广电和通信设备电子装接工、广电和通信设备调试工	工业和信息化部	2
11	计算机制造人员	计算机及外部设备装配调试员	工业和信息化部	2
12	电子器件制造人员	液晶显示器件制造工、半导体芯片制造工、半导体分立器件和集成电路装调工	工业和信息化部	2
13	电子元件制造人员	电子产品制版工、印制电路制作工	工业和信息化部	2
14	电线电缆、光纤光缆及电工器材制造人员	电线电缆制造工	中国机械工业联合会	2
15	输配电及控制设备制造人员	变压器互感器制造工、高低压电器及成套设备装配工	中国机械工业联合会	2
16	汽车整车制造人员	汽车装调工	中国机械工业联合会	2
17	医疗器械制品和康复辅具生产人员	矫形器装配工、假肢装配工	民政部	2
18	金属加工机械制造人员	机床装调维修工	人力资源社会保障部	1
19	工装工具制造加工人员	模具工	人力资源社会保障部	1
20	机械热加工人员	铸造工、锻造工、金属热处理工	人力资源社会保障部	1
21	机械冷加工人员	车工、铣工、钳工、磨工、冲压工	人力资源社会保障部	1
		电切削工	中国机械工业联合会、人力资源社会保障部	2
22	硬质合金生产人员	硬质合金成型工、硬质合金烧结工、硬质合金精加工工	中国有色金属工业协会	2
23	金属轧制人员	轧制原料工、金属轧制工、金属材热处理工、金属材精整工	中国钢铁工业协会、中国有色金属工业协会	2
		金属挤压工、铸轧工	中国有色金属工业协会	

续表

序号	职业资格名称		实施部门（单位）	批次
24	轻有色金属冶炼人员	氧化铝制取工、铝电解工	中国有色金属工业协会	2
25	重有色金属冶炼人员	重冶火法冶炼工、电解精炼工、重冶湿法冶炼工	中国有色金属工业协会	2
26	炼钢人员	炼钢原料工、炼钢工	中国钢铁工业协会	2
27	炼铁人员	高炉原料工、高炉炼铁工、高炉运转工	中国钢铁工业协会	2
28	矿物采选人员	井下支护工、矿山救护工	中国有色金属工业协会、中国煤炭工业协会、中国钢铁工业协会	2
29	陶瓷制品制造人员	陶瓷原料准备工、陶瓷烧成工、陶瓷装饰工	中国轻工业联合会、中国建筑材料联合会	2
30	玻璃纤维及玻璃纤维增强塑料制品制造人员	玻璃纤维及制品工、玻璃钢制品工	中国建筑材料联合会	2
31	水泥、石灰、石膏及其制品制造人员	水泥生产工、石膏制品生产工、水泥混凝土制品工	中国建筑材料联合会	2
32	药物制剂人员	药物制剂工	国家中医药管理局	2
33	中药饮片加工人员	中药炮制工	国家中医药管理局	2
34	涂料、油墨、颜料及类似产品制造人员	涂料生产工、染料生产工	中国石油和化学工业联合会	2
35	农药生产人员	农药生产工	中国石油和化学工业联合会	2
36	化学肥料生产人员	合成氨生产工、尿素生产工	中国石油和化学工业联合会	2
37	基础化学原料制造人员	硫酸生产工、硝酸生产工、纯碱生产工、烧碱生产工、无机化学反应生产工、有机合成工	中国石油和化学工业联合会	2
38	化工产品生产通用工艺人员	化工总控工、防腐蚀工	中国石油和化学工业联合会	2
		制冷工	人力资源社会保障部	1
39	炼焦人员	炼焦煤制备工、炼焦工	中国煤炭工业协会、中国钢铁工业协会	2
40	工艺美术品制作人员	景泰蓝制作工	中国轻工业联合会	2
41	木制品制造人员	手工木工	住房和城乡建设部、人力资源社会保障部	2

续表

序号	职业资格名称		实施部门（单位）	批次
42	纺织品和服装剪裁缝纫人员	服装制版师	中国纺织工业联合会	2
43	印染人员	印染前处理工、印花工、印染后整理工、印染染化料配制工、纺织染色工	中国纺织工业联合会	2
44	织造人员	整经工、织布工	中国纺织工业联合会	2
45	纺纱人员	纺纱工、缫丝工	中国纺织工业联合会	2
46	纤维预处理人员	纺织纤维梳理工、并条工	中国纺织工业联合会	2
47	酒、饮料及精制茶制造人员	酿酒师、品酒师、酒精酿造工、白酒酿造工、啤酒酿造工、黄酒酿造工、果露酒酿造工	中国轻工业联合会	2
		评茶员	中华全国供销合作总社、人力资源社会保障部	
48	乳制品加工人员	乳品评鉴师	中国轻工业联合会	2
49	粮油加工人员	制米工、制粉工、制油工	国家粮食和物资储备局	2
50	动植物疫病防治人员	农作物植保员、动物疫病防治员、动物检疫检验员、水生物病害防治员	农业农村部	2
		林业有害生物防治员	国家林业和草原局	
51	农业生产服务人员	农机修理工、沼气工、农业技术员	农业农村部	2
52	康复矫正服务人员	助听器验配师、口腔修复体制作工	国家卫生健康委员会	2
		眼镜验光员、眼镜定配工	人力资源社会保障部	1
53	健康咨询服务人员	健康管理师、生殖健康咨询师	国家卫生健康委员会	2
54	计算机和办公设备维修人员	信息通信网络终端维修员	工业和信息化部	2
55	汽车摩托车修理技术服务人员	汽车维修工	交通运输部、人力资源社会保障部	1

续表

序号	职业资格名称		实施部门（单位）	批次
56	保健服务人员	保健调理师	国家中医药管理局	2
57	美容美发服务人员	美容师、美发师	人力资源社会保障部	1
58	生活照料服务人员	孤残儿童护理员	民政部	2
		育婴员、保育员	人力资源和社会保障部	1
59	有害生物防制人员	有害生物防制员	国家卫生健康委员会、人力资源社会保障部	2
60	环境治理服务人员	工业固体废物处理处置工	中国石油和化学工业联合会	2
61	水文服务人员	水文勘测工	水利部	2
62	水利设施管养人员	河道修防工、水工闸门运行工、水工监测工	水利部	2
63	地质勘查人员	地勘钻探工、地质调查员、地勘掘进工、地质实验员、物探工	自然资源部	2
64	检验、检测和计量服务人员	农产品食品检验员	农业农村部、国家粮食和物资储备局	2
		纤维检验员	中华全国供销合作总社	
		贵金属首饰与宝玉石检测员	中国轻工业联合会、自然资源部	
		机动车检测工	中国机械工业联合会、交通运输部	
65	测绘服务人员	大地测量员、摄影测量员、地图绘制员、不动产测绘员	自然资源部	2
		工程测量员	自然资源部、交通运输部	
66	安全保护服务人员	保安员	公安部、人力资源社会保障部	拟依照法定程序调整为准入类职业资格
		安检员	中国民用航空局、人力资源社会保障部	拟依照法定程序调整为准入类职业资格
		智能楼宇管理员	住房和城乡建设部、人力资源社会保障部	2
		安全评价师	人力资源社会保障部	1
67	人力资源服务人员	劳动关系协调员、企业人力资源管理师	人力资源社会保障部	1

续表

序号	职业资格名称		实施部门（单位）	批次
68	物业管理服务人员	中央空调系统运行操作员	住房和城乡建设部、人力资源社会保障部	2
69	信息通信网络运行管理人员	信息通信网络运行管理员	工业和信息化部	2
70	广播电视传输服务人员	广播电视天线工、有线广播电视机线员	国家广播电视总局	2
71	信息通信网络维护人员	信息通信网络机务员、信息通信网络线务员	工业和信息化部	2
72	餐饮服务人员	中式烹调师、中式面点师、西式烹调师、西式面点师、茶艺师	人力资源社会保障部	1
73	仓储人员	（粮油）仓储管理员	国家粮食和物资储备局	2
74	航空运输服务人员	民航乘务员、机场运行指挥员	中国民用航空局	拟依照法定程序调整为准入类职业资格
75	道路运输服务人员	机动车驾驶教练员	交通运输部	2
76	消防和应急救援人员	消防员、应急救援员	应急管理部	拟依照法定程序调整为准入类职业资格
		森林消防员	应急管理部、国家林业和草原局	

人力资源社会保障部关于进一步加强高技能人才与专业技术人才职业发展贯通的实施意见

人社部发〔2020〕96号

各省、自治区、直辖市及新疆生产建设兵团人力资源社会保障厅（局），中央和国家机关各部委、各直属机构人事部门，各中央企业人事部门：

为打通高技能人才与专业技术人才职业发展通道，加强创新型、应用型、技能型人才培养，在总结工程技术领域试点工作基础上，现就进一步加强高技能人才与专业技术人才职业发展贯通提出如下实施意见。

一、总体要求

（一）指导思想

以习近平新时代中国特色社会主义思想为指导，全面贯彻党的十九大和十九届二中、三中、四中、五中全会精神，牢固树立新发展理念，破除束缚人才发展的体制机制障碍，大力弘扬劳模精神、劳动精神、工匠精神，探索建立理论与实践相结合、技术与技能相促进的人才评价使用激励机制，激发高技能人才创新活力，为实施制造强国战略和推动高质量发展提供有力人才支撑。

（二）基本原则

1. 坚持突出重点。适应技术技能人才融合发展趋势，以高技能人才为重点，打破专业技术职称评审与职业技能评价界限，创新技术技能导向的评价机制，拓宽技术技能人才发展通道，促进两类人才融合发展。

2. 坚持问题导向。聚焦人才职业发展中“独木桥”“天花板”问题，推进职称制度与职业资格、职业技能等级制度有效衔接，支持高技能人才参加职称评审和职业资格考试，鼓励专业技术人才参加职业技能评价，搭建两类人才成长立交桥。

3. 坚持科学评价。进一步破除唯论文、唯学历、唯资历、唯奖项倾向，强化技术技能贡献，突出工作业绩，保持两类人才评价标准大体平衡，适当向高技能人才倾斜，让各类人才价值得到充分尊重和体现。

4. 坚持以用为本。立足实际工作岗位需要，充分发挥用人单位主体作用，促进人才评价与培养使用激励等措施相互衔接，着力提高技能人才待遇水平，营造有利于人才成长和发挥作用的制度环境。

二、主要措施

（一）扩大贯通领域

以支持高技能人才参加工程系列职称评审为工作重点，将贯通领域扩大为工程、农业、工艺美术、文物博物、实验技术、艺术、体育、技工院校教师等职称系列。支持高技能人才取得经济、会计、统计、审计、翻译、出版、通信、计算机技术与软件等专业技术人员职业资格。各地区、各有关部门可在职业分类基础上，根据实际情况研究制定新兴职业、新兴领域贯通办法，明确高技能人才参加职称评审的专业对应关系。

（二）完善高技能人才职称评价标准

1. 淡化学历要求。对两类人才贯通的职称系列，具备高级工以上职业资格或职业技能等级的技能人才，均可参加职称评审，不将学历、论文、外语、计算机等作为高技能人才参加职称评审的限制性条件。按照国家有关规定取得高级工职业资格或职业技能等级后从事技术技能工作满 2 年，可申报评审相应专业助理级职称；取得技师职业资格或职业技能等级后从事技术技能工作满 3 年，可申报评审相应专业中级职称；取得高级技师职业资格或职业技能等级后从事技术技能工作满 4 年，可申报评审相应专业副高级职称。高技能人才参加职称评审应在现工作岗位上近 3 年年度考核合格。

2. 强化技能贡献。高技能人才参加职称评审突出职业能力和工作业绩，注重评价科技成果转化应用、执行操作规程、解决生产难题、参与技术改造革新、工艺改进、传技带徒等方面的能力和贡献。技能竞赛获奖情况、行业工法、操作法、完成项目、技术报告、经验总结、行业标准等创新性成果均可作为职称评审的重要内容。

3. 建立绿色通道。对为国家经济发展和重大战略实施作出突出贡献，具有绝招、绝技、绝活，并长期坚守在生产服务一线岗位工作的高技能领军人才，采取特殊评价办法，建立职称评审绿色通道。获得中华技能大奖、全国技术能手，担任国家级技能大师工作室带头人，享受省级以上政府特殊津贴的高技能人才，或各省（区、市）人民政府认定的“高精尖缺”高技能人才，可直接申报评审正高级或副高级职称。各地区、各有关单位可结合实际情况制定具体办法。

（三）创新高技能人才职称评价机制

综合采用理论知识考试、技能操作考核、业绩评审、面试答辩、竞赛选拔等多种方式评价高技能人才。支持有条件的地区和单位对高技能人才单独分组、单独评审。支持高技能人才密集、技术实力较强、内部管理规范的规模以上企业自主开展高技能人才职称评审。积极吸纳优秀高技能人才参加相关职称评审委员会、专家库，参与制定评价标准。

（四）鼓励专业技术人才参加职业技能评价

符合职业技能评价条件的专业技术人才，可按有关规定申请参加相应职业（工种）的职业技能评价。专业技术人才取得助理级、中级、副高级职称，累计工作年限达到申报条件的，可分别申请参加与现岗位相对应职业（工种）的高级工、技师、高级技师职业技能评价。取得职业资格或职业技能等级 1 年后，可按累计工作年限申报相应职业（工种）晋级评价。专业技术人才参加职业技能评价，注重操作技能考核。具有所申报职业相关专业毕业证书的，可免于理论知识考试。具有相应职业（工种）技能等级水平的优秀人才可直接申报该职业（工种）的职业技能等级评价。用人单位可根据国家职业技能标准和行业企业评价规范，结合本单位实际，制定本单位专业技术人才参加职业技能评价的标准条件。

（五）加强评价制度与用人制度衔接

高技能人才依据技术技能水平自愿参加职称评审，鼓励取得职称的高技能人才坚守在生产服务一线。探索建立企业内部技能岗位等级与管理、技术岗位序列相互比照，专业技术岗位、经营管理岗位、技能岗位互相衔接机制。各类企业对在聘的高级工、技师、高级技师在学习进修、岗位聘任、职务职级晋升、评优评奖、科研项目申报等方面，比照相应层级专业技术人员享受同等待遇。鼓励用人单位研究制定高技能领军人才职业发展规划，实行高技能领军人才年薪制、股权期权激励，设立高技能领军人才特聘岗位津贴、带徒津贴等，按实际贡献给予高技能人才绩效奖励，切实提高高技能人才待遇水平。

三、有关要求

（一）加强组织领导。建立高技能人才与专业技术人才职业发展通道是提高技能人才待遇和地位的重要举措，是进一步巩固党的执政基础的重要举措。各级人力资源社会保障部门要高度重视，加强领导，聚焦关键问题，形成工作合力，结合实际抓好高技能人才职称评审工作。

（二）强化监督指导。各级人力资源社会保障部门要把两类人才职业发展贯通作为加强高技能人才队伍建设的重要任务来抓，采取切实管用的措施，加大工作力度，指导各地、各有关单位有序开展工作，确保各项政策措施取得实效。

（三）加强宣传引导。各地区、各有关单位要加强宣传引导，做好政策解读，提高用人单位积极性，引导两类人才积极参与。大力宣传两类人才贯通的典型经验，强化引领和示范作用，营造良好氛围。

本意见自印发之日起施行。

人力资源社会保障部

2020 年 12 月 28 日

2. 职称制度改革

关于深化职称制度改革的意见

职称是专业技术人才学术技术水平和专业能力的主要标志。职称制度是专业技术人才评价和管理的基本制度，对于党和政府团结凝聚专业技术人才，激励专业技术人才职业发展，加强专业技术人才队伍建设具有重要意义。按照党中央关于深化人才发展体制机制改革的部署，现就深化职称制度改革提出以下意见。

一、总体要求

（一）指导思想。高举中国特色社会主义伟大旗帜，全面贯彻党的十八大和十八届三中、四中、五中、六中全会精神，以邓小平理论、“三个代表”重要思想、科学发展观为指导，深入贯彻习近平总书记系列重要讲话精神和治国理政新理念新思想新战略，紧紧围绕统筹推进“五位一体”总体布局和协调推进“四个全面”战略布局，牢固树立和贯彻落实新发展理念，立足服务人才强国战略和创新驱动发展战略，坚持党管人才原则，遵循人才成长规律，把握职业特点，以职业分类为基础，以科学评价为核心，以促进人才开发使用为目的，建立科学化、规范化、社会化的职称制度，为客观科学公正评价专业技术人才提供制度保障。

（二）基本原则。

——坚持服务发展、激励创新。围绕经济社会发展和人才队伍建设需求，服务人才强国战略和创新驱动发展战略，充分发挥人才评价“指挥棒”作用，进一步简政放权，最大限度释放和激发专业技术人才创新创造创业活力，推动大众创业、万众创新。

——坚持遵循规律、科学评价。遵循人才成长规律，以品德、能力、业绩为导向，完善评价标准，创新评价方式，克服唯学历、唯资历、唯论文的倾向，科学客观公正评价专业技术人才，让专业技术人才有更多时间和精力深耕专业，让作出贡献的人才有成就感和获得感。

——坚持问题导向、分类推进。针对现行职称制度存在的问题特别是专业技术人才反映的突出问题，精准施策。把握不同领域、不同行业、不同层次专业技术人才特点，分类评价。

——坚持以用为本、创新机制。围绕用好用活人才，创新人才评价机制，把人才评价与使用紧密结合，促进专业技术人才职业发展，满足各类用人单位选才用才需要。

（三）主要目标。通过深化职称制度改革，重点解决制度体系不够健全、评价标准不够科学、评价机制不够完善、管理服务不够规范配套等问题，使专业技术人才队伍结构更趋合理，能力素质不断提高。力争通过 3 年时间，基本完成工程、卫生、农业、会计、高校教师、科学研究等职称系列改革任务；通过 5 年努力，基本形成设置合理、评价科学、管理规范、运转协调、服务全面的职称制度。

二、健全职称制度体系

（四）完善职称系列。保持现有职称系列总体稳定。继续沿用工程、卫生、农业、经济、会计、统计、翻译、新闻出版广电、艺术、教师、科学研究等领域的职称系列，取消个别不适应经济社会发展的职称系列，整合职业属性相近的职称系列。适应经济社会发展新需求，探索在新兴职业领域增设职称系列。新设职称系列由中央和国家机关有关部门提出，经人力资源社会保障部审核后，报国务院批准。各地区各部门未经批准不得自行设置职称系列。职称系列可根据专业领域设置相应专业类别。

军队专业技术人才参加通用专业职称评审按照国家有关规定执行；相近专业职称评审可参照国家有关规定；特殊专业职称评审可根据军队实际情况制定评审办法，评审结果纳入国家人才评价管理体系。

（五）健全层级设置。各职称系列均设置初级、中级、高级职称，其中高级职称分为正高级和副高级，初级职称分为助理级和员级，可根据需要仅设置助理级。目前未设置正高级职称的职称系列均设置到正高级，以拓展专业技术人才职业发展空间。

（六）促进职称制度与职业资格制度有效衔接。以职业分类为基础，统筹研究规划职称制度和职业资格制度框架，避免交叉设置，减少重复评价，降低社会用人成本。在职称与职业资格密切相关的职业领域建立职称与职业资格对应关系，专业技术人才取得职业资格即可认定其具备相应系列和层级的职称，并可作为申报高一级职称的条件。初级、中级职称实行全国统一考试的专业不再进行相应的职称评审或认定。

三、完善职称评价标准

（七）坚持德才兼备、以德为先。坚持把品德放在专业技术人才评价的首位，重点考察专业技术人才的职业道德。用人单位通过个人述职、考核测评、民意调查等方式全面考察专业技术人才的职业操守和从业行为，倡导科学精神，强化社会责任，坚守道德底线。探索建立职称申报评审诚信档案和失信黑名单制度，纳入全国信用信息共享平台。完善诚信承诺和失信惩戒机制，实行学术造假“一票否决制”，对通过弄虚作假、暗箱操作等违纪违规行为取得的职称，一律予以撤销。

（八）科学分类评价专业技术人才能力素质。以职业属性和岗位需求为基础，分系列修订职称评价标准，实行国家标准、地区标准和单位标准相结合，注重考察专业技术人才的专业性、技术性、实践性、创造性，突出对创新能力的评价。合理设置职称评审中的论文和科研成果条件，不将论文作为评价应用型人才的限制性条件。对在艰苦边远地区和基层一线工作的专业技术人才，淡化或不作论文要求；对实践性、操作性强，研究属性不明显的职称系列，可不作论文要求；探索以专利成果、项目报告、工作总结、工程方案、设计文件、教案、病历等成果形式替代论文要求；推行代表作制度，重点考察研究成果和创作作品质量，淡化论文数量要求。对职称外语和计算机应用能力考试不作统一要求。确实需要评价外语和计算机水平的，由用人单位或评审机构自主确定评审条件。对在艰苦边远地区和基层一线工作的专业技术人才，以及对外语和计算机水平要求不高的职称系列和岗位，不作职称外语和计算机应用能力要求。

（九）突出评价专业技术人才的业绩水平和实际贡献。注重考核专业技术人才履行岗位职责的工作绩效、创新成果，增加技术创新、专利、成果转化、技术推广、标准制定、决策咨询、公共服务等评价指标的权重，将科研成果取得的经济效益和社会效益作为职称评审的重要内容。取得重大基础研究和前沿技术突破、解决重大工程技术难题、在经济社会各项事业发展中作出重大贡献的专业技术人才，可直接申报评审高级职称。对引进的海外高层次人才和急需紧缺人才，放宽资历、年限等条件限制，建立职称评审绿色通道。对长期在艰苦边远地区和基层一线工作的专业技术人才，侧重考察其实际工作业绩，适当放宽学历和任职年限要求。

四、创新职称评价机制

（十）丰富职称评价方式。建立以同行专家评审为基础的业内评价机制，注重引入市场评价和社会评价。基础研究人才评价以同行学术评价为主，应用研究和技术开发人才评价突出市场和社会评价，哲学社会科学研究人才评价重在同行认可和社会效益。对特殊人才通过特殊方式进行评价。鼓励有条件的地区单独建立基层专业技术人才职称评审委员会或评审组，单独评审。采用考试、评审、考评结合、考核认定、个人述职、面试答辩、实践操作、业绩展示等多种评价方式，提高职称评价的针对性和科学性。

（十一）拓展职称评价人员范围。进一步打破户籍、地域、身份、档案、人事关系等制约，创造便利条件，畅通非公有制经济组织、社会组织、自由职业专业技术人才职称申报渠道。科技、教育、医疗、文化等领域民办机构专业技术人才与公立机构专业技术人才在职称评审等方面享有平等待遇。高校、科研院所、医疗机构等企事业单位中经批准离岗创业或兼职的专业技术人才，3 年内可在原单位按规定正常申报职称，其创业或兼职期间工作业绩作为职称评审的依据。打通高技能人才与工程技术人才职业发展通道，符合条件的高技能人才，可参加工程系列专业技术人才职称评审。在内地就业的港澳台专业技术人才，以及持有外国人永久居留证或各地颁发的海外高层次人才居住证的外籍人员，可按规定参加职称评审。公务员不得参加专业技术人才职称评审。

（十二）推进职称评审社会化。对专业性强、社会通用范围广、标准化程度高的职称系列，以及不具备评审能力的单位，依托具备较强服务能力和水平的专业化人才服务机构、行业协会学会等社会组织，组建社会化评审机构进行职称评审。建立完善个人自主申报、业内公正评价、单位择优使用、政府指导监督的社会化评审机制，满足非公有制经济组织、社会组织以及新兴业态职称评价需求，服务产业结构优化升级和实体经济发展。

（十三）加强职称评审监督。完善各级职称评审委员会核准备案管理制度，明确界定评审委员会评审的专业和人员范围，从严控制面向全国的职称评审委员会。完善评审专家遴选机制，加强评审专家库建设，积极吸纳高校、科研机构、行业协会学会、企业专家，实行动态管理。健全职称评审委员会工作程序和评审规则，严肃评审纪律，明确评审委员会工作人员和评审专家责任，强化评审考核，建立倒查追责机制。建立职称评审公开制度，实行政策公开、标准公开、程序公开、结果公开。企事业单位领导不得利用职务之便为本人或他人评定职称谋取利益。建立职称评审回避制度、公示制度和随机抽查、巡查制度，建立复查、投诉机制，加强对评价全过程的监督管理，构建政府监管、单位（行业）自律、社会监督的综合监管体系。严禁社会组织以营利为目的开展职称评审，突出职称评审公益性，加强评价能力建设，强化自我约束和外部监督。

依法清理规范各类职称评审、考试、发证和收费事项，大力查处开设虚假网站、制作和贩卖假证等违纪违法行为，打击考试舞弊、假冒职称评审、扰乱职称评审秩序、侵害专业技术人才利益等违法行为。

五、促进职称评价与人才培养使用相结合

（十四）促进职称制度与人才培养制度的有效衔接。充分发挥职称制度对提高人才培养质量的导向作用，紧密结合专业技术领域人才需求和职业标准，在工程、卫生、经济、会计、统计、审计、教育、翻译、新闻出版广电等专业领域，逐步建立与职称制度相衔接的专业学位研究生培养制度，加快培育重点行业、重要领域专业技术人才；推进职称评审与专业技术人才继续教育制度相衔接，加快专业技术人才知识更新。

（十五）促进职称制度与用人制度的有效衔接。用人单位结合用人需求，根据职称评价结果合理使用专业技术人才，实现职称评价结果与各类专业技术人才聘用、考核、晋升等用人制度的衔接。对于全面实行岗位管理、专业技术人才学术技术水平与岗位职责密切相关的事业单位，一般应在岗位结构比例内开展职称评审。对于不实行岗位管理的单位，以及通用性强、广泛分布在各社会组织的职称系列和新兴职业，可采用评聘分开方式。坚持以用为本，深入分析职业属性、单位性质和岗位特点，合理确定评价与聘用的衔接关系，评以适用、以用促评。健全考核制度，加强聘后管理，在岗位聘用中实现人员能上能下。

六、改进职称管理服务方式

（十六）下放职称评审权限。进一步推进简政放权、放管结合、优化服务。政府部门在职称评价工作中要加强宏观管理，加强公共服务，加强事中事后监管，减少审批事项，减少微观管理，减少事务性工作。发挥用人主体在职称评审中的主导作用，科学界定、合理下放职称评审权限，人力资源社会保障部门对职称的整体数量、结构进行宏观调控，逐步将高级职称评审权下放到符合条件的市地或社会组织，推动高校、医院、科研院所、大型企业和其他人才智力密集的企事业单位按照管理权限自主开展职称评审。对于开展自主评审的单位，政府不再审批评审结果，改为事后备案管理。加强对自主评审工作的监管，对于不能正确行使评审权、不能确保评审质量的，将暂停自主评审工作直至收回评审权。

（十七）健全公共服务体系。按照全覆盖、可及性、均等化的要求，打破地域、所有制、身份等限制，建立权利平等、条件平等、机会平等的职称评价服务平台，简化职称申报手续和审核环节。健全专业化的考试评价机构，建立职称评审考试信息化管理系统，开展职称证书查询验证服务。选择应用性、实践性、社会通用性强的职称系列，依托京津冀协同发展等国家战略，积极探索跨区域职称互认。在条件成熟的领域探索专业技术人才评价结果的国际互认。

（十八）加强领导，落实责任。坚持党管人才原则，切实加强党委和政府对职称工作的统一领导。各级党委及其组织部门要把职称制度改革作为人才工作的重要内容，在政策研究、宏观指导等方面发挥统筹协调作用。各级政府人力资源社会保障部门会同行业主管部门负责职称政策制定、制度建设、协调落实和监督检查；充分发挥社会组织专业优势，鼓励其参与评价标准制定，有序承接具体评价工作；用人单位作为人才使用主体，要根据本单位岗位设置和人员状况，自主组织开展职称评审或推荐本单位专业技术人才参加职称评审，实现评价结果与使用有机结合。

各地区各部门要充分认识职称制度改革的重要性、复杂性、敏感性，将职称制度改革列入重要议事日程，加强组织领导，狠抓工作落实。人力资源社会保障部要会同有关部门抓紧制定配套措施，分系列推进职称制度改革。各地区各部门要深入调查研究，制定具体实施方案，坚持分类推进、试点先行、稳步实施，妥善处理改革中遇到的矛盾和问题。加强职称管理法治建设，完善职称政策法规体系。加强舆论引导，搞好政策解读，做好深入细致的思想政治工作，引导广大专业技术人才积极支持和参与职称制度改革，确保改革平稳推进和顺利实施。

中共中央办公厅

国务院办公厅

2016 年 12 月 27 日

人力资源社会保障部　教育部关于印发《关于深化中小学教师职称制度改革的指导意见》的通知

人社部发〔2015〕79号

各省、自治区、直辖市及新疆生产建设兵团人力资源社会保障厅（局）、教育厅（教委、教育局）：

为深化教育领域综合改革，切实加强中小学教师队伍建设，按照党中央、国务院关于完善人才评价机制和深化职称制度改革的要求，根据义务教育法有关规定，经国务院同意，决定在全国范围全面推开中小学教师职称制度改革。现将《关于深化中小学教师职称制度改革的指导意见》印发你们，请遵照执行。

各省（区、市）要按照本指导意见的精神和要求，加强领导、周密部署、制定方案、精心组织，切实做好改革的组织实施工作。改革实施方案和配套办法于12月31日前报人力资源社会保障部、教育部审批。

人力资源社会保障部
教育部
2015年8月28日

关于深化中小学教师职称制度改革的指导意见

中小学教师是我国专业技术人才队伍的重要组成部分，是全面实施素质教育、推动教育事业又好又快发展的重要力量。1986年开始建立的以中小学教师职务聘任制为主要内容的中小学教师职称制度，对调动广大中小学教师的积极性、提高中小学教师队伍整体素质、促进基础教育事业发展发挥了积极作用。随着中小学人事制度改革的深入推进、素质教育的全面实施和教师队伍结构的不断优化，现行的中小学教师职称制度存在着等级设置不够合理、评价标准不够科学、评价机制不够完善、与事业单位岗位聘用制度不够衔接等问题。深化中小学教师职称制度改革、完善符合中小学教师特点的专业技术职务任职评价制度，是贯彻《中共中央　国务院关于进一步加强人才工作的决定》中关于完善人才评价机制、深化职称制度改革要求的重要举措，是落实义务教育法的重要任务，是推进职称制度分类改革的重要内容，对于加强教师队伍建设，激励广大教师教书育人，吸引和稳定优秀人才长期从教、终身从教，具有重大意义。为落实《国家中长期人才发展规划纲要（2010—2020年）》和《国家中长期教育改革和发展规划纲要（2010—2020年）》要求，建设高素质专业化的中小学教师队伍，经国务院同意，现就深化中小学教师职称制度改革提出如下指导意见。

一、改革的指导思想和基本原则

（一）深化中小学教师职称制度改革的指导思想

全面贯彻落实党的十八大和十八届二中、三中、四中全会精神，按照党中央、国务院决策部署，遵循教育发展规律和教师成长规律，按照深化职称制度改革的方向和总体要求，建立与事业单位聘用制度和岗位管理制度相衔接、符合教师职业特点、统一的中小学教师职称（职务）制度，充分调动广大中小学教师的积极性，为中小学聘用教师提供基础和依据，为全面实施素质教育提供制度保障和人才支持。

（二）深化中小学教师职称制度改革的基本原则

1. 坚持以人为本，遵循中小学教师成长规律和职业特点，提高中小学教师职业地位，促进中小学教师全面发展。

2. 坚持统一制度、分类管理，建立统一的制度体系，体现中学和小学的不同特点。

3. 坚持民主、公开、竞争、择优，鼓励优秀人才脱颖而出。

4. 坚持重师德、重能力、重业绩、重贡献，激励中小学教师提高教书育人水平。

5. 坚持与中小学教师岗位聘用制度相配套，积极稳妥、协同推进，妥善处理改革发展稳定的关系。

二、改革的主要内容

深化中小学教师职称制度改革围绕健全制度体系、拓展职业发展通道、完善评价标准、创新评价机制、形成以能力和业绩为导向、以社会和业内认可为核心、覆盖各类中小学教师的评价机制，建立与事业单位岗位聘用制度相衔接的职称制度。改革的主要内容包括：

（一）健全制度体系

1. 改革原中学和小学教师相互独立的职称（职务）制度体系。贯彻落实义务教育法，建立统一的中小学教师职务制度，教师职务分为初级职务、中级职务和高级职务。原中学教师职务系列与小学教师职务系列统一并入新设置的中小学教师职称（职务）系列。

2. 统一职称（职务）等级和名称。初级设员级和助理级；高级设副高级和正高级。员级、助理级、中级、副高级和正高级职称（职务）名称依次为三级教师、二级教师、一级教师、高级教师和正高级教师。

3. 统一后的中小学教师职称（职务），与原中小学教师专业技术职务的对应关系是：原中学高级教师（含在小学中聘任的中学高级教师）对应高级教师；原中学一级教师和小学高级教师对应一级教师；原中学二级教师和小学一级教师对应二级教师；原中学三级教师和小学二级、三级教师对应三级教师。

4. 统一后的中小学教师职称（职务）分别与事业单位专业技术岗位等级相对应：正高

级教师对应专业技术岗位一至四级，高级教师对应专业技术岗位五至七级，一级教师对应专业技术岗位八至十级，二级教师对应专业技术岗位十一至十二级，三级教师对应专业技术岗位十三级。

（二）完善评价标准

1. 中小学教师专业技术水平评价标准是中小学教师职称评审的重要基础和主要依据。中小学教师专业技术水平评价标准，要适应实施素质教育和课程改革的新要求，充分体现中小学教师职业特点，着眼于中小学教师队伍长远发展，并在实践中不断完善。要充分考虑教书育人工作的专业性、实践性、长期性，坚持育人为本、德育为先，注重师德素养，注重教育教学工作业绩，注重教育教学方法，注重教育教学一线实践经历，切实改变过分强调论文、学历的倾向，引导教师立德树人，爱岗敬业，积极进取，不断提高实施素质教育的能力和水平。

2. 国家制定中小学教师专业技术水平评价的基本标准条件（见附件）。各省、自治区、直辖市及新疆生产建设兵团（以下简称各省）根据本地教育发展情况，结合各类中小学校的特点和教育教学实际，制定中小学教师具体评价标准条件。具体评价标准条件要综合考虑乡村小学和教学点实际，对农村教师予以适当倾斜，稳定和吸引优秀教师在边远贫困地区乡村小学和教学点任教。中小学正高级教师、高级教师的具体评价标准条件要体现中学、小学的不同特点和要求，有所区别。对于少数特别优秀的教师，可制定相应的破格评审条件。各省具体评价标准条件可在国家基本标准条件的基础上适当提高。

（三）创新评价机制

1. 建立以同行专家评审为基础的业内评价机制。建立健全同行专家评审制度。各省要加强对中小学教师职称评审工作的领导和指导，完善评委会的组织管理办法，扩大评委会组成人员的范围，注重遴选高水平的教育教学专家和经验丰富的一线教师，健全评委会工作程序和评审规则，建立评审专家责任制。

2. 改革和创新评价办法。认真总结推广同行专家评审在中小学教师专业技术水平评价中的成功经验，继续探索社会和业内认可的实现形式，采取说课讲课、面试答辩、专家评议等多种评价方式，对中小学教师的业绩、能力进行有效评价，确保评价结果的客观公正，增强同行专家评审的公信力。要在水平评价中全面推行评价结果公示制度，增加评审工作的透明度。

（四）实现与事业单位岗位聘用制度的有效衔接

1. 中小学教师职称评审是中小学教师岗位聘用的重要依据和关键环节，岗位聘用是职称评审结果的主要体现。中小学教师岗位出现空缺，教师可以跨校评聘。公办中小学教师的聘用和待遇，按照事业单位岗位管理制度和收入分配制度管理和规范。

2. 中小学教师职称评审，在核定的岗位结构比例内进行。中小学教师竞聘上一职称等级的岗位，由学校在岗位结构比例内按照一定比例差额推荐符合条件的教师参加职称评审，并按照有关规定将通过职称评审的教师聘用到相应教师岗位。人力资源社会保障部门、教育行政部门应及时兑现受聘教师的工资待遇，防止在有评审通过人选的情况下出现“有岗不聘”的现象。

3. 坚持中小学教师岗位聘用制度。按照深化事业单位人事制度改革以及中小学人事制度改革的要求，全面实行中小学教师聘用制度和岗位管理制度，发挥学校在用人上的主体作用，实现中小学教师职务聘任和岗位聘用的统一。要建立健全考核制度，加强聘后管理，在岗位聘用中实现人员能上能下。

4. 中小学教师职称评审和岗位聘用工作，要健全完善评聘监督机制，充分发挥有关纪检监察部门和广大教师的监督作用，确保评聘程序公正规范，评聘过程公开透明。评聘工作按照个人申报、考核推荐、专家评审、学校聘用的基本程序进行。

个人申报。中小学教师竞聘相应岗位，要按照不低于国家和当地制定的评价标准条件，按规定程序向聘用学校提出申报。

考核推荐。学校对参加竞聘的教师，要结合其任现职以来各学年度的考核情况，通过多种方式进行全面考核。根据考核结果，经集体研究，由学校在核定的教师岗位结构比例内按照一定比例差额推荐拟聘人选参加评审。

专家评审。由同行专家组成的评委会，按照评价标准和办法，对学校推荐的拟聘人选进行专业技术水平评价。评审结果经公示后，由人力资源社会保障部门审核确认。

学校聘用。中小学根据聘用制度的有关规定，将通过评审的教师聘用到相应岗位。

5. 对改革前已经取得中小学教师专业技术职务任职资格但未被聘用到相应岗位的人员，原有资格依然有效，聘用到相应岗位时不再需要经过评委会评审。各地区要结合实际制定具体办法，对这部分人员择优聘用时给予适当倾斜。

6. 在乡村学校任教（含城镇学校教师交流、支教）3 年以上、经考核表现突出并符合具体评价标准条件的教师，同等条件下优先评聘。

7. 中小学教师高级、中级、初级岗位之间的结构比例，以及高级、中级、初级岗位内部各等级的结构比例，根据新的中小学教师职称等级体系，按照国家关于中小学岗位设置管理的有关规定执行。其中，正高级教师数量国家实行总量控制。

三、改革的组织实施

深化中小学教师职称制度改革政策性强，涉及面广，涉及人数多，社会影响大，改革本身涉及制度统一、人员过渡、标准制定和评审等诸多环节，工作十分复杂，各地情况又差别很大，必须按照国家的统一要求和部署开展工作。人力资源社会保障部、教育部联合成立改革领导小组，统一领导改革工作。领导小组下设办公室，具体负责改革的组织实施、政策指导和监督检查等工作。

（一）提高认识，加强领导

各省要充分认识改革的重大意义，将深化中小学教师职称制度改革作为当前加强中小学教师队伍建设的首要任务，予以高度重视，切实加强领导。要成立省政府领导牵头的改革工作领导小组，建立有效的工作机制，切实加强对改革的组织领导。各级人力资源社会保障部门和教育部门要按照现有职能分工，密切配合，做好相关工作。

（二）结合实际，周密部署

各省要根据本意见精神，紧密结合本地实际，抓紧制定本地区改革具体实施方案和配套办法，报经人力资源社会保障部、教育部批准后组织实施。在推进改革的过程中，各地要开展全面深入的调研，充分掌握本地区中小学情况和教师队伍状况，全方位考虑工作中可能遇到的各种情况和问题，细化工作措施，完善工作预案，深入细致地做好政策解释、舆论宣传和思想政治工作，引导广大教师积极支持和参与改革，确保改革顺利推进。

（三）平稳过渡，稳慎实施

要充分认识改革的复杂性，妥善做好新老人员过渡和新旧政策衔接工作，确保改革顺利有序推进。现有在岗中小学教师，由各级人力资源社会保障部门、教育部门按照原中小学教师专业技术职务与统一后的职称（职务）对应关系，以及现聘任的职务等级，直接过渡到统一后的职称（职务）体系，并统一办理过渡手续。在平稳过渡的基础上，各级别新的职称（职务）评聘工作，严格按照本意见规定的原则要求、标准条件、评价办法、评聘程序等进行。

中小学教师职称（职务）评聘工作分级组织实施。高级教师及以下职称（职务）等级教师的评聘工作，由各省按照本意见制定本地区的实施办法和相关配套政策，并组织实施。正高级教师由人力资源社会保障部、教育部核定数量，各省具体组织评审，评审结果报两部备案。

各省要及时总结经验，发现、研究和解决改革出现的新情况、新问题，妥善处理改革、发展和稳定的关系。遇到重要情况及时向两部报告。各省改革进展情况请及时报送两部改革领导小组办公室。

本意见适用于普通中小学、职业中学、幼儿园、特殊教育学校、工读学校及省、市、县教研室和校外教育机构。

民办中小学校教师可参照本意见参加职称评审。

附件：中小学教师水平评价基本标准条件

附件

中小学教师水平评价基本标准条件

一、拥护党的领导，胸怀祖国，热爱人民，遵守宪法和法律，贯彻党和国家的教育方针，忠诚于人民教育事业，具有良好的思想政治素质和职业道德，牢固树立爱与责任的意识，爱岗敬业，关爱学生，为人师表，教书育人。

二、具备相应的教师资格及专业知识和教育教学能力，在教育教学一线任教，切实履行教师岗位职责和义务。

三、身心健康。

四、中小学教师评聘各级别职称（职务），除必须达到上述标准条件，还应分别具备以下标准条件：

（一）正高级教师

1. 具有崇高的职业理想和坚定的职业信念；长期工作在教育教学第一线，为促进青少年学生健康成长发挥了指导者和引路人的作用，出色地完成班主任、辅导员等工作任务，教书育人成果突出。

2. 深入系统地掌握所教学科课程体系和专业知识，教育教学业绩卓著，教学艺术精湛，形成独到的教学风格。

3. 具有主持和指导教育教学研究的能力，在教育思想、课程改革、教学方法等方面取得创造性成果，并广泛运用于教学实践，在实施素质教育中，发挥了示范和引领作用。

4. 在指导、培养一级、二级、三级教师方面做出突出贡献，在本教学领域享有较高的知名度，是同行公认的教育教学专家。

5. 一般应具有大学本科及以上学历，并在高级教师岗位任教 5 年以上。

（二）高级教师

1. 根据所教学段学生的年龄特征和思想实际，能有效进行思想道德教育，积极引导学生健康成长，比较出色地完成班主任、辅导员等工作，教书育人成果比较突出。

2. 具有所教学科坚实的理论基础、专业知识和专业技能，教学经验丰富，教学业绩显著，形成一定的教学特色。

3. 具有指导与开展教育教学研究的能力，在课程改革、教学方法等方面取得显著的成果，在素质教育创新实践中取得比较突出的成绩。

4. 胜任教育教学带头人工作，在指导、培养二级、三级教师方面发挥了重要作用，取得了明显成效。

5. 具备博士学位，并在一级教师岗位任教 2 年以上；或者具备硕士学位、学士学位、大学本科毕业学历，并在一级教师岗位任教 5 年以上；或者具备大学专科毕业学历，并在小学、初中一级教师岗位任教 5 年以上。城镇中小学教师原则上要有 1 年以上在薄弱学校或农村学校任教经历。

（三）一级教师

1. 具有正确教育学生的能力，能根据所教学段学生的年龄特征和思想实际，进行思想道德教育，有比较丰富的班主任、辅导员工作经验，并较好地完成任务。

2. 对所教学科具有比较扎实的基础理论和专业知识，独立掌握所教学科的课程标准、教材、教学原则和教学方法，教学经验比较丰富，有较好的专业知识技能，并结合教学开展课外活动，开发学生的智力和能力，教学效果好。

3. 具有一定的组织和开展教育教学研究的能力，并承担一定的教学研究任务，在素质教育创新实践中积累了一定经验。

4. 在培养、指导三级教师提高业务水平和教育教学能力方面做出一定成绩。

5. 具备博士学位；或者具备硕士学位，并在二级教师岗位任教 2 年以上；或者具备学士学位或者大学本科毕业学历，并在二级教师岗位任教 4 年以上；或者具备大学专科毕业学历，并在小学、初中二级教师岗位任教 4 年以上；或者具备中等师范学校毕业学历，并在小学二级教师岗位任教 5 年以上。

（四）二级教师

1. 比较熟练地掌握教育学生的原则和方法，能够胜任班主任、辅导员工作，教育效果较好。

2. 掌握教育学、心理学和教学法的基础理论知识，具有所教学科必备的专业知识，能够独立掌握所教学科的教学大纲、教材、正确传授知识和技能，教学效果较好。

3. 掌握教育教学研究方法，积极开展教育教学研究和创新实践。

4. 具备硕士学位；或者具备学士学位或者大学本科毕业学历，见习 1 年期满并考核合格；或者具备大学专科毕业学历，并在小学、初中三级教师岗位任教 2 年以上；或者具备中等师范学校毕业学历，并在小学三级教师岗位任教 3 年以上。

（五）三级教师

1. 基本掌握教育学生的原则和方法，能够正确教育和引导学生。

2. 具有教育学、心理学和教学法的基础知识，基本掌握所教学科的专业知识和教材教法，能够完成所教学科的教学工作。

3. 具备大学专科毕业学历，并在小学、初中教育教学岗位见习 1 年期满并考核合格；或者具备中等师范学校毕业学历，并在小学教育教学岗位见习 1 年期满并考核合格。

人力资源社会保障部关于印发《关于深化技工院校教师职称制度改革的指导意见》的通知

人社部发〔2017〕90号

各省、自治区、直辖市及新疆生产建设兵团人力资源社会保障厅（局），国务院有关部门人事工作机构，有关中央企业人事部门：

为贯彻落实中共中央办公厅、国务院办公厅印发的《关于深化职称制度改革的意见》有关要求，进一步完善符合技工院校教师特点的职称制度，我们研究制定了《关于深化技工院校教师职称制度改革的指导意见》，现印发给你们，请结合实际情况，制定具体实施方案，抓好贯彻落实，确保技工院校教师职称制度改革顺利推进。

人力资源社会保障部

2017年11月28日

关于深化技工院校教师职称制度改革的指导意见

技工院校（包括技师学院、高级技工学校和技工学校）是国民教育体系和人力资源开发的重要组成部分，是培养技能人才的专门学校。技工院校教师是我国教师队伍和专业技术人才队伍的重要组成部分，是培养高素质技能人才、推动技工教育事业改革发展的重要力量。为贯彻落实中共中央办公厅、国务院办公厅印发的《关于深化职称制度改革的意见》，现就深化技工院校教师职称制度改革提出如下指导意见。

一、指导思想和基本原则

（一）指导思想

全面贯彻落实党的十九大精神，以习近平新时代中国特色社会主义思想为指导，按照中央深化职称制度改革的总体要求，遵循技工教育发展规律，健全完善符合技工院校教师职业特点的职称制度，畅通技工院校教师职业发展通道，更加科学客观公正地评价人才，更好地发挥其在技能人才培养中的作用，为大力发展技工教育，推进技工院校改革创新提供制度保障和人才支撑。

（二）基本原则

1. 坚持遵循规律，突出特点。遵循技工院校教师成长规律，突出技工教育职业特点，引导技工院校教师提高能力素质，促进其职业发展。

2. 坚持统一制度，分类管理。在统一的技工院校教师职称制度下，根据文化、技术理论课教师和生产实习课指导教师的不同特点，分类施策。

3. 坚持科学评价，激励创新。以品德、能力、业绩为导向，发挥人才评价“指挥棒”作用，激励技工院校教师提高教育教学水平，提高创新创业能力。

4. 坚持以用为本，发挥作用。围绕用好用活人才，创新人才评价机制，促进人才评价与使用相结合，使职称制度与技工院校聘用制度和岗位管理制度相配套。

二、主要内容

通过健全制度体系、完善评价标准、创新评价机制、实现职称制度与用人制度的有效衔接等措施，形成以品德、能力和业绩为导向，以社会和业内认可为核心，覆盖各级各类技工院校教师的职称制度。

（一）健全制度体系

1. 完善技工院校教师职称层级，设置正高级职称。文化、技术理论课教师职称设初级、中级、高级，初级只设助理级，高级分设副高级和正高级，助理级、中级、副高级和正高级职称名称依次为助理讲师、讲师、高级讲师、正高级讲师。生产实习课指导教师职称设初级、中级、高级，初级分设员级和助理级，高级分设副高级和正高级，员级、助理级、中级、副高级和正高级职称名称依次为三级实习指导教师、二级实习指导教师、一级实习指导教师、高级实习指导教师、正高级实习指导教师。

2. 促进技工院校教师职称与事业单位岗位设置相衔接。正高级对应专业技术岗位一至四级；副高级对应专业技术岗位五至七级；中级对应专业技术岗位八至十级；助理级对应专业技术岗位十一至十二级；员级对应专业技术岗位十三级。

（二）完善评价标准

1. 充分体现技工院校教师职业特点。坚持把师德放在评价的首位，引导教师立德树人，爱岗敬业。注重实践教学和技能人才培养实绩，注重职业素养的养成、工匠精神的塑造和创新创业能力的培养，注重产教融合、校企合作和工学结合的一体化教学方法，注重教学一线实践、参与职业技能大赛等经历。切实改变唯论文、唯学历倾向，不将论文作为技工院校生产实习课指导教师职称评审的限制性条件，可将职业技能竞赛成绩、参与教材开发和教学研究情况、指导学生实习的成果、专利成果、教案等作为评价条件。不对职称外语和计算机应用能力考试作统一要求，确实需要评价外语和计算机水平的，由用人单位或评审机构自主确定评审条件。

2. 实行国家标准和地区标准相结合。人力资源社会保障部负责制定《技工院校教师水平评价基本标准条件》（附后），各省（自治区、直辖市）人力资源社会保障厅（局）可根据本地区技工教育发展实际，制定不低于国家标准的具体评价标准。

3. 向优秀人才倾斜。对少数特别优秀的教师，可制定相应的破格评审条件。对既承担文化、技术理论课教学任务，又承担生产实习教学任务的一体化教师，可制定相应的倾斜条件。获得中华技能大奖、全国技术能手荣誉称号，担任国家级技能大师工作室负责人，本人获得或指导学生获得世界技能大赛优胜奖以上名次，获得省部级以上表彰的劳动模范、优秀教师、优秀教育工作者，可直接申报评审高级职称。对于从企业直接录用的具有工作经验的高技能人才，可按有关规定申报评审中级以上生产实习课指导教师职称。

（三）创新评价机制

1. 加强评委会建设。完善评委会的组织管理办法，健全工作程序和评审规则，合理确定组成人员的范围，注重遴选高水平的技工教育专家和经验丰富的一线高技能人才担任评委。各省（自治区、直辖市）、国务院有关部门、有关中央企业可按有关规定成立技工院校高级职称评审委员会，国务院有关部门和有关中央企业成立的高级职称评审委员会报人力资源社会保障部核准备案，其他技工院校高级职称评审委员会由省级人力资源社会保障部门核准备案，中级和初级职称评审委员会管理办法由各地自行制定。

2. 改进评价方式。积极探索以同行专家评审为基础的业内评价机制，采取说课讲课、面试答辩、专家评议、实践操作、材料评审等多种评价方式。建立技工院校教师职称评审公开制度，实行政策公开、标准公开、程序公开、结果公开，确保评价的客观公正。

3. 下放评审权限。科学界定、合理下放技工院校教师职称评审权限，逐步将高级职称评审权限下放至符合条件的市地人力资源社会保障部门和举办技工院校的大型企业。积极培育技工院校自主评审能力，推动技工院校自主开展初级、中级职称评审，探索教学能力较强、教师规模较大的技工院校自主开展高级职称评审试点。对于自主评审的单位，人力资源社会保障部门不再审批评审结果，改为事后备案管理。加强对自主评审工作的监管，对于不能正确行使评审权、不能确保评审质量的，将暂停自主评审工作直至收回评审权。

（四）实现职称制度与用人制度的有效衔接

技工院校教师职称评审是技工院校岗位聘用的重要依据和关键环节，岗位聘用是职称评审结果的主要体现。公办技工院校教师职称评审时要坚持评聘结合，根据《事业单位岗位设置管理试行办法》和技工院校岗位设置管理的有关规定核定岗位，教师竞聘上一级职称层级的岗位，由学校在岗位结构比例范围内差额推荐符合条件的教师参加评审，聘用通过职称评审的教师到相应教师岗位。人力资源社会保障部门及学校主管部门应及时兑现受聘教师的工资待遇。非公办技工院校教师职称评审时可参照公办技工院校评审办法，也可采取评聘分开方式，由学校推荐符合条件的教师参加评审。与技工院校教师职称层级对应的高级、中级、初级专业技术岗位之间的结构比例，以及高级、中级、初级岗位内部各等级的结构比例，要结合技工院校办学规模、办学层次、技能人才培养实际情况，按照国家有关规定执行。其中，正高级教师要从严控制，在确保质量的前提下逐步达到合理比例。文化、技术理论课教师和生产实习课指导教师中的正高级教师所占比例应大体相当。

三、组织实施

（一）统一思想，加强领导

技工院校教师职称制度改革是分系列推进职称制度改革的重要内容，是技工院校人事制度改革的重要举措，各省（自治区、直辖市）人力资源社会保障厅（局）要高度重视，成立相应的领导机构和工作机构，切实加强领导，明确工作责任，确保技工院校教师职称制度改革平稳推进。

（二）精心组织，稳慎实施

技工院校教师职称制度改革工作政策性强，各省（自治区、直辖市）人力资源社会保障厅（局）要结合本地区实际，认真制定改革工作方案，对申报条件、申报材料、申报程序、评价办法、评审程序和配套政策等做出具体规定。对改革前各地自行试点评审的技工院校正高级教师，要按有关规定通过一定程序进行确认，具体办法由各地、各有关部门和中央企业另行制定。各层级新的职称评审工作，严格按照本意见规定进行，不得随意降低评价标准条件，不得擅自扩大评审范围。

（三）强化监督，确保公平

技工院校教师职称制度改革涉及广大技工院校教师切身利益，各省（自治区、直辖市）人力资源社会保障厅（局）要严格规范评审程序。健全完善评聘监督机制，认真执行职称评审回避制度、公示制度、随机抽查制度，建立复查、投诉机制，充分发挥纪检监察部门和广大教师的监督作用，完善诚信承诺和失信惩戒机制，确保评聘程序公正规范，评聘过程公开透明。

各地在改革中要及时总结经验，发现、研究和解决改革中出现的新情况、新问题，妥善处理改革、发展和稳定的关系。

本意见适用于技工学校、高级技工学校、技师学院。地方各级技工教育教研机构教研人员和职业培训机构教师可参照本意见参加职称评审。

附件：技工院校教师水平评价基本标准条件

附件

技工院校教师水平评价基本标准条件

一、遵守国家宪法和法律法规，认真贯彻国家教育方针，热爱技工教育事业。

二、具有良好的政治素质、职业道德和敬业精神，遵守学校规章制度和教学行为规范，身心健康，教风端正，为人师表，勇于创新。

三、具备相应的专业知识、技能水平和教学教研能力，能够自觉运用教学新理念和新技术。

四、具备相应的教师资格，并在教育教学一线工作。

五、任现职以来近3年年度考核和师德考核均为称职（合格）以上。

六、任现职期间参加企业实践符合有关文件规定要求。

七、技工院校教师评审各层级职称，除必须达到上述标准条件，还应分别具备以下标准条件：

（一）文化、技术理论课教师

层级	教学教研要求	业绩成果要求	学历、技能等级要求
助理讲师	1. 基本掌握教育学生的原理和方法，了解任教专业的基本概况，具有所教学科必备的专业知识和技能，掌握所教学科的课程标准、教材，课程设计合理，教学效果较好 2. 基本胜任班主任工作 3. 具有学生社团、第二课堂等方面的组织能力	见习一年期间的教案	具备大学本科毕业学历或技工院校预备技师（技师）班毕业，见习期1年期满并考核合格；或者具备硕士学位 技术理论课教师具有相关职业（工种）初级及以上技能水平
讲师	1. 具有本专业扎实的专业知识和技能，掌握本专业的课程标准、教材、教学原理和教学方法，教学经验比较丰富，教学效果好 2. 担任班主任1年以上 3. 具有一定的组织和开展教育教学研究的能力，承担教学改革研究任务，并在教学改革实践中积累了一定经验 4. 具有比较丰富的学生社团、第二课堂等方面的组织能力，了解企业对人才培养的要求，积极承担职业培训任务	应至少具备下列2项条件： 1. 积极参与学校教学管理、教学改革、教学研究等工作，获得校级以上表彰 2. 参加地市级以上职业技能竞赛取得较好成绩；或者指导学生在地市级以上职业技能竞赛中取得较好成绩 3. 带领学生到企事业单位实习实训、社会实践1期以上 4. 参与校级以上精品课程或教学资源库建设，并获得表彰 5. 参与校级以上说课、微课、示范课、教案、课件制作等比赛之一并获得表彰	具备大学本科毕业学历或技工院校预备技师（技师）班毕业，并在助理讲师岗位任教4年以上；或者具备硕士学位，并在助理讲师岗位任教2年以上；或者具备博士学位 技术理论课教师具有相关职业（工种）中级及以上技能水平

续表

层级	教学教研要求	业绩成果要求	学历、技能等级要求
高级讲师	1. 能对学生进行有效的思想道德教育和职业指导，引导学生健康成长 2. 具有扎实的理论基础、专业知识和专业技能，了解本学科前沿动态，掌握先进的教育理念、教学手段，教学经验丰富，教书育人成绩突出 3. 在教学团队中发挥骨干作用，具有指导与开展教育教学研究的能力，在教学改革创新实践中取得比较突出的成绩 4. 能够指导青年教师开展学生社团、第二课堂等活动，熟悉企业对人才培养的要求；技术理论课教师能协助企业开展技术攻关和合作研发 5. 能够承担企业在职职工等群体的职业培训工作	应至少具备下列 3 项条件： 1. 积极参与学校教学管理、教学改革、教学研究等工作，获得地市级以上表彰 2. 主持过学校该专业一体化课程教改工作，在教学团队中发挥骨干作用 3. 参加地市级以上职业技能竞赛取得优异成绩 4. 指导学生在地市级以上职业技能竞赛中取得优异成绩 5. 带领学生到企事业单位实习实训、社会实践 2 期以上；或者主持过企业研究课题，帮助企业解决技术难题 6. 参与地市级以上精品课程或教学资源库建设，并获得表彰 7. 参与地市级以上说课、微课、示范课、教案、课件制作等比赛之一，并获得表彰 8. 参与省部级以上课题研究；或者主持地市级以上课题研究 9. 参编至少 1 部省部级以上统编教材	具备大学本科及以上学历或技工院校预备技师（技师）班毕业，受聘讲师职务 5 年以上 技术理论课教师具有相关职业（工种）高级及以上技能操作水平
正高级讲师	1. 具有崇高的职业理想，在教育教学一线工作 10 年以上，教书育人成绩显著 2. 系统地掌握本专业基础理论和专业理论知识，具有较高理论研究水平，掌握国内外本专业前沿发展动态；掌握先进的教育理念和现代化教学手段；教学水平高超，教学业绩卓著，教学特色鲜明 3. 在教学团队中发挥关键作用，掌握技能人才培养规律，具有主持和指导教育教学研究的能力，指导教学改革、教学研究方面有创新，并取得显著成果。在本地区能起到专业（学科）带头人作用，在指导和培养其他层级教师方面做出突出贡献 4. 能够指导青年教师开展学生社团、第二课堂等活动，熟悉企业对人才培养的要求，具有解决生产实践中具有一定难度技术问题的能力，在技术革新方面有较大贡献 5. 能够承担高级工以上职业培训任务	应至少具备下列 4 项条件： 1. 积极参与学校教学管理、教学改革、教学研究等工作，获得省部级以上表彰 2. 主持过学校该专业一体化课程教改工作，在教学团队中发挥关键作用 3. 参加省级以上职业技能竞赛取得优异成绩 4. 指导学生在省级以上职业技能竞赛中取得优异成绩 5. 带领学生到企事业单位实习实训、社会实践 3 期以上；或者主持过企业攻关难题 6. 参与省部级以上精品课程或教学资源库建设，并获得表彰 7. 参与省部级以上说课、微课、示范课、教案、课件制作等比赛之一，并获得表彰 8. 主持过至少 1 项省部级以上课题研究 9. 参编至少 2 部省部级以上统编教材	一般应具备大学本科及以上学历或技工院校预备技师（技师）班毕业，受聘高级讲师 5 年以上 技术理论课教师具有相关职业（工种）技师及以上技能操作水平

（二）生产实习课指导教师

层级	教学教研要求	业绩成果要求	学历、技能等级要求
三级实习指导教师	1. 基本掌握教育学生的原理和方法，能够正确教育和引导学生 2. 具有教育学、心理学和教学法的基础知识，基本掌握所教学科的专业知识和生产实习教学法，能够承担本职业（工种）部分实习教学 3. 了解本职业（工种）各种工具、设备结构原理以及文明生产、安全操作规程	见习一年期间的教案	具备中等职业学校（技工学校）毕业学历、大学专科学历或技工院校高级工班毕业，见习 1 年期满并考核合格；或者具备大学本科学历或技工院校预备技师（技师）班毕业 具有相关职业（工种）中级及以上技能操作水平
二级实习指导教师	1. 掌握教育学生的原理和方法，能够正确教育和引导学生，能在教学过程中弘扬工匠精神 2. 具有教育学、心理学和教学法的基础知识，基本掌握所教学科的专业知识和生产实习教学法，能够独立承担本职业（工种）部分实习教学 3. 掌握本职业（工种）各种工具、设备结构原理以及文明生产、安全操作规程 4. 能够胜任班主任工作	参加工作以来的教案	具备中等职业学校（技工学校）毕业学历，在三级实习指导教师岗位上任教 3 年；或者具备大学专科学历或技工院校高级工班毕业，在三级实习指导教师岗位上任教 2 年；或者具备大学本科学历或技工院校预备技师（技师）班毕业，在三级实习指导教师岗位上任教 1 年；或者具备硕士学位 具有相关职业（工种）高级及以上技能操作水平
一级实习指导教师	1. 具有本专业扎实的专业知识和技能，掌握本专业的课程标准、教材、教学原理和教学方法，能够将弘扬工匠精神贯穿教学全过程，教学经验比较丰富，教学效果比较好 2. 担任班主任 1 年以上 3. 具有一定的组织和开展教育教学研究的能力，承担教学改革研究任务，并在教学改革实践中积累了一定经验 4. 了解本专业工作过程或技术流程，能够胜任本专业实习课和工艺课的教学工作，并结合技能比武、技能竞赛等指导学生提高操作技能水平。积极承担职业培训任务	应至少具备下列 2 项条件： 1. 积极参与学校教学管理、教学改革、教学研究等工作，获得校级以上表彰 2. 主持过学校该专业一体化课程教改工作，在教学团队中发挥重要作用 3. 参加地市级以上职业技能竞赛取得较好成绩；或者指导学生在地市级以上职业技能竞赛中取得较好成绩 4. 带领学生到企事业单位实习实训、社会实践 1 期以上 5. 在培养指导生产实习指导教师提高技能操作水平和实习教学能力方面做出一定成绩	具备中等职业学校（技工学校）毕业学历，在二级实习指导教师岗位上任教 5 年以上；或者具备大学专科或技工院校高级工班毕业，在二级实习指导教师岗位任教 4 年以上；或者具备大学本科学历或技工院校预备技师（技师）班毕业，在二级实习指导教师岗位任教 3 年以上；或者具备硕士学位，在二级实习指导教师岗位任教 2 年以上 具有相关职业（工种）技师及以上技能操作水平

续表

层级	教学教研要求	业绩成果要求	学历、技能等级要求
高级实习指导教师	1. 具有本专业扎实的基础理论、专业知识和精湛的操作技能，掌握本专业工作过程或技术流程，教学经验丰富，教学业绩显著，形成一定的教学特色 2. 担任班主任工作 1 年以上，承担过预备技师及以上毕业课题指导工作，教书育人成绩比较突出 3. 具有较强的组织和开展实习教学研究和技术革新能力，并取得突出的成果，技能人才培养经验丰富。起到专业带头人的作用 4. 熟练掌握企业生产、服务流程，熟悉企业对人才培养的要求，协助企业开展技术攻关和合作研发，指导过实验、实训、顶岗实习、社会调查或毕业设计等教学工作 5. 能够承担企业在职职工等群体的职业培训工作	应至少具备下列 3 项条件： 1. 积极参与学校教学管理、教学改革、教学研究等工作，获得地市级以上表彰 2. 主持过学校该专业一体化课程教改工作，在教学团队中发挥骨干作用 3. 参加地市级以上职业技能竞赛取得优异成绩 4. 指导学生在地市级以上职业技能竞赛中取得优异成绩 5. 带领学生到企事业单位实习实训、社会实践 2 期以上；或者主持过企业研究课题，帮助企业解决技术难题 6. 在培养指导生产实习指导教师提高技能操作水平和实习教学能力方面做出一定成绩 7. 参与省部级以上课题研究；或者主持地市级以上课题研究 8. 参编至少 1 部省部级以上统编教材	具备大学本科及以上学历或技工院校预备技师（技师）班毕业，受聘一级实习指导教师 5 年以上 具有相关职业（工种）高级技师技能操作水平
正高级实习指导教师	1. 具有崇高的职业理想，在教育教学一线工作 10 年以上，独立承担过预备技师及以上毕业课题指导工作，教书育人成绩显著 2. 系统地掌握本专业基础理论和专业理论知识，具有较高理论研究水平，掌握国内外本专业前沿发展动态；掌握先进的教育理念和现代化教学手段；教学水平高超，教学业绩卓著，教学特色鲜明 3. 在教学团队中发挥关键作用，掌握技能人才培养规律，具有主持和指导教育教学研究的能力，指导教学改革、教学研究方面有创新，并取得显著成果。在本地区能起到专业（学科）带头人作用，在指导和培养其他层级教师方面做出突出贡献 4. 熟练掌握企业生产、服务流程，熟悉企业对人才培养的要求，协助企业开展技术攻关和合作研发，指导过实验、实训、顶岗实习、社会调查或毕业设计等教学工作。培养学生的专业实践能力和创新创业能力实绩突出，直接指导学生在企业进行专业技能、创新创业和教学实践活动并取得突出成绩 5. 能够承担高级工以上职业培训任务	应至少具备下列 4 项条件： 1. 积极参与学校教学管理、教学改革、教学研究等工作，获得省部级以上表彰 2. 主持过学校该专业一体化课程教改工作，在教学团队中发挥关键作用 3. 参加省级以上职业技能竞赛取得优异成绩 4. 指导学生在省级以上职业技能竞赛中取得优异成绩 5. 带领学生到企事业单位实习实训、社会实践 3 期以上；或者主持过企业研究课题，帮助企业解决技术难题 6. 在培养指导生产实习指导教师提高技能操作水平和实习教学能力方面做出一定成绩 7. 主持过至少 1 项省部级以上课题研究 8. 参编至少 2 部省部级以上统编教材	一般应具备大学本科及以上学历或技工院校预备技师（技师）班毕业，受聘高级实习指导教师 5 年以上 具有相关职业（工种）高级技师技能操作水平

人力资源社会保障部 财政部
关于深化会计人员职称制度改革的指导意见

人社部发〔2019〕8号

各省、自治区、直辖市及新疆生产建设兵团人力资源社会保障厅（局）、财政厅（局），中央和国家机关各部委、各直属机构人事部门，中央军委政治工作部干部局、后勤保障部财务局，各中央企业人事部门：

会计人员是维护社会主义市场经济秩序的重要力量。深化会计人员职称制度改革，完善符合会计工作职业特点的评价机制，对于提高会计人员专业能力，加强会计人员队伍建设，更好地服务经济高质量发展具有重要意义。为贯彻落实中共中央办公厅、国务院办公厅印发的《关于深化职称制度改革的意见》，现就深化会计人员职称制度改革提出如下指导意见。

一、总体要求

（一）指导思想

以习近平新时代中国特色社会主义思想为指导，全面贯彻落实党的十九大和十九届二中、三中全会精神，认真落实党中央、国务院决策部署，围绕人才强国战略和创新驱动发展战略，遵循会计人员成长规律，健全完善符合会计工作职业特点的职称制度，为科学评价会计人员专业能力提供制度保障，为用人单位择优聘任会计人员提供重要依据，为促进经济社会持续健康发展提供会计人才支撑。

（二）基本原则

1. 坚持服务发展。围绕新时代推进高质量发展对会计工作提出的新要求，充分发挥职称评价在会计人员能力评价方面的指挥棒和方向标作用，着力提升会计人员专业能力和职业素养，统筹推进会计人员队伍建设，为经济社会发展提供会计人才支撑。

2. 坚持科学评价。完善会计人员评价标准，科学设置评价标准条件，突出评价会计人员职业道德、能力素质和工作业绩，创新评价机制，丰富评价方式，充分调动会计人员干事创业的积极性、创造性。

3. 坚持以用为本。促进评价结果与会计人员培养、使用相结合，鼓励用人单位将选人用人制度与会计人员职称制度相衔接，引导用人单位根据工作需要择优聘任具有相应职称的会计人员。

二、主要内容

通过健全评价体系、完善评价标准、创新评价机制、促进职称制度与会计人员培养、使用相结合等措施，建立科学化、规范化、社会化的会计人员职称制度。

（一）健全评价体系

1. 完善会计人员职称层级。初级职称只设助理级，高级职称分设副高级和正高级，形成初级、中级、高级层次清晰、相互衔接、体系完整的会计人员职称评价体系。初级、中级、副高级和正高级职称名称依次为助理会计师、会计师、高级会计师和正高级会计师。

2. 会计人员各级别职称分别与事业单位专业技术岗位等级相对应。正高级对应专业技术岗位一至四级，副高级对应专业技术岗位五至七级，中级对应专业技术岗位八至十级，初级对应专业技术岗位十一至十三级。

（二）完善评价标准

1. 突出评价会计人员职业道德。坚持把职业道德放在评价首位，引导会计人员遵纪守法、勤勉尽责、参与管理、强化服务，不断提高专业胜任能力；要求会计人员坚持客观公正、诚实守信、廉洁自律、不做假账，不断提高职业操守。完善守信联合激励和失信联合惩戒机制，违反《中华人民共和国会计法》第四十条有关规定，以及剽窃他人研究成果，存在学术不端行为的，在会计人员职称评价过程中实行“一票否决制”。对通过弄虚作假取得的职称一律撤销。

2. 充分体现会计工作职业特点。注重对会计人员能力素质和实际贡献的评价，引导会计人员全面掌握经济与管理理论、财务会计理论，熟练运用会计业务技能，不断提高专业判断和分析能力，有效参与经营管理和决策。切实改变唯学历、唯资历、唯论文、唯奖项倾向。论文不作为会计人员职称评审的限制性条件。外语和计算机应用能力不作统一要求，由用人单位或评审机构根据需要自主确定。

3. 实行国家标准、地区标准和单位标准相结合。人力资源社会保障部、财政部负责制定《会计人员职称评价基本标准条件》（附后）。各地区人力资源社会保障部门、财政部门可根据本地区经济社会发展情况，制定地区标准。具有自主评审权的用人单位可结合本单位实际，制定单位标准。地区标准、单位标准不得低于国家标准。

4. 向优秀会计人员和艰苦边远地区会计人员倾斜。对在经济社会各项事业发展中作出重大贡献的优秀会计人员，可适当放宽学历、资历、年限等条件限制，建立职称评审绿色通道。对长期在艰苦边远地区工作的会计人员，重点考察其实际工作业绩，适当放宽学历和科研能力要求，引导会计人员扎根基层。

（三）创新评价机制

1. 丰富评价方式。综合采用考试、评审、考评结合等多种评价方式，建立适应不同层级会计工作职业特点的评价机制。助理会计师、会计师实行全国统一的会计专业技术资格考试，不断提高考试的科学性、安全性、公平性和规范性。助理会计师的考试日期、考试频次等管理权限，根据报考人数增长趋势等因素逐步下放，探索实行常态化考试、一年多考。高级会计师采取考试与评审相结合方式，正高级会计师一般采取评审方式。

2. 建立同行专家评审制度。完善评审专家遴选机制，加强评审委员会建设，积极吸纳高等院校、科研机构、大中型企事业单位的高水平会计人员担任评审专家。建立评审专家责任制，实行动态管理。各省（自治区、直辖市）、国务院有关部门、中央企业可按规定成立高级职称评审委员会。国务院有关部门和中央企业成立的高级职称评审委员会报人力资源社会保障部核准备案，其他高级职称评审委员会报省级人力资源社会保障部门核准备案。健全评审委员会工作程序和评审规则，明确界定参加评审的人员范围，加强对评审委员会的组织管理。建立评审公开制度，实行政策公开、标准公开、程序公开、结果公开，确保会计人员职称评审客观公正。

3. 下放评审权限。科学界定、合理下放职称评审权限，逐步将副高级职称评审权限下放至符合条件的企事业单位、社会组织或市地。自主评审单位组建的高级职称评审委员会应当按照管理权限报送省级以上人力资源社会保障部门核准备案。对于自主评审的单位，评审结果应当报送人力资源社会保障部门和财政部门备案。加强对自主评审工作的监管，对于不能正确行使评审权、不能确保评审质量的，将暂停自主评审工作直至收回评审权。

（四）促进职称制度与会计人员培养、使用相结合

1. 促进职称制度与会计人员培养相结合。充分发挥职称制度对会计人员培养质量的导向作用，推动会计人员职称制度与高端会计人才培养、会计专业学位研究生教育等有机衔接。探索建立注册会计师、资产评估师等职业资格与会计专业技术资格考试相同或相近科目互认互免等衔接措施，减少重复评价，减轻会计人员负担，探索建立会计与审计、经济等属性相近职称系列（专业）的衔接措施。

2. 促进职称制度与会计人员使用相结合。用人单位应当结合用人需求，根据职称评价结果合理使用会计人员，实现职称评价结果与会计人员聘用、考核、晋升等用人制度相衔接。全面实行岗位管理的事业单位，一般应在岗位结构比例内，组织或推荐符合条件的会计人员参加职称评审，聘用具有相应职称的会计人员到相应会计岗位。不实行事业单位岗位管理的用人单位，可根据内部管理和会计工作需要，择优聘任具有相应职称的会计人员从事相关岗位会计工作。

3. 加强会计人员继续教育。继续教育是实现会计人员知识更新、能力提升的重要制度，用人单位应当保障本单位会计人员参加继续教育的权利。要按照《会计专业技术人员继续教育规定》（财会〔2018〕10号）有关要求，创新和丰富会计人员继续教育内容和手段，促进会计人员更新知识、拓展技能。

三、组织实施

会计人员职称制度改革政策性强，涉及面广，改革工作比较复杂，社会高度关注，必须按照国家统一部署要求开展工作，确保各项改革任务顺利实施。

（一）加强组织领导，抓好贯彻落实

要充分认识会计人员职称制度改革的重要意义，坚持党管人才原则，切实加强党委和政府对会计人员职称制度改革工作的统一领导。各级人力资源社会保障部门、财政部门具体负责会计人员职称制度改革的政策制定、组织实施和监督检查工作。各地、各有关部门和单位应当根据本指导意见要求，抓紧制定具体实施方案和配套办法。在推进改革过程中，要深入开展调查研究，细化工作措施，完善工作预案，确保改革顺利进行。

（二）加强政策衔接，稳妥有序推进

要抓紧清理与会计人员职称制度有关的政策文件，保证会计人员职称制度的协调统一。要妥善做好新老人员过渡和新旧政策衔接工作，确保改革顺利有序推进。国家增设正高级会计师之前，各地自行试点评审的会计系列正高级职称，要按照有关规定通过一定程序进行确认。在会计人员职称评审工作中，不得随意降低评价标准，不得擅自扩大评审范围。

（三）加强宣传引导，推动社会参与

各级人力资源社会保障部门、财政部门要加强宣传，搞好政策解读，引导会计人员积极参与会计人员职称制度改革，引导社会各有关方面支持会计人员职称制度改革，营造有利于推进改革的良好氛围。

本指导意见适用于国家机关、社会团体、公司、企业、事业单位和其他组织的会计人员。公务员符合条件的可以参加会计专业技术资格考试，但不得参加会计人员职称评审。

军队可结合自身实际制定会计人员职称评价的具体办法。

附件：会计人员职称评价基本标准条件

人力资源社会保障部

财政部

2019 年 1 月 11 日

附件

会计人员职称评价基本标准条件

一、遵守《中华人民共和国会计法》和国家统一的会计制度等法律法规。

二、具备良好的职业道德，无严重违反财经纪律的行为。

三、热爱会计工作，具备相应的会计专业知识和业务技能。

四、按照要求参加继续教育。

五、会计人员参加各层级会计人员职称评价，除必须达到上述标准条件外，还应分别具备以下标准条件：

（一）助理会计师

1. 基本掌握会计基础知识和业务技能。

2. 能正确理解并执行财经政策、会计法律法规和规章制度。

3. 能独立处理一个方面或某个重要岗位的会计工作。

4. 具备国家教育部门认可的高中毕业（含高中、中专、职高、技校）以上学历。

（二）会计师

1. 系统掌握会计基础知识和业务技能。

2. 掌握并能正确执行财经政策、会计法律法规和规章制度。

3. 具有扎实的专业判断和分析能力，能独立负责某领域会计工作。

4. 具备博士学位；或具备硕士学位，从事会计工作满 1 年；或具备第二学士学位或研究生班毕业，从事会计工作满 2 年；或具备大学本科学历或学士学位，从事会计工作满 4 年；或具备大学专科学历，从事会计工作满 5 年。

（三）高级会计师

1. 系统掌握和应用经济与管理理论、财务会计理论与实务。

2. 具有较高的政策水平和丰富的会计工作经验，能独立负责某领域或一个单位的财务会计管理工作。

3. 工作业绩较为突出，有效提高了会计管理水平或经济效益。

4. 有较强的科研能力，取得一定的会计相关理论研究成果，或主持完成会计相关研究课题、调研报告、管理方法或制度创新等。

5. 具备博士学位，取得会计师职称后，从事与会计师职责相关工作满 2 年；或具备硕士学位，或第二学士学位或研究生班毕业，或大学本科学历或学士学位，取得会计师职称后，从事与会计师职责相关工作满 5 年；或具备大学专科学历，取得会计师职称后，从事与会计师职责相关工作满 10 年。

（四）正高级会计师

1. 系统掌握和应用经济与管理理论、财务会计理论与实务，把握工作规律。

2. 政策水平高，工作经验丰富，能积极参与一个单位的生产经营决策。

3. 工作业绩突出，主持完成会计相关领域重大项目，解决重大会计相关疑难问题或关键性业务问题，提高单位管理效率或经济效益。

4. 科研能力强，取得重大会计相关理论研究成果，或其他创造性会计相关研究成果，推动会计行业发展。

5. 一般应具有大学本科及以上学历或学士以上学位，取得高级会计师职称后，从事与高级会计师职责相关工作满 5 年。

省级高端会计人才培养工程毕业学员，视同具备前述第 1 至第 4 项标准条件，满足第 5 项条件，即可申报评审正高级会计师职称。全国高端会计人才培养工程毕业学员，按程序由正高级职称评审委员会认定取得正高级会计师职称。

人力资源社会保障部　工业和信息化部关于深化工程技术人才职称制度改革的指导意见

人社部发〔2019〕16号

各省、自治区、直辖市及新疆生产建设兵团人力资源社会保障厅（局）、工业和信息化主管部门，中央和国家机关各部委、各直属机构人事部门，各中央企业人事部门：

工程技术人才是建设创新型国家和世界科技强国的重要力量。深化工程技术人才职称制度改革，对于提高我国原始创新能力、实现关键核心技术突破、促进产业结构优化升级具有重要意义。为贯彻落实中共中央办公厅、国务院办公厅印发的《关于深化职称制度改革的意见》，现就深化工程技术人才职称制度改革提出如下指导意见。

一、总体要求

（一）指导思想

以习近平新时代中国特色社会主义思想为指导，全面贯彻落实党的十九大和十九届二中、三中全会精神，认真落实党中央、国务院决策部署，坚定实施人才强国战略、制造强国战略和创新驱动发展战略，遵循工程技术人才成长规律，健全符合工程技术人才职业特点的职称制度，激发工程技术人才创新潜能，培养造就素质优良、结构合理、充满活力的工程技术人才队伍，为提升我国自主创新能力、加快建设创新型国家和世界科技强国提供人才支撑。

（二）基本原则

1. 坚持服务发展。围绕经济发展方式转变、产业结构调整要求，发挥人才评价“指挥棒”和风向标作用，激发工程技术人才创新创造活力，提升关键领域核心技术攻关能力，推动经济高质量发展。

2. 坚持遵循规律。遵循工程技术人才成长规律和不同发展阶段职业特点，建立科学分类、合理多元的评价体系，强化责任意识、弘扬科学精神，减少急功近利、浮夸张扬，营造潜心研究、追求卓越的制度环境。

3. 坚持科学评价。以职业分类为基础，以品德、能力、业绩为导向，分类制定评价标准，破除唯学历、唯资历、唯论文、唯奖项倾向，突出技术性、实践性和创新性，鼓励工程技术人才多出原创性高水平成果。

4. 坚持开放创新。立足我国工程技术人才队伍建设实际，充分借鉴国外人才评价创新做法，积极推动工程技术人才国际交流与合作，提高工程技术人才的专业化、职业化、国际化水平。

二、主要内容

通过健全制度体系、完善评价标准、创新评价机制、与人才培养使用相衔接、加强事中事后监管、优化公共服务等措施，形成设置合理、覆盖全面、评价科学、管理规范的工程技术人才职称制度。

（一）健全制度体系

1. 增设正高级工程师，高级职称分设副高级和正高级，初级职称分设员级和助理级。员级、助理级、中级、副高级和正高级职称名称依次为技术员、助理工程师、工程师、高级工程师和正高级工程师。

2. 建立专业设置动态调整机制。各地、各有关部门可围绕国家重大战略任务和未来产业发展方向，聚焦新技术、新工艺、新装备、新材料等战略性新兴产业，对工程系列相关评审专业进行动态调整，促进专业设置与国家战略需求和产业发展同步。

3. 实现职称制度与职业资格制度有效衔接。工程技术领域实行职业资格考试的专业，不再开展相应层级的职称评审。工程技术人才取得的工程领域职业资格，可对应相应层级的职称，并可作为申报高一级职称的条件。职业资格分级设置的，其初级（二级）、中级（一级）、高级分别对应职称的初级、中级、高级，未分级设置的一般对应中级职称，国家另有规定的除外。

4. 打通高技能人才与工程技术人才职业发展通道。按照两类人才贯通条件大体平衡、适当向高技能人才倾斜的原则，搭建高技能人才与工程技术人才成长立交桥。在工程技术领域生产一线岗位，从事技术技能工作的高技能人才，具有高级工以上职业资格或职业技能等级，符合工程技术人才职称评价基本标准条件，可参加工程系列职称评审。专业技术人才参加职业技能评价，可免于理论知识考试，注重技能水平考核，合格后取得相应技能人员职业资格证书或职业技能等级证书。

5. 工程技术人才各层级职称分别与事业单位专业技术岗位等级相对应。正高级对应专业技术岗位一至四级，副高级对应专业技术岗位五至七级，中级对应专业技术岗位八至十级，助理级对应专业技术岗位十一至十二级，员级对应专业技术岗位十三级。

（二）完善评价标准

1. 坚持德才兼备、以德为先。坚持把品德放在工程技术人才评价的首位，重点考察工程技术人才的职业道德。用人单位可通过个人述职、考核测评、民意调查等方式综合考察工程技术人才的职业操守和从业行为。对剽窃他人技术成果或伪造试验数据等学术不端行为，实行“一票否决制”，并向社会公开。对通过弄虚作假、暗箱操作等违纪违规行为取得的职称，一律予以撤销。

2. 突出评价能力和业绩。适应工程技术专业化、标准化程度高的特点，分专业领域完善工程技术人才评价标准。通用性强、适用范围广的专业评价标准由国家统一发布。重点评价工程技术人才发明创造、技术推广应用、工程项目设计、工艺流程标准开发、产品质量提升、科技成果转化等方面的能力，引导工程技术人才解决工程技术难题、实现现代工程技术突破。着力解决工程技术领域评价标准过于学术化问题，专利成果、技术报告、软课题研究报告、规划设计方案、施工或调试报告、工程试验报告、标准规范制定、行业工法等均可作为业绩成果。科学对待论文、论著等研究成果，科学引文索引、核心期刊论文发表数量、论文引用榜单和影响因子排名等仅作为评价参考，重大原创性研究成果可“一票决定”。外语和计算机应用能力不作统一要求，由用人单位或评审机构根据需要自主确定。

3. 实行国家标准、地区标准和单位标准相结合。人力资源社会保障部会同工业和信息化部等有关行业主管部门研究制定《工程技术人才职称评价基本标准条件》（附后）。各地区可根据本地区经济社会发展情况，制定地区标准。具有自主评审权的用人单位可结合本单位实际，制定单位标准。地区标准和单位标准不得低于国家标准。支持龙头企业、行业协会学会等参与制定评价标准。

（三）创新评价机制

1. 改进评价方式。建立以同行专家评议为基础的业内评价机制，注重社会和业内认可。综合采用考试、评审、考核认定、个人述职、面试答辩、实践操作、业绩展示等多种评价方式，提高职称评价的针对性和科学性。为涉密领域工程技术人才开辟特殊通道，采取特殊评价办法。对在艰苦边远地区和基层一线工作的工程技术人才，可以采取“定向评价、定向使用”的方式，重点考察其实际工作业绩，适当放宽学历、科研能力要求。

2. 畅通评价渠道。非公有制领域工程技术人才一般按照属地原则申报职称评审。各地人力资源社会保障部门和有关行业主管部门要通过驻厂设点、建立代办机构、入驻办事大厅等方式建立兜底机制，确保非公有制领域工程技术人才平等参与职称评审。要积极依托具备条件的行业协会、专业学会、公共人才服务机构等，为非公有制经济组织、社会组织和新兴职业领域工程技术人才提供职称评价服务。

3. 建立绿色通道。鼓励工程技术人才围绕国家重大战略和社会需求，潜心研究、攻坚克难，提高关键环节和重点领域创新能力。在信息、制造、能源、材料等领域突破关键核心技术、作出重大贡献的工程技术人才，可直接申报评审正高级工程师职称。对引进的海外高层次人才和急需紧缺人才，进一步打破条条框框的限制，引入国际同行评价，建立职称评审绿色通道。

（四）与人才培养使用相衔接

1. 促进职称制度与人才培养制度有效衔接。推动工程技术人才职称制度与工程类专业学位研究生教育有效衔接，获得工程类专业学位的工程技术人才，可提前1年参加相应专业职称评审，探索在相应职业资格考试中缩短工作年限要求或免试部分考试科目。结合工程技术领域人才需求和职业标准，提高工程教育质量，加快重点行业、重要专业人才培养。强化协同育人理念，充分发挥企业等用人单位的重要作用，通过校企合作办学等方式，促进评价标准与培养标准深度融合。工程技术人才应按规定参加继续教育，不断提高创新能力和专业水平。

2. 实现职称制度与用人制度有效衔接。全面实行岗位管理、工程技术人才素质与岗位职责密切相关的事业单位，一般应在岗位结构比例内开展职称评审，聘用具有相应职称的工程技术人才到相应岗位。不实行事业单位岗位管理的用人单位，可根据工作需要，择优聘任具有相应职称的工程技术人才从事相关岗位工作。健全考核制度，加强聘后管理，在岗位聘用中实现人员能上能下。

（五）加强事中事后监管

1. 建立健全各级职称评审委员会。坚持职称评审委员会核准备案制度，完善职称评审委员会工作程序和评审规则。加强职称评审委员会评价能力建设，建立评审专家动态管理机制，注重遴选能力业绩突出、声望较高的同行专家和活跃在生产一线的工程技术人才担任评委。严肃评审工作纪律，对违反评审纪律的评审专家，应及时取消评审专家资格，列入“黑名单”。各省（自治区、直辖市）、国务院有关部门、中央企业可按规定成立工程系列高级职称评审委员会。国务院有关部门和中央企业成立的高级职称评审委员会报人力资源社会保障部核准备案，其他高级职称评审委员会报省级人力资源社会保障部门核准备案。

2. 下放职称评审权限。科学界定、合理下放职称评审权限，逐步将工程系列高级职称评审权下放到工程技术人才密集、技术水平高的大型企业、事业单位。自主评审单位组建的高级职称评审委员会应当按照管理权限报省级以上人力资源社会保障部门核准备案。自主评审结果报相应人力资源社会保障部门备案。各级人力资源社会保障部门要做好职称评审结果的统计和查询验证工作。

3. 转变监督管理方式。要建立职称评审随机抽查、巡查制度，加强对职称评审全过程的监督管理，强化单位自律和外部监督。畅通意见反映渠道，对群众反映或舆情反映较强烈的问题，有针对性地进行专项核查，及时妥善处理。因评审工作把关不严、程序不规范，造成投诉较多、争议较大的，要责令限期整改；对整改无明显改善或逾期不予整改的，暂停其评审工作直至收回评审权，并追究责任。

（六）优化公共服务

1. 健全公共服务体系。推行个人诚信承诺制度，精减申报材料，减少证明事项，优化审核、评审程序，减轻工程技术人才评审负担。加强项目评审、人才评价和机构评估等相关业务统筹，加大申报材料和业绩成果信息共享，实行材料一次报送、一表多用。加快推进职称评审信息化建设，探索实行网上申报、网上评审、网上查询验证。

2. 加强工程师资格国际互认。按照《华盛顿协议》框架规则，在健全完善工程教育专业认证基础上，在条件成熟的工程技术领域探索开展工程师资格国际互认。以国际工程联盟（IEA）、国际咨询工程师联合会（FIDIC）等国际组织为平台，主动参与国际工程师评价标准制定，加强工程技术人才国际交流。

三、组织实施

（一）提高认识，加强领导

职称制度改革涉及广大工程技术人才的切身利益，各地区、各有关部门要充分认识改革的重要性、复杂性、敏感性，加强组织领导，狠抓工作落实，确保各项改革措施落到实处。各级人力资源社会保障部门会同工业和信息化等有关行业主管部门，具体负责工程技术人才职称制度改革的政策制定、组织实施和监督检查工作。各有关部门要密切配合，相互协调，确保改革各项工作顺利推进。

（二）精心组织，稳慎实施

各地区、各有关部门要根据本指导意见，紧密结合实际，抓紧制定具体实施方案和配套办法。在推进改革过程中，要深入开展调查研究，细化工作措施，完善工作预案，确保改革顺利进行。国家增设正高级工程师之前，各地自行试点评审的工程系列正高级职称，要按有关规定通过一定程序进行确认。在改革中要认真总结经验，及时解决改革中出现的新情况、新问题，妥善处理改革、发展和稳定的关系。

（三）加强宣传，营造环境

各地区、各有关部门要加强宣传引导，搞好政策解读，充分调动工程技术人才的积极性，引导工程技术人才积极支持和参与工程技术人才职称制度改革，营造有利于工程技术人才职称制度改革的良好氛围。

本指导意见适用于机械、材料、冶金、电气、电子、信息通信、仪器仪表、能源动力、广播电视、控制工程、计算机、自动化、建设、土木、水利、测绘、气象、化工、地质、矿业、石油与天然气、纺织、轻工、交通运输、船舶与海洋、航空宇航、兵器、核工程、林业工程、城乡规划、风景园林、环境、生物、食品、安全、质量、计量、标准化等领域的工程技术人才。

附件：工程技术人才职称评价基本标准条件

人力资源社会保障部

工业和信息化部

2019 年 2 月 1 日

附件

工程技术人才职称评价基本标准条件

一、遵守中华人民共和国宪法和法律法规。

二、具有良好的职业道德、敬业精神，作风端正。

三、热爱本职工作，认真履行岗位职责。

四、按照要求参加继续教育。

五、法律法规规定需取得职业资格的，应具备相应职业资格。

六、工程技术人才申报各层级职称，除必须达到上述基本条件外，还应分别具备以下条件：

（一）技术员

1. 熟悉本专业的基础理论知识和专业技术知识。

2. 具有完成一般技术辅助性工作的实际能力。

3. 具备大学本科学历或学士学位；或具备大学专科、中等职业学校毕业学历，在工程技术岗位上见习1年期满，经考察合格。技工院校毕业生按国家有关规定申报。

（二）助理工程师

1. 掌握本专业的基础理论知识和专业技术知识。

2. 具有独立完成一般性技术工作的实际能力，能处理本专业范围内一般性技术难题。

3. 具有指导技术员工作的能力。

4. 具备硕士学位或第二学士学位；或具备大学本科学历或学士学位，在工程技术岗位见习1年期满，经考察合格；或具备大学专科学历，取得技术员职称后，从事技术工作满2年；或具备中等职业学校毕业学历，取得技术员职称后，从事技术工作满4年。技工院校毕业生按国家有关规定申报。

（三）工程师

1. 熟练掌握并能够灵活运用本专业基础理论知识和专业技术知识，熟悉本专业技术标准和规程，了解本专业新技术、新工艺、新设备、新材料的现状和发展趋势，取得有实用价值的技术成果。

2. 具有独立承担较复杂工程项目的工作能力，能解决本专业范围内较复杂的工程问题。

3. 具有一定的技术研究能力，能够撰写为解决复杂技术问题的研究成果或技术报告。

4. 具有指导助理工程师工作的能力。

5. 具备博士学位；或具备硕士学位或第二学士学位，取得助理工程师职称后，从事技术工作满2年；或具备大学本科学历或学士学位，取得助理工程师职称后，从事技术工作满4年；或具备大学专科学历，取得助理工程师职称后，从事技术工作满4年。技工院校毕业生按国家有关规定申报。

（四）高级工程师

1. 系统掌握专业基础理论知识和专业技术知识，具有跟踪本专业科技发展前沿水平的能力，熟练运用本专业技术标准和规程，在相关领域取得重要成果。

2. 长期从事本专业工作，业绩突出，能够独立主持和建设重大工程项目，能够解决复杂工程问题，取得了较高的经济效益和社会效益。

3. 取得工程师职称后，业绩、成果要求符合下列条件之一：

（1）主持或承担研制开发的新产品、新材料、新设备、新工艺等已投入生产，可比性技术经济指标处于国内较高水平；

（2）作为主要发明人，获得具有较高经济和社会效益的发明专利；

（3）参与的重点项目技术报告，经同行专家评议具有较高技术水平，技术论证有深度，调研、设计、测试数据齐全、准确；

（4）发表的本领域研究成果，受到同行专家认可；

（5）作为主要参编者，参与完成省部级以上行业技术标准或技术规范的编写。

4. 在指导、培养中青年学术技术骨干方面发挥重要作用，能够指导工程师或研究生的工作和学习。

5. 具备博士学位，取得工程师职称后，从事技术工作满 2 年；或具备硕士学位，或第二学士学位，或大学本科学历，或学士学位，取得工程师职称后，从事技术工作满 5 年。技工院校毕业生按国家有关规定申报。

6. 不具备前项规定的学历、年限要求，业绩突出、作出重要贡献的，可由 2 名本专业或相近专业正高级工程师推荐破格申报，具体办法由各地、各有关部门和单位另行制定。

（五）正高级工程师

1. 具有全面系统的专业理论和实践功底，科研水平、学术造诣或科学实践能力强，全面掌握本专业国内外前沿发展动态，具有引领本专业科技发展前沿水平的能力，取得重大理论研究成果和关键技术突破，或在相关领域取得创新性研究成果，推动了本专业发展。

2. 长期从事本专业工作，业绩突出，能够主持完成本专业领域重大项目，能够解决重大技术问题或掌握关键核心技术，取得了显著的经济效益和社会效益。

3. 在本专业领域具有较高的知名度和影响力，在突破关键核心技术和自主创新方面作出突出贡献，发挥了较强的引领和示范作用。

4. 取得高级工程师职称后，业绩、成果要求符合下列条件之一：

（1）主持研制开发的新产品、新材料、新设备、新工艺等已投入生产，可比性技术经济指标处于国内领先水平；

（2）作为第一发明人，获得具有显著经济和社会效益的发明专利；

（3）承担的重点项目技术报告，经同行专家评议具有国内领先水平，技术论证有深度，调研、设计、测试数据齐全、准确；

（4）发表的本领域研究成果，经同行专家评议具有较高学术价值；

（5）作为第一起草人，主持完成省部级以上行业技术标准或技术规范的编写。

5. 在指导、培养中青年学术技术骨干方面作出突出贡献，能够有效指导高级工程师或研究生的工作和学习。

6. 一般应具备大学本科及以上学历或学士以上学位，取得高级工程师职称后，从事技术工作满 5 年。技工院校毕业生按国家有关规定申报。

人力资源社会保障部　中国民用航空局关于深化民用航空飞行技术人员职称制度改革的指导意见

人社部发〔2019〕19 号

各省、自治区、直辖市及新疆生产建设兵团人力资源社会保障厅（局），民航各地区管理局，各运输（通用）航空、服务保障公司，各机场公司，民航局直属各单位：

为贯彻落实中共中央办公厅　国务院办公厅印发的《关于深化职称制度改革的意见》，建设高素质专业化的民用航空飞行技术人才队伍，保障民航事业健康有序发展，现就深化民用航空飞行技术人员（以下简称飞行技术人员）职称制度改革提出如下指导意见。

一、总体要求

（一）指导思想

以习近平新时代中国特色社会主义思想为指导，全面贯彻落实党的十九大及十九届二中、三中全会精神，认真落实党中央、国务院决策部署，遵循飞行技术人员成长规律，健全完善符合飞行技术人员职业特点的职称制度，畅通飞行技术人员职业发展通道，更加科学客观公正地评价飞行技术人员，为推进新时代民航强国建设提供人才支撑。

（二）基本原则

1. 遵循规律，突出特点。遵循飞行技术人员成长规律，突出飞行技术职业特点，引导飞行技术人员提升专业技术能力，提升飞行技术人才队伍整体素质。

2. 统一制度，分类管理。健全完善统一的飞行技术人员职称制度，根据运输航空和通用航空飞行技术人员的不同特点，统筹兼顾不同作业形式实际，分类施策，分别评价。

3. 科学评价，激励创新。以品德、能力、业绩为导向，发挥人才评价“指挥棒”作用，激励飞行技术人员遵循飞行规律，学习钻研业务，积极总结经验，提高技术水平，保障飞行安全。

4. 以用为本，发挥作用。围绕用好用活人才，创新人才评价机制，促进人才评价与使用相结合，促进飞行技术人员职业发展。

二、主要内容

（一）健全制度体系

1. 明确评审范围。飞行技术人员职称评审范围为民用航空器驾驶人员，包括民航飞行员、领航员、飞行通信员和飞行机械员。其中，领航、飞行通信和飞行机械三类专业不再单独设置评审条件，参照飞行员条件进行评审，其飞行时间按30%折算为飞行经历时间。

2. 健全层级设置。飞行技术人员职称设初级、中级、高级，高级分设副高级和正高级。初级、中级、副高级和正高级的名称分别为三级飞行员（领航员、飞行通信员、飞行机械员）、二级飞行员（领航员、飞行通信员、飞行机械员）、一级飞行员（领航员、飞行通信员、飞行机械员）和正高级飞行员（领航员、飞行通信员、飞行机械员）。

3. 飞行技术人员职称分别与事业单位专业技术岗位等级相对应。正高级对应专业技术岗位一至四级，副高级对应专业技术岗位五至七级，中级对应专业技术岗位八至十级，初级对应专业技术岗位十一至十三级。

（二）完善评价标准

1. 坚持德才兼备，以德为先。坚持把品德放在评价飞行技术人员的首位，重点考察飞行技术人员的职业道德。用人单位通过个人述职、考核测评、民意调查等方式全面考察飞行技术人员的职业操守和从业行为。积极引导飞行技术人员践行当代民航精神。建立和完善诚信承诺和失信惩戒机制，实行申报材料造假“一票否决制”，对通过弄虚作假、暗箱操作等违纪违规行为取得的职称，一律予以撤销。

2. 科学设置评审条件。以飞行技术职业属性和岗位需求为基础，以品德、能力和业绩为导向，注重考察飞行技术人员的专业性、技术性和实践性。三级飞行员、二级飞行员突出操作性和安全记录考察，论文不做限制性要求；一级飞行员、正高级飞行员注重考察实际贡献，突出实际能力，合理确定论文要求。鼓励飞行技术人员参加继续教育，参与教学和科研工作。

根据运输航空和通用航空职业特点，合理设置包括飞行总时间、飞行经历时间等在内的专业条件要求。对于通用航空转为运输航空的飞行技术人员，其从事通用航空飞行的飞行时间可以用于申报运输航空各级别职称。

3. 突出评价业绩水平和实际贡献。将飞行技术人员履行岗位职责的工作绩效和安全飞行记录作为考核重点内容，增加新技术应用、标准制定、决策咨询、公共服务等方面的业绩条件，将业绩成果的安全效益和社会效益作为职称评审的重要内容。

4. 开辟职称评审绿色通道。对于在保障飞行安全、解决重大飞行技术难题、避免重大飞行事故、挽救人民生命财产中作出重大贡献的飞行技术人员，开辟特殊通道，采取特殊方式直接申报评审高级职称。

5. 对外语和计算机应用能力不作统一要求。对通用航空飞行技术人员外语能力不作要求；运输航空飞行技术人员外语能力采用国际民航组织（ICAO）英语等级要求进行评价。对于年龄较大长期从事一线飞行技术工作的人员可不作外语要求。飞行技术人员各级别职称评审，计算机应用能力不作要求。

（三）创新评价机制

1. 完善以同行专家评审为基础的业内评价机制。加强民航飞行技术职称评审委员会专家库建设，积极吸纳拥有丰富驾驶和管理经验的优秀一线飞行员担任评审专家。评审专家库实行动态管理。进一步健全评委会工作程序和评审规则。根据飞行技术专业特点和安全要求，正高级飞行员和一级飞行员由中国民用航空局（以下简称民航局）统一组织评审，评审委员会报人力资源社会保障部核准备案。引导和鼓励具备条件的企事业单位成立二级飞行员评审委员会，经民航局核准备案后自主开展评审。

2. 促进职称制度与用人制度的有效衔接。坚持以用为本，实现职称评价结果与飞行技术人员聘用、考核、晋升等用人制度的衔接。对于一级飞行员及以下职称，在不实行岗位管理的单位中，可采用评聘分开方式；在全面实行岗位管理的事业单位中，一般应在岗位结构比例内开展评审。正高级飞行员数量由国家实行结构比例和总量控制。

（四）改进服务方式

1. 探索建立社会化职称评审服务机构。按照个人自主申报、单位择优推荐、业内公正评价、政府指导监督的社会化评审机制，探索选择有意愿、有能力的飞行技术人员服务机构、行业协会等社会组织，组建二级飞行员职称评审委员会，承担不具备评审能力的航空企事业单位的职称评审工作，畅通非公有制经济组织、社会组织、自由职业飞行技术人员职称申报渠道。社会化评审机构的评审结果报民航局备案。

2. 强化职称评审服务体系建设。进一步发挥民航专家管理办公室作用，优化管理服务流程。推进飞行技术人员职称评审信息化建设，继续加强职称申报及评审系统功能开发，逐步实现职称网上申报、审核、评审、结果公示和查询。加强行业内职称评审基础信息库建设，探索推行职称电子证书、电子专业技术档案，逐步实现职称证书网上查询验证。完善职称证书管理办法，优化办理程序，职称证书在民航行业内统一认可。

三、组织实施

（一）加强领导，落实责任

要充分认识飞行技术人员职称制度改革的重要意义，高度重视改革工作。人力资源社会保障部会同民航局负责飞行技术人员职称制度改革的政策制定、组织实施和监督检查工作，各地人力资源社会保障部门根据职能做好相关工作。充分发挥国有大型民航企业、重点事业单位专业优势，吸纳其参与评价标准制定和评审工作，引导其有序开展自主评审，将评价结果与使用有机结合。

（二）精心组织，稳慎实施

对改革前由民航局试点评审的正高级飞行员（原民航特级飞行员），要按照有关规定通过一定程序进行确认。企事业单位、社会组织经授权自主开展的二级飞行员评审工作，要严格按照本意见有关规定执行，不得随意降低评价标准条件，不得擅自扩大评审范围。

（三）强化监督，确保公平

建立职称评审公开制度，相关部门、企事业单位负责人和工作人员不得利用职务之便为本人或他人评定职称谋取利益。建立职称评审回避制度和公示制度。完善退出机制，对违反制度、程序、超范围评审及不能正确行使评审权、不能保证评审质量的，视情况责令整改或暂停评审工作，直至取消职称评审权。突出职称评审公益性，加强评价能力建设，强化自我约束和外部监督，严禁社会组织以营利为目的开展职称评审。

附件：民用航空飞行技术人员职称评价基本标准条件

人力资源社会保障部
中国民用航空局
2019 年 2 月 26 日

附件

民用航空飞行技术人员职称评价基本标准条件

一、遵守中华人民共和国宪法和法律法规，德才兼备，爱岗敬业，具有良好的政治素质和职业道德。

二、具有相应的专业知识和技术水平，能够履行民用航空器驾驶等工作岗位职责，积极参加继续教育。

三、身心健康，具备从事飞行技术工作的身体条件。

四、民用航空飞行技术人员申报各层级职称，除必须达到上述基本条件外，还应分别具备以下标准条件：

三级飞行员

（一）飞行时间要求

1. 从事运输航空飞行的申报人员应取得商用驾驶员执照，并取得副驾驶资格，总飞行时间不少于 500 小时。

2. 从事通用航空飞行的申报人员应取得商用驾驶员执照，总飞行经历时间不少于 500 小时。

（二）专业条件

1. 具有飞行技术专业的基础理论知识，较熟练地掌握机上设备的工作原理、使用程序和操作方法，并熟知飞行手册、有关条例细则和规章制度。

2. 具有完成一般飞行任务的技能，能正确判断和处理飞行中的特殊情况，能胜任本职工作。

（三）考核要求

本年度考核达到合格及以上，且未发生人为责任飞行事故或事故征候。

（四）学历、资历条件

符合下列条件之一：

1. 取得大学专科及以上学历或学士及以上学位，从事飞行技术专业工作满一年，经考核合格。

2. 取得高中或同等学历，从事飞行技术专业工作满四年，经考核合格。

二级飞行员

（一）飞行时间要求

1. 从事运输航空飞行的申报人员应取得航线运输驾驶员执照，总飞行时间不少于 3 000 小时。

2. 从事通用航空飞行的申报人员应取得商用驾驶员执照，总飞行经历时间不少于 1 500 小时，其中担任机长累计年限满 1 年，累计机长飞行经历时间不少于 500 小时。

（二）专业条件

1. 专业理论知识要求

（1）具有较系统的飞行技术专业基础理论知识，对某一分支领域有一定的研究，并了解相关专业的理论知识。

（2）基本掌握民航各项相关政策、法规和规章，以及本专业的技术标准、规范和程序。

（3）能了解国内外飞行专业的技术现状和发展趋势，学习新知识、新理论和新技术，并应用于实际工作。

2. 工作经历和能力要求

（1）具有一定的飞行实践经验和专业技能。

（2）具有完成较复杂飞行任务的技能，能够利用本专业理论和技术处理工作中的实际问题。

（3）在培养和提高飞行技术人员的业务技术及安全管理水平等方面有一定的指导能力，具有组织和指导三级飞行员工作的经历和能力。

3. 工作业绩要求

取得三级飞行员职称以来，取得以下业绩成果之一：

（1）参与完成经同行专家评议认为有影响的省、部级及以上相关项目一项，项目成果被采用。

（2）参与民航局组织的新技术推广应用、行业标准制定、政策决策咨询或民航公共服务等工作一项，业绩显著，获得民航业务主管部门认可。

（3）发现影响飞行安全的重大隐患，对保证飞行安全成绩突出，获得所在单位集团（总公司）认可。

（4）参与制定过公司级及以上技术标准、技术手册等，经批准已实施。

（5）获省、部级及以上相关成果奖项一项。

（6）长期坚持在一线从事飞行技术工作，工作业绩突出，且满足以下条件：

1）从事运输航空飞行的申报人员累计总飞行时间达到 4 000 小时及以上，其中担任机长累计年限满 1 年，累计机长飞行经历时间达到 1 000 小时及以上。

2）从事通用航空飞行的申报人员飞行经历时间达到 2 000 小时及以上，其中担任机长累计年限满 2 年，累计机长飞行经历时间达到 1 000 小时及以上。

（三）外语条件

从事通用航空飞行的申报人员，不作外语要求；从事运输航空飞行的申报人员，外语应符合下列条件之一：

1. 取得国际民航组织（ICAO）英语语言能力四级及以上合格证书。

2. 对于年满 50 周岁且长期从事一线飞行技术工作的申报人员，不作外语要求。

（四）考核要求

近四年年度考核达到合格及以上，且未发生人为责任飞行事故或事故征候。

（五）学历、资历条件

符合下列条件之一：

1. 具备大学专科及以上学历或学士及以上学位，取得三级飞行员职称后，从事飞行技术工作满四年。

2. 具备高中及同等学历，从事飞行技术专业工作满十年，或取得三级飞行员职称后，从事飞行技术工作满四年。

一级飞行员

（一）飞行时间要求

1. 从事运输航空飞行的申报人员应取得航线运输驾驶员执照，总飞行时间不少于6 000小时，其中担任机长累计年限满5年，累计机长飞行经历时间不少于3 000小时。

2. 从事通用航空飞行的申报人员应取得商用驾驶员执照或航线运输驾驶员执照，总飞行经历时间不少于3 000小时，其中担任机长累计年限满5年，累计机长飞行经历时间不少于2 000小时。

（二）专业条件

1. 专业理论知识要求

（1）具有系统的飞行技术专业基础理论知识，对某一分支领域有较深入的研究，并掌握相关专业的理论知识，有一定的理论水平。

（2）掌握民航各项相关政策、法规和规章，以及本专业的技术标准、规范和程序。

（3）能跟踪国内外飞行专业的技术现状和发展趋势，掌握新知识、新理论和新技术，并改进实际工作。

2. 工作经历和能力要求

（1）具有较丰富的飞行实践经验和较高水平的专业技能。

（2）具有完成复杂飞行任务的技能，能够解决本专业范围内理论和技术方面的疑难问题。

（3）在培养和提高飞行技术人员的业务技术及安全管理水平等方面有较强的指导能力，具有检查和指导二级飞行员工作和学习的能力。

3. 工作业绩要求

取得二级飞行员职称以来，取得以下业绩成果之一：

（1）主持完成经同行专家评议认为有影响的省、部级及以上相关项目一项，项目成果被采用。

（2）参与民航局组织的新技术推广应用、行业标准制定、政策决策咨询或民航公共服务等工作一项，业绩显著，获得民航业务主管部门认可。

（3）发现影响飞行安全的重大隐患，对保证飞行安全成绩显著、有较大贡献，个人荣获民航局通报嘉奖及以上奖励。

（4）作为主要执笔人之一制定过本专业技术标准、技术手册等，经民航局、民航地区管理局或其派出机构（局方）批准已实施。

（5）飞行安全纪录好，个人荣获民航局授予的安全奖励。

（6）获省、部级及以上相关成果奖项一项。

（7）长期坚持在一线从事飞行技术工作，工作业绩突出，且满足以下条件：

1）从事运输航空飞行的申报人员累计总飞行时间达到8 000小时及以上，其中担任机长累计年限满5年，累计机长飞行经历时间达到4 000小时及以上，担任飞行教员累计年限满 2 年。

2）从事通用航空飞行的申报人员飞行经历时间达到 5 000 小时及以上，其中担任机长累计年限满 8 年，累计机长飞行经历时间达到 3 000 小时及以上。

（三）外语条件

从事通用航空飞行的申报人员，不做外语要求；从事运输航空飞行的申报人员，外语应符合下列条件之一：

1. 取得国际民航组织（ICAO）英语语言能力四级及以上合格证书。

2. 对于年满 55 周岁且长期从事一线飞行技术工作的申报人员，不做外语要求。

（四）考核要求

近五年年度考核达到合格及以上，且未发生人为责任飞行事故或事故征候。

（五）学历、资历条件

具备大学专科及以上学历或学士及以上学位，取得二级飞行员职称后，从事飞行技术工作满五年。

正高级飞行员

（一）飞行时间要求

1. 从事运输航空飞行的申报人员应取得航线运输驾驶员执照，总飞行时间不少于 10 000 小时，其中担任机长累计年限满 10 年，累计机长飞行经历时间不少于 6 000 小时，担任飞行教员累计年限满 2 年。

2. 从事通用航空飞行的申报人员应取得商用驾驶员执照或航线运输驾驶员执照，总飞行经历时间不少于 5 000 小时，其中担任机长累计年限满 10 年，累计机长飞行经历时间不少于 3 000 小时。

（二）专业条件

1. 专业理论知识要求

（1）具有系统、扎实的飞行技术专业基础理论知识，对某一分支领域有深入的研究，并熟练地掌握相关专业的理论知识，有较高的理论水平。

（2）熟练掌握民航各项相关政策、法规和规章，以及本专业的技术标准、规范和程序。

（3）能及时跟踪国内外飞行专业的技术现状和发展趋势，研究新知识、新理论和新技术，并指导实际工作。

2. 工作经历和能力要求

（1）具有丰富的飞行实践经验和高水平的专业技能。

（2）具有完成各种复杂飞行任务的技能，能够帮助指导和具体解决本专业范围内理论和技术方面的疑难问题。

（3）在培养和提高飞行技术人员的业务技术及安全管理水平等方面有非常强的指导能力，具有检查和督导一级飞行员工作和研究的能力。

3. 工作业绩要求

取得一级飞行员职称以来，取得以下业绩成果之一：

（1）主持完成经同行专家评议认为有影响的省、部级及以上相关项目两项，项目成果被采用。

（2）参与民航局组织的新技术推广应用、行业标准制定、政策决策咨询或民航公共服务等工作两项，业绩显著，获得民航业务主管部门认可。

（3）发现影响飞行安全的重大隐患，对保证飞行安全成绩显著、有重要贡献，个人荣获民航局二等功及以上。

（4）在飞行处于危急关头或设备面临损毁的情况下，或在抢险救灾中采取果断有效的措施，使国家财产和人民生命安危免受重大损失，成绩卓著。

（5）作为主要执笔人之一制定过两部及以上本专业技术标准、技术手册等，经民航局、民航地区管理局或其派出机构（局方）批准已实施。

（6）飞行安全纪录好，个人荣获民航局授予的安全奖励。

（7）获省、部级及以上相关成果奖项两项。

（8）长期坚持在一线从事飞行技术工作，工作业绩突出，且满足以下条件：

1）从事运输航空飞行的申报人员累计总飞行时间达到 12 000 小时及以上，其中担任机长累计年限满 10 年，累计机长飞行经历时间达到 8 000 小时及以上，担任飞行教员累计年限满 5 年。

2）从事通用航空飞行的申报人员飞行经历时间达到 8 000 小时及以上，其中担任机长累计年限满 10 年，累计机长飞行经历时间达到 5 000 小时及以上。

（三）外语条件

从事通用航空飞行的申报人员，不做外语要求；从事运输航空飞行的申报人员，外语应符合下列条件之一：

1. 取得国际民航组织（ICAO）英语语言能力四级及以上合格证书。

2. 对于年满 55 周岁且长期从事一线飞行技术工作的申报人员，不做外语要求。

（四）考核要求

近五年年度考核达到合格及以上，且未发生人为责任飞行事故或事故征候。

（五）学历、资历条件

一般应具备大学本科及以上学历或学士及以上学位；取得一级飞行员职称后，从事飞行技术工作满五年。

人力资源社会保障部　科技部关于深化自然科学研究人员职称制度改革的指导意见

人社部发〔2019〕40号

各省、自治区、直辖市及新疆生产建设兵团人力资源社会保障厅（局）、科技厅（委、局），中央和国家机关各部委、各直属机构人事部门，各中央企业人事部门：

自然科学研究人员是我国专业技术人才队伍的重要组成部分，是推进科技创新发展、建设创新型国家和世界科技强国的重要力量。为贯彻落实中共中央办公厅、国务院办公厅印发的《关于深化职称制度改革的意见》，现就深化自然科学研究人员职称制度改革提出如下指导意见。

一、总体要求

（一）指导思想

以习近平新时代中国特色社会主义思想为指导，全面贯彻党的十九大和十九届二中、三中全会精神，认真落实党中央、国务院决策部署，深入实施科教兴国战略、人才强国战略和创新驱动发展战略，以激发自然科学研究人员的积极性、创造性为核心，尊重科研人员成长规律，建立符合自然科学研究人员职业特点的职称制度，发挥好人才评价“指挥棒”和风向标作用，培养造就高水平创新型自然科学研究人员队伍，为高质量发展提供人才支撑。

（二）基本原则

1. 坚持遵循规律。遵循自然科学研究人员成长规律和科技创新规律，尊重科学研究灵感瞬间性、方式随意性、路径不确定性的特点，引导自然科学研究人员攻坚克难、追求卓越。

2. 坚持科学评价。以品德、能力、业绩为导向，科学制定评价标准，破除唯学历、唯资历、唯论文、唯奖项倾向。坚持分类评价，丰富评价方式，注重同行和业内认可，探索引入国际同行评价，客观科学公正评价科研人员。

3. 坚持鼓励创新。面向世界科技前沿、面向经济主战场、面向国家重大需求，形成并实施有利于科研人员潜心研究和创新的人才评价制度，充分释放科研人员创新活力，营造鼓励创新、宽容失败的科研氛围。

4. 坚持以用为本。着眼于用好用活人才、提高人才效能，充分发挥用人主体的主导作用，把科研人员职称评价与使用紧密结合，做到人尽其才、才尽其用，促进自然科学研究人员职业发展，满足用人单位选才用才需求。

二、主要内容

通过完善评价标准、创新评价机制、促进与用人制度有效衔接、加强职称评审监督服务等措施，进一步健全自然科学研究人员职称制度。

（一）完善评价标准

1. 坚持德才兼备、以德为先。坚持把品德放在自然科学研究人员评价的首位，通过个人述职、年度考核等方式加强对科学精神、职业道德、从业操守等方面的评价。强化科研人员的爱国情怀和社会责任，倡导追求真理、勇攀高峰的科学精神，树立勇于创新、严谨求实的学术风气，坚守道德底线，对科研不端行为实行“零容忍”。

2. 实行分类评价。根据不同类型科研活动特点，分类制定职称评价标准。对主要从事基础研究的人员，着重评价提出和解决重大科学问题、开展原创性科技创新的能力，重点考察研究成果的科学价值、学术水平和影响力等内容。对主要从事应用研究、技术开发与推广的人员，着重评价技术创新与集成能力、重大技术突破、成果转化效益、技术推广成效和对产业发展的实际贡献等。对主要从事科技咨询与科技管理服务的人员，着重评价其战略和政策研究能力、决策咨询服务水平、行业评价认可度和科技服务满意度等。

3. 推行代表作制度。将自然科学研究人员的代表性成果作为职称评审的重要内容，注重标志性成果的质量、贡献和影响力，改变片面将论文、著作、专利、资金数量等与职称评审直接挂钩的做法。丰富代表作形式，项目成果、研究报告、专著译著、技术标准规范等均可作为代表作。严格实行代表作审核制度，代表作应在本研究领域内具有较大影响力，受到同行专家的认可。

4. 实行国家标准、地区标准和单位标准相结合。人力资源社会保障部会同科学技术部等有关部门研究制定《自然科学研究人员职称评价基本标准条件》（附后）。各地区可根据本地区经济社会发展情况，制定地区标准。具有自主评审权的用人单位可结合本单位实际，制定单位标准。地区标准和单位标准不得低于国家标准。

（二）创新评价机制

1. 丰富职称评价方式。以同行专家评审为基础，注重引入市场评价和社会评价，发挥多元评价主体作用。基础和前沿技术研究人员以同行评价为主，倡导小同行评价，探索引入国际同行评价。应用研究人员、技术开发与推广人员、科技咨询人员等突出市场评价和社会评价。对特殊人才要打破常规、简化手续，采取特殊方式进行评价。注重个人评价与团队评价相结合，尊重、认可和科学评价个人在团队中的实际贡献。采取个人述职、面试答辩、业绩展示、专家评议等多种评价方式，提高职称评价的针对性和科学性。

2. 畅通职称评价渠道。进一步打破户籍、地域、身份、人事关系等制约，创造便利条件，畅通自然科学研究人员职称申报渠道。民办机构自然科学研究人员与公立机构自然科学研究人员在职称评审方面享有平等待遇。科研院所、高校等事业单位中经批准离岗创业或兼职的科研人员，3 年内可在原单位按规定正常申报职称，离岗创业或兼职期内工作业绩及取得的科研成果等可作为职称评审的重要依据。

3. 建立职称评审绿色通道。对取得重大原创性研究成果或关键核心技术突破，以及在经济社会事业发展中作出重大贡献的自然科学研究人员，可直接申报评审副研究员、研究员职称。对引进的海外高层次人才和急需紧缺人才，在职称评审中可放宽资历、年限等条件限制，其在国外从事科研工作的经历和贡献可作为职称评审的依据，不把教育、工作背景简单等同于科研水平。对长期在艰苦边远地区、野外台站和基层一线工作的自然科学研究人员，侧重考察其实际工作业绩，放宽学历、论文等要求。

（三）促进职称制度与用人制度有效衔接

1. 坚持以用促评。用人单位应当结合用人需求，将职称评审结果作为岗位聘用的重要依据，实现职称制度与岗位聘用、考核、晋升等用人制度相衔接。全面实行岗位管理、专业技术人才学术技术水平与岗位职责密切相关的事业单位，一般应在岗位结构比例内开展职称评审。不实行岗位管理的单位和人员，可采用评聘分开方式，自主择优聘用具有相应职称的人员从事研究工作。

2. 加强聘后管理。坚持“按需设岗、按岗聘用、竞争择优、合同管理”的原则，结合年度考核和聘期考核结果，对不符合岗位要求、不能履行岗位职责或年度考核不合格的自然科学研究人员，可按照有关规定调整岗位、低聘或者解聘，在岗位聘用中实现人员能上能下，改变给人才贴上“永久牌”标签的做法。

（四）加强职称评审监督和服务

1. 加强职称评审委员会建设。落实各级职称评审委员会核准备案管理制度，各省（自治区、直辖市）、国务院有关部门和单位可按规定成立自然科学研究系列高级职称评审委员会。国务院有关部门和单位成立的高级职称评审委员会报人力资源社会保障部核准备案，其他高级职称评审委员会报省级人力资源社会保障部门核准备案。完善评审专家遴选机制，明确评审专家责任，强化评审考核，建立倒查追责机制，提高职称评审的公平性和权威性。

2. 进一步下放职称评审权限。科学界定、合理下放职称评审权限，逐步将自然科学研究人员高级职称评审权下放到市地或符合条件的科研单位，充分发挥科研单位在职称评审中的主导作用。推动用人单位按照管理权限自主开展职称评审。自主评审单位组建的高级职称评审委员会应当按照管理权限报省级以上人力资源社会保障部门核准备案。自主评审结果报相应人力资源社会保障部门备案。

3. 严肃职称评审工作纪律。健全职称申报诚信承诺和失信联合惩戒机制，实行学术造假“一票否决制”，对通过弄虚作假、暗箱操作等违纪违规行为取得的职称，一律予以撤销。建立职称评审公开制度，实行政策公开、标准公开、程序公开、结果公开。加强对自主评审工作的监管，对于不能正确行使评审权、不能确保评审质量的，将暂停自主评审工作直至收回评审权。

4. 优化职称评审服务。加强职称评审信息化建设，减少各类申报表格和纸质证明材料。科研项目、人才支持计划等申报材料中与职称相关的内容，可作为职称评审的参考。在团队科研项目作出贡献的科研人员，在参加职称评审时，可提供团队科研项目情况、科研单位或项目组织实施单位对其在项目中作出实际贡献的情况说明等，作为业绩证明材料。

三、组织实施

（一）提高认识，加强领导

职称制度改革涉及自然科学研究人员的切身利益，各地区、各有关部门要充分认识改革的重要意义，高度重视改革工作。各级人力资源社会保障部门会同科学技术部门负责职称政策制定、组织实施和监督检查等工作。各有关部门要密切配合，建立有效工作机制，确保改革各项工作顺利推进。

（二）周密部署、狠抓落实

各地区、各有关部门要根据本意见精神，围绕改革重点任务，紧密结合实际，抓紧制定改革具体实施方案和配套办法，明确时间表、路线图、操作流程，把各项具体改革任务落实到责任人、责任部门，确保改革举措落到实处、见到实效。

（三）加强宣传，营造环境

各地区、各有关部门要深入细致地做好政策解释和宣传引导工作，广泛听取自然科学研究人员、相关单位和社会公众意见，回应社会关切，统筹处理好改革推进工作中遇到的新情况和新问题，引导科研人员积极支持和参与改革，营造共同推进改革的良好氛围。

军队可结合自身实际制定自然科学研究人员职称评审的具体办法。

附件：自然科学研究人员职称评价基本标准条件

人力资源社会保障部
科技部
2019 年 4 月 23 日

附件

自然科学研究人员职称评价基本标准条件

一、遵守中华人民共和国宪法和法律法规。

二、具有良好的科学道德，学风端正，恪守科研诚信，具有献身于科学研究事业的精神。

三、热爱本职工作，认真履行岗位职责。

四、按照要求参加继续教育。

五、自然科学研究人员参加各层级职称评审，除必须达到上述标准条件，还应分别具备以下基本条件：

（一）研究实习员（初级）

1. 基本掌握本学科基础理论和专业知识，初步了解本领域国内外研究现状和发展趋势。

2. 具备从事科学研究、技术应用、开发与推广、科技咨询与科技管理服务等工作的能力，能够胜任基础性工作。

3. 具备硕士学位；或具备大学本科学历或学士学位，1 年见习期满，经考核合格。

（二）助理研究员（中级）

1. 系统掌握本学科基础理论和专业知识，掌握必要的研究方法或实验技术，了解本学科领域国内外研究现状和发展趋势。

2. 从事基础研究的人员，参与选定科研项目和制定研究方案，能够独立撰写研究报告或发表研究论文，取得具有科学意义或实用价值的研究成果。

从事应用研究、技术开发与推广的人员，参与研究课题、科技成果转化或技术推广项目，为解决实际应用中的问题提供理论依据或技术支持，获得一定的经济和社会效益；或在野外科学工作中获得有意义的科学积累。

从事科技咨询与科技管理服务的人员，形成一定水平的技术咨询报告并被采纳，取得一定的社会效益。

3. 能够指导初级研究人员开展工作。

4. 具备博士学位；或者具备硕士学位，取得研究实习员职称后，从事研究工作满 2 年；或者取得研究实习员职称后，从事研究工作满 4 年。

（三）副研究员（副高级）

1. 具有较强的科研能力和较丰富的研究工作积累，能够创造性地开展研究工作，是本学科领域的学术骨干。

2. 从事基础研究的人员，能够提出有较大学术影响和应用价值的研究项目，提出有效的研究途径，制定可行的研究方案，解决科研工作中有重要意义的理论问题；或能够撰写较高水平的研究报告或发表较高学术价值的研究论文。

从事应用研究、技术开发与推广的人员，作为技术骨干能够取得具有较高实用价值或较大社会和经济效益的科技成果、关键技术成果、技术推广成效等；或作为主要发明人能够取得实用新型或发明专利；或作为主要完成人撰写省级（行业）以上技术标准，并颁布实施。

从事科技咨询与科技管理服务的人员，在科技咨询和战略政策研究方面取得具有较大影响的学术成果，能够撰写较高水平的咨询报告。

3. 具有指导、培养中初级研究人员或研究生的能力。

4. 具备博士学位，取得助理研究员职称后，从事研究工作满 2 年；或取得助理研究员职称后，从事研究工作满 5 年。

（四）研究员（正高级）

1. 科研工作能力强，研究工作积累深厚，学术造诣深，学科领域活跃度和影响力强，是本学科领域的学术和技术带头人。

2. 从事基础研究的人员，作为学术带头人能够组织带领科研团队从事高水平研究工作，取得具有一定影响的原创性科技成果或具有重要学术价值的科研成果；或能够开拓新的研究领域，创造性地解决学术问题，提出的学术观点或研究方法被国内外学术界公认和广泛引用，促进学科的发展；或能够撰写具有较高影响力的研究报告或发表产生较大学术影响的研究论文。

从事应用研究、技术开发与推广的人员，作为技术带头人取得具有显著社会和经济效益的关键技术成果，或作为技术负责人主持的科技推广项目达到显著规模、获得突出效益，或在解决国民经济、国家安全和社会发展的问题上，提出有价值的新思路、新方法；或作为第一编制人撰写省级（行业）以上技术标准，或作为主要完成人撰写国家级技术标准，并颁布实施。

从事科技咨询与科技管理服务的人员，在服务宏观决策方面有较大影响力，在咨询研究的理论方面取得具有重要影响的原创性成果，能够撰写具有较高影响力的研究报告。

3. 具有指导、培养副高级及以下研究人员或研究生的能力。

4. 一般应具有大学本科以上学历或学士以上学位，取得副研究员职称后，从事研究工作满 5 年。

六、不具备第五条规定的学历、年限等要求，业绩突出、作出重要贡献的，可由 2 名以上同行专家推荐破格申报，具体办法由各地、各有关部门和单位另行制定。

人力资源社会保障部关于深化经济专业人员职称制度改革的指导意见

人社部发〔2019〕53号

各省、自治区、直辖市及新疆生产建设兵团人力资源社会保障厅（局），国务院各部委、各直属机构人事部门，各中央企业人事部门：

经济专业人员是专业技术人才队伍的重要组成部分，是推动我国经济高质量发展的重要力量。为贯彻落实中共中央办公厅、国务院办公厅印发的《关于深化职称制度改革的意见》，现就深化经济专业人员职称制度改革提出如下指导意见。

一、总体要求

（一）指导思想

以习近平新时代中国特色社会主义思想为指导，全面贯彻党的十九大和十九届二中、三中全会精神，认真落实党中央、国务院决策部署，按照建设现代化经济体系和深化职称制度改革总体要求，遵循经济领域人才资源开发规律，健全完善符合经济专业人员职业特点的职称制度，科学客观公正评价经济专业人员，释放经济专业人员创新创业活力，为推动我国经济高质量发展提供人才支撑。

（二）基本原则

1. 坚持服务发展。立足经济领域各行业特点，突出经济活动的职业属性和岗位要求，引导经济专业人员提高能力素质，提升职称评价与社会主义市场经济改革的契合度，促进实体经济、科技创新、现代金融与人力资源协同发展，不断增强我国经济创新力和竞争力。

2. 坚持科学评价。分级分类完善评价标准，突出专业水平和创新实践，克服唯学历、唯资历、唯论文、唯奖项倾向，发挥人才评价“指挥棒”作用，充分调动经济专业人员积极性、创造性。

3. 坚持继承与创新相结合。巩固经济领域人才评价改革成果，总结完善经济专业技术资格考试制度，健全经济专业人员职称制度体系，创新高级经济专业人员职称评价机制，加大对非公有制经济及新兴产业的人才支撑。

4. 坚持以用为本。围绕用好用活人才，加强职称评价的科学性和针对性，提高评价结果的公信力，促进职称制度与各类用人单位人事管理制度相衔接，做到以用促评、评用结合。

二、主要内容

通过健全制度体系、完善评价标准、创新评价机制、与人才使用相衔接、强化监督管理等措施，形成以品德、能力和业绩为导向，以社会和业内认可为核心，覆盖各类经济专业人员的职称制度。

（一）健全制度体系

1. 完善职称层级。经济专业人员职称设初级、中级、高级，初级职称只设助理级，高级职称分设副高级和正高级。初级、中级、副高级和正高级职称名称依次为助理经济师、经济师、高级经济师、正高级经济师。

为进一步体现专业属性，部分专业的职称名称直接以专业命名。人力资源管理专业的职称名称为助理人力资源管理师、人力资源管理师、高级人力资源管理师、正高级人力资源管理师。知识产权专业的职称名称为助理知识产权师、知识产权师、高级知识产权师、正高级知识产权师。其他专业在职称名称后标注，如经济师（金融）、经济师（财政与税收）等。

2. 动态调整专业设置。根据经济社会发展和职业分类要求，适时调整经济系列专业设置。对从业人员数量较大、评价需求稳定、发展良好的工商管理、金融、人力资源管理等专业，做好专业建设，持续稳定开展评价工作；对行业发展变化较大、评价需求不断缩减、从业人员数量较小的专业，及时调整或取消；在发展势头良好、评价需求旺盛的知识产权等领域，增设新的专业；对知识结构、岗位要求相近的专业，及时进行整合。实行全国统一考试的专业设置由国家统一公布。

3. 实现职称制度与职业资格制度有效衔接。专业技术人员取得经济专业技术资格、房地产估价师、拍卖师、资产评估师、税务师和工程咨询（投资）、土地登记代理、房地产经纪、银行业等领域相关职业资格，可对应经济系列相应层级的职称，并可作为申报高一级职称的条件。探索建立经济系列与会计、审计等属性相近职称系列（专业）的衔接措施，减少重复评价，减轻经济专业人员负担。

4. 经济专业人员各级别职称分别与事业单位专业技术岗位等级相对应。正高级对应专业技术岗位一至四级，副高级对应专业技术岗位五至七级，中级对应专业技术岗位八至十级，初级对应专业技术岗位十一至十三级。

（二）完善评价标准

1. 坚持德才兼备，以德为先。把经济专业人员职业道德放在评价首位，引导经济专业人员遵纪守法、爱岗敬业。鼓励经济专业人员不断更新知识、创新思路，提高专业素养和业务能力，积极投身现代化经济体系建设。完善经济专业人员职称评价诚信体系建设，对存在学术造假等问题的经济专业人员实行“一票否决制”。通过弄虚作假、暗箱操作等取得的职称一律撤销。

2. 以专业能力为核心，分级分类完善评价标准。按照专业分类，科学确定评价内容，满足不同层级、不同行业经济专业人员的评价需求。初、中级职称注重考察专业基础知识和实务能力；高级职称注重考察理论素养和业绩水平，突出评价在经济社会发展中的创新引领作用和取得的经济效益、社会效益。

3. 实行国家标准、地区标准、单位标准相结合。人力资源社会保障部负责制定《经济专业人员职称评价基本标准条件》（附后）。各省（自治区、直辖市）可根据本地区经济社会发展情况，制定地区标准。具有自主评审权的用人单位可结合本单位实际，制定单位标准。地区标准、单位标准不得低于国家标准。

（三）创新评价机制

1. 丰富评价方式。经济专业人员初、中级实行以考代评的方式，不再进行相应的职称评审或认定。副高级采取考试与评审相结合方式，正高级一般采取评审方式。初级、中级、副高级考试由全国统一组织，统一科目、统一大纲。副高级和正高级职称评审坚持同行专家评议，综合运用成果展示、个人述职、履历分析、业绩考察等多种形式，确保客观公正。

2. 加强职称评审委员会建设。建立同行专家评审制度，积极吸纳财政、金融、工商管理等经济领域的权威专家，组建经济系列高级职称评审委员会。严格落实职称评审委员会核准备案制度。国务院有关部门和中央企业成立的高级职称评审委员会报人力资源社会保障部核准备案，其他高级职称评审委员会报省级人力资源社会保障部门核准备案。经济系列高级职称评审可按照国家公布的经济专业技术资格考试专业进行，也可按经营管理、财税金融、人力资源等专业类别，分类开展评审。

3. 推进社会化职称评审工作。畅通非公有制经济组织、社会组织、自由职业经济专业人员职称申报渠道。依托专业水平较高、具备较强服务能力和影响力、能够自律规范的专业化人才服务机构、行业协会学会等社会组织，吸纳非公有制经济领域同行专家组成评审委员会，开展经济系列社会化人才评价。

4. 向优秀经济专业人员和艰苦边远地区经济专业人员倾斜。对在创新经济活动方式、构建新业态、推动行业发展等方面做出重大贡献的经济专业人员，可适当放宽学历、资历等条件限制，建立职称评审绿色通道。对长期在艰苦边远地区和基层一线工作的经济专业人员，重点考察其实际工作业绩，适当放宽学历和科研能力要求，引导经济专业人员在基层一线建功立业。

（四）促进职称评价与人才使用有效衔接

1. 促进经济专业人员职称评价与使用相结合。实现职称评价与人员聘用、考核、晋升等用人制度相衔接，做到因事设岗、按岗择人、人岗相适。建立健全经济专业人员考核制度，加强聘后管理，在岗位聘用中实现人员能上能下。

2. 加强高级职称评审服务平台建设。鼓励各地、各有关部门建立完善经济系列高级职称评审服务平台，减少各类证明材料，简化审核程序，规范评审工作流程，提高评审工作效率，提供便捷服务。

（五）强化监督管理

1. 加强职称评价监管。各省（自治区、直辖市）人力资源社会保障部门要加强对经济专业人员职称工作的指导和监管，确保评价公开透明、公平公正。考试机构安全风险管控不力的，要严肃追责。不能正确行使评审权、不能确保评审质量的，要暂停评审工作、责令进行整改，直至收回评审权。

2. 探索建立职称申报评审诚信档案和失信黑名单制度。参评人员、工作人员、评审专家等有弄虚作假、暗箱操作等违法违规行为的，违规记录纳入信用信息共享平台，按专业技术人员信用信息管理有关规定实施联合惩戒。受到党纪、政务、行政处分的经济专业人员，在影响期内不得申报职称评审。

三、组织实施

（一）加强组织领导

经济专业人员职称制度改革是分类推进职称制度改革的重要内容，政策性强、涉及面广，各省（自治区、直辖市）人力资源社会保障部门要高度重视，加强领导，明确责任，与行业主管部门密切配合，确保经济专业人员职称制度改革平稳推进。各地在改革中要及时总结经验，出现新情况、新问题要及时研究解决，妥善处理好改革、发展和稳定的关系。

（二）稳慎推进改革

各省（自治区、直辖市）人力资源社会保障部门要结合本地区实际，落实好各项改革举措。对改革前各地自行试点评审的经济专业人员正高级职称，要按规定通过一定程序进行确认，具体办法由各地、各有关部门和单位另行制定。各层级职称评审工作严格按照本意见规定进行，不得随意降低评价标准条件、擅自扩大评审范围。

（三）做好宣传引导

各省（自治区、直辖市）人力资源社会保障部门要加强宣传引导，搞好政策解读，充分调动经济专业人员的积极性，引导广大经济专业人员积极支持和参与，营造有利于经济专业人员职称制度改革的良好氛围。

本指导意见适用于在企业、事业单位、社会团体、个体经济组织等组织中从事经济相关工作的专业技术人员。

附件：经济专业人员职称评价基本标准条件

人力资源社会保障部

2019 年 6 月 17 日

附件

经济专业人员职称评价基本标准条件

一、遵守中华人民共和国宪法和法律法规，贯彻落实党和国家方针政策。

二、具有良好的职业道德、敬业精神。

三、热爱本职工作，认真履行岗位职责，按照要求参加继续教育。

四、经济专业人员申报各层级职称，除必须达到上述基本条件外，还应分别具备以下条件：

（一）助理经济师

1. 具有较系统的经济专业理论知识和业务技能。

2. 能够独立地对专项经济活动进行分析综合，提出建设性的意见。

3. 具备国家教育部门认可的高中毕业（含高中、中专、职高、技校）以上学历。

（二）经济师

1. 具有系统的经济专业理论知识，能够理解和正确执行国家有关方针、政策。

2. 有较丰富的经济工作实践经验，能够独立地解决较复杂的业务问题。

3. 工作业绩良好，取得一定的成果或经济效益。

4. 具备博士学位；或具备硕士学位，从事相关专业工作满 1 年；或具备第二学士学位或研究生班毕业，从事相关专业工作满 2 年；或具备大学本科学历或学士学位，从事相关专业工作满 4 年；或具备大学专科学历，从事相关专业工作满 6 年；或高中毕业或中等专业学校毕业，取得经济系列初级职称，从事相关专业工作满 10 年。

（三）高级经济师

1. 系统掌握经济工作专业理论、方法、技巧和相关政策法规。

2. 能够设计实施经济项目或经济活动方案，推动经济活动有序合规展开。

3. 工作业绩较为突出，能够指导助理经济师、经济师等参与经济工作的各类从业人员合理合规开展工作。

4. 有较强的理论研究能力，能够开展经济工作政策、实务研究，创新经营管理理念和专业方法。

5. 具备博士学位，取得经济师职称后，从事与经济师职责相关工作满 2 年；或具备硕士学位，或第二学士学位或研究生班毕业，或大学本科学历或学士学位，取得经济师职称后，从事与经济师职责相关工作满 5 年；或具备大学专科学历，取得经济师职称后，从事与经济师职责相关工作满 10 年。

（四）正高级经济师

1. 具有系统、深厚的专业理论和实务经验，熟悉与本专业相关的法律、法规或经济政策。

2. 熟练运用经济工作专业理论、方法、技巧和相关政策法规，高标准组织设计、实施和评估经济项目或活动方案，提升经济运行水平。

3. 工作业绩突出，能够指导助理经济师、经济师、高级经济师等参与经济工作的各类从业人员高效合规地开展工作，并通过专业督导，改进工作方法，提高本行业职业能力水平。

4. 具有较强的综合分析能力和解决经济活动中重大疑难问题的能力，能够针对具体经济问题，开展经济工作政策、理论与实务研究，创新经济经营管理理念和专业方法，为本行业（地区、部门）的经营管理政策的制定提出建设性意见。

5. 一般应具备大学本科及以上学历或学士以上学位，取得高级经济师职称后，从事与高级经济师职责相关工作满 5 年。

五、参加高级经济师、正高级经济师评审的经济专业人员，从事经济工作近五年内，满足以下条件之一的，同等条件下可予以优先考虑：

（一）主持大中型企业的中外投融资、企业改制、兼并重组、管理创新等项目，达到预期目标；

（二）主持省部级及以上基础设施建设项目设计、技术改造方案论证、可行性评估等，得到成功实施；

（三）主持制定的重点行业规划、重要经济政策规章、重大行业标准等，经主管部门批准或采纳，颁布实施后取得了良好的经济效益和社会效益；

（四）主持完成在经济领域内具有重大影响、得到有效应用的研究报告、项目报告、行业标准、发展规划等代表性成果；

（五）主持完成的经济领域相关研究项目、研究报告等，被省部级及以上单位采纳，并转化为实施方案；

（六）主持或作为主要成员参与政府或社会组织开展的重大经济活动，取得显著成绩；

（七）主持完成的经济研究成果获省部级及以上奖励；

（八）出版的本专业学术著作或发表的专业论文，在经济领域产生较大影响，受到同行专家公认。

人力资源社会保障部　教育部关于深化中等职业学校教师职称制度改革的指导意见

人社部发〔2019〕89号

各省、自治区、直辖市及新疆生产建设兵团人力资源社会保障厅（局）、教育厅（教委、教育局），国务院各部委、各直属机构人事部门，各中央企业人事部门：

中等职业学校教师是我国专业技术人才队伍的重要组成部分，是加快建设现代职业教育体系、培养高素质技术技能人才、提高职业教育质量的重要力量。为贯彻落实《中共中央　国务院关于全面深化新时代教师队伍建设改革的意见》《国家职业教育改革实施方案》《中共中央办公厅　国务院办公厅关于深化职称制度改革的意见》，现就深化中等职业学校教师职称制度改革提出如下指导意见。

一、指导思想和基本原则

（一）指导思想

以习近平新时代中国特色社会主义思想为指导，全面贯彻落实党的十九大和十九届二中、三中全会以及全国教育大会精神，遵循职业教育特点和中等职业学校教师职业发展规律，构建分类清晰、名称统一、科学规范的中等职业学校教师职称制度，畅通中等职业学校教师职业发展通道，为加快发展现代职业教育提供制度保障和人才支撑。

（二）基本原则

1. 坚持师德为先和能力为重相统一。以德能兼修为导向，重师德、重能力、重业绩、重贡献，激励教师提高师德修养和教书育人水平。

2. 坚持统一制度和分类评价相结合。建立统一的中等职业学校教师职称制度，对文化课、专业课教师和实习指导教师进行分类评价，发挥人才评价“指挥棒”作用，促进中等职业教育教师的专业化发展。

3. 坚持职称评审和岗位聘用相统一。创新评价机制，充分发挥用人主体的作用，促进人才评价与使用相结合，使职称制度与中等职业学校聘用制度和岗位管理制度相衔接。

4. 坚持下放权限和强化监管相结合。合理界定和下放中等职业学校教师职称评审权限，积极培育学校自主评审能力，同时加强监管、优化服务，保证职称评审质量。

二、主要内容

通过健全制度体系、完善评价标准、创新评价机制、实现职称评审与岗位聘用制度的有效衔接等措施，形成以品德、能力和业绩为导向，以社会和业内认可为核心的中等职业学校教师职称制度。

（一）健全制度体系

1. 完善中等职业学校教师职称设置。普通中等专业学校、职业高中和成人中等专业学校均设文化课、专业课教师和实习指导教师职称类别。原来实行的中等专业学校教师职称系列和职业高中教师职称统一并入新设置的中等职业学校教师职称系列。

2. 统一职称等级和名称。文化课、专业课教师职称设初级、中级、高级。初级只设助理级，高级分设副高级和正高级，助理级、中级、副高级和正高级职称名称依次为助理讲师、讲师、高级讲师、正高级讲师。实习指导教师职称设初级、中级、高级，初级分设员级和助理级，高级分设副高级和正高级，员级、助理级、中级、副高级和正高级职称名称依次为三级实习指导教师、二级实习指导教师、一级实习指导教师、高级实习指导教师、正高级实习指导教师。

3. 统一后的中等职业学校教师职称与原中等专业学校教师、职业高中教师职称的对应关系是：原职业高中正高级教师对应正高级讲师；原中等专业学校高级讲师、职业高中高级教师对应高级讲师；原中等专业学校讲师、职业高中一级教师对应讲师；原中等专业学校助理讲师、职业高中二级教师对应助理讲师；原中等专业学校教员、职业高中三级教师可聘任为助理讲师。

4. 统一后的中等职业学校教师职称等级与事业单位专业技术岗位等级对应关系为：正高级对应专业技术岗位一至四级，副高级对应专业技术岗位五至七级，中级对应专业技术岗位八至十级，助理级对应专业技术岗位十一至十二级，员级对应专业技术岗位十三级。

（二）完善评价标准

1. 坚持把师德放在评价的首位。坚持教书与育人相统一，言传与身教相统一，潜心问道与关注社会相统一，学术自由与学术规范相统一，引导教师以德立身，以德立学，以德施教，立德树人，爱岗敬业，为人师表。强化师德考评，实行师德问题“一票否决”。

2. 充分体现中等职业学校教师职业特点。根据职业教育教师的岗位类型和岗位特征，区别制定各类教师的评价标准，实行分类评价。注重教育教学工作实绩，注重实践教学和技术技能人才培养实绩，注重产教融合、校企合作和工学结合的教学改革实绩，注重行业企业实践经历。切实改变过分强调论文、学历、课题项目等倾向。区别不同情况，可将教研报告、教案、发明专利、参与教学标准和人才培养方案开发成果、参与学校专业建设、参与实训基地建设、指导学生实习成果、指导职业技能竞赛或教学竞赛成绩、参与行业标准研发成果等作为评价条件。注重个人评价和团队评价相结合，尊重和认可团队所有参与者的实际贡献。以实绩、贡献为导向，允许所教专业与所学专业或教师资格证标注的专业不一致的教师参与职称评审，促进双师型教师队伍建设。

3. 实行国家标准和地区标准相结合。国家制定中等职业学校教师职称评价基本标准（见附件）。各省、自治区、直辖市及新疆生产建设兵团根据本地区中等职业教育发展情况，结合现有各类中等职业学校的特点，制定不低于国家标准的具体评价标准。对于文化课、专业课教师和实习指导教师的交流，以及其他系列专业技术人员、普通高中教师和中等职业学校教师的交流等情况，各地可根据实际制定职称评审的具体办法。

4. 向优秀人才倾斜。对于少数特别优秀、具有特殊贡献的教师，各地制定完善相应的破格评审条件。对于在艰苦边远地区工作的中等职业学校教师和既承担文化课、专业课教学任务，又承担实习教学任务的教师，予以适当倾斜。对于公开招聘的具有3年以上企业工作经历并具有高职以上学历的教师，在首次评审时可参考其在企业的工作经历和业绩成果直接评定相应层级职称。

（三）创新评价机制

1. 健全评审机制。进一步完善以同行专家评审为基础的业内评价机制，增强专家评审的公信力。加强评委会组织管理，注重遴选高水平的职业教育教学专家、一线教师、行业企业技术专家和高技能人才担任评委。健全评委会工作程序和评审规则，建立评审专家责任制。

2. 创新评价方式。探索社会和业内认可的形式，采取教学水平评价、面试答辩、专家评议、实践操作等多种评价方式，加大学校的评价权重，充分结合学校开展的日常考核评价结果，对中等职业学校教师的专业素质和教学水平进行有效评价。全面推行公开、公示制度，增加职称评审的透明度。

3. 下放评审权限。积极培育中等职业学校自主评审能力，科学界定、合理下放中等职业学校教师职称评审权限。初级、中级职称由符合条件、管理规范的中等职业学校自主组织评审，探索综合水平较高、办学规模较大的中等职业学校自主开展高级职称评审试点。对学校开展的自主评审，政府部门不再审批评审结果，改为事后备案管理。加强对自主评审工作的监管，对于不能正确行使评审权、不能确保评审质量的，暂停自主评审工作直至收回评审权。

（四）实现职称评审与岗位聘用制度的有效衔接

1. 坚持中等职业学校教师职称评审和岗位聘用相统一。中等职业学校教师职称评审是教师岗位聘用的重要依据和关键环节，岗位聘用是职称评审结果的主要体现。中等职业学校教师职称评审，在核定的岗位结构比例内进行。中等职业学校教师竞聘更高等级的专业技术岗位，由学校推荐符合条件的教师参加评审，并按照有关规定将通过职称评审的教师聘用到相应教师岗位，并及时兑现受聘教师的工资待遇。要建立健全考核制度，加强聘后管理，在岗位聘用中实现人员能上能下。

2. 对此次改革前已经取得中等职业学校专业技术职务任职资格但未被聘用到相应岗位的人员，在聘用到相应岗位时不再需要经过评委会评审。各地要结合实际制定具体办法，同等条件下优先聘用。

3. 中等职业学校教师高级、中级、初级岗位之间的结构比例，以及高级、中级、初级岗位内部各等级的结构比例，要根据新的中等职业学校教师职称等级体系，按照国家关于中等职业学校岗位设置管理的有关规定执行。其中，正高级教师要从严控制，在确保质量的前提下逐步达到合理比例。

三、组织实施

（一）加强领导，明确职责

深化中等职业学校教师职称制度改革政策性强，牵涉面广，涉及广大教师切身利益，区域情况差别大。各地要充分认识改革的重大意义，切实加强领导，深入贯彻落实“放管服”改革精神，进一步明晰部门职责，着力构建事权人权相统一的体制机制。人力资源社会保障部门牵头推进中等职业学校教师职称制度改革，主要负责职称政策制定；教育等行业部门及学校主要负责职称评审工作的具体组织实施。各部门要密切配合，相互协商，确保中等职业学校教师职称制度改革顺利推进。

（二）周密部署，稳步实施

各地要结合自身实际，妥善做好新老人员过渡和新旧政策衔接工作。现有在岗中等专业学校、职业高中和成人中等专业学校教师，按照原专业技术职务与统一后的职称对应关系，直接过渡到统一后的职称体系，并统一办理过渡手续。对改革前各地自行试点评审的中等专业学校正高级教师，要按有关规定通过一定程序进行确认。要在平稳过渡的基础上，严格按照本意见开展新的职称评聘工作。要切实加强调查研究，充分掌握本地区中等职业学校情况、教师队伍状况，积极应对改革中遇到的新情况和新问题。要深入细致地做好政策宣传解释和思想政治工作，引导广大教师积极支持和参与改革，确保改革顺利推进。

（三）强化监管，确保公正

中等职业学校教师职称制度改革涉及教师切身利益，关乎公平正义。要严格规范职称评聘程序，按照个人申报、考核推荐、专家评审、学校聘用的基本程序进行。要健全和完善评审监督机制，建立健全职称评审回避制度、公示公开制度、随机抽查制度、责任追究制度，建立复查、投诉机制，充分发挥相关部门和广大教师的监督作用，确保评审公正规范、评审过程公开透明。

各地要及时总结经验，认真研究并解决改革中发现的新情况和新问题，妥善处理改革、发展和稳定的关系。有关改革进展情况及遇到的重要问题及时报告。

本意见适用于普通中专、职业高中、成人中专及省、市、县职业教育教研机构。

非公办中等职业学校教师可参照本意见参加职称评审。

附件：中等职业学校教师职称评价基本标准

人力资源社会保障部

教育部

2019 年 8 月 23 日

附件

中等职业学校教师职称评价基本标准

一、遵守国家宪法和法律，贯彻党和国家的教育方针，热爱职业教育事业，具有良好的思想政治素质和职业道德，自觉践行社会主义核心价值观，以德立身，以德立学，以德施教，立德树人，爱岗敬业，为人师表，关爱学生。

二、具备符合《教师资格条例》规定的教师资格及专业知识和教育教学能力，在教育教学一线任教，达到本地区教育行政部门及学校关于教学工作量、教育培训、教师考核等有关要求，切实履行教师岗位职责和义务。

三、身心健康，心理素质良好，能全面履行岗位职责。

四、专业课教师和实习指导教师到企业或生产服务一线实践的时间符合教育部等部门制定的《职业学校教师企业实践规定》的要求。

五、中等职业学校教师申报各层级职称，除必须达到上述基本条件外，还应具备以下条件：

（一）文化课、专业课教师

1. 助理讲师

（1）基本掌握教育学生的原则和方法，胜任班主任或辅导员工作，积极参与学生管理工作，认真履行教书育人职责，正确教育和引导学生健康成长。

（2）具有本专业必备的知识和技能，掌握所教课程的课程标准、教材、教学原理和方法等，基本胜任教学岗位，教学效果较好。

（3）能较好组织开展学生社团、第二课堂等活动。

（4）具备硕士学位；或者具备大学本科学历或学士学位，见习 1 年期满并考核合格；或者具有 3 年以上企业工作经历并具有高职以上学历，见习 1 年期满并考核合格。

2. 讲师

（1）较好掌握教育学生的原则和方法，认真履行教书育人职责，较好地完成班主任或辅导员工作，正确教育和引导学生健康成长。

（2）具有较扎实的专业知识和技能，独立掌握所教课程的课程标准、教材、教学原理和方法等，教学经验比较丰富，教学效果好。

（3）具有一定的组织和开展教育教学研究的能力，承担一定的教学研究任务，并在教学改革、专业建设实践中积累了一定经验。

（4）能较好地组织开展学生社团、第二课堂等活动。专业课教师积极承担校企合作、产教融合、实习实训教学等工作，具有相应专业实践能力。

（5）具备博士学位；或者具备硕士学位，并在助理讲师岗位任职满 2 年；或者具备大学本科学历或学士学位，并在助理讲师岗位任职满 4 年；或者具有 3 年以上企业工作经历并具有高职以上学历，在助理讲师岗位任职满 4 年。

3. 高级讲师

（1）具有崇高的职业理想和信念，认真履行教书育人职责，任现职以来较出色地完成班主任或辅导员工作，班级管理经验丰富，形成可供学习借鉴的德育经验，正确教育和引导学生健康成长。

（2）具有扎实的理论基础、专业知识和技能，了解本专业发展现状和趋势，掌握先进的教育理念、教学方法，教学经验丰富，教学业绩显著，形成一定的教学特色和可供借鉴的教学经验。

（3）指导与开展教育教学研究，在教学改革、专业建设实践中取得较突出的成绩。

（4）指导青年教师组织开展学生社团、第二课堂等活动。专业课教师在校企合作、产教融合、实习实训教学等方面取得较突出成果，具有较强专业实践能力。

（5）具备博士学位，并在讲师岗位任职满 2 年；或者具备大学本科及以上学历或学士以上学位，并在讲师岗位任职满 5 年；或者具有 3 年以上企业工作经历并具有高职以上学历，在讲师岗位任职满 5 年。

4. 正高级讲师

（1）具有崇高的职业理想和信念，认真履行教书育人职责，任现职以来出色地完成班主任或辅导员工作，班级管理经验丰富，将思想道德教育有效融入教学全过程，形成可供推广和借鉴的德育经验或模式，正确教育和引导学生健康成长。

（2）深入系统地掌握本学科基础理论、专业知识和技能，掌握国内外本专业发展现状和趋势，掌握先进的教育理念、教学方法，教学经验丰富，教学业绩卓著，教学特色鲜明，形成可供推广和借鉴的教学经验或模式。

（3）在教育教学团队中发挥关键作用，担任地市级以上专业带头人，主持和指导教育教学研究，在教育思想、专业建设、课程改革、教学方法等方面取得创造性成果，发挥示范引领作用，在指导和培养其他教师方面做出突出贡献。

（4）指导青年教师组织开展学生社团、第二课堂等活动。专业课教师在校企合作、产教融合、实习实训教学等方面取得突出成果，具有突出专业实践能力。

（5）一般应具有大学本科及以上学历或学士以上学位（从企业公开招聘的应具有高职以上学历），并在高级讲师岗位任职满 5 年。

（二）实习指导教师

1. 三级实习指导教师

（1）基本掌握教育学生的原则和方法，胜任班主任或辅导员工作，积极参与学生管理工作，认真履行教书育人职责，正确教育和引导学生健康成长。

（2）具有教育学、心理学和教学法的基础知识，基本掌握所教专业课程的专业知识和生产实习实训教学法，能够承担本专业部分实习实训教学。

（3）了解本专业各种工具、设备结构原理以及文明生产、安全操作规程，具有相应专业实践能力。

（4）具备大学本科及以上学历或学士以上学位；或具备大学专科（高职）学历，任教 1 年期满并考核合格；或具有中等职业学校学历，任教 2 年期满并考核合格。

2. 二级实习指导教师

（1）掌握教育学生的原则和方法，胜任班主任或辅导员工作，积极参与学生管理工作，认真履行教书育人职责，正确教育和引导学生健康成长。

（2）具有教育学、心理学和教学法的基础知识，基本掌握所教专业课程的专业知识和生产实习实训教学法，能够独立承担本专业部分实习实训教学，教学效果较好。

（3）掌握本专业各种工具、设备结构原理以及文明生产、安全操作规程，具有相应专业实践能力。

（4）具备大学本科及以上学历或学士以上学位，在三级实习指导教师岗位任职满 1 年；或者具备大学专科（高职）学历，在三级实习指导教师岗位任职满 2 年；或者具备中等职业学校学历，在三级实习指导教师岗位任职满 3 年。

3. 一级实习指导教师

（1）较好掌握教育学生的原则和方法，认真履行教书育人职责，较好地完成班主任或辅导员工作，正确教育和引导学生健康成长。

（2）具有较扎实的专业知识和技能，掌握本专业的教学原理和生产实习实训教学法等，教学经验比较丰富，教学效果好。

（3）具有一定的组织和开展实习教学研究的能力，承担一定的教学研究任务，并在教学改革、专业建设实践中积累了一定经验。

（4）了解本专业工作过程或技术流程，承担校企合作、产教融合、实习实训教学等工作，具有相应专业实践能力。

（5）具有大学本科及以上学历或学士以上学位，在二级实习指导教师岗位任职满 3 年；或者具备大学专科（高职）学历，在二级实习指导教师岗位任职满 4 年；或者具备中等职业学校学历，在二级实习指导教师岗位任职满 5 年。

4. 高级实习指导教师

（1）具有崇高的职业理想和信念，认真履行教书育人职责，任现职以来较出色地完成班主任或辅导员工作，班级管理经验丰富，形成可供学习借鉴的德育经验，正确教育和引导学生健康成长。

（2）具有扎实的理论基础、专业知识和精湛的操作技能，掌握先进的教育理念、教学方法，教学经验丰富，教学业绩显著，形成一定的教学特色和可供借鉴的教学经验。

（3）具有较强的组织开展实习实训教学研究、专业建设、技术革新的能力，取得较突出的成果，起到带头人的作用。

（4）掌握本专业工作过程或技术流程，在校企合作、产教融合、实习实训教学等方面取得较突出成果，具有较强专业实践能力。

（5）具有大学专科（高职）及以上学历，并在一级实习指导教师岗位任职满 5 年；或具有中等职业学校学历，并在一级实习指导教师岗位任职满 7 年。

5. 正高级实习指导教师

（1）具有崇高的职业理想和信念，认真履行教书育人职责，任现职以来出色地完成班主任或辅导员工作，班级管理经验丰富，将思想道德教育有效融入教学全过程，形成可供推广和借鉴的德育经验或模式，正确教育和引导学生健康成长。

（2）深入系统地掌握本专业基础理论、专业知识和操作技能，掌握国内外本专业发展现状与趋势，掌握先进的教育理念、教学方法，教学经验丰富，教学业绩卓著，教学特色鲜明，形成可供推广和借鉴的教学经验或模式。

（3）在教育教学团队中发挥关键作用，担任地市级以上专业带头人，具有主持和指导教育教学研究的能力，在教育思想、专业建设、实践教学改革、教学方法等方面取得突出成绩，发挥示范引领作用，在指导和培养其他教师方面做出突出贡献。

（4）熟练掌握本专业工作过程或技术流程，在校企合作、产教融合、实习实训教学等方面取得突出成果，具有突出专业实践能力。

（5）一般应具备大学本科及以上学历或学士以上学位（从企业公开招聘的应具有高职以上学历），并在高级实习指导教师岗位任职满5年。

人力资源社会保障部　中国社会科学院关于深化哲学社会科学研究人员职称制度改革的指导意见

人社部发〔2019〕109号

各省、自治区、直辖市及新疆生产建设兵团人力资源社会保障厅（局），国务院各部委、各直属机构人事部门，各中央企业人事部门：

哲学社会科学研究人员是我国专业技术人才队伍的重要组成部分，是构建中国特色哲学社会科学的中坚力量。为贯彻落实中共中央办公厅、国务院办公厅印发的《关于深化职称制度改革的意见》，现就深化哲学社会科学研究人员职称制度改革提出如下指导意见。

一、总体要求

（一）指导思想

以习近平新时代中国特色社会主义思想为指导，全面贯彻落实党的十九大和十九届二中、三中全会精神，坚持党管人才原则，深入实施人才强国战略，遵循哲学社会科学发展规律和人才成长规律，完善符合哲学社会科学研究人员特点的职称制度，激发科研人员的积极性、创造性，为加快构建中国特色哲学社会科学、加强中国特色新型智库建设、促进经济社会高质量发展提供人才支撑。

（二）基本原则

1. 坚持立足国情、服务发展。立足中国特色社会主义进入新时代的历史方位，坚持“双百方针”，尊重劳动、尊重知识、尊重人才、尊重创造，营造有利于科研人员发展的良好氛围，促进人才发展与经济社会发展深度融合。

2. 坚持尊重规律、科学公正。以品德、能力、业绩为导向，科学设置哲学社会科学研究人员职称评价标准，克服唯学历、唯资历、唯论文、唯奖项倾向，科学、客观、公正评价科研人员学术水平和实际贡献，让有真才实学、作出贡献的人才有成就感、获得感。

3. 坚持求真务实、改革创新。针对哲学社会科学研究人员职称制度存在的突出问题，围绕评价标准、评价机制等关键环节，精准施策、务求实效，充分激发科研人员创新活力，形成有利于“出大师、出精品”的科研环境。

4. 坚持统筹规划、分类评价。加强顶层设计，对哲学社会科学研究人员职称制度进行统筹规划，针对不同类型哲学社会科学研究人员特点，采取分类评价，提高职称评价的科学性、针对性。

二、主要内容

通过完善评价标准、创新评价机制、促进职称制度与用人制度相衔接、改进管理与服务等措施，形成设置合理、评价科学、管理规范、运转协调、服务全面的职称制度。

（一）完善评价标准

1. 坚持德才兼备、以德为先。坚持以马克思主义为指导，坚持为人民做学问，注重政治标准和学术标准、继承性和民族性、原创性和时代性、系统性和专业性相统一。把品德放在职称评价的首位，重点考察科研人员的政治立场、学术导向、科学精神、职业道德和从业操守。实行学术不端行为“一票否决制”，建立健全职业道德考核评价办法，坚守道德底线，倡导诚实守信，强化社会责任。

2. 坚持创新和质量导向，定性和定量评价相结合。注重考察科研人员的专业性和创造性，以科研能力、理论创新、学术水平、业绩贡献等为评价重点，把是否发现新问题、运用新方法、提出新观点、构建新理论、形成新对策、取得新效益等作为衡量成果质量的主要内容。实行定量评价与定性评价相结合，对适宜量化的评价指标进行合理量化，定性评价体现导向性、专业性。注重论著质量，淡化数量要求，改变简单以出版社和刊物等级等判定成果质量、评价人才的做法，适当发挥引文数据在科研评价中的作用，避免绝对化。

3. 坚持分类评价。根据不同岗位科研人员及科研活动特点，分类制定科学合理、各有侧重的人才评价标准，避免“一刀切”。对主要从事基础研究的人员，着重评价其在创新思想理论、传承文明、推动学科建设等方面的能力和贡献；对主要从事应用研究和决策咨询研究的人员，着重评价其在为党和政府提供决策服务、解决经济和社会发展问题等方面的能力和贡献。对于同时承担教学任务的研究人员，将其师德表现和教学业绩作为重要指标。推行等效评价制，发表于中央主要媒体并产生重要影响的理论文章，以及为重要决策所采纳的建言献策成果，在职称评审中与高质量的学术论文、著作具有同等效力。

4. 推行代表作制度。将哲学社会科学研究人员的代表性成果作为职称评审的重要内容，注重标志性成果的质量、贡献和影响力。代表作应在本研究领域内处于领先水平，具有较大影响力，或产生显著社会和经济效益，受到同行专家的公认。严格实行代表作审核制度，落实回避制度，保障代表作评价的公信力。

5. 实行国家标准、地区标准和单位标准相结合。人力资源社会保障部会同中国社会科学院研究制定《哲学社会科学研究人员职称评价基本标准》（附后）。各地区可根据本地区经济社会发展情况，制定地区标准。具有自主评审权的用人单位可结合本单位实际，制定单位标准。地区标准和单位标准不得低于国家标准。

（二）创新评价机制

1. 丰富评价方式。针对不同类型和层次人才的特点，综合采用个人总结、述职、面试答辩、成果展示等多种评价方式，提高评价的针对性和科学性。对决策咨询类成果、委托项目成果，可将使用单位、委托单位意见作为评价的重要参考。

2. 向优秀科研人员和艰苦边远地区科研人员倾斜。对取得重大基础研究突破、在经济社会发展中作出重大贡献的，可直接申报副研究员、研究员职称。对长期在艰苦边远地区和基层一线工作的哲学社会科学研究人员，侧重考察其实际工作业绩，放宽学历、论文等要求。

3. 加强评委会建设，强化同行专家评价。评审委员会由具有较高学术水平、作风正派、办事公道、群众公认的专家组成。突出同行评价在职称评审中的作用。自主评审单位的评委会中，单位外部专家应占有一定比例。根据不同学科情况，探索引入国际同行专家评价。建立以随机、回避、轮换为基本原则的评委遴选制度，严格遴选标准，明确评委职责权限，实行动态管理。健全评委会工作程序和评审规则，严肃评审纪律，加强监督管理，保证评审工作的权威性、独立性和公正性。

（三）促进职称制度与用人制度相衔接

1. 坚持评以适用、以用促评。把职称评审结果作为使用人才的重要依据，实现职称评价结果与人才聘用、考核、晋升等用人制度有机衔接。对于全面实行岗位管理、专业技术人才学术技术水平与岗位职责密切相关的事业单位，一般应在岗位结构比例内开展职称评审。对于不实行岗位管理的单位，可根据工作需要，采用评聘分开方式。加强聘后管理，结合日常考核、年度考核及聘期考核结果，对不符合岗位要求、不能履行岗位职责或考核不合格人员，可按照有关规定调整岗位、低聘或者解聘，在岗位聘用中实现人员能上能下。

2. 促进职称评价与人才流动有效衔接。具有自主评审权限的用人单位可研究制定引进人才的职称认定办法，规范人才流动中职称评审和岗位聘用的关系。对引进的党政机关、企业等单位的优秀人才，其研究工作经历和业绩贡献可作为职称评审的依据。进一步畅通非公有制经济组织、社会组织、民间智库及自由职业研究人员职称评审通道。

（四）改进管理与服务

1. 下放评审权限。科学界定、合理下放职称评审权限，推动高校和科研院所等人才智力密集的单位按照管理权限自主开展职称评审。自主评审单位组建的高级职称评审委员会应当按照管理权限报省级以上人力资源社会保障部门核准备案，评审结果报相应人力资源社会保障部门备案。

2. 优化评审服务。加强职称评审信息化建设，推广在线评审，逐步实现网上受理、网上办理、网上反馈，减少各类申报表格和纸质证明材料，简化申报手续和审核环节，为申报人员提供高效便捷优质的服务，运用大数据等现代信息技术，推动评审信息互通共享。对在团队科研项目中作出贡献的科研人员，在申报职称时，不要求个人提供相应业绩证明材料，可由科研单位或项目组织实施单位统一提供。

3. 加强评审监管。完善职称评审公开公示制度，实行政策公开、标准公开、程序公开、结果公开，坚持代表作等评审材料和评审结果公示制度。建立复查、投诉机制，保障申报人的合法权益。完善评审专家责任和信誉制度，实施退出和问责机制。加强对评价全过程的监督管理，采取“双随机”方式适时按一定比例开展抽查，根据抽查情况或舆情反映较强烈的问题，有针对性地进行专项巡查。对不能正确行使评审权、不能确保评审质量的，将暂停自主评审工作并限期整改，直至收回评审权。对通过弄虚作假、暗箱操作等违纪违规行为取得的职称，一律予以撤销，并记入职称评审诚信档案库。

三、组织实施

（一）加强组织领导

哲学社会科学研究人员职称制度改革政策性强，涉及面广，社会影响大。各地区、各部门要充分认识改革的重大意义，将深化职称制度改革作为加强哲学社会科学研究队伍建设，加快构建中国特色哲学社会科学的重要任务。各级人力资源社会保障部门会同有关部门负责哲学社会科学研究人员职称制度改革的政策制定、组织实施和监督检查工作。各有关部门要密切配合，相互协调，确保改革顺利推进。

（二）稳步审慎实施

各地区、各部门要按照国家统一部署要求，积极稳妥做好评审权限下放、新旧政策衔接、标准完善等各方面工作。做好工作预案，细化工作措施，妥善解决改革中出现的各种新情况和新问题。要认真总结经验，妥善处理改革、发展和稳定的关系。

（三）抓好宣传引导

各地区、各部门要深入细致地做好政策解读、舆论宣传和思想政治工作，充分调动广大科研人员的积极性、创造性，引导哲学社会科学研究人员积极支持和参与职称制度改革，引导社会有关方面支持、参与哲学社会科学研究人员职称制度改革，营造有利于改革的良好氛围。

本指导意见适用于各类哲学社会科学研究机构、高等院校、非公有制经济组织和自由职业的哲学社会科学研究人员。

附件：哲学社会科学研究人员职称评价基本标准

人力资源社会保障部

中国社会科学院

2019 年 10 月 11 日

附件

哲学社会科学研究人员职称评价基本标准

一、遵守中华人民共和国宪法和法律法规，坚持中国共产党的领导，拥护党的基本理论、基本路线和基本方略。

二、坚持以马克思主义为指导，坚持为人民做学问，坚持实事求是、追求真理。

三、具有良好的品德修养，恪守职业道德，坚持科研诚信，遵守学术规范。

四、具备从事科研工作所需的专业知识、业务技能及语言能力。

五、具备从事科研工作必需的身心条件。

六、认真履行工作职责，完成规定的科研工作量。

七、哲学社会科学研究人员申报各层级职称，除必须达到上述基本条件外，还应分别具备以下条件：

（一）研究实习员（初级）

1. 掌握本专业基础理论，初步掌握科研工作基本方法，具备从事科学研究的能力，能够在高、中级研究人员的指导下开展科研工作。

2. 具备硕士学位或第二学士学位；或具备大学本科学历或学士学位，1 年见习期满，经考核合格。

（二）助理研究员（中级）

1. 对某一学科或特定领域具有较为系统的专业知识，熟悉本学科前沿发展动态，掌握科研工作的方法，具备独立开展科研工作的能力。

2. 能够独立发表论文或撰写研究报告；参与本学科相关领域的课题或项目研究，做出一定成果。

3. 具备博士学位；或具备硕士学位或第二学士学位，取得研究实习员职称后，从事研究工作满 2 年；或具备大学本科学历或学士学位，取得研究实习员职称后，从事研究工作满 4 年。

（三）副研究员（副高级）

1. 科研能力较强，具有较扎实的学术功底和较丰富的学术积累，作为学术骨干，在本学科领域具有较大影响力。

主要从事基础研究的人员，能够对本学科某一领域有深入的创见性研究，独立撰写具有较高学术水平的专著或论文，在推动学科建设和发展方面作出较大贡献。

主要从事应用研究和决策咨询研究的人员，能够围绕党和国家事业发展大局，深入研究相关领域重要问题，形成具有较高质量的对策研究成果；或作为主要成员参与完成重要项目，取得较大经济效益和社会效益。

2. 能够根据国家需要和国内外研究现状及发展趋势，设计具有较高学术意义或应用价值的研究课题，具有指导和主持本学科领域研究工作的能力。

3. 具备博士学位，取得助理研究员职称后，从事研究工作满 2 年；或具备硕士学位或第二学士学位，或大学本科学历或学士学位，取得助理研究员职称后，从事研究工作满 5 年。

（四）研究员（正高级）

1. 科研能力强，具有扎实的学术功底和深厚的学术造诣，作为学科带头人，在本学科领域具有重要影响力。

主要从事基础研究的人员，能够在本学科某一领域做出开创性研究或在重要理论问题上有所突破，独立撰写高水平的学术专著和高质量的学术论文，促进本学科发展，在推动理论创新、文明传承、学科建设等方面作出重要贡献。

主要从事应用研究和决策咨询研究的人员，能够围绕党和国家事业发展大局，深入研究相关领域重要问题，形成高质量的对策研究成果；或作为负责人主持完成重要项目，取得重大经济效益和社会效益。

2. 能够根据国家需要和本学科国内外研究现状及发展趋势，提出本学科领域的研究方向，设计具有重要意义或开创性研究课题，具有指导和主持研究工作的能力。

3. 一般应具有大学本科以上学历或学士以上学位，取得副研究员职称后，从事研究工作满 5 年。

八、不具备第七条规定的学历、年限等要求，业绩突出、作出重要贡献的，可由 2 名以上同行专家推荐破格申报，具体办法由各地、各有关部门和单位另行制定。

人力资源社会保障部　中国外文局关于深化翻译专业人员职称制度改革的指导意见

人社部发〔2019〕110号

各省、自治区、直辖市及新疆生产建设兵团人力资源社会保障厅（局）、外事办公室，国务院各部委、各直属机构人事部门，各中央企业人事部门：

翻译专业人员是专业技术人才队伍的重要组成部分，是推动我国对外开放和国际交流合作、增强国家文化软实力的重要力量。为贯彻落实中共中央办公厅、国务院办公厅印发的《关于深化职称制度改革的意见》，现就深化翻译专业人员职称制度改革提出如下指导意见。

一、总体要求

（一）指导思想

以习近平新时代中国特色社会主义思想为指导，全面贯彻落实党的十九大和十九届二中、三中全会精神，认真落实党中央、国务院决策部署和深化职称制度改革总体要求，遵循翻译专业人员成长规律，健全完善符合翻译专业人员职业特点的职称制度，科学客观公正评价翻译专业人员，为培养造就高水平的翻译人才服务，为构建中国对外话语体系，推进"一带一路"建设，实现更高水平开放提供人才支撑。

（二）基本原则

1. 坚持服务发展。围绕新时代构建中国对外话语体系对翻译工作提出的新要求，聚焦提升翻译专业人员专业能力和职业素养，扎实开展翻译人才培养与评价工作，进一步推进国际交流与合作。

2. 坚持科学公正。创新评价机制，丰富评价方式，注重职称评价的公正性和客观性，突出评价翻译专业人员的品德、能力和业绩，破除唯学历、唯资历、唯论文、唯奖项倾向，充分激发翻译专业人员的创新性和创造性。

3. 坚持以用为本。促进翻译专业学位教育、职业资格制度和职称制度相衔接，促进职称制度与用人制度相衔接，使人才培养、评价与使用相结合，更好促进翻译专业人员的职业发展。

4. 坚持与时俱进。引导翻译专业人员密切关注翻译行业发展变化，及时学习运用翻译新技术，促进人工智能技术与翻译行业深度融合，不断提升翻译质量和效率，推动翻译职称评价结果国际互认，加快翻译行业发展和中华文化对外传播。

二、主要内容

通过健全制度体系、完善评价标准、创新评价机制、促进职称制度与用人制度相衔接等措施，建立科学化、规范化的翻译专业人员职称制度。

（一）健全制度体系

1. 统一职称名称。翻译专业人员职称设初级、中级、高级，高级分设副高级和正高级。初级、中级、副高级、正高级的名称分别为三级翻译、二级翻译、一级翻译、译审。原助理翻译、三级翻译统一对应三级翻译，原翻译、二级翻译统一对应二级翻译，原副译审、一级翻译统一对应一级翻译，原译审、资深翻译统一对应译审。

2. 完善考试体系。根据经济社会发展和行业需求，适时增加在国际交往中使用频次高、范围广、行业需求迫切、学习和从业者众多的考试语种。适时调整考试科目设置，探索开设行业类翻译考试。完善同声传译类考试，通过同声传译考试并符合相应任职条件的人员，可申报评审副高级职称。

3. 事业单位翻译专业人员职称与专业技术岗位等级相对应。译审对应专业技术岗位一至四级，一级翻译对应专业技术岗位五至七级，二级翻译对应专业技术岗位八至十级，三级翻译对应专业技术岗位十一至十三级。

（二）完善评价标准

1. 坚持德才兼备，以德为先。坚持把品德放在评价的首位，通过年度考核、群众评议等方式加强对翻译专业人员职业道德的评价，强化翻译专业人员的爱国情怀和社会责任，倡导实事求是、精益求精的专业精神和谦虚好学、严谨求实的学术风气，突出评价翻译专业人员弘扬社会主义核心价值观、挖掘和推广中华优秀传统文化的业绩贡献。

2. 实行分类评价。坚持共通性与特殊性、水平业绩与发展潜力、定性与定量评价相结合，分类制定科学合理、各有侧重的评价标准。不把荣誉性称号作为职称评价的限制性条件，注重考察翻译专业人员的实际贡献。适应人工智能新技术推动翻译模式升级的发展趋势，注重对译后编辑能力、人机耦合与互动、创造力与分析能力等方面的考察。

3. 实行国家标准、地区标准和单位标准相结合。人力资源社会保障部和中国外文出版发行事业局（以下简称中国外文局）负责制定《翻译专业人员职称评价基本标准》（附后）。各省（区、市）可根据本地区经济社会发展情况，制定地区标准。具备自主评审权的用人单位可结合本单位实际，制定单位标准。地区标准和单位标准不得低于国家标准。

（三）创新评价机制

1. 丰富评价方式。国家统一考试的语种，初级、中级职称实行以考代评，不再进行相应语种的职称评审或认定；副高级职称采取考试与评审相结合方式，考试成绩合格后方可参加职称评审；正高级职称一般采取专家评审方式。尚未实行国家统一考试的语种，各级别职称仍实行专家评审或认定。

2. 畅通职称评价渠道。进一步破除人才发展体制机制障碍，打破户籍、地域、所有制、身份等条件的制约，创造便利条件，通过多种渠道受理非公有制经济组织、社会组织、自由职业翻译专业人员职称申报。依托具备较强服务能力和水平的专业化人才评价机构、行业协会学会等社会组织，组建翻译系列职称社会化评审机构，推进翻译系列职称社会化评审。

3. 建立职称评审绿色通道。对在外交、经济和社会各项事业发展中作出重大贡献，推动翻译行业发展取得重要成果的翻译专业人员，可适当放宽学历、资历、年限等条件限制，直接申报评审正高级职称。

4. 明确职称评审权限。各省（区、市）、国务院有关部门、中央有关企业等可按有关规定成立翻译系列高级职称评审委员会。国务院有关部门和中央企业成立的高级职称评审委员会报人力资源社会保障部核准备案。其他高级职称评审委员会报省级人力资源社会保障部门核准备案。社会化评审机构成立的职称评审委员会按程序报相应人力资源社会保障部门核准备案，其职称评审结果纳入政府人才评价管理体系。不具备高级职称评审委员会组建条件的地区或单位，可以委托中国外文局统一评审。

5. 推动翻译职称评价结果的国际互认。适应国家扩大对外开放需要，探索在条件成熟的国家和地区开设翻译专业资格考试考点，积极推动翻译资格评价结果国际互认，有效促进中外文化交流。

（四）促进职称制度与人才培养使用相衔接

1. 促进翻译专业人员职称评价与人才使用相衔接。鼓励用人单位结合用人需求，根据职称评价结果合理使用翻译专业人员，实现职称评价结果与翻译专业人员聘用、考核、晋升等用人制度相衔接。对于全面实行岗位管理的事业单位，一般应在岗位结构比例内开展职称评审。不实行事业单位岗位管理的用人单位，可根据工作需要择优聘任具有相应职称的翻译专业人员。

2. 促进翻译专业人员职称评价与人才培养相结合。推动翻译专业人员职称制度与翻译专业学位教育有机衔接，充分发挥职称制度对提高翻译人才培养质量的导向作用。鼓励高校从事翻译教学与研究的教师参加翻译系列职称评审。鼓励翻译专业人员参加继续教育，更新知识，提高水平。

（五）加强职称评审监督和服务

1. 加强职称评审委员会建设。健全职称评审委员会工作程序和评审规则，加强专家库建设，完善专家遴选机制，积极吸纳高等院校专家及从事翻译实践的专家，定期对专家库进行更新，提高职称评审的公平性和权威性。

2. 严肃职称评审工作纪律。建立职称评审公开制度，实行政策公开、标准公开、程序公开、结果公开，加强对评价全过程的监督管理。完善职称评审回避制度、公示制度，建立复查、投诉和倒查追责机制。探索建立职称评审诚信档案，对申报材料弄虚作假的实行“一票否决制”。对不能正确行使评审权、不能确保评审质量的，暂停自主评审工作直至收回评审权。

3. 优化职称评审服务。坚持公开透明、及时快捷、便民服务的原则，加快评审信息化建设，建立职称网上申报和评审系统，简化职称申报手续和审核环节，减少各类纸质证明材料。

三、组织实施

（一）加强组织领导

翻译专业人员职称制度改革是分类推进职称制度改革的重要内容，政策性强，涉及面广。各地人力资源社会保障部门和有关部门要高度重视，加强领导，明确责任，密切配合，确保翻译专业人员职称制度改革平稳推进。改革中要及时总结经验，及时研究解决新情况、新问题，妥善处理好改革、发展和稳定的关系。

（二）稳慎推进改革

各地、各有关部门要结合实际，落实好各项改革举措，妥善做好新旧政策衔接工作，按照改革前后的职称对应关系将现有翻译专业人员直接过渡到新的职称体系。在平稳过渡的基础上，严格按照本意见开展各级别新的职称评审工作。

（三）做好宣传引导

要加强宣传引导，搞好政策解读，充分调动翻译专业人员的积极性，引导广大翻译专业人员积极支持和参与翻译专业人员职称制度改革，营造有利于翻译专业人员职称制度改革的良好氛围。

本意见适用于各类语种的翻译专业人员。少数民族语言文字翻译和手语翻译参照本意见执行。

附件：翻译专业人员职称评价基本标准

人力资源社会保障部
中国外文局
2019年10月16日

附件

翻译专业人员职称评价基本标准

一、遵守中华人民共和国宪法和法律法规，贯彻落实党和国家方针政策。

二、具有良好的职业道德、敬业精神，具有推动翻译行业发展的职业使命感，具备相应的翻译专业能力和业务技能。

三、热爱本职工作，认真履行岗位职责，积极参加继续教育。

四、翻译专业人员申报各级别职称，除必须达到上述基本条件外，还应分别具备以下条件：

（一）三级翻译

能完成一般性口译或笔译工作。从事口译者应能够基本表达交谈各方原意，语音、语调基本正确；从事笔译者应表达一般难度的原文内容，语法基本正确、文字比较通顺。

（二）二级翻译

1. 具有比较系统的外语基础知识和翻译理论知识。

2. 能够独立承担本专业具有一定难度的口译或笔译工作，语言流畅、译文准确。

（三）一级翻译

1. 熟悉中国和相关语言国家的文化背景，中外文语言功底扎实。

2. 胜任范围较广、难度较大的翻译专业工作，能够承担重要场合的口译或者译文定稿工作，解决翻译工作中的疑难问题。

3. 对翻译实践或者理论有所研究，对原文有较强的理解能力，具有较强的中外文表达能力，有正式出版的译著或者公开发表的译文。

4. 翻译业绩突出，能够组织、指导三级翻译、二级翻译等翻译专业人员完成各项翻译任务。

5. 翻译业务考评和年度综合考核均为合格及以上等次。

6. 具备博士学位，取得二级翻译职称后，从事翻译工作满 2 年；或具备翻译相关专业硕士学位，取得二级翻译职称后，从事翻译工作满 3 年；或具备翻译相关专业双学士学位或研究生班毕业，取得二级翻译职称后，从事翻译工作满 4 年；或具备非翻译相关专业硕士学位、大学本科学历或学士学位，取得二级翻译职称后，从事翻译工作满 5 年；或取得同声传译翻译专业资格证书且满足上述学历和年限要求。

翻译相关专业指外国语言文学学科和翻译学科所包含的各专业，及中国语言文学学科下的中国少数民族语言文学专业。

（四）译审

1. 知识广博，熟悉中国和相关语言国家的文化背景，中外文语言功底深厚。

2. 胜任高难度的翻译专业工作，能够解决翻译专业工作中的重大疑难问题，具有较强的审定重要事项翻译稿件的能力，或者承担重要谈判、国际会议的口译工作能力。

3. 译风严谨，译文能表达原作的风格。

4. 对翻译专业理论有深入研究，组织、指导翻译专业人员出色完成各项翻译任务，在翻译人才培养方面卓有成效。

5. 翻译成果显著，翻译业务考评和年度综合考核均为合格以上等次。

6. 一般应具备大学本科及以上学历或学士以上学位，取得一级翻译职称后，从事翻译工作满 5 年。

人力资源社会保障部　农业农村部关于深化农业技术人员职称制度改革的指导意见

人社部发〔2019〕114 号

各省、自治区、直辖市及新疆生产建设兵团人力资源社会保障厅（局）、农业农村（农牧）、畜牧兽医、农垦、渔业厅（局、委），国务院各部委、各直属机构人事部门，各中央企业人事部门：

农业技术人员是农业农村人才队伍的重要组成部分，是新时代实施乡村振兴战略、加快推进农业农村现代化的重要支撑力量。为深入贯彻落实中共中央办公厅、国务院办公厅印发的《关于深化职称制度改革的意见》，现就深化农业技术人员职称制度改革提出如下意见。

一、总体要求

（一）指导思想

以习近平新时代中国特色社会主义思想为指导，全面贯彻落实党的十九大和十九届二中、三中全会精神，认真贯彻落实党中央、国务院决策部署，遵循农业农村人才成长规律，建立符合农业技术人员职业特点的职称制度，激发农业技术人员创新创造活力，培养造就素质优良、结构合理、充满活力的农业技术人员队伍，为推进实施乡村振兴战略、加快实现农业农村现代化提供有力的人才支撑。

（二）基本原则

1. 坚持服务发展。围绕农业农村现代化发展需要，发挥人才评价的“指挥棒”和“风向标”作用，提高农业技术人员解决实际问题能力，引导农业技术人员扎根基层、服务“三农”。

2. 坚持遵循规律。遵循农业技术人员成长规律和不同职业发展阶段特点，建立科学合理的评价体系，弘扬科学精神、避免急功近利，营造注重实绩、潜心钻研的制度环境，促进农业技术人员能力素质提升。

3. 坚持科学评价。完善农业技术人员评价标准体系，以品德、能力、业绩、贡献为导向，科学设置评价标准条件，破除唯学历、唯资历、唯论文、唯奖项倾向，突出技术性、实践性和创新性，提升农业技术人员职称评审质量水平。

4. 坚持以用为本。围绕用好用活人才，促进职称评审与农业技术人员培养、使用相结合，将农业技术人员职称制度与选人用人制度相衔接，满足各类用人单位选才用才需要，鼓励人才向艰苦边远地区和基层一线流动。

二、主要改革任务

通过健全制度体系、完善评价标准、创新评价机制、促进评价与使用相结合等措施，形成设置合理、覆盖全面、评价科学、管理规范的农业技术人员职称制度。

（一）健全制度体系

1. 增设正高级农艺师（正高级畜牧师、正高级兽医师）。农业技术人员高级职称分设副高级和正高级，初级职称分设员级和助理级。员级职称名称为农业技术员，助理级职称名称为助理农艺师（助理畜牧师、助理兽医师），中级职称名称为农艺师（畜牧师、兽医师），副高级职称名称为高级农艺师（高级畜牧师、高级兽医师），正高级职称名称为正高级农艺师（正高级畜牧师、正高级兽医师）。

2. 保留农业技术推广研究员作为正高级职称。长期在县乡及以下农业农村一线和各类涉农企业从事技术推广服务工作，取得农业系列副高级职称的专业技术人员，符合条件的可申报农业技术推广研究员职称，畅通基层农业技术人员成长成才通道。农业技术推广研究员评审由各省（自治区、直辖市）自主组织开展，人力资源社会保障部、农业农村部不再统一组织全国农业技术推广研究员职称评审。

3. 完善专业设置。各地可围绕实现农业农村现代化总目标和实施乡村振兴战略任务要求，设置农学、园艺、植物保护、水产、畜牧、兽医、农业资源环境、农业机械化、农产品加工与质量安全、农村合作组织管理等专业，并结合本地实际，对农业技术人员职称相关评审专业进行动态调整，促进专业设置与农业农村发展需求相适应。

4. 实现职称制度与职业资格制度有效衔接。通过国家执业兽医资格考试，取得执业兽医师资格，可视同具备助理兽医师职称。

（二）完善评价标准

1. 坚持德才兼备，以德为先。坚持把品德放在农业技术人员评价的首位，重点考察农业技术人员的职业道德。通过个人述职、考核测评、群众评议等方式，全面考察农业技术人员的职业操守和从业行为，倡导科学精神，强化社会责任，坚守道德底线。对侵占他人技术成果或伪造试验数据等学术不端行为，实行“一票否决制”。对通过弄虚作假、暗箱操作等违纪违规行为取得的职称，一律予以撤销。

2. 突出评价业绩水平和实际贡献。重点评价农业技术人员技术创新、成果转化、技术推广、标准制定、决策咨询、解决实际问题等方面的能力，专利成果、规划设计方案、标准规范、检验检测风险评估报告、项目报告、软课题研究报告等，均可作为评价能力的业绩成果。将取得的经济效益、社会效益、生态效益作为评审的重要内容，探索构建体现市场与社会认可的评价指标和方法。突出对代表性成果的评价，不搞简单量化评价，重大原创性研究成果可“一票决定”。对长期在艰苦边远地区和基层一线工作的农业技术人员，可将新理念、新技术、新品种、新工艺的推广和应用情况，对农民开展培训情况以及参与农业农村管理服务情况等作为评审的依据。

3. 实行国家标准、地区标准和单位标准相结合。人力资源社会保障部、农业农村部研究制定《农业技术人员职称评价基本标准》（附后）。各地区人力资源社会保障行政部门会同农业农村行政部门依据国家标准，结合本地区农业农村经济社会发展情况，制定地区标准；具有职称评审权的用人单位可依据国家标准、地区标准，结合本单位实际，制定单位标准。地区标准、单位标准不得低于国家标准。

（三）创新评价机制

1. 改进评价方式。完善以同行专家评审为基础的业内评价机制，综合运用考试、评审、考核认定、个人述职、面试答辩、实践操作、业绩展示等多种评价方式，提高评价的针对性和科学性。鼓励各地对不同专业、不同层级的农业技术人员进行分组评价，提高评审工作科学化水平。

2. 畅通评价渠道。进一步打破户籍、地域、身份、档案等制约，创造便利条件，畅通农民专业合作社、家庭农场、农业企业、农业社会化服务组织等生产经营主体中农业技术人员的职称申报渠道。事业单位中经批准离岗创业或兼职的农业技术人员，离岗创业期内可在原单位按规定正常申报职称，离岗创业期间工作业绩可作为职称评审的依据。

3. 建立绿色通道。对在农业高质量发展、农民增收、重大动植物疫病防控、农业重大灾害处置及农村改革各项事业中作出重大贡献或急需紧缺的优秀农业技术人员，可适当放宽学历、资历、年限等条件限制，直接申报评审高级职称。对引进的海外高层次人才和急需紧缺人才，进一步打破条条框框的限制，探索引入国际同行评价，建立职称评审绿色通道。

4. 完善评审委员会建设。科学界定、合理下放职称评审权限，逐步将高级职称评审权下放到符合条件的地市或大型企业、科研院所等企事业单位。加强评审专家库建设，积极吸纳涉农院校、科研推广机构、检测评估认证机构、行业协会学会、农业企业等同行专家，鼓励吸纳活跃在农业农村基层一线的技术人才，实行动态管理。国务院有关部门、中央企业、全国性行业协会学会、人才交流服务机构等组建的高级职称评审委员会由国务院人力资源社会保障行政部门核准备案；各地区组建的高级职称评审委员会由省级人力资源社会保障行政部门核准备案；其他用人单位组建的高级职称评审委员会按照职称评审管理权限由省级以上人力资源社会保障行政部门核准备案。健全职称评审委员会工作程序和评审规则，严肃评审纪律，建立倒查追责机制。

5. 加强事中事后监管。建立职称评审随机抽查、巡查制度，加强对职称评审全过程的监督管理，强化单位自律和外部监督。畅通意见反馈渠道，对群众反馈或舆情反映强烈的问题，有针对性地进行专项核查，及时妥善处理。建立职称评审公开制度，实行政策公开、标准公开、程序公开、结果公开，提升评审工作透明度。

（四）促进评价与使用相结合

1. 实现职称制度与用人制度的有效衔接。用人单位结合用人需求，根据职称评价结果合理使用农业技术人员，实现职称评价结果与农业技术人员聘用、考核、晋升等用人制度的衔接。对于全面实行岗位管理、专业技术人才学术技术水平与岗位职责密切相关的事业单位，一般应在岗位结构比例内开展职称评审。对于不实行岗位管理的单位，可根据工作需要，择优聘任具有相应职称的农业技术人员。

2. 鼓励人才向艰苦边远地区和基层一线流动。优化基层事业单位专业技术岗位结构比例，建立动态调整机制。适当增加艰苦边远地区和基层一线农业农村领域高级专业技术岗位，为农业技术人员参评高级职称创造条件。对长期扎根基层一线、作出突出贡献的农业技术人员，可适当放宽学历和任职年限要求。在艰苦边远地区和基层一线可采取“定向评价、定向使用”的方式，激励优秀农业技术人员扎根基层、建功立业。

三、加强组织实施

（一）提高认识，加强领导

职称制度改革涉及广大农业技术人员的切身利益，各地、各部门要充分认识改革的重要性、复杂性、敏感性，加强组织领导，狠抓工作落实，确保各项改革措施落到实处。各级人力资源社会保障行政部门要会同农业农村行政部门，具体负责农业技术人员职称制度改革的政策制定、组织实施和监督检查工作。各有关部门要密切配合、加强协调，确保改革各项工作顺利推进。

（二）结合实际，稳慎推进

各地要根据本意见精神，紧密结合本地实际，抓好改革政策的落地实施。在推进改革的过程中，要开展全面深入的调研，充分考虑工作中可能遇到的各种情况和问题，细化工作措施，完善工作预案，妥善处理好改革、发展和稳定的关系。

（三）加强宣传，营造环境

各地、各有关部门要加强宣传引导，做好政策解读，营造有利于改革的良好氛围。在政策制定过程中，要注重广泛征求各方意见，积极回应农业技术人员关切，引导广大农业技术人员支持和参与职称制度改革。

附件：农业技术人员职称评价基本标准

人力资源社会保障部

农业农村部

2019 年 10 月 26 日

附件

农业技术人员职称评价基本标准

一、遵守中华人民共和国宪法和法律法规。

二、热爱“三农”工作，认真履行岗位职责，具有良好的职业道德、敬业精神，作风端正。

三、身心健康，具备从事农业技术相关工作的身体条件。

四、按照要求参加继续教育。

五、农业技术人员申报各层级职称，除必须达到上述基本条件外，还应分别具备以下条件：

（一）农业技术员

1. 熟悉本专业的基础理论和专业技术知识。

2. 具有完成技术辅助性工作的实际能力。

3. 具备大学本科学历或学士学位；或具备大学专科、高中（含中专、职高、技校）毕业学历，从事本专业技术工作满 1 年。

（二）助理农艺师（助理畜牧师、助理兽医师）

1. 掌握本专业的基础理论和专业技术知识。

2. 具有独立完成一般性技术工作的实际能力，能够处理本专业范围内一般性技术难题。

3. 能够向群众传授本专业技术知识，进行一般性技术指导或技术咨询服务工作。

4. 具有指导农业技术员的能力。

5. 具备硕士学位或第二学士学位；或具备大学本科学历或学士学位，从事本专业技术工作满 1 年；或具备大学专科学历，取得本系列员级职称后，从事本专业技术工作满 2 年；或具备高中（含中专、职高、技校）毕业学历，取得本系列员级职称后，从事本专业技术工作满 4 年。

（三）农艺师（畜牧师、兽医师）

1. 熟练掌握并能够灵活运用本专业的基础理论和专业技术知识，了解本专业新技术、新理念、新方法的现状和发展趋势。

2. 具有独立承担本专业范围内较复杂技术工作的能力，能够结合农业农村生产情况，解决较为复杂的实际问题。

3. 参与农业农村科研或推广项目实施、农产品质量安全检验检测、重大动植物疫病防控、农业重大灾害处置、重要农业遗传资源保护利用、行业发展规划编制、政策法规制（修）订、技术标准和规程制（修）订、重大项目可行性研究报告或技术咨询报告撰写、技术培训教材编写等；或能够结合农业农村生产实际制定技术工作规划、计划，并参与推广先进技术、科研成果，在降低成本，提高生产率，增加经济效益、社会效益、生态效益等方面作出成绩。

4. 具有指导助理农艺师（助理畜牧师、助理兽医师）的能力。

5. 具备博士学位；或具备硕士学位或第二学士学位，取得本系列助理级职称后，从事本专业技术工作满 2 年；或具备大学本科学历或学士学位，或具备大学专科学历，取得本系列助理级职称后，从事本专业技术工作满 4 年；或具备高中（含中专、职高、技校）毕业学历，取得助理级职称后，从事本专业技术工作满 5 年。

（四）高级农艺师（高级畜牧师、高级兽医师）

1. 系统掌握本专业的基础理论和专业技术知识，具有跟踪本专业科技发展前沿的能力，在相关领域取得重要成果。

2. 长期从事本专业工作，业绩突出，能够解决农业农村生产中的复杂问题或重大技术问题。

3. 取得相应中级职称后，业绩、成果要求符合下列条件之一：

（1）主持、承担研制开发或推广的新品种、新技术、新产品、新方法等，具有国内先进水平，得到一定规模的应用；

（2）作为主要完成人，获得本专业或相关专业具有较高经济效益、社会效益、生态效益的发明或实用新型专利；

（3）作为技术骨干，参与的农业农村重大工程、计划、项目等在本领域被广泛认可，或在重要农产品质量安全检验检测任务、重大动植物疫病防控、农业重大灾害处置、重要农业遗传资源保护利用等工作中发挥了重要技术支撑作用，或作为主要编写者，参与编写的农业农村重大政策法规、发展规划、技术标准和规程、可行性研究报告、技术咨询报告、技术培训教材等在本领域被广泛认可；

（4）发表的本领域研究成果，受到同行专家认可。

4. 在指导、培养中青年学术技术骨干方面发挥重要作用，能够指导中级职称技术人员或研究生的工作和学习。

5. 具备博士学位，取得本系列中级职称后，从事本专业技术工作满 2 年；或具备大学本科学历或学士学位，或具备硕士学位或第二学士学位，取得本系列中级职称后，从事本专业技术工作满 5 年。

（五）正高级农艺师（正高级畜牧师、正高级兽医师）

1. 具有深厚的专业理论功底，科研水平、学术造诣高或科学实践能力强，全面掌握本专业国内外前沿发展动态，具有引领本专业科技发展前沿的能力，取得重大理论研究成果或关键技术突破，或在相关领域取得创新性研究成果，推动了本专业发展。

2. 长期从事本专业工作，业绩突出，能够主持解决农业农村生产中的复杂问题或重大技术问题，取得了显著的经济效益、社会效益、生态效益。

3. 取得相应副高级职称后，业绩、成果要求符合下列条件之一：

（1）主持研制开发或推广的新品种、新技术、新产品、新方法等，具有国内领先水平，得到大规模应用；

（2）作为第一完成人，获得本专业或相关专业具有显著经济效益、社会效益、生态效益的发明或实用新型专利；

（3）主持的农业农村重大工程、计划、项目等在本领域被广泛认可，或在重要农产品质量安全检验检测任务、重大动植物疫病防控、农业重大灾害处置、重要农业遗传资源保护利用等工作中发挥了关键性技术支撑作用，或主持编写的农业农村重大政策法规、发展规划、技术标准和规程、可行性研究报告、技术咨询报告、技术培训教材等在本领域被广泛认可；

（4）发表的本领域研究成果，经同行专家评议具有较高学术价值。

4. 在指导、培养中青年学术技术骨干方面作出突出贡献，能够指导相应副高级职称人员或研究生的工作和学习。

5. 一般应具备大学本科及以上学历或学士及以上学位，取得本系列副高级职称后，从事本专业技术工作满5年。

（六）农业技术推广研究员

1. 长期在县乡及以下农业农村一线和各类涉农企业从事技术推广工作，业绩突出，群众公认。

2. 具有较为全面系统的专业知识和丰富的实践经验，掌握本领域前沿发展动态，能够创造性地解决复杂的实际问题或重大技术问题。

3. 取得农业系列副高级职称后，业绩、成果要求符合下列条件之一：

（1）主持推广的新品种、新技术、新产品、新方法等得到大规模应用，产生显著经济效益、社会效益、生态效益；

（2）作为第一完成人，获得具有重大实用价值的本专业及其相关专业发明或实用新型专利；

（3）指导实施的农业农村技术推广重大工程、计划、项目在本领域被广泛认可，或在重要农产品质量安全检验检测任务、重大动植物疫病防控、农业重大灾害处置、重要农业遗传资源保护利用等工作中发挥了关键性技术支撑作用，或主持编写的技术推广规划、技术标准和规程、可行性研究报告、技术咨询报告、技术培训教材等在本领域被广泛认可；

（4）能够为农民生产生活、农村社会服务、农产品质量安全、重大动植物疫病防控、农业重大灾害处置提供技术支撑和服务保障，在农业转型升级、农村发展繁荣、农民增收致富等方面作出突出贡献。

4. 在指导、培养农业技术推广骨干方面作出突出贡献，能够指导相应副高级职称人员的工作。

5. 一般应具备大学本科及以上学历或学士及以上学位，取得本系列副高级职称后，从事农业技术推广相关工作满5年。

六、不具备第五条规定的学历、年限等要求，业绩突出、作出重要贡献的，可由2名以上同行专家推荐破格申报，具体办法由各地、各有关部门和单位另行制定。

人力资源社会保障部　国家文物局关于深化文物博物专业人员职称制度改革的指导意见

人社部发〔2019〕122号

各省、自治区、直辖市及新疆生产建设兵团人力资源社会保障厅（局）、文物局（文化和旅游厅/局），国务院各部委、各直属机构人事部门：

文物博物（以下简称文博）专业人员是文物保护利用和文化遗产保护传承的中坚力量，是推动、引领文博事业蓬勃发展的重要战略资源。为贯彻落实中共中央办公厅、国务院办公厅印发的《关于深化职称制度改革的意见》，现就深化文博专业人员职称制度改革提出如下指导意见。

一、总体要求

（一）指导思想

以习近平新时代中国特色社会主义思想为指导，全面贯彻落实党的十九大和十九届二中、三中、四中全会精神，认真落实党中央、国务院决策部署，坚持党管人才原则，遵循人才成长规律，健全完善符合文博行业特点的职称制度，推动文博专业人员队伍结构更趋合理、能力素质不断提高，为促进文博事业全面发展提供人才支撑。

（二）基本原则

1. 坚持服务发展、激励创新。创新人才评价机制，充分发挥人才评价“指挥棒”作用，促进评以适用、以用促评，激发文博专业人员创新创造创业活力，满足各类用人单位选才用才需求，服务文博事业健康持续发展。

2. 坚持遵循规律、科学评价。遵循文博人才成长规律，突出文博行业特点，以品德、能力、业绩为导向，完善评价标准，丰富评价方式，破除唯学历、唯资历、唯论文、唯奖项倾向，科学、客观、公正评价文博专业人员。

3. 坚持问题导向、精准施策。针对文博专业人员职称评价存在的突出问题，根据不同专业、层级特点，加强研究，统筹推进，引导文博专业人员提高能力素质，增强事业心和职业归属感。

二、主要改革任务

通过健全制度体系、完善评价标准、创新评价机制、强化监管、优化服务等措施，建立健全符合文博行业特点、覆盖各级各类文博专业人员的职称制度。

（一）健全制度体系

1. 优化职称层级设置。文博专业人员职称设初级、中级、高级，初级职称只设助理级，高级职称分设副高级和正高级。初级、中级、副高级和正高级职称名称依次为助理馆员、馆员、副研究馆员和研究馆员。

2. 规范评审专业设置。根据文博行业特点，设置文物博物馆研究、文物保护、文物考古、文物利用四个专业类别。文物博物馆研究包括文物博物馆领域的基础理论研究、政策法规研究、标准规划研究、应用技术研究等；文物保护包括文物修缮、修复、复制、拓印、监测、鉴定、保管、安全等；文物考古包括考古调查、勘探、发掘等；文物利用包括陈列展示、教育传播、文创研发等。建立职称评审专业动态调整机制，根据文博行业发展实际需要，适时调整专业类别。

3. 文博专业人员各层级职称分别与事业单位专业技术岗位等级相对应。正高级对应专业技术岗位一至四级，副高级对应专业技术岗位五至七级，中级对应专业技术岗位八至十级，初级对应专业技术岗位十一至十三级。

（二）完善评价标准

1. 坚持德才兼备、以德为先。把品德放在文博专业人员职称评价的首位，通过考核测评、群众评议等方式，全面考察文博专业人员的职业道德和从业行为，倡导科学精神，坚守道德底线。

2. 推行代表作制度。将文博专业人员的代表性成果作为职称评审的重要内容，注重标志性成果的质量、贡献和影响力。代表作包括考古报告、专业研究或技术报告、出版的著作、发表的论文，包括已实施的展览策划方案、文物修复方案、文物保护规划、文物设计方案、文物安全设计方案、文物征集鉴定评估报告等。各地可根据本地实际情况，研究制定代表作清单，确定不同专业、不同层级职称评价的代表作类别和范围。

3. 突出业绩水平和实际贡献。注重考核文博专业人员的工作绩效、创新成果，增加技术创新、专利、技术推广、标准制定、决策咨询、公共服务等评价指标的权重，将取得的社会效益和经济效益作为职称评价的重要内容。不唯学历，对在艰苦边远地区和基层一线长期从事文博工作，实践证明能胜任相应岗位要求的，可适当放宽学历要求。不唯资历，对在文博事业发展中取得重大成果、解决重大工程技术难题、作出重大贡献的，可放宽资历等条件限制，直接申报评审高级职称。对引进的海外高层次人才和急需紧缺人才，可不受资历、年限等条件限制，建立职称评审绿色通道。不唯论文，对在艰苦边远地区和基层一线工作的文博专业人员，以及实践性、操作性强、研究属性不明显的专业，淡化或不作论文要求。不唯奖项，文博领域各级各类奖项、荣誉称号等不作为职称评定的限制性条件。

4. 实行国家标准、地区标准和单位标准相结合。人力资源社会保障部会同国家文物局研究制定《文博专业人员职称评价基本标准》（附后）。各地区可根据本地区文博事业发展情况，制定地区标准。具有自主评审权的用人单位可结合本单位实际，制定单位标准。地区标准和单位标准不得低于国家标准。

（三）创新评价机制

1. 丰富职称评价方式。建立以同行专家评审为基础的业内评价机制，灵活采用考试、评审、考核、考评结合、面试答辩、实践操作、业绩展示等多种评价方式，提高职称评价的科学性和针对性。对研究属性较强的文博专业人员，以同行学术评价为主；对应用性和技术性较强的文博专业人员，突出市场评价和社会评价。

2. 创新基层文博专业人员评价办法。鼓励文博专业人员服务基层、扎根基层，建立健全“定向评价、定向使用”制度，面向基层文博专业人员进行单独评价，评价结果限定在基层有效。根据基层一线岗位工作特点，提高技术推广、解决实际问题、基层服务年限、实际工作业绩等评价指标的权重。按有关政策规定，到基层单位从事帮扶、交流的文博专业人员，申报评审职称时可予以倾斜。鼓励各地根据实际情况，积极探索适合基层文博专业人员特点的评价办法。

3. 拓展评价范围。进一步打破户籍、地域、身份、档案等制约，畅通各类文博专业人员职称评价渠道。非国有文博机构、社会组织等单位的文博专业人员可按属地原则进行申报。在文博事业单位从事专业技术工作的编制外人员可按同等条件参加文博系列职称评价。文博事业单位中经批准离岗创业或兼职的文博专业人员，在离岗创业期间与原单位在岗人员享有同等的职称评价权利，离岗创业期间所取得的业绩成果可作为职称评价的依据。

4. 下放职称评审权限。发挥用人单位在职称评审中的主导作用，逐步下放文博专业人员职称评审权限。鼓励人才智力密集的省级及以上文博单位自主开展高级职称评审；鼓励条件具备的地市级文博单位自主开展中级和初级职称评审。经授权开展自主评审的单位，实行自主评价、自主聘任，评审结果实行事后备案管理。鼓励具备条件的地区和单位，探索开展职称评审结果互认，促进人才有序流动。

5. 促进与人才使用制度相衔接。用人单位要将职称评审与人才使用相结合，对于全面实行岗位管理的文博事业单位，一般应在岗位结构比例内开展职称评审；对尚不具备条件的单位，应强化岗位聘用管理，逐步实现在岗位结构比例内开展职称评审。

（四）强化监管、优化服务

1. 加强职称评审委员会建设。各地要按照有关规定组建各级职称评审委员会，按照程序进行核准备案后，规范开展职称评审工作。要完善评审专家遴选机制，推进评审专家共享，明确评审专家责任，强化评审考核，建立倒查追责机制。

2. 加强职称评审监督。健全职称评审公开制度，实行政策公开、标准公开、程序公开、结果公开，接受社会和群众监督。建立职称评审回避制度、公示制度和随机抽查、巡查制度，建立复查、投诉机制，强化对评审全过程的监督管理。加强对自主评审工作的监管，对不能正确行使评审权、不能确保评审质量的，将暂停自主评审工作直至收回评审权。

3. 加强职称评审服务平台建设。鼓励建立权利平等、条件平等、机会平等的职称评价公共服务平台，在文博系列政策咨询、职称申报、审核评审、查询验证等方面提供便捷化服务。合理确定申报职称所需材料种类和内容，可通过信息共享获取的，不再要求申报人另行提供，减轻文博专业人员负担。

三、加强组织实施

（一）提高认识，加强领导

文博专业人员职称制度改革是分系列推进职称制度改革的重要内容，各省（自治区、直辖市）人力资源社会保障部门和文物行政主管部门要高度重视，切实加强领导，明确改革进度和工作职责，确保文博行业职称制度改革平稳推进。

（二）周密部署，稳步实施

各省（自治区、直辖市）人力资源社会保障部门和文物行政主管部门要根据本意见精神，结合本地区实际，切实抓好改革的贯彻落实。各地在改革中要及时总结经验，发现、研究和解决改革中出现的新情况、新问题，妥善处理改革、发展和稳定的关系。

（三）加强宣传，积极引导

职称制度改革涉及广大文博专业人员的切身利益，政策性强，各级文物行政主管部门要深入细致地做好职称政策的宣传与解读，及时回应社会关切，做好舆论引导，营造有利于文博专业人员职称制度改革的良好氛围。

附件：文博专业人员职称评价基本标准

人力资源社会保障部

国家文物局

2019 年 11 月 26 日

附件

文博专业人员职称评价基本标准

一、遵守中华人民共和国宪法和法律法规。

二、具有良好的职业道德，积极为文博事业贡献力量。

三、具备履行岗位职责的能力，认真履行岗位职责，按照要求参加继续教育。

四、文博专业人员申报各层级职称，除必须达到上述标准条件外，还应分别具备以下条件：

（一）助理馆员

1. 基本掌握本领域的基础理论和专业知识，或者具有基本操作技能，基本了解文博行业发展现状和相关政策法规。

2. 基本具备从事文物博物馆研究、文物保护、文物考古、文物利用等工作的能力，能够胜任各项日常基础性工作。

3. 具备硕士学位；或者具备大学本科学历或学士学位，1 年见习期满，经考察合格；或者具备大学专科学历，从事文博专业技术工作满 3 年；或高中毕业或中等职业学校毕业，从事文博专业技术工作满 5 年。

（二）馆员

1. 具有较为扎实的基础理论和专业知识，了解文博行业发展现状，在本专业技术领域内积累一定的实践经验，能够在高级专业技术人员的指导下独立开展本专业工作。

2. 在文物博物馆研究、文物保护、文物考古、文物利用等领域取得一定的研究成果；或者能够较为熟练解决常见的技术问题、取得某些技术成果；或者作为参与人完成一定的文物保护利用工作或项目，能够独立承担部分工作。

3. 具有指导助理馆员开展工作的能力。

4. 具备博士学位；或者具备硕士学位，取得助理馆员职称后，在相应专业技术岗位任职满 2 年；或者具备其他学历，取得助理馆员职称后，在相应专业技术岗位任职满 4 年。

（三）副研究馆员

1. 具有较高的专业理论水平和技术能力，具有较深的研究或丰富的实践经验，能够创造性开展工作，是专业领域内的骨干人才。

2. 在文物博物馆研究、文物保护、文物考古、文物利用等领域取得具有创新性和行业影响力的研究成果；或者具有较高的实践操作能力，参与解决关键性技术难题、取得有代表性的技术成果；或者作为主要参与人完成若干具有一定影响力的文物保护利用工作或项目。

3. 具有培养、指导馆员、助理馆员开展专业研究或实践操作的能力。

4. 具备博士学位，取得馆员职称后，在相应专业技术岗位任职满 2 年；或者具备其他学历，取得馆员职称后，在相应专业技术岗位任职满 5 年。

（四）研究馆员

1. 科研工作能力强，具有扎实的理论水平和丰富的专业知识，在相应学术、技术领域有独到见解，能够解决复杂的专业问题或指导完成重大科研任务、工程或项目，在专业领域内起带头作用和指导作用。

2. 在文物博物馆研究、文物保护、文物考古、文物利用等领域取得具有重要学术价值或广泛社会影响力的研究成果；或者具有突出的实践操作能力，成功解决关键性技术难题、取得重大影响力的技术成果；或者作为项目负责人或主要参与人完成具有广泛影响力的文物保护利用工作或项目。

3. 具有指导、培养副研究馆员、馆员等开展专业研究或实践操作的能力。

4. 一般应具有大学本科及以上学历或学士及以上学位，取得副研究馆员职称后，在相应专业技术岗位任职满 5 年。

评价机制，综合运用个人述职、面试答辩、业绩展示等多种形式，提高评价的针对性和科学性。

2. 合理下放职称评审权限。在综合评估基础上，逐步将高级职称评审权限下放至符合条件的企事业单位、社会组织或市地。自主评审单位组建的高级职称评审委员会须按照管理权限报省级以上人力资源社会保障部门核准备案。对开展自主评审的单位，政府部门不再审批评审结果，改为事后备案管理。各级人力资源社会保障部门会同统计部门加强对自主评审工作的监管，对于不能正确行使评审权、不能确保评审质量的，将暂停自主评审工作直至收回评审权。

3. 向艰苦边远地区统计专业人员和特殊人才倾斜。对长期在艰苦边远地区和基层一线工作的统计专业人员，重点考察其实际工作业绩贡献和解决实际问题的能力，适当放宽学历要求。开展基层统计专业人员职称“定向评价、定向使用”。对引进的海外高层次人才、国家级统计高端人才和急需紧缺人才，可放宽资历、年限等条件限制，建立职称评审绿色通道。取得重大基础研究和前沿技术突破、解决重大技术难题、在统计事业发展中作出重大贡献的人员，可直接申报参加正高级统计师职称评审。

4. 畅通职称评价渠道。打破户籍、所有制、身份、档案等制约，不断壮大统计专业人员队伍。非公有制领域与公立机构的统计专业人员，公立机构中各种方式使用的统计专业人员在职称申报、评审等方面享有同等待遇。事业单位统计专业人员经批准离岗创业的，3 年内与原单位人员享有同等的职称评审权利，离岗创业期间所取得的业绩成果可作为职称评审的依据。

（四）促进职称评价与人才培养使用有效衔接

1. 促进职称制度与统计专业人员使用有效衔接。用人单位应结合用人需求，根据职称评价结果合理使用统计专业人员。全面实行岗位管理的事业单位一般应在岗位结构比例内开展职称评审，聘用具有相应职称的统计专业人员到相应统计岗位。不实行事业单位岗位管理的用人单位，可根据需要择优聘任具有相应职称的统计专业人员从事相关岗位统计工作。

2. 促进职称制度与统计人才培养相结合。推进职称评审与专业技术人员继续教育制度相衔接，加快统计专业人员知识更新。推动统计专业人员职称制度与高端统计人才培养、统计专业学位研究生教育等有机衔接，促进统计职称与经济、会计、审计等相近职称以及哲学社会科学研究系列中统计研究相关职称的衔接，减少重复评价。

（五）加强评审管理，优化评审服务

1. 完善评审专家遴选机制。坚持同行专家评审，注重遴选统计一线专家，吸收一定比例的高校、科研机构的高水平专家加入统计系列高级职称评审委员会，优化职称评审委员会结构。

2. 规范开展职称评审工作。规范高级职称评审委员会工作程序，细化评审规则，严肃评审纪律，强化评审考核，明确职称评审委员会工作人员和评审专家责任，建立倒查追责机制。健全完善职称评审公示制度、回避制度和随机抽查、巡查制度，建立复查、投诉机制；加强对评价全过程的监督管理，做到政策公开、标准公开、程序公开、结果公开。

3. 优化评审服务。规范和优化申报程序，简化申报证明材料，推行职称申报、评审、公示、查询等一站式服务，减轻职称申报人员负担，消除统计专业人员职称申报的流程障碍。

三、组织实施

（一）加强领导，周密组织

统计专业人员职称制度改革是深化职称制度改革的重要内容，政策性强、涉及面广，各地、各有关部门和单位要高度重视，加强领导，抓紧落实。要加强调查研究、细化工作措施，保证各项政策的一致性，注重配套办法的实用性。对改革过程中遇到的矛盾和问题要妥善处理，重大问题及时上报。

（二）有序推进，稳步实施

要妥善做好新老人员过渡和新旧政策衔接工作，改革前各地自行试点评审的正高级统计师，要按照有关规定通过一定程序进行确认。在新的职称评审工作中，要严格按照本意见有关要求进行，不得随意降低评价标准或擅自扩大评审范围。各地区和各相关单位要坚持质量第一、宁缺毋滥的原则，对本地区、本单位正高级职称数量进行严格把控，统筹考虑高层次人才队伍建设的长远规划，合理确定比例。

（三）扩大宣传，加强引导

各级人力资源社会保障部门和统计部门要加强舆论宣传，做好政策解读，引导统计专业人员积极参与统计职称制度改革，进一步壮大基层统计专业人员力量，提升统计专业人员能力素质。引导社会各有关方面支持统计专业人员职称制度改革，营造有利于改革的良好氛围。充分发挥社会组织的专业优势，逐步推动具备条件的行业协会、学会等组织和专业机构有序承接统计专业人员高级职称评价工作。

本意见适用于在国家机关、社会团体、企事业单位和其他组织从事统计工作的人员。符合条件的公务员可以参加统计专业技术资格考试，但不得参加职称评审。

军队可参照本意见制定统计专业人员职称评价具体办法。

附件：统计专业人员职称评价基本标准

人力资源社会保障部

国家统计局

2020 年 3 月 2 日

附件

统计专业人员职称评价基本标准

一、遵守中华人民共和国宪法和统计法律法规，贯彻执行党的基本路线和各项方针、政策。

二、具备良好的统计职业道德和敬业精神，自觉维护统计数据真实性，坚决抵制统计造假、弄虚作假。

三、认真履行岗位职责，按照要求参加继续教育。

四、统计专业人员申报各层级职称，除必须达到上述基本条件外，还应分别具备以下条件：

（一）助理统计师

1. 掌握基本统计理论知识和业务技能。

2. 能够完成一个岗位或负责一个专业某一方面的统计业务工作。

3. 了解统计制度和统计方法，能准确及时填报或汇总报表。

4. 能够拟定简单的统计调查方案，独立进行调查研究。

5. 具备国家教育部门认可的高中毕业（含高中、中专、职高、技校，下同）及以上学历。

（二）统计师

1. 掌握比较系统的统计理论知识和业务知识，熟悉计算技术。

2. 能够负责组织和指导一个单位、一个专业的统计业务工作，能够拟定统计调查方案并组织实施。

3. 熟悉统计制度和统计方法，能够设计、汇总专业性较强的统计报表。

4. 能够对本专业有关的社会经济问题进行调查研究和综合分析，形成有一定水平的工作成果。

5. 能够指导助理统计师开展统计调查工作。

6. 具备博士学位；或具备硕士学位，从事统计工作满 1 年；或具备第二学士学位或研究生班毕业，从事统计工作满 2 年；或具备大学本科学历或学士学位，从事统计工作满 4 年；或具备大学专科学历，从事统计工作满 6 年；或高中毕业，取得助理统计师职称，从事统计相关工作满 10 年。

（三）高级统计师

1. 掌握系统的统计理论和比较丰富的业务知识。

2. 能够负责组织和指导一个地区、一个部门、一个专业的统计业务工作，带领、指导统计师及其他统计工作人员完成拟定调查方案、组织实施统计调查等任务。有较为丰富的统计工作经验和解决统计工作中重大问题的能力，能为生产经营活动、经济管理工作或领导决策提供指导或咨询。

3. 能够对社会经济问题进行系统的调查研究，写出较高水平的统计调查、分析研究报告或较高应用价值和学术水平的论文、论著等。能够对社会经济的现状和发展作出科学的分析和预测。

4. 为加强本领域统计基础、提高统计数据质量、提升经济效益起到积极作用。能够指导培养中、初级统计专业人才。

5. 具备博士学位，取得统计师职称后，从事与统计师职责相关工作满 2 年；或具备硕士学位、研究生班毕业或第二学士学位、大学本科学历或学士学位，取得统计师职称后，从事与统计师职责相关工作满 5 年；或具备大学专科学历，取得统计师职称后，从事与统计师职责相关工作满 10 年。

6. 具有经济、会计、审计及哲学社会科学研究（理论经济学、应用经济学、数学、统计学、计算机科学与技术）等与统计相近专业中级职称，可依据上述学历资历和业绩条件，申报高级统计师职称。

（四）正高级统计师

1. 熟练掌握系统的统计知识，理论功底深厚，业务知识丰富。掌握统计发展研究现状和发展趋势，能将国内外最新技术应用于工作实践。

2. 在统计专业技术团队中发挥领军作用，在指导、培养中青年技术骨干方面作出突出贡献，在统计人才培养方面具有重要影响力。

3. 熟练掌握统计方法制度、调查理论和操作技能。能够对社会经济问题进行系统的调查研究，写出高水平的统计调查报告或高应用价值和学术水平的论文、论著，能够对统计理论、统计制度和统计方法进行科学研究，提出有重要价值的建议。

4. 组织完成统计理论、改革、技术等方面调查研究和课题设计，独立指导解决本领域关键技术问题，取得显著社会经济效益。

5. 一般应具备大学本科及以上学历或学士及以上学位，取得高级统计师职称后，从事与高级统计师职责相关工作满 5 年。

6. 具有经济、会计、审计及哲学社会科学研究（理论经济学、应用经济学、数学、统计学、计算机科学与技术）等与统计相近专业副高级职称，可依据上述学历资历和业绩条件，申报正高级统计师职称。

人力资源社会保障部　国家档案局关于深化档案专业人员职称制度改革的指导意见

人社部发〔2020〕20号

各省、自治区、直辖市及新疆生产建设兵团人力资源社会保障厅（局）、档案局，国务院各部委、各直属机构人事部门，各中央企业人事部门：

档案专业人员是我国专业技术人才队伍的重要组成部分，承担为党管档、为国守史、为民服务的职责与使命。为贯彻落实中共中央办公厅、国务院办公厅印发的《关于深化职称制度改革的意见》，现就深化档案专业人员职称制度改革提出如下指导意见。

一、总体要求

（一）指导思想

以习近平新时代中国特色社会主义思想为指导，全面贯彻落实党的十九大和十九届二中、三中、四中全会精神，认真落实党中央、国务院决策部署，按照中央深化职称制度改革的总体要求，遵循档案专业人员成长规律，建立以科学评价为核心、以有效激励为目的、符合档案职业发展特点的科学化、规范化、社会化的档案专业人员职称制度，为建设高素质的档案干部队伍提供制度保障。

（二）基本原则

1. 坚持遵循规律。遵循档案专业人员成长规律，突出档案工作特点，引导档案专业人员提升理论水平、拓展专业能力。

2. 坚持科学评价。以品德、能力、业绩为导向，科学设置评价标准条件，破除唯学历、唯资历、唯论文、唯奖项倾向，针对档案专业人员的工作特点，实施分类评价。

3. 坚持以用为本。将档案专业人员评价与培养、使用相衔接，促进档案专业人员的职业发展，引导档案专业人员在艰苦边远地区和基层一线扎根发展、建功立业，满足单位的用人需求。

二、主要内容

通过完善评价标准、创新评价机制、促进职称评价与人才培养使用相结合、加强职称评审监督和服务等措施，形成评价科学、激励有效、管理规范、服务全面的档案专业人员职称制度。

（一）完善评价标准

1. 坚持德才兼备、以德为先。把品德放在档案专业人员评价的首位，引导档案专业人员坚定政治立场，坚守道德底线，强化社会责任，践行爱岗敬业。通过考核测评、群众评议等方式，全面考察档案专业人员的职业道德和从业操守，增强法治意识、纪律意识，弘扬求真务实精神、服务奉献精神。完善诚信承诺和失信惩戒机制，对学术不端、弄虚作假等行为实行“零容忍”。

2. 突出业绩贡献、实行分类评价。注重考察档案专业人员的专业性、技术性、实践性、创造性，突出对业绩成果、创新成果和实际贡献的评价。根据不同类型档案工作的活动特点，分类制定职称评价标准。对于主要从事档案业务工作的“工匠型”人员，着重考察其工作业绩，突出其实际操作水平和解决问题、创新方法的能力。对于主要从事档案研究工作的“学术型”人员，着重考察其研究能力，突出其学术水平、学术影响和应用效果。

3. 推行代表作制度。破除唯论文倾向，不把论文作为档案专业人员职称评价的限制性条件，将档案专业人员的代表性成果作为职称评价的重要内容。在特殊领域不能公开发表的研究成果、对档案事业发展有重要贡献的档案专业代表性成果，如标准规范、修复成果、创意产品以及发明专利、技术方案、研究报告等，均可作为代表作。严格代表作审核机制，确保代表作具有行业领先水平、具有引领带动作用。

4. 实行国家标准、地区标准和单位标准相结合。人力资源社会保障部、国家档案局研究制定《档案专业人员职称评价基本标准》（附后）。各地区人力资源社会保障部门会同档案行政管理部门依据国家标准，结合本地区档案工作发展实际，制定地区标准；具有职称评审权的用人单位可根据国家标准、地区标准，结合本单位实际，制定单位标准。地区标准、单位标准必须以国家标准为基础，不得低于国家标准。

（二）创新评价机制

1. 丰富评价方式。建立健全以同行专家评审为基础、社会和业内认可的评价机制，采用考试、评审、考评结合、考核认定、个人述职、面试答辩、成果展示、专家评议等多种评价方式，提高评价工作的科学性和针对性。

2. 畅通职称评价渠道。进一步打破户籍、地域、身份等制约，畅通各类档案专业人员职称评价渠道。非公有制经济组织、社会组织的档案专业人员可按属地原则进行申报，各地人力资源社会保障部门和档案行政管理部门要研究建立职称申报评审兜底机制，为其提供职称评价服务。

3. 建立职称评审绿色通道。对在档案保管与利用工作中做出重大贡献或急需紧缺的档案专业人员，可适当放宽学历、资历等条件限制，直接申报评审高级职称。对长期在艰苦边远地区和基层一线从事基础性工作的档案专业人员，侧重考察实际工作业绩，适当放宽学历、任职年限要求，激励档案人员扎根基层、建功立业。

4. 下放评审权限。科学界定、合理下放档案系列职称评审权限，逐步将高级职称评审权限适当下放至符合条件的省级国家综合档案馆或省级行业学会等社会组织。具体办法由省级人力资源社会保障部门会同档案行政管理部门制定。

（三）促进职称评价与人才培养使用相结合

1. 促进职称评价与人才培养制度的有效衔接。充分发挥档案系列职称评价对提高档案专业人员培养质量的导向作用，紧密结合档案事业发展对档案专业人员的需求，加快培育档案专业人员。加强档案专业人员继续教育，创新和丰富档案专业人员继续教育内容和手段，促进其更新知识、提升技能。

2. 促进职称评价与用人制度的有效衔接。用人单位结合用人需求，根据职称评价结果，合理使用档案专业人员，实现职称评价结果与聘用、考核、晋升等用人制度的衔接。全面实行岗位管理的事业单位，一般应在岗位结构比例内，组织或推荐符合条件的档案专业人员参加职称评审，并聘用到相应岗位。不实行事业单位岗位管理的单位，可根据档案工作需要，择优聘任具有相应职称的档案专业人员从事相关档案工作。

（四）加强职称评审监督和服务

1. 加强评审委员会建设。完善评审委员会的组织管理办法，合理确定评审委员会组成人员范围，加强职称评审专家库建设，注重遴选高水平的档案专家和经验丰富的一线档案专业人员。健全评审委员会工作程序和评审规则。国务院有关部门和中央企业组建的高级职称评审委员会由人力资源社会保障部核准备案，各地区档案部门组建的高级职称评审委员会由省级人力资源社会保障部门核准备案，社会化评审机构组建的职称评审委员会由相应人力资源社会保障部门核准备案，其职称评审结果纳入政府人才评价管理体系。中级、初级职称评审委员会的核准备案按照《职称评审管理暂行规定》办理。

2. 严肃职称评审工作纪律。建立档案职称申报评审诚信档案和失信黑名单制度，健全诚信承诺和失信惩戒机制。建立档案职称评审公开制度，实行政策公开、标准公开、程序公开、结果公开。健全完善档案职称评审监督机制，认真执行职称评审回避制度、公示制度、随机抽查制度，建立复查、投诉机制，充分发挥纪检监察部门和广大群众的监督作用，确保评审程序公正规范，评审过程公开透明。对在档案职称评审中发现弄虚作假的取消其申报资格并列入失信黑名单；对通过弄虚作假、暗箱操作等违纪违规行为取得的职称，一律予以撤销。对评审机构因评审工作把关不严、程序不规范，造成投诉较多、争议较大的，要责令限期整改；对整改无明显改善或逾期不予整改的，暂停其评审工作直至收回评审权，并追究责任。

3. 优化职称评审服务。简化职称申报程序和审核环节，探索实行网上申报、审核、评审、公示和发证一体化服务，减少申报表格和各类纸质证明材料，减轻申报人评审负担。加强档案职称评价公共服务平台建设，开展档案职称证书查询验证等服务。

三、组织实施

（一）提高认识，加强领导

档案专业人员职称制度改革是加强档案人才队伍专业化建设的重要举措，涉及广大档案专业人员的切身利益，政策性强。各地人力资源社会保障部门和档案行政管理部门要高度重视，加强领导，明确责任，密切配合，狠抓落实，确保各项改革举措落到实处。

（二）精心组织，有序推进

各地人力资源社会保障部门要会同当地档案行政管理部门，结合本地区实际，抓好改革政策的落地实施。各层级的档案职称评审工作，要严格按照本意见规定的原则要求、标准条件、评价办法、评审程序进行，不得降低标准。

（三）鼓励创新，稳步实施

各地区、各部门要结合档案工作实际和人才成长规律，不断深化改革，充分调动和尊重档案专业人员的创造精神，激发其工作的积极性、创造性，及时总结经验，引导档案专业人员积极支持和参与职称制度改革，妥善处理改革中遇到的矛盾和问题，稳步推进职称制度改革。

本意见适用于企事业单位、社会团体和其他组织从事档案工作的专业人员，不包括各类院校从事档案教学工作的教师。公务员和参照公务员法管理的人员不得参加档案专业人员职称评审。

附件：档案专业人员职称评价基本标准

人力资源社会保障部

国家档案局

2020 年 4 月 9 日

附件

档案专业人员职称评价基本标准

一、遵守国家宪法、法律法规，执行党的路线方针政策。

二、具有良好的职业道德和敬业精神，热爱档案事业，认真钻研业务。

三、认真履行岗位职责，完成本职工作任务，能够自觉运用新理念和新技术，提高档案工作水平。

四、积极参加继续教育，接受国家有关规定要求的档案专业人员继续教育培训。

五、档案专业人员参加各层级职称评审，除必须达到上述标准条件外，还应分别具备以下条件：

（一）管理员

1. 基本了解档案工作法律法规、规章制度、标准规范。

2. 基本掌握档案专业基本知识、档案基础业务工作的基本方法和技能。

3. 能够完成所承担的工作，对档案进行初步整理和加工。

4. 具备大学专科、高中（含中专、职高、技校，下同）毕业学历，从事档案工作满 1 年。

（二）助理馆员

1. 了解档案工作法律法规、规章制度、标准规范。

2. 掌握档案专业基本知识、档案业务工作方法和技能。

3. 有一定的研究能力，能够对档案业务问题开展基本研究。

4. 具备硕士学位、大学本科学历或学士学位，从事档案工作满 1 年；或者具备大学专科学历，取得管理员职称后，在相应专业技术岗位任职满 2 年；或者具备高中毕业学历，取得管理员职称后，在相应专业技术岗位任职满 4 年。

（三）馆员

1. 比较熟悉档案工作法律法规、规章制度、标准规范。

2. 比较系统地掌握档案专业的基础理论和专业知识，具备独立开展档案业务工作的能力和素质。

3. 参与制定本单位规章制度、标准规范，提高了本单位档案管理水平；具有档案业务问题研究的能力，能够制订档案工作方案.

4. 能够指导助理馆员开展工作。

5. 具备博士学位；或者具备硕士学位，取得助理馆员职称后，在相应专业技术岗位任职满 2 年；或者具备大学本科学历或学士学位，取得助理馆员职称后，在相应专业技术岗位任职满 4 年；或者具备大学专科学历，取得助理馆员职称后，在相应专业技术岗位任职满 4 年；或者具备高中毕业学历，取得助理馆员职称后，在相应专业技术岗位任职满 7 年。

（四）副研究馆员

1. 熟悉档案工作法律法规、规章制度、标准规范。

2. 系统掌握档案专业基础理论和专业知识，具备较高质量完成业务工作的能力和素质。

3. 能够制定本单位、本系统、本行业的规章制度、标准规范，对档案工作开展具有较强指导意义；具有较强档案业务问题研究能力，有较高水平的代表性技术成果。

4. 在指导、培养中青年学术技术骨干方面发挥重要作用，能够指导馆员的工作和学习。

5. 具备博士学位，取得馆员职称后，在相应专业技术岗位任职满 2 年；或者具备硕士学位、大学本科学历或学士学位，取得馆员职称后，在相应专业技术岗位任职满 5 年。

（五）研究馆员

1. 深刻理解档案工作的法律法规、规章制度、标准规范。

2. 全面掌握档案专业基础理论和国内外前沿发展动态，能够将档案工作与所在单位、行业进行深度融合，发挥引领与示范作用，得到业内认可。

3. 能够创新性制定本单位、本行业的档案工作规定和发展规划；针对档案工作中的重大疑难问题制定可行的研究和解决方案；具有较强档案业务问题研究能力，有较高影响力的代表性技术成果，提出促进档案事业发展的新思路、新方法。

4. 在指导、培养中青年学术技术骨干方面做出突出贡献，能够有效指导副研究馆员的工作和学习。

5. 一般应具备大学本科及以上学历，或学士及以上学位，取得副研究馆员职称后，在相应专业技术岗位任职满 5 年。

人力资源社会保障部　交通运输部关于深化船舶专业技术人员职称制度改革的指导意见

人社部发〔2020〕54号

各省、自治区、直辖市及新疆生产建设兵团人力资源社会保障厅（局）、交通运输厅（局、委），长江航务管理局，各直属海事局，各引航机构，国务院各部委、各直属机构人事部门，各中央企业人事部门：

为深入贯彻落实中共中央办公厅、国务院办公厅印发的《关于深化职称制度改革的意见》，健全船舶专业技术人员职称制度，完善评价标准，充分调动广大船舶专业技术人员的积极性和创造性，切实加强船舶专业技术人才队伍建设，现就深化船舶专业技术人员职称制度改革提出如下指导意见。

一、总体要求

（一）指导思想

以习近平新时代中国特色社会主义思想为指导，全面贯彻落实党的十九大和十九届二中、三中、四中全会精神，深入实施人才强国战略和创新驱动发展战略，遵循船舶专业技术人员成长规律，把握船员职业特点，坚持目标导向和问题导向，完善评价标准，创新评价方式，建立符合船舶专业技术人员特点的职称制度，为加快建设交通强国、海洋强国、海运强国提供有力的人才支撑。

（二）基本原则

1. 坚持服务发展、国际通行。引导船舶专业技术人员牢固树立服务宗旨，全心全意服务航运、服务交通运输事业发展。适应国际公约标准要求，建立船员资格与船舶专业技术人员职称对应关系，促进船员国际交流与合作。

2. 坚持分层分类、科学评价。根据船舶等级及航区特点，分层分类制定评价标准，创新评价机制，不断提高船舶专业技术人才评价的专业性、针对性和科学性。

3. 坚持结合实际、注重业绩。结合船舶工作实际，突出职称评价的品德、能力、业绩导向。重点考核职业道德、从业行为、应急能力、实践经验，引导船舶专业技术人员注重职业行为表现、注重应急处置水平、注重服务质量、注重工作业绩。

二、主要内容

通过健全制度体系、完善评价标准、创新评价机制、改革管理服务方式等措施，形成以品德、能力和业绩为导向，覆盖各类船舶专业技术人才的职称制度。

（一）健全制度体系

1. 明确专业类别。适应船舶电子电气技术发展，设立船舶电子专业，将原电机、报务专业一并纳入船舶电子专业。调整后的船舶专业技术人员职称划分为船舶驾驶、船舶轮机、船舶电子和船舶引航四个专业类别。

2. 增设正高级职称。船舶专业技术人员职称设初级、中级、高级，初级职称分设员级和助理级，高级职称分设副高级和正高级。员级、助理级、中级、副高级和正高级职称名称依次为驾驶员（轮机员、船舶电子员、引航员）、助理驾驶员（助理轮机员、助理船舶电子员、助理引航员）、中级驾驶员（中级轮机员、中级船舶电子员、中级引航员）、高级船长（高级轮机长、高级船舶电子员、高级引航员）和正高级船长（正高级轮机长、正高级船舶电子员、正高级引航员）。

3. 实现职称制度与船员职业资格制度有效衔接。船舶专业技术人员取得船员资格，可对应初级、中级职称。围绕船舶专业技术人才服务未来发展方向，按照《海员培训、发证和值班标准国际公约》（STCW 公约）和《中华人民共和国船员条例》相关规定，动态调整船舶系列初级、中级职称与船员职业资格对应关系。对应关系由交通运输部制定公布，报人力资源社会保障部备案。

4. 船舶专业技术人员各级别职称分别与事业单位专业技术岗位等级相对应。正高级对应专业技术岗位一至四级，副高级对应专业技术岗位五至七级，中级对应专业技术岗位八至十级，助理级对应专业技术岗位十一至十二级，员级对应专业技术岗位十三级。

（二）完善评价标准

1. 突出评价船舶专业技术人员职业道德。坚持把职业道德放在评价首位，将船员日常工作中的预防处理安全事故、遵守交通安全和防污染法规等情况作为重要评价内容，引导船舶专业技术人员自觉遵纪守法、勤勉尽责、参与管理、强化服务，不断提高职业操守和专业能力。建立诚信管理评价机制，对失信人员加大惩戒力度。杜绝学术造假、资历造假，通过违纪违规行为取得的职称一律予以撤销。

2. 充分体现职业特点，突出评价业绩水平和实际贡献。针对船舶系列实操性强的职业特点，着眼船员队伍长远发展需要，将安全记录、工作实绩、实践经历和贡献作为评价的主要内容，增加技术创新、专利、技术推广、标准制定等评价指标权重，注重考察经济效益和社会效益；推行代表作制度，重点考察成果质量。以职业分类为基础，以应用为导向，强化船员实际操作能力和综合素质评价，客观反映船舶专业技术人才的适任能力。

3. 注重向基层一线倾斜。对长期坚持在基层一线工作的人员，特别是执行急、难、险、重任务的船舶专业技术人才，适当放宽学历和资历要求，重点考察其实际工作业绩。

4. 实行国家标准、地区标准和单位标准相结合。人力资源社会保障部和交通运输部负责制定《船舶专业技术人员高级职称评价基本标准》（附后）。各省（区、市）可根据本地区经济社会发展情况，制定本地区标准。具备自主评审权的用人单位可结合本单位实际，制定本单位标准。地区标准和单位标准不得低于国家标准。初级、中级职称评价标准按照船员资格考试标准执行。

（三）创新评价机制

1. 丰富评价方式。综合采用考试、专家评审等多种评价方式，建立适应不同层级船舶专业技术人员职业特点的评价机制。船舶初级、中级职称采取考试方式，与船员资格考试合并进行。副高级和正高级职称采取评审方式，坚持同行专家评审，注重对船舶专业技术人员的职业道德、能力素质、工作业绩等进行评价。

2. 加强评审委员会建设。完善以同行专家评审为基础的业内评价机制和评审专家遴选机制。加强评审专家库建设，积极吸纳拥有丰富经验的一线船舶专业专家，实行动态管理。健全评审委员会工作程序和评审规则，明确界定评审委员会工作人员和评审专家责任，加强对评审委员会的组织管理。建立评审公开制度，实行政策公开、标准公开、程序公开、结果公开，确保船舶专业技术人员职称评审工作客观公正。

（四）改进管理服务方式

1. 合理下放职称评审权限。根据船舶专业技术人才队伍建设需要，以确保评审质量为前提，正高级职称一般由交通运输部组织评审。发挥用人单位在职称评审中的主导作用，逐步将副高级职称评审权下放至有条件有意愿的大型企事业单位。各单位组建的各级职称评审委员会，要按照程序进行核准备案，规范开展职称评审工作。

2. 畅通职称申报渠道。探索选择具备条件的行业协会或学会、公共人才服务机构等社会组织，为民营企业船员以及社会船员提供职称申报服务，确保民营企业船员、社会船员公平公正地参与船舶职称的申报和评审。

3. 加强职称管理信息化建设。落实“放管服”改革要求，结合船员职业特点，具有船员适任证书即可视为具有船舶系列初级、中级职称，发放相应专业技术资格证书。证书由交通运输部负责制作并组织发放，逐步实行电子化证书。加强船舶专业技术人员职称评审信息化管理，推行船舶职称专业技术档案电子化，逐步实现职称网上申报、受理、结果查询、证书查验等。

三、组织实施

（一）统一思想，加强领导

船舶专业技术人员职称制度改革是分系列推进职称制度改革的重要内容，政策性强、涉及面广，各地要高度重视，切实加强领导，明确工作责任，确保船舶专业技术人员职称制度改革平稳推进。各级人力资源社会保障部门会同交通运输等有关部门负责全国船舶专业技术人员职称制度改革的政策制定、组织实施和监督检查工作。各有关部门要密切配合，加强宣传，做好相关工作。

（二）精心组织，稳慎实施

各地、各有关单位要结合实际落实好各项改革举措，开展的船舶专业技术人员职称评审要严格按照本意见规定进行，不得随意降低评价标准，不得擅自扩大评审范围。本指导意见出台前已取得的船舶专业技术资格证书，按照职称层级直接对应新的船舶专业技术人员职称，原则上不再换发证书。

（三）强化监督，确保公平

船舶专业技术人员职称制度改革涉及广大船员切身利益。各评审机构要严格规范评审程序，健全完善评聘监督机制，认真执行职称评审回避制度、公示制度、随机抽查制度，建立复查、投诉机制，充分发挥纪检监察部门和广大船员的监督作用，完善诚信承诺和失信惩戒机制，确保职称评审程序公正规范，评聘过程公开透明。

本指导意见适用于在以下各类船舶上工作的专业技术人员：

1. 100 总吨及以上海船、内河船舶、海上非自航一、二、三等工程船舶的驾驶和船舶电子专业技术人员。

2. 海港（内河）引航员。

3. 主推进动力装置 220 千瓦及以上海船、主推进动力装置 75 千瓦及以上内河船舶、海上非自航一、二、三等工程船舶的轮机专业技术人员。

渔业船舶专业技术人员职称评审工作参照本指导意见执行，具体办法另行制定。

附件：1. 船舶专业技术人员高级职称评价基本标准

2. 船舶专业技术人员职称与船员适任证书对应表

人力资源社会保障部

交通运输部

2020 年 6 月 24 日

附件 1

船舶专业技术人员高级职称评价基本标准

一、遵守中华人民共和国宪法和法律。

二、德才兼备，爱岗敬业，具有良好的职业道德和敬业精神。

三、适应岗位要求的身体条件和心理素质。

四、取得相应有效的船员（引航员）职业资格适任证书。

五、船舶专业技术人员申报各专业高级职称，除必须达到上述基本条件外，还应分别具备以下条件：

高级船长

（一）岗位服务年限要求

近 5 年在相应船舶担任船长职务 12 个月及以上，取得船舶驾驶中级职称后，符合下列条件之一：

1. 实际担任无限航区船长职务满 24 个月；

2. 实际担任沿海航区船长职务满 30 个月；

3. 实际担任海上非自航工程船舶船长或海上非运输船舶船长职务满 36 个月；

4. 实际担任内河 3 000 总吨及以上船舶或内河 1 500 千瓦及以上拖轮船长职务满 24 个月；

5. 实际担任内河 1 000 总吨至 3 000 总吨船舶或内河 500 千瓦至 1 500 千瓦拖轮船长职务满 30 个月；

6. 实际担任内河 600 总吨至 1 000 总吨船舶或内河 441 千瓦至 500 千瓦拖轮船长职务满 36 个月。

（二）专业知识要求

1. 具有系统、扎实的岗位专业理论基础知识，掌握相关专业领域的理论知识并有较深入的研究，专业理论水平较高；

2. 熟练掌握相关法律、法规和规章，准确掌握本专业的技术标准、规范和相应的管理要求；

3. 了解本专业国内外的技术现状和发展趋势，熟悉相关新知识、新理论。

（三）能力要求

1. 熟练船舶操作技术，具有丰富的船舶驾驶专业工作实践经验，能够解决本专业范围内理论和技术方面的疑难问题；

2. 熟悉船舶驾驶专业基础理论及专业知识，具有较高的专业技术水平，在国际、国内行业学术会议（全国性）上进行技术交流；

3. 具有跟踪船舶驾驶专业技术发展前沿水平和开拓新研究领域的能力，在培养和提高船舶专业技术人员的技术和管理水平等方面成绩突出，能指导船舶驾驶专业中级专业技术人员开展业务学习和技术工作。

（四）业绩要求

获得船舶驾驶中级职称以来，取得以下业绩成果之一：

1. 在从事船舶专业技术岗位工作中，或在船舶修造、技术革新和技术改造工作中，业务水平突出，取得重大经济效益；

2. 在船舶失控、遇险等危急关头或设施面临严重损毁的情况下，采取果断有效措施，使人员生命或国家财产免受重大损失，成绩显著；

3. 从事船舶专业技术工作满 28 年，在船时间累计满 216 个月，安全记录良好，在行业内有一定影响，并被同行专家所公认；

4. 参加完成经同行专家评议认为有影响的国家级相关项目或省、部级相关项目，项目成果被采用；

5. 作为主要起草人参加国家标准、行业标准的制定；

6. 在国际组织与海事相关的公约、规则和文件制修订过程中，牵头提出书面提案并被充分采纳；

7. 船舶安全管理有创新，近 3 年管理船舶不少于 5 艘，未发生一般及以上责任事故，PSC/FSC 检查涉及分管项目无 ISM 缺陷，无滞留；

8. 参与国家重大事件或执行紧急任务，受到省、部级以上表彰或奖励；或从事船舶专业技术工作中，获得省、部级以上劳动模范或先进工作者称号或省、部级以上行业技术能手表彰或荣誉奖励。

（五）考核要求

自申报之日起近 3 年内无船员违法记分，近 5 年考核均为合格及以上，且未发生一般及以上主要责任事故。

（六）学历、资历要求

具备中专及以上学历，取得船舶驾驶中级职称后，从事船舶驾驶专业技术工作满 5 年。

正高级船长

（一）专业知识要求

1. 具有系统、扎实的岗位专业理论基础知识，熟练掌握相关专业领域的理论知识并有深入的研究，专业理论水平高；

2. 对船舶驾驶技术专业有独到的见解，在本地区、本部门同行专家中有较高知名度；

3. 熟悉相关国际公约，熟练掌握国家各项相关法律、法规和规章，准确掌握本专业的技术规范、程序和标准；

4. 能准确把握并及时跟踪本专业国内外的技术现状和发展趋势。

（二）能力要求

1. 具有丰富的岗位工作实践经验和高水平的专业技术能力，能够完成各种复杂情况下的工作任务，能够帮助指导和具体解决船舶驾驶专业范围内理论和技术方面的疑难问题；

2. 坚持在生产和安全管理一线工作，在培养和提高船舶专业技术人员的业务技术及安全管理水平等方面有较强的指导能力，具备检查督导高级船长工作和学习的能力。

（三）业绩要求

获得高级船长职称以来，取得以下业绩成果之一：

1. 主持及主要承担 3 项以上船舶技术改造、设备改进或规划设计工作，取得显著经济或社会效益；

2. 在船舶生产科研实践中，解决重大关键技术难题或填补国内同行某一技术领域的空白；

3. 主持制订本专业或本行业具有国内外先进水平的技术发展规划，撰写国家级工程、科研课题立项论证报告或技术方案；

4. 主持起草编制国家标准、行业标准、规程（规范）、规划，并正式公布实施；

5. 从事船舶专业技术工作满 33 年，在船时间累计满 240 个月，安全记录良好，在本专业技术与理论方面有独到见解，在行业内有一定影响，并被同行专家所公认；

6. 作为第一完成人获得 1 项以上国家发明专利或 3 项以上与本专业相关的国家实用新型专利，实施后取得了显著的社会效益和经济效益；

7. 多次在船舶失控、遇险等危急关头或设施面临严重损毁的情况下，采取果断有效措施，使人员生命或国家财产免受重大损失，成绩卓著；

8. 主持完成经同行专家评议认为有影响的国家级、省、部级相关项目，项目成果被采用；

9. 在国际组织或海事相关的公约、规则和文件制修订过程中，担任会议、工作组、起草组主席或通信组、专家组协调人。

（四）考核要求

近 5 年应在相应船舶具有 3 个月及以上相应职务的船上工作经历。自申报之日起近 5 年内无船员违法记分，近 5 年考核均为合格及以上且在任高级船长期间至少有 1 年优秀，未发生一般及以上主要责任事故。

（五）学历、资历要求

具有大学专科及以上学历，取得高级船长职称后，从事船舶驾驶专业技术工作满 5 年。

高级轮机长

（一）岗位服务年限要求

近 5 年在相应船舶担任轮机长职务 12 个月及以上，取得船舶轮机中级职称后，符合下列条件之一：

1. 实际担任无限航区轮机长职务满 24 个月；

2. 实际担任沿海航区轮机长职务满 30 个月；

3. 实际担任海上非自航工程船舶或海上非运输船舶轮机长职务满 36 个月；

4. 实际担任内河 500 千瓦及以上船舶轮机长职务满 30 个月；

5. 实际担任内河 441 千瓦至 500 千瓦船舶轮机长职务满 36 个月。

（二）专业知识要求

1. 具有系统、扎实的岗位专业理论基础知识，掌握相关专业领域的理论知识并有较深入的研究，专业理论水平较高；

2. 熟练掌握相关法律、法规和规章，准确掌握本专业的技术标准、规范和相应的管理要求；

3. 掌握本专业船舶资源管理知识并在工作中熟练应用；

4. 了解本专业国内外的技术现状和发展趋势，熟悉相关新知识、新理论。

（三）能力要求

1. 熟练船舶轮机管理技术，具有丰富的本专业工作实践经验，能够解决本专业范围内理论和技术方面的疑难问题；

2. 熟悉本专业基础理论及专业知识，具有较高的专业技术水平，在国际、国内行业学术会议（全国性）上进行交流；

3. 具有跟踪船舶轮机技术发展前沿水平和开拓新研究领域的能力，在培养和提高船舶专业技术人员的技术和管理水平等方面成绩突出，能指导船舶轮机中级专业技术人员开展业务学习和技术工作。

（四）业绩要求

获得船舶轮机中级职称以来，取得以下业绩成果之一：

1. 在从事船舶专业技术岗位工作中，或在船舶修造、技术革新和技术改造工作中，业务水平突出，取得重大经济效益；

2. 在船舶失控、遇险等危急关头或设施面临严重损毁的情况下，采取果断有效措施，使人员生命或国家财产免受重大损失，成绩显著；

3. 从事船舶专业技术工作满 28 年，在船时间累计满 216 个月，安全记录良好，在行业内有一定影响，并被同行专家所公认；

4. 参加完成经同行专家评议认为有影响的国家级相关项目或参加完成经同行专家评议认为有影响的省、部级相关项目，项目成果被采用；

5. 作为主要起草人参加国家标准、行业标准的制定；

6. 在国际组织与海事相关的公约、规则和文件制修订过程中，牵头提出书面提案并被充分采纳；

7. 参与国家重大事件或执行紧急任务，受到省、部级以上表彰或奖励；或从事船舶专业技术工作中，获得省、部级以上劳动模范或先进工作者称号或省、部级以上行业技术能手表彰或荣誉奖励；

8. 管理船舶不少于 4 艘，近 5 年内 PSC 检查通过率 100%；在船舶修理及监造中，主持及主要承担 2 艘及以上船舶的监造工作，在上述修造船工作中利用新技术并取得显著经济或社会效益。

（五）考核要求

自申报之日起近 3 年内无船员违法记分，近 5 年考核均为合格及以上，且未发生一般及以上主要责任事故。

（六）学历、资历要求

具备中专及以上学历，取得船舶轮机中级职称后，从事船舶轮机专业技术工作满 5 年。

正高级轮机长

（一）专业知识要求

1. 具有系统、扎实的岗位专业理论基础知识，熟练掌握相关专业领域的理论知识并有深入的研究，专业理论水平高；

2. 对所从事的专业有独到的见解，在本地区、本部门同行专家中有较高知名度；

3. 熟悉相关国际公约，熟练掌握国家各项相关法律、法规和规章，准确掌握本专业的技术规范、程序和标准；

4. 熟练掌握本专业船舶资源管理知识并在工作中熟练运用；

5. 能准确把握并及时跟踪本专业国内外的技术现状和发展趋势。

（二）能力要求

1. 具有丰富的岗位工作实践经验和高水平的专业技术能力，能够完成各种复杂情况下的工作任务，能够帮助指导和具体解决本专业范围内理论和技术方面的疑难问题；

2. 坚持在生产和安全管理一线工作，在培养和提高船舶专业技术人员的业务技术及安全管理水平等方面有较强的指导能力，具备检查督导高级轮机长工作和学习的能力。

（三）业绩要求

获得高级轮机长职称以来，取得以下业绩成果之一：

1. 主持及主要承担3项以上船舶技术改造、设备改进或规划设计工作，取得显著经济或社会效益；

2. 在船舶生产科研实践中，解决重大关键技术难题或填补国内同行某一技术领域的空白；

3. 主持制订本专业或本行业具有国内外先进水平的技术发展规划，撰写国家级工程、科研课题立项论证报告或技术方案；

4. 主持起草编制国家标准、行业标准、规程（规范）、规划，并正式公布实施；

5. 从事船舶轮机专业技术工作满33年，在船时间累计满240个月，安全记录良好，在轮机专业技术与理论方面有独到见解，在行业内有一定影响，并被同行专家所公认；

6. 作为第一完成人获得1项以上国家发明专利或3项以上与本专业相关的国家实用新型专利，实施后取得了显著的社会效益和经济效益；

7. 多次在船舶失控、遇险等危急关头或设施面临严重损毁的情况下，采取果断有效措施，使人员生命或国家财产免受重大损失，成绩卓著；

8. 主持完成经同行专家评议认为有影响的国家级、省、部级相关项目，项目成果被采用；

9. 在国际组织或海事相关的公约、规则和文件制修订过程中，担任会议、工作组、起草组主席或通信组、专家组协调人。

（四）考核要求

近5年应在相应船舶具有相应职务3个月及以上船上工作经历。自申报之日起近5年内无船员违法记分，近5年考核均为合格及以上且在担任高级轮机长期间至少有1年优秀，未发生一般及以上主要责任事故。

（五）学历、资历要求

具备大学专科及以上学历，取得高级轮机长职称后，从事船舶轮机专业技术工作满5年。

高级船舶电子员

（一）岗位服务年限要求

近5年应在相应船舶具有相应职务12个月及以上，取得船舶电子中级职称后，符合下列条件之一：

1. 实际担任一级无线电电子员职务满 24 个月；
2. 实际担任船舶电子电气员职务满 72 个月。

（二）专业知识要求

1. 具有系统、扎实的岗位专业理论基础知识，掌握相关专业领域的理论知识并有较深入的研究，专业理论水平较高；
2. 熟练掌握相关法律、法规和规章，准确掌握本专业的技术标准、规范和相应的管理要求；
3. 掌握本专业船舶资源管理知识并在工作中熟练应用；
4. 了解本专业国内外的技术现状和发展趋势，熟悉相关新知识、新理论。

（三）能力要求

1. 熟练船舶电子专业操作技术，具有丰富的本专业工作实践经验，能够解决船舶电子专业范围内理论和技术方面的疑难问题；
2. 熟悉本专业基础理论及专业知识，具有较高的专业技术水平，在国际、国内行业学术会议（全国性）上进行交流；
3. 具有跟踪本专业技术发展前沿水平和开拓新研究领域的能力，在培养和提高船舶专业技术人员的技术和管理水平等方面成绩突出，能指导船舶电子中级专业技术人员开展业务学习和技术工作。

（四）业绩要求

获得船舶电子中级职称以来，取得以下业绩成果之一：

1. 在从事船舶专业技术岗位工作中，或在船舶修造、技术革新和技术改造工作中，业务水平突出，取得重大经济效益；
2. 在船舶失控、遇险等危急关头或设施面临严重损毁的情况下，采取果断有效措施，使人员生命或国家财产免受重大损失，成绩显著；
3. 从事船舶电子专业技术工作满 28 年，在船时间累计满 216 个月，安全记录良好，在行业内有一定影响，并被同行专家所公认；
4. 参加完成经同行专家评议认为有影响的国家级相关项目或参加完成经同行专家评议认为有影响的省、部级相关项目，项目成果被采用；
5. 作为主要起草人参加国家标准、行业标准的制定；
6. 在国际组织或海事相关的公约、规则和文件制修订过程中，牵头提出书面提案并被充分采纳；
7. 参与国家重大事件或执行紧急任务，受到省、部级以上表彰或奖励；或从事船舶专业技术工作中，获得省、部级以上劳动模范或先进工作者称号或省、部级以上行业技术能手表彰或荣誉奖励。

（五）考核要求

自申报之日起近 3 年内无船员违法记分，近 5 年考核均为合格及以上，且未发生一般及以上主要责任事故。

（六）学历、资历要求

具备中专及以上学历，取得船舶电子中级职称后，从事船舶电子专业技术工作满 5 年。

正高级船舶电子员

（一）专业知识要求

1. 具有系统、扎实的岗位专业理论基础知识，熟练掌握相关专业领域的理论知识并有深入的研究，专业理论水平高；

2. 对所从事的专业有独到的见解，在本地区、本部门同行专家中有较高知名度；

3. 熟悉相关国际公约，熟练掌握国家各项相关法律、法规和规章，准确掌握本专业的技术规范、程序和标准；

4. 熟练掌握本专业船舶资源管理知识并在工作中熟练运用；

5. 能准确把握并及时跟踪本专业国内外的技术现状和发展趋势。

（二）能力要求

1. 具有丰富的岗位工作实践经验和高水平的专业技术能力，能够完成各种复杂情况下的工作任务，能够帮助指导和具体解决船舶电子专业范围内理论和技术方面的疑难问题；

2. 坚持在生产和安全管理一线工作，在培养和提高船舶专业技术人员的业务技术及安全管理水平等方面有较强的指导能力，具备检查督导高级船舶电子员工作和学习的能力。

（三）业绩要求

获得高级船舶电子员职称以来，取得以下业绩成果之一：

1. 主持及主要承担 3 项以上船舶技术改造、设备改进或规划设计工作，取得显著经济或社会效益；

2. 在船舶生产科研实践中，解决重大关键技术难题或填补国内同行某一技术领域的空白；

3. 主持制订本专业或本行业具有国内外先进水平的技术发展规划，撰写国家级工程、科研课题立项论证报告或技术方案；

4. 主持起草编制国家标准、行业标准、规程（规范）、规划，并正式公布实施；

5. 从事船舶专业技术工作满 33 年，在船时间累计满 240 个月，安全记录良好，在船舶电子专业技术与理论方面有独到见解，在行业内有一定影响，并被同行专家所公认；

6. 作为第一完成人获得 1 项以上国家发明专利或 3 项以上与本专业相关的国家实用新型专利，实施后取得了显著的社会效益和经济效益；

7. 多次在船舶失控、遇险等危急关头或设施面临严重损毁的情况下，采取果断有效措施，使人员生命或国家财产免受重大损失，成绩卓著；

8. 主持完成经同行专家评议认为有影响的国家级、省、部级相关项目，项目成果被采用；

9. 在国际组织或海事相关的公约、规则和文件制修订过程中，担任会议、工作组、起草组主席或通信组、专家组协调人；

10. 近 5 年管理船舶不少于 5 艘，未发生责任事故，PSC 检查涉及分管项目无缺陷。船舶电气采取降本增效、节能降耗、技术改进的措施，取得重大的经济效益。

（四）考核要求

近 5 年应在相应船舶具有相应职务 3 个月及以上船上工作经历。自申报之日起近 5 年内无船员违法记分，近5年考核均为合格及以上且在担任高级船舶电子员期间至少有1年优秀，未发生一般及以上主要责任事故。

（五）学历、资历要求

具备大学专科及以上学历，取得高级船舶电子员职称后，从事船舶电子专业技术工作满5年。

高级引航员

（一）岗位服务年限要求

实际担任海港或内河一级引航员职务满24个月；近5年应具有不低于240个艘次（或12个月）的引航经历或引航安全业务管理工作经历。

（二）专业知识要求

1. 具有系统、扎实的岗位专业理论基础知识，掌握相关专业领域的理论知识并有较深入的研究，专业理论水平较高；

2. 熟练掌握相关法律、法规、规章和国际有关公约，准确掌握本专业的技术标准、规范和相应的管理要求；

3. 掌握本专业船舶资源管理知识并在工作中熟练应用；

4. 了解本专业国内外的技术现状和发展趋势，熟悉相关新知识、新理论。

（三）能力要求

1. 有熟练的船舶引航操作能力，具有丰富的引航实践经验，能够解决船舶引航专业范围内理论和技术方面的疑难问题；

2. 熟悉船舶引航专业基础理论及专业知识，具有较高的专业技术水平，在国际、国内行业学术会议（全国性）上进行交流；

3. 具有跟踪本专业技术发展前沿水平和开拓新研究领域的能力，在培养和提高引航员的技术和管理水平等方面成绩突出，能指导船舶引航中级专业技术人员业务理论与操作技能学习和开展引航技术工作。

（四）业绩要求

获得船舶引航中级职称以来，取得以下业绩成果之一：

1. 为其所服务的港口建设做出突出贡献，多次承担急、难、险、重引航任务，参与解决引航疑难问题，成绩显著；

2. 从事船舶专业技术工作满28年，安全记录良好，在行业内有一定影响，并被同行专家所公认；

3. 参加完成经同行专家评议认为有影响的国家级相关项目或参加完成经同行专家评议认为有影响的省、部级相关项目，项目成果被采用；

4. 作为主要起草人参加国家标准、行业标准的制定；

5. 在国际组织或海事相关的公约、规则和文件制修订过程中，牵头提出书面提案并被充分采纳；

6. 参与国家重大事件或执行紧急任务，受到省、部级以上表彰或奖励；或从事船舶专业技术工作中，获得省、部级以上劳动模范或先进工作者称号或省、部级以上行业技术能手表彰或荣誉奖励。

（五）考核要求

自申报之日起近3年内无船员违法记分，近5年考核均为合格及以上，且未发生无承担对等责任或者主要责任的重大及以上水上交通事故。

（六）学历、资历要求

具备中专及以上学历，取得船舶中级职称后，从事船舶引航专业技术工作满5年。

正高级引航员

（一）专业知识要求

1. 具有系统、扎实的岗位专业理论基础知识，熟练掌握相关专业领域的理论知识并有深入的研究，专业理论水平高；

2. 对所从事的专业有独到的见解，在本地区、本部门同行专家中有较高知名度，为船舶引航领域学术带头人或引航技术发展引领人；

3. 熟悉相关国际公约，熟练掌握国家各项相关法律、法规和规章，准确掌握本专业的技术规范、程序和标准；

4. 能准确把握并及时跟踪本专业国内外的技术现状和发展趋势。

（二）能力要求

1. 具有丰富的引航实践经验和高水平的专业技术能力，能够完成各种复杂情况下的工作任务，能够帮助指导和具体解决本专业范围内理论和技术方面的疑难问题；

2. 坚持在生产和安全管理一线工作，在培养和提高引航人员的业务技术及安全管理水平等方面有较强的指导能力，具备检查督导高级引航员工作和学习的能力。

（三）业绩要求

获得高级引航员职称以来，取得以下业绩成果之一：

1. 主持及主要承担3项以上引航技术改造、设备改进或规划设计工作，取得显著经济或社会效益；

2. 在引航生产科研实践中，解决重大关键技术难题或填补国内同行某一技术领域的空白；

3. 在引航机构的生产科研中，对引航事业的发展规划、采取重大的生产技术措施、解决引航服务质量等重大问题起过关键性作用，明显地提高了引航机构的经济效益；

4. 主持制订本专业或本行业具有国内外先进水平的技术发展规划，撰写国家级工程、科研课题立项论证报告或技术方案；

5. 从事船舶专业技术工作满33年，安全记录良好，在船舶引航专业技术与理论方面有独到见解，在行业内有一定影响，并被同行专家所公认；

6. 作为第一完成人获得1项以上国家发明专利或3项以上与本专业相关的国家实用新型专利，实施后取得了显著的社会效益和经济效益；

7. 主持起草编制国家标准、行业标准、规程（规范）、规划，并正式公布实施；

8. 多次在船舶失控、遇险等危急关头或设施面临严重损毁的情况下，采取果断有效措施，使人员生命或国家财产免受重大损失，成绩卓著；

9. 主持完成经同行专家评议认为有影响的国家级、省、部级相关项目，项目成果被采用；

10. 在国际组织或海事相关的公约、规则和文件制修订过程中，担任会议、工作组、起草组主席或通信组、专家组协调人；

11. 在引航安全管理领域具有典型经验，行业内有一定影响，被同行专家所公认；

12. 对引航安全业务管理工作有突出贡献，多次参与港口建设、水上水下重点工程项目建设安全咨询评估或多次主持制订特殊船舶引领方案，解决重大技术难题，取得重大社会效益，并经同行专家一致认可。

（四）考核要求

近5年应具有不低于60艘次（或3个月）的引航工作经历。自申报之日起近5年内无船员违法记分，近5年考核均为合格及以上且在担任高级引航员期间至少有1年优秀，未发生无承担对等责任或者主要责任的重大及以上水上交通事故。

（五）学历、资历要求

具备大学专科及以上学历，取得高级引航员职称后，从事船舶引航专业技术工作满5年。

附件 2

船舶专业技术人员职称与船员适任证书对应表

职称等级		职称名称/船员适任证书		备注
初级	员级	驾驶	无限航区、沿海航区二等及以上三副	
			沿海航区三等三副、二副	100 GT 及以上
			内河一类三副	
			内河二类、三类驾驶员	100 GT 及以上
			海上非自航工程船舶一等三副、二副	
			海上非自航工程船舶二等三副、二副、大副	
			海上非自航工程船舶三等船长	
			沿海公务船一等三副、二副，二等驾驶员	
		轮机	无限航区、沿海航区二等及以上三管轮	
			沿海航区三等三管轮、二管轮	220 kW 及以上
			内河一类三管轮	
			内河二类、三类轮机员	75 kW 及以上
			海上非自航工程船舶一等三管轮、二管轮	
			海上非自航工程船舶二等三管轮、二管轮、大管轮	
			海上非自航工程船舶三等轮机长	
			沿海公务船一等三管轮、二管轮，二等轮机员	
		船舶电子	通用操作员	
	助理级	驾驶	无限航区、沿海航区二等及以上二副	
			沿海航区三等大副	100 GT 及以上
			内河一类二副	
			内河三类船长	100 GT 及以上
			海上非自航工程船舶一等大副	
			海上非自航工程船舶二等船长	
			沿海公务船一等大副、二等船长	
		轮机	无限航区、沿海航区二等及以上二管轮	
			沿海航区三等大管轮	220 kW 及以上
			内河一类二管轮	
			内河三类轮机长	75 kW 及以上
			海上非自航工程船舶一等大管轮	
			海上非自航工程船舶二等轮机长	
			沿海公务船一等大管轮、二等轮机长	

续表

职称等级		职称名称/船员适任证书		备注
初级	助理级	船舶电子	二级无线电电子员	
			电子电气员	
		引航	海港、内河三级引航员	
中级		驾驶	无限航区、沿海航区二等及以上大副、船长	
			沿海航区三等船长	100 GT 及以上
			内河一类大副、船长	
			内河二类船长	
			海上非自航工程船舶一等船长	
			沿海公务船一等船长	
		轮机	无限航区、沿海航区二等及以上大管轮、轮机长	
			沿海航区三等轮机长	220 kW 及以上
			内河一类大管轮、轮机长	
			内河二类轮机长	
			海上非自航工程船舶一等轮机长	
			沿海公务船一等轮机长	
		船舶电子	一级无线电电子员	
			电子电气员	实际担任满 42 个月
		引航	海港、内河二级、一级引航员	

备注：本表由交通运输部根据船员（引航员）适任证书有关类别、等级、职务设置变化情况做相应调整，经人力资源社会保障部备案后发布

人力资源社会保障部　文化和旅游部关于深化艺术专业人员职称制度改革的指导意见

人社部发〔2020〕68号

各省、自治区、直辖市及新疆生产建设兵团人力资源社会保障厅（局）、文化和旅游厅（局），国务院各部委、各直属机构人事部门，各中央企业人事部门：

艺术专业人员是我国专业技术人才队伍的重要组成部分，是推进文化改革发展、坚持和发展中国特色社会主义先进文化、建设社会主义文化强国的重要力量。为贯彻落实中共中央办公厅、国务院办公厅印发的《关于深化职称制度改革的意见》，现就深化艺术专业人员职称制度改革提出如下指导意见。

一、总体要求

（一）指导思想

以习近平新时代中国特色社会主义思想为指导，全面贯彻落实党的十九大和十九届二中、三中、四中全会精神，认真贯彻落实党中央、国务院决策部署，围绕人才强国战略和建设社会主义文化强国目标，坚持党管人才，遵循文艺规律和艺术专业人员成长规律，健全完善符合艺术专业人员职业特点的职称制度，畅通职业发展渠道，更加科学客观公正地评价人才，推动多出精品、多出人才，将广大艺术专业人员紧密团结在党中央周围，为繁荣发展社会主义文化艺术事业、坚持和发展中国特色社会主义先进文化提供人才支撑。

（二）基本原则

1. 服务发展。坚定文化自信，坚持唱响主旋律、传递正能量，充分发挥人才评价“指挥棒”和风向标作用，着力提升艺术专业人员的专业能力和职业素养，着力加强艺术专业人员队伍建设，大力弘扬社会主义核心价值观，发展新时代中国特色社会主义先进文化。

2. 遵循规律。坚持“二为”方向和“双百”方针，遵循艺术专业人员成长规律，突出其职业发展特点，建立分类科学、合理多元的评价体系，引导艺术专业人员刻苦研究、潜心创作，推动文艺创作由“高原”迈向“高峰”。

3. 科学评价。以职业分类为基础，以品德、能力、业绩为导向，以考察艺术水平为重点，分类制定评价标准，科学设置评价条件，进一步破除唯学历、唯资历、唯论文、唯奖项倾向，充分调动艺术专业人员创新创造创业的积极性。

4. 以用为本。围绕用好用活人才，创新人才评价机制，规范管理服务方式，促进人才评价与培养使用相结合，促使艺术专业人员职称制度与选人用人制度相衔接，满足各类用人单位选才用才的需要，促进社会主义文艺繁荣发展。

二、主要内容

通过健全制度体系、完善评价标准、创新评价机制、促进职称制度与人才培养使用制度相衔接、改进职称管理服务方式等措施，构建设置合理、覆盖全面、评价科学、管理规范的艺术专业人员职称制度。

（一）健全制度体系

1. 完善艺术系列职称层级。初级职称只设助理级，高级职称分设副高级和正高级，未设置正高级职称的专业均设置到正高级，形成初级、中级、高级层次清晰、互相衔接、体系完整的职称评价体系。根据艺术领域特点，设置艺术表演、艺术创作、艺术管理和技术保障等4个专业类别。艺术表演类包括演员、演奏员等；艺术创作类包括编剧、导演（编导）、指挥、作曲、作词、摄影（摄像）、舞台美术设计、艺术创意设计、动漫游戏设计、美术、文学创作等；艺术管理类包括演出监督等；技术保障类包括舞台技术、录音、剪辑等。

2. 统一职称等级和名称。各专业职称统一分为四级、三级、二级、一级，依次对应初级、中级、副高级和正高级。为体现专业属性，职称名称以级别加专业命名，如四级演员、三级演员、二级演员、一级演员。

原文学创作一级、文学创作二级、文学创作三级、文学创作四级依次对应一级文学创作、二级文学创作、三级文学创作、四级文学创作。原高级舞台技师、主任舞台技师、舞台技师、舞台技术员依次对应一级舞台技术、二级舞台技术、三级舞台技术、四级舞台技术。原舞美设计员对应四级舞美设计师，原美术员对应四级美术师，原录音员对应四级录音师，原剪辑员对应四级剪辑师，其他职称名称不变。

3. 动态调整专业设置。各地、各有关部门根据文化和旅游融合发展、新型职业领域发展和职业分类要求，适时调整艺术专业人员职称专业设置。对于从业人员数量较大、评价需求稳定、发展良好的专业，加强专业建设，持续稳定开展评价工作。对发展势头良好、评价需求旺盛的新型职业领域，增设新的专业。对知识结构、岗位需求相近的专业，及时整合。对发展变化较大、评价需求不断缩减、从业人员数量较少的专业，及时调整或取消。

4. 艺术专业人员各层级职称分别与事业单位专业技术岗位等级相对应。正高级对应专业技术岗位一至四级，副高级对应专业技术岗位五至七级，中级对应专业技术岗位八至十级，初级对应专业技术岗位十一至十三级。

（二）完善评价标准

1. 坚持德才兼备、以德为先。牢固树立马克思主义文艺观，坚持以人民为中心的创作导向，坚持为人民服务、为社会主义服务，为人民抒写、为人民抒情、为人民抒怀。把品德放在职称评价的首位，按照德艺双馨的要求，重点考察艺术专业人员的政治立场、职业道德、社会责任和从业操守，倡导讲品位、讲格调、讲责任。用人单位可通过考核测评、群众评议等方式全面考察艺术专业人员的职业操守和从业行为。完善诚信承诺和失信惩戒机制，对剽窃他人艺术成果或存在学术不端行为的，实行“一票否决制”，对通过弄虚作假、暗箱操作等违纪违规行为取得的职称，一律予以撤销。

2. 推行代表作制度。将艺术专业人员的代表性作品作为职称评审的重要内容。丰富代表作形式，影视、戏剧（戏曲）、舞蹈、音乐、创意设计、动漫游戏、文学创作作品和舞台美术设计方案、大型演出策划方案、舞台技术报告等均可作为代表作。严格实行代表作审核制度，重点考察作品质量，把社会效益放在首位，把受群众欢迎作为重要依据，坚持思想精深、艺术精湛、制作精良相统一，坚持人民评价、专家评价、市场检验相统一。

3. 建立职称评审绿色通道。建立职称评审向优秀人才倾斜机制，在践行社会主义核心价值观、推动中华优秀传统文化的创造性转化和创新性发展、促进文化艺术事业繁荣发展中作出重大贡献的艺术专业人员，放宽学历、年限要求，可直接申报评审高级职称。对引进的海外高层次人才和急需紧缺人才，开辟职称评审绿色通道，适当放宽资历、年限等条件限制，其在海外从事艺术工作的经历和贡献可作为职称评审的依据，不简单把海外教育、工作背景等同于专业水平。对长期在艰苦边远地区和基层一线工作的专业技术人员，重点考察其实际工作业绩，适当放宽学历、任职年限和科研能力要求，引导艺术专业人员深入群众、深入生活、扎根基层。

4. 实行国家标准、地区标准和单位标准相结合。人力资源社会保障部、文化和旅游部负责制定《艺术专业人员职称评价基本标准》（附后）。各省（区、市）人力资源社会保障部门、文化和旅游行政主管部门可以根据本地区文化艺术事业发展情况，制定地区标准。具有自主评审权的用人单位可结合本单位实际，制定单位标准。地区标准、单位标准不得低于国家标准。

（三）创新评价机制

1. 改进评价方式。建立以同行专家评审为基础的业内评价机制，注重社会和业内认可。综合采取专家评审、专业考试、业绩展示、实践操作、个人述职、面试答辩、考核认定等多种评价方式，提高职称评审的针对性和科学性。完善评审专家遴选机制，加强评审委员会建设，积极吸纳高等院校、科研机构、艺术教育机构高水平专家和经验丰富的一线文艺工作者担任评审专家。健全评审委员会工作程序和评审规则，加强对评审委员会的组织管理。建立职称评审公开制度，实行政策公开、标准公开、程序公开、结果公开，确保职称评价的客观公正。

2. 畅通职称评审渠道。延伸联系手臂，拓展评审范围，打破户籍、身份、档案等制约，畅通民营文化工作室、民营文化经纪机构、网络文艺社群等新的文艺组织从业人员和网络作家、签约作家、自由撰稿人、独立制片人、独立演员歌手、自由美术工作者等新的文艺群体从业人员职称评审渠道，确保其与国有文化艺术企事业单位艺术专业人员在职称评审上享有同等待遇。充分发挥文联、作协在联系新文艺群体人才方面的优势和作用，坚持文联、作协作为新文艺群体职称评审主渠道，积极支持其按程序组建艺术系列职称评审委员会，面向新文艺组织和新文艺群体开展职称评审工作。

3. 下放评审权限。科学界定、合理下放职称评审权限，逐步将艺术专业人员高级职称评审权限下放至符合条件的企事业单位、社会组织或市地。各省（区、市）、国务院有关部门、中央有关企业等可按有关规定成立艺术专业人员高级职称评审委员会，按照《职称评审管理暂行规定》要求进行核准备案。

4. 促进职称评价与人才培养使用相结合。艺术专业人员职称评价是文化艺术事业单位岗位聘用的重要依据和关键环节。对于全面实行岗位管理、专业技术人员能力素质与岗位职责密切相关的事业单位，一般应在岗位结构比例内开展职称评审，聘用相应职称的专业技术人员到相应岗位。不实行岗位管理的单位，可根据工作需要，坚持以用为本，择优聘用具有相应职称的专业技术人员从事相关岗位工作。健全考核制度，加强聘后管理，在岗位聘用中实现人员能上能下。

（四）优化管理服务方式

1. 转变监督管理方式。要建立职称评审随机抽查、巡查制度，加强对职称评审全过程的监督，强化单位自律和外部监督。畅通意见反映渠道，对群众反映或舆情反映较强烈的问题，有针对性地进行专项核查，及时妥善处理。要加强对自主评审工作的监督，对于不能正确行使评审权、不能确保评审质量或因评审工作把关不严、程序不规范，造成投诉较多、争议较大的，要责令限期整改；对整改无明显改善或逾期不予整改的，暂停其评审工作直至收回评审权，并依法追究相关人员责任。

2. 完善公共服务方式。推行个人诚信承诺制度，精简申报材料，减少证明事项，优化审核、评审程序。加强项目评审、人才评价和机构评估等相关业务统筹，加大申报材料和业绩成果信息共享，实行材料一次报送、一表多用，减轻艺术专业人员评审负担。

三、组织实施

（一）提高认识，加强领导

深化艺术专业人员职称制度改革是分类推进职称制度改革的重要内容，政策性强、涉及面广，各省（区、市）人力资源社会保障部门、文化和旅游等行业主管部门要充分认识改革的重要性、复杂性，切实加强组织领导，狠抓工作落实，确保各项工作落到实处。

（二）精心组织，稳慎实施

各省（区、市）人力资源社会保障部门、文化和旅游等行业主管部门在推进改革的过程中，要深入开展调查研究，细化工作措施，完善工作预案，确保改革顺利进行。各层级新的职称评审工作，要严格按照本意见执行，不得随意降低评价标准条件，不得擅自扩大评审范围。在改革中，要认真总结经验，及时解决改革中出现的新情况、新问题，妥善处理改革、发展和稳定的关系。

（三）加强宣传、营造环境

各省（区、市）人力资源社会保障部门、文化和旅游行政主管部门要加强宣传引导，搞好政策解读，充分调动各类艺术专业人员的积极性，引导各类专业技术人才积极支持和参与艺术专业人员职称制度改革工作，营造有利于艺术专业人员职称制度改革的良好氛围。

附件：艺术专业人员职称评价基本标准

人力资源社会保障部
文化和旅游部
2020 年 9 月 10 日

附件

艺术专业人员职称评价基本标准

一、遵守中华人民共和国宪法和法律法规。

二、坚持马克思主义文艺观，坚持为人民服务、为社会主义服务，具有良好的职业道德和敬业精神，崇德尚艺，作风端正。

三、坚守艺术理想，热爱本职工作，认真履行岗位职责。

四、按照要求参加继续教育。

五、艺术专业人员申报各层级职称，除必须达到上述标准条件外，还应分别具备以下条件：

（一）演员

1. 四级演员

（1）受过系统的基本功训练，具有专业的基础理论知识。

（2）基本掌握专业的表演方法。

（3）有一定的表演能力，能较好地完成演出任务。

（4）具备硕士学位；或具备大学本科学历或学士学位，1 年见习期满，经考察合格；或具备大学专科学历，从事表演工作满 3 年；或从事表演工作满 5 年。

2. 三级演员

（1）具有较系统专业理论知识和一定的文化艺术素养。

（2）比较熟练地掌握专业的表演技巧。

（3）有较高的表演水平，在演出活动中能够圆满地完成所承担的表演任务。

（4）具备博士学位；或具备硕士学位，取得四级演员职称后，从事表演工作满 2 年；或取得四级演员职称后，从事表演工作满 4 年。其中，杂技、舞蹈、戏曲武功等舞台生命较短的演员，可适当降低工作年限要求。

3. 二级演员

（1）具有较高的专业理论修养和较广博的文艺知识，有比较丰富的艺术实践经验。

（2）在表演艺术上有所建树，能形成个人表演风格，能总结自己的艺术表演经验。

（3）工作业绩较为突出，在演出活动中担任重要角色且表演出色。表演作品参加过省级以上的大型艺术活动，在国内有一定影响。

（4）具备博士学位，取得三级演员职称后，从事表演工作满 2 年；或取得三级演员职称后，从事表演工作满 5 年。其中，杂技、舞蹈、戏曲武功等舞台生命较短的演员，可适当降低工作年限要求。

4. 一级演员

（1）具有深厚的艺术造诣和高超的表演技巧，有丰富的艺术实践经验。

（2）具有独特的表演风格，能系统论述自己的艺术表演成果。

（3）工作业绩突出，在演出活动中出色地担任主要角色，有具备较大影响力的代表性作品。表演作品参加过国际艺术比赛或国家级大型艺术活动，在国内有较大影响。

（4）一般应具备大学专科及以上学历，取得二级演员职称后，从事表演工作满5年。其中，杂技、舞蹈、戏曲武功等舞台生命较短的演员，可适当降低学历和工作年限要求。

（二）演奏员

1. 四级演奏员

（1）受过系统的基本功训练，具有专业的基础理论知识。

（2）基本掌握专业的演奏方法。

（3）有一定的演奏能力，能较好地完成演奏任务。

（4）具备硕士学位；或具备大学本科学历或学士学位，1年见习期满，经考察合格；或具备大学专科学历，从事演奏工作满3年；或从事演奏工作满5年。

2. 三级演奏员

（1）具有较系统专业理论知识和一定的文化艺术素养。

（2）比较熟练地掌握专业的演奏技巧。

（3）有较高的演奏水平，在公开排演的中、小型剧（节）目中多次担任领奏或伴奏，并圆满地完成所担负的演奏任务。

（4）具备博士学位；或具备硕士学位，取得四级演奏员职称后，从事演奏工作满2年；或取得四级演奏员职称后，从事演奏工作满4年。

3. 二级演奏员

（1）具有较高的专业理论修养和较广博的文艺知识，有比较丰富的艺术实践经验。

（2）在演奏艺术上有所建树，能形成个人演奏风格，能总结自己的艺术表演经验。

（3）工作业绩较为突出，在公开排演的多部大、中型剧（节）目中担任独奏、领奏、重奏，演奏出色，有自己的代表性曲目并能举办独奏音乐会。演奏作品参加过省级以上大型艺术活动，在国内有一定影响。

（4）具备博士学位，取得三级演奏员职称后，从事演奏工作满2年；或取得三级演奏员职称后，从事演奏工作满5年。

4. 一级演奏员

（1）具有深厚的艺术造诣和高超的演奏技巧，有丰富艺术实践经验。

（2）具有独特的演奏风格，能系统论述自己的艺术表演成果。

（3）工作业绩突出，在专业文艺团体多部大型剧（节）目演出中出色地担任独奏或领奏，或能举办具有自己鲜明艺术特点的独奏音乐会且个人独奏占整台音乐会一半以上曲目。演奏作品参加过国际艺术比赛或国家级大型艺术活动，在国内有较大影响。

（4）一般应具备大学本科及以上学历或学士及以上学位，取得二级演奏员职称后，从事演奏工作满5年。

（三）编剧

1. 四级编剧

（1）具有专业的基础理论知识。

（2）基本掌握本专业创作技巧。

（3）参加过集体创作，并初步具备独立创作能力。

（4）具备硕士学位；或具备大学本科学历或学士学位，1年见习期满，经考察合格；或具备大学专科学历，从事编剧工作满3年；或具备高中（含中专、职高、技校）毕业，从事编剧工作满5年。

2. 三级编剧

（1）具有比较系统的专业理论知识和一定的文化艺术素养。

（2）能比较熟练地掌握专业创作技巧。

（3）有独立的创作能力，且有一定数量的作品公开排演。

（4）具备博士学位；或具备硕士学位，取得四级编剧职称后，从事编剧工作满2年；或取得四级编剧职称后，从事编剧工作满4年。

3. 二级编剧

（1）具有较高的学识水平和专业理论修养，有比较丰富的艺术实践经验。

（2）在艺术创作上有所建树，有一定的艺术研究能力，能总结自己的艺术创作成果。

（3）工作业绩较为突出，正式发表或出版过多部作品并公开排演，或有作品参加省级以上大型艺术活动。作品能正确反映生活，有较高的思想性和艺术性，在国内有一定影响。

（4）具备博士学位，取得三级编剧职称后，从事编剧工作满2年；或取得三级编剧职称后，从事编剧工作满5年。

4. 一级编剧

（1）具有深厚的艺术造诣和精湛的创作水平，有丰富的艺术实践经验。

（2）有独特的艺术创作风格，有较高的艺术研究水平，能系统论述自己的艺术成果和创作经验。

（3）工作业绩突出，独立创作排演过多部有较大影响的剧本，或有作品参加国际艺术比赛或国家级大型艺术活动。作品能深刻地反映生活，具有高度的思想性和艺术性，在国内有较大影响。

（4）一般应具备大学本科及以上学历或学士及以上学位，取得二级编剧职称后，从事编剧工作满5年。

（四）导演（编导）

1. 四级导演（编导）

（1）具有专业的基础理论知识。

（2）基本掌握专业的创作技巧。

（3）有一定创作能力，能够协助完成导演（编导）工作任务。

（4）具备硕士学位；或具备大学本科学历或学士学位，1年见习期满，经考察合格；或具备大学专科学历，从事导演（编导）工作满3年；或具备高中（含中专、职高、技校）毕业，从事导演（编导）工作满5年。

2. 三级导演（编导）

（1）具有比较系统的专业理论知识和一定的文化艺术素养。

（2）比较熟练地掌握导演（编导）技巧。

（3）有独立的导演（编导）能力，独立完成过一定数量的中、小型剧（节）目导演（编导）任务。

（4）具备博士学位；或具备硕士学位，取得四级导演（编导）职称后，从事导演（编导）工作满 2 年；或取得四级导演（编导）职称后，从事导演（编导）工作满 4 年。

3. 二级导演（编导）

（1）具有较高的学识水平和专业理论修养，有比较丰富的艺术实践经验。

（2）在艺术创作上有所建树，有一定的艺术研究能力，能总结自己的艺术创作成果。

（3）工作业绩较为突出，能独立完成多部大、中型剧（节）目公开排演的导演（编导）工作，或有作品参加省级以上大型艺术活动。具备培养和指导专业人才进行舞台表演的能力，在国内有一定的影响。

（4）具备博士学位，取得三级导演（编导）职称后，从事导演（编导）工作满 2 年；或取得三级导演（编导）职称后，从事导演（编导）工作满 5 年。

4. 一级导演（编导）

（1）具有深厚的艺术造诣和精湛的创作水平，有丰富的艺术实践经验。

（2）有独特的艺术创作风格，有较高的艺术研究水平，能系统论述自己的艺术成果和创作经验。

（3）工作业绩突出，能独立完成多部专业文艺团体大型剧（节）目公开排演的导演（编导）工作，或有作品参加国际艺术比赛或国家级大型艺术活动。能够培养指导专业人才，在国内有较大影响。

（4）一般应具备大学本科及以上学历或学士及以上学位，取得二级导演（编导）职称后，从事导演（编导）工作满 5 年。

（五）指挥

1. 四级指挥

（1）具有专业的基础理论知识。

（2）基本掌握专业的指挥技巧。

（3）有一定指挥能力，能担任一般作品的指挥工作。

（4）具备硕士学位；或具备大学本科学历或学士学位，1 年见习期满，经考察合格；或具备大学专科学历，从事指挥工作满 3 年；或具备高中（含中专、职高、技校）毕业，从事指挥工作满 5 年。

2. 三级指挥

（1）具有较系统专业理论知识和一定的文化艺术素养。

（2）较熟练地掌握专业的指挥技巧。

（3）能独立指挥并准确地表现作品的艺术风格，能圆满完成公开排演剧（节）目的指挥工作。

（4）具备博士学位；或具备硕士学位，取得四级指挥职称后，从事指挥工作满 2 年；或取得四级指挥职称后，从事指挥工作满 4 年。

3. 二级指挥

（1）具有较高的学识水平和专业理论修养，有比较丰富的艺术实践经验。

（2）在指挥艺术上有所建树，有一定的艺术研究能力，能总结自己的艺术成果和指挥经验。

（3）工作业绩较为突出，能胜任不同风格作品的指挥工作，能较为出色地完成多部专业文艺团体大、中型剧（节）目公开排演的指挥任务，有作品参加省级以上大型艺术活动。有较强的训练乐队的能力，对培养专业人才能起到一定的指导作用，在国内有一定影响。

（4）具备博士学位，取得三级指挥职称后，从事指挥工作满 2 年；或取得三级指挥职称后，从事指挥工作满 5 年。

4. 一级指挥

（1）具有深厚的艺术造诣和精湛的指挥技能，有丰富的艺术实践经验。

（2）有独特的指挥风格，有较高的艺术研究水平，能系统论述自己的艺术成果和指挥经验。

（3）工作业绩突出，在多个专业文艺团体成功担任过各种不同风格大型剧（节）目的指挥，有作品参加国际比赛或国家级大型艺术活动。有很强的训练乐队的能力，能够培养指导专业人才，在国内有较大影响。

（4）一般应具备大学本科及以上学历或学士及以上学位，取得二级指挥职称后，从事指挥工作满 5 年。

（六）作曲

1. 四级作曲

（1）具有专业的基础理论知识。

（2）基本掌握专业的创作技巧。

（3）初步具有独立创作能力。

（4）具备硕士学位；或具备大学本科学历或学士学位，1 年见习期满，经考察合格；或具备大学专科学历，从事作曲工作满 3 年；或具备高中（含中专、职高、技校）毕业，从事表演工作满 5 年。

2. 三级作曲

（1）具有比较系统的专业理论知识和一定的文化艺术素养。

（2）能比较熟练地掌握作曲创作技巧。

（3）有较高的作曲水平，能独立创作多首中、小型作品。

（4）具备博士学位；或具备硕士学位，取得四级作曲职称后，从事作曲工作满 2 年；或取得四级作曲职称后，从事作曲工作满 4 年。

3. 二级作曲

（1）具有较高的学识水平和专业理论修养，有比较丰富的艺术实践经验。

（2）在艺术创作上有所建树，有一定的艺术研究能力，能总结自己的艺术成果和创作经验。

（3）工作业绩较为突出，能独立创作出多首正式发表且有较高水准的作品，并公开排演，有作品参加省级以上大型艺术活动。作品能正确反映生活，有较高的思想性和艺术性，在国内有一定影响。

（4）具备博士学位，取得三级作曲职称后，从事作曲工作满 2 年；或取得三级作曲职称后，从事作曲工作满 5 年。

4. 一级作曲

（1）具有深厚的艺术造诣和精湛的创作水平，有丰富的艺术实践经验。

（2）有独特的艺术风格，有较高的艺术研究水平，能系统论述自己的艺术成果和创作经验。

（3）工作业绩突出，能独立创作出多首正式发表且有较高水准的作品，并在专业文艺团体公开排演或在网络、电视等专业媒体上播出，有作品参加国际艺术比赛或国家级大型艺术活动。作品能深刻地反映生活，具有高度的思想性和艺术性，在国内有较大影响。

（4）一般应具备大学本科及以上学历或学士及以上学位，取得二级作曲职称后，从事作曲工作满 5 年。

（七）作词

1. 四级作词

（1）具有专业的基础理论知识。

（2）基本掌握专业的创作技巧。

（3）初步具有独立创作能力。

（4）具备硕士学位；或具备大学本科学历或学士学位，1 年见习期满，经考察合格；或具备大学专科学历，从事作词工作满 3 年；或具备高中（含中专、职高、技校）毕业，从事作词工作满 5 年。

2. 三级作词

（1）具有比较系统的专业理论知识和一定的文化艺术素养。

（2）能比较熟练地掌握作词创作技巧。

（3）有较高的作词水平，能独立创作多部有一定影响力的词作品。

（4）具备博士学位；或具备硕士学位，取得四级作词职称后，从事作词工作满 2 年；或取得四级作词职称后，从事作词工作满 4 年。

3. 二级作词

（1）具有较高的学识水平和专业理论修养，有比较丰富的艺术实践经验。

（2）在艺术创作上有所建树，有一定的艺术研究能力，能总结自己的艺术成果和创作经验。

（3）工作业绩较为突出，能独立创作出多首正式发表且有较高水准的作品，并公开排演，有作品参加省级以上大型艺术活动。作品能正确反映生活，有较高的思想性和艺术性，在国内有一定影响。

（4）具备博士学位，取得三级作词职称后，从事作词工作满 2 年；或取得三级作词职称后，从事作词工作满 5 年。

4. 一级作词

（1）具有深厚的艺术造诣和精湛的创作水平，有丰富的艺术实践经验。

（2）有独特的艺术风格，有较高的艺术研究水平，能系统论述自己的艺术成果和创作经验。

（3）工作业绩突出，能独立创作出多首正式发表且有较高水准的作品，并在专业文艺团体公开排演，有作品参加过国家级大型艺术活动。作品能深刻地反映生活，具有高度的思想性和艺术性，在国内有较大影响。

（4）一般应具备大学本科及以上学历或学士及以上学位，取得二级作词职称后，从事作词工作满5年。

（八）摄影（摄像）

1. 四级摄影（摄像）师

（1）受过系统的基本功训练，具有专业的基础理论知识。

（2）基本掌握摄影（摄像）专业的创作技巧。

（3）有一定创作能力，有摄影（摄像）作品公开发表。

（4）具备硕士学位；或具备大学本科学历或学士学位，1年见习期满，经考察合格；或具备大学专科学历，从事摄影（摄像）工作满3年；或具备高中（含中专、职高、技校）毕业，从事摄影（摄像）工作满5年。

2. 三级摄影（摄像）师

（1）具有较系统的专业理论知识和一定的文化艺术素养。

（2）较熟练地掌握专业的创作技巧，基本功扎实。

（3）有较强的创作能力，有一定数量的摄影（摄像）作品公开发表，并参加过专业摄影（摄像）作品展览。

（4）具备博士学位；或具备硕士学位，取得四级摄影（摄像）师职称后，从事摄影（摄像）创作满2年；或取得四级摄影师（摄像）职称后，从事摄影（摄像）创作满4年。

3. 二级摄影（摄像）师

（1）有较深的艺术造诣和较高的摄影（摄像）创作技巧，有比较丰富的实践经验。

（2）对摄影（摄像）专业有较深的研究，能形成个人的摄影（摄像）创作风格并总结自己的艺术成果和创作经验。

（3）创作能力较为突出，有相当数量的摄影（摄像）作品在有较大影响力的期刊公开发表，并参加过有较大影响力的专业摄影（摄像）作品展览。

（4）具备博士学位，取得三级摄影（摄像）师职称后，从事摄影（摄像）创作满2年；或取得三级摄影（摄像）师职称后，从事摄影（摄像）创作满5年。

4. 一级摄影（摄像）师

（1）具有深厚的艺术修养、高深的理论水平和精湛的创作技巧，有丰富的实践经验。

（2）对摄影（摄像）专业有系统、深入的研究，有独特的艺术风格并能系统论述自己的艺术成果和创作经验。

（3）创作能力突出，在有重大影响力的刊物上发表或出版摄影（摄像）作品集，有作品入选全国性专业摄影（摄像）展览或由权威摄影（摄像）机构收藏，在摄影（摄像）界有很大影响力。

（4）一般应具备大学本科及以上学历或学士及以上学位，取得二级摄影（摄像）师职称后，从事摄影（摄像）创作满5年。

（九）舞台美术设计

1. 四级舞美设计师

（1）受过系统的基本功训练，具有专业的基础理论知识。

（2）基本掌握专业的设计创作方法。

（3）有一定的创作能力，能够独立完成设计创作任务。

（4）具备硕士学位；或具备大学本科学历或学士学位，1 年见习期满，经考察合格；或具备大学专科学历，从事舞美设计工作满 3 年；或具备高中（含中专、职高、技校）毕业，从事舞美设计工作满 5 年。

2. 三级舞美设计师

（1）具有较系统的专业理论知识和一定的文化艺术素养。

（2）比较熟练地掌握专业的设计创作技巧。

（3）基本功扎实，能独立创作出一定数量剧（节）目舞美设计作品。

（4）具备博士学位；或具备硕士学位，取得四级舞美设计师职称后，从事舞美设计工作满 2 年；或取得四级舞美设计师职称后，从事舞美设计工作满 4 年。

3. 二级舞美设计师

（1）具有较高的学识水平和专业理论修养，有比较丰富的艺术实践经验。

（2）有一定的设计创作研究能力，能总结自己的设计成果和创作经验。

（3）工作业绩较为突出，独立创作出多部大、中型剧（节）目的专业舞美设计作品，并有一定数量的代表性作品。

（4）具备博士学位，取得三级舞美设计师职称后，从事舞美设计工作满 2 年；或取得三级舞美设计师职称后，从事舞美设计工作满 5 年。

4. 一级舞美设计师

（1）具有深厚的艺术造诣和精湛的艺术设计创作水平，有丰富的艺术实践经验。

（2）具有较高的设计创作研究能力，能系统论述自己的设计成果和创作经验。

（3）工作业绩突出，能独立完成专业文艺团体多部大型剧（节）目的专业舞美设计，有独特的设计创作风格，在业内有重大影响。

（4）一般应具备大学本科及以上学历或学士及以上学位，取得二级舞美设计师职称后，从事舞美设计工作满 5 年。

（十）艺术创意设计

1. 四级艺术创意设计师

（1）受过系统的基本功训练，具有专业的基础理论知识。

（2）基本掌握专业的艺术创意设计技巧。

（3）有一定的创作能力，能够独立完成创意设计任务。

（4）具备硕士学位；或具备大学本科学历或学士学位，1 年见习期满，经考察合格；或具备大学专科学历，从事艺术创意设计工作满 3 年；或具备高中（含中专、职高、技校）毕业，从事艺术创意设计工作满 5 年。

2. 三级艺术创意设计师

（1）具有较系统的专业理论知识和一定的文化艺术素养。

（2）比较熟练地掌握艺术创意设计的专业创作技巧。

（3）基本功扎实，能够圆满完成创意设计任务，有一定数量的设计作品在艺术机构展览展示、参加舞台艺术展演或转化为文创产品上市销售。

（4）具备博士学位；或具备硕士学位，取得四级艺术创意设计师职称后，从事艺术创意设计创作满 2 年；或取得四级艺术创意设计师职称后，从事艺术创意设计创作满 4 年。

3. 二级艺术创意设计师

（1）具有较高的学识水平和专业理论修养，有比较丰富的艺术实践经验。

（2）在艺术创意设计上有所建树，有一定的研究能力，能总结自己的设计成果和创作经验。

（3）工作业绩较为突出，能较出色地完成一定数量大、中型展览展示或舞台艺术的创意设计任务，能设计创作出多部代表性作品，或创意设计的文创产品在市场中取得良好业绩。

（4）具备博士学位，取得三级艺术创意设计师职称后，从事艺术创意设计创作满 2 年；或取得三级艺术创意设计师职称后，从事艺术创意设计创作满 5 年。

4. 一级艺术创意设计师

（1）具有深厚的艺术造诣和精湛的艺术设计创作水平，有丰富的艺术实践经验。

（2）具有较高的设计创作研究能力，能系统论述自己的设计成果和创作经验。

（3）工作业绩突出，能出色地完成一定数量大型展览展示、舞台艺术或文创产品的创意设计任务，有独特的艺术创意设计风格，在业内产生重大影响。

（4）一般应具备大学本科及以上学历或学士及以上学位，取得二级艺术创意设计师职称后，从事艺术创意设计创作满 5 年。

（十一）美术（含雕塑、书法、篆刻等）

1. 四级美术师

（1）受过系统的基本功训练，具有专业的基础理论知识。

（2）基本掌握专业的创作技巧。

（3）有一定创作能力，有作品公开发表、参加过专业美术作品展览。

（4）具备硕士学位；或具备大学本科学历或学士学位，1 年见习期满，经考察合格；或具备大学专科学历，从事美术创作满 3 年；或具备高中（含中专、职高、技校）毕业，从事美术创作满 5 年。

2. 三级美术师

（1）具有较系统的专业理论知识和一定的文化艺术素养。

（2）较熟练地掌握专业的创作技巧，基本功扎实。

（3）有较强的创作能力，能创作出具有个人风格的美术作品。有一定数量的美术作品在有影响力的期刊公开发表、参加过有影响力的专业美术作品展览。

（4）具备博士学位；或具备硕士学位，取得四级美术师职称后，从事美术创作满 2 年；或取得四级美术师职称后，从事美术创作满 4 年。

3. 二级美术师

（1）有较深的艺术造诣和较高的美术创作技巧，有比较丰富的艺术实践经验。

（2）能形成个人的美术创作风格，对美术专业有较深的研究，能总结自己的艺术成果和创作经验。

（3）创作能力较为突出，在继承、发展和创新艺术流派及美术创作技巧等方面成绩较为显著，有相当数量的美术作品在有较大影响力的期刊公开发表、参加过有较大影响力的专业美术作品展览。

（4）具备博士学位，取得三级美术师职称后，从事美术创作满 2 年；或取得三级美术师职称后，从事美术创作满 5 年。

4. 一级美术师

（1）具有深厚的艺术修养、高深的理论水平和精湛的创作技巧，有丰富的艺术实践经验。

（2）有独特的艺术风格，对美术专业有系统、深入的研究，能系统论述自己的艺术成果和创作经验。

（3）创作能力突出，在继承、发展和创新艺术流派及本专业艺术技巧方面成就突出，在有重大影响力的刊物上发表或出版美术作品集，作品能入选全国性美术展览或由权威美术机构收藏，在美术界有很大影响。

（4）一般应具备大学本科及以上学历或学士及以上学位，取得二级美术师职称后，从事美术创作满 5 年。

（十二）文学创作

1. 四级文学创作

（1）有一定的思想水平和文学素养，有比较丰富的生活积累。

（2）初步具备从事文学创作的能力，掌握文学创作的基本技巧。

（3）在公开的报刊或杂志上发表过文学作品，或在国内具有互联网传播合法资质的专业文学网站发表过完结作品，作品订阅数有一定规模。

（4）具备硕士学位；或具备大学本科学历或学士学位，1 年见习期满，经考察合格；或具备大学专科学历，从事文学创作满 3 年；或具备高中（含中专、职高、技校）毕业，从事文学创作满 5 年。

2. 三级文学创作

（1）有较高的思想水平和文化修养，有丰富的生活积累。

（2）创作技巧比较熟练，有较强概括生活的能力。

（3）在省级以上报刊或杂志上发表过多篇文学作品，或出版过文学著作，或在国内具有互联网传播合法资质且有影响力的专业文学网站发表过完结作品，作品订阅数有一定规模。在读者中有一定影响力。

（4）具备博士学位；或具备硕士学位，取得四级文学创作职称后，从事文学创作满 2 年；或取得四级文学创作职称后，从事文学创作满 4 年。

3. 二级文学创作

（1）有较高的艺术造诣和文艺理论修养，文学创作经验较为丰富。

（2）能形成个人的文学创作风格，对文学创作有较深的研究，能总结自己的创作成果和实践经验。

（3）创作能力较为突出，出版过多部文学著作，或在国内较有影响力的全国性文学刊物上发表过多篇文学作品，或在国内具有互联网传播合法资质且有影响力的专业文学网站发表过多部完结作品，作品订阅数有较大规模。在全国范围内有一定的影响力。

（4）具备博士学位，取得三级文学创作职称后，从事文学创作满 2 年；或取得三级文学创作职称后，从事文学创作满 5 年。

4. 一级文学创作

（1）具有深厚的艺术修养、高深的理论水平和精湛的创作技巧，有丰富的文学创作经验。

（2）有独特的文学创作风格，对文学创作有系统、深入的研究，能系统论述自己的创作成果和实践经验。

（3）创作能力突出，由出版社本版出版过多部文学著作，或在国内较有影响力的全国性文学刊物上发表多篇文学作品，或在国内具有互联网传播合法资质且有较大影响力的专业文学网站发表过多部完结作品，作品订阅数有较大规模。代表性作品在全国范围内有广泛影响力，有较高知名度。热心扶植文学新人。

（4）一般应具备大学本科及以上学历或学士及以上学位，取得二级文学创作职称后，从事文学创作满 5 年。

（十三）演出监督

1. 四级演出监督

（1）具备与舞台剧（节）目组织和监督管理相关的业务知识。

（2）初步了解掌握舞台剧（节）目的创作、排练和演出规律。

（3）初步具备一定舞台剧（节）目创作、排练和演出的组织管理能力。

（4）具备硕士学位；或具备大学本科学历或学士学位，1 年见习期满，经考察合格；或具备大学专科学历，从事演出监督工作满 3 年；或具备高中（含中专、职高、技校）毕业，从事演出监督工作满 5 年。

2. 三级演出监督

（1）具有较高的舞台剧（节）目组织和监督管理水平。

（2）熟悉舞台剧（节）目创作、排练和演出规律。

（3）能独立完成中、小型剧（节）目创作、排练和演出的组织管理工作。

（4）具备博士学位；或具备硕士学位，取得四级演出监督职称后，从事演出监督工作满 2 年；或取得四级演出监督职称后，从事演出监督工作满 4 年。

3. 二级演出监督

（1）具有较高的艺术鉴赏能力和专业理论修养，有比较丰富的舞台剧（节）目创作、排练、演出的组织和监督管理经验。

（2）熟练掌握舞台剧（节）目创作、排练和演出规律，能总结舞台剧（节）目创作、排练、演出的组织和监督管理经验。

（3）工作业绩较为突出，组织过一定数量的大、中型舞台剧（节）目的创作、排练和演出，能及时发现并解决舞台剧（节）目创作、排练和演出过程中出现的关键问题。

（4）具备博士学位，取得三级演出监督职称后，从事演出监督工作满 2 年；或取得三级演出监督职称后，从事演出监督工作满 5 年。

4. 一级演出监督

（1）具有深厚的艺术鉴赏能力和专业理论修养，有丰富的舞台剧（节）目创作、排练、演出的组织和监督管理经验。

（2）精通舞台剧（节）目创作、排练和演出规律，能系统论述舞台剧（节）目创作、排练、演出的组织和管理监督成果。

（3）工作业绩突出，组织过大量国内大型舞台剧（节）目的创作、排练、演出或一定数量国际大型舞台剧（节）目的创作、排练、演出，并在组织大型舞台剧（节）目创作、排练和演出过程中做到“零失误”。

（4）一般应具备大学本科及以上学历或学士及以上学位，取得二级演出监督职称后，从事演出监督工作满 5 年。

（十四）舞台技术

1. 四级舞台技术

（1）受过系统的基本功训练，具有专业的基础理论知识和制作（操作）技术（技巧）。

（2）熟悉舞台工作基本规律。

（3）能配合完成剧（节）目演出的舞台工作任务。

（4）具备硕士学位；或具备大学本科学历或学士学位，1 年见习期满，经考察合格；或具备大学专科学历，从事舞台技术工作满 3 年；或具备高中（含中专、职高、技校）毕业，从事舞台技术工作满 5 年。

2. 三级舞台技术

（1）具有较系统的专业理论知识和较丰富的舞台制作（操作）经验。

（2）比较熟练地掌握舞台工作规律，熟悉本专业制作技术和操作技巧。

（3）具有一定的创作设计能力，能在不同的舞台条件下完成工作任务，能发现和解决演出过程中出现的技术问题。

（4）具备博士学位；或具备硕士学位，取得四级舞台技术职称后，从事舞台技术工作满 2 年；或取得四级舞台技术职称后，从事舞台技术工作满 4 年。

3. 二级舞台技术

（1）长期从事舞台技术工作，具有较高的专业理论水平和较深的实践功底，有比较丰富的舞台技术经验。

（2）全面掌握舞台操作技术，能统筹协调大、中型剧（节）目舞台设计、制作和实施，能总结自己的舞台创作成果和实践经验。

（3）工作业绩较为突出，能出色地配合演出完成舞台技术工作，能及时、准确地发现和解决演出过程中出现的关键问题。

（4）具备博士学位，取得三级舞台技术职称后，从事舞台技术工作满 2 年；或取得三级舞台技术职称后，从事舞台技术工作满 5 年。

4. 一级舞台技术

（1）有系统、扎实的专业理论知识和实践功底，精通舞台工作流程，有丰富的舞台技术经验。

（2）对本专业学术、技术具有深入研究和独到见解，能作为本专业有较大影响力的学术、技术带头人，能够系统论述自己的舞台创作成果和实践经验。

（3）工作业绩突出，具备独立承担大型演出剧（节）目舞台技术的统筹、实施和指导能力，有较强的创新能力，能够解决重大疑难问题或掌握关键技术，能应急处理演出过程中的突发情况。

（4）一般应具备大学本科及以上学历或学士及以上学位，取得二级舞台技术职称后，从事舞台技术工作满 5 年。

（十五）录音师

1. 四级录音师

（1）具有本专业基本理论知识，基本掌握录音技术及其操作技能。

（2）有一定的音乐知识和文学基础知识。

（3）了解录音生产工艺及设备情况，能完成辅助性的录音工作。

（4）具备硕士学位；或具备大学本科学历或学士学位，1 年见习期满，经考察合格；或具备大学专科学历，从事录音工作满 3 年；或具备高中（含中专、职高、技校）毕业，从事录音工作满 5 年。

2. 三级录音师

（1）有较扎实的录音专业理论知识，掌握录音技术及其实际技能，熟悉录音生产工艺，能独立完成一般性剧目、作品的录音任务，并能解决工作中的实际问题。

（2）有一定的音乐和电声知识、文学修养及较丰富的录音工作经验，在声音处理上能体现剧本、作品的艺术风格，有一定数量的优秀作品，获得业内较好的评价。

（3）了解本专业国内外的现状和发展趋势，对录音作品和声音质量有一定的鉴赏能力。

（4）具备博士学位；或具备硕士学位，取得四级录音师职称后，从事录音工作满 2 年；或取得四级录音师职称后，从事录音工作满 4 年。

3. 二级录音师

（1）有较丰富的录音专业理论知识和较高的实际技能，全面掌握录音生产工艺，能独立完成难度较大的录音任务，能解决本专业较复杂的实际问题。

（2）有较高的音乐和文学艺术修养，有丰富的录音工作经验，有一定数量的优秀作品，获得业内较高的评价。

（3）掌握本专业国内外的现状和发展趋势，能对录音作品和声音质量有较高的鉴赏能力和理论见解；在录音艺术处理上有一定的创新或建树，对培养录音专业人员做出较显著的贡献，在本行业享有一定声誉。

（4）具备博士学位，取得三级录音师职称后，从事录音工作满 2 年；或取得三级录音师职称后，从事录音工作满 5 年。

4. 一级录音师

（1）具有广博的录音专业理论知识和纯熟的实际技能，能指导、完成各种高难度的录音任务，能解决本专业各种理论和实际问题。

（2）有较高的音乐修养和文学艺术造诣，有丰富的录音工作经验，并在艺术实践中形成自己独特的风格，有相当数量的优秀作品，获得业内很高的评价。

（3）熟悉本专业国内外的现状和发展趋势，在录音艺术、技术方面发表过理论性的文章或著作，对录音艺术、技术工作的发展和培养录音专业队伍有显著贡献，在国内享有较高声誉。

（4）一般应具备大学本科及以上学历或学士及以上学位，取得二级录音师职称后，从事录音工作满 5 年。

（十六）剪辑

1. 四级剪辑师

（1）基本掌握剪辑专业知识和剪辑技巧。

（2）掌握影视节目制作和剪辑工艺过程，熟悉声画同步套片工艺和了解特殊技巧的制作常识。

（3）在上级剪辑师的指导下能承担正常的声画组接和一般性技巧的剪辑工作。

（4）具备硕士学位；或具备大学本科学历或学士学位，1 年见习期满，经考察合格；或具备大学专科学历，从事剪辑工作满 3 年；或具备高中（含中专、职高、技校）毕业，从事剪辑工作满 5 年。

2. 三级剪辑师

（1）有较全面的剪辑专业理论知识，熟悉剪辑工艺过程及各种创作技巧和手法，能独立完成一般性影视节目的剪辑任务，能解决剪辑工作中的实际问题。

（2）有较好的文学、戏剧和音乐修养，能正确地领会剧本和导演的创作意图，有一定数量作品，在剪辑处理上协调、流畅，基本符合剧情要求和导演意图。

（3）具备博士学位；或具备硕士学位，取得四级剪辑师职称后，从事剪辑工作满 2 年；或取得四级剪辑师职称后，从事剪辑工作满 4 年。

3. 二级剪辑师

（1）有较高的剪辑专业理论知识，能熟练地运用各种创作手法及其剪辑技巧，有较丰富的剪辑工作经验，能独立承担各片种难度较高的剪辑任务，能解决剪辑工作中较复杂的问题。

（2）有较高的文学、美学、戏剧、音乐、舞蹈等艺术修养，能根据剧本主题，通过剪辑手法出色地体现导演创作意图，有一定数量的成功作品，在行业内获得较高评价。

（3）了解国内外剪辑艺术的现状和发展趋势，能对剪辑专业进行理论探讨，对剪辑艺术及其表现手法有所创新，在本行业享有一定声誉，在培养剪辑人才方面做出较显著的贡献。

（4）具备博士学位，取得三级剪辑师职称后，从事剪辑工作满 2 年；或取得三级剪辑师职称后，从事剪辑工作满 5 年。

4. 一级剪辑师

（1）有深厚的剪辑专业理论知识和娴熟的剪辑技巧，有丰富的剪辑经验，能主持和承担各种高难度的剪辑任务，能解决剪辑工作中的理论和实际问题。

（2）有较高的文学、美学、戏剧、音乐、舞蹈等艺术修养，能根据剧本主题和剧情要求，通过剪辑创造性的处理，协助导演丰富艺术构思，增强艺术效果；在剪辑创作手法和技巧处理上有较多的创新，形成自己独特的艺术风格，有相当数量的获得很高评价的优秀作品。

（3）熟悉国内外剪辑艺术的现状和发展趋势，对剪辑艺术及技术技巧的理论与实践有系统的研究，发表过较高水平的论文或著作，对剪辑艺术和技术的发展及培养剪辑专业队伍有显著贡献，在本行业享有较高的声誉。

（4）一般应具备大学本科及以上学历或学士及以上学位，取得二级剪辑师职称后，从事剪辑工作满 5 年。

人力资源社会保障部　体育总局关于深化体育专业人员职称制度改革的指导意见

人社部发〔2020〕76号

各省、自治区、直辖市及新疆生产建设兵团人力资源社会保障厅（局）、体育局，体育总局有关单位，国务院各部委、各直属机构人事部门，各中央企业人事部门：

体育专业人员是我国专业技术人才队伍的重要组成部分，是推动加快建设体育强国的重要力量。为贯彻落实中共中央办公厅、国务院办公厅印发的《关于深化职称制度改革的意见》，现就深化体育专业人员职称制度改革提出如下指导意见。

一、总体要求

（一）指导思想

以习近平新时代中国特色社会主义思想为指导，全面贯彻落实党的十九大和十九届二中、三中、四中全会精神，按照党中央、国务院加快推进体育强国建设决策部署和深化职称制度改革的总体要求，坚持党管人才原则，遵循体育人才成长规律，突出体育行业特点，以科学评价为核心，以促进体育人才开发使用为目的，建立科学化、规范化、社会化的职称制度，为科学客观公正评价体育专业人员提供制度保障。

（二）基本原则

1. 坚持服务发展。围绕体育事业改革发展要求，落实全民健身国家战略，充分发挥人才评价“指挥棒”作用，最大限度释放和激发体育专业人员创新创造创业活力，为体育强国建设提供人才支撑。

2. 坚持遵循规律。遵循体育人才成长规律，把握不同专业、不同层次体育专业人员特点，以解决现行职称制度存在问题为导向，统筹设计体育专业人员职称制度，建立适应发展需要的专业动态调整机制，建立分类合理、标准科学的评价体系。

3. 坚持科学评价。以品德、能力、业绩为导向，分级分类完善评价标准，克服唯学历、唯资历、唯论文倾向，科学客观公正评价体育专业人员，让深耕专业、做出贡献的体育人才有成就感和获得感。

4. 坚持开放创新。创新体育人才评价机制，建立层次分明、职责清晰的社会化评审机制。充分发挥各级职能部门、体育社会组织、用人主体在职称评审中的重要作用，提升体育专业人员职称评审质量水平，推进体育行业治理能力和治理体系现代化。

二、主要内容

通过健全制度体系、完善评价标准、创新评价机制、加强评审监管、优化公共服务等措施，形成设置合理、评价科学、管理规范、社会和业内认可的体育专业人员职称制度。

（一）健全职称体系

1. 完善专业类别。体育专业人员职称设置教练员和运动防护师专业类别。教练员指培养、训练运动员和指导群众参与全民健身活动的专业人员；运动防护师指从事运动损伤和运动疾病预防、评估、急救、治疗、康复的专业人员。

2. 健全层级设置。体育专业人员职称设初级、中级、高级，其中高级分设副高级和正高级。教练员初级、中级、副高级、正高级职称的名称分别为初级教练、中级教练、高级教练、国家级教练；运动防护师初级、中级、副高级、正高级职称的名称分别为初级运动防护师、中级运动防护师、高级运动防护师、正高级运动防护师。

3. 调整后的教练员职称与原体育教练员职称的对应关系是：原三级、二级教练对应初级教练，原一级教练对应中级教练。原高级教练、国家级教练职称名称不变。取得初级教练职称的时间，自取得原三级教练职称算起。

4. 体育专业人员职称分别与事业单位专业技术岗位等级相对应。正高级对应专业技术岗位一至四级，副高级对应专业技术岗位五至七级，中级对应专业技术岗位八至十级，初级对应专业技术岗位十一至十三级。

5. 动态调整专业设置。根据体育人才评价工作实际，动态调整职称专业设置。对从业人员数量较大、评价需求稳定、发展良好的专业，持续稳定开展评价工作；对发展势头良好，评价需求旺盛的新兴体育职业，符合条件的增设为新的职称专业；对未来评价需求缩减、从业人员减少的专业，及时调整或取消。

（二）完善评价标准

1. 坚持德才兼备、以德为先。坚持把品德放在体育专业人员评价首位，重点考察体育专业人员的职业道德。通过个人述职、考核测评、民意调查等方式全面考察体育专业人员的职业操守和从业行为，倡导科学精神，强化社会责任，坚守道德底线。保护体育运动参加者身心健康，维护体育竞赛的公平竞争，不存在反兴奋剂工作规定的不当行为。完善诚信承诺和失信惩戒机制。受到党纪、政务处分的人员，在影响期内不得申报职称。对通过弄虚作假等不正当手段取得的职称一律予以撤销。

2. 科学分类评价。以教练员、运动防护师职业属性和岗位需求为基础，分别制定评价标准。教练员着重评价其提高执教对象运动水平的能力，同时考虑根据执教对象、执教内容等不同岗位教练员特点，分类制定评价标准。运动防护师着重评价其开展运动损伤预防、评估、急救、治疗和康复指导的能力。重点考察体育专业人员的专业性、技术性、实践性、创造性，突出对代表性成果的评价。代表性成果包括执教总结、体育器械装备发明专利、运动防护案例等，不搞简单量化。取消不适应体育专业人才队伍发展需要的限制条件，对论文、外语和计算机应用能力不作统一要求。

3. 突出评价实际贡献。业绩特别突出、做出重大贡献的体育专业人员，可破格申报职称。优秀运动员退役后从事体育训练教学的，可根据其取得的运动成绩直接申报相应层级教练员职称。引进的海外高层次体育人才和急需紧缺体育人才，职称评审中可适当放宽资历、任职年限等条件限制，其在国（境）外工作的经历和取得业绩可作为职称评审的依据。长期在艰苦边远地区和基层一线工作的体育专业人员，侧重考察工作实绩，职称评审中可适当放宽学历和任职年限要求。

4. 实行国家标准、地区标准和单位标准相结合。人力资源社会保障部会同体育总局研究制定《教练员职称评价基本标准》和《运动防护师职称评价基本标准》（附后）。各地区可根据本地区体育事业发展情况，制定本地区标准。具有自主评审权的体育社会组织、用人单位可根据本单位实际，制定单位标准。地区标准和单位标准不得低于国家标准。

（三）创新评价机制

1. 丰富职称评价方式。注重引入市场评价和社会评价，综合采用考试、评审、考评结合、考核认定、个人述职、面试答辩、实践操作、业绩展示等多种评价方式，提高职称评价的针对性和科学性。对特殊人才通过特殊方式进行评价。

2. 拓展职称评价人员范围。打破户籍、地域、身份、档案等制约，创造便利条件，畅通非公有制经济组织、体育社会组织、自由职业体育专业人员职称申报渠道。非公立机构与公立机构的体育专业人员在职称评审等方面享有平等待遇。

3. 推进职称评审社会化。建立完善体育专业人员自主申报、业内专家公正评价、单位择优使用、职能部门监督指导的社会化职称评审机制，满足非公有制经济组织、体育社会组织以及其他类型体育专业人员职称评价需求。

4. 加强职称评审监督。完善各级职称评审委员会核准备案制度，明确界定职称评审委员会评审专业、体育项目和人员范围。根据不同专业、不同体育项目合理确定评审专家，完善评审专家遴选机制。健全职称评审委员会工作程序和工作规则。严肃职称评审工作纪律。建立职称评审公开制度，实行政策公开、标准公开、程序公开、结果公开。建立职称评审回避制度、公示制度、随机抽查和巡查制度，建立复查、投诉机制，加强对职称评审全过程的监督管理。严禁评审单位以营利为目的开展职称评审，突出职称评审公益性。对于不能正确行使评审权、不能确保评审质量的，责令限期整改、暂停评审工作直至收回评审权，并依法追究责任。

5. 逐步探索职称与国内外评价体系接轨互认。鼓励全国性体育社会组织借鉴国际先进经验，结合国内实际，制定本项目、本领域专业人员评价标准。探索制定职称与全国性体育社会组织和国际体育组织人才评价结果互认的有关政策。

6. 促进职称与人才培养使用相结合。充分发挥职称对提高体育人才培养质量的导向作用，紧密结合体育领域人才需求，促进体育专业人员知识更新，推动重点专业、重点领域体育人才职业发展。用人单位应结合用人需求，根据职称评价结果合理使用体育专业人员，实现职称评价结果与体育专业人员聘用、考核、晋升等有效结合。加强聘后管理，在岗位聘用中实现人员能上能下。

（四）改进职称管理服务方式

1. 下放职称评审权限。逐步将正高级职称评审权限下放至省（区、市）或符合条件的体育社会组织、用人单位。国务院有关部门所属单位、全国性体育社会组织组建的高级职称评审委员会，由人力资源社会保障部核准备案；其他高级职称评审委员会由省级人力资源社会保障部门核准备案；中级和初级职称评审委员会的核准备案按照《职称评审管理暂行规定》办理。体育部门承担行业管理职能，配合做好相关工作。逐步推动专业水平较高、影响力较强、自律规范的各级体育社会组织和用人单位组建职称评审委员会，按照管理权限自主开展职称评审。

2. 健全职称评审服务体系。优化职称评审服务，加强体育职称评审信息化建设，简化申报手续和评审环节，为申报人员提供高效便捷优质的服务，推动评审信息互通共享，建立完备的体育职称评审数据平台。

三、组织实施

（一）提高认识，加强领导

体育专业人员职称制度改革政策性强，地区间、专业间、体育项目间情况差别大，涉及广大体育专业人员的切身利益。各地区、各部门要充分认识改革的重要意义，做好政策制定、组织实施和监督检查工作。各有关部门要密切配合，建立有效工作机制，确保改革各项工作顺利推进。

（二）落实责任，稳步实施

各地区、各部门要根据本意见精神，结合实际情况，抓好各项改革政策的落地实施。在推进改革过程中，要深入开展调查研究，充分考虑和解决出现的各类情况和问题，细化工作措施，做好新旧政策衔接、标准完善等各方面工作，妥善处理改革、发展和稳定的关系。

附件：1. 教练员职称评价基本标准

2. 运动防护师职称评价基本标准

人力资源社会保障部

体育总局

2020 年 10 月 19 日

附件 1

教练员职称评价基本标准

一、遵守国家法律、法规，热爱体育事业，具有良好的职业道德和敬业奉献精神。

二、从事体育项目训练和指导工作，具备相应的专业知识和授技育人能力，切实履行教练员岗位职责和义务。

三、具备从事教练员工作必备的身心条件。

四、按照要求完成岗位培训。

五、教练员申报各层级职称，除必须达到上述基本条件，还应分别具备以下条件：

（一）初级教练

1. 基本掌握体育基础理论和专业知识、技能，了解体育项目训练领域国内外现状和发展趋势。

2. 能够较熟练运用训练教学方法、手段，具备完成体育项目基础性训练和比赛任务的实际能力。

3. 具备大学专科学历、本科学历或学士学位，从事教练工作满一年，经考核合格；或具备硕士学位。

（二）中级教练

1. 掌握体育专业理论和知识、技能，熟悉体育项目训练领域国内外现状和发展趋势。

2. 具备完成较复杂体育项目训练任务的实际能力，并取得下列成绩之一（博士学位除外）：

（1）训练两年以上的运动员，达到全国优秀水平。

（2）训练一年以上的运动员，四名输送至上级训练组织，多人达到省级优秀水平。

3. 具备培养、指导初级教练的能力。

4. 具备大学专科学历，取得初级教练职称后，从事教练工作满五年；或具备大学本科学历、学士学位，取得初级教练职称后，从事教练工作满四年；或具备硕士学位，取得初级教练职称后，从事教练工作满两年；或具备博士学位。

（三）高级教练

1. 较系统掌握体育专业理论知识，掌握本项目训练的前沿技术手段和方法，对本项目训练竞赛有较深入的研究，任现职以来至少有一项体育训练方面的代表性成果。

2. 长期从事体育训练工作，业绩比较突出，并取得下列成绩之一（集体球类项目可适当降低标准）：

（1）训练两年以上的运动员，或训练两年以上的运动员输送后四年内，多次达到世界水平或亚洲、全国优秀水平。

（2）训练一年以上的运动员，九名输送至上级训练组织，多人达到全国优秀水平。

3. 具备培养、指导初、中级教练的能力。

4. 取得中级教练职称后，从事教练工作满五年；或具备博士学位，取得中级教练职称后，从事教练工作满两年。

（四）国家级教练

1. 系统掌握体育专业理论和知识，全面掌握体育项目训练技术手段和方法，对本项目训练竞赛有深入的研究，任现职以来至少有两项公开发表的体育训练方面的代表性成果。

2. 长期从事体育项目训练工作，业绩突出，并取得下列成绩之一（集体球类项目可适当降低标准）：

（1）训练两年以上的运动员，或训练两年以上的运动员输送后四年内，获得一次奥运会前三名，或两次奥运会前八名，或多次世界、亚洲、全国最高水平比赛冠军。

（2）训练一年以上的运动员，二十名输送至上级训练组织，其中有五人进入国家队（无国家队项目须有五人代表国家参加世界和亚洲最高水平比赛），获得两次奥运会前三名，或三次奥运会前八名，或多人获得世界、亚洲、全国最高水平比赛冠军。

3. 具备培养、指导高级及以下教练的能力。

4. 取得高级教练职称后，从事教练工作满五年。

六、对于指导运动员改善身体形态和功能、提高身体机能和运动素质的体能教练，在体育专业理论和知识、体育项目训练技术手段和方法、训练竞赛的研究、代表性成果等方面的要求，应属于体能训练领域。其主管训练的多名运动员须达到各级运动队体能锻炼标准。认定体能教练训练运动员取得的比赛成绩，以训练一年以上，或训练一年以上的运动员输送后四年内为时间界限。

七、对于指导群众参与全民健身活动的群众体育教练，在体育专业理论和知识、体育项目训练技术手段和方法、训练竞赛的研究、代表性成果等方面的要求，应属于群众体育领域。训练两年以上的人员或训练两年以上的人员输送后四年内，参加各级各类群众体育比赛取得的成绩；训练一年以上的人员、输送至上级训练组织和输送后取得的比赛成绩；以及所执教人群数量、范围、体质和运动能力提升情况等开展群众体育工作取得的社会效益均可认定为群众体育教练取得的成绩。

其中，以社会效益作为成绩申报教练员职称的，初级教练须积极参与群众体育活动，具有相对固定的执教人群；中级教练须在群众体育活动中产生一定的效果和影响，取得一定的社会效益；高级教练须在群众体育活动中产生较大的效果和影响，取得较大的社会效益；国家级教练须在群众体育活动中产生重大的效果和影响，取得重大的社会效益。

附件 2

运动防护师职称评价基本标准

一、遵守国家法律、法规，热爱体育事业，具有良好的职业道德和敬业奉献精神。

二、从事运动损伤和疾病预防、评估、急救、治疗、康复的专业人员，具备相应的专业知识和运动防护能力，切实履行运动防护师岗位职责和义务。

三、具备从事运动防护工作必备的身心条件。

四、按照要求完成岗位培训。

五、运动防护师申报各层级职称，除必须达到上述基本条件，还应分别具备以下条件：

（一）初级运动防护师

1. 基本掌握运动防护基础理论和专业知识，了解运动防护领域国内外现状和发展趋势。

2. 能够完成日常的运动防护任务，胜任一般难度的运动防护工作。

3. 具备大学专科学历、本科学历或学士学位，从事运动防护工作满一年，经考核合格；或具备硕士学位。

（二）中级运动防护师

1. 掌握运动防护专业理论和知识，熟悉运动防护领域国内外现状和发展趋势。

2. 能够完成较高难度的运动防护任务，胜任较高难度的运动防护工作。

3. 具备培养、指导初级运动防护师的能力。

4. 具备大学专科学历，取得初级运动防护师职称后，从事运动防护工作满五年；或具备大学本科学历、学士学位，取得初级运动防护师职称后，从事运动防护工作满四年；或具备硕士学位，取得初级运动防护师职称后，从事运动防护工作满两年；或具备博士学位。

（三）高级运动防护师

1. 较系统掌握运动防护专业理论和知识，掌握国内外运动防护领域前沿技术手段和方法，对运动防护工作有较深入的研究，任现职以来至少有两项公开发表的运动防护方面的代表性成果。

2. 长期从事运动防护工作，能解决本专业复杂疑难的技术问题，完成高难度运动防护任务，在运动创伤、运动疾病的防护工作中起到重要作用。

3. 具备培养、指导初、中级运动防护师的能力。

4. 取得中级运动防护师职称后，从事运动防护工作满五年；或具备博士学位，取得中级运动防护师职称后，从事运动防护工作满两年。

（四）正高级运动防护师

1. 系统掌握运动防护专业理论和知识，全面掌握国内外运动防护领域前沿技术手段和方法，对运动防护工作有深入的研究，在运动防护领域具有较强的影响力和引领示范作用，任现职以来至少有两项公开发表的运动防护方面的代表性成果。

2. 长期从事运动防护工作，能解决本专业重大技术问题，完成高难度运动防护任务，在运动创伤、运动疾病的防护工作中起到关键作用。

3. 具备培养、指导高级及以下运动防护师的能力。

4. 取得高级运动防护师职称后，从事运动防护工作满五年。

人力资源社会保障部　审计署关于深化审计专业人员职称制度改革的指导意见

人社部发〔2020〕84号

各省、自治区、直辖市及新疆生产建设兵团人力资源社会保障厅（局）、审计厅（局），中央和国家机关各部委人事部门，中央军委审计署，各中管金融企业、中央企业人事部门：

审计专业人员是专业技术人才队伍的重要组成部分，是维护国家财政经济秩序、保障经济社会健康发展的重要力量。为贯彻落实中共中央办公厅、国务院办公厅印发的《关于深化职称制度改革的意见》，现就深化审计专业人员职称制度改革提出如下指导意见。

一、总体要求

（一）指导思想

以习近平新时代中国特色社会主义思想为指导，全面贯彻党的十九大和十九届二中、三中、四中、五中全会精神，认真落实党中央、国务院决策部署，按照完善审计管理体制和深化职称制度改革总体要求，遵循审计专业人员成长规律，健全科学化、规范化的审计专业人员职称制度，完善评价机制，为客观科学公正评价审计专业人员，建设信念坚定、业务精通、作风务实、清正廉洁的高素质专业化审计人才队伍提供制度保障。

（二）基本原则

1. 坚持服务发展。紧紧围绕服务新时代经济社会发展需要，围绕审计事业发展和审计人才队伍建设需求，发挥人才评价“指挥棒”和“风向标”作用，营造有利于人才成长和职业发展的评价制度环境，积极引进优秀人才，最大限度激发和释放审计人才活力，让在一线踏踏实实做出贡献的审计专业人员有成就感和获得感。

2. 坚持科学评价。结合国家审计、内部审计、社会审计等不同领域审计工作实际开展分类评价，完善自然资源资产审计、大数据审计、风险管理审计等新兴审计领域评价标准，创新评价机制，丰富评价方式。切实破除唯学历、唯资历、唯论文、唯奖项倾向，突出考察审计专业人员的职业道德、能力素质和工作业绩。

3. 坚持以用为本。促进评价结果与审计专业人员培养、使用相结合，鼓励用人单位将选人用人制度与审计专业人员职称制度有机衔接，促进人岗相适、人尽其才，不断壮大优化审计专业人才队伍。

二、主要内容

通过健全评价体系、完善评价标准、创新评价机制、促进职称评价与人才培养使用有效衔接、加强职称评审监督和服务，形成设置合理、评价科学、管理规范、运转协调的审计专业人员职称制度。

（一）健全评价体系

1. 完善职称层级设置。审计专业人员职称设初级、中级、高级，初级职称只设助理级，高级职称分设副高级和正高级。初级、中级、副高级和正高级职称名称依次为助理审计师、审计师、高级审计师和正高级审计师。

2. 审计专业人员各级别职称分别与事业单位专业技术岗位等级相对应。正高级对应专业技术岗位一至四级，副高级对应专业技术岗位五至七级，中级对应专业技术岗位八至十级，初级对应专业技术岗位十一至十三级。

（二）完善评价标准

1. 坚持德才兼备、以德为先。把政治品德和职业道德放在职称评价的首位，引导审计专业人员坚持以审计精神立身、以创新规范立业、以自身建设立信，恪守审计准则和职业操守。完善诚信承诺、守信联合激励和失信联合惩戒机制，对违反法律法规、违背职业道德、学术不端等行为实行“零容忍”。

2. 实行分级分类评价。科学确定评价内容，满足不同层级、不同类别审计专业人员的评价需求。初级、中级职称注重考察专业基础和实务能力，高级职称注重考察业绩水平和业务引领作用。对企事业单位和社会团体从事内部审计、社会审计人员，包括从事内部稽核和风险管理相关工作的审计人员，突出评价其职业判断能力和工作成果取得的经济社会效益；对从事国家审计人员，建立健全专业能力标准评价体系，注重评价其工作业绩、政策水平和专业能力，将通过审计专业技术资格考试作为专业能力评价的参考。

3. 突出对能力水平和业绩贡献的评价。充分体现审计职业属性，注重考察审计专业人员的能力水平、创新成果和实际贡献，引导审计专业人员增强政治能力、专业胜任能力、宏观政策研究能力和审计信息化能力。实行审计业务和理论成果代表作制度，将审计专业人员的代表性业务成果作为职称评价的主要内容，审计报告、审计方案等业务资料，审计工作制度、专利证书等工作成果均可以作为业务成果代表作；审计理论文章、调研报告、科研课题、著作教材、审计案例等均可以作为理论成果代表作。

4. 实行国家标准、地区标准和单位标准相结合。人力资源社会保障部、审计署负责制定《审计专业人员职称评价基本标准》（见附件）。各地区人力资源社会保障部门、审计部门可以结合本地区实际情况，制定地区标准。具有自主评审权的用人单位可以结合本单位实际，制定单位标准。各地区各部门各单位在评价工作中应严格掌握国家标准。地区标准、单位标准不得低于国家标准。

（三）创新评价机制

1. 丰富职称评价方式。综合采用考试、评审、考评结合等多种评价方式，建立适应不同层级审计工作特点的评价机制。人力资源社会保障部、审计署组织全国统一的初、中、高级审计专业技术资格考试，不断提高考试的科学性、实用性、公平性和规范性，注重对审计知识和能力的考查，对必要的会计、法律、计算机等知识进行考查。助理审计师、审计师实行考试方式；高级审计师实行考试与评审相结合的方式，高级审计师考试合格可以作为审计专业能力水平的证明；正高级审计师一般采取评审方式。

2. 加强职称评审委员会建设。建立同行专家评审制度，完善评审专家遴选机制，积极吸纳经济、法律、计算机、工程等领域学术和实务专家参加职称评审委员会。健全评审委员会工作程序和评审规则，明确界定参加评审的人员范围，加强对评审委员会的组织管理。建立评审公开制度，实行政策公开、标准公开、程序公开、结果公开，确保审计专业人员职称评审客观公正。

3. 合理下放职称评审权限。在综合评估基础上，逐步将副高级职称评审权限下放至符合条件的中央企业和中管金融企业、行业协会学会等组织。畅通非公有制经济组织、社会组织审计专业人员职称申报渠道，探索依托专业水平较高、具备较强服务能力和影响力、自律规范的专业化人才服务机构、行业协会学会等社会组织，开展审计系列职称社会化人才评价。人力资源社会保障部门和审计部门要严格评估自主评审单位的职称评价水平，加强事中事后监管。自主评审单位组建的高级职称评审委员会须按规定备案。

4. 建立职称评审绿色通道。向优秀审计专业人员倾斜，对引进的海外高层次人才、急需紧缺人才、审计高端人才，以及在创新审计技术和方式方法、推动行业发展等方面做出重大贡献的审计专业人员，可以放宽学历、资历、年限等条件限制。对长期在艰苦边远地区和基层一线工作的审计专业人员，重点考察其实际工作业绩，适当放宽学历、任职年限、理论成果等要求。

（四）促进职称评价与人才培养使用有效衔接

1. 促进职称制度与审计专业人员培养相结合。充分发挥职称制度对审计专业人员培养质量的导向作用，推动职称制度与审计高端人才培养、审计专业学位研究生教育等有机衔接。对取得审计专业学位人员，探索在审计职称评价中免予考查相应专业知识。探索审计专业技术资格考试与注册会计师、法律等职业资格考试相近科目互认互免，促进审计职称与经济、会计、统计等相近职称的衔接，减少重复评价。

2. 促进职称制度与审计专业人员使用相结合。用人单位应当结合用人需求，根据职称评价结果合理使用审计专业人员，实现评价结果与人员聘用、考核、晋升等用人制度相衔接，做到因事设岗、按岗择人、人岗相适。建立健全审计专业人员考核制度，加强聘后管理，在岗位聘用中实现人员能上能下。

3. 加强审计专业人员继续教育。将继续教育作为实现审计专业人员知识更新和能力提升的重要途径，分类开展审计专业人员继续教育，用人单位应当保障审计专业人员参加继续教育的权利。创新和丰富审计专业人员继续教育的方式和内容，促进审计专业人员更新知识、拓展技能。

（五）加强职称评审监管和服务

1. 加强职称评审监管，注重体现审计公信力。自主评审单位要严肃评审纪律，强化自我约束，健全完善职称评审公示制度、回避制度，建立复查、投诉机制，评审结果按照评审管理权限报人力资源社会保障部门备案。各级人力资源社会保障部门会同审计部门加强对自主评审工作的监督检查，建立随机抽查、巡查制度。对于不能正确行使评审权、不能确保评审质量的，要暂停自主评审工作、责令整改，直至收回评审权。依法查处假冒职称评审、制作和销售假证等违法行为。

2. 建立职称评审诚信档案和失信联合惩戒制度。参评人员有提供虚假材料、剽窃他人作品和学术成果等行为的，记入职称评审诚信档案库，纳入全国信用信息共享平台；违规取得的职称一律撤销。工作人员、评审专家有弄虚作假、暗箱操作等违法违规行为的，取消从事评审工作资格，进行通报批评、记入职称评审诚信档案库；构成犯罪的，依法追究刑事责任。

3. 优化评审服务。加强审计职称评审公共服务平台建设，提升信息化水平，开展职称申报、公示、证书查询验证等一站式服务。简化申报证明材料，规范和优化申报程序，提高评审工作效率，减轻职称申报人员负担。

三、组织实施

（一）加强组织领导

审计专业人员职称制度改革是深化职称制度改革的重要内容，政策性强、涉及面广。各级人力资源社会保障部门、审计部门要高度重视、密切配合，加强组织领导，抓好贯彻落实。在推进改革过程中，要深入开展调查研究，细化工作措施，完善工作预案，确保改革顺利进行。

（二）有序推进改革

各地区和各相关单位要结合本地区本单位实际，落实好各项改革举措，妥善做好新老人员过渡和新旧政策衔接。对改革前各地自行试点评审的审计专业人员正高级职称，要按照有关规定通过一定程序进行确认。在新的职称评价工作中，要严格按照本意见有关要求进行，不得随意降低评价标准或擅自扩大评审范围。

（三）做好宣传引导

各级人力资源社会保障部门和审计部门要加强舆论宣传引导，做好政策解读，引导审计专业人员积极参与改革，提升审计专业人员能力素质，引导社会各有关方面支持审计专业人员职称制度改革，营造有利于改革的良好氛围。

本意见适用于在国家机关、社会团体、企事业单位和其他组织中从事审计工作的人员。鼓励符合条件的公务员参加审计专业技术资格考试，但不得参加专业技术人才职称评审。

军队可以参照本意见制定审计专业人员职称评价具体办法。

附件：审计专业人员职称评价基本标准

人力资源社会保障部

审计署

2020 年 11 月 4 日

附件

审计专业人员职称评价基本标准

一、遵守中华人民共和国宪法和法律法规，贯彻落实党的基本路线和各项方针政策。

二、具备良好的审计职业道德和敬业精神。自觉运用新理念和新技术，提高审计工作水平。

三、认真履行岗位职责，按照要求参加继续教育。

四、审计专业人员申报各层级职称，除必须达到上述基本条件外，还应当分别具备以下条件：

（一）助理审计师

1. 正确理解和执行审计相关政策、法律法规、规章制度。

2. 掌握审计专业基本知识、工作方法和业务技能。

3. 能够拟定简单的审计方案，完成某一个项目或专业某一方面的审计工作。

4. 具备国家教育部门认可的高中毕业（含高中、中专、职高、技校，下同）及以上学历。

（二）审计师

1. 掌握并能够正确执行审计相关政策、法律法规和规章制度。

2. 掌握比较系统的审计理论知识和业务技能。

3. 有一定的审计工作实践经验，能够负责某一个项目或专业的审计业务工作，拟定审计方案并组织实施。

4. 具备一定的审计职业判断能力，能够对审计发现的问题进行调查研究和综合分析，形成有一定水平的工作成果。

5. 具备博士学位；或具备硕士学位，从事审计相关工作满 1 年；或具备双学士学位，从事审计相关工作满 2 年；或具备大学本科学历或学士学位，从事审计相关工作满 4 年；或具备大学专科学历，从事审计相关工作满 5 年；或高中毕业，取得助理审计师职称，从事审计相关工作满 10 年。

（三）高级审计师

1. 系统掌握审计相关政策法规和审计专业理论、方法、技巧。

2. 具备较高的政策水平和较丰富的审计工作经验，能够独立负责组织和指导某一个单位、部门或专业的审计业务工作，带领、指导审计师及其他审计专业人员履行审计监督职责、完成审计项目任务。

3. 具备较强的审计职业判断能力，工作业绩较为突出，在审计监督、内部控制、风险防控、维护经济安全等方面发挥重要作用，为促进经济管理工作或领导决策提供指导咨询，有效推动提高某一个单位、部门的审计监督和风险管理水平或取得一定经济、社会效益。

4. 具备较强的科研能力，取得一定的审计相关理论或技术研究成果，或完成审计相关研究课题、调研报告、管理制度或方法创新等。

5. 具备博士学位，取得审计师职称后从事与审计师职责相关工作满 2 年；或具备硕士学位，取得审计师职称后从事与审计师职责相关工作满 4 年；或具备大学本科学历或学士学位，取得审计师职称后从事与审计师职责相关工作满 5 年；或具备大学专科学历，取得审计师职称后从事与审计师职责相关工作满 6 年。

取得会计师、经济师、统计师、工程师等相关专业中级职称，参加高级审计师考试时，可以视同具备审计师职称。

（四）正高级审计师

1. 系统掌握和应用审计相关政策法规和审计专业理论、方法、技巧，把握审计工作规律和发展趋势。

2. 政策理论水平高，审计工作经验丰富、业绩突出。具备解决重大疑难问题和关键性问题的职业判断能力，能够领导指导某一个行业、区域、单位或部门的审计工作，组织、管理、主持完成大规模审计项目，推动审计监督、内部控制和风险管理达到良好水平。

3. 具备较突出的创新能力，能够提出有重要指导意义的审计理论建议或将前沿技术应用于审计工作实践，有效发挥审计在服务经济社会发展、推进国家治理现代化中的积极作用。

4. 在指导、培养中青年审计人才方面做出重要贡献，在审计专业人员团队中发挥领军作用，能够理论与实践相结合，有效指导审计专业人员或研究生的工作和学习。

5. 一般应具备大学本科及以上学历或学士及以上学位，取得高级审计师职称后从事与高级审计师职责相关工作满 5 年。

取得高级会计师职称，在参加正高级审计师职称评审时，可视同具备高级审计师职称。

人力资源社会保障部　教育部关于深化高等学校教师职称制度改革的指导意见

人社部发〔2020〕100号

各省、自治区、直辖市及新疆生产建设兵团人力资源社会保障厅（局）、教育厅（教委、教育局），中央和国家机关有关部委人事部门，教育部直属各高等学校：

高等学校教师（以下简称高校教师）是我国专业技术人才队伍的重要组成部分，是新时代推动国家教育事业发展和高层次人才培养的重要力量。为深入贯彻落实中共中央、国务院印发的《关于全面深化新时代教师队伍建设改革的意见》和《深化新时代教育评价改革总体方案》，按照《中共中央办公厅　国务院办公厅关于深化职称制度改革的意见》要求，进一步完善教师评价机制，激励广大高校教师教书育人，落实立德树人根本任务，推进高等教育内涵式发展，加快教育现代化，现就深化高校教师职称制度改革提出如下指导意见。

一、总体要求

（一）指导思想

以习近平新时代中国特色社会主义思想为指导，全面贯彻落实党的十九大和十九届二中、三中、四中、五中全会以及全国教育大会精神，遵循高校教师职业特点和发展规律，破除束缚高校教师发展的思想观念和体制机制障碍，分类分层，科学评价，充分调动广大高校教师的积极性和创造性，激发高校教师活力、动力，建设一支高素质、专业化、创新型教师队伍，为高等教育事业发展提供制度保障和人才支持。

（二）基本原则

1. 坚持以德为先，教书育人。以师德为先，以教学为要，以育人为本，提升师德师风要求，引导广大教师以德立身、以德立学、以德施教，突出教书育人实绩，培养德智体美劳全面发展的社会主义建设者和接班人。

2. 坚持以人为本，创新机制。把握高校教师成长的规律和工作特点，完善评价标准，创新评价机制，科学客观公正评价，让教师更具有获得感和成就感，激励教师人人尽展其才。

3. 坚持问题导向，精准施策。围绕高校教师职称评审重点难点及突出问题，有针对性地提出改革举措，增强高校教师职称制度改革的实效性。

4. 坚持分类实施，自主评价。根据不同类型、不同层次高校及教师特点，采用业绩水平与发展潜力、定性与定量评价相结合的方式，高校自主实施分类分层评价，政府依法宏观管理。

二、主要内容

深入贯彻高等教育领域“放管服”改革精神，加快转变政府职能，落实高校职称评审自主权，围绕健全制度体系、完善评价标准、创新评价机制，形成以人才培养为核心，以品德、能力和业绩为导向，评价科学、规范有序、竞争择优的高校教师职称制度。

（一）健全制度体系

1. 创新岗位类型。保持高校教师现有岗位类型总体不变，一般设有教学为主型、教学科研型等岗位类型。适应新时代教师队伍发展的需要，高校可根据自身发展实际，设置新的岗位类型。

2. 健全层级设置。高校教师职称一般设置初级、中级、高级，其中高级分设副高级和正高级。初级、中级、副高级、正高级职称名称一般依次是助教、讲师、副教授、教授。有条件的高校可探索实行教师职务聘任改革，设置助理教授等职务。

（二）完善评价标准

1. 严把思想政治和师德师风考核。贯彻习近平新时代中国特色社会主义思想，坚持社会主义办学方向，以理想信念教育为核心，以社会主义核心价值观为引领，把好思想政治关，将师德表现作为教师职称评审的首要条件。完善思想政治与师德师风考核办法，健全评价标准、体系及考核方案，提高考核评价的科学性和实效性。

2. 突出教育教学能力和业绩。高校应把认真履行教育教学职责作为评价教师的基本要求。加强教学质量评价，把课堂教学质量作为主要标准，严格教学工作量，强化教学考核要求，提高教学业绩和教学研究在评审中的比重。突出教书育人实绩，注重对履责绩效、创新成果、人才培养实际贡献的评价。

3. 克服唯论文、唯“帽子”、唯学历、唯奖项、唯项目等倾向。规范学术论文指标的使用，论文发表数量和引用情况、期刊影响因子等仅作为评价参考，不以 SCI（科学引文索引）、SSCI（社会科学引文索引）等论文相关指标作为前置条件和判断的直接依据。核心是评价研究本身的创新水平和科学价值。高校结合实际建立各学科高水平期刊目录和高水平学术会议目录。对国内和国外的期刊、高水平学术会议发表论文、报告要同等对待，鼓励更多成果在具有重要影响力的国内期刊和高水平学术会议发表。不得简单规定获得科研项目的数量和经费规模等条件。不得将出国（出境）学习经历作为限制性条件。不得将人才称号作为职称评定的限制性条件，职称申报材料不得设置填写人才称号栏目，取消入选人才计划与职称评定直接挂钩的做法。

4. 推行代表性成果评价。结合学科特点，探索项目报告、技术报告、学术会议报告、教学成果、著作、论文、标准规范、创作作品等多种成果形式，将高水平成果作为代表性成果。注重代表性成果的质量、贡献、影响，突出评价成果质量、原创价值和对社会发展的实际贡献以及支撑人才培养情况。注重质量评价，防止简单量化、重数量轻质量，建立并实施有利于教师潜心教学、研究和创新的评价制度。

（三）创新评价机制

1. 分类分层评价。结合学校特点和办学类型，针对不同类型、不同层次教师，按照教学为主型、教学科研型等岗位类型，哲学社会科学、自然科学、工程科技等不同学科领域，基础研究、应用研究等不同研究类型，通用专业、特殊专业等不同专业门类，建立科学合理的分类分层评价标准。职业院校要强化技术技能要求，加强“双师型”教师队伍建设。

2. 创新评价方式。鼓励采取个人述职、面试答辩、同行评议、实践操作、业绩展示等多种灵活评价方式，完善同行专家评议机制，健全完善外部专家评审制度，探索引入第三方机构进行独立评价。给内、外部评审专家预留充足时间进行评鉴，引导评审专家负责任地提供客观公正的专业评议意见，提高职称评价的科学性、专业性、针对性。注重个人评价与团队评价相结合，考察团队合作及社会效益，尊重和认可团队所有参与者的实际贡献。探索国防科技、公共安全等特殊领域人才评价办法。

3. 建立重点人才绿色通道。引导教师主动服务国家重大战略需求，注重工作实绩，其工作成果不简单以发表论文、获得奖项等进行比较评价。对取得重大基础研究和前沿技术突破、解决重大工程技术难题、在经济社会事业发展中做出重大贡献的教师以及招聘引进的高层次人才和急需紧缺人才等，在严把质量和程序的前提下，可制定较为灵活的评价标准，申报高级职称时论文可不作限制性要求，畅通人才发展通道。

4. 完善信用和惩戒机制。建立申报教师、评审专家及相关人员诚信承诺和诚信信息共享机制。申报教师职称评审中存在弄虚作假、学术不端的，按国家和学校相关规定处理。因弄虚作假、学术不端等通过评审聘任的教师，撤销其评审聘任结果。引导建立学术共同体自律文化，建立完善评审专家的诚信记录、利益冲突回避、履职尽责评价、动态调整、责任追究等制度，严格规范专家评审行为。对违反评审纪律的评审专家、党政领导和其他责任人员，按照有关规定处理。

5. 健全聘期考核机制。科学合理设置考核评价周期，聘期考核与年度考核、日常考核相互结合，并适当延长基础研究人才、青年人才等考核周期，把考核结果作为调整岗位、工资以及续订聘用合同的依据，完善退出机制，实现人员能上能下、能进能出。

（四）落实自主评审

1. 下放职称评审权。高校教师职称评审权直接下放至高校，自主组织评审、按岗聘用，主体责任由高校承担。高校要加强对院系的指导和监管，院系要将符合条件的教师向上一级评审组织推荐。条件不具备、尚不能独立组织评审的高等学校，可采取联合评审、委托评审的方式。高校自主制定教师职称评审办法、操作方案等评审文件，按相关规定进行备案。职称评审办法应包括教师评价标准、评审程序、评审委员会人员构成规则、议事规则、回避制度等内容。高校制定的教师评价标准不低于国家规定的基本标准，可结合实际明确破格条件。高校聘用研究人员等到教师岗位的，可结合实际制定职称评价具体办法。职业院校、应用型本科高校对特殊高技能人才可适当放宽学历要求。对长期在艰苦边远地区工作的高校教师，省级人力资源社会保障部门、教育行政部门可根据实际情况适当放宽学历和任职年限要求。

2. 加强监管服务。按照高校教师职称评审监管办法，加强对高校教师职称评审工作的监管，开展业务指导，搭建平台，优化服务，为高校教师职称评审提供支持。定期按一定比例开展抽查，根据抽查情况、群众反映或舆情反映较强烈的问题，有针对性地进行专项巡查，并将抽查、巡查情况通报公开。对因评审工作把关不严、程序不规范，造成投诉较多、争议较大的高校，责令限期整改。对整改无明显改善或逾期不予整改的高校，暂停其自主评审工作直至收回评审权，并进行责任追究。加强职称评审信息化建设，探索推广在线申报和评审，简化申报信息和材料报送等相关手续。

（五）优化思想政治工作评审

1. 规范思想政治理论课教师评审体系。思想政治理论课教师职称评审纳入单列计划、单设标准、单独评审体系，高级岗位比例不低于学校平均水平。建立符合思想政治理论课教师职业特点和岗位要求的评价标准，注重考察教学工作业绩和育人实效，将在中央和地方主要媒体上发表的理论文章等纳入思想政治理论课教师职称成果评价范围。

2. 强化教师思想政治工作要求。将学生思想政治教育工作作为教师的基本职责，把教师课程思政建设情况和育人效果作为评价的重要内容。晋升高一级职称的青年教师，须有至少一年担任辅导员、班主任等学生工作经历，或支教、扶贫、参加孔子学院及国际组织援外交流等工作经历，并考核合格。

（六）实行评聘结合

1. 高校根据国家有关规定自主设置岗位，结合岗位空缺情况开展教师职称评审，并将通过评审的教师聘用到相应岗位，实现教师职称评审与岗位聘用有效衔接。

2. 对此次改革前本高校评审通过、已经取得高校教师职称但未被聘用到相应岗位的人员，有关地方和高校要结合实际研究具体办法，妥善做好这部分人员择优聘用等相关工作。

三、组织实施

（一）加强领导，优化服务

深化高校教师职称制度改革，是进一步加强高校教师队伍建设，推进高校治理体系和治理能力现代化，推动高等教育科学发展的重要举措。各地区、各部门、各高校要高度重视，充分认识改革的重要意义，坚持党管人才原则，充分发挥党的思想优势、政治优势和组织优势，加强党的领导，周密部署，统筹协调。各有关部门要各司其职，协同配合，优化服务，为深化高校教师职称制度改革创造良好条件。

（二）严格程序，确保公正

各高校要按照职称制度改革要求，认真做好职称工作，确保标准公开、程序公平、结果公正。要建立健全职称工作机制，明确岗位任职条件，规范竞聘程序，严格公示制度，健全申诉机制，畅通意见渠道，强化自我监督，主动接受外部监督。

（三）科学谋划，稳妥推进

各地区、各高校要正确处理好改革、发展和稳定的关系，把推进高校教师职称制度改革与全面履行职责、加强教师队伍建设和促进高等教育事业发展有机结合起来，确保改革平稳有序进行。

本意见适用于普通高等学校，其他高等学校可参照执行。

附件：高等学校教师职称评价基本标准

人力资源社会保障部

教育部

2020 年 12 月 31 日

附件

高等学校教师职称评价基本标准

一、遵守国家宪法和法律，贯彻党的教育方针，自觉践行社会主义核心价值观，具有良好的思想政治素质和师德师风修养，以德立身，以德立学，以德施教，爱岗敬业，为人师表，教书育人。坚持教书与育人相统一、言传与身教相统一、潜心问道与关注社会相统一、学术自由与学术规范相统一。

二、具备教师岗位相应的专业知识和教育教学能力，承担教育教学任务并达到考核要求，按要求履行教师岗位职责和义务。

三、身心健康，心理素质良好，能全面履行岗位职责。

四、高等学校教师任现职以来，申报各层级职称，除满足上述基本条件外，还应分别具备以下条件：

（一）助教

1. 掌握基本的教学理念和教学方法，教学态度端正。协助讲授课程部分内容。将思想政治教育融入教学，在学生培养工作中做出积极贡献。

2. 具有一定的本专业知识。

3. 具备硕士学位；或具备大学本科学历或学士学位，见习1年期满且考核合格。

（二）讲师

1. 掌握基本的教学理念和教学方法，教学基本功扎实，教学态度端正，教学效果良好。承担课程部分或全部内容的讲授工作。将思想政治教育较好融入教学，在学生培养工作中做出积极贡献。

2. 具有扎实的本专业知识，具有发表、出版的学术论文、著作或教科书等代表性成果。

3. 具备博士学位；或具备硕士学位，并担任助教职务满2年；或具备大学本科学历或学士学位，并担任助教职务满4年。

（三）副教授

教学科研型

1. 治学严谨，遵循教育教学规律，教学经验较丰富，教学效果优良，形成有一定影响的教育理念和教学风格，在教学改革、课程建设等方面取得较突出的成绩。承担过公共课、基础课或专业课的讲授工作，教学水平高。将思想政治教育较好融入教学过程，在学生培养工作中做出较大贡献。

2. 具有本专业系统、扎实的理论基础和渊博的专业知识，具有较高水平的研究成果和学术造诣。具有发表、出版的有较大影响的学术论文、教学研究成果、著作或教科书等代表性成果，受到学术界的好评。参与过重要教学研究或科研项目，或获得代表本领域较高水平的奖项，或从事科技开发、转化工作以及相关领域的创造、创作，取得较为显著经济效益和社会效益。

3. 具备大学本科及以上学历或学士及以上学位，且担任讲师职务满5年；或具备博士学位，且担任讲师职务满 2 年。

教学为主型

1. 治学严谨，遵循教育教学规律，教学经验较丰富，教学效果优良，形成有较大影响的教育理念和教学风格，在教学改革、课程建设等方面取得突出成绩。承担过公共课、基础课或专业课的系统讲授工作，教学水平高。将思想政治教育较好融入教学，在学生培养工作中做出较大贡献。

2. 具有本专业系统、扎实的理论基础和渊博的专业知识，具有较高水平的研究成果和学术造诣，积极参与教学改革与创新。具有发表、出版的有较大影响的教学研究或者教改论文，著作或教科书等代表性成果，受到学术界的好评。参与过具有较大影响的教育教学改革项目，或获得教学类重要奖项。

3. 具备大学本科及以上学历或学士及以上学位，且担任讲师职务满 5 年；或具备博士学位，且担任讲师职务满 2 年。

（四）教授

教学科研型

1. 治学严谨，遵循教育教学规律，教学经验丰富，教学效果优良，形成有较大影响的教育理念和教学风格，在教学改革、课程建设等方面取得突出成果。承担过公共课、基础课或专业课的系统讲授工作，教学水平高超。将思想政治教育有效融入教学，在学生培养工作中做出突出贡献。

2. 具有本专业系统、扎实的理论基础和渊博的专业知识，具有突出水平的研究成果和学术造诣。具有发表、出版的有重要影响的学术论文、教学研究成果、著作或教科书等代表性成果，受到学术界的高度评价。主持过重要教学研究或科研项目，或作为主要参与者获得代表本领域先进水平的奖项，或从事科技开发、转化工作以及相关领域的创造、创作取得重大经济效益和社会效益。

3. 具备大学本科及以上学历或学士及以上学位，且担任副教授职务满 5 年。

教学为主型

1. 治学严谨，遵循教育教学规律，教学经验丰富，教学效果优秀，形成很好影响的教育理念和教学风格。在教学改革、课程建设等方面取得创造性成果，发挥示范引领作用。承担过公共课、基础课或专业课的系统讲授工作，教学水平高超。将思想政治教育有效融入教学，在学生培养工作中做出突出贡献。

2. 具有本专业系统、扎实的理论基础和渊博的专业知识，具有突出水平的研究成果和学术造诣，积极推进教学改革与创新。具有发表、出版的有重要影响的教学研究或者教改论文，著作或教科书等代表性成果，受到学术界的高度评价。主持过具有重要影响的教育教学改革项目，或作为主要参与者获得教学类重要奖项。

3. 具备大学本科及以上学历或学士及以上学位，且担任副教授职务满 5 年。

人力资源社会保障部　国家广播电视总局关于深化播音主持专业人员职称制度改革的指导意见

人社部发〔2021〕9号

各省、自治区、直辖市及新疆生产建设兵团人力资源社会保障厅（局）、广播电视局，中央和国家机关各部委、各直属机构人事部门，中央军委政治工作部干部局：

播音主持专业人员是我国专业技术人才队伍的重要组成部分，代表着广播电视和网络视听媒体的形象，承担着坚持正确导向、传播先进文化、引领文明风尚的重要职责。为贯彻落实中共中央办公厅、国务院办公厅印发的《关于深化职称制度改革的意见》，现就深化播音主持专业人员职称制度改革提出如下指导意见。

一、总体要求

（一）指导思想

以习近平新时代中国特色社会主义思想为指导，全面贯彻落实党的十九大和十九届二中、三中、四中、五中全会精神，贯彻落实习近平总书记关于宣传思想工作的重要论述，认真落实党中央、国务院决策部署，坚持党管人才原则，坚持正确政治方向、舆论导向、价值取向，遵循播音主持专业人员成长规律，健全完善符合播音主持专业人员职业特点的职称制度，完善评价机制，更加客观科学公正评价播音主持专业人员，培养造就政治坚定、素质优良、德艺双馨的播音主持专业人员队伍，为广播电视和网络视听高质量创新性发展提供人才支撑。

（二）基本原则

1. 坚持服务发展。围绕新时代推进高质量发展对播音主持工作提出的新要求，突出播音主持工作的职业属性和岗位要求，提升播音主持专业人员政治素养和专业素养，服务党的宣传思想工作、新闻舆论工作。

2. 坚持科学评价。分级分类完善评价标准，突出政治素养、专业水平和创新实践，以品德、能力、业绩为导向，克服唯学历、唯资历、唯论文、唯奖项倾向，发挥人才评价“指挥棒”作用，创新评价机制，丰富评价方式，充分调动播音主持专业人员创新性、创造性。

3. 坚持问题导向。针对播音主持专业人员职称评价存在的突出问题，根据不同专业、层级特点，精准施策，统筹推进，引导播音主持专业人员提高能力素质，增强事业心、责任感和职业归属感。

4. 坚持以用为本。围绕用好用活人才，提高职称评价的科学性和针对性，提高评价结果的公信力，促进播音主持专业学位教育、职业资格制度和职称制度相衔接，促进职称制度与选人用人制度相衔接，做到以用促评、评用结合。

二、主要内容

通过健全制度体系、完善评价标准、创新评价机制、促进职称评价与人才培养使用相结合、加强评审管理、优化评审服务等措施，形成设置合理、覆盖广泛、评价科学、管理规范的播音主持专业人员职称制度。

（一）健全制度体系

1. 完善播音主持专业人员职称设置。建立统一的播音主持专业人员职称制度，将主持专业人员纳入新的职称制度。播音主持专业人员职称设初级、中级、高级，初级职称只设助理级，高级职称分设副高级和正高级。初级、中级、副高级和正高级职称的名称分别为二级播音员主持人、一级播音员主持人、主任播音员主持人和播音指导。

2. 促进播音主持专业人员职称制度与职业资格制度有效衔接。取得广播电视播音员主持人资格，符合二级播音员主持人基本标准的，视为取得二级播音员主持人职称，并可作为申报高一级职称的条件。不再进行二级播音员主持人的职称评审。

3. 播音主持专业人员各级别职称分别与事业单位专业技术岗位等级相对应。正高级对应专业技术岗位一至四级，副高级对应专业技术岗位五至七级，中级对应专业技术岗位八至十级，初级对应专业技术岗位十一至十三级。

（二）完善评价标准

1. 坚持德才兼备，以德为先。坚持把政治品德和职业道德放在评价首位，重点考察播音主持专业人员的政治立场、思想境界、职业道德和从业操守。通过个人述职、考核测评、民意调查等方式，全面考察播音主持专业人员在责任、品格、形象、语言、廉洁等方面的情况，引导播音主持专业人员坚定政治立场、强化社会责任、坚守道德底线，深入生活、扎根人民，不断增强脚力、眼力、脑力、笔力。对存在导向偏差、品行不端、学术造假等问题的播音主持人员实行“一票否决制”，对通过弄虚作假、暗箱操作等违纪违规行为取得的职称，一律予以撤销。

2. 突出评价业绩水平和实际贡献。重点评价播音主持专业人员在正确传递党和国家声音、正向引导社会舆论、塑造主流价值观、真实报道传播、实践媒体融合、展现时代风貌等方面的水平和能力。将社会效益、传播效果作为评价的重要内容，探索构建体现社会与受众认可的评价指标和方法。不唯学历，对在艰苦边远地区和基层一线长期从事播音主持工作，实践证明能胜任相应岗位要求的，可适当放宽学历要求。不唯资历，对在宣传思想、新闻舆论战线上作出重大贡献的，放宽资历等条件限制，可直接申报评审高级职称。对引进的海外高层次人才和急需紧缺人才，建立职称评审绿色通道，适当放宽资历、年限等条件限制。不唯论文，除从事教育、教学、指导等有关工作且研究属性明显的专业岗位外，淡化或不作论文要求。不唯奖项，广播电视领域各级各类奖项、荣誉称号等可作为评价的重要参考之一，不作为职称评定的限制性条件。突出对代表性成果的评价，不搞简单量化评价，重大贡献、高影响力传播、重大原创性成果可“一票决定”。

3. 坚持分类差异化评价。根据不同岗位、不同层次人才特点和职责，分类制定科学合理、各有侧重的人才评价标准，避免“一刀切”。初、中级职称注重考察专业基础知识和实务能力；高级职称注重考察理论素养和业绩水平，突出评价在行业发展中的创新引领作用和取得的社会效益、社会影响力。对主要从事播音工作的人员，着重评价其完成播音和主持任务情况、播音风格、社会声誉等；对主要从事节目主持工作的人员，着重评价其传递正向价值、树立声屏形象、创新业务实践等；对同时承担教学指导和学术研究的人员，将其对理论和创作规律的研究造诣作为重要评价内容。

4. 实行国家标准、地区标准和单位标准相结合。人力资源社会保障部、国家广播电视总局研究制定《播音主持专业人员职称评价基本标准》（附后）。各地区人力资源社会保障部门会同广播电视行政管理部门可根据本地区广播电视和网络视听行业发展情况，制定地区标准。具有自主评审权的用人单位可结合本单位实际，制定单位标准。地区标准和单位标准不得低于国家标准。

（三）创新评价机制

1. 丰富评价方式。按照社会和业内认可的要求，完善以同行专家评审为基础的业内评价机制，引入社会评价，注重评价其社会影响力和取得的社会效益。丰富评价手段，综合运用考试、评审、考核认定、个人述职、面试答辩、实践操作、业绩展示等多种评价方式，提高评价的针对性和科学性。

2. 畅通评价渠道。进一步打破户籍、地域、身份、档案、所有制等制约，创造便利条件，畅通各类播音主持专业人员职称申报渠道。非公有制广播电视节目制作机构、网络视听节目服务机构的播音主持专业人员，可按属地原则进行申报。公立机构中各种方式使用的播音主持专业人员在职称申报、评审等方面享有同等待遇。依托具备较强服务能力和水平的专业化人才评价机构、行业协会学会、公共人才服务机构等，组建社会化评审机构，开展播音主持专业人员职称评审工作。

（四）促进职称评价与人才培养使用相结合

1. 促进职称评价与用人制度的有效衔接。把职称评价结果作为人才使用的重要依据，实现职称评价结果与人才聘用、考核、晋升等用人制度的有效衔接。全面实行岗位管理的事业单位，一般应在岗位结构比例内开展职称评审，并聘用到相应岗位。不实行岗位管理的单位，可根据工作需要，采用评聘分开方式，择优聘用具有相应职称的播音主持专业人员从事相关岗位工作。加强聘后管理，结合日常考核、年度考核及聘期考核结果，对不符合岗位要求、不能履行岗位职责或考核不合格人员，可按照有关规定调整岗位、低聘或者解聘，在岗位聘用中实现人员能上能下。

2. 促进职称评价与人才培养制度的有效衔接。充分发挥职称制度对提高播音主持专业人才培养质量的导向作用，推动播音主持专业人员职称制度与高层次播音主持人才培养、播音主持专业学位研究生教育等有效衔接。推进职称评审与专业技术人员继续教育制度相衔接，创新和丰富继续教育内容和手段，促进播音主持专业人员强化使命担当、提高情怀追求、拓展知识技能。

（五）加强评审管理，优化评审服务

1. 加强评审委员会建设。完善评审专家遴选机制，加强评审专家库建设，积极吸纳高等院校、行业协会学会专家，实行动态管理，优化职称评审委员会结构。健全职称评审委员会工作程序和评审规则，严肃评审纪律，明确评审委员会工作人员和评审专家责任，强化评审考核，建立倒查追责机制。

2. 加强职称评审监督。建立职称评审公开制度，实行政策公开、标准公开、程序公开、结果公开，接受社会和群众监督。建立职称评审回避制度、公示制度和随机抽查、巡查制度，建立复查、投诉机制，加强对评价全过程的监督管理。

3. 优化职称评审服务。加强职称评审信息化建设，在职称材料申报、审核评审、证书查询验证等方面提供便捷化服务。优化申报程序，减少申报证明材料，减轻申报人员负担。

三、组织实施

（一）提高认识，加强领导

播音主持专业人员职称制度改革是深化职称制度改革的重要内容，关系党的宣传思想和新闻舆论工作大局，涉及广大播音主持专业人员的切身利益，政策性强，涉及面广，关注度高。各地人力资源社会保障部门和广播电视行政管理部门要充分认识改革的重要意义，加强领导，明确责任，密切配合，狠抓落实，确保各项改革举措落到实处。

（二）精心组织，稳慎推进

各地人力资源社会保障部门要会同广播电视行政管理部门，具体负责播音主持专业人员职称制度改革的政策制定、组织实施和监督检查工作，要结合本地区实际，抓好改革政策的落地实施。要妥善做好新旧政策的衔接工作，按照改革前后的职称对应关系将现有播音主持专业人员直接过渡到新的职称体系。在推进改革的过程中，要开展全面深入的调研，及时总结经验，及时研究解决新情况、新问题，妥善处理好改革、发展和稳定的关系。各层级职称评审工作要严格按照本意见规定进行，不得随意降低评价标准条件、擅自扩大评审范围。

（三）加强宣传引导，营造良好氛围

各级人力资源社会保障部门和广播电视行政管理部门要加强宣传引导，做好政策解读，广泛征求意见，积极回应关切，引导播音主持专业人员积极支持和参与职称制度改革，营造有利于播音主持专业人员职称制度改革的良好氛围。

本指导意见适用于在广播电视、网络视听和其他提供视听服务的机构中从事播音主持相关工作的专业技术人员。

军队可参照本意见制定播音主持专业人员职称评价具体办法。

附件：播音主持专业人员职称评价基本标准

人力资源社会保障部
国家广播电视总局
2021 年 1 月 14 日

附件

播音主持专业人员职称评价基本标准

一、热爱祖国，拥护中国共产党的领导，贯彻党的基本理论、基本路线和基本方略，遵守中华人民共和国宪法和法律法规。

二、坚持正确政治方向，坚持党性原则，坚持马克思主义新闻观，坚持正确舆论导向，坚持正面宣传为主，热爱党的新闻事业，具有坚持正确导向、传播先进文化、引领文明风尚的职业使命感。

三、恪守职业道德，树立健康向上的声屏形象，自觉抵制低级趣味和不良风气，传播和弘扬先进文化。

四、认真履行岗位职责，具备从事播音主持工作所需的专业知识、语言能力、实操业务技能和传播方法创新能力。

五、通过广播电视播音员主持人资格考试，并按规定进行注册，取得《中华人民共和国播音员主持人证》。

播音主持专业人员申报各层级职称，除必须达到上述基本条件外，还应分别具备以下条件：

（一）二级播音员主持人

1. 基本掌握播音主持基础理论和语言表达技巧，对本专业有关的科学文化知识和政策有一定了解。

2. 胜任一般广播电视或网络视听节目直播和录播中的播音主持任务，较少出现播出错误。

3. 具有实践操作能力，语言表达符合节目的基本要求，能对播音主持业务提出建设性意见。

4. 具备硕士学位或第二学士学位；或具备大学本科学历或学士学位，在播音主持岗位见习一年期满，经考察合格；或具备大学专科学历，从事播音主持工作满 3 年。

（二）一级播音员主持人

1. 掌握播音主持基础理论、专业知识和语言表达技巧；有较广泛的科学文化知识和一定的政策理论水平。

2. 独立承担各类广播电视或网络视听节目直播和录播中的播音主持任务，播报主持固定的常设栏目、节目，极少出现播出错误。

3. 初步掌握某些节目的采编制作或主持节目的实践操作能力，擅长某类节目的播音主持，有鲜明的播音特色，能够写出一定水平的业务专题总结。

4. 具有组织和指导二级播音员主持人开展工作的能力。

5. 具备博士学位；或具备硕士学位或第二学士学位，取得二级播音员主持人职称后，从事播音主持工作满 2 年；或具备大学本科学历、学士学位或大学专科学历，取得二级播音员主持人职称后，从事播音主持工作满 4 年。

（三）主任播音员主持人

1. 比较系统地掌握播音主持理论和专业知识，掌握播音创作、主持创作规律，有较广博的科学文化知识和较高的政策理论水平。

2. 工作业绩较为突出，胜任范围较广、难度较大的多类型广播电视或网络视听节目的播音主持任务。具有良好的公众形象，具有一定的社会知名度和影响力。

3. 掌握采编制作或主持节目的能力，业务上有显著专长和特色，能写出有一定水平的业务总结或专业论文、论著。

4. 具有担任播音主持教学和培养播音员、主持人的能力，能够组织和指导一级播音员主持人、二级播音员主持人完成本职任务，能够独立鉴别播音质量、主持水准，解决工作中的疑难问题。

5. 具备博士学位，取得一级播音员主持人职称后，从事播音主持工作满 2 年；或具备硕士学位、第二学士学位、大学本科学历或学士学位，取得一级播音员主持人职称后，从事播音主持工作满 5 年。

（四）播音指导

1. 具有深厚的专业理论功底和丰富的实践经验，对播音专业理论和创作规律有系统深入的研究，科学文化知识广博，政策理论水平高，学术造诣深。

2. 工作业绩突出，胜任高难度的各类广播电视或网络视听节目播音主持工作，承担重大宣传报道、重要节目栏目的播音主持任务。具有良好的公众形象和较强的社会影响力，享有较高声誉。

3. 通晓播音主持业务，在实践中有所创新，有独特的播音主持风格，具备较高的采编制作或主持节目的能力。能够提出对本专业有指导意义的研究课题，在教育、教学、研究上有较大影响力的原创性成果。

4. 在指导、培养中青年业务骨干方面做出突出贡献，能够组织和指导播音员、主持人完成各种重大宣传的播音主持任务，具有较强的检查、审评播音质量的能力，能够解决业务中的重大疑难问题。在促进播音主持业务发展和人才队伍建设方面发挥了较强的引领和示范作用。

5. 一般应具备大学本科及以上学历或学士及以上学位，取得主任播音员主持人职称后，从事播音主持工作满 5 年。

六、不具备第五条规定的学历、年限等要求，业绩突出、作出重要贡献的，可破格申报。具体办法由各地、各有关部门和单位另行制定。

人力资源社会保障部　国家新闻出版署关于深化出版专业技术人员职称制度改革的指导意见

人社部发〔2021〕10号

各省、自治区、直辖市及新疆生产建设兵团人力资源社会保障厅（局）、新闻出版局，中央和国家机关各部委、各直属机构人事部门，中央军委政治工作部宣传局，各中央企业人事部门，中央各重点出版集团：

出版专业技术人员是我国专业技术人才队伍的重要组成部分，是促进出版业健康繁荣发展的重要力量。为贯彻落实中共中央办公厅、国务院办公厅印发的《关于深化职称制度改革的意见》，现就深化出版专业技术人员职称制度改革提出如下指导意见。

一、总体要求

（一）指导思想

以习近平新时代中国特色社会主义思想为指导，全面贯彻落实党的十九大和十九届二中、三中、四中、五中全会精神，认真落实党中央、国务院决策部署，坚持党管人才、党管出版原则，遵循出版专业技术人员成长规律，健全完善符合出版专业技术人员职业特点的职称制度，培养造就政治过硬、本领高强、求实创新、能打胜仗的出版专业技术人员队伍，为推动出版业持续健康繁荣发展、建设社会主义文化强国提供人才支撑。

（二）基本原则

1. 坚持服务发展。围绕新时代出版业发展和人才队伍建设需求，充分发挥人才评价“指挥棒”和风向标作用，着力提升出版专业技术人员政治素质、专业能力和职业素养，激发出版专业技术人员创新创造创业活力，推动出版业创新发展和优化升级。

2. 坚持遵循规律。遵循出版专业技术人员成长规律和职业特点，建立科学合理的评价体系，引导出版专业技术人员坚持马克思主义新闻出版观，坚持“二为”方向和“双百”方针，坚持创造性转化、创新性发展，坚持以社会主义核心价值观为引领，促进满足人民文化需求和增强人民精神力量相统一，提供更加丰富优质的出版产品和服务。

3. 坚持科学评价。以品德、能力、业绩、贡献为导向，科学设置职称评价标准，克服唯学历、唯资历、唯论文、唯奖项的倾向，建立科学公正的评价体系和评审机制，鼓励出版专业技术人员深耕专业，让作出贡献的人才有成就感和获得感。

4. 坚持以用为本。围绕用好用活人才，创新人才评价机制，促进出版学科学位教育、职业资格制度和职称制度相衔接，促进职称制度与选人用人制度相衔接，把人才培养、评价与使用紧密结合起来，更好地促进出版专业技术人员职业发展。

二、主要内容

通过健全制度体系、完善评价标准、创新评价机制、促进与人才培养使用相结合、优化管理服务等措施，形成设置合理、评价科学、管理规范、服务全面的出版专业技术人员职称制度。

（一）健全制度体系

1. 统一职称名称。出版专业技术人员职称设初级、中级、高级，初级只设助理级，高级分设副高级和正高级。初级、中级、副高级、正高级的名称分别为助理编辑、编辑、副编审、编审。原技术设计员、助理技术编辑、三级校对、二级校对对应助理编辑，原技术编辑、一级校对对应编辑。

2. 实现职称制度与职业资格制度有效衔接。健全完善出版专业技术人员职业资格考试制度，并与职称制度实现有效衔接。通过出版专业技术人员职业资格考试取得的初级、中级职业资格，即对应相应层级的职称，并作为申报高一级职称的条件。

3. 出版专业技术人员各层级职称分别与事业单位专业技术岗位等级相对应。正高级对应专业技术岗位一至四级，副高级对应专业技术岗位五至七级，中级对应专业技术岗位八至十级，初级对应专业技术岗位十一至十三级。

（二）完善评价标准

1. 坚持德才兼备，以德为先。出版专业技术人员必须认真学习贯彻习近平新时代中国特色社会主义思想，贯彻党的出版方针，坚持正确出版导向，坚持内容质量第一，牢记出版工作职责使命。坚持把思想政治素质放在职称评价的首位，全面考察出版专业技术人员的政治立场、职业道德和从业操守。完善诚信承诺和失信惩戒机制，对通过弄虚作假、暗箱操作等违纪违规行为取得的职称，一律予以撤销。

2. 注重评价能力和业绩。注重评价出版专业技术人员的能力素质和工作业绩，引导出版专业技术人员全面掌握出版理论知识，熟练运用业务技能，有效提升选题策划、编辑校对、设计制作等实践能力。将出版专业技术人员的选题策划报告、审稿校对意见、设计制作方案和项目等代表性成果作为职称评审的重要内容，注重成果的质量、贡献和影响力。

3. 实行国家标准、地区标准和单位标准相结合。人力资源社会保障部、国家新闻出版署负责制定《出版专业技术人员职称评价基本标准》（附后）。各地区人力资源社会保障部门会同新闻出版管理部门可结合本地区实际情况，制定地区标准。具有自主评审权的用人单位可结合本单位实际，制定单位标准。地区标准和单位标准不得低于国家标准。

（三）创新评价机制

1. 丰富评价方式。出版专业技术人员初级、中级实行以考代评的方式，不再进行相应的职称评审或认定。初级、中级考试由全国统一组织、统一科目、统一大纲。人力资源社会保障部会同国家新闻出版署可以单独划定从事少数民族语言文字出版工作的出版专业技术人员考试合格标准。副高级和正高级一般采取评审方式。职称评审坚持同行评议，综合采用个人述职、面试答辩、业绩展示等多种形式，确保客观公正。

2. 健全评审制度。按照专业化组建、同行评议和业内认可的原则，遴选政治立场坚定、能力业绩突出的一线优秀资深出版专业技术人员和高等院校、科研机构、行业协会声望较高的专家学者等担任评审专家，组建职称评审委员会。积极吸收从事融合出版、版权运营等业务的优秀资深人员和专家学者参加。严格落实评审委员会核准备案制度。国务院有关部门和中央出版单位成立的高级职称评审委员会报人力资源社会保障部核准备案，其他高级职称评审委员会报省级以上人力资源社会保障部门核准备案。

3. 畅通评价渠道。进一步打破户籍、地域、身份等制约，畅通各类出版专业技术人员职称申报渠道。对主要从事融合出版、版权运营等业务的人员，出版单位应积极创造条件，新闻出版管理部门应考虑融合出版、版权运营等业务的特点，支持鼓励其参加考试或评审。从事与出版物策划、数字出版相关的非公有制经济组织、社会组织的出版专业技术人员可按属地原则参加考试或评审。出版企事业单位中经批准离岗创业或兼职的专业技术人员，3 年内可在原单位按规定正常申报职称，其创业或兼职期间相关工作业绩可作为职称评审的依据。

4. 建立绿色通道。对在出版工作中作出重大贡献或者急需紧缺的出版专业技术人员，可适当放宽学历、资历、年限等条件限制，直接申报评审高级职称。对长期在艰苦边远地区和少数民族地区从事出版工作的专业技术人员，以及在其他地区从事少数民族语言文字出版工作的专业技术人员，重点考察其实际工作业绩，适当放宽学历和科研能力要求。

（四）促进职称制度与人才培养使用相结合

1. 与人才培养制度有效衔接。充分发挥职称制度对提高人才培养质量的导向作用，紧密结合出版行业人才需求和职业标准，建立健全与职称制度相衔接的出版学科学位教育制度，加快培育出版专业人才。推进职称制度与出版专业技术人员继续教育制度相衔接，引导出版专业技术人员更新知识、拓展技能，全面提升专业胜任能力。

2. 与用人制度有效衔接。出版单位应当结合用人需求，根据职称评价结果合理使用出版专业技术人员，实现职称评价结果与出版专业技术人员聘用、考核、晋升等用人制度紧密结合、有效衔接。全面实行岗位管理、专业技术人才学术技术水平与岗位职责密切相关的事业单位，一般应在岗位结构比例内开展职称评审。不实行事业单位岗位管理的单位，可根据工作需要，择优聘任具有相应职称的出版专业技术人员从事相关工作。健全完善出版专业技术人员考核制度，加强聘后管理，在岗位聘用中实现人员能上能下。

（五）优化管理服务

1. 下放评审权限。发挥用人主体在职称评审中的主导作用，科学界定、合理下放职称评审权限，逐步将高级职称评审权下放到符合条件的出版单位、行业社会组织或市地。自主评审单位组建的高级职称评审委员会应当按照管理权限报省级以上人力资源社会保障部门核准备案。

2. 加强监督管理。建立健全职称评审公开制度，实行政策公开、标准公开、程序公开、结果公开，接受社会和群众监督。建立健全职称评审回避制度、公示制度和随机抽查、巡查制度，建立复查、投诉机制，强化对评审全过程的监督管理。加强对自主评审工作的监管，对于不能正确行使评审权、不能确保评审质量的评审单位，暂停其自主评审工作直至收回评审权，并追究责任。

3. 优化评审服务。加强职称评审信息化建设，探索实行网上申报、审核、评审、公示等一体化服务。合理确定申报职称所需材料种类和内容，减少各类申报表格和纸质证明材料，简化申报手续和审核环节。

三、组织实施

（一）加强组织领导

深化出版专业技术人员职称制度改革是分类推进职称制度改革的重要内容，各地区、各有关部门要充分认识改革的重大意义，高度重视改革工作。各级人力资源社会保障部门会同新闻出版管理部门负责职称政策制定、组织实施和监督检查等工作。各有关部门要密切配合，建立有效工作机制，确保改革工作顺利实施。

（二）稳步有序推进

各地区、各有关部门要根据本指导意见精神，紧密结合实际，切实抓好改革的贯彻落实。在推进改革过程中，要深入开展调查研究，细化工作措施，完善工作预案，妥善做好新旧政策衔接工作。在改革中要认真总结经验，及时解决改革中出现的新情况、新问题，妥善处理改革、发展和稳定的关系。

（三）抓好宣传引导

各地区、各有关部门要深入细致做好政策解读、舆论宣传和思想政治工作，充分调动广大出版专业技术人员的积极性，引导出版专业技术人员积极参与职称制度改革，营造有利于出版专业技术人员职称制度改革的良好氛围。

本指导意见适用于经国家出版主管部门依法批准设立的报纸、期刊、图书、音像、电子、网络等出版单位中，从事出版专业工作的出版专业技术人员。从事与出版物策划、数字出版相关的非公有制经济组织、社会组织的出版专业技术人员参照执行。

军队可以参照本意见制定出版专业技术人员职称评价具体办法。

附件：出版专业技术人员职称评价基本标准

人力资源社会保障部
国家新闻出版署
2021 年 1 月 28 日

附件

出版专业技术人员职称评价基本标准

一、遵守中华人民共和国宪法和法律法规，坚持中国共产党的领导，拥护党的基本理论、基本路线和基本方略，忠于党的出版事业。

二、坚持党性原则，坚持马克思主义新闻出版观，坚持以人民为中心的工作导向，认真履行出版工作职责使命。

三、具备良好的思想政治素质和职业道德、敬业精神，作风端正。

四、热爱出版工作，具备相应的出版专业知识和业务技能，认真履行岗位职责，按照规定参加继续教育。

五、出版专业技术人员参加各层级职称评价，除必须达到上述标准条件外，还应分别具备以下条件：

（一）助理编辑

1. 具有基本的马克思主义理论水平，基本掌握出版专业基础理论和专业知识。

2. 了解出版工作规律，基本具备从事出版选题策划、编辑校对、设计制作等工作的能力，能够胜任出版专业基础性工作。

3. 具备大学专科及以上学历。

（二）编辑

1. 具有一定的马克思主义理论水平，掌握出版专业基础理论和专业知识，有一定的出版学术水平。

2. 熟悉出版工作规律，有一定的出版选题策划、编辑校对、设计制作等实践经验，能够独立开展某一方面的出版专业工作，能基本解决工作中的疑难问题，基本能创造性地开展工作。

3. 能够指导初级出版专业技术人员开展工作。

4. 具备博士学位；或具备硕士学位，从事出版专业工作满 1 年；或具备双学士学位、第二学士学位或研究生班毕业，从事出版专业工作满 2 年；或具备大学本科学历或学士学位，从事出版专业工作满 4 年；或具备大学专科学历，从事出版专业工作满 5 年。

（三）副编审

1. 具有相当的马克思主义理论水平，全面掌握出版专业理论和专业知识，有一定的出版学术造诣。

2. 全面掌握出版工作规律，有较深厚扎实的出版选题策划、编辑校对、设计制作等实践功底，出版工作经验比较丰富，能解决工作中的疑难问题，能够创造性地开展工作，工作业绩显著，参与出版了为社会所认可的、有一定影响力的出版物，或参与开展了有一定行业影响力的出版工程项目等。

3. 是出版专业领域的业务骨干，具有指导、培养中级及以下出版专业技术人员的能力。

4. 取得一定的出版相关理论研究成果，或主持完成出版相关行业标准、研究课题、调研报告等。

5. 具备博士学位，从事出版专业工作满 2 年；或具备大学本科及以上学历或学士及以上学位，取得编辑职称后，从事出版专业工作满 5 年。

（四）编审

1. 具有较高的马克思主义理论水平，系统掌握出版专业理论和专业知识，有较高的出版学术造诣。

2. 系统掌握出版工作规律，有深厚扎实的出版选题策划、编辑校对、设计制作等实践功底，出版工作经验丰富，能解决工作中的重大疑难问题，在出版工作方面有重大创新，工作业绩卓著，在出版界有一定影响，主持出版了为社会所认可的、有较大影响力的出版物，或主持开展了有较大行业影响力的出版工程项目等。

3. 是出版专业领域的业务带头人，具有指导、培养副高级及以下出版专业技术人员的能力。

4. 取得重大出版相关理论研究成果，或其他创造性出版相关研究成果，推动出版业发展。

5. 具备大学本科及以上学历或学士及以上学位，取得副编审职称后，从事出版专业工作满 5 年。

不具备上述规定的学历、年限等要求，业绩突出、作出重要贡献的，可破格申报，具体办法由各地区、各有关部门和单位另行制定。

人力资源社会保障部　工业和信息化部关于深化工艺美术专业人员职称制度改革的指导意见

人社部发〔2021〕15号

各省、自治区、直辖市及新疆生产建设兵团人力资源社会保障厅（局）、工业和信息化主管部门，国务院各部委、各直属机构人事部门，有关中央企业人事部门：

工艺美术专业人员是我国专业技术人才队伍的组成部分，是传承和发展工艺美术、弘扬中华民族优秀文化、建设社会主义文化强国的重要力量。深化工艺美术专业人员职称制度改革，对于提高工艺美术产业整体创新能力、促进产业结构优化升级具有重要意义。为落实中共中央办公厅、国务院办公厅印发的《关于深化职称制度改革的意见》，加快建设知识型、技术型、创新型工艺美术专业人员队伍，现就深化工艺美术专业人员职称制度改革提出如下指导意见。

一、总体要求

（一）指导思想

以习近平新时代中国特色社会主义思想为指导，全面贯彻党的十九大和十九届二中、三中、四中、五中全会精神，认真落实党中央、国务院决策部署，服务人才强国战略和创新驱动发展战略，遵循工艺美术专业人员成长规律，完善评价机制，建立科学化、规范化、社会化的工艺美术专业人员职称制度，充分调动广大工艺美术从业者积极性和创造性，培养造就素质优良、结构合理、充满活力的工艺美术专业人才队伍，为提升我国工艺美术行业传承与创新能力、促进行业高质量发展提供人才支撑。

（二）基本原则

1. 坚持服务发展。围绕经济发展方式转变、产业结构调整要求，充分发挥人才评价“指挥棒”和风向标作用，激发工艺美术专业人员创新创造创业活力，推动工艺美术产业高质量发展。

2. 坚持遵循规律。遵循工艺美术专业人员成长规律，突出其职业发展特点，建立分类科学、合理多元的评价体系，强化责任意识、弘扬工匠精神，营造潜心创作、扎实研究、追求卓越的制度环境。

3. 坚持科学评价。以职业分类为基础，以品德、能力、业绩为导向，分类制定评价标准，破除唯学历、唯资历、唯论文、唯奖项倾向，突出专业性、技术性和创新性，充分调动工艺美术专业人员创新创造创业的积极性。

4. 坚持以用为本。围绕用好用活人才，创新人才评价机制，规范管理服务方式，促进人才评价与培养使用相结合，促进工艺美术专业人员职称制度与选人用人制度相衔接，满足各类用人单位选才用才需要。

二、主要内容

通过健全制度体系、完善评价标准、创新评价机制、促进职称制度与人才培养使用制度相衔接、优化管理服务方式等措施，构建设置合理、覆盖全面、评价科学、管理规范、监管到位的工艺美术专业人员职称制度。

（一）健全制度体系

1. 增设正高级工艺美术师。高级职称分设副高级和正高级，初级职称分设员级和助理级。员级、助理级、中级、副高级和正高级职称名称依次为工艺美术员、助理工艺美术师、工艺美术师、高级工艺美术师和正高级工艺美术师。

2. 打通高技能人才与工艺美术专业人员职业发展通道。支持工艺美术领域高技能人才参加职称评审，不将学历、论文、外语、计算机等作为高技能人才参加职称评审的限制性条件。建立职称评审向优秀人才倾斜机制，对在推动中华优秀传统技艺的传承保护和创新性发展、促进工艺美术事业繁荣发展中作出重大贡献的工艺美术专业人员，可直接申报评审正高级或副高级职称。对在国家级工艺美术职业技能赛事中成绩优异者，适当放宽资历、年限等条件限制。

（二）完善评价标准

1. 坚持德才兼备、以德为先。坚持把品德放在职称评价的首位，重点考察工艺美术专业人员的政治立场、职业道德、社会责任和职业操守，倡导精雕细琢、精益求精的工匠精神。用人单位可通过考核测评、民意调查等方式综合考察工艺美术专业人员的职业操守和从业行为。完善诚信承诺和失信惩戒机制，对剽窃他人作品、设计创意或存在学术不端行为的，实行“一票否决制”，对通过弄虚作假、暗箱操作等违纪违规行为取得的职称，一律予以撤销。

2. 突出评价能力和业绩。适应工艺美术专业性、技术性、创造性强的特点，完善工艺美术专业人员评价标准。增加工艺制作、工艺创新、设计创意、代表作品、标准制定等评价指标的权重。重点考察创作作品质量和技艺水平，以及本专业技艺传承和创新成果所取得的经济效益和社会效益。工艺美术专业人员职称评审对外语、计算机应用能力、论文等不作统一要求，由用人单位或评审机构根据需要自主确定。

3. 实行国家标准、地区标准和单位标准相结合。人力资源社会保障部会同工业和信息化部等有关行业主管部门研究制定《工艺美术专业人员职称评价基本标准》（附后）。各地区可根据本地区经济社会发展情况，制定地区标准。具有自主评审权的用人单位可结合本单位实际，制定单位标准。地区标准和单位标准不得低于国家标准。支持龙头企业、行业协会学会等参与制定评价标准。

（三）创新评价机制

1. 改进评价方式。建立以同行专家评议为基础的业内评价机制，综合采取专家评审、业绩展示、实践操作、面试答辩、考核认定等多种评价方式，提高职称评审的针对性、规范性、科学性。为涉密工艺美术技艺人才开辟特殊通道，采取特殊评价方法。完善评审专家遴选机制，积极吸纳业绩突出、声望较高的专业院校、科研机构、行业组织以及活跃在工艺美术生产一线的高级人才担任评审专家。坚持职称评审委员会核准备案制度，完善职称评审委员会工作程序和评审规则，严肃评审工作纪律，对违反评审纪律的评审专家，应及时取消评审专家资格。

2. 畅通职称评审渠道。打破户籍、地域、身份、档案等制约，畅通民营企业、个人工作室等工艺美术从业人员职称申报渠道。建立完善个人自主申报、业内公正评价、单位择优使用、政府指导监督的社会化评审机制，满足非公有制经济组织、社会组织以及新兴业态职称评价要求，服务产业结构优化升级和创新发展。依托具备较强服务能力和水平的专业化人才机构、行业协会学会等社会组织，组建社会化评审机构开展职称评审。

3. 下放职称评审权限。科学界定、合理下放职称评审权限，逐步将工艺美术专业人员高级职称评审权限下放至符合条件的企事业单位、行业组织或市地。各省（区、市）、国务院有关部门、中央有关企业等可按有关规定成立工艺美术专业人员高级职称评审委员会，按照《职称评审管理暂行规定》有关要求备案。

（四）与人才培养使用相衔接

1. 促进职称制度与人才培养制度有效衔接。推动工艺美术专业人员职称制度与工艺美术类高等、中等职业教育有效衔接，结合工艺美术领域人才需求和职业标准，加快重点行业、重要专业人才培养。强化协同育人理念，充分发挥企业等用人单位的重要作用，通过校企合作办学等方式，促进评价标准与培养标准深度融合。

2. 实现职称制度与用人制度有效衔接。全面实行岗位管理、工艺美术专业人员技术水平与岗位职责密切相关的事业单位，一般应在岗位结构比例内开展职称评审，聘用具有相应职称的工艺美术专业人员到相应岗位。不实行岗位管理的企业、个人工作室，可根据工作需要，坚持以用为本，择优聘任具有相应职称的专业技术人员从事相应岗位工作。建立健全人才激励机制和考核制度，加强聘后管理，在岗位聘用中实现人员能上能下。

（五）优化公共服务

1. 转变监督管理方式。建立职称评审随机抽查、巡查制度，加强对职称评审全过程的监督管理，强化单位自律和外部监督。评审结果应在行业主管部门官方网站进行公示，畅通意见反映渠道，对群众反映或舆情反映较强烈的问题，有针对性地进行专项核查，及时妥善处理。因评审工作把关不严、程序不规范，造成投诉较多、争议较大的，要责令限期整改；对整改无明显改善或逾期不予整改的，暂停其评审工作直至收回评审权，并依法追究相关人责任。

2. 健全公共服务体系。推行个人诚信承诺制度，精减申报材料，减少证明事项，优化审核、评审程序，减轻工艺美术专业人员申报负担。加强项目评审、人才评价和机构评估等相关业务统筹，加大申报材料和业绩成果信息共享，实行材料一次报送、一表多用。加快推进职称评审信息化建设，探索实行网上申报、网上评审、网上查询验证。

3. 推动工艺美术职称国际互认。积极开展国际交流，建立有效工作机制，选择条件成熟的工艺美术专业类别探索开展工艺美术专业人员职称资格双边和多边互认。

三、组织实施

（一）提高认识，加强领导

职称制度改革涉及工艺美术专业人员的切身利益，各地区、各有关部门要充分认识改革的重要性、复杂性、敏感性，加强组织领导，狠抓工作落实，确保各项改革措施落到实处。各级人力资源社会保障部门会同工业和信息化等有关行业主管部门，具体负责工艺美术专业人员职称制度改革的政策制定、组织实施和监督检查工作。各有关部门要密切配合，相互协调，确保改革各项工作顺利推进。

（二）精心组织，稳慎实施

各地区、各有关部门要加强宣传引导，搞好政策解读，充分调动工艺美术从业者的积极性，引导其积极支持和参与工艺美术专业人员职称制度改革，营造有利于工艺美术专业人员职称制度改革的良好氛围。

本指导意见适用于工艺美术制作、工艺美术研究、工艺美术设计等领域的工艺美术专业人员。工艺美术包括雕塑工艺（含砚刻）、金属工艺、漆器工艺、家具工艺、花画工艺、剪纸工艺、编织工艺、结绣工艺、织毯工艺、印染工艺、珠宝首饰工艺、陶瓷工艺、烟花爆竹工艺及其他民族工艺等。

附件：工艺美术专业人员职称评价基本标准

人力资源社会保障部
工业和信息化部
2021 年 2 月 7 日

附件

工艺美术专业人员职称评价基本标准

一、遵守中华人民共和国宪法和法律法规。

二、具有良好的职业道德、敬业精神，作风端正。

三、热爱本职工作，认真履行岗位职责。

四、按照要求参加继续教育。

五、持续参加行业组织开展的工艺美术公共文化和社会教育等服务，取得良好的社会效应和行业认可。

六、工艺美术专业人员申报各层级职称，除必须达到上述基本条件外，还应分别具备以下条件：

（一）工艺美术员

1. 熟悉本专业的基础理论知识和专业技术知识。

2. 具有完成辅助性专业工作的操作能力。

3. 大学专科毕业，专职从事工艺美术工作 1 年以上；或中专毕业，专职从事工艺美术工作 2 年以上；或在省级以上工艺美术大师工作室或高级工艺美术师工作室从事专业工作 3 年以上，经考察合格；或专职从事工艺美术工作 5 年以上。

（二）助理工艺美术师

1. 掌握本专业的基础理论知识和专业技术知识。

2. 具有运用专业技艺知识独立完成一般性专业工作的实际能力，能处理本专业范围内一般性技艺难题。

3. 具有指导工艺美术员工作的能力。

4. 符合下列条件之一：

（1）具备硕士学位或第二学士学位并经考察合格；或大学本科毕业，专职从事工艺美术工作 1 年以上；或大学专科毕业，专职从事工艺美术工作 2 年以上；或中专毕业，专职从事工艺美术工作 4 年以上；或专职从事工艺美术工作 10 年以上。

（2）中专（不含）以下学历，取得工艺美术员职称后，从事工艺美术相关工作满 5 年；或取得工艺美术员职称后，在省级以上工艺美术大师或高级工艺美术师工作室从事专业工作满 4 年，且独立完成至少 3 件具有一定水平的作品。

（三）工艺美术师

1. 熟练掌握并能够灵活运用本专业基础理论知识和专业技术知识，熟悉本专业技术标准和规程，了解本专业新技术、新工艺、新设备、新材料的现状和发展趋势，有较高水平的代表作。

2. 具有一定的工艺美术专业研究能力，能够独立撰写学术论文或研究报告。

3. 具有指导助理工艺美术师工作的能力。

4. 具备博士学位；或取得硕士学位或第二学士学位，取得助理工艺美术师职称后，从事工艺美术工作满 2 年；或取得大学本科学位、大专学历，取得助理工艺美术师职称后，从事工艺美术工作满 4 年；或取得助理工艺美术师职称后，从事工艺美术相关工作满 5 年；或从事工艺美术工作满 15 年。

5. 具备以下条件之一，可直接申报工艺美术中级职称：

（1）作为第一撰写人或作者发表至少 2 篇专业性学术论文、专业性研究报告、专业技艺创作总结报告等；或参与编制完成至少 1 项行业标准或团体、地方标准；或参与恢复传承并发展濒临失传传统技艺至少 1 项。

（2）作品获得中央国家机关保留项目目录中的评比达标表彰工艺美术类全国一等奖 1 项，或二等奖 2 项；或经省市地方政府有关部门批准的省市级工艺美术类一等奖 3 项，或二等奖以上 5 项。

（四）高级工艺美术师

1. 系统掌握专业理论知识和专业技术知识，熟悉运用本专业技术标准和规程，在相关领域取得重要成果。

2. 长期从事工艺美术发掘、传承、保护、管理、研究、创新、发展、人才培养工作，业绩突出，能够独立主持相关重大项目，取得较高经济效益或社会效益。

3. 在指导、培养中青年工艺美术骨干人才方面发挥重要作用，能够指导工艺美术师或研究生的工作和学习。

4. 具备博士学位，取得工艺美术师职称后，从事工艺美术相关工作满 2 年；或具备硕士学位，或第二学士学位，或大学本科学历，或学士学位，或大学专科学历，取得工艺美术师职称后，从事工艺美术相关工作满 5 年。

5. 取得工艺美术师职称后，业绩、成果符合下列条件之一：

（1）作为主创人员参与创作的作品中至少 1 件被用于重要国事活动或国际大型活动、赛事等场合；被国家级或省部级专业艺术馆收藏的作品不少于 1 件。

（2）作为第一撰写人或作者，在省（部）级以上专业学术会议上或在公开发行的期刊、出版的书籍上发表至少 2 篇专业性学术论文、专业性研究报告、专业技艺创作总结报告等，其中至少 1 篇论文或报告达到专业领域国内先进水平。

（3）作为主要参编者，参与完成至少 1 项行业技术标准或至少 2 项团体或地方标准。参与组织恢复传承并发展濒临失传传统技艺至少 1 项。

6. 不具备前项规定的学历、年限要求，业绩突出、作出重要贡献的，可由 2 名正高级工艺美术师或本领域 2 名正高级职称专家推荐破格申报，具体办法由各地、各有关部门和单位另行制定。

（五）正高级工艺美术师

1. 具有全面系统的专业理论和实践功底，科研水平、学术造诣或实践能力强，全面掌握本专业国内外前沿发展动态，取得重大理论研究成果，或在相关领域取得创新性成果，推动了本专业发展。

2. 长期从事工艺美术发掘、传承、保护、管理、研究、创新、发展、人才培养等工作，业绩突出，能够独立主持相关重大项目，取得较高经济效益或社会效益。

3. 在本专业领域具有较高的知名度和影响力，在工艺美术生产、制作或自主创新方面作出突出贡献，发挥了较强的引领和示范作用。

4. 在指导、培养中青年工艺美术骨干人才方面发挥重要作用，能够指导高级工艺美术师或研究生的工作和学习。

5. 一般应具备大学本科以上学历或学士以上学位，取得高级工艺美术师职称后，从事工艺美术相关工作满 5 年。

6. 取得高级工艺美术师职称后，业绩、成果符合下列条件之一：

（1）作为主创人员参与创作的作品中至少 2 件被用于重要国事活动或国际大型活动、赛事等场合；被国家级或省部级专业艺术馆收藏的作品不少于 2 件。

（2）作为第一撰写人或作者，在省（部）级以上专业学术会议上或在公开发行的期刊、出版的书籍上发表至少 5 篇专业性学术论文、专业性研究报告、专业技艺创作总结报告等，其中至少 1 篇论文或报告达到专业领域国内先进水平。

（3）作为第一起草人，主持编制完成至少 1 项行业技术标准或至少 2 项团体或地方标准；组织恢复传承并发展濒临失传传统技艺至少 1 项。

（4）获国家自然科学、技术发明、科学技术进步奖；或作品获得中央国家机关评比达标表彰保留项目中，工艺美术类全国一等奖 5 项；或经省（部）级有关部门批准的、省（部）级工艺美术类评比一等奖 8 项；或省（部）级以上专业技能竞赛第一名获得者。

7. 不具备前项规定的学历、年限要求，业绩突出、作出重要贡献的，可由 2 名正高级工艺美术师或本领域 2 名正高级职称专家推荐破格申报，具体办法由各地、各有关部门和单位另行制定。

人力资源社会保障部　文化和旅游部关于深化图书资料专业人员职称制度改革的指导意见

人社部发〔2021〕42号

各省、自治区、直辖市及新疆生产建设兵团人力资源社会保障厅（局）、文化和旅游厅（局），国务院各部委、各直属机构人事部门，有关中央企业人事部门：

图书资料专业人员是建设文化强国、培育文化自信的重要力量。深化图书资料专业人员职称制度改革，加强图书资料专业人才队伍建设，对传承弘扬中华优秀传统文化、更好满足人民精神文化需求、推动社会主义文化繁荣兴盛具有重要意义。为贯彻落实中共中央办公厅、国务院办公厅印发的《关于深化职称制度改革的意见》，现就深化图书资料专业人员职称制度改革提出如下指导意见。

一、总体要求

（一）指导思想

以习近平新时代中国特色社会主义思想为指导，全面贯彻落实党的十九大和十九届二中、三中、四中、五中全会精神，认真落实党中央、国务院决策部署，立足服务科教兴国战略、人才强国战略和创新驱动发展战略，遵循图书资料专业人员成长规律，健全完善符合图书资料专业人员工作特点的职称制度，推动图书资料专业人才队伍结构更趋合理、能力素质不断提高，为加快文化改革发展，扎实推进社会主义文化强国建设提供人才支撑。

（二）基本原则

1. 坚持服务发展。围绕文化事业发展对图书资料工作提出的新要求，充分发挥职称评价在图书资料专业人员能力评价方面的“指挥棒”作用，着力提升图书资料专业人员的专业能力与职业素养，提高面向经济社会发展的文献信息服务能力，推动图书馆事业繁荣发展。

2. 坚持遵循规律。遵循图书资料专业人员成长规律，突出图书资料行业特点，完善分类科学、合理多元的评价体系，强化服务意识，提高专业能力，引导图书资料专业人员立足岗位、追求卓越。

3. 坚持科学评价。科学设置评价体系，完善图书资料专业人员评价标准，突出评价图书资料专业人员职业道德、能力素质和工作业绩，破除唯学历、唯资历、唯论文、唯奖项倾向，创新评价机制，丰富评价方式，科学、客观、公正评价图书资料专业人员。

4. 坚持开放创新。积极推动图书资料专业人员国际交流与合作，提高图书资料专业人员的专业化、国际化水平，形成有利于图书资料专业人员潜心工作、深入研究、积极创新的人才评价制度，鼓励和调动图书资料专业人员的积极性和创造性，激发和释放创新创造活力。

二、主要内容

通过健全制度体系、完善评价标准、创新评价机制、促进职称制度与人才培养使用相衔接、加强评审监督服务等措施，建立健全符合图书资料行业特点、设置合理、评价科学、管理规范的图书资料专业人员职称制度。

（一）健全制度体系

1. 明确职称层级。图书资料专业人员职称设初级、中级、高级，初级职称分设员级和助理级，高级职称分设副高级和正高级。员级、助理级、中级、副高级和正高级职称名称依次为管理员、助理馆员、馆员、副研究馆员和研究馆员。

2. 图书资料专业人员各层级职称分别与事业单位专业技术岗位等级相对应。正高级对应专业技术岗位一至四级，副高级对应专业技术岗位五至七级，中级对应专业技术岗位八至十级，助理级对应专业技术岗位十一至十二级，员级对应专业技术岗位十三级。

（二）完善评价标准

1. 坚持德才兼备、以德为先。把职业操守放在图书资料专业人员评价的首位，通过个人述职、考核测评等方式综合考察图书资料专业人员的职业道德和从业行为，倡导爱岗敬业，提升服务意识，坚守道德底线。对剽窃他人研究成果等学术不端行为实行“一票否决制”，对通过弄虚作假取得的职称一律予以撤销。

2. 实行分类评价。根据图书资料行业不同岗位类型的特点，分类制定职称评价标准。对于主要从事图书资料业务工作的“操作型”人员，着重考察其工作业绩，突出其实际操作水平和解决问题、创新方法的能力。对于主要从事图书资料研究工作的“学术型”人员，着重考察其研究能力，突出其学术水平、学术影响和应用效果。

3. 实行国家标准、地区标准和单位标准相结合。人力资源社会保障部会同文化和旅游部研究制定《图书资料专业人员职称评价基本标准》（附后）。各地区可根据本地区图书资料事业发展情况，制定地区标准。具有自主评审权的用人单位可结合本单位实际，制定单位标准。地区标准和单位标准不得低于国家标准。

（三）创新评价机制

1. 丰富职称评价方式。建立以同行专家评议为基础的业内评价机制，灵活采用专家评审、考核认定、个人述职、面试答辩、实践操作、业绩展示等多种评价方式，提高职称评价的针对性和科学性。对所从事岗位研究属性较强的专业技术人员，以同行学术评价为主；对所从事岗位应用性和技术性较强的专业技术人员，引入用户评价、社会评价和所在单位评价。

2. 拓宽职称评价人员范围。进一步打破户籍、地域、身份、档案等制约，畅通各类图书资料专业人员职称评价渠道。在非公立图书（资料）馆（室）从事相应工作的图书资料专业人员，以及在公立图书（资料）馆（室）从事相应工作的各类图书资料专业人员，可按属地原则申报职称评审，享有平等待遇。

3. 建立职称评审绿色通道。对取得重大原创性研究成果或关键核心技术突破，以及为图书资料事业发展作出重大贡献的专业人员，放宽学历、年限等条件限制，直接申报评审高级职称。对引进的海外高层次人才和急需紧缺人才，可放宽年限等条件限制。对长期在艰苦边远地区和基层一线工作的图书资料专业人员，重点考察其实际工作业绩，不作论文要求，适当放宽学历和年限等要求。

4. 进一步下放职称评审权限。科学界定、合理下放职称评审权限，鼓励职称制度完善、人才智力密集的大中型图书（资料）馆、高校、科研院所等单位自主开展图书资料系列职称评审。开展自主评审的单位，组建的职称评审委员会实行备案管理。

（四）促进职称评价与人才培养使用有效衔接

1. 促进职称评价与人才培养制度的有效衔接。用人单位应结合用人需求，根据职称评审结果合理使用专业技术人才，实现职称评审结果与图书资料专业人才聘用、考核、晋升等用人制度的衔接。对于全面实行岗位管理的事业单位，一般应在岗位结构比例内开展职称评审，聘用具有相应职称的专业技术人员到相应岗位。不实行事业单位岗位管理的用人单位，可根据工作需要，择优聘任具有相应职称的专业技术人员从事相关岗位工作。健全考核制度，加强聘后管理，在岗位聘用中实现人员能上能下。

2. 加强图书资料专业人员培养与继续教育。用人单位应当保障本单位图书资料专业人员参加继续教育的权利。按照专业技术人员继续教育规定有关要求，创新和丰富图书资料专业人员继续教育内容和手段，促进图书资料专业人员更新知识、拓展技能。

（五）加强评审监督服务

1. 建立健全各级职称评审委员会。健全职称评审委员会核准备案制度，完善职称评审委员会工作程序和评审规则。优化评审专家遴选机制，明确评审专家责任，严肃评审工作纪律，强化评审工作考核，建立倒查追责机制。

2. 加强职称评审监督。加强对职称评审全过程的监督管理，建立职称评审回避制度、公示制度和随机抽查、巡查制度。畅通意见反映渠道，对群众反映较强烈的问题，有针对性地进行专项核查，及时妥善处理。因评审工作把关不严、程序不规范，造成投诉较多、争议较大的，要责令限期整改；对整改无明显改善或逾期不予整改的，暂停其评审工作直至收回评审权，并依法追究相关人员责任。

3. 优化职称评审服务。加强职称评审信息化建设，减少各类申报表格和纸质证明材料。在规范图书资料专业人员职称评审的基础上，探索跨区域职称互认，促进图书资料专业人才合理流动。

三、组织实施

（一）提高认识，加强领导

职称制度改革涉及图书资料专业人员的切身利益，各地区、各有关部门要充分认识改革的重要意义，高度重视改革工作。各级人力资源社会保障部门会同文化和旅游等有关行业主管部门，负责图书资料专业人员职称制度改革的政策制定、组织实施和监督检查工作。各有关部门要密切配合，相互协调，确保改革各项工作顺利进行。

（二）精心组织，狠抓落实

各地区、各有关部门要根据本意见精神，围绕改革重点任务，密切结合实际，抓紧制定实施方案和配套办法，把各项具体改革任务落实到责任人、责任部门。在推进改革过程中，要深入开展调查研究，细化工作措施，确保改革举措落到实处、见到实效。

（三）加强引导，营造环境

各地区、各有关部门要深入细致地做好政策解读和宣传引导工作，充分调动图书资料专业人员的积极性，引导图书资料专业人员积极支持和参与职称制度改革，营造共同推进改革的良好氛围。

各地人力资源社会保障部门会同文化和旅游部门可参照本指导意见，结合本地区群众文化工作实际，开展群众文化专业人员的职称制度改革工作。

附件：图书资料专业人员职称评价基本标准

人力资源社会保障部

文化和旅游部

2021 年 6 月 15 日

附件

图书资料专业人员职称评价基本标准

一、遵守中华人民共和国宪法和法律法规。

二、具备良好的职业道德、敬业精神，积极为图书资料事业贡献力量。

三、热爱本职工作，认真履行岗位职责，按照要求参加继续教育。

四、图书资料专业人员申报各层级职称，除必须达到上述基本条件外，还应分别具备以下条件：

（一）管理员

1. 初步掌握本领域基础理论和专业知识。

2. 具有完成一般性辅助工作的实际能力。

3. 具备大学专科或高中（含中专、职高、技校，下同）毕业学历，从事图书资料相关工作满1年。

（二）助理馆员

1. 基本掌握本领域基础理论和专业知识，基本了解本领域国内外研究现状、发展趋势和相关政策法规。

2. 具备独立完成岗位工作的实际能力，能够胜任各项日常基础性工作。

3. 具备硕士学位；或具备大学本科学历或学士学位，见习期满1年，经考核合格；或具备大学专科学历，取得管理员职称后，从事图书资料相关工作满2年；或具备高中毕业学历，取得管理员职称后，从事图书资料相关工作满4年。

（三）馆员

1. 较为系统地掌握本领域基础理论和专业知识，了解本领域国内外研究现状、发展趋势和相关政策法规，掌握本领域必要的研究方法和专业技术，积累了一定的实践经验。

2. 具有较为扎实的业务技能和独立分析、处理较复杂问题的能力。

3. 能独立负责某一方面工作，具有指导助理馆员开展工作的能力。

4. 具备博士学位；或具备硕士学位，取得助理馆员职称后，从事图书资料相关工作满2年；或具备大学本科学历或学士学位或大学专科学历，取得助理馆员职称后，从事图书资料相关工作满4年；或具备高中毕业学历，取得助理馆员职称后，从事图书资料相关工作满7年。

（四）副研究馆员

1. 系统掌握本领域基础理论和专业知识，较全面地了解本领域国内外研究现状、发展趋势和相关政策法规，具有较强的科研能力和较丰富的实践工作经验，能够创造性地开展工作，是本领域业务骨干。

2. 具有扎实的业务技能和独立分析、处理较复杂问题的能力。对某一学术领域有专门研究，取得具有一定创新性和行业影响力的研究成果；或者具有较强的实践工作能力，作为主要参与人取得具有较高实用价值或较大社会效益的工作项目成果，或作为主要参与人完成关键技术攻关。

3. 能带领团队负责某一方面工作，具有培养和指导馆员、助理馆员开展专业研究或实施工作项目的能力。

4. 具备博士学位，取得馆员职称后，从事图书资料相关工作满 2 年；或具备硕士学位、大学本科学历或学士学位，取得馆员职称后，从事图书资料相关工作满 5 年。

（五）研究馆员

1. 具有本领域系统完备的理论知识和专业知识，科研能力强，工作经验丰富，在解决复杂的专业问题或指导完成重大科研任务、工作项目中表现优异，在本领域有较高的专业影响力，是本领域的学术或技术带头人。

2. 具有较为全面的业务技能，能够创造性地研究和解决复杂问题。对某一学术领域有深入研究，带领团队取得具有创新性或具有重要学术价值的研究成果；或者具有很强的实践工作能力，作为负责人或主要参与人取得具有显著实用价值或广泛社会影响力的工作项目成果，或作为负责人或主要参与人成功解决关键性技术难题。

3. 能带领团队开创某一方面工作，具有培养、指导副研究馆员和馆员开展专业研究或策划实施工作项目的能力。

4. 一般应具备大学本科及以上学历或学士及以上学位，取得副研究馆员职称后，从事图书资料相关工作满 5 年。

人力资源社会保障部　国家新闻出版署关于深化新闻专业技术人员职称制度改革的指导意见

人社部发〔2021〕50号

各省、自治区、直辖市及新疆生产建设兵团人力资源社会保障厅（局）、新闻出版局，中央和国家机关各部委、各直属机构人事部门，中央军委政治工作部宣传局，各中央企业人事部门：

新闻专业技术人员是我国专业技术人才队伍的重要组成部分，是做好新闻舆论工作的重要力量。为贯彻落实中共中央办公厅、国务院办公厅印发的《关于深化职称制度改革的意见》，现就深化新闻专业技术人员职称制度改革提出如下指导意见。

一、总体要求

（一）指导思想

以习近平新时代中国特色社会主义思想为指导，全面贯彻落实党的十九大和十九届二中、三中、四中、五中全会精神，认真落实党中央、国务院决策部署，牢牢坚持党管宣传、党管意识形态、党管媒体和党管人才原则，深刻把握新闻舆论工作承担的职责和使命，按照增强脚力、眼力、脑力、笔力的要求，遵循新闻专业技术人员成长规律，健全完善符合新闻专业技术人员职业特点的职称制度，培养造就政治坚定、业务精湛、作风优良、党和人民放心的新闻舆论工作队伍。

（二）基本原则

1. 坚持正确导向。牢牢把握党的新闻舆论工作职责使命，紧密结合新闻专业技术人员的职业属性和岗位特点，突出政治评价标准，引导新闻专业技术人员坚持马克思主义新闻观，坚持正确政治方向、舆论导向、价值取向，提高新闻舆论传播力、引导力、影响力、公信力。

2. 坚持服务发展。围绕新时代新闻事业发展和人才队伍建设要求，充分发挥人才评价“指挥棒”和风向标作用，着力提升新闻专业技术人员政治素质、专业能力和职业素养，统筹推进新闻专业人才队伍建设，更好地服务党的宣传思想工作、新闻舆论工作。

3. 坚持科学评价。遵循新闻专业技术人员成长规律，以品德、能力、业绩、贡献为导向，科学设置职称评价标准，克服唯学历、唯资历、唯论文、唯奖项的倾向，建立科学公正的评价体系和评审机制，突出专业性、实践性和创新性，鼓励新闻专业技术人员多出精品力作。

4. 坚持以用为本。围绕用好用活人才，创新人才评价机制，促进职称评价结果与新闻专业技术人员培养使用相结合，鼓励用人单位将选人用人制度与新闻专业技术人员职称制度相衔接，更好地促进新闻专业技术人员职业发展。

二、主要内容

通过健全制度体系、完善评价标准、创新评价机制、促进与人才培养使用相结合、优化管理服务等措施，形成设置合理、评价科学、管理规范、服务全面的新闻专业技术人员职称制度。

（一）健全制度体系

1. 明确职称专业类别和名称。新闻专业技术人员职称分为记者和编辑两个专业类别，设初级、中级、高级三个层级，初级只设助理级，高级分设副高级和正高级。记者的初级、中级、副高级、正高级职称名称分别为助理记者、记者、主任记者、高级记者，编辑的初级、中级、副高级、正高级职称名称分别为助理编辑、编辑、主任编辑、高级编辑。

2. 实现职称制度与职业资格制度有效衔接。申报新闻专业技术人员职称应依法取得新闻记者证。首次取得新闻记者证且尚无专业技术职称的新闻专业技术人员，符合初级职称基本标准的，视为取得初级职称，并可作为申报高一级职称的条件。

3. 新闻专业技术人员各层级职称分别与事业单位专业技术岗位等级相对应。正高级对应专业技术岗位一至四级，副高级对应专业技术岗位五至七级，中级对应专业技术岗位八至十级，初级对应专业技术岗位十一至十三级。

（二）完善评价标准

1. 坚持德才兼备，以德为先。新闻专业技术人员必须坚持党对新闻舆论工作的领导，坚持以人民为中心的工作导向，牢记新闻舆论工作职责使命，做党和人民信赖的新闻工作者。坚持把思想政治素质放在职称评价的首位，全面考察新闻专业技术人员的政治立场、职业道德和从业操守。完善诚信承诺和失信惩戒机制，对通过弄虚作假、暗箱操作等违纪违规行为取得的职称，一律予以撤销。

2. 注重评价能力和业绩。注重评价新闻专业技术人员的能力素质和工作业绩，引导新闻专业技术人员全面掌握新闻理论知识，熟练运用业务技能，有效提升策划、采编、制作等实践能力。将新闻专业技术人员采写编辑的消息、通讯、评论，拍摄录制的图片、音频、视频，制作的新媒体作品等代表性成果作为职称评审的重要内容，注重成果的质量、贡献和影响力。科学对待论文、论著等研究成果。

3. 实行国家标准、地区标准和单位标准相结合。人力资源社会保障部会同国家新闻出版署等有关主管部门负责制定《新闻专业技术人员职称评价基本标准》（附后）。各地区人力资源社会保障部门会同新闻出版等有关管理部门可结合本地区实际情况，制定地区标准。具有自主评审权的用人单位可结合本单位实际，制定单位标准。地区标准和单位标准不得低于国家标准。

（三）创新评价机制

1. 丰富评价方式。健全以同行评审为基础的业内评价机制，注重社会和业内认可。完善以能力水平和业绩贡献为主的评价标准，综合采用个人述职、面试答辩、业绩展示、专家评议等多种评价方式，提高职称评价的针对性和科学性。

2. 健全评审制度。按照专业化组建、同行评议和业内认可的原则，遴选政治立场坚定、能力业绩突出的一线优秀资深新闻专业技术人员和高等院校、科研机构、行业协会声望较高的专家学者等担任评审专家，组建职称评审委员会。严格落实评审委员会核准备案制度。国务院有关部门和中央新闻单位成立的高级职称评审委员会报人力资源社会保障部核准备案，其他高级职称评审委员会报省级人力资源社会保障部门核准备案。

3. 畅通评价渠道。进一步打破户籍、地域、身份等制约，畅通各类新闻专业技术人员职称申报渠道。对在新闻工作中作出重大贡献或者急需紧缺的新闻专业技术人员，可适当放宽学历、资历、年限等条件限制，直接申报评审高级职称。对长期在艰苦边远地区和基层一线从事新闻工作的专业技术人员，重点考察其实际工作业绩，适当放宽学历和科研能力要求，引导新闻专业技术人员深入群众、扎根基层。

（四）促进职称制度与人才培养使用相结合

1. 与人才培养制度有效衔接。充分发挥职称制度对提高人才培养质量的导向作用，紧密结合新闻行业人才需求和职业标准，建立健全与职称制度相衔接的新闻与传播专业学位教育制度，加快培育新闻专业人才。推进职称制度与新闻专业技术人员继续教育制度相衔接，引导新闻专业技术人员更新知识、拓展技能，全面提升专业胜任能力。

2. 与用人制度有效衔接。新闻单位应当结合用人需求，根据职称评价结果合理使用新闻专业技术人员，实现职称评价结果与新闻专业技术人员聘用、考核、晋升等用人制度紧密结合、有效衔接。全面实行岗位管理、专业技术人才学术技术水平与岗位职责密切相关的事业单位，一般应在岗位结构比例内开展职称评审。不实行事业单位岗位管理的单位，可根据工作需要，择优聘任具有相应职称的新闻专业技术人员从事相关工作。健全完善新闻专业技术人员考核制度，加强聘后管理，在岗位聘用中实现人员能上能下。

（五）优化管理服务

1. 下放评审权限。发挥用人主体在职称评审中的主导作用，科学界定、合理下放职称评审权限，逐步将高级职称评审权下放到符合条件的新闻单位、行业协会或市地。自主评审单位组建的高级职称评审委员会应当按照管理权限报省级以上人力资源社会保障部门核准备案。

2. 加强监督管理。建立健全职称评审公开制度，实行政策公开、标准公开、程序公开、结果公开，接受社会和群众监督。建立健全职称评审回避制度、公示制度和随机抽查、巡查制度，建立复查、投诉机制，强化对评审全过程的监督管理。加强对自主评审工作的监管，对于不能正确行使评审权、不能确保评审质量的评审单位，暂停其自主评审工作直至收回评审权，并追究责任。

3. 优化评审服务。加强职称评审信息化建设，探索实行网上申报、审核、评审、公示等一体化服务。合理确定申报职称所需材料种类和内容，减少各类申报表格和纸质证明材料，简化申报手续和审核环节。

三、组织实施

（一）加强组织领导

深化新闻专业技术人员职称制度改革是分类推进职称制度改革的重要内容，各地区、各有关部门要充分认识改革的重大意义，高度重视改革工作。各级人力资源社会保障部门会同新闻出版等有关管理部门负责职称政策制定、组织实施和监督检查等工作。各有关部门要密切配合，建立有效工作机制，确保改革工作顺利实施。

（二）稳步有序推进

各地区、各有关部门要根据本指导意见精神，紧密结合实际，切实抓好改革的贯彻落实。在推进改革过程中，要深入开展调查研究，细化工作措施，完善工作预案，妥善做好新旧政策衔接工作。在改革中要认真总结经验，及时解决改革中出现的新情况、新问题，妥善处理改革、发展和稳定的关系。

（三）抓好宣传引导

各地区、各有关部门要深入细致做好政策解读、舆论宣传和思想政治工作，充分调动广大新闻专业技术人员的积极性，引导新闻专业技术人员积极参与职称制度改革，营造有利于新闻专业技术人员职称制度改革的良好氛围。

本指导意见适用于经国家有关主管部门依法批准设立，并列入新闻记者证核发范围、具有新闻采编业务的单位中，从事新闻采编业务的新闻专业技术人员。

军队可以参照本意见制定新闻专业技术人员职称评价具体办法。

附件：新闻专业技术人员职称评价基本标准

人力资源社会保障部

国家新闻出版署

2021 年 6 月 25 日

附件

新闻专业技术人员职称评价基本标准

一、遵守中华人民共和国宪法和法律法规，坚持中国共产党的领导，拥护党的基本理论、基本路线和基本方略，忠于党的新闻事业。

二、坚持党性原则，坚持马克思主义新闻观，坚持以人民为中心的工作导向，认真履行新闻舆论工作职责使命。

三、具备良好的思想政治素质和职业道德、敬业精神，作风端正。

四、热爱新闻工作，具备相应的新闻专业知识和业务技能，认真履行岗位职责，实事求是。

五、依法取得新闻记者证，按照规定参加继续教育。

六、新闻专业技术人员参加各层级职称评价，除必须达到上述标准条件外，还应分别具备以下条件：

（一）助理记者、助理编辑

1. 具有基本的马克思主义理论水平，基本掌握新闻专业基础理论和专业知识。

2. 了解新闻传播规律，有一定的专业判断和分析能力，能独立进行某一方面的新闻采编工作。

3. 具备硕士学位或第二学士学位；或具备大学本科学历或学士学位，在新闻采编专业技术岗位上见习1年期满，经考核合格；或具备大学专科学历，从事新闻采编工作满3年。

（二）记者、编辑

1. 具有一定的马克思主义理论水平，掌握新闻专业基础理论和专业知识，有一定的新闻学术水平。

2. 熟悉新闻运作规律，有扎实的专业判断和分析能力，能独立进行新闻采编工作，能基本解决采编工作中的疑难问题，创造性地开展工作。

3. 能够指导初级新闻专业技术人员开展工作。

4. 具备博士学位；或具备硕士学位或第二学士学位，取得助理记者或助理编辑职称后，从事新闻采编工作满2年；或具备大学本科学历、学士学位或大学专科学历，取得助理记者或助理编辑职称后，从事新闻采编工作满4年。

（三）主任记者、主任编辑

1. 具有相当的马克思主义理论水平，全面掌握新闻专业理论和专业知识，有一定的新闻学术造诣。

2. 全面掌握新闻运作规律，有较深厚扎实的新闻采编实践功底，新闻工作经验比较丰富，能解决采编工作中的疑难问题，能够创造性地开展工作，工作业绩显著，采写或编发了为社会所认可的有一定影响力的新闻作品。

3. 是新闻采编专业领域全媒型或专家型的业务骨干，具有指导、培养中级及以下新闻专业技术人员的能力。

4. 取得一定的新闻相关理论研究成果，或主持完成新闻相关研究课题、调研报告等。

5. 具备博士学位，从事新闻采编工作满 2 年；或具备大学本科及以上学历或学士及以上学位，取得记者或编辑职称后，从事新闻采编工作满 5 年。

（四）高级记者、高级编辑

1. 具有较高的马克思主义理论水平，系统掌握新闻专业理论和专业知识，有较高的新闻学术造诣。

2. 系统掌握新闻运作规律，有深厚扎实的新闻采编实践功底，新闻工作经验丰富，能解决采编工作中的重大疑难问题，在采编业务方面有重大创新，工作业绩卓著，在新闻界有一定影响，采写或编发了为社会所认可的有较大影响力的新闻作品。

3. 是新闻采编专业领域全媒型或专家型的业务带头人，具有指导、培养副高级及以下新闻专业技术人员的能力。

4. 取得重大新闻相关理论研究成果，或其他创造性新闻相关研究成果，推动新闻行业发展。

5. 具备大学本科及以上学历或学士及以上学位，取得主任记者或主任编辑职称后，从事新闻采编工作满 5 年。

不具备上述规定的学历、年限等要求，业绩突出、作出重要贡献的，可破格申报，具体办法由各地区、各有关部门和单位另行制定。

人力资源社会保障部　国家卫生健康委 国家中医药局关于深化卫生专业技术人员职称制度改革的指导意见

人社部发〔2021〕51号

各省、自治区、直辖市及新疆生产建设兵团人力资源社会保障厅（局）、卫生健康委、中医药局，国务院各部委、各直属机构人事部门，中央军委政治工作部干部局，有关中央企业人事部门：

卫生专业技术人员是我国专业技术人才队伍的重要组成部分，是新时代实施健康中国战略的中坚力量。为贯彻落实中共中央《关于深化人才发展体制机制改革的意见》和中共中央办公厅、国务院办公厅《关于深化职称制度改革的意见》要求，现就深化卫生专业技术人员职称制度改革提出如下指导意见。

一、总体要求

（一）指导思想

以习近平新时代中国特色社会主义思想为指导，全面贯彻党的十九大和十九届二中、三中、四中、五中全会精神，坚持新时代卫生与健康工作方针，遵循卫生健康行业特点和人才成长规律，以促进人才发展为目标，以科学评价为核心，以品德能力业绩为导向，为科学客观公正评价卫生专业技术人员提供制度保障，为实施健康中国战略提供人才支撑。

（二）基本原则

1. 坚持德才兼备、以德为先。把医德医风放在人才评价首位，充分发挥职称评价的“指挥棒”作用，鼓励卫生专业技术人员钻研医术、弘扬医德、匡正医风。

2. 坚持实践导向、科学评价。科学设置评价标准，突出实践能力业绩导向，破除唯论文、唯学历、唯奖项、唯“帽子”倾向，鼓励卫生专业技术人员扎根防病治病一线。

3. 坚持以用为本、服务发展。围绕用好用活人才，促进人才评价与使用相结合，满足各类用人单位选才用才需要，服务人民群众健康，服务健康中国战略。

二、主要内容

（一）健全评价体系

1. 明确各级别职称名称。卫生专业技术人员职称设初级、中级、高级，初级分设士级和师级，高级分设副高级和正高级。卫生专业技术人员职称划分为医、药、护、技四个专业类别。医疗类各级别职称名称分别为：医士、医师、主治（主管）医师、副主任医师、主任医师；药学类各级别职称名称分别为：药士、药师、主管药师、副主任药师、主任药师；护理类各级别职称名称分别为：护士、护师、主管护师、副主任护师、主任护师；技术类各级别职称名称分别为：技士、技师、主管技师、副主任技师、主任技师。

2. 促进卫生职称制度与职业资格制度有效衔接。按照《中华人民共和国执业医师法》和《护士条例》参加医师、护士执业资格考试，取得执业助理医师资格，可视同取得医士职称；取得执业医师资格，可视同取得医师职称；取得护士执业资格，可视同取得护士职称。按照《中医药法》参加中医医师确有专长人员医师资格考核，取得中医（专长）医师资格，可视同取得医师职称。

3. 动态调整专业设置。围绕卫生健康事业发展需要和医学学科发展，动态调整卫生专业技术资格考试或职称评审专业，并做好与医学教育的衔接。人力资源社会保障部、国家卫生健康委负责调整中、初级卫生专业技术资格考试专业。省级人力资源社会保障部门、卫生健康部门可根据实际情况调整高级职称评审专业。

（二）完善评价标准

1. 注重医德医风考核。加强对医德医风和从业行为的评价，将医务人员在重大自然灾害或突发公共卫生事件中的表现作为医德医风考核的重要内容。用人单位须建立健全医德医风考核制度，将利用职务之便索要、非法收受财物或牟取其他不正当利益等行为纳入考核范围。完善诚信承诺和失信惩戒机制，实行学术造假“一票否决制”，对通过弄虚作假、暗箱操作等违纪违规行为取得的职称，一律予以撤销。

2. 建立完善临床医生执业能力评价指标。将门诊工作时间、收治病人数量、手术数量等作为申报条件；将诊疗疾病覆盖范围、开展手术或操作的覆盖范围、单病种诊疗例数、平均住院日、次均费用、并发症发生例数等作为重要指标，科学准确评价临床医生的执业能力和水平。强化病案作为评价载体，采取随机抽取与个人提供相结合的方式，通过一定数量的病案加强对临床医生执业能力的评价。探索引入患者对医生的评价指标。

3. 突出评价业绩水平和实际贡献。针对卫生行业实践性强的特点，重点评价业务工作的数量和质量。对公共卫生类别医师单独制定评价标准，重点考核公共卫生现场处置、技术规范和标准指南制定、健康教育和科普、循证决策、完成基本公共卫生服务等方面的能力。对中医药人员重点考察其掌握运用中医经典理论、运用中医诊疗手段诊疗的能力，中药处方运用以及师带徒等情况。

4. 破除唯论文、唯学历、唯奖项、唯“帽子”等倾向。不把论文、科研项目、获奖情况、出国（出境）学习经历、博士学位等作为申报的必要条件。科学合理对待论文，在职称评审和岗位聘任各个环节，不得把论文篇数和SCI（科学引文索引）等相关指标作为前置条件和评审的直接依据。对在国内和国外期刊发表的论文要同等对待，鼓励更多成果在具有影响力的国内期刊发表。不得将人才荣誉性称号与职称评审直接挂钩。

5. 实行成果代表作制度。临床病案、手术视频、护理案例、流行病学调查报告、应急处置情况报告、论文、卫生标准、技术规范、科普作品、技术专利、科研成果转化等均可作为业绩成果代表作参加评审。

6. 实行国家标准、地区标准、单位标准相结合。人力资源社会保障部、国家卫生健康委、国家中医药局负责制定《卫生专业技术人员职称评价基本标准》（附后）。各地区人力资源社会保障部门、卫生健康部门、中医药主管部门可根据本地区实际制定地区标准。具有自主评审权的单位可根据本单位实际制定单位标准。申报条件地区标准、单位标准原则上不得低于国家标准，评审条件在国家标准框架内，由各地各单位确定地区标准、单位标准。

（三）创新评价机制

1. 完善职称评价方式。中、初级职称继续实行以考代评，考试实行全国统一组织，已统一考试的专业不再进行相应的职称评审或认定，各省（区、市）可由人力资源社会保障部门会同卫生健康部门确定本地区聘用标准。副高级职称原则上采取考试与评审相结合的方式，正高级职称可采取考试与评审相结合的方式，或采取答辩与评审相结合的方式，建立完善以同行专家评议为基础的业内评价机制，具体办法由省级人力资源社会保障部门会同卫生健康部门确定。

2. 畅通职称评价渠道。社会办医卫生专业技术人员在职称申报、评审方面与公立医疗机构卫生专业技术人员享有同等待遇，不受户籍、人事档案、不同办医主体等限制。公立医疗卫生机构内的各类卫生专业技术人员在职称申报、评审方面享有同等待遇。在内地就业的港澳台卫生专业技术人员，以及持有外国人永久居留证或各地颁发的海外高层次人才居住证的外籍人员，可按规定参加职称评审。

3. 提升职称工作信息化水平。充分利用医疗卫生机构信息系统，收集卫生专业技术人员工作量、病案、绩效考核、工作时间等数据，作为职称评价的重要依据。鼓励有条件的地区，积极利用信息化手段开展职称申报、职称评审、证书查询验证等工作。中、初级卫生专业技术资格考试和高级职称评审结果纳入医疗机构、医师、护士电子化注册信息系统。

（四）促进评价与使用相结合

1. 合理确定评聘模式。各地充分考虑现有评聘模式和卫生专业技术人员的实际需求，保持政策延续性，确定医疗卫生机构评价和聘用的衔接关系。

2. 落实单位用人自主权。用人单位根据职称评审结果合理使用卫生专业技术人员，实现职称评审结果与岗位聘用、考核、晋升等衔接。健全聘期考核制度，加强聘后管理，在岗位聘用中实现人员能上能下。

3. 优化岗位结构比例。根据卫生健康事业的发展、学科建设和各地实际，科学、合理、动态设置专业技术岗位，合理增加医疗机构特别是基层医疗卫生机构中、高级岗位比例，拓宽医务人员职业发展空间。

（五）鼓励人才向艰苦边远地区和基层一线流动

1. 完善基层评价标准。凡在乡镇卫生院、社区卫生服务机构工作的医师、护师，可提前一年参加相应专业的中级卫生专业技术资格考试。本科及以上学历、经全科专业住院医师规范化培训合格并到基层医疗卫生机构工作的，可直接参加全科医学专业中级职称考试，考试通过的直接聘任中级职称。对基层卫生专业技术人员的论文、科研和职称外语不作要求，重点评价基层医疗服务能力和水平。对长期在基层服务、业绩突出、表现优秀的卫生专业技术人员，可适当放宽学历要求，同等条件下优先评聘。基层卫生专业技术人员具体评价标准可适用《人力资源社会保障部　国家卫生计生委关于进一步改革完善基层卫生专业技术人员职称评审工作的指导意见》（人社部发〔2015〕94号）。

2. 改进评价方式。各地可单独设立基层职称评审委员会或评审组，对艰苦边远地区和基层一线卫生专业技术人员实行“定向评价、定向使用”，取得的职称限定在艰苦边远地区或基层有效。

3. 落实服务基层制度。执业医师晋升为副高级职称的，应当有累计一年以上在县级以下或者对口支援的医疗卫生机构提供医疗卫生服务的经历。援外、援藏、援疆、援青等以及在重大突发公共卫生事件处置中表现优秀的卫生专业技术人员，同等条件下优先评聘。

（六）改进职称管理服务方式

1. 推动完善行业管理。人力资源社会保障部门会同卫生健康部门负责卫生专业职称政策制定、组织实施和监督检查等工作。国务院各部门、中央企业和全国性行业协会学会等组建的卫生系列高级职称评审委员会，由人力资源社会保障部征求国家卫生健康委意见后核准备案，评价标准报人力资源社会保障部、国家卫生健康委备案。高校附属医院等其他用人单位确需组建卫生系列高级职称评审委员会的，评审委员会按照职称评审管理权限由省级以上人力资源社会保障部门征求卫生健康部门意见后核准备案，评价标准报省级以上人力资源社会保障部门、卫生健康部门备案。

2. 下放职称评审权限。以确保评审质量为前提，科学界定、合理下放卫生专业技术人员职称评审权。医疗水平高、技术能力强、人事管理完善、具有自主评审意愿的三级医院（含中医医院）和省级疾病预防控制机构可试点开展高级职称自主评审，评审委员会按照职称评审管理权限由省级以上人力资源社会保障部门征求卫生健康部门意见后核准备案，评价标准报省级以上人力资源社会保障部门、卫生健康部门备案。积极发挥专业化人才服务机构、行业协会学会等组织在职称评审和评价标准制定等方面的作用。

3. 加强全过程监督。完善评审专家遴选机制，加强评审专家库建设，实行职称评审回避制度。健全职称评审委员会、职称评审办事机构工作程序和评审规则，严肃评审纪律，明确工作人员和评审专家责任。实行职称评审公开、公示制度，落实政策公开、标准公开、程序公开、结果公开。建立职称评审巡查制度，建立复查、投诉、倒查追责机制，加强对自主评审单位的监管，对不能正确行使评审权、不能确保评审质量的，评审权予以收回。

三、组织实施

（一）提高认识，加强领导

职称制度改革涉及广大卫生专业技术人员的切身利益，政策性强、涉及面广、复杂敏感。各地要高度重视，切实加强领导，明确工作职责，确保改革平稳顺利推进。

（二）精心组织，稳慎推进

各级人力资源社会保障部门、卫生健康部门、中医药主管部门要精心组织、密切配合，结合本地实际，扎实做好各项改革举措的落实，认真总结经验，及时解决改革中出现的新情况、新问题，妥善处理改革、发展和稳定的关系。

（三）加强宣传，营造环境

各地要深入细致地做好职称政策的宣传与解读，及时回应社会关切，做好舆论引导，营造有利于卫生专业技术人员职称制度改革的良好氛围。

本意见适用于各级各类医疗卫生机构的卫生专业技术人员。军队可以参照本意见制定卫生专业技术人员职称评价具体办法。

附件：卫生专业技术人员职称评价基本标准

人力资源社会保障部
国家卫生健康委
国家中医药局
2021 年 6 月 30 日

附件

卫生专业技术人员职称评价基本标准

一、遵守国家宪法和法律，贯彻新时代卫生与健康工作方针，自觉践行“敬佑生命、救死扶伤、甘于奉献、大爱无疆”的职业精神，具备良好的政治素质、协作精神、敬业精神和医德医风。

二、身心健康，心理素质良好，能全面履行岗位职责。

三、卫生专业技术人员申报医疗类、护理类职称，应取得相应职业资格，并按规定进行注册，取得相应的执业证书。

四、卫生专业技术人员申报各层级职称，除必须达到上述基本条件外，还应分别具备以下条件。

（一）初级职称

医士（师）：按照《中华人民共和国执业医师法》参加医师资格考试，取得执业助理医师资格，可视同取得医士职称；取得执业医师资格，可视同取得医师职称。按照《中医药法》参加中医医师确有专长人员医师资格考核，取得中医（专长）医师资格，可视同取得医师职称。

护士（师）：按照《护士条例》参加护士执业资格考试，取得护士执业资格，可视同取得护士职称；具备大学本科及以上学历或学士及以上学位，从事护士执业活动满一年，可直接聘任护师职称。具备大专学历，从事护士执业活动满 3 年；或具备中专学历，从事护士执业活动满 5 年，可参加护师资格考试。

药（技）士：具备相应专业中专、大专学历，可参加药（技）士资格考试。

药（技）师：具备相应专业硕士学位；或具备相应专业大学本科学历或学士学位，从事本专业工作满 1 年；或具备相应专业大专学历，从事本专业工作满 3 年；或具备相应专业中专学历，取得药（技）士职称后，从事本专业工作满 5 年，可参加药（技）师资格考试。

（二）中级职称

卫生专业技术人员中级职称实行全国统一考试制度。具备相应专业学历，并符合以下条件的，可报名参加考试：

临床、口腔、中医类别主治医师：具备博士学位，并取得住院医师规范化培训合格证书；或具备硕士学位，取得住院医师规范化培训合格证书后从事医疗执业活动满 2 年；或具备大学本科学历或学士学位，取得住院医师规范化培训合格证书后从事医疗执业活动满 2 年；或具备大学本科学历或学士学位，经执业医师注册后从事医疗执业活动满 4 年；或具备大专学历，经执业医师注册后从事医疗执业活动满 6 年；或具备中专学历，经执业医师注册后从事医疗执业活动满 7 年。

公共卫生类别主管医师：具备博士学位并经执业医师注册后从事公共卫生执业活动；或具备硕士学位，经执业医师注册后从事公共卫生执业活动满 2 年；或具备大学本科学历或学士学位，经执业医师注册后从事公共卫生执业活动满 4 年；或具备大专学历，经执业医师注册后从事公共卫生执业活动满6年；或具备中专学历，经执业医师注册后从事公共卫生执业活动满7年。

主管护师：具备博士学位并注册从事护理执业活动；或具备硕士学位经注册后从事护理执业活动满2年；或具备大学本科学历或学士学位，经注册并取得护师职称后，从事护理执业活动满4年；或具备大专学历，经注册并取得护师职称后，从事护理执业活动满6年；或具备中专学历，经注册并取得护师职称后，从事护理执业活动满7年。

主管药（技）师：具备博士学位；或具备硕士学位，取得药（技）师职称后，从事本专业工作满2年；或具备大学本科学历或学士学位，取得药（技）师职称后，从事本专业工作满4年；或具备大专学历，取得药（技）师职称后，从事本专业工作满6年；或具备中专学历，取得药（技）师职称后，从事本专业工作满7年。

（三）副高级职称

1. 副主任医师

（1）申报条件：学历、资历及临床工作量要求

具备大学本科及以上学历或学士及以上学位，受聘担任主治（主管）医师职务满5年；或具备大专学历，在县级及以下基层医疗卫生机构工作，受聘担任主治（主管）医师职务满7年。

完成规定的工作数量要求（详见附表1）。

（2）评审条件：专业能力要求

临床、口腔、中医类别：熟练掌握本专业基础理论和专业知识，熟悉本专业国内外现状及发展趋势，不断吸取新理论、新知识、新技术并用于医疗实践，熟悉本专业相关的法律、法规、标准与技术规范。具有较丰富的本专业工作经验，能熟练正确地救治危重病人，具有指导本专业下级医师的能力。强化病案作为评价载体，采取随机抽取与个人提供相结合的方式，提供5~10份申报人主治或者主持的、能够反映其专业技术水平的抢救、死亡或疑难病案，加强对临床医生执业能力的评价。

基于病案首页数据，重点从技术能力、质量安全、资源利用、患者管理四个维度，利用诊治病种范围和例数、手术级别和例数、术后并发症发生率、单病种平均住院日、单病种次均费用等指标，科学准确评价医生的执业能力和水平。其中，中医专业还应基于中医病案首页数据，重点围绕以中医为主治疗的出院患者比例、中药饮片处方比、中医治疗疑难危重病患者数量、中医非药物疗法使用率等中医药特色指标，评价中医医师的中医药诊疗能力和水平。具体指标见附表2。

公共卫生类别：熟练掌握本专业基础理论和专业知识，熟悉本专业国内外现状及发展趋势，不断吸取新理论、新知识、新技术并推广应用，熟悉与本专业相关的法律、法规、标准与技术规范。具有较丰富的本专业工作经验，能独立解决复杂或重大技术问题，具有指导本专业下级医师的能力。

基于参与的业务工作内容，重点考核公共卫生现场能力、计划方案制定能力、技术规范和标准指南制定能力、业务管理技术报告撰写能力、健康教育和科普能力、循证决策能力、专业技术成果产出、科研教学能力、完成基本公共卫生服务项目的能力等方面，包含现场流行病学调查报告、疾病与健康危害因素监测（分析预警）报告、制定公共卫生应急处置预

案和风险评估报告、业务工作计划、技术指导方案制定等内容。

2. 副主任护师

（1）申报条件：学历、资历及临床工作量要求

具备大学本科及以上学历或学士及以上学位，受聘担任主管护师职务满 5 年；或具备大专学历，受聘担任主管护师职务满 7 年。

担任主管护师期间，平均每年参加临床护理、护理管理、护理教学工作时间总计不少于 40 周，病历首页责任护士和质控护士记录累计不少于 480 条（急诊、重症、手术室、血透、导管室等科室从相应记录单提取护士记录）。

（2）评审条件：专业能力要求

熟练掌握本专业基础理论和专业知识，熟悉本专业国内外现状及发展趋势，不断吸取新理论、新知识、新技术并推广应用，熟悉本专业相关的法律、法规、标准与技术规范。能够正确按照护理程序开展临床护理工作，熟练掌握本专科病人的护理要点、治疗原则，能熟练地配合医生抢救本专业危重病人。具有指导本专业下级护理人员的能力。

3. 副主任药师

（1）申报条件：学历、资历及临床工作量要求

具备大学本科及以上学历或学士及以上学位，受聘担任主管药师职务满 5 年；或具备大专学历，受聘担任主管药师职务满 7 年。

担任主管药师职务期间，平均每年参加药学专业工作时间不少于 40 周。

（2）评审条件：专业能力要求

熟练掌握本专业基础理论和专业知识；熟悉本专业国内外现状及发展趋势，不断吸取新理论、新知识、新技术并推广应用。熟悉本专业相关的法律、法规、标准与技术规范。能够参与制定药物治疗方案，对临床用药结果做出准确分析，能及时发现并处理处方和医嘱中出现的各种不合理用药现象，及时提出临床用药调整意见。具有指导下级药师的能力。其中，中药专业还应具备中药验收、保管、调剂、临方炮制、煎煮等中药药学服务能力，能够提供中药药物咨询服务，具有中药处方点评工作能力，提供合理使用中药建议。

4. 副主任技师

（1）申报条件：学历、资历及临床工作量要求

具备大学本科及以上学历或学士及以上学位，受聘担任主管技师职务满 5 年；或具备大学专科学历，受聘担任主管技师职务满 7 年。

担任主管技师期间，平均每年参加本专业工作时间不少于 40 周。

（2）评审条件：专业能力要求

熟练掌握本专业基础理论和专业知识，熟悉本专业国内外现状及发展趋势，不断吸取新理论、新知识、新技术并推广应用，熟悉本专业相关的法律、法规、标准与技术规范。具有较丰富的本专业工作经验，能独立解决复杂或重大技术问题，具有指导本专业下级技师的能力。

（四）正高级职称

1. 主任医师

（1）申报条件：学历、资历及临床工作量要求

具备大学本科及以上学历或学士及以上学位，受聘担任副主任医师职务满5年。

完成规定的工作数量要求（详见附表1）。

（2）评审条件：专业能力要求

临床、口腔、中医类别：在具备所规定的副主任医师水平的基础上，系统掌握本专业某一领域的基础理论知识与技术，并有所专长。深入了解本专业国内外现状及发展趋势，不断吸取新理论、新知识、新技术并用于医疗实践。具有丰富的本专业工作经验，能独立解决复杂或重大技术问题，具有指导本专业下级医师的能力。强化病案作为评价载体，采取随机抽取与个人提供相结合的方式，提供5~10份申报人主治或者主持的、能够反映其专业技术水平的抢救、死亡或疑难病案，加强对临床医生执业能力的评价。

基于病案首页数据，重点从技术能力、质量安全、资源利用、患者管理四个维度，利用诊治病种范围和例数、手术级别和例数、术后并发症发生率、单病种平均住院日、单病种次均费用等指标，科学准确评价医生的执业能力和水平。其中，中医专业还应基于中医病案首页数据，重点围绕以中医为主治疗的出院患者比例、中药饮片处方比、中医治疗疑难危重病患者数量、中医非药物疗法使用率等中医药特色指标，评价中医医师的中医药诊疗能力和水平。具体指标见附表2。

公共卫生类别：在具备所规定的副主任医师水平的基础上，系统掌握本专业某一领域的基础理论知识与技术，并有所专长。深入了解本专业国内外现状及发展趋势，不断吸取新理论、新知识、新技术并用于实践。具有丰富的本专业工作经验，能独立解决复杂或重大技术问题，具有指导本专业下级医师的能力。

基于参与的业务工作内容，重点考核公共卫生现场能力、计划方案制定能力、技术规范和标准指南制定能力、业务管理技术报告撰写能力、健康教育和科普能力、循证决策能力、专业技术成果产出、科研教学能力、完成基本公共卫生服务项目的能力等方面，包含现场流行病学调查报告、疾病与健康危害因素监测（分析预警）报告、制定公共卫生应急处置预案和风险评估报告、业务工作计划、技术指导方案制定等内容。

2. 主任护师

（1）申报条件：学历、资历及临床工作量要求

具备大学本科及以上学历或学士及以上学位，受聘担任副主任护师职务满5年。

担任副主任护师期间，平均每年参加临床护理、护理管理、护理教学工作时间总计不少于35周，病历首页责任护士和质控护士记录累计不少于240条（急诊、重症、手术室、血透、导管室等科室从相应记录单提取护士记录）。

（2）评审条件：专业能力要求

在具备所规定的副主任护师水平的基础上，精通护理学某一专科的基本理论知识与技能，并有所专长。深入了解本专业国内外现状及发展趋势，不断吸取新理论、新知识、新技术并用于临床实践。具有丰富的本专业工作经验，能独立解决复杂或重大技术问题，具有指导本专业下级护理人员的能力。

3. 主任药师

（1）申报条件：学历、资历及临床工作量要求

具备大学本科及以上学历或学士及以上学位，受聘担任副主任药师职务满5年。

担任副主任药师职务期间，平均每年参加药学专业工作时间不少于 35 周。

（2）评审条件：专业能力要求

在具备所规定的副主任药师水平的基础上，精通本专业某一领域的基本理论知识与技能，并有所专长。深入了解本专业国内外现状及发展趋势，不断吸取新理论、新知识、新技术并用于实践。具有丰富的本专业工作经验，能独立解决复杂或重大技术问题，具有指导本专业下级药师的能力。其中，中药专业还应具备中药验收、保管、调剂、临方炮制、煎煮等中药药学服务能力，能够提供中药药物咨询服务，具有中药处方点评工作能力，提供合理使用中药建议。

4. 主任技师

（1）申报条件：学历、资历及临床工作量要求

具备大学本科及以上学历或学士及以上学位，受聘担任副主任技师职务满 5 年。

担任副主任技师期间，平均每年参加本专业工作时间不少于 35 周。

（2）评审条件：专业能力要求

在具备所规定的副主任技师水平的基础上，精通本专业某一领域的基本理论知识与技能，并有所专长。深入了解本专业国内外现状及发展趋势，不断吸取新理论、新知识、新技术并用于实践。具有丰富的本专业工作经验，能独立解决复杂或重大技术问题，具有指导本专业下级技师的能力。

五、工作业绩要求。

以下业绩成果可作为代表作：

（一）解决本专业复杂问题形成的临床病案、手术视频、护理案例、应急处置情况报告、流行病学调查报告等。

（二）吸取新理论、新知识、新技术形成的与本专业相关的技术专利。

（三）结合本专业实践开展科研工作形成的论文等成果。

（四）向大众普及本专业科学知识形成的科普作品。

（五）参与研究并形成的技术规范或卫生标准。

（六）人才培养工作成效（包括带教本专业领域的下级专业技术人员的数量和质量，以及所承担教学课题和所获成果等）。

（七）其他可以代表本人专业技术能力和水平的标志性工作业绩。

附表：1. 医师晋升工作量要求

2. 临床、中医、口腔专业高级职称评价指标

附表 1

医师晋升工作量要求

	专业类别	评价项目	单位	晋升 副主任医师	晋升 主任医师	临床专业
临床	非手术为主临床专业	门诊工作量（有病房）	单元	400	600	内科学、心血管内科学、呼吸内科学、消化内科学、血液病学、内分泌学、风湿与临床免疫学、肾内科学、传染病学、变态反应学、神经内科学、精神病学、肿瘤内科学、儿科学等，对有病房的皮肤与性病学、康复医学、疼痛学、老年医学、全科医学可参照此执行
		出院人数（参与或作为治疗组长）	人次	1 000	1 000	
		门诊工作量（无病房）	单元	500	800	皮肤与性病学、精神病学、康复医学、疼痛学、老年医学、全科医学等
		手术/操作人次	人次	内镜 5 000； 支气管镜 200	内镜 5 000	消化内科学、呼吸内科学
	手术为主临床专业	门诊工作量（有病房）	个	400	500	外科学、普通外科学、骨外科学、泌尿外科学、小儿外科学、妇产科学、妇科学、产科学、耳鼻咽喉科学、眼科学、肿瘤学、运动医学、计划生育学等
				300	400	胸心外科学、神经外科学、烧伤外科学、整形外科学
		出院人数（参与或作为治疗组长）	人次	400	500	胸心外科学（心外）、神经外科学、烧伤外科学
				1 500	2 000	外科学、普通外科学、骨外科学、妇产科学、妇科学、产科学、眼科学
				600	1 000	胸心外科学（胸外）、泌尿外科学、耳鼻咽喉科学、肿瘤学、运动医学、小儿外科学

续表

	专业类别	评价项目	单位	晋升副主任医师	晋升主任医师	临床专业
临床	手术为主临床专业	出院患者手术/操作人次	人次	800	1 000	外科学、普通外科学、骨外科学、眼科学、运动医学、整形外科学、计划生育学
				400	500	胸心外科学（胸外），泌尿外科学、小儿外科学、耳鼻咽喉科学、肿瘤外科学、妇产科学、妇科学、产科学
				200	300	胸心外科学（心外）、神经外科学、烧伤外科学
	其他临床专业	参与诊疗患者人数	人次	1 500	1 000	临床营养学、重症医学、麻醉学、疼痛学、急诊医学、临床医学检验学
		签发检查报告份数	份	7 500	5 000	临床医学检验学
			份	5 000	5 000	放射医学、超声医学
			份	4 000	4 000	病理学
			份	2 500	3 000	核医学
中医	非手术为主专业	门诊工作量（有病房）	单元	400	600	由各医院自行确定手术专业和非手术专业
		出院人数（参与或作为治疗组长）	人次	600	900	
		门诊工作量（无病房）	单元	500	800	
	手术为主专业	门诊工作量（有病房）	单元	300	400	
		出院人数（参与或作为治疗组长）	人次	400	500	
		出院患者手术/操作人次	人次	300	400	
		门诊工作量（无病房）	单元	500	800	

续表

临床专业

	专业类别	评价项目	单位	晋升 副主任医师	晋升 主任医师
口腔	无病房科室	门诊工作量	单元	800	800
		诊疗人次	人次	3 000	4 000
	有病房科室	门诊工作量	单元	400	500
		出院人数 （参与或作为治疗组组长）	人次	350	500
		出院患者手术/操作人次数	人次	300	400
公共卫生	—	—		平均每年参加本专业工作时间不少于40周，其中现场工作或在基层工作天数不少于60天/年	平均每年参加本专业工作时间不少于35周，其中现场工作或在基层工作天数不少于60天/年

注：1. 工作量指标是中级晋升副高、副高晋升正高期间的完成工作量，均从聘任时间开始计算。半天（4小时）接诊不少于15位为1个有效单元。非急诊科医生在5年期间如轮转急诊科，工作期间按照4小时为1个门诊单元数计算。针灸、推拿（按摩）、刮痧、拔罐等中医治疗技术，因受手法操作时间限制，工作量按照4小时为1个门诊单元数计算，不考虑治疗病人数量。

2. 肾内科学专业透析工作按照4小时为1个门诊单元计算；传染病学专业医师门诊工作量包含发热门诊、肠道门诊工作时间和会诊时间，如无病房则放入无病房组。

3. 全科医学专业医师门诊工作量包含下基层指导工作时间，如无病房则放入无病房组。

4. 内镜诊疗5 000人次（含内镜下治疗手术，晋升副主任医师至少500例，晋升主任医师至少800例，门诊患者和出院患者均包括）为消化内科学专业必备的申报条件之一。

5. 呼吸内镜诊疗200人次（含呼吸内镜下检查与治疗，门诊患者和出院患者均包括）为呼吸内科学专业必备的申报条件之一。

6. 心血管内科学和神经内科学及其他有介入治疗的专业可参照手术为主临床专业执行。

7. 整形外科学和计划生育学专业的工作量指标不含出院人数，其出院患者手术/操作人次数调整为手术/操作人次数（含门诊患者和出院患者手术/操作人次数）。

8. 出院患者手术/操作人次晋升副主任医师以主刀或一助计算；晋升主任医师以主刀计算。

9. 临床医学检验学专业中，形态、血液、微生物等亚专业申报条件为参与诊疗患者人次数，临检、生化、免疫等亚专业的申报条件为签发检查报告份数。

附表 2

临床、中医、口腔专业高级职称评价指标

评价维度	二级指标	三级指标	指标定义	计算方法
技术能力	出院患者病种范围和例数	基本病种覆盖率	考核期内医师诊治的本专业出院患者中覆盖的基本病种数占本专业所有基本病种数的比例	考核期内医师诊治的本专业出院患者覆盖基本病种数/本专业基本病种总数×100%
		基本病种诊疗人数	考核期内医师诊治的本专业基本病种出院人数	考核期内医师诊治的符合本专业基本病种纳入条件的出院人数之和
		疑难病种覆盖率	考核期内医师诊治的本专业出院患者中覆盖的疑难病种数占本专业所有疑难病种数的比例	考核期内医师诊治的本专业出院患者覆盖疑难病种数/本专业疑难病种总数×100%
		疑难病种诊疗人数	考核期内医师诊治的本专业疑难病种出院人数	考核期内医师诊治的符合本专业疑难病种纳入条件的出院人数之和
	出院患者手术难度和例数	基本手术覆盖率	考核期内医师施行的本专业基本手术（或操作）种类数占所有基本手术（或操作）种类数的比例	考核期内出院患者中医师施行的本专业手术（或操作）患者覆盖基本手术种类数/本专业基本手术（或操作）种类总数×100%
		基本手术人次数	考核期内医师施行的本专业基本手术（或操作）的人次数	考核期内出院患者中医师施行的符合本专业基本手术（或操作）纳入条件的手术人次数之和
		疑难手术覆盖率	考核期内医师施行的本专业疑难手术（或操作）种类数占所有疑难手术（含操作）种类数的比重	考核期内出院患者中医师施行的本专业手术（或操作）患者覆盖疑难手术种类数/本专业疑难手术种类总数×100%
		疑难手术人次数	考核期内医师施行的本专业疑难手术（或操作）的人次数	考核期内出院患者中医师施行的符合本专业疑难手术（或操作）纳入条件的手术人次数之和

续表

评价维度	二级指标	三级指标	指标定义	计算方法
技术能力	中医治疗情况	以中医为主治疗的出院患者比例	考核期内医师以中医为主治疗本专业出院患者的比例	考核期内医师以中医为主治疗的本专业出院患者数量/本专业出院患者总数×100%
		中药饮片处方比	考核期内医师对出院患者开具的中药饮片处方占所有处方的比例	考核期内医师对出院患者开具的中药饮片处方数/所有处方总数×100%
		中医治疗疑难危重病患者数量	考核期内医师诊治的本专业疑难病数量	考核期内出院患者中医诊治的本专业疑难病数量
		中医非药物疗法使用率	考核期内医师诊治的出院患者使用中医非药物疗法的比例	考核期内医师诊治的出院患者使用中医非药物疗法数量/中医药物和非药物疗法总数×100%
		中医药治疗疗效	考核期内医师用中医药方法治疗本专业疾病疗效	同行评议
质量安全	并发症发生率	出院患者并发症发生率	考核期内医师诊治的出院患者在住院期间因治疗或者施行某种择期手术或操作而发生并发症的例数占同期医师诊治的出院人数的比例	考核期内医师诊治的出院患者在住院期间因治疗或者施行某种择期手术或操作而发生并发症的人数/同期该医师诊治的所有出院人数×100%
资源利用	平均住院日	平均住院日	考核期内医师诊治的某病种出院患者平均住院时间	考核期内医师诊治的某病种出院患者占用总床日数/同期该医师诊治的同病种出院人数
患者管理	次均费用	住院患者次均费用	考核期内医师诊治的某病种出院患者平均住院费用	考核期内医师诊治的某病种出院患者总住院费用/同期该医师诊治的同病种出院人数

注：1. 某专业基本病种、疑难病种、基本手术、疑难手术由专家共识和大数据统计结果形成。

2. 手术人次计算：患者在 1 次住院期间施行多次手术，按实际手术次数统计；在 1 次手术中涉及多个部位手术的按 1 次统计。

3. 中药饮片处方比和中医非药物疗法使用率两个指标可任选其一，也可同时使用，视各地具体情况确定。

人力资源社会保障部　司法部关于深化公共法律服务专业人员职称制度改革的指导意见

人社部发〔2021〕59号

各省、自治区、直辖市及新疆生产建设兵团人力资源社会保障厅（局）、司法厅（局），国务院各部委、各直属机构人事部门，各中央企业人事部门：

为贯彻落实中共中央办公厅、国务院办公厅印发的《关于深化职称制度改革的意见》，进一步加强公共法律服务队伍建设，为公共法律服务事业改革发展提供有力人才支撑，现就深化公共法律服务专业人员职称制度改革提出如下指导意见。

一、总体要求

（一）指导思想

以习近平新时代中国特色社会主义思想为指导，全面贯彻落实党的十九大和十九届二中、三中、四中、五中全会精神，认真落实党中央、国务院决策部署，围绕全面依法治国建设总目标，坚持党管人才，遵循公共法律服务人才队伍建设规律，完善公共法律服务专业人员职称制度，科学、客观、公正地评价公共法律服务专业人员业务能力和服务水平，更好地满足公共法律服务需求，充分发挥公共法律服务专业人员在全面依法治国中的重要作用，为实现“两个一百年”奋斗目标和中华民族伟大复兴的中国梦提供优质高效的公共法律服务。

（二）基本原则

1. 坚持遵循规律。遵循公共法律服务人才成长规律，统筹设计公共法律服务专业人员职称制度，建立适应发展需要的动态调整机制，引导公共法律服务专业人员提升理论水平，拓展专业能力。

2. 坚持科学评价。突出评价职业道德、能力素质和工作业绩，分级分类完善评价标准，创新评价机制，丰富评价方式，科学客观公正评价公共法律服务专业人员。

3. 注重评用结合。将公共法律服务专业人员评价与培养、使用相结合，鼓励用人单位将选人用人制度与公共法律服务专业人员职称制度有机衔接，促进公共法律服务专业人员职业发展。

二、主要内容

（一）健全职称体系

1. 完善专业类别。公共法律服务专业人员职称专业类别分为公证员和司法鉴定人。公证员是指符合法定条件，在公证机构从事公证业务的执业人员；司法鉴定人是指在司法鉴定机构从事司法鉴定业务的专业技术人员。

2. 健全职称层级。公共法律服务专业人员职称设初级、中级、高级，其中高级分设副高级和正高级。公证员初级、中级、副高级、正高级职称的名称分别为四级公证员、三级公证员、二级公证员、一级公证员。司法鉴定人初级、中级、副高级、正高级职称的名称为初级司法鉴定人、中级司法鉴定人、副高级司法鉴定人、正高级司法鉴定人。司法鉴定人职称按司法鉴定执业类别分为四个专业方向，分别为法医类、物证类、声像资料、环境损害。其中，法医类的职称名称为法医师、主检法医师、副主任法医师、主任法医师。其他专业方向在职称名称后标注，如初级司法鉴定人（物证类）等。

原司法鉴定人职称与统一后的司法鉴定人职称对应关系为：原助理工程师对应初级司法鉴定人，原工程师对应中级司法鉴定人，原高级工程师对应副高级司法鉴定人，原正高级工程师对应正高级司法鉴定人。法医类司法鉴定人职称名称不变。

3. 动态调整专业设置。各地、各有关部门可根据公共法律服务工作实际，动态调整职称专业设置。对从业人员数量较大、评价需求稳定、发展良好的专业，持续稳定开展评价工作；对发展势头良好，评价需求旺盛的新兴公共法律服务行业，如法律援助、仲裁等，符合条件的增设为新的职称专业；对未来评价需求缩减、从业人员减少的专业，及时调整或取消。

4. 公共法律服务专业人员职称分别与事业单位专业技术岗位等级相对应。正高级对应专业技术岗位一至四级，副高级对应专业技术岗位五至七级，中级对应专业技术岗位八至十级，初级对应专业技术岗位十一级至十三级。

（二）完善评价标准

1. 坚持德才兼备，以德为先。把政治品德和职业道德放在评价标准的首位，要求公共法律服务专业人员坚决拥护中国共产党领导、拥护社会主义法治。遵守宪法和法律，恪守公共法律服务专业人员职业道德和执业纪律，爱岗敬业，科学公正，勤勉尽责。通过个人述职、年度考核等方式加强对职业道德、从业操守等方面的评价，强化公共法律服务专业人员的社会责任，对学术和执业不端行为实行“零容忍”。

2. 突出对能力水平和实际贡献的评价。充分体现公共法律服务职业特点，突出评价公共法律服务专业人员的专业能力、业绩和贡献。破除唯论文、唯学历、唯资历、唯奖项倾向，分类完善公共法律服务人才评价标准。改变在成果评价中过分依赖论文、论著的局面，推行代表作制度，各地区可结合实际建立成果代表作清单，注重代表性成果的质量、贡献和影响力。对于公证员，探索引入公证书、理论文章、指导案例、创新业务等成果形式，重点考察成果质量，注重公证员的实际贡献。对于司法鉴定人，司法鉴定意见书、指导案例、标准规范制定等可作为业绩，重点评价司法鉴定实务、解决疑难复杂司法鉴定案件、新技术新方法运用、科技成果转化等方面的能力。引导公共法律服务专业人员不断更新知识，创新思路，提高专业素养，积极投身法治建设。

3. 实行国家标准、地区标准和单位标准相结合。以公共法律服务专业人员职业属性和岗位需求为基础，人力资源社会保障部会同司法部负责制定《公证员职称评价基本标准》和《司法鉴定人职称评价基本标准》（附后）。各地区可根据实际制定本地区标准，具有自主评审权的用人单位可根据本单位实际制定单位标准。地区标准和单位标准不得低于国家标准。

（三）创新评价机制

1. 丰富职称评价方式。建立以同行专家评议为基础、个人评价和团队评价相结合的评价机制，通过考试考核、个人述职、面试答辩、业绩展示、案卷抽样评估等多种评价方式开展评价。为涉密部门和特殊技术人才开辟特殊通道，采取特殊评价办法。

2. 畅通职称申报渠道。进一步打破户籍、地域、身份、档案等限制，畅通各类公共法律服务专业人才的职称申报渠道，民办机构与公立机构的公共法律服务人才，公立机构中各种方式使用的公共法律服务人才，在职称评审等方面享有平等待遇。建立职称评审绿色通道，对在促进法治建设中作出重大贡献，长期在艰苦边远地区工作的公共法律服务人才，适当放宽学历、科研能力要求，重点考察工作业绩。对引进的海外高层次人才和急需紧缺人才，放宽资历和任职年限要求，可直接申报评审高级职称。公务员（含参照公务员法管理人员）不得参加公共法律服务人才职称评审。对在公证机构改革中由行政编制转为事业编制的公证员，可不受职称层级限制，依据学历资历条件和业绩成果直接申报评审相应级别职称。职称评审工作一般每年度组织开展一次。

3. 明确职称评审权限。省级司法行政机关组建公证员职称评审委员会，并可根据需要将中级和初级公证员职称评审工作交由地市或直辖市的区司法行政机关组织实施，不具备条件的省级司法行政机关可委托相邻省级司法行政机关进行评审。有条件的省级司法行政机关可以组建司法鉴定人高级职称评审委员会，对本地区司法鉴定人进行评审。司法部组建司法鉴定人高级职称评审委员会，可接受不具备高级职称评审条件的地区委托评审。各级职称评审委员会按规定程序报人力资源社会保障部门核准备案。

（四）促进职称制度与人才培养使用有效衔接

1. 促进职称制度与人才使用相衔接。各类公共法律服务机构应结合用人需求，根据职称评价结果合理使用公共法律服务专业人才。全面实行岗位管理的事业体制公共法律服务机构，一般应在岗位结构比例内，推荐符合条件的公共法律服务专业人员参加职称评审。不实行事业单位岗位管理的公共法律服务机构，可根据工作需要，择优聘任具有相应职称的公共法律服务专业人员。用人单位应结合用人需求，根据职称评价结果合理使用公共法律服务专业人员，实现职称评价结果与公共法律服务专业人员聘用、考核、晋升、待遇等有效结合。加强聘后管理，在岗位聘用中实现人员能上能下。

2. 促进职称制度与公共法律服务专业人才培养相结合。充分发挥职称评价对提高公共法律服务专业人才培养质量的导向作用，结合公共法律服务事业发展需求，加快人才培养。推进职称评审与公共法律服务人才继续教育制度相衔接，创新和丰富继续教育的内容和形式，促进公共法律服务人才更新知识，提升能力。

（五）加强职称评审监督和服务

1. 加强职称评审委员会建设。完善评审委员会的组织管理办法，健全工作程序和评审规则，合理确定评审委员会组成人员范围，明确评审委员会工作人员和评审专家责任，强化评审考核，建立倒查追责机制。加强评审委员会专家库建设，注重遴选高水平的公共法律服务专家，定期对专家库进行更新，形成专家库动态优化机制。

2. 严肃职称评审工作纪律。探索建立职称申报评审诚信档案和失信黑名单制度，健全诚信承诺和失信惩戒机制，对通过弄虚作假、暗箱操作等违纪违规行为取得的职称，一律予以撤销。建立职称评审公开制度，实行政策公开、标准公开、程序公开、结果公开。建立职称评审回避制度、公示制度和评审结果备案制度。建立复查、投诉机制，加强对评审全过程的监督管理，构建机关、行业协会监管，公共法律服务机构自律，社会监督的公共法律服务专业人员职称评审综合监管体系。

3. 优化职称评审服务。加强职称评审信息化建设，探索建立职称评审信息系统，逐步实现职称网上申报、网上审核、网上评审、网上公示和查询。进一步简化职称申报渠道和审核环节，精减申报材料。加强职称评审信息库建设，探索推行职称电子证书，逐步实现职称证书网上查询验证。加强人才评价、机构评估等相关业务统筹，加强申报材料和业绩成果信息共享，实行材料一次报送、一表多用，减少重复提供材料和重复审核。

三、组织实施

（一）提高认识，加强领导

各地区要充分认识公共法律服务专业人员职称制度改革的重大意义，加强组织领导，狠抓工作落实，确保各项改革措施落到实处。各级人力资源社会保障部门会同司法行政部门具体负责公共法律服务专业人员职称制度改革的政策制定、组织实施和监督检查等工作。各部门要高度重视，密切配合，确保公共法律服务专业人员职称制度改革工作顺利推进。

（二）结合实际，周密部署

各地区要根据本指导意见，紧密结合实际，落实好各项改革措施，妥善做好新旧政策衔接工作，按照改革前后的职称对应关系做好过渡。在推进改革过程中，各地要深入开展调查研究，充分掌握本地区公共法律服务专业人员队伍现状，全面考虑改革推进工作中可能遇到的各种情况和问题，及时研究解决，妥善处理改革、发展和稳定的关系。

（三）加强宣传，营造环境

各地区要加强宣传引导，鼓励公共法律服务专业人员争当公共法律服务领域创新的推动者和实践者，充分调动公共法律服务专业人员的积极性，激发创新活力和潜力，为公共法律服务专业人员参加职称评审提供便利，引导公共法律服务专业人员支持和参与改革，营造有利于公共法律服务专业人员职称制度改革的良好氛围。

附件：1. 公证员职称评价基本标准

2. 司法鉴定人职称评价基本标准

人力资源社会保障部

司法部

2021 年 7 月 27 日

附件 1

公证员职称评价基本标准

一、忠于祖国，忠于人民，忠于宪法和法律，拥护中国共产党领导，拥护社会主义法治。

二、热爱本职工作，认真履行岗位职责，依法、规范、诚信执业。

三、恪守公证员职业道德和执业纪律，勇于担当，勤勉敬业，廉洁自律，作风端正，按照要求参加继续教育。

四、公证员申报各层级职称，除必须达到上述基本条件外，还应分别具备以下条件：

（一）四级公证员

1. 基本掌握公证相关法学理论和专业知识，认真执行相关法律、法规、政策和工作制度。

2. 初步掌握公证员执业技能，能够独立承办基本的公证事项和公证事务。

3. 具备硕士学位或第二学士学位；或具备大学本科学历或学士学位，担任公证员满 1 年；或具备大学专科学历，担任公证员满 3 年。

（二）三级公证员

1. 熟练掌握公证相关法学理论和专业知识，能够准确理解、熟练运用相关法律、法规、政策和工作制度。

2. 具有较丰富的公证业务经验，熟悉办证流程，能够独立承办公证事项和事务，近三年内在质量检查中无不合格卷。

3. 具有较丰富的公证管理经验，能够独立负责某领域公证工作，在推动公证机构依法决策、依法经营、依法管理方面作出一定贡献。

4. 具备博士学位；或具备硕士学位、第二学士学位，担任四级公证员满 2 年；或具备大学本科学历、学士学位或大学专科学历，担任四级公证员满 4 年。

（三）二级公证员

1. 全面系统掌握相关法学理论和专业知识，熟悉与公证业务相关的其他学科知识，全面了解掌握相关法律、法规、政策和工作制度。

2. 具有丰富的公证业务经验，办理过一定数量的有较大影响的公证法律事务，能够组织和协调处理较为重大、复杂、疑难公证法律事务，业务办理质量良好，近三年内在质量检查中无不合格卷。

3. 工作业绩较为突出，能够指导三级公证员、四级公证员开展公证工作。具有丰富的公证管理工作经验，在推动公证机构依法决策、依法运营、依法管理方面作出较大贡献。

4. 有较强的理论研究能力，能够开展公证法律事务政策、实务研究，主持完成公证法律事务相关课题研究、调研报告，或参与公证法律事务相关重大课题研究、重大调研报告，有较高水平的代表性成果。

5. 具备博士学位，担任三级公证员满 2 年；或具备硕士学位、第二学士学位，或具备大学本科学历、学士学位或大学专科学历，担任三级公证员满 5 年。

（四）一级公证员

1. 具备系统、深厚的法学理论功底，精通本领域相关法规、政策及本单位相关制度，并掌握同本职工作相适应的其他学科知识。

2. 具有丰富的公证业务经验和公证管理工作经验，办理过一定数量的本专业领域有重大影响的公证法律事务，业务办理质量良好，近五年内在质量检查中无不合格卷。

3. 能够独立负责某领域的公证员管理工作，能够有效地组织和协调处理重大、复杂、疑难公证法律事务，能够办理、指导开拓新兴公证业务。

4. 工作业绩突出，能够指导二级公证员、三级公证员、四级公证员开展公证工作，在推动公证机构依法决策、依法运营、依法管理方面作出较大贡献。

5. 理论研究能力强，能够组织领导公证事务理论、政策和实务重大课题研究，取得重大研究成果，在推动公证制度改革发展方面发挥了重要作用；具有较高影响力的代表性成果。

6. 具备大学本科及以上学历或学士及以上学位，担任二级公证员满 5 年。

附件 2

司法鉴定人职称评价基本标准

一、忠于祖国，忠于人民，忠于宪法和法律，拥护中国共产党领导，拥护社会主义法治。

二、热爱本职工作，恪守司法鉴定人员职业道德和执业纪律，科学公正，勤勉敬业，廉洁自律，作风端正。

三、取得《司法鉴定人执业证》，认真履行岗位职责，按照要求参加继续教育。

四、司法鉴定人申报各层级职称，除必须达到上述基本条件外，还应分别具备以下条件：

（一）初级司法鉴定人、法医师

1. 基本掌握本专业领域基础理论和专业知识，认真执行本专业领域相关法规、政策和制度。

2. 具备从事司法鉴定相关工作的能力，能够胜任基础性工作，参与完成的司法鉴定业务符合质量要求。

3. 具备大学本科及以上学历或学士及以上学位，从事司法鉴定相关工作满 1 年；或具备大学专科学历，从事司法鉴定相关工作满 3 年。

（二）中级司法鉴定人、主检法医师

1. 熟练掌握本专业领域基础理论知识和专业知识，认真执行本专业领域相关法规、政策和制度，了解本专业领域技术现状和发展趋势。

2. 具有承担较复杂司法鉴定工作的能力，能准确理解、熟练运用本专业领域技术标准和规范，能够独立出具司法鉴定意见文书。

3. 具有一定的技术研究能力，能够撰写为解决复杂技术问题的研究报告或发表论文，取得有实用价值的技术成果。

4. 具备博士学位，从事司法鉴定相关工作满 1 年；或具备硕士学位，从事司法鉴定相关工作满 3 年，或取得初级司法鉴定人职称或其他相关的初级及以上职称后从事司法鉴定相关工作满 2 年；或具备大学本科学历或学士学位，从事司法鉴定相关工作满 5 年，或取得初级司法鉴定人职称或其他相关的初级及以上职称后从事司法鉴定相关工作满 4 年；或具备大学专科学历，取得初级司法鉴定人职称或其他相关的初级及以上职称后从事司法鉴定相关工作满 4 年。

（三）副高级司法鉴定人、副主任法医师

1. 系统掌握本专业领域基础理论知识和专业知识，认真执行本专业领域相关法规、政策和制度，具有跟踪本专业领域科技发展动态的能力，能够吸取最新科研成果应用于实际工作，是本专业的技术业务骨干。

2. 具有丰富的司法鉴定工作经验，能深刻理解和熟练运用本专业领域技术标准和规范，业绩突出，能主持或独立完成复杂疑难司法鉴定工作。

3. 有较强的技术研究能力，能够承担或参与较高水平的技术研究项目，独立完成的较高水平研究报告或发表的较高学术价值论文或研制发布的技术标准规范等技术成果，受到同行专家认可。

4. 具备博士学位，取得中级司法鉴定人职称或其他相关的副高级及以上职称后，从事司法鉴定工作满 2 年；或具备硕士学位、大学本科学历或学士学位，取得中级司法鉴定人职称或其他相关的副高级及以上职称后，从事司法鉴定工作满 5 年；或具备大学专科学历，取得中级司法鉴定人职称或其他相关的副高级及以上职称后，从事司法鉴定工作满 10 年。

（四）正高级司法鉴定人、主任法医师

1. 具备全面系统深厚的专业理论和实践功底，精通本专业领域相关法规、政策及制度，全面掌握本专业领域国内外前沿发展动态，具有引领本专业领域科技发展前沿水平的能力，学术造诣深，学术影响力大，是本专业领域的学术和技术带头人。

2. 具有丰富的司法鉴定工作经验，能深刻理解和研究制定本专业领域技术标准和规范，有效地组织和处理本专业领域有重大影响的复杂疑难司法鉴定工作，能够解决重大技术问题或掌握关键核心技术，业绩显著。

3. 具有主持完成省部级以上研究项目的能力和经历，在突破关键核心技术和自主创新方面作出突出贡献，取得重大研究成果，有高水平、高影响力的代表性研究报告、学术论文和著作、技术标准规范。

4. 具备大学本科及以上学历或学士及以上学位，取得副高级司法鉴定人职称后，从事司法鉴定工作满 5 年。

人力资源社会保障部　教育部关于深化实验技术人才职称制度改革的指导意见

人社部发〔2021〕62号

各省、自治区、直辖市及新疆生产建设兵团人力资源社会保障厅（局）、教育厅（教委、教育局），国务院有关部门人事部门、教育部直属各高等学校，有关中央企业人事部门：

实验技术人才是学校和科研机构人才队伍的重要组成部分，是推动科学技术研究和教学工作，加强科技实践与创新的重要力量。为贯彻落实中共中央办公厅、国务院办公厅《关于深化职称制度改革的意见》，促进实验技术人才职业发展，激发实验技术人才创新创造活力，现就深化实验技术人才职称制度改革提出如下指导意见。

一、总体要求

（一）指导思想

全面贯彻落实党的十九大和十九届二中、三中、四中、五中全会精神，以习近平新时代中国特色社会主义思想为指导，按照深化职称制度改革的方向和总体要求，遵循实验技术发展和人才成长规律，建立符合实验技术人才职业特点的职称制度，充分调动广大实验技术人才的积极性、主动性和创造性，为全面推动科研实践发展提供制度保障和人才支持。

（二）基本原则

1. 坚持服务发展、激励创新。围绕经济社会发展对实验技术人才的需求，充分发挥职称评价“指挥棒”作用，激发实验技术人才创新活力，服务实验教学、科学研究和技术创新发展，支撑团队建设。

2. 坚持品德为先、科学评价。以品德、能力、业绩为导向，建立科学评价体系，对实验技术人才的思想品德、职业道德、专业技能和实际贡献进行综合评价，促进优秀实验技术人才脱颖而出。

3. 坚持问题导向、分类推进。针对影响实验技术人才队伍科学发展的突出问题，着力优化改革举措，完善体制机制，体现不同行业、不同机构、不同层级实验技术人才的特点，分类管理、分类评价，促进实验技术人才评价与使用相结合，提升实验技术人才的职业荣誉感和获得感。

二、主要内容

通过健全制度体系、完善评价标准、创新评价机制、加强评审监管、强化结果应用等改革措施，形成以品德、能力和业绩为导向，以促进实验技术人才职业发展为核心，覆盖全面、设置合理、评价科学、管理规范的实验技术人才职称制度。

（一）健全制度体系

1. 优化职称层级设置。实验技术人才职称设初级、中级、高级，初级分设员级和助理级，高级分设副高级和正高级。员级、助理级、中级、副高级和正高级职称名称依次为实验员、助理实验师、实验师、高级实验师、正高级实验师。

2. 实验技术人才各层级职称与事业单位专业技术岗位等级对应关系为：正高级对应专业技术岗位一至四级，副高级对应专业技术岗位五至七级，中级对应专业技术岗位八至十级，助理级对应专业技术岗位十一至十二级，员级对应专业技术岗位十三级。

（二）完善评价标准

1. 坚持德才兼备、以德为先。把思想品德和职业道德放在实验技术人才职称评价的首位，倡导科学精神，强化道德责任，综合考察实验技术人才的思想状况、职业道德、社会责任和从业操守。对侵占他人技术成果、伪造实验数据、抄袭剽窃等学术不端行为，按国家和单位有关规定严肃处理。对通过弄虚作假、暗箱操作等违纪违规行为取得的职称，一律予以撤销。

2. 突出评价实验能力和工作业绩。破除唯学历、唯资历、唯论文、唯奖项、唯项目等倾向，根据不同单位、不同岗位任务等特点，科学合理进行分类评价，着重考察实验技术人才在单位人才培养、科学研究、实验安全、技术开发或学科专业发展等方面做出的贡献和支撑作用。对论文、专利数量不作硬性要求，注重实验教学效果、实验技术成果，注重实验创新意识和方法，注重一线实践工作经历，突出实验技术人才在实验教学、指导学生科技创新、实验管理、实验创新、实验设备研制改造、技术开发、平台建设、解决问题、成果转化、技术推广、标准制定、决策咨询、公共服务等方面的实绩和贡献。对长期在艰苦边远地区和基层一线工作的实验技术人才，侧重考察其实际工作业绩，可适当放宽学历要求。

3. 实行国家标准、地区标准和单位标准相结合。国家制定《实验技术人才职称评价基本标准》（见附件）。各地区可根据实际，按行业、机构等进行细化，制定本地区的评价标准。具有自主评审权的用人单位可结合本单位实际，体现具体岗位特点和要求，制定单位评价标准。地区标准和单位标准不得低于国家标准。军队可根据实际情况制定实验技术人才职称评审办法。

4. 向优秀实验技术人才倾斜。综合考虑各类学校、科研机构等实际，对于少数特别优秀的实验技术人才，可制定相应的破格评审条件，适当放宽学历、资历条件，在严把质量和程序的前提下，优先评价使用，畅通人才发展通道。

（三）创新评价机制

1. 完善职称评价方式。进一步完善以同行专家评审为基础的业内评价机制，注重社会和业内认可。灵活采用考试、评审、考核认定、个人述职、面试答辩、实践操作、业绩展示等多种评价方式，给内、外部评审专家预留充足时间进行评鉴，引导评审专家负责任地提供客观公正的专业评议意见，提高职称评价的针对性和科学性。初、中级职称评价可适当设置基础知识考试、实践技能操作、业绩展示等，高级职称评价侧重评估实验技术人才所做工作的价值以及影响力。探索代表性成果评价，注重代表性成果的质量、贡献和影响力。

2. 加强评委会建设。完善职称评审委员会组织管理办法，健全职称评审委员会工作程序和评审规则。注重遴选能力业绩突出、声望较高的同行专家和活跃在实验技术第一线的人才担任评委。评委原则上由从事实验技术工作或熟悉实验工作的相关领域专家担任。

3. 合理下放职称评审权。在充分论证的基础上，将职称评审权下放至符合条件的高校、科研机构等不同类型用人单位，发挥用人单位在职称评审中的主体作用。实验技术人才队伍规模较大、职称制度完善的高校、科研机构等单位，自主开展高级及以下职称评审，所制定的职称评审办法、操作方案等，须报相关主管部门备案。实验技术人才队伍规模较小的单位，由省级以上人力资源社会保障部门会同相关行业部门确定委托职称评审的相关办法。

4. 建立职称评审绿色通道。鼓励实验技术人才围绕国家重大战略和社会需求，潜心钻研、攻坚克难，提高关键环节和重点领域解决问题的实际能力。对在重点研发领域突破关键核心技术、做出重大贡献的实验技术人才以及引进的高层次、急需紧缺实验技术人才等，建立职称评审绿色通道，制定较为灵活的评价办法，允许直接申报评审高级或正高级实验师。对国防科技涉密领域实验技术人才采取特殊评价办法。

（四）加强职称评审监管

1. 压实评审专家和相关人员责任。完善评审专家遴选机制，明确评审专家责任，严肃评审工作纪律，建立完善评审专家的诚信记录、利益冲突回避、履职尽责考核、动态调整等制度，严格规范专家评审行为，建立倒查追责机制。对违反评审纪律的评审专家，及时取消评审专家资格，列入失信“黑名单”。对相关领导及责任人员违纪违法，利用职务之便为本人或他人评定职称谋取利益，按照有关规定处理。

2. 健全职称评审公开制度。实验技术人才职称评审实行政策公开、标准公开、程序公开、结果公开。建立职称评审回避制度、公示制度和随机抽查、巡查制度，建立复查、投诉机制，加强对评价全过程的监督管理，构建政府监管、单位（行业）自律、社会监督的综合监管体系，强化自我约束和外部监督，突出评审公正性。

（五）强化结果应用

将实验技术人才职称评审结果作为岗位聘用的重要依据。坚持职称评审与岗位聘用紧密结合，实验技术人才职称评审一般应在岗位结构比例内进行。用人单位按照有关规定将通过评审的实验技术人才聘用到相应岗位，及时兑现工资等相关待遇，实现实验技术人才职称评审与岗位聘用的有效衔接。加强岗位考核管理，在岗位聘用中实现人员能上能下。

三、组织实施

（一）加强领导，明确职责

实验技术人才职称制度改革是分系列推进职称制度改革的重要内容，是加强实验技术人才队伍建设的重要举措，各地区、各部门要充分认识改革的重要性，切实加强组织领导。人力资源社会保障部门会同教育等有关部门负责职称政策制定、制度建设、协调落实和监督检查，用人单位根据本单位岗位设置和人员状况，自主组织开展职称评审或推荐本单位实验技术人才参加职称评审。各部门要密切配合，积极推进实验技术人才职称制度改革。

（二）结合实际，周密部署

各地区、各部门要根据本指导意见精神，紧密结合实际，切实抓好改革的贯彻落实。各地要开展全面深入的调研，充分掌握本地区科研院所、高校、中小学等实验技术人才队伍状况，发现、研究和解决实践中遇到的新情况和新问题，细化政策举措，周密安排部署，落实改革要求。

（三）加强宣传，平稳推进

职称制度改革涉及广大实验技术人才的切身利益，政策性强，各地区、各部门要妥善做好新旧政策衔接工作，深入开展政策宣传与解读，加强思想引导，妥善处理改革、发展和稳定的关系，确保改革实施工作平稳有序进行。

本意见适用于科研院所、普通高等学校、中等职业学校（含技工院校）、普通中小学等机构中的实验技术人才，其他机构和学校可参照执行。

附件：实验技术人才职称评价基本标准

人力资源社会保障部

教育部

2021 年 8 月 9 日

附件

实验技术人才职称评价基本标准

一、拥护中国共产党的领导和中国特色社会主义制度，遵守中华人民共和国宪法和法律法规，以及本单位的规章制度。

二、热爱本职工作，具有良好的思想品德和职业道德，爱岗敬业，全心全意为教学科研和社会服务。

三、具备履行岗位职责的能力，在实验技术岗位一线工作，切实履行岗位职责和义务，并达到考核要求。

四、满足实验技术岗位所需要的专业、技能条件和身心健康要求。

五、实验技术人才申报各层级职称，除必须达到上述基本条件外，还应分别具备以下条件：

（一）实验员

1. 熟悉并能够运用本专业的基础理论知识和专业技术知识，有一定的实验技能和实践经验，能完成一般性技术工作。

2. 承担本单位或区域实验室建设与管理工作，维护实验安全，参与团队及学科建设和其他社会服务工作。

3. 具有本科及以上学历或学士及以上学位；或具有专科学历、高中阶段教育（包括普通高中、普通中专、成人中专、职业高中、技工学校，下同）学历，在相关专业岗位工作满 1 年并考核合格。

（二）助理实验师

1. 掌握并能够运用本专业基础理论和专业技术知识，有一定的实验技能和实践经验，能独立完成一般性技术工作。熟练使用与工作相关的仪器设备，能对一般仪器设备的日常故障进行诊断和维修，承担比较复杂仪器设备的技术管理，或协助研制实验仪器设备。能够参与实验技术、实验教学或实验管理项目，较好地完成实验任务，撰写实验报告。

2. 具有指导和培训实验员的能力。

3. 承担本单位或区域实验室建设与管理工作，维护实验安全，参与团队及学科建设和其他社会服务工作。

4. 具有硕士学位；或具有本科学历或学士学位，在相关专业岗位工作满 1 年；或具有专科学历，取得相关专业岗位员级职称后从事实验岗位工作满 2 年；或具备高中阶段教育学历，取得相关专业岗位员级职称后，从事实验岗位工作满 4 年。

（三）实验师

1. 熟练掌握并能够灵活运用本专业基础理论知识和专业技术知识，了解本专业新技术、新工艺、新设备、新材料的现状和发展趋势，解决本专业范围内实验技术问题；或参与实验课程教学或指导课程实验，且教学效果良好。

2. 参与重要实验项目或研究项目；或发表相关实验研究或技术论文；或撰写较高水平

实验报告；或参与编写实验教材、实验指导书；或负责大型仪器设备的操作；或参与研制实验仪器设备；或负责实验室精密仪器设备的调试、维护和检修等。

3. 具有指导和培训助理实验师的能力。

4. 承担本单位或区域实验室建设与管理工作，维护实验安全，参与团队及学科建设和其他社会服务工作。

5. 具有博士学位；或具有硕士学位，取得相关专业岗位助理级职称后从事实验工作满 2 年；或具有本科学历或学士学位，取得相关专业岗位助理级职称后从事实验工作满 4 年；或具有专科学历，取得相关专业岗位助理级职称后从事实验岗位工作满 4 年；或具备高中阶段教育学历，取得相关专业岗位助理级职称后，从事实验岗位工作满 5 年。

（四）高级实验师

1. 具有坚定的职业信念，在教学科研支撑、人才培养以及社会服务上做出了重要贡献，具有较强的实验创新能力，取得较突出的实验业绩成果。

2. 系统掌握专业基础理论知识和专业技术知识，熟练掌握本专业领域重要实验技术，具有跟踪本专业岗位领域国内外实验技术现状和发展趋势、组织本专业领域重要实验、解决本专业领域的关键性实验技术问题的能力。从事实验教学人员须系统掌握实验教学课程体系和专业知识，讲授实验教学课程或实际指导实验，教学效果优良。

3. 主要参与重要实验项目或研究项目；或发表较高水平的相关实验研究或技术论文；或掌握大型仪器设备的操作与维护，明确判断仪器设备故障，改进操作方法，解决关键问题；或负责研制实验仪器设备；或作为主要成员制定国家、行业或地方标准；或获得重要科技成果或实验技术教学成果；或获得重要专利成果转化；或作为主要参加者出版实验技术相关教材并被若干科研院所或学校使用等。

4. 培养本专业岗位中、初级实验技术人才，提高其技术能力和工作水平，指导开展实验与实践。

5. 承担本单位或区域实验室建设与管理工作，掌握实验室安全系统知识技能，识别和解决重要危险源，参与团队及学科建设和其他社会服务工作。

6. 具有博士学位，并在实验师岗位工作满 2 年；或具有本科及以上学历或学士及以上学位，并在实验师岗位工作满 5 年。

（五）正高级实验师

1. 具有坚定的职业信念，在教学科研支撑、人才培养以及社会服务上做出了突出贡献，具有很强的实验创新能力，取得突出的实验业绩成果。

2. 具有全面系统的专业理论功底，学术造诣或技术实践能力强，全面掌握本专业领域实验进展现状和发展趋势，能够针对实验工作提出建设性构想，对实验技术、实验能力以及实验室建设做出突出贡献，推动本专业发展。从事实验教学人员须深入系统地掌握实验教学课程体系和专业知识，主讲实验教学课程或实际指导实验，教学成果优秀。

3. 主持重要实验项目或研究项目；或发表高水平的相关实验研究或技术论文，在所属领域具有一定影响力；或支撑教学科研取得重大成果；或负责大型仪器设备的操作与维护，研制改造实验仪器设备、大型应用系统或开发大型仪器设备功能，解决关键问题；或作为主要成员制定国际、国家或行业标准；或获得重要科技成果或实验技术教学成果；或获得重要专利成果转化；或作为主编出版实验技术相关教材并被若干科研院所或学校使用等。

4. 负责本专业岗位实验技术队伍建设，培养本专业岗位实验技术人才，提高其技术能力和工作水平，指导开展实验与实践。

5. 承担本单位或区域实验室建设与管理工作，掌握实验室安全系统知识技能，识别和解决重要危险源，参与团队及学科建设和其他社会服务工作。

6. 一般应具有本科及以上学历或学士及以上学位，并在高级实验师岗位工作满 5 年。

（六）工资福利

国家机关、事业单位贯彻《国务院关于职工工作时间的规定》的实施办法

人薪发〔1995〕32号

第一条 根据《国务院关于职工工作时间的规定》（以下简称《规定》），制定本办法。

第二条 本办法适用于中华人民共和国境内的国家机关、社会团体和事业单位的职工。

第三条 职工每日工作8小时，每周工作40小时。国家机关、事业单位实行统一的工作时间，星期六和星期日为周休息日。实行这一制度，应保证完成工作任务。一些与人民群众的安全、保健及其他日常生活密切相关的机关、事业单位，需要在国家规定的周休息日和节假日继续工作的，要调整好人员和班制，加强内部管理，保证星期六和星期日照常工作，方便人民群众。

第四条 在特殊条件下从事劳动和有特殊情况，需要适当缩短工作时间的，由各省、自治区、直辖市和各主管部门按隶属关系提出意见，报人事部批准。

第五条 因工作性质或者职责限制，不能实行每日工作8小时、每周工作40小时标准工时制度的，由国务院行业主管部门制定实施意见，报人事部门批准后可实行不定时工作制或综合计算工作时间制等办法。

因工作需要，不能执行国家统一的工作和休息时间的部门和单位，可根据实际情况采取轮班制的办法，灵活安排周休息日，并报同级人事部门备案。

第六条 下列情况可以延长职工工作时间：

（一）由于发生严重自然灾害、事故或其他灾害使人民的安全健康和国家财产遭到严重威胁需要紧急处理的；

（二）为完成国家紧急任务或完成上级安排的其他紧急任务的。

第七条 根据本办法第六条延长职工工作时间的，应给职工安排相应的补休。

第八条 1995年5月1日实施《规定》有困难的事业单位，可以适当推迟，但最迟应当自1996年1月1日起施行。在推迟实施期间，仍按国家现行工时制度的有关规定执行。

第九条 各级人事部门对《规定》的执行情况进行监督检查。

第十条 各省、自治区、直辖市人民政府人事部门和国务院行业主管部门应根据《规定》和本办法，结合本地区、本行业的实际情况，提出实施意见，并报人事部备案。

第十一条 本办法自 1995 年 5 月 1 日起施行。

第十二条 本办法由人事部负责解释。

人事部

1995 年 3 月 26 日

关于印发《关于事业单位试行人员聘用制度有关工资待遇等问题的处理意见（试行）》的通知

国人部发〔2004〕63号

为贯彻落实《国务院办公厅转发人事部关于在事业单位试行人员聘用制度意见的通知》（国办发〔2002〕35号）精神，积极推进事业单位人事制度改革，现就事业单位试行人员聘用制度中有关工资待遇等问题，提出如下处理意见。

一、受聘人员的工资待遇

1. 试行人员聘用制度的事业单位，要在建立以聘用制和岗位管理为基本内容的新型用人制度的同时，进一步深化内部收入分配改革，逐步建立与事业单位人事制度改革相适应的分配激励机制。确定受聘人员的工资待遇，要与其岗位职责、工作绩效紧密结合，坚持按劳分配与按生产要素分配相结合，坚持效率优先、兼顾公平，向关键岗位和特殊岗位倾斜。

2. 经费来源主要由财政拨款的事业单位，以及经费来源部分由财政支持的事业单位，受聘人员的岗位工资待遇主要包括以下三部分：一是国家规定工资构成中的固定部分，根据所聘岗位的等级（专业技术职务等级、职员等级、工人技术职务和技术等级，下同）确定；二是国家规定工资构成中活的部分及单位收入中按国家有关规定可用于个人分配部分，由单位根据实际情况搞活分配；三是国家规定的津贴补贴，按现行政策执行。

3. 经费自理的事业单位，受聘人员的岗位工资待遇，由单位在核定的工资总额内，按照国家有关政策自主确定。受聘人员国家规定的工资待遇，由单位记载，并按国家工资政策相应调整，作为职工调动和养老保险制度改革前计发退休（退职）费的依据。

二、岗位变动人员的工资待遇

1. 受聘人员岗位变动后，按新聘岗位确定其工资待遇。

2. 由较高等级岗位受聘到较低等级岗位的人员，原则上按新聘岗位的等级就近就低确定国家规定的工资待遇。其中，对首次聘用时任原职务满5年、距法定退休年龄不足5年且符合订立聘用至退休合同条件的人员，可以保留原国家规定的工资待遇。

由较低等级岗位受聘到较高等级岗位的人员，按新聘岗位的等级就近就高确定国家规定的工资待遇。

3. 由工勤岗位受聘到专业技术岗位或管理岗位的人员，以及由专业技术岗位或管理岗位受聘到工勤岗位的人员，原则上按新聘岗位的等级重新确定国家规定的工资待遇。对首次聘用时由专业技术岗位或管理岗位受聘到工勤岗位的人员，任原职务满 5 年、符合订立聘用至退休合同条件的，可以保留原国家规定的工资待遇。

三、未聘人员及缓签聘用合同人员的待遇

1. 试行人员聘用制度中未聘人员的待遇，由各地区、各部门根据实际情况确定，在未聘期间按适当比例逐步递减，最低不低于未聘人员单位所在地人民政府规定的最低生活保障标准。

2. 经确诊患有难以治愈的严重疾病、精神病的缓签合同人员，在治疗期内执行国家规定的病假期间生活待遇。

四、解除聘用合同人员的待遇

1. 聘用单位依据国办发〔2002〕35 号文件的有关规定，向被解聘人员支付经济补偿时，以其上年实际领取的月平均工资计算。

被解聘人员上年实际领取的月平均工资低于本人同期国家规定工资构成中固定部分与国家规定的津贴补贴之和的，按被解聘人员同期国家规定工资构成中固定部分与国家规定的津贴补贴之和计算。

被解聘人员上年实际领取的月平均工资高于当地月平均工资 3 倍以上的，按当地月平均工资的 3 倍计算。当地月平均工资标准，按国家统计部门公布的聘用单位所在地同期职工平均工资确定。

2. 聘用单位、受聘人员双方经协商一致解除聘用合同的，以及聘用单位、受聘人员单方面解除聘用合同（不含随时单方面解除聘用合同）的，被重新录（聘）用到国家机关、事业单位后，被解聘人员解聘前的工龄与重新录用后的工龄合并计算为连续工龄。

3. 受聘人员因被录用或选调到国家机关工作、依法服兵役及考入普通高等院校而随时单方面解除聘用合同的，解聘前的工作时间计算为工龄。

五、受聘人员的退休（退职）待遇

1. 受聘人员原则上按所聘岗位国家规定的条件办理退休（退职）。在养老保险制度改革前，退休（退职）费以本人退休（退职）时国家规定工资构成中固定部分与活的部分两项之和为基数，按照国家规定的比例计发；已参加当地养老保险费社会统筹的事业单位，按当地的有关规定享受养老保险待遇。

2. 对由工勤岗位受聘到专业技术或管理岗位的人员，在专业技术岗位或管理岗位聘用满 10 年（本意见下发前已被聘用的，可连续计算）且在所聘岗位退休（退职）的，可按所聘岗位国家规定的条件办理退休（退职），并享受相应的退休（退职）待遇。

3. 对首次聘用时由专业技术岗位或管理岗位受聘到工勤岗位的人员，任原职务满 5 年、符合订立聘用至退休合同且保留原国家规定工资待遇的，应按专业技术岗位或管理岗位国家规定的条件办理退休（退职），并享受相应的退休（退职）待遇。

六、把握政策，严格程序

事业单位实行人员聘用制度改革中的工资待遇问题，政策性强，情况复杂，涉及广大职工的切身利益，各级人事部门和事业单位要高度重视，严格把握政策和程序，积极稳妥地开展这项工作。

各事业单位在研究拟定受聘人员岗位的工资待遇分配办法时，要根据国家有关政策，逐步规范个人收入，认真清理政策外各项津补贴收入，实现职工个人收入的公开化、透明化。同时要兼顾国家、集体、个人三者利益，正确处理改革、发展、稳定的关系，妥善处理各类人员之间的关系，分配改革方案需充分听取群众的意见，经职工代表大会审议，并报上级主管部门审核和政府人事部门备案。其中，事业单位领导人员的收入分配办法，应按干部管理权限报主管部门批准。

各级人事部门要抓住在事业单位实行人员聘用制度改革的契机，积极指导事业单位进一步深化内部收入分配改革，并加强对事业单位工资收入分配的调控和管理，认真研究和妥善处理本地区、本部门实施中的具体问题，确保人员聘用制改革的平稳顺利进行。

人事部

2004 年 7 月 12 日

国务院批转发展改革委等部门关于深化收入分配制度改革若干意见的通知

国发〔2013〕6号

各省、自治区、直辖市人民政府，国务院各部委、各直属机构：

国务院同意发展改革委、财政部、人力资源社会保障部《关于深化收入分配制度改革的若干意见》，现转发给你们，请认真贯彻执行。

收入分配制度是经济社会发展中一项带有根本性、基础性的制度安排，是社会主义市场经济体制的重要基石。改革开放以来，我国收入分配制度改革不断推进，与基本国情、发展阶段相适应的收入分配制度基本建立。同时，收入分配领域仍存在一些亟待解决的突出问题，城乡区域发展差距和居民收入分配差距依然较大，收入分配秩序不规范，隐性收入、非法收入问题比较突出，部分群众生活比较困难。当前，我国已经进入全面建成小康社会的决定性阶段，按照党的十八大提出的千方百计增加居民收入的战略部署，要继续深化收入分配制度改革，优化收入分配结构，调动各方面积极性，促进经济发展方式转变，维护社会公平正义与和谐稳定，实现发展成果由人民共享，为全面建成小康社会奠定扎实基础。

我国仍处于并将长期处于社会主义初级阶段，当前收入分配领域出现的问题是发展中的矛盾、前进中的问题，必须通过促进发展、深化改革来逐步加以解决。解决这些问题，也是城乡居民在收入普遍增加、生活不断改善过程中的新要求新期待。同时也应该看到，深化收入分配制度改革，是一项十分艰巨复杂的系统工程，不可能一蹴而就，必须从我国基本国情和发展阶段出发，立足当前、着眼长远，克难攻坚、有序推进。

深化收入分配制度改革，要坚持共同发展、共享成果。倡导勤劳致富、支持创业创新、保护合法经营，在不断创造社会财富、增强综合国力的同时，普遍提高人民富裕程度。坚持注重效率、维护公平。初次分配和再分配都要兼顾效率和公平，初次分配要注重效率，创造机会公平的竞争环境，维护劳动收入的主体地位；再分配要更加注重公平，提高公共资源配置效率，缩小收入差距。坚持市场调节、政府调控。充分发挥市场机制在要素配置和价格形成中的基础性作用，更好地发挥政府对收入分配的调控作用，规范收入分配秩序，增加低收入者收入，调节过高收入。坚持积极而为、量力而行。妥善处理好改革发展稳定的关系，着力解决人民群众反映突出的矛盾和问题，突出增量改革，带动存量调整。

各地区、各部门要深入学习和全面贯彻落实党的十八大精神，充分认识深化收入分配制度改革的重大意义，将其列入重要议事日程，建立统筹协调机制，把落实收入分配政策、增加城乡居民收入、缩小收入分配差距、规范收入分配秩序作为重要任务。各有关部门要围绕重点任务，明确工作责任，抓紧研究出台配套方案和实施细则，及时跟踪评估政策实施效果。各地区要结合本地实际，制定具体措施，确保改革各项任务落到实处。要坚持正确的舆论导向，引导社会预期，回应群众关切，凝聚各方共识，形成改革合力，为深化收入分配制度改革营造良好的社会环境。

国务院

2013 年 2 月 3 日

关于深化收入分配制度改革的若干意见

为贯彻落实党的十八大提出的“实现发展成果由人民共享，必须深化收入分配制度改革”要求，深入推进“十二五”规划实施，完善收入分配结构和制度，增加城乡居民收入，缩小收入分配差距，规范收入分配秩序，现提出以下意见：

一、充分认识深化收入分配制度改革的重要性和艰巨性

改革开放以来，我国收入分配制度改革逐步推进，破除了传统计划经济体制下平均主义的分配方式，在坚持按劳分配为主体的基础上，允许和鼓励资本、技术、管理等要素按贡献参与分配，不断加大收入分配调节力度。经过三十多年的探索与实践，按劳分配为主体、多种分配方式并存的分配制度基本确立，以税收、社会保障、转移支付为主要手段的再分配调节框架初步形成，有力地推动了社会主义市场经济体制的建立，极大地促进了国民经济快速发展，城乡居民人均实际收入平均每十年翻一番，家庭财产稳定增加，人民生活水平显著提高。实践证明，我国收入分配制度是与基本国情、发展阶段总体相适应的。

特别是党的十六大以来，按照科学发展观和构建社会主义和谐社会的要求，充分发挥再分配调节功能，加大对保障和改善民生的投入，彻底取消农业税，大幅增加涉农补贴，全面实施免费义务教育，加快建立社会保障体系，深入推进医药卫生体制改革，大力加强保障性住房建设，城乡最低生活保障标准和扶贫标准大幅提升，企业退休人员基本养老金水平持续提高，近年来农村居民收入增速快于城镇居民，城乡收入差距缩小态势开始显现，居民收入占国民收入比重有所提高，收入分配制度改革取得新的进展。

同时，也要看到收入分配领域仍存在一些亟待解决的突出问题，主要是城乡区域发展差距和居民收入分配差距依然较大，收入分配秩序不规范，隐性收入、非法收入问题比较突出，部分群众生活比较困难，宏观收入分配格局有待优化。这些问题的产生，既与我国基本国情、发展阶段密切相关，具有一定的客观必然性和阶段性特征，也与收入分配及相关领域的体制改革不到位、政策不落实等直接相关。

当前，我国已经进入全面建成小康社会的决定性阶段。深化收入分配制度改革，优化收入分配结构，构建扩大消费需求的长效机制，是加快转变经济发展方式的迫切需要；深化收入分配制度改革，切实解决一些领域分配不公问题，防止收入分配差距过大，规范收入分配

秩序，是维护社会公平正义与和谐稳定的根本举措；深化收入分配制度改革，处理好劳动与资本、城市与农村、政府与市场等重大关系，推动相关领域改革向纵深发展，是完善社会主义市场经济体制的重要内容；深化收入分配制度改革，使发展成果更多更公平惠及全体人民，为逐步实现共同富裕奠定物质基础和制度基础，是体现社会主义本质的必然要求。

我国仍处于并将长期处于社会主义初级阶段，是世界上人口最多的发展中国家，区域之间发展条件差异大，城乡二元结构短期内难以根本改变，工业化、信息化、城镇化和农业现代化还在深入发展。要充分认识到，当前收入分配领域出现的问题是发展中的矛盾、前进中的问题，必须通过促进发展、深化改革来逐步加以解决。解决这些问题，也是城乡居民在收入普遍增加、生活不断改善过程中的新要求新期待。同时也应该看到，深化收入分配制度改革，是一项十分艰巨复杂的系统工程，涉及方方面面利益调整，不可能一蹴而就，必须从我国基本国情和发展阶段出发，立足当前、着眼长远，克难攻坚、有序推进。

二、准确把握深化收入分配制度改革的总体要求和主要目标

1. 总体要求。全面贯彻落实党的十八大精神，以邓小平理论、“三个代表”重要思想、科学发展观为指导，立足基本国情，坚持以经济建设为中心，在发展中调整收入分配结构，着力创造公开公平公正的体制环境，坚持按劳分配为主体、多种分配方式并存，坚持初次分配和再分配调节并重，继续完善劳动、资本、技术、管理等要素按贡献参与分配的初次分配机制，加快健全以税收、社会保障、转移支付为主要手段的再分配调节机制，以增加城乡居民收入、缩小收入分配差距、规范收入分配秩序为重点，努力实现居民收入增长和经济发展同步，劳动报酬增长和劳动生产率提高同步，逐步形成合理有序的收入分配格局，促进经济持续健康发展和社会和谐稳定。

2. 主要目标。

——城乡居民收入实现倍增。到2020年实现城乡居民人均实际收入比2010年翻一番，力争中低收入者收入增长更快一些，人民生活水平全面提高。

——收入分配差距逐步缩小。城乡、区域和居民之间收入差距较大的问题得到有效缓解，扶贫对象大幅减少，中等收入群体持续扩大，“橄榄型”分配结构逐步形成。

——收入分配秩序明显改善。合法收入得到有力保护，过高收入得到合理调节，隐性收入得到有效规范，非法收入予以坚决取缔。

——收入分配格局趋于合理。居民收入在国民收入分配中的比重、劳动报酬在初次分配中的比重逐步提高，社会保障和就业等民生支出占财政支出比重明显提升。

三、继续完善初次分配机制

完善劳动、资本、技术、管理等要素按贡献参与分配的初次分配机制。实施就业优先战略和更加积极的就业政策，扩大就业创业规模，创造平等就业环境，提升劳动者获取收入能力，实现更高质量的就业。深化工资制度改革，完善企业、机关、事业单位工资决定和增长机制。推动各种所有制经济依法平等使用生产要素、公平参与市场竞争、同等受到法律保护，形成主要由市场决定生产要素价格的机制。

3. 促进就业机会公平。大力支持服务业、劳动密集型企业、小型微型企业和创新型科

技企业发展，创造更多就业岗位。完善税费减免和公益性岗位、岗位培训、社会保险、技能鉴定补贴等政策，促进以高校毕业生为重点的青年、农村转移劳动力、城镇困难人员、退役军人就业。完善和落实小额担保贷款、财政贴息等鼓励自主创业政策。借鉴推广公务员招考的办法，完善和落实事业单位公开招聘制度，在国有企业全面推行分级分类的公开招聘制度，切实做到信息公开、过程公开、结果公开。

4. 提高劳动者职业技能。健全面向全体劳动者的职业培训制度，足额提取并合理使用企业职工教育培训经费，保障职工带薪最短培训时间。新增财政教育投入向职业教育倾斜，逐步实行中等职业教育免费制度。建立健全向农民工免费提供职业教育和技能培训制度。完善社会化职业技能培训、考核、鉴定、认证体系，规范职业技能鉴定收费标准。提高技能人才经济待遇和社会地位。

5. 促进中低收入职工工资合理增长。建立反映劳动力市场供求关系和企业经济效益的工资决定及正常增长机制。完善工资指导线制度，建立统一规范的企业薪酬调查和信息发布制度。根据经济发展、物价变动等因素，适时调整最低工资标准，到 2015 年绝大多数地区最低工资标准达到当地城镇从业人员平均工资的 40% 以上。研究发布部分行业最低工资标准。以非公有制企业为重点，积极稳妥推行工资集体协商和行业性、区域性工资集体协商，到 2015 年，集体合同签订率达到 80%，逐步解决一些行业企业职工工资过低的问题。落实新修订的劳动合同法，研究出台劳务派遣规定等配套规章，严格规范劳务派遣用工行为，依法保障被派遣劳动者的同工同酬权利。

6. 加强国有企业高管薪酬管理。对部分过高收入行业的国有及国有控股企业，严格实行企业工资总额和工资水平双重调控政策，逐步缩小行业工资收入差距。建立与企业领导人分类管理相适应、选任方式相匹配的企业高管人员差异化薪酬分配制度，综合考虑当期业绩和持续发展，建立健全根据经营管理绩效、风险和责任确定薪酬的制度，对行政任命的国有企业高管人员薪酬水平实行限高，推广薪酬延期支付和追索扣回制度。缩小国有企业内部分配差距，高管人员薪酬增幅应低于企业职工平均工资增幅。对非国有金融企业和上市公司高管薪酬，通过完善公司治理结构，增强董事会、薪酬委员会和股东大会在抑制畸高薪酬方面的作用。

7. 完善机关事业单位工资制度。建立公务员和企业相当人员工资水平调查比较制度，完善科学合理的职务与职级并行制度，适当提高基层公务员工资水平；调整优化工资结构，降低津贴补贴所占比例，提高基本工资占比；提高艰苦边远地区津贴标准，抓紧研究地区附加津贴实施方案。结合分类推进事业单位改革，建立健全符合事业单位特点、体现岗位绩效和分级分类管理的工资分配制度。

8. 健全技术要素参与分配机制。建立健全以实际贡献为评价标准的科技创新人才薪酬制度，鼓励企事业单位对紧缺急需的高层次、高技能人才实行协议工资、项目工资等。加强知识产权保护，完善有利于科技成果转移转化的分配政策，探索建立科技成果入股、岗位分红权激励等多种分配办法，保障技术成果在分配中的应得份额。完善高层次、高技能人才特殊津贴制度。允许和鼓励品牌、创意等参与收入分配。

9. 多渠道增加居民财产性收入。加快发展多层次资本市场，落实上市公司分红制度，强化监管措施，保护投资者特别是中小投资者合法权益。推进利率市场化改革，适度扩大存贷款利率浮动范围，保护存款人权益。严格规范银行收费行为。丰富债券基金、货币基金等基金产品。支持有条件的企业实施员工持股计划。拓宽居民租金、股息、红利等增收渠道。

10. 建立健全国有资本收益分享机制。全面建立覆盖全部国有企业、分级管理的国有资本经营预算和收益分享制度，合理分配和使用国有资本收益，扩大国有资本收益上交范围。适当提高中央企业国有资本收益上交比例，“十二五”期间在现有比例上再提高5个百分点左右，新增部分的一定比例用于社会保障等民生支出。

11. 完善公共资源占用及其收益分配机制。建立健全资源有偿使用制度和生态环境补偿机制。完善公开公平公正的国有土地、海域、森林、矿产、水等公共资源出让机制，加强对自然垄断行业的监管，防止通过不正当手段无偿或低价占有和使用公共资源。建立健全公共资源出让收益全民共享机制，出让收益主要用于公共服务支出。

四、加快健全再分配调节机制

加快健全以税收、社会保障、转移支付为主要手段的再分配调节机制。健全公共财政体系，完善转移支付制度，调整财政支出结构，大力推进基本公共服务均等化。加大税收调节力度，改革个人所得税，完善财产税，推进结构性减税，减轻中低收入者和小型微型企业税费负担，形成有利于结构优化、社会公平的税收制度。全面建成覆盖城乡居民的社会保障体系，按照全覆盖、保基本、多层次、可持续方针，以增强公平性、适应流动性、保证可持续性为重点，不断完善社会保险、社会救助和社会福利制度，稳步提高保障水平，实行全国统一的社会保障卡制度。

12. 集中更多财力用于保障和改善民生。加大对教育、就业、社会保障、医疗卫生、保障性住房、扶贫开发等方面的支出，进一步加大对中西部地区特别是革命老区、民族地区、边疆地区和贫困地区的财力支持。严格控制行政事业单位机构编制，“十二五”期间中央和地方机构编制总量只减不增，减少领导职数，降低行政成本。坚决反对铺张浪费，严格控制“三公”经费预算，全面公开“三公”经费使用情况。“十二五”时期社会保障和就业支出占财政支出比重提高2个百分点左右。

13. 加大促进教育公平力度。合理配置教育资源，重点向农村、边远、贫困、民族地区倾斜。全面落实九年义务教育免费政策，严格规范教育收费行为。进一步完善普通高中、普通本科高校、中等职业学校和高等职业院校家庭经济困难学生国家资助政策，逐步提高补助标准。为家庭经济困难儿童、孤儿和残疾儿童接受学前教育提供补助。切实解决农民工随迁子女平等接受义务教育和参加当地中考、高考问题。

14. 加强个人所得税调节。加快建立综合与分类相结合的个人所得税制度。完善高收入者个人所得税的征收、管理和处罚措施，将各项收入全部纳入征收范围，建立健全个人收入双向申报制度和全国统一的纳税人识别号制度，依法做到应收尽收。取消对外籍个人从外商投资企业取得的股息、红利所得免征个人所得税等税收优惠。

15. 改革完善房地产税等。完善房产保有、交易等环节税收制度，逐步扩大个人住房房产税改革试点范围，细化住房交易差别化税收政策，加强存量房交易税收征管。扩大资源税征收范围，提高资源税税负水平。合理调整部分消费税的税目和税率，将部分高档娱乐消费和高档奢侈消费品纳入征收范围。研究在适当时期开征遗产税问题。

16. 完善基本养老保险制度。全面落实城镇职工基本养老保险省级统筹，“十二五”期末实现基础养老金全国统筹。分类推进事业单位养老保险制度改革，研究推进公务员养老保险制度改革。提高农民工养老保险参保率。健全城镇居民和新型农村社会养老保险制度。建立兼顾各类人员的养老保障待遇确定机制和正常调整机制。发展企业年金和职业年金，发挥商业保险补充性作用。扩大社会保障基金筹资渠道，建立社会保险基金投资运营制度。

17. 加快健全全民医保体系。提高城镇居民基本医疗保险和新型农村合作医疗筹资和待遇水平，整合城乡居民基本医疗保险制度。稳步推进职工医保、城镇居民医保和新农合门诊统筹。“十二五”期末基本医疗保险政策范围内医保基金支付水平达到75%以上，明显缩小与实际住院费用报销支付比例的差距。建立城乡居民大病保险制度，完善城乡医疗救助制度。全面实现统筹区域和省内异地就医即时结算。逐步增加人均基本公共卫生服务经费，提高基本公共卫生服务水平。

18. 加大保障性住房供给。建立市场配置和政府保障相结合的住房制度，加强保障性住房建设和管理，满足困难家庭基本需求。“十二五”期末全国城镇保障性住房覆盖面达到20%左右，按质量标准完成农村困难家庭危房改造1 000万户以上，实现全国游牧民定居目标。

19. 加强对困难群体救助和帮扶。健全城乡低收入群体基本生活保障标准与物价上涨挂钩的联动机制，逐步提高城乡居民最低生活保障水平。提高优抚对象抚恤补助标准。建立健全经济困难的高龄、独居、失能等老年人补贴制度。完善孤儿基本生活保障制度，推进孤儿集中供养，建立其他困境儿童生活救助制度。建立困难残疾人生活补贴和重度残疾人护理补贴制度。

20. 大力发展社会慈善事业。积极培育慈善组织，简化公益慈善组织的审批程序，鼓励有条件的企业、个人和社会组织举办医院、学校、养老服务等公益事业。落实并完善慈善捐赠税收优惠政策，对企业公益性捐赠支出超过年度利润总额12%的部分，允许结转以后年度扣除。加强慈善组织监督管理。

五、建立健全促进农民收入较快增长的长效机制

坚持工业反哺农业、城市支持农村和多予少取放活方针，加快完善城乡发展一体化体制机制，加大强农惠农富农政策力度，促进工业化、信息化、城镇化和农业现代化同步发展，促进公共资源在城乡之间均衡配置、生产要素在城乡之间平等交换和自由流动，促进城乡规划、基础设施、公共服务一体化，建立健全农业转移人口市民化机制，统筹推进户籍制度改革和基本公共服务均等化。

21. 增加农民家庭经营收入。健全农产品价格保护制度，稳步提高重点粮食品种最低收购价，完善大宗农产品临时收储政策。着力推进农业产业化，大力发展农民专业合作和股份合作，培养新型经营主体，支持适度规模经营，加大对农村社会化服务体系的投入，促进产销对接和农超对接，使农民合理分享农产品加工、流通增值收益。因地制宜培育发展特色高效农业和乡村旅游，使农民在农业功能拓展中获得更多收益。

22. 健全农业补贴制度。建立健全农业补贴稳定增长机制，完善良种补贴、农资综合补贴和粮食直补政策，增加农机购置补贴规模，完善农资综合补贴动态调整机制，新增农业补

贴向粮农和种粮大户倾斜。完善林业、牧业和渔业扶持政策。逐步扩大农业保险保费补贴范围，适当提高保费补贴比例，进一步细化和稳步扩大农村金融奖补政策。

23. 合理分享土地增值收益。搞好农村土地确权、登记、颁证工作，依法保障农民的土地财产权。按照依法自愿有偿原则，允许农民以多种形式流转土地承包经营权，确保农民分享流转收益。完善农村宅基地制度，保障农户宅基地用益物权。改革征地制度，依法保障农民合法权益，提高农民在土地增值收益中的分配比例。

24. 加大扶贫开发投入。大幅增加财政专项扶贫资金，新增部分主要用于支持集中连片特殊困难地区扶贫攻坚，加大以工代赈力度，努力实现贫困地区农民人均收入增长幅度高于全国平均水平。“十二五”时期，对240万生存条件恶劣地区的农村贫困人口实施异地扶贫搬迁；按照人均2 300元（2010年不变价）的扶贫标准，到2015年扶贫对象减少8 000万人左右。

25. 有序推进农业转移人口市民化。制定公开透明的各类城市农业转移人口落户政策，探索建立政府、企业、个人共同参与的市民化成本分担机制，把有稳定劳动关系、在城镇居住一定年限并按规定参加社会保险的农业转移人口逐步转为城镇居民，重点推进解决举家迁徙及新生代农民工落户问题。实施全国统一的居住证制度，努力实现城镇基本公共服务常住人口全覆盖。

六、推动形成公开透明、公正合理的收入分配秩序

大力整顿和规范收入分配秩序，加强制度建设，健全法律法规，加强执法监管，加大反腐力度，加强信息公开，实行社会监督，加强基础工作，提升技术保障，保护合法收入，规范隐性收入，取缔非法收入。

26. 加快收入分配相关领域立法。研究出台社会救助、慈善事业、扶贫开发、企业工资支付保障、集体协商、国有资本经营预算、财政转移支付管理等方面法律法规，及时修订完善土地管理、矿产资源管理、税收征管、房产税等方面法律法规。建立健全财产登记制度，完善财产法律保护制度，保障公民合法财产权益。

27. 维护劳动者合法权益。健全工资支付保障机制，将拖欠工资问题突出的领域和容易发生拖欠的行业纳入重点监控范围，完善与企业信用等级挂钩的差别化工资保证金缴纳办法。落实清偿欠薪的工程总承包企业负责制、行政司法联动打击恶意欠薪制度、保障工资支付属地政府负责制度。完善劳动争议处理机制，加大劳动保障监察执法力度。

28. 清理规范工资外收入。严格规范党政机关各种津贴补贴和奖金发放行为，抓紧出台规范改革性补贴的实施意见。加强事业单位创收管理，规范科研课题和研发项目经费管理使用，严格公务招待费审批和核算等制度规定。严格控制国有及国有控股企业高管人员职务消费，规范车辆配备和使用、业务招待、考察培训等职务消费项目和标准，职务消费接受职工民主监督，相关账目要公开透明。

29. 加强领导干部收入管理。全面落实《关于领导干部报告个人有关事项的规定》，严格执行各级领导干部如实报告收入、房产、投资、配偶子女从业等情况的规定，对隐报瞒报、弄虚作假等行为，通过抽查、核查，及时纠正，严肃处理。继续规范领导干部离职、辞职或退（离）休后的个人从业行为，严格按照有关程序、条件和要求办理兼职任职审批事项。

30. 严格规范非税收入。按照正税清费的原则，继续推进费改税，进一步清理整顿各种行政事业性收费和政府性基金，坚决取消不合法、不合理的收费和基金项目，收费项目适当降低收费标准。建立健全政府非税收入收缴管理制度。

31. 打击和取缔非法收入。围绕国企改制、土地出让、矿产开发、工程建设等重点领域，强化监督管理，堵住获取非法收入的漏洞。严厉打击走私贩私、偷税逃税、内幕交易、操纵股市、制假售假、骗贷骗汇等经济犯罪活动。严厉查处权钱交易、行贿受贿行为。深入治理商业贿赂。加强反洗钱工作和资本外逃监控。

32. 健全现代支付和收入监测体系。大力推进薪酬支付工资化、货币化、电子化，加快现代支付结算体系建设，落实金融账户实名制，推广持卡消费，规范现金管理。完善机关和国有企事业单位发票管理和财务报销制度，全面推行公务卡支付结算制度。整合公安、民政、社保、住房、银行、税务、工商等相关部门信息资源，建立健全社会信用体系和收入信息监测系统，完善个人所得税信息管理系统。建立城乡住户收支调查一体化制度。

七、加强深化收入分配制度改革的组织领导

33. 统一认识，加强领导。各地区、各部门要深入学习和全面贯彻落实党的十八大精神，充分认识深化收入分配制度改革的重大意义，将其列入重要议事日程，建立统筹协调机制，把落实收入分配政策、增加城乡居民收入、缩小收入分配差距、规范收入分配秩序作为重要任务，纳入日常考核。各有关部门要深入调查研究，加强工作指导，强化监督检查，认真总结经验，及时解决改革中出现的突出矛盾和问题。

34. 突出重点，强化实施。收入分配制度改革要与国有企业、行政体制、财税金融体制等相关重点领域改革有机结合、协同推进。各有关部门要围绕重点任务，明确工作责任，抓紧研究出台配套方案和实施细则，及时跟踪评估政策实施效果。各地区要结合本地实际，制定具体措施，确保改革各项任务落到实处。鼓励部分地区、部分领域先行先试，积极探索。

35. 深入宣传，注重引导。坚持正确的舆论导向，引导全社会从基本国情和发展阶段出发，正确认识当前存在的收入分配问题，深入宣传坚持科学发展是解决收入分配问题的根本途径，实现社会公平正义是我们坚定不移的目标。切实做好各项改革政策的解读工作，加深对收入分配制度改革艰巨性、复杂性的认识，引导社会预期，回应群众关切，凝聚各方共识，形成改革合力，为深化收入分配制度改革营造良好的社会环境。

人力资源社会保障部 财政部 国家卫生计生委 国家中医药管理局关于开展公立医院薪酬制度改革试点工作的指导意见

人社部发〔2017〕10号

各省、自治区、直辖市人民政府：

为贯彻落实党的十八大和十八届三中、五中全会关于研究建立适应行业特点的公立医院薪酬制度精神，落实全国卫生与健康大会的有关要求，决定开展公立医院薪酬制度改革试点工作。经国务院同意，现提出如下意见。

一、开展公立医院薪酬制度改革试点的重要意义

公立医院一直执行事业单位统一的工资制度、工资政策和工资标准，对调动医务人员积极性发挥了积极作用。随着深化医药卫生体制改革和事业单位分类改革的推进，公立医院现行工资制度不能完全适应改革发展形势的要求。医疗行业人才培养周期长、职业风险高、技术难度大、责任担当重，建立符合医疗行业特点、体现以知识价值为导向的公立医院薪酬制度，是深化医药卫生体制改革和事业单位收入分配制度改革的重要内容，对确立公立医院激励导向和增强公立医院公益性，调动医务人员的积极性、主动性、创造性，推动公立医院事业的发展，都具有重要意义。完善公立医院薪酬制度关系到医务人员的切身利益，关系到医改的成效，涉及面广，政策性强，情况复杂，需要经过试点取得经验后再全面推行。

二、公立医院薪酬制度改革试点的指导思想和基本原则

开展公立医院薪酬制度改革试点的指导思想是，贯彻落实党的十八大和十八届三中、五中、六中全会精神，按照深化医药卫生体制改革和收入分配制度改革的总体部署，与医疗、医保、医药联动改革相衔接，积极稳妥开展试点，探索建立适应我国医疗行业特点的公立医院薪酬制度，完善正常调整机制，健全激励约束机制，以增加知识价值为导向进行分配，着力体现医务人员技术劳务价值，规范收入分配秩序，逐步实现公立医院收入分配的科学化和规范化，增强公立医院公益性，调动医务人员积极性，不断提高医疗服务质量和水平。

开展公立医院薪酬制度改革试点的基本原则：

——坚持激励与约束相结合。适应公立医院综合改革要求，与公立医院管理体制、运行机制、服务价格调整、医保支付、人事管理、控制不合理医疗费用以及推进分级诊疗、家庭医生签约服务等改革相衔接，健全与岗位职责、工作业绩、实际贡献紧密联系的分配激励机制，加强宏观调控和有效监管，规范医务人员收入分配秩序。

——坚持按劳分配与按生产要素分配相结合。适应行业特点的要求，坚持中西医并重，完善公立医院内部分配制度和分配机制，合理体现医务人员技术劳务价值。

——坚持动态调整与合理预期相结合。在确保医疗机构良性运行、基本医保支出可承受、群众整体负担不增加、提高医疗服务水平的基础上，动态调整公立医院薪酬水平，与国民经济发展相协调、与社会进步相适应。妥善处理不同地区、不同等级、不同类型公立医院之间收入分配关系。

三、公立医院薪酬制度改革试点的主要内容

试点地区要根据医疗卫生行业特点，完善适应行业特点的公立医院薪酬制度。

（一）优化公立医院薪酬结构

要结合公立医院公益性定位、工作特点和本地实际，以及不同公立医院的功能定位和医、护、技、药、管等不同岗位职责要求，合理确定公立医院薪酬结构，注重医务人员长期激励。完善岗位绩效工资制，有条件的可探索实行年薪制、协议工资制等多种模式。

（二）合理确定公立医院薪酬水平

人力资源社会保障、财政部门根据当地经济发展、财政状况、工作量、服务质量、公益目标完成情况、成本控制、绩效考核结果等，按照"允许医疗卫生机构突破现行事业单位工资调控水平，允许医疗服务收入扣除成本并按规定提取各项基金后主要用于人员奖励"的要求，在现有水平基础上合理确定公立医院薪酬水平和绩效工资总量，逐步提高诊疗费、护理费、手术费等医疗服务收入在医院总收入中的比例。对高层次人才聚集、公益目标任务繁重，承担科研、教学任务以及需要重点发展的公立医院或绩效考核评价结果优秀的公立医院，适当提高薪酬水平。建立动态调整机制，稳步提高医务人员薪酬水平，调动医务人员积极性。

（三）推进公立医院主要负责人薪酬改革

公立医院主管部门根据公立医院考核评价结果、个人履职情况、职工满意度等因素，合理确定医院主要负责人的薪酬水平。公立医院主要负责人薪酬水平应高于本院平均薪酬水平，并与本院职工薪酬水平保持合理关系。鼓励公立医院主管部门对公立医院主要负责人探索实行年薪制。

（四）落实公立医院分配自主权

公立医院在核定的薪酬总量内进行自主分配。医院制定绩效分配办法要充分发扬民主，广泛征求职工意见，充分体现医、护、技、药、管等不同岗位差异，兼顾不同学科之间的平衡，向关键和紧缺岗位、高风险和高强度岗位、高层次人才、业务骨干和作出突出成绩的医

务人员倾斜，向人民群众急需且专业人才短缺的专业倾斜，体现知识、技术、劳务、管理等要素的价值，避免大锅饭。适当提高低年资医生薪酬水平，统筹考虑编制内外人员薪酬待遇，推动公立医院编制内外人员同岗同薪同待遇。严禁向科室和医务人员下达创收指标，医务人员个人薪酬不得与药品、卫生材料、检查、化验等业务收入挂钩。

（五）健全以公益性为导向的考核评价机制

公立医院主管部门要制定科学的公立医院考核评价指标体系，综合考虑职责履行、工作量、服务质量、费用控制、运行绩效、成本控制、医保政策执行情况等因素，定期组织考核，考核结果与医院薪酬总量挂钩。对考核不合格的医院，要适当降低薪酬水平。

公立医院主管部门要制定公立医院主要负责人的绩效考核评价办法，综合考虑工作责任、医院管理的实际情况、医院考核评价结果和任期目标任务完成情况等因素，定期组织考核，考核结果与公立医院主要负责人薪酬挂钩。

公立医院要制定内部考核评价办法，综合考虑岗位工作量、服务质量、行为规范、技术能力、医德医风和患者满意度等因素，考核结果与医务人员薪酬挂钩。

（六）经费来源

公立医院薪酬制度改革试点工作所需经费，通过原渠道解决。完善公立医院收入中可用于工作人员收入分配的资金管理政策。

（七）试点范围和时间

上海、江苏、浙江、安徽、福建、湖南、重庆、四川、陕西、青海、宁夏等 11 个综合医改试点省份各选择 3 个市（州、区），除西藏外的其他省份各选择 1 个公立医院综合改革试点城市进行试点。从发文之日起开展试点工作，为期 1 年。未列入试点范围的公立医院综合改革试点城市和各县（市）可先行探索制定公立医院绩效工资总量核定办法。

（八）加强监督管理

试点地区要加强对公立医院薪酬分配的监督管理，试点医院要严格执行国家工资政策，严肃分配纪律，按照有关规定严肃查处医务人员收受红包、回扣等违规违纪行为。公立医院主管部门应于次年初将上年公立医院收入分配情况和负责人薪酬水平报同级政府人力资源社会保障、财政部门和医改办备案。

四、做好公立医院薪酬制度改革试点工作的要求

（一）加强对试点工作的领导

人力资源社会保障部、财政部、国家卫生计生委、国家中医药管理局负责试点工作的政策指导和监督检查工作，建立试点工作通报制度。试点地区要在当地党委、政府领导下，成立试点工作领导小组，人力资源社会保障部门牵头负责，各部门密切配合，在推进公立医院管理体制、运行机制、价格调整、医保支付、人事管理改革的同时开展试点，要明确责任分工和进度安排，抓好任务分解，务求取得实效。

（二）精心组织做好试点工作

试点地区要根据本指导意见的精神和要求，结合本地实际研究制定试点实施方案，组织开展试点，并报四部门备案以及按季度报送进展情况，于试点工作结束后 1 个月内报送试点工作总结。试点地区在制定实施方案时和试点工作中，要考虑全国实施的可行性，形成可复制、可持续、可推广的实践经验。

（三）做好舆论引导和稳定工作

试点地区人力资源社会保障、财政、卫生计生、中医药管理部门要做好政策解释和思想政治工作，及时制定应急预案，密切关注社会舆情，确保试点工作平稳顺利进行。

人力资源社会保障部
财政部
国家卫生计生委
国家中医药管理局
2017 年 1 月 24 日

人力资源社会保障部　财政部
国家卫生计生委　国家中医药管理局关于
扩大公立医院薪酬制度改革试点的通知

人社部发〔2017〕92号

各省、自治区、直辖市人民政府：

《关于开展公立医院薪酬制度改革试点工作的指导意见》（人社部发〔2017〕10号，以下简称《指导意见》）印发后，各地精心组织、扎实推进，取得了阶段性成效。根据国务院第189次常务会议关于扩大公立医院薪酬制度改革试点的精神，现就有关事项通知如下：

一、扩大试点范围

各省（自治区、直辖市）结合本地实际，进一步积极、自主扩大公立医院薪酬制度改革试点范围，除按照《指导意见》明确的试点城市外，其他城市至少选择1家公立医院开展薪酬制度改革试点。

二、关于试点时间

新纳入试点的城市自发文之日起组织开展试点，为期1年。

三、加强组织领导

（一）试点地区要高度重视，周密部署，及时按照《指导意见》制定扩大试点工作的实施方案，于2018年1月底前报四部门备案。

（二）试点地区人力资源社会保障、财政、卫生计生、中医药管理部门要密切配合，及时总结试点经验，深入研究和解决试点中出现的问题，确保按时完成试点任务。

（三）试点地区要加强指导，鼓励试点医院积极探索，推进医疗、医保、医药联动改革，推动建立多劳多得、优绩优酬的激励机制，进一步调动医务人员积极性。

人力资源社会保障部

财政部

国家卫生计生委

国家中医药管理局

2017年12月12日

人力资源社会保障部　财政部关于新型冠状病毒肺炎疫情防控期间事业单位人员有关工资待遇问题的通知

人社部发〔2020〕9号

各省、自治区、直辖市及新疆生产建设兵团人力资源社会保障厅（局）、财政厅（局），中央和国家机关各部委、各直属机构人事、财务部门：

为贯彻落实习近平总书记关于新型冠状病毒肺炎疫情防控工作的重要指示精神，保障打赢疫情防控阻击战，现就疫情防控期间事业单位人员有关工资待遇问题通知如下：

一、在疫情防控期间，各级人力资源社会保障、财政部门要在当地党委、政府领导下，根据承担新型冠状病毒肺炎疫情防治工作任务情况，因地制宜向承担防控任务重、风险程度高的医疗卫生机构核增一次性绩效工资总量，不作为绩效工资总量基数，所需经费通过现行渠道安排，疫情结束后不再执行。要及时指导有关单位在内部分配时，向敢于担当、勇挑重担、加班加点参加疫情防控的一线工作人员特别是作出突出成绩的人员倾斜。

二、为促进有效实施隔离和医学观察等预防控制措施，根据《中华人民共和国传染病防治法》有关规定，对新型冠状病毒肺炎患者、疑似病人、密切接触者在其隔离治疗期间或医学观察期间以及因政府实施隔离措施或采取其他紧急措施导致不能提供正常劳动的事业单位工作人员，在此期间的工资、福利待遇由其所属单位按出勤对待。

三、各级人力资源社会保障、财政部门要高度重视疫情防控期间事业单位工作人员尤其是医疗卫生工作人员的工资待遇问题，加大对有关地区、部门和单位的指导督促力度，并及时做好政策解释。相关单位要认真执行政策，确保落实到位，强化政策效果，全力支持疫情防控，促进打赢这场疫情防控阻击战。

人力资源社会保障部
财政部
2020年2月11日

人力资源社会保障部　财政部　科技部关于事业单位科研人员职务科技成果转化现金奖励纳入绩效工资管理有关问题的通知

人社部发〔2021〕14号

各省、自治区、直辖市及新疆生产建设兵团人力资源社会保障厅（局）、财政厅（局）、科技厅（委、局），党中央各部门人事、财务部门，国务院各部委、各直属机构人事、财务部门：

为落实以增加知识价值为导向的收入分配政策，进一步推动科技成果转移转化，根据国务院办公厅《关于抓好赋予科研机构和人员更大自主权有关文件贯彻落实工作的通知》（国办发〔2018〕127号）要求，现就事业单位科研人员职务科技成果转化现金奖励（以下简称现金奖励）纳入绩效工资管理有关问题通知如下。

一、职务科技成果转化后，科技成果完成单位按规定对完成、转化该项科技成果做出重要贡献人员给予的现金奖励，计入所在单位绩效工资总量，但不受核定的绩效工资总量限制，不作为人力资源社会保障、财政部门核定单位下一年度绩效工资总量的基数，不作为社会保险缴费基数。

二、科技成果完成单位根据国家规定和本单位实际，在充分听取科研人员意见基础上，建立健全职务科技成果转化管理规定、公示办法，明确现金奖励享受政策人员范围、具体分配办法和相关流程，相关规定应在本单位公开。

三、对于接受企业或其他社会组织委托取得的项目，经费纳入单位财务统一管理，由项目承担单位按照委托方要求或合同约定管理使用。其中属于科研人员在职务科技成果转化工作中开展技术开发、技术咨询、技术服务等活动的，项目承担单位可根据实际情况，按照《技术合同认定登记管理办法》规定到当地科技主管部门进行技术合同登记，认定登记为技术开发、技术咨询、技术服务合同的，项目承担单位按照促进科技成果转化法等法律法规给予科研人员的现金奖励，按照本通知第一条规定执行。不属于职务科技成果转化的，从项目经费中提取的人员绩效支出，应在核定的绩效工资总量内分配，纳入单位绩效工资总量管理。

四、科技成果完成单位统计工资总额、年平均工资、年平均绩效工资等数据以及向有关部门报送年度绩效工资执行情况时，应包含现金奖励情况，并单独注明。

五、各级人力资源社会保障、财政、科技主管部门要加大政策指导力度，优化政策环境，根据职责完善事中事后监管，将现金奖励政策落到实处。

六、本通知所指职务科技成果、科技成果转化，应符合《中华人民共和国促进科技成果转化法》《国务院关于印发实施〈中华人民共和国促进科技成果转化法〉若干规定的通知》（国发〔2016〕16号）等有关法律和规定。

七、本通知自印发之日起执行，以往规定与本通知规定不一致的，按本通知规定执行。

人力资源社会保障部
财政部
科技部
2021年2月8日

人力资源社会保障部　财政部
国家卫生健康委　国家医保局
国家中医药局关于深化公立医院
薪酬制度改革的指导意见

人社部发〔2021〕52号

各省、自治区、直辖市人民政府，新疆生产建设兵团，国务院有关部委、直属机构：

按照党中央、国务院的部署要求，2017年，人力资源社会保障部会同有关部门启动公立医院薪酬制度改革试点工作。各地精心组织、扎实推进，取得了积极成效，形成了福建省和三明市等地可复制、可推广的经验做法。为进一步巩固和推广试点成果，全面深化公立医院薪酬制度改革，经国务院同意，现提出如下意见。

一、指导思想和基本原则

坚持以习近平新时代中国特色社会主义思想为指导，贯彻落实党的十九大和十九届二中、三中、四中、五中全会精神，按照党中央、国务院关于实施健康中国战略、深化医药卫生体制改革的决策部署，坚持以人民为中心的发展理念，适应现代医院管理制度需要，与医疗、医保、医药联动改革相衔接，落实"允许医疗卫生机构突破现行事业单位工资调控水平，允许医疗服务收入扣除成本并按规定提取各项基金后主要用于人员奖励"（以下简称"两个允许"）要求，实施以增加知识价值为导向的分配政策，建立适应我国医疗行业特点的公立医院薪酬制度，强化公立医院公益属性，调动医院和医务人员积极性，不断提高医疗服务质量和水平，更好地满足人民群众的医疗服务需要，更有效缓解人民群众看病难、看病贵问题。

深化公立医院薪酬制度改革的基本原则：

——坚持公益导向，健全激励与约束机制。适应公立医院综合改革要求，与公立医院管理体制、运行机制、价格管理、医保支付、人事管理、控制不合理医疗费用以及推进分级诊疗、家庭医生签约服务等改革相衔接，建立健全符合医疗行业特点的薪酬制度。加强宏观调控和有效监管，强化医院全面预算管理，加强医院内部成本控制，规范医务人员收入分配秩序。

——坚持按劳分配，完善按生产要素分配。坚持中西医并重，建立健全符合医疗行业特点的公立医院薪酬水平决定机制。健全与岗位职责、工作业绩、实际贡献紧密联系的分配制度，落实内部分配自主权，突出工作量、服务质量、医德医风等，体现多劳多得、优绩优酬。坚持劳动、知识、技术、管理等要素按贡献参与分配，着力体现医务人员技术劳务价值。

——坚持统筹兼顾，注重协调发展。按照公立医院综合改革要求，推进实施分级诊疗，增强薪酬制度改革的系统性、整体性和协调性。坚持新发展理念，与医改强基层目标相适应，探索分级分类管理。注重不同地区、不同类型、不同功能定位、不同等级规模公立医院协调发展，合理调控各级各类医院间收入差距，统筹考虑公立医院和公共卫生机构、基层医疗卫生机构的收入分配关系。充分考虑中医药医务人员收入情况，薪酬制度改革进一步向中医医院倾斜。

——坚持动态调整，合理引导预期。在确保医疗机构良性运行、基本医保支出可承受、群众整体负担不增加、医疗服务水平不断提高的基础上，动态调整公立医院薪酬水平，优化公立医院薪酬结构，与国民经济发展相协调、与社会进步相适应。坚持量力而行，全面贯彻过“紧日子”要求。做好政策宣传解释工作，合理引导医院和医务人员对薪酬制度改革的预期。

二、主要内容

（一）合理确定公立医院薪酬水平

完善公立医院薪酬水平决定机制。人力资源社会保障、财政部门会同公立医院主管部门，综合考虑当地经济发展、医疗行业特点和医院财务状况、功能定位、工作量、服务质量、公益目标完成情况、成本控制、绩效考核结果等因素，根据“两个允许”要求，科学合理确定并动态调整公立医院的薪酬水平。对高层次医疗人才聚集、公益目标任务繁重，承担科研、教学任务以及需要重点发展的公立医院或绩效考核评价结果优秀的公立医院，以及中医药特色优势突出的中医医院，予以适当倾斜。各地可根据当年医疗服务收入扣除成本并按规定提取各项基金后，按照不同层级不同性质医院，根据“两个允许”要求合理增加薪酬总量，不计入总量核定基数。国家卫生健康委、人力资源社会保障部、财政部、国家医保局、国家中医药局要共同制定关于医疗服务收入内涵与薪酬制度衔接的有关办法，指导各地抓好落实。自本文印发之日起，对于仍违规新增举借长期债务的公立医院，在该新增长期债务偿还完毕前，严格控制医院领导班子成员薪酬水平增长。

（二）充分落实公立医院内部分配自主权

在核定的薪酬总量内，公立医院可采取多种方式自主分配。可继续完善岗位绩效工资制度，也可结合本单位实际，自主确定其他更加有效的分配模式。可探索实行年薪制、协议工资制、项目工资等灵活多样的分配形式。可根据不同岗位职责要求，自主设立体现医疗行业特点、劳动特点和岗位价值的薪酬项目，充分发挥各项目的保障和激励作用。逐步建立主要体现岗位职责的薪酬体系，实行以岗定责、以岗定薪、责薪相适、考核兑现。合理确定内部薪酬结构，注重医务人员的稳定收入和有效激励，进一步发挥薪酬制度的保障功能，充分体现公立医院的公益属性。

公立医院内部分配应充分体现医、护、技、药、管等岗位差异，兼顾不同科室之间的平衡，向关键和紧缺岗位、高风险和高强度岗位、高层次人才、业务骨干和作出突出成绩的医务人员倾斜，各地结合实际向人民群众急需且专业人才短缺的专业倾斜，努力使综合性医院儿科、产科、急诊科、感染科等紧缺专业医师的薪酬水平不低于医院医师薪酬平均水平。内部分配要充分体现知识、技术、管理等要素的价值，合理拉开收入差距，避免平均主义。公立中医医院内部分配要鼓励使用中医药技术方法。适当提高低年资医生的薪酬水平，统筹考虑编内外人员薪酬待遇。严禁向科室和医务人员下达创收指标，医务人员薪酬不得与药品、卫生材料、检查、化验等业务收入挂钩。

公立医院制定的薪酬分配方案要充分发扬民主，广泛听取职工意见，并报公立医院主管部门备案。

（三）建立健全公立医院负责人薪酬激励约束机制

公立医院主管部门会同人力资源社会保障、财政、医保部门，根据当地经济社会发展、相当条件人员收入水平、公立医院考核评价结果、个人履职情况、职工满意度等，合理确定医院主要负责人的薪酬水平。公立医院主要负责人薪酬水平应与其他负责人、本单位职工薪酬水平保持合理关系，可采取设定系数等方式合理确定其他负责人薪酬水平。建立健全医院主要负责人薪酬分配激励约束机制，短期激励与中长期激励相结合，注重对主要负责人的长期激励，鼓励对主要负责人实行年薪制。

（四）健全以公益性为导向的考核评价机制

各地要根据《国务院办公厅关于加强三级公立医院绩效考核工作的意见》（国办发〔2019〕4 号）《国家卫生健康委员会办公厅　国家中医药管理局办公室关于加强二级公立医院绩效考核工作的通知》（国卫办医发〔2019〕23 号）和《国家卫生计生委　人力资源社会保障部　财政部　国家中医药管理局关于加强公立医疗卫生机构绩效评价的指导意见》（国卫人发〔2015〕94 号）《国家中医药管理局关于印发三级公立中医医院绩效考核指标的通知》（国中医药医政函〔2019〕56 号）《国家中医药管理局办公室关于印发二级公立中医医院绩效考核指标的通知》（国中医药办医政函〔2020〕144 号）等文件精神，制定科学的公立医院考核评价体系，将医疗质量、运营效率、持续发展、满意度评价等内容纳入考核指标。综合考虑职责履行、工作量、服务质量、费用控制、运行绩效、成本控制、长期债务、医保政策执行情况等，定期组织考核，考核结果与公立医院薪酬总量挂钩。对考核不合格的，要适当核减薪酬总量。

公立医院主管部门要制定公立医院主要负责人的绩效考核评价办法，综合考虑工作责任、医院管理的实际情况、医院考核评价结果和年度目标、任期目标完成情况等，定期组织考核，考核结果与公立医院主要负责人薪酬挂钩。

公立医院要在主管部门的指导下按照国家有关政策制定内部考核评价办法，综合考虑岗位工作量、服务质量、行为规范、技术能力、医德医风和患者满意度等，考核结果与医务人员薪酬挂钩。

（五）经费来源

各地要拓宽深化公立医院薪酬制度改革经费渠道，深入推进医疗、医保、医药“三医”联动改革，推进全面取消药品耗材加成、药品耗材集中带量采购、医疗服务价格优化、医保支付方式改革、药品耗材使用监管等改革，逐步提高诊疗、中医、护理、手术等医疗服务收入在医疗收入中的比例，支持深化公立医院薪酬制度改革。在确保收支平衡的前提下，合理确定人员支出占公立医院业务支出的比重。落实政府投入政策。对因规范开展药品集中采购和使用而减少医保基金支出的医院，当年度医保总额预算额度不做调减。公立医院应完善内部考核办法，根据考核结果分配医保结余留用资金，主要用于相关人员绩效。

完善公立医院收入中可用于工作人员收入分配的资金管理政策，实行全面预算管理，强化公立医院成本管控，提高运营效率，更加注重内涵发展、技术发展、水平发展、服务发展。

三、工作要求

（一）切实加强组织领导

医疗行业人才培养周期长、职业风险高、技术难度大、责任担当重。各地要充分认识深化公立医院薪酬制度改革，建立符合医疗行业特点、体现以知识价值为导向的公立医院薪酬制度的重要意义，高度重视，精心组织，确保各项政策落到实处。各级人力资源社会保障、财政、卫生健康、医保、中医药管理等部门要在当地党委、政府领导下，密切配合、形成合力，务求取得改革实效。

（二）扎实推进实施工作

各地要根据本意见的精神和要求，结合本地实际制定具体的改革实施方案，出台相关配套措施，全面推开公立医院薪酬制度改革。人力资源社会保障、财政部门要会同卫生健康、医保、中医药管理等部门加强督促指导，对实施过程中出现的新情况、新问题，及时认真研究解决，不断完善有关政策措施，重大问题及时报告。

（三）严肃收入分配纪律

要加强对公立医院薪酬分配的监督管理，公立医院要严格执行国家公立医院薪酬政策，严肃分配纪律。要规范多点执业政策并有序发展互联网诊疗，允许医务人员通过技术劳动取得合理报酬。加大对医务人员收受红包、回扣等违规违纪行为的查处力度，一经发现，严格按照有关规定严肃处理。公立医院主管部门应在次年初及时将上年度公立医院收入分配情况和负责人薪酬水平报同级人力资源社会保障、财政部门备案。

（四）做好舆论引导工作

各地人力资源社会保障、财政、卫生健康、医保、中医药管理部门要做好公立医院和医务人员的思想引导和政策解释宣传工作，调动参与改革的积极性、主动性。同时，通过优化环境、规范就医秩序、落实休息休假权益等多种方式，增进和谐医患关系，营造良好氛围。要落实属地管理责任，坚持正确的舆论导向，密切关注社会舆情，及时回应社会关切，确保改革工作平稳顺利进行。

人力资源社会保障部
财政部
国家卫生健康委
国家医保局
国家中医药局
2021 年 7 月 6 日

（七）社会保障

1. 养老保险

国务院关于机关事业单位工作人员养老保险制度改革的决定

国发〔2015〕2号

各省、自治区、直辖市人民政府，国务院各部委、各直属机构：

按照党的十八大和十八届三中、四中全会精神，根据《中华人民共和国社会保险法》等相关规定，为统筹城乡社会保障体系建设，建立更加公平、可持续的养老保险制度，国务院决定改革机关事业单位工作人员养老保险制度。

一、改革的目标和基本原则。以邓小平理论、“三个代表”重要思想、科学发展观为指导，深入贯彻党的十八大、十八届三中、四中全会精神和党中央、国务院决策部署，坚持全覆盖、保基本、多层次、可持续方针，以增强公平性、适应流动性、保证可持续性为重点，改革现行机关事业单位工作人员退休保障制度，逐步建立独立于机关事业单位之外、资金来源多渠道、保障方式多层次、管理服务社会化的养老保险体系。改革应遵循以下基本原则：

（一）公平与效率相结合。既体现国民收入再分配更加注重公平的要求，又体现工作人员之间贡献大小差别，建立待遇与缴费挂钩机制，多缴多得、长缴多得，提高单位和职工参保缴费的积极性。

（二）权利与义务相对应。机关事业单位工作人员要按照国家规定切实履行缴费义务，享受相应的养老保险待遇，形成责任共担、统筹互济的养老保险筹资和分配机制。

（三）保障水平与经济发展水平相适应。立足社会主义初级阶段基本国情，合理确定基本养老保险筹资和待遇水平，切实保障退休人员基本生活，促进基本养老保险制度可持续发展。

（四）改革前与改革后待遇水平相衔接。立足增量改革，实现平稳过渡。对改革前已退休人员，保持现有待遇并参加今后的待遇调整；对改革后参加工作的人员，通过建立新机制，实现待遇的合理衔接；对改革前参加工作、改革后退休的人员，通过实行过渡性措施，保持待遇水平不降低。

（五）解决突出矛盾与保证可持续发展相促进。统筹规划、合理安排、量力而行，准确把握改革的节奏和力度，先行解决目前城镇职工基本养老保险制度不统一的突出矛盾，再结合养老保险顶层设计，坚持精算平衡，逐步完善相关制度和政策。

二、改革的范围。本决定适用于按照公务员法管理的单位、参照公务员法管理的机关

（单位）、事业单位及其编制内的工作人员。

三、实行社会统筹与个人账户相结合的基本养老保险制度。基本养老保险费由单位和个人共同负担。单位缴纳基本养老保险费（以下简称单位缴费）的比例为本单位工资总额的20%，个人缴纳基本养老保险费（以下简称个人缴费）的比例为本人缴费工资的8%，由单位代扣。按本人缴费工资8%的数额建立基本养老保险个人账户，全部由个人缴费形成。个人工资超过当地上年度在岗职工平均工资300%以上的部分，不计入个人缴费工资基数；低于当地上年度在岗职工平均工资60%的，按当地在岗职工平均工资的60%计算个人缴费工资基数。

个人账户储存额只用于工作人员养老，不得提前支取，每年按照国家统一公布的记账利率计算利息，免征利息税。参保人员死亡的，个人账户余额可以依法继承。

四、改革基本养老金计发办法。本决定实施后参加工作、个人缴费年限累计满15年的人员，退休后按月发给基本养老金。基本养老金由基础养老金和个人账户养老金组成。退休时的基础养老金月标准以当地上年度在岗职工月平均工资和本人指数化月平均缴费工资的平均值为基数，缴费每满1年发给1%。个人账户养老金月标准为个人账户储存额除以计发月数，计发月数根据本人退休时城镇人口平均预期寿命、本人退休年龄、利息等因素确定（详见附件）。

本决定实施前参加工作、实施后退休且缴费年限（含视同缴费年限，下同）累计满15年的人员，按照合理衔接、平稳过渡的原则，在发给基础养老金和个人账户养老金的基础上，再依据视同缴费年限长短发给过渡性养老金。具体办法由人力资源社会保障部会同有关部门制定并指导实施。

本决定实施后达到退休年龄但个人缴费年限累计不满15年的人员，其基本养老保险关系处理和基本养老金计发比照《实施〈中华人民共和国社会保险法〉若干规定》（人力资源社会保障部令第13号）执行。

本决定实施前已经退休的人员，继续按照国家规定的原待遇标准发放基本养老金，同时执行基本养老金调整办法。

机关事业单位离休人员仍按照国家统一规定发给离休费，并调整相关待遇。

五、建立基本养老金正常调整机制。根据职工工资增长和物价变动等情况，统筹安排机关事业单位和企业退休人员的基本养老金调整，逐步建立兼顾各类人员的养老保险待遇正常调整机制，分享经济社会发展成果，保障退休人员基本生活。

六、加强基金管理和监督。建立健全基本养老保险基金省级统筹；暂不具备条件的，可先实行省级基金调剂制度，明确各级人民政府征收、管理和支付的责任。机关事业单位基本养老保险基金单独建账，与企业职工基本养老保险基金分别管理使用。基金实行严格的预算管理，纳入社会保障基金财政专户，实行收支两条线管理，专款专用。依法加强基金监管，确保基金安全。

七、做好养老保险关系转移接续工作。参保人员在同一统筹范围内的机关事业单位之间流动，只转移养老保险关系，不转移基金。参保人员跨统筹范围流动或在机关事业单位与企业之间流动，在转移养老保险关系的同时，基本养老保险个人账户储存额随同转移，并以本人改革后各年度实际缴费工资为基数，按12%的总和转移基金，参保缴费不足1年的，按实际缴费月数计算转移基金。转移后基本养老保险缴费年限（含视同缴费年限）、个人账户储存额累计计算。

八、建立职业年金制度。机关事业单位在参加基本养老保险的基础上，应当为其工作人员建立职业年金。单位按本单位工资总额的8%缴费，个人按本人缴费工资的4%缴费。工作人员退休后，按月领取职业年金待遇。职业年金的具体办法由人力资源社会保障部、财政部制定。

九、建立健全确保养老金发放的筹资机制。机关事业单位及其工作人员应按规定及时足额缴纳养老保险费。各级社会保险征缴机构应切实加强基金征缴，做到应收尽收。各级政府应积极调整和优化财政支出结构，加大社会保障资金投入，确保基本养老金按时足额发放，同时为建立职业年金制度提供相应的经费保障，确保机关事业单位养老保险制度改革平稳推进。

十、逐步实行社会化管理服务。提高机关事业单位社会保险社会化管理服务水平，普遍发放全国统一的社会保障卡，实行基本养老金社会化发放。加强街道、社区人力资源社会保障工作平台建设，加快老年服务设施和服务网络建设，为退休人员提供方便快捷的服务。

十一、提高社会保险经办管理水平。各地要根据机关事业单位工作人员养老保险制度改革的实际需要，加强社会保险经办机构能力建设，适当充实工作人员，提供必要的经费和服务设施。人力资源社会保障部负责在京中央国家机关及所属事业单位基本养老保险的管理工作，同时集中受托管理其职业年金基金。中央国家机关所属京外单位的基本养老保险实行属地化管理。社会保险经办机构应做好机关事业单位养老保险参保登记、缴费申报、关系转移、待遇核定和支付等工作。要按照国家统一制定的业务经办流程和信息管理系统建设要求，建立健全管理制度，由省级统一集中管理数据资源，实现规范化、信息化和专业化管理，不断提高工作效率和服务质量。

十二、加强组织领导。改革机关事业单位工作人员养老保险制度，直接关系广大机关事业单位工作人员的切身利益，是一项涉及面广、政策性强的工作。各地区、各部门要充分认识改革工作的重大意义，切实加强领导，精心组织实施，向机关事业单位工作人员和社会各界准确解读改革的目标和政策，正确引导舆论，确保此项改革顺利进行。各地区、各部门要按照本决定制定具体的实施意见和办法，报人力资源社会保障部、财政部备案后实施。人力资源社会保障部要会同有关部门制定贯彻本决定的实施意见，加强对改革工作的协调和指导，及时研究解决改革中遇到的问题，确保本决定的贯彻实施。

本决定自2014年10月1日起实施，已有规定与本决定不一致的，按照本决定执行。

附件：个人账户养老金计发月数表

国务院

2015年1月3日

附件

个人账户养老金计发月数表

退休年龄	计发月数	退休年龄	计发月数
40	233	56	164
41	230	57	158
42	226	58	152
43	223	59	145
44	220	60	139
45	216	61	132
46	212	62	125
47	207	63	117
48	204	64	109
49	199	65	101
50	195	66	93
51	190	67	84
52	185	68	75
53	180	69	65
54	175	70	56
55	170		

国务院办公厅关于印发机关事业单位职业年金办法的通知

国办发〔2015〕18号

各省、自治区、直辖市人民政府，国务院各部委、各直属机构：

《机关事业单位职业年金办法》已经国务院同意，现印发给你们，请认真贯彻执行。

国务院办公厅

2015年3月27日

机关事业单位职业年金办法

第一条 为建立多层次养老保险体系，保障机关事业单位工作人员退休后的生活水平，促进人力资源合理流动，根据《国务院关于机关事业单位工作人员养老保险制度改革的决定》（国发〔2015〕2号）等相关规定，制定本办法。

第二条 本办法所称职业年金，是指机关事业单位及其工作人员在参加机关事业单位基本养老保险的基础上，建立的补充养老保险制度。

第三条 本办法适用的单位和工作人员范围与参加机关事业单位基本养老保险的范围一致。

第四条 职业年金所需费用由单位和工作人员个人共同承担。单位缴纳职业年金费用的比例为本单位工资总额的8%，个人缴费比例为本人缴费工资的4%，由单位代扣。单位和个人缴费基数与机关事业单位工作人员基本养老保险缴费基数一致。

根据经济社会发展状况，国家适时调整单位和个人职业年金缴费的比例。

第五条 职业年金基金由下列各项组成：

（一）单位缴费；

（二）个人缴费；

（三）职业年金基金投资运营收益；

（四）国家规定的其他收入。

第六条 职业年金基金采用个人账户方式管理。个人缴费实行实账积累。对财政全额供款的单位，单位缴费根据单位提供的信息采取记账方式，每年按照国家统一公布的记账利率计算利息，工作人员退休前，本人职业年金账户的累计储存额由同级财政拨付资金记实；对非财政全额供款的单位，单位缴费实行实账积累。实账积累形成的职业年金基金，实行市场化投资运营，按实际收益计息。

职业年金基金投资管理应当遵循谨慎、分散风险的原则，保证职业年金基金的安全性、收益性和流动性。职业年金基金的具体投资管理办法由人力资源社会保障部、财政部会同有关部门另行制定。

第七条 单位缴费按照个人缴费基数的8%计入本人职业年金个人账户；个人缴费直接计入本人职业年金个人账户。

职业年金基金投资运营收益，按规定计入职业年金个人账户。

第八条 工作人员变动工作单位时，职业年金个人账户资金可以随同转移。工作人员升学、参军、失业期间或新就业单位没有实行职业年金或企业年金制度的，其职业年金个人账户由原管理机构继续管理运营。新就业单位已建立职业年金或企业年金制度的，原职业年金个人账户资金随同转移。

第九条 符合下列条件之一的可以领取职业年金：

（一）工作人员在达到国家规定的退休条件并依法办理退休手续后，由本人选择按月领取职业年金待遇的方式。可一次性用于购买商业养老保险产品，依据保险契约领取待遇并享受相应的继承权；可选择按照本人退休时对应的计发月数计发职业年金月待遇标准，发完为止，同时职业年金个人账户余额享有继承权。本人选择任一领取方式后不再更改。

（二）出国（境）定居人员的职业年金个人账户资金，可根据本人要求一次性支付给本人。

（三）工作人员在职期间死亡的，其职业年金个人账户余额可以继承。

未达到上述职业年金领取条件之一的，不得从个人账户中提前提取资金。

第十条 职业年金有关税收政策，按照国家有关法律法规和政策的相关规定执行。

第十一条 职业年金的经办管理工作，由各级社会保险经办机构负责。

第十二条 职业年金基金应当委托具有资格的投资运营机构作为投资管理人，负责职业年金基金的投资运营；应当选择具有资格的商业银行作为托管人，负责托管职业年金基金。委托关系确定后，应当签订书面合同。

第十三条 职业年金基金必须与投资管理人和托管人的自有资产或其他资产分开管理，保证职业年金财产独立性，不得挪作其他用途。

第十四条 县级以上各级人民政府人力资源社会保障行政部门、财政部门负责对本办法的执行情况进行监督检查。对违反本办法规定的，由人力资源社会保障行政部门和财政部门予以警告，责令改正。

第十五条 因执行本办法发生争议的，工作人员可按照国家有关法律、法规提请仲裁或者申诉。

第十六条 本办法自2014年10月1日起实施。已有规定与本办法不一致的，按照本办法执行。

第十七条 本办法由人力资源社会保障部、财政部负责解释。

人力资源社会保障部　财政部关于贯彻落实《国务院关于机关事业单位工作人员养老保险制度改革的决定》的通知

人社部发〔2015〕28号

各省、自治区、直辖市人力资源社会保障厅（局）、财政厅（局），新疆生产建设兵团人力资源社会保障局、财务局，党中央各部门，国务院各部委、各直属机构，全国人大常委会办公厅、全国政协办公厅，最高人民法院、最高人民检察院，各民主党派中央，各人民团体人事、财务部门：

为做好《国务院关于机关事业单位工作人员养老保险制度改革的决定》（国发〔2015〕2号，以下简称《决定》）的贯彻落实工作，现将有关事项通知如下：

一、认真学习领会《决定》精神。改革机关事业单位养老保险制度，是贯彻党的十八大和十八届三中、四中全会精神的重要举措，对于建立覆盖全民、更加公平、可持续的社会保障制度具有重要意义。《决定》明确了改革的总体目标、基本原则和政策举措，对组织实施工作提出了要求。各省级人力资源社会保障、财政部门，中央各部门和单位人事管理机构（以下简称各地区、各部门）要高度重视，认真组织学习，深刻领会《决定》精神，进一步提高对改革重要性、必要性和紧迫性的认识，切实把想和行动统一到党中央、国务院的决策部署上来，采取扎实有效的工作举措，全力推进并确保完成机关事业单位养老保险制度改革任务。

二、抓紧研究制定实施办法。各地区要在党委、政府的领导下，根据《决定》精神和要求，结合本地实际情况，制定本地区机关事业单位养老保险制度改革实施办法，对组织领导、具体任务、政策措施、工作进度、监督检查等做出周密安排。要严格执行国务院有关规定，本省（区、市）政策要规范统一，防止政策多样。各地区原来开展的机关事业单位养老保险制度改革试点政策要按照《决定》进行调整。在京中央国家机关及所属事业单位的养老保险制度改革实施办法由人力资源社会保障部、财政部统一制定并组织实施。各部门要在党组（党委）领导下，制定本部门贯彻《决定》的工作方案，明确工作任务、分工和要求。各地区报经省级人民政府同意后的实施办法、各部门的工作方案，连同各类人员视同缴费指数表（见附表），在2015年5月底前报人力资源社会保障部、财政部备案。

三、准确把握《决定》的有关政策。

（一）关于参保范围。参加机关事业单位养老保险的事业单位是指，根据《中共中央国务院关于分类推进事业单位改革的指导意见》（中发〔2011〕5号）有关规定进行分类改革后的公益一类、二类事业单位。对于目前划分为生产经营类，但尚未转企改制到位的事业单位，已参加企业职工基本养老保险的仍继续参加；尚未参加的，暂参加机关事业单位基本养老保险，待其转企改制到位后，按有关规定纳入企业职工基本养老保险范围。

要根据《决定》要求，严格按照机关事业单位编制管理规定确定参保人员范围。编制外人员应依法参加企业职工基本养老保险。对于编制管理不规范的单位，要先按照有关规定进行清理规范，待明确工作人员身份后再纳入相应的养老保险制度。

（二）关于单位和个人缴费基数。根据机关事业单位工资制度特点，《决定》规定的本单位工资总额为参加机关事业单位养老保险工作人员的个人缴费工资基数之和。机关单位（含参公管理的单位）工作人员的个人缴费工资基数包括：本人上年度工资收入中的基本工资、国家统一的津贴补贴（艰苦边远地区津贴、西藏特贴、特区津贴、警衔津贴、海关津贴等国家统一规定纳入原退休费基数的项目）、规范后的津贴补贴（地区附加津贴）、年终一次性奖金；事业单位工作人员的个人缴费工资基数包括：本人上年度工资收入中的基本工资、国家统一的津贴补贴（艰苦边远地区津贴、西藏特贴、特区津贴等国家统一规定纳入原退休费计发基数的项目）、绩效工资。其余项目暂不纳入个人缴费工资基数。

（三）关于个人账户记账利率。国家每年根据上年度职工工资增长等因素，确定并公布基本养老保险个人账户记账利率。

（四）关于“中人”的过渡。全国实行统一的过渡办法。对于2014年10月1日前（简称改革前，下同）参加工作、改革后退休的“中人”设立10年过渡期，过渡期内实行新老待遇计发办法对比，保低限高。即：新办法（含职业年金待遇）计发待遇低于老办法待遇标准的，按老办法待遇标准发放，保持待遇不降低；高于老办法待遇标准的，超出的部分，第一年退休的人员（2014年10月1日至2015年12月31日）发放超出部分的10%，第二年退休的人员（2016年1月1日至2016年12月31日）发放20%，依此类推，到过渡期末年退休的人员（2024年1月1日至2024年9月30日）发放超出部分的100%。过渡期结束后退休的人员执行新办法。

$$\text{老办法待遇计发标准} = (A \times M + B + C) \times \prod_{n=2015}^{N} (1 + G_{n-1})$$

A：2014年9月工作人员本人的基本工资标准；

B：2014年9月工作人员本人的职务职级（技术职称）等对应的退休补贴标准；

C：按照国办发〔2015〕3号文件规定相应增加的退休费标准；

M：工作人员退休时工作年限对应的老办法计发比例；

G_{n-1}：参考第$n-1$年在岗职工工资增长等因素确定的工资增长率，$n \in [2015, N]$，且$G_{2014}=0$；

N：过渡期内退休人员的退休年度，$N \in [2015, 2024]$。2014年10月1日至2014年12月31日期间退休的，其退休年度视同为2015年。

新办法待遇计发标准=基本养老金+职业年金，其中，基本养老金=基础养老金+过渡性养老经+个人账户养老金。具体计算方法如下：

1. 基础养老金=退休时当地上年度在岗职工月平均工资×（1+本人平均缴费工资指数）÷2×缴费年限（含视同缴费年限，下同）×1%，其中，本人平均缴费工资指数=（视同缴费指数×视同缴费年限+实际平均缴费指数×实际缴费年限）÷缴费年限。各地根据测算形成与机关事业单位职务职级（技术职称）和工作年限相对应的视同缴费指数（样表详见附件），工作人员退休时，根据本人退休时的职务职级（技术职称）和工作年限等确定本人视同缴费指数。

实际平均缴费指数=（Xn/Cn-1+Xn-1/Cn-2+…+X2016/C2015+X2015/C2014+X2014/C2013）/N实缴；

Xn、Xn-1、…X2014为参保人员退休当年至2014年相应年度本人各月缴费工资基数之和，Cn-1、Cn-2、…C2013为参保人员退休上一年至2013年相应年度当地在岗职工年平均工资；

N实缴为参保人员实际缴纳养老保险费年限。

2. 过渡性养老金=退休时当地上年度在岗职工月平均工资×本人视同缴费指数×视同缴费年限×过渡系数。其中，过渡系数与机关事业单位养老保险统筹地区企业职工基本养老保险过渡系数保持一致。视同缴费指数由各省级地区统一确定。

3. 个人账户养老金=退休时本人基本养老保险个人账户累计存储额÷计发月数。其中，计发月数按国家统一规定执行。

4. 职业年金计发按照《机关事业单位职业年金办法》有关规定执行。

（五）关于视同缴费年限和视同缴费指数的认定。对于改革前曾参加企业职工基本养老保险、改革后参加机关事业单位基本养老保险的工作人员，其参加企业职工基本养老保险的实际缴费年限应予确认，不认定为视同缴费年限，并与参加机关事业单位基本养老保险的实际缴费年限合并计算。其他情形视同缴费年限的认定，按照国家有关规定执行。在本人退休时，根据其实际缴费年限、视同缴费年限及对应的视同缴费指数等因素计发基本养老金。

（六）关于规范统一政策标准。各地区要按照《决定》要求，积极创造条件实行省级统筹；确实难以一步到位实现省级统筹的，基金可暂不归集到省级，建立省级基金调剂制度，所需资金由省级财政预算安排。全省（市、区）要制定和执行统一的机关事业单位基本养老保险制度和政策，统一基本养老保险缴费比例和缴费基数，统一基本养老金计发办法、统筹项目和标准以及基本养老金调整办法，统一编制和实施基本养老保险基金预算，明确省、地（市）、县各级政府的责任。各地区要按照国家统一制定的业务经办流程和信息管理系统建设要求，统一基本养老保险业务经办规程和管理制度，统一建设信息管理系统，实现省级集中管理数据资源。

四、调整部分工作人员退休时加发退休费的政策。改革后获得省部级以上劳模、有重大贡献的高级专家等荣誉称号的工作人员，在职时给予一次性奖励，退休时不再提高基本退休费计发比例，奖励所需资金不得从养老保险基金中列支。对于改革前已获得此类荣誉称号的工作人员，本人退休时给予一次性退休补贴并支付给本人，资金从原渠道列支。退休补贴标准由各省（区、市）根据平衡衔接的原则予以确定。符合原有加发退休费情况的其他人员，按照上述办法处理。

五、规范各地区试点政策。各地区要妥善处理本地区原有试点政策与《决定》的衔接问题，确保政策统一规范。改革后，对于符合纳入机关事业单位基本养老保险条件的人员，其改革前在机关事业单位的工作年限作为视同缴费年限，退休时按照有关规定计发待遇。改革前个人缴费本息，划转至改革后的本人职业年金个人账户。本人退休时，该部分个人缴费本息不计入新办法标准对比范围，一次性支付给本人。各地区开展试点期间的养老保险结余基金并入机关事业单位基本养老保险基金统一使用，严禁挤占挪用，防止基金资产流失。

六、明确延迟退休人员参保政策。改革后，按照国家有关政策和干部管理权限，经批准可适当延长退休年龄的工作人员，继续参保缴费。其中少数人员年满 70 岁时仍继续工作的，个人可以选择继续缴费，也可以选择不再继续缴费。待正式办理退休手续时，按规定计发养老待遇。

七、广泛开展宣传工作。各地区、各部门要组织各方面力量，宣传好机关事业单位养老保险制度改革的重大意义，准确解读各项政策，针对群众关切问题解疑释惑，正确引导社会舆论，营造有利于改革的良好舆论氛围，动员全社会关心和支持改革工作，保证改革顺利实施。

八、逐级做好培训工作。人力资源社会保障部、财政部将举办机关事业单位养老保险制度改革政策和经办管理培训班，对省级人力资源社会保障部门、财政部门、中央各部门和单位人事管理机构进行培训。各地区、各部门也要结合实际，集中组织开展不同层次的业务培训工作，帮助相关工作机构和工作人员全面、准确掌握政策，提高贯彻《决定》的政策水平和业务能力。

九、切实维护社会稳定。机关事业单位养老保险制度改革，涉及机关事业单位工作人员和广大群众的切身利益，事关改革发展稳定的大局。各地区、各部门要加强组织领导，周密安排部署，切实抓好组织实施。要加强工作指导，及时掌握实施情况，认真分析遇到的情况和问题，研究提出解决的办法，确保各项工作平稳进行。要从本地区、本部门实际出发，认真排查风险点，制定应对预案，把工作做实做细，保持社会稳定。重大情况和问题要及时报告人力资源社会保障部、财政部。

附件：机关事业单位职务职级（技术等级）和工作年限相对应视同缴费指数表

人力资源社会保障部
财政部
2015 年 3 月 17 日

附件

表一　　公务员视同缴费指数（样表）

××××职务														
级别	档次													
	1	2	3	4	5	6	7	8	9	10	11	12	13	14
职务对应级别														

注：职务分为国家级正职、国家级副职、省部级正职、省部级副职、厅局级正职、厅局级副职、县处级正职、县处级副职、乡科级正职、乡科级副职、科员、办事员。

在上述表样的基础上，各地可对同一职务和级别档次的工作人员，再考虑不同的工作年限，经测算进一步细化视同缴费指数表。下同。

表二　　机关技术工人视同缴费指数（样表）

指数 技术等级	岗位																	
	1	2	3	4	5	6	7	8	9	10	11	12	13	14	15	16	17	18
高级技师																		
技师																		
高级工																		
中级工																		
初级工																		

机关普通工人视同缴费指数（样表）

	1	2	3	4	5	6	7	8	9	10	11	12	13	14	15	16	17	18	19
普通工																			

表三　　事业单位专业技术人员视同缴费指数（样表）

指数 岗位	薪级								
	1	2	3	4	…	62	63	64	65
一级									
二级									
三级									
四级									
五级									
六级									
七级									
八级									

续表

岗位 \ 指数	薪级							
	1	2	3	4	…	62	63	64	65
九级									
十级									
十一级									
十二级									
十三级									

表四　　事业单位管理人员视同缴费指数（样表）

岗位 \ 指数	薪级								
	1	2	3	4	…	62	63	64	65
一级									
二级									
三级									
四级									
五级									
六级									
七级									
八级									
九级									
十级									

表五　　事业单位工人视同缴费指数（样表）

岗位 \ 指数	薪级						
	1	2	3	…	38	39	40
技术工一级							
技术工二级							
技术工三级							
技术工四级							
技术工五级							
普通工							

人力资源社会保障部办公厅　总后勤部财务部关于军人退役参加机关事业单位养老保险有关问题的通知

人社厅函〔2015〕369号

各省、自治区、直辖市及新疆生产建设兵团人力资源社会保障厅（局），各军区联勤部、各军兵种后勤部财务部，军事科学院院务部财务供应部，国防大学、国防科学技术大学校务部财务部（处），总后所属直供单位，武警部队后勤部财务部：

为贯彻落实人力资源社会保障部、财政部、总参谋部、总政治部、总后勤部《关于军人退役基本养老保险关系转移接续有关问题的通知》（后财〔2015〕1726号）和《关于军人职业年金转移接续有关问题的通知》（后财〔2015〕1727号），做好安置到机关事业单位工作的退役军人基本养老保险和职业年金转移接续工作，现将有关问题通知如下：

一、2014年10月1日以后下达退役命令，2014年10月1日至2015年10月31日期间已经离队的退役军人，由原军队所在单位财务部门填制《军人退役基本养老保险参保缴费凭证》《军人退役基本养老保险关系转移接续信息表》和《军人职业年金缴费凭证》（以下简称“转移凭证”）一式三份，一份存档，两份邮寄给本人，并将按规定标准计算的军人退役基本养老保险补助和军人职业年金补助汇给本人。退役军人收到转移凭证和补助资金后，将其中一份转移凭证交给安置单位，待所在地机关事业单位养老保险经办启动后，由安置单位按规定申请办理军人退役基本养老保险和军人职业年金转移接续手续。

二、2014年10月1日以后下达退役命令，2015年11月1日至2016年12月31日期间离队的退役军人，由军队所在单位财务部门填制军人退役养老保险转移凭证一式三份，一份存档，两份交给本人，并将按规定标准计算的军人退役基本养老保险补助和军人职业年金补助发给本人。退役军人到安置单位报到后，将其中一份转移凭证交给安置单位，待所在地机关事业单位养老保险经办启动后，由安置单位按规定申请办理军人退役基本养老保险和军人职业年金转移接续手续。

三、2014年10月1日以后下达退役命令，2017年1月1日以后离队的退役军人，按照后财〔2015〕1726号和后财〔2015〕1727号通知要求，办理军人退役基本养老保险和军人职业年金转移接续手续。

人力资源社会保障部办公厅
总后勤部财务部
2015年11月3日

人力资源社会保障部　财政部关于印发《在京中央国家机关事业单位工作人员养老保险制度改革实施办法》的通知

人社部发〔2015〕112号

党中央各部门，国务院各部委、各直属机构，全国人大常委会办公厅、全国政协办公厅，最高人民法院，最高人民检察院，各民主党派中央，各人民团体：

现将《在京中央国家机关事业单位工作人员养老保险制度改革实施办法》印发给你们，请认真贯彻执行。

人力资源社会保障部
财政部
2015年12月21日

在京中央国家机关事业单位工作人员养老保险制度改革实施办法

根据《国务院关于机关事业单位工作人员养老保险制度改革的决定》（国发〔2015〕2号）《国务院办公厅关于印发机关事业单位职业年金办法的通知》（国办发〔2015〕18号）和《人力资源社会保障部　财政部关于贯彻落实〈国务院关于机关事业单位工作人员养老保险制度改革的决定〉的通知》（人社部发〔2015〕28号）等规定，结合在京中央国家机关事业单位实际，制定本办法。

一、改革的目标和基本原则

（一）改革的目标。以邓小平理论、“三个代表”重要思想和科学发展观为指导，坚持全覆盖、保基本、多层次、可持续方针，以增强公平性、适应流动性、保证可持续性为重点，改革在京中央国家机关事业单位现行机关事业单位工作人员退休保障制度，逐步建立独立于机关事业单位之外、资金来源多渠道、保障方式多层次、管理服务社会化的养老保险体系。

（二）基本原则。在京中央国家机关事业单位实施机关事业单位养老保险制度改革应当坚持公平与效率相结合、权利与义务相对应、保障水平与经济发展水平相适应、改革前与改革后待遇水平相衔接、解决突出矛盾与保持可持续发展相促进的原则。

二、改革的范围

本办法适用于按照（参照）公务员法管理的在京中央国家机关（单位）、事业单位及其编制内的工作人员。具体是指法人注册地在北京，且执行在京中央国家机关规范津贴补贴和在京中央事业单位绩效工资政策的中央国家机关和事业单位编制内工作人员。

事业单位是指，根据《中共中央　国务院关于分类推进事业单位改革的指导意见》（中发〔2011〕5号）有关规定进行分类改革后的公益一类、二类事业单位。

对于目前划分为生产经营类，但尚未转企改制到位的事业单位，已参加北京市企业职工基本养老保险的仍继续参加；尚未参加的，暂参加在京中央国家机关事业单位基本养老保险，待其转企改制到位后，按有关规定纳入北京市企业职工基本养老保险范围。

对于目前尚未确定分类类型的事业单位，已参加北京市企业职工基本养老保险的仍继续参加；尚未参加的，暂参加在京中央国家机关事业单位基本养老保险，待其分类类型确定并改革到位后，纳入相应的养老保险制度。

要严格按照机关事业单位编制管理规定确定参保人员范围。编制外人员应依法参加企业职工基本养老保险。对于编制管理不规范的单位，要先按照有关规定进行清理规范，待明确工作人员身份后再纳入相应的养老保险制度。

三、基本养老保险基金筹集

实行社会统筹与个人账户相结合的基本养老保险制度。基本养老保险费由单位和个人共同负担。用人单位应当及时申报、按时足额缴纳养老保险费。单位缴纳基本养老保险费（以下简称单位缴费）的比例为本单位上年度工资总额的20%，计入社会统筹基金。个人缴纳基本养老保险费（以下简称个人缴费）的比例为本人上年度缴费工资的8%，由单位代扣。本单位工资总额为参加机关事业单位养老保险工作人员的个人缴费工资基数之和。

机关单位（含参公管理的单位）工作人员的个人缴费工资基数包括：本人上年度工资收入中的基本工资、国家统一的津贴补贴（警衔津贴、海关津贴等国家统一规定纳入原退休费计发基数的项目）、规范后的津贴补贴（地区附加津贴）、工改保留补贴、在京中央国家机关适当补贴、年终一次性奖金。

事业单位工作人员的个人缴费工资基数包括：本人上年度工资收入中的基本工资、国家统一的津贴补贴（国家统一规定纳入原退休费计发基数的项目）、工改保留补贴、绩效工资（限高线以下部分）。

其余项目暂不纳入个人缴费工资基数。

2014年10月1日至2014年12月31日的个人缴费基数按照2013年度本人工资收入中包含的个人缴费基数项目确定。2015年度及以后年度的个人缴费基数按上年度本人工资收入中包含的个人缴费基数项目确定。个人缴费工资基数超过北京市上年度职工平均工资300%以上的部分以及事业单位绩效工资超过限高线的部分，不计入个人缴费工资基数；低于北京市上年度职工平均工资60%的，按北京市上年度职工平均工资的60%计算个人缴费工资基数。

在京中央国家机关事业单位外派到国（境）外的工作人员，由原单位以其档案工资中包含的个人缴费基数项目并参照本单位同类人员的国内工资标准确定个人缴费基数。

四、基本养老保险个人账户

按本人缴费工资8%的数额建立基本养老保险个人账户，全部由个人缴费形成。个人账户储存额只用于工作人员养老，不得提前支取，每年按照国家统一公布的记账利率计算利息，免征利息税。参保人员死亡的，个人账户余额可以依法继承。

基本养老保险个人账户记账利率按照国家统一规定执行。

五、基本养老金计发办法

（一）本办法实施后参加工作、个人缴费年限累计满15年的人员，退休后按月发给基本养老金。基本养老金由基础养老金和个人账户养老金组成。退休时的基础养老金月标准以北京市上年度在岗职工月平均工资和本人指数化月平均缴费工资的平均值为基数，缴费每满1年发给1%。个人账户养老金月标准为个人账户储存额除以计发月数，计发月数根据本人退休时城镇人口平均预期寿命、本人退休年龄、利息等因素确定（详见附件）。

（二）本办法实施前参加工作、实施后退休且缴费年限（含视同缴费年限，下同）累计满15年的人员（以下简称“中人”），按照合理衔接、平稳过渡的原则，在发给基础养老金和个人账户养老金的基础上，再依据视同缴费年限长短发给过渡性养老金。“中人”具体过渡办法另行制定。

（三）对于改革前曾参加企业职工基本养老保险、改革后参加机关事业单位基本养老保险的工作人员，其参加企业职工基本养老保险的实际缴费年限应予确认，不认定为视同缴费年限，并与参加机关事业单位基本养老保险的实际缴费年限合并计算。其他情形视同缴费年限的认定，按照国家有关规定执行。在本人退休时，根据其实际缴费年限、视同缴费年限及对应的视同缴费指数等因素计发基本养老金。

（四）本办法实施后达到退休年龄但个人缴费年限累计不满15年的人员，其基本养老保险关系处理和基本养老金计发比照《实施〈中华人民共和国社会保险法〉若干规定》（人力资源社会保障部令第13号）执行。

（五）本办法实施前为编制内工作人员且已经退休的，继续按照国家规定的原待遇标准发放基本养老金，其纳入在京中央国家机关事业单位养老保险基金支付的项目为国家规定的基本退休费、退休人员补贴和其他国家统一规定的补贴（在京中央国家机关适当补贴、工改保留补贴以及教龄津贴、护龄津贴、特级教师津贴等按原标准100%发给部分），同时执行基本养老金调整办法；其它项目（政府特殊津贴、提租补贴、取暖费、物业费等）仍从原渠道列支。本办法实施前为编制外工作人员且已经退休的，参加北京市企业职工养老保险并按规定领取养老待遇。

（六）机关事业单位离休人员按照国家统一规定发给离休费，并调整相关待遇。具体办法由人力资源社会保障部会同有关部门制定。

六、基本养老金调整

根据职工工资增长和物价变动等情况，国家统筹安排在京中央国家机关事业单位退休人员的基本养老金调整，逐步建立兼顾各类人员的养老保险待遇正常调整机制，分享经济社会发展成果，保障退休人员基本生活。

七、基金管理和监督

在京中央国家机关事业单位及其工作人员应按规定及时足额缴纳养老保险费。养老保险基金单独统筹，实行收支两条线，纳入社会保障基金财政专户，专款专用。依法加强基金监管，确保基金安全。

在京中央国家机关事业单位执行统一的机关事业单位基本养老保险制度和政策，统一基本养老保险缴费比例和缴费基数项目，统一基本养老金计发办法、统筹项目和标准以及基本养老金调整办法，统一编制和实施基本养老保险基金预算。按照国家统一制定的业务经办流程和信息管理系统建设要求，统一基本养老保险业务经办规程和管理制度，统一建设信息管理系统，实现集中管理数据资源。机关事业单位基本养老保险基金财务管理办法另行制定。

八、养老保险关系转移接续

参保人员在在京中央国家机关事业单位之间流动，只转移养老保险关系，不转移基金。参保人员跨统筹范围流动或在机关事业单位与企业之间流动，在转移养老保险关系的同时，基本养老保险个人账户储存额随同转移，并以本人改革后各年度实际缴费工资为基数，按12%的总和转移统筹基金，参保缴费不足1年的，按实际缴费月数计算转移基金。转移后基本养老保险缴费年限（含视同缴费年限）、个人账户储存额累计计算。

九、职业年金制度

在京中央国家机关事业单位在参加基本养老保险的基础上，应当为其工作人员建立职业年金。单位按本单位工资总额的8%缴费，个人按本人缴费工资基数的4%缴费。工作人员退休后，按月领取职业年金待遇。在京中央国家机关事业单位的职业年金基金由人力资源社会保障部负责集中受托管理；中央国家机关所属京外单位的职业年金实行属地化管理。具体办法按照国办发〔2015〕18号文件执行。

十、其他政策

（一）改革前已经参加北京市企业职工养老保险、事业单位分类后划分为公益一类或二类的在京中央国家机关所属事业单位及其编制内的工作人员，参加在京中央国家机关事业单位养老保险。其中，在职人员可按规定将其养老保险关系转续至机关事业单位养老保险，退休时按照有关规定计发待遇；改革前已经退休的人员，继续按原有待遇标准发放养老金，同时执行基本养老金调整办法。

（二）参加在京中央国家机关事业单位养老保险的单位中的编制内劳动合同制工人，按规定参加在京中央国家机关事业单位养老保险。其中，已参加北京市企业职工养老保险的，在职人员按规定将其养老保险关系转续至机关事业单位养老保险，退休时按照有关规定计发待遇；改革前已经退休的人员，继续按原有待遇标准发放养老金，同时执行机关事业单位基本养老金调整办法。

（三）驻外外交人员随任配偶属在京中央国家机关事业单位编制内人员的，参加在京中央国家机关事业单位养老保险，具体办法按《关于加强驻外外交人员随任配偶保障工作的通知》（外发〔2006〕35 号）执行。

（四）改革后获得省部级以上劳模、有重大贡献的高级专家等荣誉称号的在京中央国家机关事业单位工作人员，在职时给予一次性奖励，退休时不再提高基本退休费计发比例，奖励所需资金不得从养老保险基金中列支。对于改革前已获得此类荣誉称号的工作人员，本人退休时给予一次性退休补贴并支付给本人，资金从原渠道列支。一次性退休补贴标准由人力资源社会保障部会同相关部门根据平衡衔接的原则予以确定。符合原有加发退休费情况的其他人员，按照上述办法处理。

（五）曾有企业工作经历的中央国家机关事业单位工作人员，在企业工作期间应缴未缴养老保险费的，应按企业职工养老保险有关规定补缴后将养老保险关系转续至机关事业单位养老保险；未按规定补缴的，应缴未缴的工作年限作为中断缴费年限。

（六）改革后，按照国家有关政策和干部管理权限，经批准可适当延长退休年龄的工作人员，继续参保缴费。其中少数人员年满 70 岁时仍继续工作的，个人可以选择继续缴费，也可以选择不再继续缴费。待正式办理退休手续时，按规定计发养老待遇。

十一、养老保险经办能力建设

人力资源社会保障部社会保险事业管理中心负责在京中央国家机关事业单位养老保险参保登记、申报核定、保险费征收、养老保险关系转移、待遇核定和支付、稽核与内控等工作。要优化业务经办流程，建立健全管理制度，实现规范化、信息化和专业化管理，逐步提高在京中央国家机关事业单位社会保险社会化管理服务水平，实行基本养老金社会化发放，不断提高工作效率和服务质量。

在京中央国家机关事业单位工作人员养老保险信息系统由人力资源社会保障部统一规划建设、集中部署实施，并与中央编办、财政部等部门和相关商业银行的系统相衔接，实现业务协同和信息共享。由北京市发放全国统一的社会保障卡，支持养老保险业务管理和服务。利用互联网、移动终端、自助一体机等渠道，建设一体化的公共服务系统，为机关事业单位及工作人员提供便捷、高效、安全的服务。

十二、组织实施工作要求

机关事业单位养老保险制度改革，涉及在京中央国家机关事业单位工作人员的切身利益，是一项涉及面广、政策性强的工作。各部门要制定贯彻国发〔2015〕2 号文件的工作方案，明确工作任务、分工和要求，并报人力资源社会保障部、财政部备案。要切实加强领导，精心组织实施，采取宣传、培训等方式向机关事业单位工作人员准确解读改革的目标和政策，让他们关心和支持改革工作，保证改革顺利实施。要结合本部门实际，认真排查风险点，制定应对预案，把工作做实做细，保持社会稳定。人力资源社会保障部、财政部负责对本办法的执行情况进行监督检查。

本办法自 2014 年 10 月 1 日起实施，已有规定与本办法不一致的，按本办法执行。

本办法由人力资源社会保障部、财政部负责解释。

附件：个人账户养老金计发月数表

附件

个人账户养老金计发月数表

退休年龄	计发月数	退休年龄	计发月数
40	233	56	164
41	230	57	158
42	226	58	152
43	223	59	145
44	220	60	139
45	216	61	132
46	212	62	125
47	208	63	117
48	204	64	109
49	199	65	101
50	195	66	93
51	190	67	84
52	185	68	75
53	180	69	65
54	175	70	56
55	170		

人力资源社会保障部办公厅　财政部办公厅关于加快推进中央国家机关所属京外单位属地参加机关事业单位养老保险工作的通知

人社厅函〔2016〕280号

各省、自治区、直辖市及新疆生产建设兵团人力资源社会保障厅（局）、财政（财务）厅（局），党中央各部门，国务院各部委、各直属机构，全国人大常委会办公厅、全国政协办公厅，最高人民法院，最高人民检察院，各民主党派中央，各人民团体人事、财务部门：

按照《国务院关于机关事业单位工作人员养老保险制度改革的决定》（国发〔2015〕2号）精神，2015年11月人力资源社会保障部办公厅会同财政部办公厅印发了《关于提供中央国家机关所属京外单位属地参加机关事业单位养老保险相关信息的函》（人社厅函〔2015〕373号，以下简称“373号函”），要求做好中央国家机关所属京外单位属地参加机关事业单位养老保险工作。373号函下发后，各地区各方面积极努力推进这项工作，但从目前的情况看，总体进展依然较慢。按照《人力资源社会保障部　财政部关于2016年调整退休人员基本养老金的通知》（人社部发〔2016〕37号）精神，为确保中央国家机关所属京外单位退休人员属地参加2016年基本养老金调整，现就加快推进中央国家机关所属京外单位属地参加机关事业单位养老保险工作通知如下：

一、各地要抓紧将中央国家机关所属京外单位纳入参保范围。各地要高度重视中央国家机关所属京外单位属地参保工作，在工作安排上要做到同部署、同培训、同步开展数据采集等工作。要按照373号函的要求，抓紧与中央国家机关所属京外单位做好工作对接，组织京外单位开展信息采集和审核，尽快将符合属地参保条件的中央单位纳入本省（自治区、直辖市）机关事业单位养老保险范围。对于未列入373号函所附名单的单位，如符合纳入属地管理范围的，应做好信息核实比对并尽快将其纳入。

二、中央国家机关要督促所属京外单位做好属地参保相关工作。各部门要加强与地方的沟通协调，配合做好相关工作。要督促所属京外单位主动与所在省（自治区、直辖市）人力资源社会保障部门、财政（财务）部门联系，按照相关要求，抓紧采集上报本单位人员的相关信息，准备好参保所需材料，并协助做好其他工作。要依据国家有关文件精神，抓紧对本单位在职人员和已退休人员的编制、工资（原退休费）、工作年限等信息进行清理核查，确保数据采集准确无误，并做好政策宣传和解释工作。

三、各地要确保中央国家机关所属京外单位退休人员2016年调整基本养老金工作按时到位。各地在组织落实2016年调整退休人员基本养老金工作时，要统筹考虑地方和中央国家机关所属京外单位退休人员的基本养老金调整问题，做到同步安排部署。对已经实现社保经办机构社会化发放基本养老金的地区，各地人力资源社会保障部门、财政（财务）部门应切实做好调待所需资金安排，确保已参保的退休人员调整增加后的基本养老金按时发放到位。尚未实现社保经办机构社会化发放基本养老金的地区，中央国家机关所属各京外单位人事、财务部门应按照所在省（自治区、直辖市）关于落实2016年调整退休人员基本养老金的具体要求，配合做好本单位的相关工作，强化资金保障，确保本单位退休人员能够按时领取调整增加后的基本养老金。

人力资源社会保障部办公厅

财政部办公厅

2016年7月14日

人力资源社会保障部　财政部关于机关事业单位基本养老保险关系和职业年金转移接续有关问题的通知

人社部规〔2017〕1号

各省、自治区、直辖市及新疆生产建设兵团人力资源社会保障厅（局）、财政（务）厅（局）：

按照《国务院关于机关事业单位工作人员养老保险制度改革的决定》（国发〔2015〕2号）和《国务院办公厅关于印发机关事业单位职业年金办法的通知》（国办发〔2015〕18号）的规定，为做好机关事业单位养老保险参保人员基本养老保险关系和职业年金转移接续工作，切实维护流动就业人员的养老保险权益，现就有关问题通知如下：

一、关于机关事业单位基本养老保险关系转移接续

（一）参保人员在同一统筹范围内的机关事业单位之间流动的，只转移基本养老保险关系，不转移基金。

（二）参保人员在机关事业单位养老保险制度内跨统筹范围流动的，在转移基本养老保险关系的同时，转移基金。

（三）参保人员从机关事业单位流动到企业的，在转移基本养老保险关系的同时，转移基金。其中，参保人员经组织批准从机关事业单位调动到企业的，基本养老保险关系转移至调入企业参保地的企业职工基本养老保险社保经办机构；参保人员因辞职、辞退等原因离开机关事业单位的，基本养老保险关系转移至户籍所在地的企业职工基本养老保险社保经办机构。以后在户籍所在地以外就业参保的，基本养老保险关系转移接续按照《国务院办公厅关于转发人力资源社会保障部、财政部城镇企业职工基本养老保险关系转移接续暂行办法的通知》（国办发〔2009〕66号）相关规定执行；高校、科研院所等事业单位专业技术人员离岗创业保留人事关系期间，可暂不转移基本养老保险关系。待其正式办理离职后，根据其重新就业情况，按照上述办法相应转移接续基本养老保险关系。

（四）参保人员跨统筹范围流动或从机关事业单位流动到企业的，个人缴费部分按计入本人基本养老保险个人账户的全部储存额计算转移；单位缴费部分以本人改革后各年度实际缴费工资为基数，按12%的总和转移，参保缴费不足1年的，按实际缴费月数计算转移。

（五）参保人员从企业流动到机关事业单位的，在转移基本养老保险关系的同时，个人缴费部分和单位缴费部分转移比照国办发〔2009〕66号文件相关规定执行。其中，改革前

曾参加企业职工基本养老保险、改革后参加机关事业单位基本养老保险的参保人员，按照上述办法转移接续在企业参保期间的基本养老保险关系。

（六）改革前参加地方原有机关事业单位养老保险试点、改革后纳入机关事业单位基本养老保险的人员，在转移接续基本养老保险关系时，不转移参加试点期间的单位缴费和个人缴费，改革前的个人缴费本息按照《人力资源社会保障部、财政部关于贯彻落实〈国务院关于机关事业单位工作人员养老保险制度改革的决定〉的通知》（人社部发〔2015〕28号）有关规定执行。

二、关于机关事业单位参保人员养老保险关系转移接续后的职业年金补记

（一）参保人员办理了正式调动或辞职、辞退手续离开机关事业单位的，根据改革前本人在机关事业单位工作的年限长短补记职业年金，以实账方式划转至本人职业年金个人账户，所需资金由其原所在单位按现行经费保障渠道解决。

（二）参保人员从企业再次流动到机关事业单位的，本人退休时，按照机关事业单位养老保险办法计发待遇，同时补记职业年金的本金及投资收益划转到待遇领取地机关事业单位基本养老保险统筹基金。若参保人员在退休前从机关事业单位又流动到企业的，不再重复补记职业年金，原补记的职业年金转移和管理运营按照国办发〔2015〕18号文件规定执行。

三、关于养老保险关系转移接续后的相关待遇计发参数

（一）参保人员在机关事业单位之间跨统筹范围流动的，待达到退休年龄时，视同缴费指数根据本人退休时的职务职级（技术职称）所对应的待遇领取地的视同缴费指数标准确定；过渡期内老办法待遇标准中的退休补贴标准，根据2014年9月本人的职务职级（技术职称）对应的待遇领取地退休补贴标准确定；在其他统筹地区参保缴费时段的实际缴费指数，可以按照本人相应年度缴费工资基数和待遇领取地对应的上年度在岗职工平均工资计算，也可以按照本人相应年度缴费工资基数和其他统筹地区对应的上年度在岗职工平均工资计算，就高不就低。

（二）参保人员从机关事业单位流动到企业参保的，其视同缴费指数按企业职工基本养老保险有关政策确定。

（三）改革后，参保人员从企业流动到机关事业单位，过渡期内达到退休年龄的，可参照待遇领取地同等条件（如职务、技术职称等）人员的标准，确定其老办法待遇标准，实行新老办法对比计发养老待遇，具体办法由各地根据实际制定。过渡期之后达到退休年龄的，直接按照新办法计发养老待遇。其他类似人员，按照上述办法处理。

（四）参保人员在机关事业单位与企业之间流动的，养老保险关系转移接续后的基本养老保险缴费年限（含视同缴费年限）、个人账户储存额累计计算。

四、关于养老保险关系转移接续后的待遇领取地确定

（一）参加机关事业单位养老保险制度的人员达到退休年龄时，其退休时的基本养老保险关系所在地为待遇领取地。

（二）参保人员从机关事业单位流动到企业的，待达到退休年龄时，按照国办发

〔2009〕66 号文件等规定确定待遇领取地。

五、关于处理多重养老保险关系

参保人员同时存续多重基本养老保险关系或重复缴纳基本养老保险费的，应按照“先转后清”的原则，由转入地社保经办机构负责按规定清理。

六、关于职业年金转移接续

职业年金个人账户实账部分按照国办发〔2015〕18 号文件的规定转移接续，职业年金单位缴费采取记账方式管理的部分，按以下办法转移接续：

（一）参保人员在由相应的同级财政全额供款的单位之间流动时，可转移本人的职业年金单位缴费部分的累计记账额，继续由转入单位采取记账方式管理。

（二）参保人员由机关事业单位流动到企业、在非同级财政全额供款的单位之间流动，或者由财政全额供款单位流动到非财政全额供款单位的，应当由转出单位相应的同级财政保障拨付资金记实后转移接续。

（三）参保人员由非财政全额供款单位流动到财政全额供款单位后，原实账积累的个人账户资金按规定转移接续，同时其到新就业单位后的职业年金单位缴费部分可采取记账方式管理。

七、关于职业年金、企业年金个人账户管理和待遇计发

（一）参保人员在机关事业单位与企业之间流动时，本人职业年金或者企业年金个人账户包含的按照规定正常缴费形成的职业年金（以下简称正常缴费）、参加本地机关事业单位养老保险试点的个人缴费本息划转的资金（以下简称划转缴费）、补记的职业年金（以下简称补记缴费）和企业年金分别管理并计算收益。

（二）参保人员从机关事业单位流动到企业并在企业职工养老保险制度内达到退休年龄，参加所在企业建立企业年金计划的，将正常缴费、补记缴费和企业年金累计储存额合并计算，按照企业年金制度相关规定领取企业年金待遇，同时将划转缴费累计储存额一次性支付给本人。

（三）参保人员从机关事业单位流动到企业并在企业职工养老保险制度内达到退休年龄，所在企业没有建立企业年金计划并由原管理机构管理运营正常缴费、划转缴费和补记缴费的，将正常缴费和补记缴费累计储存额合并计算，按照国办发〔2015〕18 号文件规定领取职业年金待遇，同时将划转缴费累计储存额一次性支付给本人。

（四）参保人员从企业流动到机关事业单位的，原在企业建立的企业年金按规定转移并投资运营。在机关事业单位养老保险制度内达到退休年龄的，过渡期内，企业年金累计储存额不计入新老办法标准对比范围，按照企业年金制度相关规定领取企业年金待遇，同时按照国办发〔2015〕18 号文件规定领取职业年金待遇；过渡期之后，将职业年金、企业年金累计储存额合并计算，按照国办发〔2015〕18 号文件规定领取职业年金待遇。

（五）参保人员在职期间或退休后死亡的，其正常缴费、划转缴费、补记缴费和企业年金累计储存余额可以继承。

机关事业单位基本养老保险关系和职业年金转移接续经办规程另行制定。

本通知自 2014 年 10 月 1 日开始执行，已有规定与本通知不一致的，按本通知执行。

人力资源社会保障部

财政部

2017 年 1 月 12 日

人力资源社会保障部办公厅关于机关事业单位养老保险关系转移接续办法实施后相关政策衔接问题的复函

人社厅函〔2019〕19号

北京市人力资源和社会保障局：

你局《关于机关事业单位养老保险关系转移接续办法实施后相关政策衔接的请示》（京人社养文〔2018〕187号）收悉。经商财政部，现答复如下：

考虑到机关事业单位已经全面实施养老保险制度改革，对于2014年10月1日以后，公务员及参公管理的单位工作人员办理了正式调动或辞职、辞退手续离开机关事业单位的，应按照《人力资源社会保障部　财政部关于机关事业单位基本养老保险关系和职业年金转移接续有关问题的通知》（人社部规〔2017〕1号）相关规定补记职业年金，不再执行《劳动和社会保障部　财政部　人事部　中央机构编制委员会办公室关于职工在机关事业单位与企业之间流动时社会保险关系处理意见的通知》（劳社部发〔2001〕13号）基本养老保险个人账户一次性补贴政策。

人力资源社会保障部办公厅

2019年1月23日

人力资源社会保障部办公厅　财政部办公厅关于降低在京中央国家机关事业单位基本养老保险单位缴费比例的通知

人社厅发〔2019〕65号

党中央各部门人事、财务部门，国务院各部委、各直属机构人事、财务部门，全国人大常委会办公厅、全国政协办公厅、最高人民法院、最高人民检察院、各民主党派中央、各人民团体人事、财务部门：

为贯彻落实党中央、国务院决策部署，根据《国务院办公厅关于印发降低社会保险费率综合方案的通知》（国办发〔2019〕13号）精神，现就降低在京中央国家机关事业单位基本养老保险单位缴费比例有关事项通知如下：

一、降低养老保险单位缴费比例

自2019年5月1日起，在京中央国家机关事业单位基本养老保险（以下简称养老保险）单位缴费比例统一降至16%。

二、做好缴费政策衔接

降低养老保险单位缴费比例后，机关事业单位清算2019年4月30日之前的养老保险费，仍按原政策规定执行。

降低养老保险单位缴费比例，是完善养老保险制度、减轻部分单位缴费负担的重要举措，各部门和单位要统一思想，提高认识，切实加强领导，密切协同配合，精心组织实施，确保落实到位。

人力资源社会保障部办公厅

财政部办公厅

2019年4月30日

2. 工伤保险

关于实施《工伤保险条例》若干问题的意见

劳社部函〔2004〕256号

各省、自治区、直辖市劳动和社会保障厅（局）：

《工伤保险条例》（以下简称条例）已于二○○四年一月一日起施行，现就条例实施中的有关问题提出如下意见。

一、职工在两个或两个以上用人单位同时就业的，各用人单位应当分别为职工缴纳工伤保险费。职工发生工伤，由职工受到伤害时其工作的单位依法承担工伤保险责任。

二、条例第十四条规定“上下班途中，受到机动车事故伤害的，应当认定为工伤”。这里“上下班途中”既包括职工正常工作的上下班途中，也包括职工加班加点的上下班途中。“受到机动车事故伤害的”既可以是职工驾驶或乘坐的机动车发生事故造成的，也可以是职工因其他机动车事故造成的。

三、条例第十五条规定“职工在工作时间和工作岗位，突发疾病死亡或者在48小时之内经抢救无效死亡的，视同工伤”。这里“突发疾病”包括各类疾病。“48小时”的起算时间，以医疗机构的初次诊断时间作为突发疾病的起算时间。

四、条例第十七条第二款规定的有权申请工伤认定的“工会组织”包括职工所在用人单位的工会组织以及符合《中华人民共和国工会法》规定的各级工会组织。

五、用人单位未按规定为职工提出工伤认定申请，受到事故伤害或者患职业病的职工或者其直系亲属、工会组织提出工伤认定申请，职工所在单位是否同意（签字、盖章），不是必经程序。

六、条例第十七条第四款规定“用人单位未在本条第一款规定的时限内提交工伤认定申请的，在此期间发生符合本条例规定的工伤待遇等有关费用由该用人单位负担”。这里用人单位承担工伤待遇等有关费用的期间是指从事故伤害发生之日或职业病确诊之日起到劳动保障行政部门受理工伤认定申请之日止。

七、条例第三十六条规定的工伤职工旧伤复发，是否需要治疗应由治疗工伤职工的协议医疗机构提出意见，有争议的由劳动能力鉴定委员会确认。

八、职工因工死亡，其供养亲属享受抚恤金待遇的资格，按职工因工死亡时的条件核定。

劳动和社会保障部

2004年11月1日

人力资源社会保障部　财政部关于进一步做好事业单位等参加工伤保险工作有关问题的通知

人社部发〔2012〕67号

各省、自治区、直辖市及新疆生产建设兵团人力资源社会保障厅（局）、财政厅（局、财务局）：

为保障事业单位、社会团体、民办非企业单位、基金会、律师事务所、会计师事务所等组织因工作遭受事故伤害或者患职业病的工作人员依法享受工伤保险待遇，按照《中华人民共和国社会保险法》和《工伤保险条例》规定，现就有关问题通知如下：

一、事业单位、社会团体、民办非企业单位、基金会、律师事务所、会计师事务所等组织按照《中华人民共和国社会保险法》《工伤保险条例》规定，依照属地管理原则，参加统筹地区的工伤保险，并按时足额缴纳工伤保险费。缴纳工伤保险费所需费用在社会保障缴费中列支，其费率均暂按一类风险行业执行。

二、事业单位、社会团体、民办非企业单位、基金会、律师事务所、会计师事务所等组织的工作人员遭受事故伤害或者患职业病的，其工伤范围、工伤认定、劳动能力鉴定、待遇标准等按照《工伤保险条例》规定执行。

三、参照公务员法管理的事业单位、社会团体工作人员因工作遭受事故伤害或者患职业病的，按照《工伤保险条例》第六十五条的规定执行。

四、本通知自下发之日起施行。凡此前文件与本通知规定不符的，以本通知规定为准。

人力资源社会保障部

财政部

2012年10月29日

（八）监督、奖励与惩戒

中共中央组织部　人力资源社会保障部关于印发《事业单位工作人员申诉规定》的通知

人社部发〔2014〕45号

各省、自治区、直辖市党委组织部、政府人力资源社会保障厅（局），中央和国家机关各部委、各人民团体组织人事部门，新疆生产建设兵团党委组织部、人力资源社会保障局，部分高等学校党委：

为贯彻实施《事业单位人事管理条例》，中央组织部、人力资源社会保障部共同研究制定了《事业单位工作人员申诉规定》，现印发给你们，请认真贯彻执行。

中共中央组织部
人力资源社会保障部
2014年6月27日

事业单位工作人员申诉规定

第一章　总　　则

第一条　为保障事业单位工作人员合法权益，依法处理事业单位工作人员的申诉，促进事业单位及其主管部门依法行使职权，根据《事业单位人事管理条例》，制定本规定。

第二条　事业单位工作人员对涉及本人的人事处理不服的，可以依照本规定申请复核；对复核结果不服的，可以依照本规定提出申诉、再申诉。

法律法规对事业单位工作人员申诉另有规定的，从其规定。

各级党委管理的事业单位领导人员的申诉，依照干部人事管理权限，按照有关规定办理。

第三条　处理事业单位工作人员申诉，应当坚持合法、公正、公平、及时的原则，依照规定的权限、条件和程序进行。

第四条　事业单位工作人员提出申诉，应当以事实为依据，不得捏造事实，诬告、陷害他人。

第五条 复核、申诉、再申诉期间不停止人事处理的执行。

事业单位工作人员不因申请复核或者提出申诉、再申诉而被加重处理。

第六条 复核、申诉、再申诉应当由事业单位工作人员本人申请。本人丧失行为能力、部分丧失行为能力或者死亡的，可以由其近亲属或监护人代为申请。

第二章 管 辖

第七条 事业单位工作人员对人事处理不服申请复核的，由原处理单位管辖。

第八条 事业单位工作人员对中央和地方直属事业单位作出的复核决定不服提出的申诉，由同级事业单位人事综合管理部门管辖。

事业单位工作人员对中央和地方各部门所属事业单位作出的复核决定不服提出的申诉，由主管部门管辖。

事业单位工作人员对主管部门或者其他有关部门作出的复核决定不服提出的申诉，由同级事业单位人事综合管理部门管辖。

事业单位工作人员对乡镇党委和人民政府作出的复核决定不服提出的申诉，由县级事业单位人事综合管理部门管辖。

第九条 事业单位工作人员对主管部门作出的申诉处理决定不服提出的再申诉，由同级事业单位人事综合管理部门管辖。

事业单位工作人员对市级、县级事业单位人事综合管理部门作出的申诉处理决定不服提出的再申诉，由上一级事业单位人事综合管理部门管辖。

第十条 事业单位工作人员对中央垂直管理部门省级以下机关作出的复核决定不服提出的申诉，由上一级机关管辖；对申诉处理决定不服提出的再申诉，由作出申诉处理决定机关的同级事业单位人事综合管理部门或者上一级机关管辖。

第三章 申请与受理

第十一条 事业单位工作人员对涉及本人的下列人事处理不服，可以申请复核或者提出申诉、再申诉：

（一）处分；

（二）清退违规进人；

（三）撤销奖励；

（四）考核定为基本合格或者不合格；

（五）未按国家规定确定或者扣减工资福利待遇；

（六）法律、法规、规章规定可以提出申诉的其他人事处理。

第十二条 申请复核或者提出申诉、再申诉的时效期间为三十日。复核的时效期间自申请人知道或者应当知道人事处理之日起计算；申诉、再申诉的时效期间自申请人收到复核决定、申诉处理决定之日起计算。

因不可抗力或者有其他正当理由，当事人不能在本条规定的时效期间内申请复核或者提出申诉、再申诉的，经受理机关批准可以延长期限。

第十三条 申请人申请复核和提出申诉、再申诉，应当提交申请书，同时提交原人事处理决定、复核决定或者申诉处理决定等材料的复印件。申请书可以通过当面提交、邮寄或者传真等方式提出。

申请人当面递交申请书的，受理单位应当场出具收件回执。

第十四条 申请书应当载明下列内容：

（一）申请人的姓名、出生年月、单位、岗位、政治面貌、联系方式、住址及其他基本情况；

（二）原处理单位的名称、地址、联系方式；

（三）复核、申诉、再申诉的事项、理由和要求；

（四）申请日期。

第十五条 受理单位应当对申请人提交的申请书是否符合受理条件进行审查，在接到申请书之日起十五日内，作出受理或者不予受理的决定，并以书面形式通知申请人。不予受理的，应当说明理由。

第十六条 符合以下条件的复核、申诉、再申诉，应予受理：

（一）申请人符合本规定第六条的规定；

（二）复核、申诉、再申诉事项属于本规定第十一条规定的受理范围；

（三）在规定的期限内提出；

（四）属于受理单位管辖范围；

（五）材料齐备。

凡不符合上述条件之一的，不予受理。申请材料不齐备的，应当一次性告知申请人所需补正的全部材料，申请人按照要求补正全部材料的，应予受理。

第十七条 在处理决定作出前，申请人可以以书面形式提出撤回复核、申诉、再申诉的申请。

受理单位在接到申请人关于撤回复核、申诉、再申诉的书面申请后，可以决定终结处理工作。

终结复核决定应当以书面形式告知申请人；终结申诉处理决定应以书面形式告知申请人和原处理单位；终结再申诉处理决定应当以书面形式告知申请人、申诉受理单位和原处理单位。

第四章　审理与决定

第十八条 受理复核申请的单位应当自接到申请书之日起三十日内作出维持、撤销或者变更原人事处理的复核决定，并以书面形式通知申请人。

受理申诉、再申诉申请的单位应当自决定受理之日起六十日内作出处理决定。案情复杂的，可以适当延长，但是延长期限不得超过三十日。

第十九条 受理申诉、再申诉的单位应当组成申诉公正委员会审理案件。

申诉公正委员会由受理申诉、再申诉的单位相关工作人员组成，必要时可以吸收其他相关人员参加。申诉公正委员会组成人数应当是单数，不得少于三人。申诉公正委员会负责人一般由主管申诉、再申诉工作的单位负责人或者负责申诉、再申诉的工作机构负责人担任。

第二十条 受理申诉、再申诉的单位有权要求有关单位提交答辩材料，有权对申诉、再申诉事项进行相关调查。

调查应当由两名以上工作人员进行，接受调查的单位或者个人有配合调查的义务，应当如实提供情况和证据。

第二十一条 申诉公正委员会应当根据调查情况对下列事项进行审议：

（一）原人事处理认定的事实是否存在、清楚，证据是否确实充分；

（二）原人事处理适用的法律、法规、规章和有关规定是否正确；

（三）原人事处理的程序是否符合规定；

（四）原人事处理是否显失公正；

（五）被申诉单位有无超越或者滥用职权的情形；

（六）其他需要审议的事项。

在审理对复核决定、申诉处理决定不服的申诉、再申诉时，申诉公正委员会还应当对复核决定、申诉处理决定进行审议。

审理期间，申诉公正委员会应当允许申请人进行必要的陈述或者申辩。

第二十二条 申诉公正委员会应当按照客观公正和少数服从多数的原则，提出审理意见。

第二十三条 受理单位应当根据申诉公正委员会的审理意见，区别不同情况，作出下列申诉处理决定：

（一）原人事处理认定事实清楚，适用法律、法规、规章和有关规定正确，处理恰当、程序合法的，维持原人事处理；

（二）原人事处理认定事实不存在的，或者超越职权、滥用职权做出处理的，按照管理权限责令原处理单位撤销或者直接撤销原人事处理；

（三）原人事处理认定事实清楚，但认定情节有误，或者适用法律、法规、规章和有关规定有错误，或者处理明显不当的，按照管理权限责令原处理单位变更或者直接变更原人事处理；

（四）原人事处理认定事实不清，证据不足，或者违反规定程序和权限的，责令原处理单位重新处理。

再申诉处理决定应当参照前款规定作出。

事业单位工作人员对重新处理后作出的处理决定不服，可以提出申诉或者再申诉。

第二十四条 作出申诉处理决定后，应当制作申诉处理决定书。申诉处理决定书应当载明下列内容：

（一）申诉人的姓名、出生年月、单位、岗位及其他基本情况；

（二）原处理单位的名称、地址、联系方式、人事处理和复核决定所认定的事实、理由及适用的法律、法规、规章和有关规定；

（三）申诉的事项、理由及要求；

（四）申诉公正委员会认定的事实、理由及适用的法律、法规、规章和有关规定；

（五）申诉处理决定；

（六）作出决定的日期；

（七）其他需要载明的内容。

再申诉处理决定作出后，应当制作再申诉处理决定书。再申诉处理决定书除前款规定内容外，还应当载明申诉处理决定的内容和作出申诉处理决定的日期。

申诉、再申诉处理决定书应当加盖受理申诉、再申诉单位或者申诉公正委员会的印章。

第二十五条 复核决定应当及时送达申请人。

申诉处理决定书应当及时送达申请人和原处理单位。

再申诉处理决定书应当及时送达申请人、申诉受理单位和原处理单位。

第二十六条 复核决定、申诉处理决定书、再申诉处理决定书按照下列规定送达：

（一）直接送达申请人本人，受送达人在送达回证上签名或者盖章，签收日期为送达日期；

（二）申请人本人不在的，可以由其同住的具有完全民事行为能力的近亲属在送达回证上签名或者盖章，视为送达，签收日期为送达日期；

（三）申请人或者其同住的具有完全民事行为能力的近亲属拒绝接收或者拒绝签名、盖章的，送达人应当邀请有关基层组织的代表或者其他有关人员到场，见证现场情况，由送达人在送达回证上记明拒收事由和日期，由送达人、见证人签名或者盖章，将处理决定留在申请人的住所或者所在单位，视为送达，送达人、见证人签名或者盖章日期为送达日期；

（四）直接送达确有困难的，可以通过邮寄送达，以回执上注明的收件日期为送达日期；

（五）上述规定的方式无法送达的，可以在相关媒体上公告送达，并在案卷中记明原因和经过。自公告发布之日起，经过六十日，即视为送达。

第二十七条 原处理单位应当将复核决定、申诉处理决定书、再申诉处理决定书存入申请人的个人档案。

第五章 执行与监督

第二十八条 处理决定应当在发生效力后三十日内执行。

下列处理决定是发生效力的最终决定：

（一）已过规定期限没有提出申诉的复核决定；

（二）已过规定期限没有提出再申诉的申诉处理决定；

（三）中央和省级事业单位人事综合管理部门作出的申诉处理决定；

（四）再申诉处理决定。

第二十九条 除维持原人事处理外，原处理单位应当在申诉、再申诉决定执行期满后三十日内将执行情况报申诉、再申诉受理单位备案。

原处理单位逾期不执行的，申请人可以向作出发生效力的决定的单位提出执行申请。接到执行申请的单位应当责令原处理单位执行。

第三十条 对事业单位工作人员处理错误的，应当及时予以纠正；造成名誉损害的，应当赔礼道歉、恢复名誉、消除影响；造成经济损失的，应当根据有关规定给予赔偿。

第三十一条 参与复核、申诉、再申诉审理的工作人员有下列情形之一的，应当提出回避申请：

（一）与申请人或者原处理单位主要负责人、承办人员有夫妻关系、直系血亲、三代以内旁系血亲关系或者近姻亲关系的；

（二）与原人事处理及案件有利害关系的；

（三）与申请人或者原处理单位主要负责人、承办人员有其他关系，可能影响案件公正处理的。

有前款规定的情形的，申请人、与原人事处理及案件有利害关系的公民、法人或者其他组织有权要求其回避。

复核案件审理工作人员的回避，由受理复核单位负责人决定。申诉或再申诉案件审理工作组织负责人的回避由受理单位负责人员集体决定；其他工作人员的回避，由申诉或再申诉案件审理工作组织负责人决定。回避决定作出前，相关人员应当暂停参与案件的调查和审理。

第三十二条 因下列情形之一侵害事业单位工作人员合法权益的，对相关责任人员和直接责任人员，应当根据有关规定，视情节轻重，给予批评教育、调离岗位或者处分；涉嫌犯罪的，移送司法机关处理；

（一）对申请复核或者提出申诉、再申诉的事业单位工作人员打击报复的；

（二）超越或者滥用职权的；

（三）适用法律、法规、规章错误或者违反规定程序的；

（四）在复核、申诉、再申诉工作中应当作为而不作为的；

（五）拒不执行发生效力的申诉、再申诉处理决定的；

（六）违反本规定的其他情形。

第三十三条 申请复核、提出申诉的事业单位工作人员弄虚作假、捏造事实、诬陷他人的，根据情节轻重，给予批评教育或者处分；涉嫌犯罪的，移送司法机关处理。

第六章　附　　则

第三十四条 机关工勤人员申请复核或者提出申诉、再申诉，参照本规定执行。

第三十五条 本规定自 2014 年 7 月 1 日起施行。

人力资源社会保障部　中共中央组织部 中央编办　财政部关于建立机关事业单位防治“吃空饷”问题长效机制的指导意见

人社部规〔2016〕6号

各省、自治区、直辖市人民政府，国务院各部委、各直属机构：

按照国务院部署，各地区、各部门深入扎实开展机关事业单位“吃空饷”问题集中治理工作，追缴资金，处理违纪人员，“吃空饷”现象得到有效遏制。同时，在治理过程中发现“吃空饷”问题具有隐蔽性、反复性，为巩固集中治理工作成果，进一步从源头上加强综合治理，经国务院同意，现就建立机关事业单位防治“吃空饷”问题长效机制提出以下指导意见。

一、严格界定“吃空饷”情形

机关事业单位“吃空饷”问题主要是指：

1. 在机关事业单位挂名并未实际到岗上班，但从机关事业单位领取工资、津贴补贴的。

2. 因请假、因公外出期满无正当理由逾期不归或旷工等原因，按规定单位应当与其终止人事关系，但仍在原单位领取工资、津贴补贴的。

3. 已与单位终止人事关系或已办理离退休手续，仍按在职人员领取工资、津贴补贴的。

4. 已死亡或被人民法院宣告死亡、失踪，仍由他人继续领取工资、津贴补贴的。

5. 受党纪政纪处分及行政、刑事处罚等，按规定应当停发或降低工资待遇，但仍未停发或按原标准领取工资、津贴补贴的。

6. 机关事业单位隐瞒事实、虚报人员编制或实有人数套取财政资金的。

7. 其他违纪违规领取工资、津贴补贴的。

二、严格人员日常管理

各地区、各部门要按照公务员考试录用、事业单位公开招聘、干部交流、人才引进等管理规定选拔、使用人员，严格按照政策规定和工作程序办理进人手续，严格执行公务员登记制度和事业单位工作人员实名统计制度。充分利用信息化手段，及时采集、更新在岗人员信息和工资发放信息，逐步建立机构编制、人员在岗、工资发放和人员交流等情况定期内部公示制度。加强考勤管理，机关事业单位工作人员因病、因事请假须严格履行请销假手续，并按照干部管理权限进行报批、备案，对违反规定的行为要及时依法依规处理。加强考核工作，将日常考核、年度考核与人员晋升、岗位和工资调整紧密挂钩。机关事业单位工作人员与单位解除、终止人事关系的，或者已死亡或被人民法院宣告死亡、失踪的，应按规定及时办理工资核销和社会保险关系转移或终止手续。

三、严格工资发放管理

机关事业单位工作人员病假期间，按国家有关政策执行相应的工资福利待遇，符合病退、退职条件的，应及时办理相关手续，执行相应的待遇。受党纪政纪处分的，须按规定取消、停发或降低工资待遇。机关事业单位工作人员被审判、检察、公安、国家安全机关采取强制措施和受行政刑事处罚，所在单位在收到告知书后，要按规定对其工资待遇进行处理，并按照干部管理权限报告有关单位和部门。工作人员按规定办理退休手续后，须在退休次月执行相应的退休待遇。

四、严格离岗人员管理

机关事业单位一般不得以日常工作为由借调人员，因完成专项工作或者重点任务确需借调工作人员，须经借出、借入单位领导集体研究，并按照干部管理权限履行审批程序，明确借调期限，借调期满后继续借用的，须重新履行审批手续。严格禁止各种形式的非组织借调行为。机关事业单位工作人员离岗进修培训、挂职锻炼，需按照干部管理权限审批，并按有关规定抓好日常管理。对按照中央加快实施创新驱动发展战略和大众创业、万众创新等有关文件要求离岗创业的高校、科研院所等事业单位科研人员，各地区、各部门要通过完善聘用合同管理、强化考核等办法，加强规范管理。

五、严格监督管理

各级组织、机构编制、财政和人力资源社会保障等部门要加快实现部门间信息共享和对接，建立机构编制、岗位管理、人员聘用、工资管理、社保缴费、财政预算等工作的互联管理平台。组织、人力资源社会保障部门要充分履行职责，健全统一指导、分级调控、分类管理的人事管理体制。完善人事管理制度，加强对各类人员管理及工资待遇执行等方面的政策指导。强化人事监管，健全各项管理程序，完善人员流动管理机制。机构编制部门要全面实行机构编制实名制管理，严格人员编制使用核准备案制度，强化部门间联动管理综合约束机制，依法依规推进机构人员编制信息公示公开。加强机构运行和编制使用情况的动态监测，切实加大“12310”举报受理和案件查处工作力度。财政部门要会同人力资源社会保障等部门进一步加强财政统发工资管理，严格按照财政预算核拨人员经费。根据相关规定对增人增资证明材料进行审核。

六、严格责任追究

各级组织、机构编制、财政和人力资源社会保障等部门要形成常态化联合治理工作机制，定期和不定期开展专项检查，督促有关地方和部门及时核实处理发现的问题。各地区、各部门要在政务公开网站公布举报电话、邮箱，对举报线索须及时核查处理，并向实名举报人反馈结果。对“吃空饷”问题，坚持发现一起查处一起，对查实的问题“零容忍”，坚决纠正违规行为，严肃处理负有责任的领导人员和相关责任人，对违纪违规的要按照有关规定给予处理，对涉嫌违法犯罪的要移交司法机关处理。对占编“吃空饷”的单位要严格按照规定核减相应编制和预算，并收回空余编制。

各地区、各部门要将预防、治理“吃空饷”问题纳入党风廉政建设工作范畴。机关事业单位主要负责同志作为第一责任人，要切实负起领导责任。组织、机构编制、财政和人力资源社会保障等部门要各司其职、密切配合、加强协调。要宣传防治“吃空饷”问题的重要意义和取得的成效，对于社会普遍关注、群众反映强烈、影响恶劣的典型案件，要定期进行内部通报或公开曝光，对违法违规行为形成有效震慑。

人力资源社会保障部
中共中央组织部
中央编办
财政部
2016 年 12 月 23 日

人力资源社会保障部关于贯彻执行《事业单位工作人员处分暂行规定》若干问题的意见

人社部规〔2017〕11号

各省、自治区、直辖市及新疆生产建设兵团人力资源社会保障厅（局），中央和国家机关各部委、各人民团体组织人事部门：

《事业单位工作人员处分暂行规定》（以下简称《处分规定》）颁布施行以来，部分地方和单位提出一些需要进一步明确的问题，为落实中央从严管理干部要求，进一步规范事业单位处分工作，妥善解决实际工作中的问题，经商中央组织部、监察部，现提出如下意见。

一、《处分规定》所称事业单位主管部门，除有特别规定外，均以事业单位法人证书中“举办单位”栏所记载的部门为准。

二、事业单位工作人员被依法判处刑罚的，按照《处分规定》第二十二条的规定执行，不适用第十三条、第十四条关于减轻处分或者免予处分的规定。

三、受降低岗位等级或者撤职处分的事业单位工作人员，已按规定调整岗位且年度考核被确定为不合格档次的，不再以年度考核不合格为由重复处理。

四、事业单位工作人员在受处分期间，不得聘用到其他类别岗位，根据相关规定不得在现类别岗位工作的除外。

五、对同时在管理和专业技术两类岗位任职的事业单位工作人员发生违纪违法行为，给予降低岗位等级或者撤职处分时，应当同时降低两类岗位的等级，并根据违纪违法的情形与岗位性质的关联度确定降低岗位类别的主次。

六、对被判处刑罚事业单位工作人员的处分决定，应当在判决生效后一个月内作出。

七、事业单位工作人员存在违纪违法行为，有关单位不处分或者不按规定处理的，应当根据《处分规定》第四十五条规定追究相关人员责任。因上述情形造成办案期限超过12个月的，由事业单位人事综合管理部门或者主管部门责令相关单位或部门在1个月内依法作出处分决定。

八、处分期满后，原处分决定单位批准解除处分的，应当自处分期满之日起一个月内作出，处分解除时间自处分期满之日起计算，并在解除处分决定中注明。

九、事业单位工作人员在受处分期间交流到其他事业单位工作或者原处分决定单位出现合并、分立等情形的，由与其建立人事关系的新单位执行原处分决定。

十、公务员在受处分期间交流到事业单位的，原处分决定继续执行。处分期满后，由所在事业单位商原处分决定单位按照有关规定解除处分决定。

十一、事业单位工作人员受到降低岗位等级处分，无岗位等级可降而降低薪级工资的，处分解除后，不视为恢复受处分前的薪级工资。

十二、按照《处分规定》第四十四条规定，已经退休的事业单位工作人员涉嫌违纪违法的，不再作出处分决定，但应当立案调查并按程序作出调查结论，明确其应受处分的种类。对于应当给予降低岗位等级或者撤职以上处分的，其养老保险等相应待遇按有关规定执行。

十三、本意见自发布之日起执行。

人力资源社会保障部

2017 年 6 月 21 日

中共中央组织部　人力资源社会保障部关于印发《事业单位工作人员奖励规定》的通知

人社部规〔2018〕4号

各省、自治区、直辖市党委组织部、政府人力资源社会保障厅（局），中央和国家机关各部委、各人民团体组织人事部门，新疆生产建设兵团党委组织部、人力资源社会保障局，部分高等学校党委：

为深入贯彻习近平新时代中国特色社会主义思想和党的十九大精神，贯彻落实新时代党的组织路线，建立导向鲜明、科学规范、有效管用的事业单位工作人员奖励制度，激励广大事业单位工作人员担当作为、干事创业，根据《事业单位人事管理条例》等法律法规，中央组织部、人力资源社会保障部共同研究制定了《事业单位工作人员奖励规定》，现印发给你们，请结合本地区、本部门实际认真贯彻执行。

中共中央组织部
人力资源社会保障部
2018年12月18日

事业单位工作人员奖励规定

第一章　总　　则

第一条　为深入贯彻习近平新时代中国特色社会主义思想和党的十九大精神，贯彻落实新时代党的组织路线，建立导向鲜明、科学规范、有效管用的事业单位工作人员奖励制度，激励广大事业单位工作人员担当作为、干事创业，根据《事业单位人事管理条例》等法律法规，制定本规定。

第二条　事业单位工作人员、事业单位工作人员集体（以下简称事业单位工作人员和集体）在完成本职工作和履行社会责任中表现突出、有显著成绩和贡献的，依据本规定给予奖励。

依据有关法律法规和政策对事业单位工作人员和集体开展的其他奖励按照有关规定

执行。

事业单位工作人员集体是指事业单位法人组织、内设机构、派出机构或者为完成专项任务组成的工作团队。

第三条 事业单位工作人员奖励工作，应当服务经济社会发展，符合事业单位特点，体现时代性、导向性、实效性，丰富奖励形式，发挥奖励的正向激励作用。主要遵循以下原则：

（一）坚持党管干部、党管人才。

（二）坚持德才兼备、以德为先。

（三）坚持事业为上、突出业绩贡献。

（四）坚持公开公平公正、严格标准程序。

（五）坚持精神奖励与物质奖励相结合、以精神奖励为主。

（六）坚持定期奖励与及时奖励相结合、以定期奖励为主。

第四条 事业单位人事综合管理部门，事业单位、主管机关（部门）和有关行业主管部门的党委（党组）及其组织（人事）部门，根据本规定，分级分类负责奖励工作的组织实施。

第二章 奖励的条件和种类

第五条 事业单位工作人员和集体必须坚持和加强党的全面领导，坚决维护习近平总书记的核心地位，坚决维护党中央权威和集中统一领导。有下列情形之一的，可以给予奖励：

（一）在贯彻执行党的理论和路线方针政策，加强事业单位党建工作，履行公共服务的政治责任等方面，表现突出、成绩显著的。

（二）在执行党和国家重大战略部署、重要任务、承担重要专项工作、维护公共利益、防止或者消除重大事故、抢险救灾减灾等方面，表现突出、成绩显著的。

（三）热爱公共服务事业，在推进教育、科技、文化、医疗卫生、体育、农业等领域改革发展方面，表现突出、成绩显著的。

（四）长期服务基层，在为民服务、爱岗敬业、担当奉献等方面，表现突出、成绩显著的。

（五）工作中有发明创造、技术创新、成果转化等，经济效益或者社会效益显著的。

（六）在维护国家安全和社会稳定、增进民族团结、同违纪违法行为作斗争等方面，有突出事迹和功绩的。

（七）在对外交流与合作、重大赛事和活动中为国家争得荣誉和利益，表现突出、成绩显著的。

（八）有其他突出成绩和贡献需要给予奖励的。

第六条 对事业单位工作人员和集体可以嘉奖、记功、记大功、授予称号。

（一）对表现突出、作出较大贡献，在本单位发挥模范带头作用的，给予嘉奖。

（二）对取得突破性成就、作出重大贡献，在本地区本行业本领域产生较大影响的，记功。

（三）对取得重大突破性成就、作出杰出贡献，在本地区本行业本领域产生重大影响的，记大功。

（四）对功绩卓著的，授予称号。

授予称号以及荣誉称号，按照《中国共产党党内功勋荣誉表彰条例》《国家功勋荣誉表彰条例》等有关规定执行。

第三章　奖励的权限

第七条　给予党中央、国务院直属事业单位工作人员和集体的嘉奖、记功、记大功，由本单位按照干部人事管理权限作出。

给予中央各部门所属事业单位工作人员和集体的嘉奖、记功、记大功，由本单位或者主管部门按照干部人事管理权限作出。

其中，记大功奖励方案，应当事先征得中央事业单位人事综合管理部门同意，并在作出记大功奖励决定后1个月内备案。

第八条　给予省（自治区、直辖市）级以下事业单位工作人员和集体奖励，按照下列权限进行：

（一）嘉奖。省（自治区、直辖市）级、市（地、州、盟）级事业单位由本单位或者主管机关（部门）按照干部人事管理权限作出，县（市、区、旗）级以下事业单位报县（市、区、旗）级事业单位人事综合管理部门批准并作出。

（二）记功。省（自治区、直辖市）级事业单位由本单位或者主管机关（部门）按照干部人事管理权限作出，市（地、州、盟）级以下事业单位报市（地、州、盟）级事业单位人事综合管理部门批准并作出。

（三）记大功。报省（自治区、直辖市）级事业单位人事综合管理部门批准并作出。

上述由事业单位或者主管机关（部门）作出的奖励决定，应当在1个月内向同级事业单位人事综合管理部门备案。

第九条　省（自治区、直辖市）级以上事业单位人事综合管理部门可以会同相关行业主管部门开展奖励。市（地、州、盟）级以上事业单位人事综合管理部门可以跨层级对下级事业单位工作人员和集体作出嘉奖、记功奖励决定。

第四章　定期奖励

第十条　根据工作需要和队伍建设实际开展定期奖励，一般以年度或者聘（任）期为周期，以年度考核、聘（任）期考核结果为主要依据。奖励具体时间由奖励决定单位根据行业实际、工作特点等确定，可以结合年度考核、聘（任）期考核等工作进行。

第十一条　定期奖励的比例（名额），由奖励决定单位结合事业单位数量、人员规模、职责任务、工作绩效等因素统筹确定。给予工作人员嘉奖、记功，一般分别不超过工作人员总数的20%、2%，事业单位整体表现突出的，其工作人员嘉奖比例一般不超过25%。

定期奖励的比例（名额）应当向基层和艰苦边远地区事业单位倾斜，向一线工作人员倾斜。县（市、区、旗）级以下事业单位的奖励比例（名额）可以根据实际在本县（市、区、旗）范围内统筹使用。

第十二条　定期奖励工作一般按照下列程序进行：

（一）有关机关（部门）或者事业单位依据奖励权限制定奖励工作方案，明确奖励范围、条件、种类、比例（名额）、程序和纪律要求等，并予以公布。

（二）主管机关（部门）或者事业单位提出奖励建议名单，逐级上报。

（三）奖励决定单位审批。根据需要组织评选或者听取业内专家、服务对象等有关方面意见；对拟奖励名单，应当听取纪检监察机关的意见，涉及领导人员的，应当按照干部管理权限事先征得组织人事部门同意。

（四）在奖励决定单位管辖范围内对拟奖励名单进行公示，公示期不少于5个工作日。因涉及国家秘密不宜公开的，可以不予公示。

（五）作出奖励决定并予以公布。因涉及国家秘密不宜公开的，可以不向社会公布。

第五章　及时奖励

第十三条　对在应对重大突发事件、完成重大专项工作等方面，作出显著成绩和贡献的事业单位工作人员和集体，应当及时给予奖励。

第十四条　加大及时奖励力度，及时奖励的比例（名额）由奖励决定单位依据奖励权限，结合实际确定。

第十五条　及时奖励一般由主管机关（部门）或者事业单位制定奖励方案，提出拟奖励名单，参照本规定第十二条相关程序，依据奖励权限作出奖励决定。

及时奖励情况可以作为定期奖励的重要参考。

第六章　奖励的实施

第十六条　对获得嘉奖、记功、记大功的事业单位工作人员和集体，由奖励决定单位颁发奖励证书；获得记功、记大功的，同时对个人颁发奖章，对集体颁发奖牌。

奖励证书、奖章和奖牌，按照中央事业单位人事综合管理部门规定的式样、规格、质地，由省（自治区、直辖市）级以上事业单位人事综合管理部门统一制作或者监制。奖励相关审批材料分别存入本人干部人事档案、单位文书档案。

第十七条　对获得嘉奖、记功、记大功的事业单位工作人员给予一次性奖金。

获奖人员所在地区或者单位经批准可以追加其他物质奖励。

经批准的奖励所需经费，通过相关单位现有经费渠道解决，不计入工作人员所在单位绩效工资总额。

第十八条　对事业单位工作人员集体进行奖励的，可以同时对该集体中作出突出贡献的个人进行奖励。

对符合奖励条件的已故人员，可以追授奖励。

第十九条　对获得奖励的事业单位工作人员和集体，可以结合实际以内部通报表扬、评优评先等形式进行褒奖，并在工作上、生活上给予关心关怀，激励其珍惜和保持荣誉，发挥先进典型示范引领作用。

第七章　奖励的监督

第二十条　有下列情形之一的，不得给予奖励；已经作出奖励决定的，由奖励决定单位按程序撤销奖励，并注销和收回获奖个人或者集体的奖励证书、奖章、奖牌，撤销其获得的待遇，追缴所获奖金等物质奖励。

（一）政治品质、廉洁自律存在问题，或者道德品行、遵规守纪等方面存在问题、造成严重不良影响的。

（二）申报奖励时隐瞒严重错误或者弄虚作假骗取奖励的。

（三）严重违反规定的奖励权限或者程序的。

（四）法律法规规定应当撤销奖励的。

撤销奖励的，应当予以公布。因涉及国家秘密不宜公开的，可以不向社会公布。相关材料分别存入本人干部人事档案、单位文书档案。

第二十一条 县（市、区、旗）级以上事业单位人事综合管理部门、事业单位或者主管机关（部门）应当及时受理对奖励工作的投诉、举报，并按照国家有关规定调查处理。

事业单位工作人员和集体对撤销奖励决定不服的，可以申请复核、提出申诉。

第二十二条 奖励工作应当严格遵守政治纪律和政治规矩、组织人事纪律、工作纪律、财经纪律、廉洁纪律，保守国家秘密和工作秘密。有下列情形之一的，县（市、区、旗）级以上事业单位人事综合管理部门或者主管机关（部门）应当责令限期改正；逾期不改正或者构成违纪的，按照有关规定给予组织处理或者纪律处分；涉嫌违法犯罪的，按照国家有关法律规定处理。

（一）不按照规定的奖励范围、条件、种类、权限、比例（名额）、程序等开展奖励的。

（二）徇私舞弊、弄虚作假的。

（三）泄露国家秘密，或者泄露工作秘密造成不良后果的。

（四）因奖励工作失误导致奖励结果显失公平，造成不良后果的。

（五）按照有关规定应当回避而没有回避的。

（六）有其他违反本规定行为的。

第八章　附　　则

第二十三条 机关工勤人员、机关工勤人员集体的奖励，参照本规定执行。

第二十四条 省、自治区、直辖市事业单位人事综合管理部门可以依据本规定，结合实际制定实施细则。

第二十五条 本规定由中共中央组织部、人力资源社会保障部负责解释。

第二十六条 本规定自发布之日起施行。

附件：1. 事业单位工作人员奖励审批表

2. 事业单位工作人员集体奖励审批表

3. 事业单位奖励证书、奖章、奖牌式样

附件 1

事业单位工作人员奖励审批表

填表时间：　　年　　月　　日

<table>
<tr><td>姓名</td><td></td><td>性别</td><td></td><td>出生年月</td><td></td><td rowspan="5">照片
（近期 2 寸
正面半身免
冠彩色照片）</td></tr>
<tr><td>民族</td><td></td><td>籍贯</td><td></td><td>出生地</td><td></td></tr>
<tr><td>政治面貌</td><td colspan="3"></td><td>参加工
作时间</td><td></td></tr>
<tr><td>学历</td><td colspan="3"></td><td>学位</td><td></td></tr>
<tr><td>身份证号</td><td colspan="5"></td></tr>
<tr><td>工作单位及
职务职称</td><td colspan="4"></td><td>岗位等级
（职员等级）</td><td></td></tr>
<tr><td>拟授奖励</td><td colspan="6"></td></tr>
<tr><td>奖惩情况</td><td colspan="6"></td></tr>
<tr><td>简历</td><td colspan="6"></td></tr>
<tr><td>主要事迹</td><td colspan="6"></td></tr>
</table>

续表

审报机关 （单位） 意见	盖　章 年　　月　　日
审核机关 （单位） 意见	盖　章 年　　月　　日
审批机关 （单位） 意见	盖　章 年　　月　　日
备注	

附件 2

事业单位工作人员集体奖励审批表

填表时间：　　年　　月　　日

<table>
<tr><td>单位名称</td><td colspan="3"></td></tr>
<tr><td>负责人姓名</td><td></td><td>工作人员人数</td><td></td></tr>
<tr><td>拟授奖励</td><td colspan="3"></td></tr>
<tr><td>曾受何种奖励</td><td colspan="3"></td></tr>
<tr><td>主要事迹</td><td colspan="3"></td></tr>
<tr><td>申报机关
（单位）
意见</td><td colspan="3">盖　章
年　　月　　日</td></tr>
<tr><td>审核机关
（单位）
意见</td><td colspan="3">盖　章
年　　月　　日</td></tr>
<tr><td>审批机关
（单位）
意见</td><td colspan="3">盖　章
年　　月　　日</td></tr>
<tr><td>备注</td><td colspan="3"></td></tr>
</table>

附件 3

事业单位奖励证书、奖章、奖牌式样

一、事业单位工作人员、事业单位工作人员集体奖励证书

1. 事业单位工作人员嘉奖证书

证书规格为 245 mm×170 mm。封面选用大红色丝绸材料，烫金印制“事业单位工作人员嘉奖证书”字样。内页为浅黄色，花边图案为卷草纹，硬卡纸。其中，左上部分为获奖同志姓名（字体为大标宋简体，23 号字），中间部分为受到何种奖励（字体为魏碑，44 号字），右下部分为颁奖单位印章和日期（字体为大标宋，18 号字）。

2. 事业单位工作人员集体嘉奖证书

证书规格为 245 mm×170 mm。封面选用大红色丝绸材料，烫金印制“事业单位集体嘉

奖证书”字样。内页为浅黄色，花边图案为卷草纹，硬卡纸。其中，左上部分为获奖集体名称（字体为大标宋简体，23 号字），中间部分为受到何种奖励（字体为魏碑，44 号字），右下部分为颁奖单位印章和日期（字体为大标宋，18 号字）。

3. 事业单位工作人员记功证书

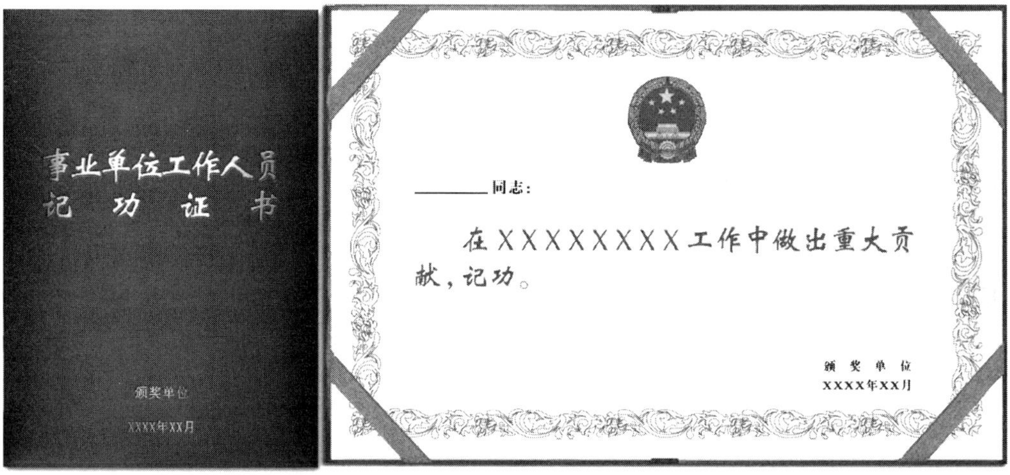

证书规格为 245 mm×170 mm。封面选用大红色丝绸材料，烫金印制“事业单位工作人员记功证书”字样。内页为浅黄色，花边图案为卷草纹，硬卡纸。其中，左上部分为获奖同志姓名（字体为大标宋简体，23 号字），中间部分为受到何种奖励（字体为魏碑，44 号字），右下部分为颁奖单位印章和日期（字体为大标宋，18 号字）。

4. 事业单位工作人员集体记功证书

证书规格为 245 mm×170 mm。封面选用大红色丝绸材料，烫金印制“事业单位集体记功证书”字样。内页为浅黄色，花边图案为卷草纹，硬卡纸。其中，左上部分为获奖集体名称（字体为大标宋简体，23 号字），中间部分为受到何种奖励（字体为魏碑，44 号字），右下部分为颁奖单位印章和日期（字体为大标宋，18 号字）。

5. 事业单位工作人员记大功证书

证书规格为245 mm×170 mm。封面选用大红色丝绸材料，烫金印制“事业单位工作人员记大功证书”字样。内页为浅黄色，花边图案为卷草纹，硬卡纸。其中，左上部分为获奖同志姓名（字体为大标宋简体，23 号字），中间部分为受到何种奖励（字体为魏碑，44号字），右下部分为颁奖单位印章和日期（字体为大标宋，18 号字）。

6. 事业单位工作人员集体记大功证书

证书规格为245 mm×170 mm。封面选用大红色丝绸材料，烫金印制“事业单位集体记大功证书”字样。内页为浅黄色，花边图案为卷草纹，硬卡纸。其中，左上部分为获奖集体名称（字体为大标宋简体，23 号字），中间部分为受到何种奖励（字体为魏碑，44 号字），右下部分为颁奖单位印章和日期（字体为大标宋，18 号字）。

二、事业单位工作人员奖章

1. 事业单位工作人员记功奖章

该套奖章分为铜质奖章和绶带两部分，整体规格为100 mm×45 mm，铜质奖章部分规格为ϕ45 mm。

奖章由黄铜压制成型，采用镀银工艺，全部为银色。奖章中心部位由上中下三部分组成。其中，上部为五星图案，中间部分是由毛泽东同志亲笔题写的“为人民服务”字样，奖章中心的下半部分图案为原子，奖章核心部分周围为波浪形水纹。

2. 事业单位工作人员记大功奖章

该套奖章分为铜质奖章和绶带两部分，整体规格为 100 mm×45 mm，铜质奖章部分规格为 ϕ45 mm。

奖章由黄铜压制成型，采用镀金工艺，全部为金色。奖章中心部位由上中下三部分组成。其中，上部为五星图案，中间部分是由毛泽东同志亲笔题写的“为人民服务”字样，奖章中心的下半部分图案为翻开的书页，奖章核心部分周围为波浪形水纹。

三、事业单位工作人员集体奖牌

1. 事业单位工作人员集体记功奖牌

规格：540 mm×380 mm。

材质：钛金板+实木颗粒板。

说明：奖牌正中上方为一枚金属材质国徽，中间部分分别为获奖集体名称（字体为魏碑，78 号字）、受到何种奖励（字体为魏碑，95 号字），右下部分为颁奖单位名称和颁奖日期（字体为黑体，30 号字）。

2. 事业单位工作人员集体记大功奖牌

规格：540 mm×380 mm。

材质：钛金板+实木颗粒板。

说明：奖牌正中上方为一枚金属材质国徽，中间部分分别为获奖集体名称（字体为魏碑，78 号字）、受到何种奖励（字体为魏碑，95 号字），右下部分为颁奖单位名称和颁奖日期（字体为黑体，30 号字）。

中共中央组织部办公厅
人力资源社会保障部办公厅关于印发
《事业单位工作人员申诉案件办理规则》的通知

人社厅发〔2019〕17号

各省、自治区、直辖市党委组织部、政府人力资源社会保障厅（局），中央和国家机关各部委、各人民团体组织人事部门，新疆生产建设兵团党委组织部、人力资源社会保障局：

为规范事业单位工作人员申诉案件办理程序，促进事业单位人事综合管理部门和主管部门公正及时处理申诉案件，根据《事业单位人事管理条例》和《事业单位工作人员申诉规定》，中央组织部、人力资源社会保障部共同研究制定了《事业单位工作人员申诉案件办理规则》，现印发给你们，请结合本地区、本部门实际认真贯彻执行。

中共中央组织部办公厅
人力资源社会保障部办公厅
2019年1月18日

事业单位工作人员申诉案件办理规则

第一章　总　　则

第一条　为规范事业单位工作人员申诉案件办理程序，促进事业单位人事综合管理部门和主管部门公正及时处理申诉案件，根据《事业单位人事管理条例》和《事业单位工作人员申诉规定》（以下简称《申诉规定》），制定本规则。

第二条　本规则适用于事业单位工作人员申诉、再申诉案件的处理。

对监察机关作出的政务处分不服提出的申诉，按照有关规定由监察机关处理。

对事业单位领导人员的申诉案件，依照干部人事管理权限，按照有关规定办理。

第三条　处理事业单位工作人员申诉，应当坚持合法、公正、公平、及时的原则，严格权限、条件和程序，保障申诉人正当权益。

第二章　申诉案件办理工作组织

第四条　各级事业单位人事综合管理部门和主管部门应当分别组建事业单位工作人员申诉公正委员会，负责办理事业单位工作人员的申诉、再申诉案件。

具体申诉案件的审理工作，根据实际情况，可以组建审理组负责，也可以由申诉公正委员会直接承办。

第五条　申诉公正委员会、审理组的组成人员应当是单数，不得少于 3 人。

申诉公正委员会设主任一名，副主任和委员若干名。主任一般由受理单位主管申诉、再申诉工作的负责人或者承担申诉、再申诉工作的内设机构负责人担任。副主任、委员由受理单位研究决定，一般由受理单位相关工作人员担任。必要时，可以吸收其他相关人员参加。

审理组一般由申诉公正委员会成员组成，必要时，可以吸收其他相关人员参加。审理组设组长，负责组织审理工作。

第六条　申诉公正委员会依法依规履行下列职责：

（一）处理管辖范围内的申诉、再申诉案件，对案件事实证据、适用政策法规、工作程序纪律等进行全面审议。

（二）审理申诉、再申诉案件。

（三）对审理组的审理工作进行指导和监督。

（四）讨论重大或者疑难的申诉、再申诉案件。

（五）法律法规规章规定的由申诉公正委员会承担或者受理单位授权的其他职责。

第七条　申诉公正委员会下设办事机构。根据实际情况，办事机构可以专门成立，也可以依托受理单位某一内设机构。

第八条　申诉公正委员会办事机构依法依规履行下列职责：

（一）对申诉、再申诉案件的申请进行审查。

（二）经申诉公正委员会批准，组建负责审理具体申诉案件工作的审理组。

（三）办理申诉、再申诉案件的文书制作和送达、档案和印章管理等。

（四）负责申诉公正委员会和审理组成员的组织、联络等工作。

（五）办理申诉公正委员会授权的其他事宜。

第九条　处理申诉案件的相关人员对工作中涉及的国家秘密、工作秘密、商业秘密和个人隐私应当保密。

第十条　申诉公正委员会、审理组、办事机构成员存在《申诉规定》第三十一条所列情形的，申诉人和被申诉单位应当自知道或者应当知道之日起 3 日内根据回避决定权限以书面形式提出回避申请。

申诉公正委员会主任的回避由受理单位负责人员集体决定，申诉公正委员会副主任、委员、审理组成员、办事机构成员的回避由申诉公正委员会主任决定。回避决定应当自收到回避申请之日起 3 日内作出。回避决定作出前，相关人员应当暂停参与案件的调查和审理。

第三章　受　　理

第十一条　对申诉人提出的申诉、再申诉申请，办事机构应当填写案件登记表和收件回执，对申诉、再申诉是否符合受理条件进行审查。

第十二条 办事机构应当自接到申请书之日起15日内区别不同情况，作出如下处理：

（一）对于经审查认为符合受理条件的申诉，向申请人发送受理通知书并加盖申诉公正委员会印章。

（二）对于经审查认为不符合受理条件的申诉，向申请人发送不予受理通知书，说明不予受理的理由，并加盖申诉公正委员会印章。监察机关已受理的申诉案件，事业单位主管部门、人事综合管理部门不再受理。

（三）申请材料不齐备的，应当及时一次性告知申请人所需补正的全部材料和合理的补正期限。审查期限自收到补正材料后的次日起重新计算。申请人补正相关材料后，应予受理。无正当理由逾期不补正的，视为申请人放弃申请。

第十三条 因不可抗力或者其他正当理由，申诉人不能在规定的期限内提出申诉、再申诉的，经受理单位或者经授权的申诉公正委员会主任批准，可以延长期限。

第十四条 对于决定受理的申诉、再申诉案件，办事机构应当自决定受理之日起7日内向被申诉单位发送应诉通知书和申请书副本，并将申诉公正委员会或者审理组的组成情况及时通知申请人和被申诉单位。

第十五条 被申诉单位应当自接到通知书之日起15日内向办事机构提交答辩书和作出人事处理决定的证据、依据和其他有关材料。

办事机构应当自收到答辩书之日起7日内将答辩书副本发送申诉人。

申诉人应当自收到答辩书副本之日起7日内提出书面反馈意见，送交办事机构。未提交书面反馈意见的，不影响案件审理。

上述被申诉单位提交答辩书和作出人事处理决定的有关材料、申诉人提出书面反馈意见的方式，按照《申诉规定》第十三条执行。

第十六条 在申诉处理决定作出前，申诉人可以以书面形式撤回申诉、再申诉申请。

受理单位在接到申诉人关于撤回申诉、再申诉的书面申请后，应对撤回申请进行审查，如无违反法律法规的情形，可以同意申请人撤回申请，终结案件处理工作，并以书面形式将终结申诉、再申诉处理决定告知申诉人和被申诉单位。

第十七条 因申诉人撤回申诉、再申诉导致案件终结的，申诉人再以同一事由提起申诉、再申诉的，不予受理。

第四章　审　　理

第十八条 申诉和再申诉案件中的证据包括：

（一）申诉人的陈述和被申诉单位的意见。

（二）书证。

（三）物证。

（四）视听资料。

（五）电子数据。

（六）证人证言。

（七）鉴定意见。

（八）勘验笔录、现场笔录。

第十九条 被申诉单位对作出的原人事处理决定负有举证责任，应当提供作出该决定的证据和所依据的法律法规和其他政策文件。

被申诉单位未履行举证责任的，办事机构应当责令其限期举证，无正当理由逾期提供的证据不予采纳。没有证据或者证据不足以证明被申诉单位的事实主张的，由负有举证责任的被申诉单位承担不利后果。

第二十条 受理申诉、再申诉的申诉公正委员会、审理组根据需要对申诉案件有关问题进行调查。调查一般采取书面调查、现场调查等方式进行。接受调查的单位或者个人有配合调查的义务，应当如实提供情况和证据。

第二十一条 现场调查应当制作调查笔录，调查人员不得少于2人。被调查人、证人及相关人员应当对现场调查笔录中由本人提供的情况进行确认后签名，调查人员应当在经上述人员确认并签名的调查笔录上签名。

第二十二条 申诉公正委员会或者审理组应当认真审阅案件调查笔录以及其他有关材料，根据《申诉规定》第二十一条对案件进行全面审议。

申诉人有明确要求时，申诉公正委员会或者审理组可以根据案件审理需要听取申诉人的陈述和被申诉单位的申辩。

第二十三条 申诉公正委员会或者审理组审议案件，应当制作审议笔录，由参加审议的成员签名。审议中的不同意见，应当如实记入审议笔录。

对于重大、疑难的申诉案件，审理组难以形成一致或者多数审理意见的，应当提请申诉公正委员会讨论。

第二十四条 申诉公正委员会或者审理组应当按照客观公正和少数服从多数的原则提出明确审理意见，由申诉公正委员会向受理单位提交审理报告。经申诉公正委员会批准后，也可以由审理组向受理单位提交审理报告。

第二十五条 审理报告应当载明下列内容：

（一）申诉人和被申诉单位的基本情况。

（二）申诉公正委员会、审理组成员的组成。

（三）申诉人提出申诉的事项、理由和要求。

（四）被申诉单位的答辩理由、证据和依据。

（五）审理情况概要。

（六）申诉公正委员会、审理组的审理意见。

第五章 决　　定

第二十六条 受理单位应当依据申诉公正委员会的审理意见，按照《申诉规定》第二十三条规定作出处理决定。

第二十七条 受理单位应当自决定受理之日起60日内作出处理决定。案情复杂的，经申诉公正委员会主任或者副主任批准，可以适当延长，但是延长期限不得超过30日。

第二十八条 办事机构应当根据受理单位作出的申诉处理决定，按照《申诉规定》第二十四条规定制作申诉处理决定书，并自作出申诉处理决定之日起7日内将处理决定书送达申诉人和作出原人事处理决定的单位；再申诉处理决定书还应同时送达作出申诉处理决定的单位。

处理决定书的送达，按照《申诉规定》第二十六条规定执行。

第二十九条 非因违反规定程序或者权限，被责令重新处理的，作出原人事处理的单位不得以同一事实和理由作出与原人事处理基本相同的处理。

第六章 执行和归档

第三十条 除维持原人事处理的申诉处理决定外，对发生效力的申诉处理决定，原人事处理的单位应当自执行期满30日内将执行情况以书面形式报作出申诉处理决定的受理单位备案。

第三十一条 原人事处理的单位无正当理由拒不执行申诉处理决定或者打击报复申诉人的，对其负有责任的领导人员和直接责任人员，受理单位应当按照有关规定给予组织处理或者纪律处分，涉嫌违法犯罪的，按照有关法律规定移送司法机关处理。

第三十二条 受理单位应当及时将处理的申诉、再申诉案件相关材料整理归档。归档材料主要包括：申请书、登记表、收件回执、原人事处理决定、复核决定、受理（不予受理）通知书、应诉通知书、答辩书、终结通知书、调查笔录、审议笔录、审理报告、处理决定书、决定执行情况等。

第七章 附 则

第三十三条 机关工勤人员申诉、再申诉案件的处理，参照本规则执行。

第三十四条 本规则自发布之日起施行。

附件：1. 事业单位工作人员申诉/再申诉案件登记表

2. 收件回执

3. 事业单位工作人员申诉/再申诉案件受理通知书

4. 事业单位工作人员申诉/再申诉案件不予受理通知书

5. 事业单位工作人员申诉/再申诉案件应诉通知书

6. 事业单位工作人员申诉/再申诉案件答辩书

7. 事业单位工作人员申诉/再申诉案件终结通知书

8. 事业单位工作人员申诉/再申诉处理决定书

附件1

事业单位工作人员申诉/再申诉案件登记表

<table>
<tr><td>申请人</td><td></td><td>性别</td><td></td><td>出生年月</td><td></td><td>政治面貌</td><td></td></tr>
<tr><td>岗位职务
及等级</td><td></td><td>原岗位职务
及等级</td><td></td><td>住址及联系方式</td><td colspan="3"></td></tr>
<tr><td colspan="2">工作单位</td><td colspan="2"></td><td>通讯地址及联系方式</td><td colspan="3"></td></tr>
<tr><td colspan="2">被申诉单位</td><td colspan="2"></td><td>申诉日期</td><td colspan="3"></td></tr>
<tr><td colspan="2">申诉事项</td><td colspan="6"></td></tr>
<tr><td colspan="2">申请书内容摘要</td><td colspan="6"></td></tr>
<tr><td colspan="2">是否符合
受理条件</td><td colspan="6"></td></tr>
<tr><td colspan="2">审批意见</td><td colspan="6"></td></tr>
<tr><td colspan="2">备注</td><td colspan="6"></td></tr>
</table>

附件 2

收 件 回 执

________：

你向本申诉公正委员会提出以下申诉材料收悉：

1.

2.

3.

……

共　　件。

还需补正材料（共　　件）：

1.

2.

3.

……

补正期限：

×××申诉公正委员会（章）

年　月　日

附件3

事业单位工作人员申诉/再申诉案件受理通知书

________：

你提出的____________________申诉/再申诉申请收悉。经初步审查，符合立案受理条件，根据《事业单位人事管理条例》《事业单位工作人员申诉规定》等规定，决定立案受理。

在申诉过程中，申诉人应当依法行使申诉权利，遵守申诉制度，履行相关义务，接受相关部门的调查取证。

×××申诉公正委员会（章）

年　　月　　日

附件 4

事业单位工作人员申诉/再申诉案件不予受理通知书

________：

你提出的申诉/再申诉申请收悉。经初步审查，因____________________，不符合立案受理条件，根据《事业单位人事管理条例》《事业单位工作人员申诉规定》等规定，决定不予受理。

×××申诉公正委员会（章）

年　　月　　日

附件 5

事业单位工作人员申诉/再申诉案件应诉通知书

________：

申诉人不服，提出申诉/再申诉申请，本申诉公正委员会已经立案受理。现随文发送申请书副本一份，并将有关情况通知如下：

一、在申诉过程中，当事人应当依法履行相关义务，遵守申诉工作秩序。

二、在收到申请书副本之日起 15 日内，向本申诉公正委员会提供据以作出人事处理决定的有关材料，并提出答辩书两份（正本一份，副本一份）。

×××申诉公正委员会（章）

年　　月　　日

附件 6

事业单位工作人员申诉/再申诉案件答辩书

答辩人名称：		
通讯地址：		邮政编码：
负责人姓名：	职务：	电话：
代表人姓名：	职务：	电话：
因　　　　　申诉一案		
提出答辩如下：		
附：本答辩书副本壹份		
答辩人：		
		年　　月　　日

注：1. 答辩书供被申诉机关提出答辩用，用钢笔、签字笔书写或者印制。

2. 答辩中有关举证事项，应具体写明证据和证据来源、证人姓名及其住址。

3. “答辩人”署名栏应写明单位全称，并加盖单位公章。

附件 7

事业单位工作人员申诉/再申诉案件终结通知书

________:

申诉人关于撤回申诉/再申诉的申请收悉。经审查，无违反法律法规的情形，同意申请人撤回申请，终结案件处理工作。

申请人再以同一事由提起申诉、再申诉的，不予受理。

×××申诉公正委员会（章）

年　　月　　日

附件 8

事业单位工作人员申诉/再申诉处理决定书

<table>
<tr><td>申诉人</td><td></td><td>出生年月</td><td></td><td>工作单位</td><td></td></tr>
<tr><td>岗位职务
及等级</td><td></td><td>其他基本情况</td><td colspan="3"></td></tr>
<tr><td>原处理单位</td><td></td><td>联系方式</td><td></td><td>地址</td><td></td></tr>
<tr><td colspan="2">申诉/再申诉的事项、
理由及要求</td><td colspan="4"></td></tr>
<tr><td colspan="6">1. 原人事处理和复核决定所认定的事实、理由及适用的法律、法规、规章和有关规定/申诉处理决定的内容、日期：

2. 本申诉公正委员会认定的事实、理由：

3. 适用的法律、法规、规章和有关规定：

4. 本申诉公正委员会决定：

对本申诉处理决定不服，可以在 30 内向________提出再申诉/本处理决定是发生效力的最终决定。

×××（章）
年　月　日</td></tr>
<tr><td>其他</td><td colspan="5"></td></tr>
</table>

中共中央组织部　人力资源社会保障部关于印发《事业单位人事管理回避规定》的通知

人社部规〔2019〕1号

各省、自治区、直辖市党委组织部、政府人力资源社会保障厅（局），新疆生产建设兵团党委组织部、人力资源社会保障局，中央和国家机关各部委、各人民团体组织人事部门，部分高等学校党委：

为规范事业单位人事管理工作，维护人事管理公平公正，根据《事业单位人事管理条例》及有关法律法规，中央组织部、人力资源社会保障部共同研究制定了《事业单位人事管理回避规定》，现印发给你们，请结合本地区、本部门实际认真贯彻执行。

中共中央组织部
人力资源社会保障部
2019年9月18日

事业单位人事管理回避规定

第一章　总　　则

第一条　为规范事业单位人事管理工作，维护人事管理公平公正，根据《事业单位人事管理条例》及有关法律法规，制定本规定。

第二条　坚持以习近平新时代中国特色社会主义思想为指导，贯彻落实全面从严治党要求，坚持党管干部、党管人才原则，以公正廉洁高效履职为准则，加强事业单位人事管理回避工作，加强对任职岗位和履职情况的监督约束，促进社会事业健康发展。

第三条　本规定所称事业单位人事管理回避包括岗位回避和履职回避。

第四条　事业单位人事管理工作所有参与方以及可能影响公正的特定关系人需要回避的，适用本规定。

事业单位领导人员回避按照本规定执行，法律法规另有规定的，从其规定。

第五条　事业单位、主管部门、事业单位人事综合管理部门按照干部人事管理权限，负责事业单位人事管理回避的执行和监督。

第二章 岗位回避

第六条 事业单位工作人员凡有下列亲属关系的，不得在同一事业单位聘用至具有直接上下级领导关系的管理岗位，不得在其中一方担任领导人员的事业单位聘用至从事组织（人事）、纪检监察、审计、财务工作的岗位，也不得聘用至双方直接隶属于同一领导人员的从事组织（人事）、纪检监察、审计、财务工作的内设机构正职岗位：

（一）夫妻关系。

（二）直系血亲关系，包括祖父母、外祖父母、父母、子女、孙子女、外孙子女。

（三）三代以内旁系血亲关系，包括叔伯姑舅姨、兄弟姐妹、堂兄弟姐妹、表兄弟姐妹、侄子女、甥子女。

（四）近姻亲关系，包括配偶的父母、配偶的兄弟姐妹及其配偶、子女的配偶及子女配偶的父母、三代以内旁系血亲的配偶。

（五）其他亲属关系，包括养父母子女、形成抚养关系的继父母子女及由此形成的直系血亲、三代以内旁系血亲和近姻亲关系。

前款所称同一事业单位，是指依法登记的同一事业单位法人。

第七条 本规定所称直接上下级领导关系包括：

（一）领导班子正职与副职。

（二）同一内设机构正职与副职。

（三）上级正职、副职与下级正职。

（四）单位无内设机构的，其正职、副职与其他管理人员以及从事审计、财务工作的专业技术人员。

（五）内设机构无下一级单位的，其正职、副职与其他管理人员以及从事审计、财务工作的专业技术人员。

第八条 事业单位工作人员岗位回避按照以下程序办理：

（一）本人提出回避申请，或者有关单位、人员提出回避要求。

（二）所在单位或者主管部门按照干部人事管理权限在1个月内作出回避决定。作出回避决定前，应当听取需要回避人员及相关人员的意见。

（三）回避决定作出后，及时通知申请人，需要回避的，应当自回避决定作出之日起1个月内调整至相应岗位，并变更或者重新订立聘用合同。

第九条 岗位等级不同的一般由岗位等级较低的一方回避；岗位等级相同或者岗位类别不同的，根据工作需要和实际情况决定其中一方回避。

第十条 因地域、专业、工作性质特殊等因素，需要灵活执行岗位回避政策的，可由省级以上事业单位人事综合管理部门、中央和国家机关各部门结合实际作出具体规定。

第三章 履职回避

第十一条 事业单位工作人员应当回避的履职活动包括：

（一）岗位设置、公开招聘、聘用解聘（任免）、考核考察、奖励、处分、交流、人事争议处理、出国（境）审批。

（二）人事考试、职称评审、人才评价。

（三）招生考试、项目评审、成果评选、资金审批与监管。

（四）其他应当回避的履职活动。

第十二条 事业单位工作人员履行第十一条所列职责时，有下列情形之一的，应当回避，不得参加相关调查、考察、讨论、评议、投票、评分、审核、决定等活动，也不得以任何方式施加影响：

（一）涉及本人利害关系的。

（二）涉及与本人有本规定第六条所列亲属关系人员的利害关系的。

（三）其他可能影响公正履行职责的。

第十三条 事业单位工作人员履职回避按照以下程序办理：

（一）本人或利害关系人提出回避申请，或者有关单位提出回避要求。

（二）本人所在单位或者主管部门按照干部人事管理权限作出回避决定。其中，成立聘用工作组织、考核工作组织、申诉公正委员会、学术委员会等专项工作组织的，工作组织负责人的回避由成立该工作组织的单位决定，工作组织其他工作人员的回避可授权工作组织负责人决定。作出回避决定前，应当听取需要回避的人员及相关人员的意见。

（三）根据回避决定需要回避的，应当自回避决定作出之日起退出相关工作。

回避决定应当及时作出。回避决定作出前，本人可视情况确定是否先行退出相关履职活动。

第十四条 事业单位外请专家及其他人员参加本规定第十一条所列相关活动时，具有本规定第十二条所列情形的，应当回避。回避办理程序一般参照本规定第十三条进行。回避决定由邀请单位或者授权其组织（人事）部门、专项工作组织负责人作出。

第四章　管理与监督

第十五条 按照干部人事管理权限应当由事业单位作出或者授权作出回避决定的，特殊情况下，主管部门或者事业单位人事综合管理部门可以直接作出。

第十六条 事业单位工作人员必须服从回避决定，无正当理由拒不服从的，视情节轻重依法依规给予组织处理或处分。所在单位、主管部门负责督促回避决定落实到位。

事业单位工作人员应当主动报告应回避的情形。有需要回避的情形不及时报告或者有意隐瞒的，予以批评教育；造成不良后果的，依法依规给予组织处理或处分。

第十七条 事业单位外请专家及其他人员有需要回避的情形不及时报告或者有意隐瞒造成不良后果的，有关部门予以记录，在一定期限内不得邀请其参加相关活动；适用组织处理或处分的，可建议有关部门按照干部人事管理权限依法依规给予组织处理或处分。

第十八条 由于相关人员隐瞒应当回避情形，造成工作结果不公正的，按照国家有关规定取消或者撤销获取的资质、资格、荣誉、奖金、学籍、岗位、项目、资金等。

第十九条 事业单位及其主管部门对拟新进人员和拟调整岗位人员，应当依据本规定严格审查把关，避免形成回避关系。对因婚姻、岗位变化等新形成的回避关系，应当及时予以调整。

事业单位违反本规定的，由同级事业单位人事综合管理部门或者主管部门责令限期改正；逾期不改正的，按照干部人事管理权限对负有领导责任和直接责任的人员依法依规给予组织处理或处分。

第二十条 对个人、组织据实反映本规定所列各类需要回避情形的，有关单位、部门应当按照干部人事管理权限及时处理。

第五章 附 则

第二十一条 主管部门对所属事业单位实施人事管理工作需要回避的，参照本规定执行，法律法规另有规定的从其规定。

第二十二条 机关工勤人员的回避，参照本规定执行。

第二十三条 本规定由中共中央组织部、人力资源社会保障部负责解释。

第二十四条 本规定自 2020 年 1 月 1 日起施行。

（九）博士后管理

人事部　财政部关于
博士后研究人员工资待遇问题的通知

国人部发〔2006〕89号

各省、自治区、直辖市人事厅（局）、财政厅（局），国务院各部门、各直属机构人事、财务部门：

根据人事部、财政部《关于印发事业单位工作人员收入分配制度改革方案的通知》（国人部发〔2006〕56号）和《关于印发〈事业单位工作人员收入分配制度改革实施办法〉的通知》（国人部发〔2006〕59号）的精神，现对博士后研究人员的工资待遇问题通知如下：

一、从2006年7月1日起，博士后研究人员实行岗位绩效工资制度，执行专业技术人员基本工资标准。

二、博士后研究人员岗位工资按照所聘岗位确定；薪级工资在第一站执行16级薪级工资标准，以后每做一站提高两级薪级工资标准，如按此确定的薪级工资低于所聘岗位同等条件人员的，按照所聘岗位同等条件人员的薪级工资确定；绩效工资由设站单位（含接受留学博士回国做博士后的非设站单位，下同）根据其工作表现和实际贡献确定；津贴补贴按国家有关规定执行。

三、为保证博士后研究人员正常增加工资，各设站单位应对博士后研究人员进行年度考核。从2006年起经设站单位考核，结果为合格及以上等次的博士后研究人员，每年增加一级薪级工资，并从第二年的1月起执行。

四、博士后研究人员工资期满出站，并被聘用到事业单位后，各设站单位应将其在站期间岗位工资、薪级工资及考核情况介绍到接受单位。在明确岗位前，博士后研究人员仍执行在站期间的工资标准；明确岗位后，按所聘岗位执行相应的岗位工资标准，薪级工资按以下办法确定：被聘用在专业技术岗位的，原薪级工资低于所聘岗位起点薪级工资的，执行起点薪级工资标准，原薪级工资达到所聘岗位起点薪级工资的，薪级工资不变；被聘用在管理岗位的，薪级工资按所聘岗位比照同等条件人员重新确定。

凡在做博士后期间中途退站、自动离站或每一站工作时间少于二十一个月的博士后研究人员（特殊情况，经人事部批准的除外），均不适用于本条规定。上述情况发生在第一站工作期间，其出站后的工资待遇按博士毕业生对待；发生在第二站期间，则按做完第一博士后的人员对待；发生在第二站以后的，以此类推。

人事部

财政部

2006 年 9 月 1 日

人事部　全国博士后管理委员会关于印发《博士后管理工作规定》的通知

国人部发〔2006〕149号

各省、自治区、直辖市人事厅（局），新疆生产建设兵团人事局，国务院有关部委、直属机构人事（干部）部门，解放军总政治部干部部，各博士后设站单位：

为贯彻落实《国家中长期科学和技术发展规划纲要》和《博士后工作“十一五”规划》，进一步加强和规范博士后管理工作，现将人事部、全国博士后管理委员会重新修订的《博士后管理工作规定》印发给你们，请认真贯彻执行。

人事部
全国博士后管理委员会
2006年12月29日

博士后管理工作规定

第一章　总　　则

第一条　为保证博士后事业持续健康发展，加强博士后管理工作，制定本规定。

第二条　博士后制度是指在高等院校、科研院所和企业等单位设立博士后科研流动站（以下简称流动站）或博士后科研工作站（以下简称工作站），招收获得博士学位的优秀青年，在站内从事一定时期科学研究工作的制度。

国家建立博士后制度，旨在吸引、培养和使用高层次特别是创新型优秀人才，建立有利于人才流动的灵活机制，促进产学研结合。

第三条　本规定所称流动站是指在高等院校或科研院所具有博士授予权的一级学科内，经批准可以招收博士后研究人员的组织。

本规定所称工作站是指在具备独立法人资格的企业等机构内，经批准可以招收博士后研究人员的组织。

在流动站或工作站从事研究工作的人员称为博士后研究人员（以下简称博士后人员）。

第四条 博士后管理工作坚持政府主导与社会参与相结合的原则，坚持公开、平等、竞争、择优的原则，注重提高质量，稳步扩大规模，健全完善制度。

第二章 管理机构

第五条 人事部是全国博士后工作综合管理部门，负责制定博士后工作的政策、规章、规划，并组织实施。

全国博士后管理委员会由国务院人事、科技、教育、财政等有关部门的负责人和有关专家组成，负责对全国博士后工作中的重大问题进行研究和协调。全国博士后管理委员会办公室设在人事部专业技术人员管理司。

第六条 省、自治区、直辖市政府人事部门管理本地区博士后工作，建立由人事部门牵头，有关单位和专家组成的博士后管理协调机制，结合本地区的实际情况，研究制定符合本地区特点的博士后发展规划和配套政策、措施。经人事部批准，省、自治区、直辖市博士后管理部门可承担本地区的博士后设站申报、博士后工作评估、博士后人员进出站手续办理，并向人事部登记注册等事宜。

国务院有关部委及直属事业单位的人事部门可按有关规定制定配套政策、措施，负责本部委及直属机构博士后工作的指导、协调和监督。

第七条 设有流动站、工作站的单位（以下简称设站单位），制定博士后具体管理办法，配备专门的管理人员，负责本单位博士后管理工作。

第三章 流动站和工作站的设立

第八条 根据国家经济社会发展需要和博士后工作发展规划，开展增设流动站、工作站工作，一般每两年开展一次。

第九条 高等院校和科研院所申请设立流动站，应当具备以下基本条件：

1. 具有相应学科的博士学位授予权，并已培养出一届以上的博士毕业生；

2. 具有一定数量的博士生指导教师；

3. 具有较强的科研实力和较高的学术水平，承担国家重大研究项目，科研工作处于国内前列，博士后研究项目具有理论或技术创新性；

4. 具有必需的科研条件和科研经费，并能为博士后人员提供必要的生活条件。

具有博士学位一级学科授予权、建有国家重点实验室的学科和国家重点学科可优先设立流动站。

第十条 企业、从事科学研究和技术开发的事业单位、省级以上高新技术开发区、经济技术开发区和留学人员创业园区申请设立工作站，应当具备以下基本条件：

1. 具备独立法人资格，经营或运行状况良好；

2. 具有一定规模，并具有专门的研究与开发机构；

3. 拥有高水平的研究队伍，具有创新理论和创新技术的博士后科研项目；

4. 能为博士后人员提供较好的科研条件和必要的生活条件。

建有省级以上研发和技术中心，承担国家重大项目的单位可优先设立工作站。

第十一条 流动站的设立，由拟设站单位提出申请，各省、自治区、直辖市人事部门或国务院有关部委及直属机构人事部门审核汇总后报人事部。经专家评审委员会评审，由人事部和全国博士后管理委员会审核批准。

第十二条 工作站的设立，由拟设站单位提出申请，各省、自治区、直辖市人事部门或国务院有关部委及直属机构人事部门组织初评后报人事部。经专家评议，由人事部审核批准。

第四章 博士后人员的招收

第十三条 具有博士学位，品学兼优，身体健康，年龄一般在四十岁以下的人员，可申请进站从事博士后研究工作。

第十四条 申请从事博士后研究工作的人员，应当向设站单位提出书面申请，提交证明材料。委托培养、定向培养、在职工作以及具有现役军人身份的人员申请从事博士后研究工作，应当向设站单位提交其委托单位、定向培养单位、工作单位或者所在部队同意其脱产从事博士后研究工作的证明材料。

在职人员不得兼职从事博士后研究工作。

第十五条 设站单位应面向社会公开招收博士后人员，要对申请者的科研能力、学术水平和已取得的科研成果进行严格审核，采用考核、考试、答辩等形式择优招收。

设站单位应与博士后人员签订协议，明确双方的权利、义务以及工作目标、课题要求、在站工作期限、产权成果归属、违约处罚等。

第十六条 设站单位按有关规定在人事部博士后管理部门或有关省、自治区、直辖市人事部门办理博士后人员进站和户口迁落等有关手续。

申请到军队设站单位从事博士后研究工作的人员凭军队博士后管理机构的审批通知，按上述程序办理。

第十七条 除经人事部博士后管理部门批准的特殊情况外，申请人不得进入授予其博士学位的单位同一个一级学科流动站从事博士后研究工作。

第十八条 对承担国家重大科研项目的非设站单位或已设站单位的非设站学科，经人事部博士后管理部门批准可以依托国家重大科研项目，招收项目博士后人员。

第十九条 工作站应与流动站联合招收、培养博士后人员，合作双方应当按照优势互补、互惠互利、保证质量、共同受益的原则签订协议书，明确双方及相关博士后人员的权利和义务。流动站应向工作站提供科研支持和专家指导，帮助工作站做好确定博士后研究项目、招收博士后人员等联合招收工作。以工作站为主做好联合招收博士后研究人员工作，并视导师指导和设备试验等情况向流动站支付一定费用，费用数额由双方协商确定。联合招收的博士后人员在工作站所在省、自治区和直辖市办理博士后研究人员进出站手续。

学术、技术实力强，具备独立培养博士后人员能力的工作站，经人事部博士后管理部门批准可以单独招收博士后人员。

第五章 博士后人员的管理

第二十条 各设站单位应建立在站博士后人员的考核指标体系，以及博士后人员进站招收、中期考核和出站考核制度。制定对博士后人员目标管理、绩效评价、奖励惩处等具体管理办法，对博士后人员进行定期考核。对研究成果突出、表现优秀的博士后人员，应当给予适当的表彰和奖励；对中期考核不合格的博士后人员予以劝退和解约。

第二十一条 各设站单位应将博士后人员纳入本单位人事管理范围，其人事、组织关系、福利待遇等比照本单位同等人员对待，或按协议执行。博士后人员实行岗位绩效工资制度。

第二十二条 博士后人员应与设站单位职工享受同等的医疗保障待遇，所需资金的筹集应当执行设站单位职工医疗保障资金的筹集办法。

第二十三条 博士后人员进站报到后，可在设站单位所在地落常住户口，凭人事部博士后管理部门或有关省、自治区、直辖市人事部门介绍信和其他有效证明材料，到公安户政管理部门办理户口迁出和落户手续，其配偶及未成年子女可以随其流动，按有关规定到当地公安派出所办理暂住手续。

第二十四条 博士后人员在站期间，可以凭人事部博士后管理部门或有关省、自治区、直辖市人事部门的介绍信，在其子女暂住户口所在地办理入幼儿园、上小学和初中，报考（转入）高中以及报考高等院校或中等专业学校等事宜，享受当地常住户口居民的同等待遇。

第二十五条 博士后人员在站工作时间为两年，一般不超过三年。承担国家重大项目，获得国家自然科学基金、国家社会科学基金等国家基金资助项目或中国博士后科学基金特别资助项目的博士后人员，如需延长在站时间，经设站单位批准后，可根据项目和课题研究的需要适当延长。

博士后人员工作期满后应按时出站，确有需要可转到另一个流动站或工作站从事博士后研究工作。博士后人员从事博士后研究工作最长不超过六年。

第二十六条 博士后人员在站期间，根据研究项目需要，经设站单位批准，可以到国外开展合作研究、参加国际学术会议或进行短期学术交流，时间一般不超过三个月。经设站单位批准，可根据项目情况适当延长。

第二十七条 博士后人员的研究成果归属，依照国家有关知识产权的法律、法规办理。

第二十八条 博士后人员期满出站前，设站单位可以根据其在站期间的科研能力、学术水平、工作成果，对其提出专业技术职称评定意见或建议。

第二十九条 博士后人员工作期满，须向设站单位提交博士后研究报告（以下简称报告）和博士后工作总结等书面材料，报告要严格按照格式编写。设站单位应将报告报送国家图书馆。博士后人员出站时，设站单位要及时组织有关专家对其科研工作、个人表现等进行评定，形成书面材料归入其个人档案。

第三十条 对出站考核合格的博士后人员，由人事部和全国博士后管理委员会颁发博士后证书。

第三十一条 博士后人员期满出站，到人事部博士后管理部门或有关省、自治区、直辖市办理出站手续。凭人事部博士后管理部门或有关省、自治区、直辖市人事部门的介绍信和其他有效证明材料，到当地公安户政管理部门办理本人及配偶和未成年子女的户口迁出和落户手续。

第三十二条 博士后人员工作期满出站，除有协议的以外，其就业实行双向选择、自主择业。各级政府人事部门和设站单位要为出站博士后人员的合理使用创造条件，做好出站博士后人员的就业引荐等服务工作。

第三十三条 博士后人员在站期间，有下列情形之一者，应予退站：

1. 考核不合格的；
2. 在学术上弄虚作假，影响恶劣的；
3. 受警告以上行政处分的；
4. 无故旷工连续15天或一年内累计旷工30天以上的；
5. 因患病等原因难以完成研究工作的；
6. 出国逾期不归超过30天的；
7. 其他情况应予退站的。

第三十四条 退站的博士后人员，不享受国家对期满出站博士后人员规定的相关政策，其户口迁落和有关人事关系手续由人事部博士后管理部门或有关省、自治区、直辖市人事部门办理。

第三十五条 加强对博士后工作管理人员进行业务培训，以做好博士后管理工作。

第六章 博士后日常经费和公寓管理

第三十六条 博士后日常经费是用于博士后人员日常生活和日常公用的专项经费，主要来源于中央财政拨款、地方财政拨款和设站单位筹资。

第三十七条 人事部和财政部确定国家资助博士后日常经费标准，制定国家日常经费资助年度计划。各省、自治区、直辖市和设站单位资助招收博士后人员，其日常经费标准参照国家规定的博士后日常经费标准。

第三十八条 留学博士回国从事博士后研究工作，国家按照博士后日常经费标准给予专门资助。

第三十九条 博士后日常经费由设站单位统一管理，单独立账，专款专用。对国家下拨的博士后日常经费，设站单位博士后工作主管部门可以提取不高于博士后日常经费总额的3%，作为博士后管理工作经费。

第四十条 人事部和各省、自治区、直辖市人事部门负责对其下拨的博士后日常经费的管理、使用情况进行检查和监督，对违反规定使用不当的，按照有关财务规定处理。

第四十一条 国家、地方和设站单位共同出资，在设站单位和在站博士后人员数量较多的城市集中建造博士后公寓。有条件的设站单位也可自筹经费建造博士后公寓。

第四十二条 有关省、自治区、直辖市和设站单位应根据当地的实际情况制定博士后公寓管理办法。博士后公寓是在站博士后人员居住的专门住房，不得挪作他用。博士后出站时，应及时从博士后公寓中迁出。

第七章 评估和表彰

第四十三条 人事部和全国博士后管理委员会统一组织全国博士后工作评估。评估工作一般每三年进行一次。

第四十四条 人事部和全国博士后管理委员会负责制定评估办法和评估指标体系，各省、自治区、直辖市和国务院有关部委、直属机构人事部门按照人事部和全国博士后管理委员会的要求，负责组织实施本地区、本部门博士后工作评估，并将评估情况报人事部。

第四十五条 人事部、全国博士后管理委员会根据评估结果，划分评估等级并予以公布。对管理工作优秀的流动站和工作站进行表彰；对管理不善、评估不合格、不具备设站条件的流动站和工作站视情况予以警告、限期整改直至撤销，并向社会公布。

第四十六条 人事部博士后管理部门或有关省、自治区、直辖市人事部门对受到警告并限期整改的设站单位在制度建设、组织机构、博士后人员在站管理等方面进行专门的指导和帮助，并在整改期满时组织考核，将考核结果报人事部。人事部和全国博士后管理委员会根据考核结果作出撤销警告或撤销设站资格的决定，并向社会公布。

撤销的流动站和工作站三年后方可重新申请设立流动站和工作站。申报程序见本规定第九条、第十条。

第四十七条 对在科学技术、教育事业和经济建设中做出突出贡献的优秀博士后人员，人事部和全国博士后管委会通过组织开展全国优秀博士后评选活动进行表彰。

第四十八条 各省、自治区、直辖市人事部门应加强日常管理，做好评估和表彰工作，对优秀的流动站和工作站给予奖励，对存在问题的设站单位及时给予指导和帮助。各设站单位应结合本单位实际情况，建立必要的日常管理和检查制度。

第八章　科研资助

第四十九条 国家设立中国博士后科学基金，为博士后人员开展科研工作提供资助。基金主要来源于中央财政拨款，同时接受国内外各种机构、团体、单位或个人的捐赠。

第五十条 博士后科学基金设普通资助和特别资助两种方式。普通资助是对博士后人员从事自主创新研究的科研启动或补充经费；特别资助是为鼓励博士后人员增强创新能力，对在站期间取得重大科研成果和研究能力突出的博士后人员的资助。

第五十一条 中国博士后科学基金资助按照《中国博士后科学基金资助条例》和配套办法执行。

第五十二条 各地方政府和中央有关部门的人事（干部）部门，以及博士后设站单位应对获得中国博士后科学基金资助的博士后人员给予配套资助。

第九章　职业道德建设

第五十三条 加强对博士后人员的爱国主义教育，引导他们树立良好的职业道德，淡泊名利，潜心钻研，自由探索，锐意创新。

第五十四条 加强对博士后人员知识产权保护法律意识的培养，严格遵守知识产权保护的法律法规，尊重他人的研究成果和权益。创造尊重和保护知识产权的法治环境，依法申报知识产权，促进科技成果转化。

第五十五条 各设站单位应为博士后人员营造尊重个性、学术民主、鼓励探索、支持创新、容许失败的宽松和谐环境，形成有利于优秀青年人才脱颖而出的机制。

第五十六条 博士后人员应坚持实事求是的科学精神和严谨求实的治学态度，加强学术道德自律，反对学术上弄虚作假的浮躁浮夸作风，坚决抵制学术腐败和欺骗行为。

第十章 附 则

第五十七条 各省、自治区、直辖市人事部门，国务院有关部委、直属机构人事部门以及设站单位应结合本地区、本部门实际情况，并按照本规定制定具体实施办法。

第五十八条 本规定由人事部负责解释。

第五十九条 本规定自2007年1月1日起施行。2002年2月1日施行的《博士后管理工作规定》同时废止。此前有关规定凡与本规定不一致的，按本规定执行。

人力资源社会保障部
全国博士后管理委员会关于
推进博士后工作管理体制改革的意见

人社部发〔2009〕174号

各省、自治区、直辖市人力资源社会保障（人事、劳动保障）厅（局），新疆生产建设兵团人事局、劳动保障局，国务院有关部委、直属机构人事（干部）部门，解放军总政治部干部部：

为深入实施科教兴国战略和人才强国战略，进一步发挥博士后制度在培养高层次创新型人才工作中的重要作用，促进博士后事业持续、健康发展，根据《博士后工作“十一五”规划》（国人部发〔2006〕114号）《博士后管理工作规定》（国人部发〔2006〕149号）的要求，人力资源社会保障部和全国博士后管理委员会决定，全面推进博士后工作管理体制改革，逐步建立健全国家、地方（部门）和设站单位的分级管理体制。现提出以下意见：

一、推进博士后工作管理体制改革的必要性

博士后制度是在著名物理学家李政道先生倡议下，由邓小平同志亲自决策，于1985年开始实施的。20多年来，博士后工作紧紧围绕经济社会发展和科技进步的需要，坚持在改革中创新，在创新中发展，逐步形成了一套适合中国国情的博士后管理制度，培养了一批国家急需的高层次创新型人才，取得了一批高水平的科研成果，为推进我国科技创新和经济社会发展，发挥了十分重要的作用。

博士后事业是逐步发展壮大起来的。在实行博士后制度初期，博士后工作规模很小，博士后科研流动站只有100多个，99%集中在中央所属的高等院校和科研院所，在站的博士后研究人员只有几百人，经费全部由国家财政负担。在这种情况下，博士后管理工作形成了国家和设站单位的两级管理体制。全国人才工作会议以来，随着我国经济社会的快速发展，科技教育规模不断扩大，人才强国战略的深入实施，博士后事业发展非常迅速。博士后科研流动站和博士后科研工作站不仅在数量、专业和行业领域上有了很大发展，在地域分布上也更加均衡。目前，地方院校和科研院所设立流动站的数量已占流动站总数的40%，而博士后科研工作站则大部分建在地方企业。

随着博士后规模的扩大和构成的变化，国家和设站单位的两级管理体制需要进行改革。

自1990年起，国家先后在博士后工作发展比较好、规模比较大的14个省、市陆续开展了博士后工作管理体制改革试点工作，由当地人力资源社会保障部门承担本地区的博士后日常管理工作。实践证明，博士后工作管理体制改革试点，充分调动了各地区的工作积极性，发挥了地方人力资源社会保障、财政、科技、教育等部门的作用，制定了地区性的优惠政策，形成了多元化的投入机制，加快了博士后事业的发展，推动了高层次人才队伍建设工作，促进了各地区经济社会发展和科技进步。认真总结博士后工作管理体制改革试点经验，充分发挥地方政府在博士后工作中的重要作用，形成国家、地方（部门）和设站单位分级管理体制，加强博士后管理工作是非常必要的。

二、推进博士后工作管理体制改革的总体要求

（一）指导思想

推进博士后工作管理体制改革，要坚持以邓小平理论和“三个代表”重要思想为指导，深入贯彻落实科学发展观，按照统筹规划、因地制宜、周密布置、有序推进的要求，立足于充分调动各方面的积极性、有利于提高管理效率和服务水平，努力形成分级管理和多元化投入的博士后工作新局面，共同推进博士后事业健康发展。

（二）基本原则

坚持科学发展观为指导。博士后工作管理体制改革要有利于促进博士后工作全面、健康、持续发展，有利于培养更多的高层次创新型人才。

统筹规划、分步实施。根据各地实际情况，有计划、有步骤、有重点地推进博士后工作管理体制改革。

统一领导、分工负责。在人力资源社会保障部统一领导下，进一步明确各级博士后管理部门的管理权限和职责，形成分级管理体制。

提高效率、完善服务。完善博士后工作服务体系，提高博士后工作管理效率和服务水平。

（三）主要目标

形成职责清晰、运转协调、管理规范、服务周到的博士后工作分级管理体制和运行机制。

形成人力资源社会保障部门牵头，各有关单位协调合作、各设站单位发挥人才培养、使用主体作用的工作格局。

形成国家、地方（部门）和设站单位多元化投入机制。

（四）基本思路

推进博士后工作管理体制改革，就是要建立国家、地方（部门）和设站单位的分级管理体制，更好地调动各方面的积极性，促进博士后事业健康发展。实施博士后工作管理体制改革后，国家主要负责总体规划、政策制定、组织协调与监督管理，博士后科研流动站和工作站的审批、评估、表彰和培训，以及需在全国范围内实施的工作项目；各省、自治区、直

辖市负责贯彻落实国家相关规定，研究制定符合本地区特点的发展规划和配套政策、措施，加强对本地区博士后工作的管理、指导和监督；博士后设站单位主要负责贯彻落实国家和地方博士后管理部门有关政策，负责博士后招收与管理的具体事项，重点做好博士后的培养、使用、管理和服务等工作，发挥人才培养使用的主体作用。

国务院有关部委及直属事业单位的人力资源社会保障部门可按有关规定制定配套政策、措施，负责本部委及直属机构博士后工作的指导、协调和监督。

三、切实加强地方博士后工作管理部门职责

为推进博士后事业的进一步发展，在总结试点省市博士后管理经验工作的基础上，逐步调整管理权限，明确管理职责，建立健全国家、地方（部门）和设站单位分级管理体制。实施博士后管理体制改革后，各有关省、自治区、直辖市人力资源社会保障厅（局）在人力资源社会保障部和全国博士后管理委员会指导下，统一负责本地区范围内博士后科研流动站和博士后科研工作站的有关管理工作。具体职责如下：

（一）建立由人力资源社会保障部门牵头，有关单位和专家组成的博士后管理协调机制。逐步将博士后工作纳入本地区高层次人才队伍建设工作总体规划，统筹考虑。结合本地区实际情况，研究制定符合本地区特点的博士后工作发展规划、配套政策措施和《博士后管理工作规定》实施细则。

（二）严格按照博士后工作的有关规定，建立、健全博士后工作管理制度，配备专门的博士后管理人员，对各设站单位的博士后工作进行督促和指导，实现博士后管理工作的制度化、规范化。

（三）建立与国家投入相匹配的博士后日常经费和科研经费资助机制，不断加大地方财政对博士后事业的投入力度。

（四）在人力资源社会保障部、全国博士后管理委员会统一部署新设博士后科研流动站、博士后科研工作站时，受理本地区范围内设立博士后科研流动站、博士后科研工作站的申请，并提出初审意见后，上报人力资源社会保障部、全国博士后管理委员会审批。受理本地区各博士后科研工作站提出的更名和独立招收博士后研究人员的申请，并提出初审意见后，报人力资源社会保障部专业技术人员管理司（全国博士后管委会办公室）审批。

（五）负责博士后研究人员（包括自筹经费招收的博士后研究人员）进站的复核工作。设站单位在招收博士后研究人员时，要将《博士后申请表》、两名专家推荐信和学位证书（或有关证明材料）的复印件一式两份报送本省、自治区、直辖市人力资源社会保障厅（局）。省、自治区、直辖市人力资源社会保障厅（局）博士后管理部门按照《博士后管理工作规定》的有关要求进行复核，将复核结果限期内通知有关设站单位。遇有特殊情况，需报人力资源社会保障部专业技术人员管理司（全国博士后管委会办公室）批准后，方可办理有关手续。

按照《关于争取优秀留学博士回国做博士后的通知》（人专发〔1989〕5号），认真审

核留学博士资格，协助留学博士做好有关报批工作，国家按照博士后日常经费标准给予留学博士专门资助。

（六）办理博士后研究人员的进出站手续，办理博士后研究人员及其配偶、子女的户口迁移、子女入托上学、出站就业等手续，其中博士后研究人员进出站的相关材料需报人力资源社会保障部专业技术人员管理司（全国博士后管委会办公室）备案。各省、自治区、直辖市人力资源社会保障部门应尽快与本地区公安、教育、科技等部门共同协商制定相应的政策规定。出站后到外省市就业的，仍由人力资源社会保障部专业技术人员管理司（全国博士后管委会办公室）出具介绍信等相关证明材料。北京地区博士后研究人员进出站仍按现行方式办理。

（七）负责博士后研究人员证书发放工作。博士后研究人员研究期满，经考核合格的，办理出站手续，并由本地区人力资源社会保障厅（局）发放《博士后证书》。《博士后证书》由全国博士后管理委员会统一印制和编号，各地的证书发放工作接受全国博士后管委会的统一监督与检查。

（八）建立博士后住房保障机制。有条件的地区可以集中建造博士后公寓。建有博士后公寓的有关地区需根据当地的实际情况制定博士后公寓管理办法。加强对博士后公寓的管理，确保博士后公寓由在站博士后研究人员专用。

（九）负责组织本地区博士后研究人员学术交流、科技成果转化、博士后联谊、博士后人才引荐等服务工作。有条件的地区可以建立博士后创新实践基地，进一步促进产学研结合，探索博士后制度为中小企业提供服务的新途径。

（十）在人力资源社会保障部、全国博士后管理委员会统一部署优秀博士后评选时，组织本地区各设站单位（包括本地区所属单位和中央直属单位）的申报工作，并提出初审意见后，报人力资源社会保障部、全国博士后管理委员会审批。

四、推进博士后工作管理体制改革的有关要求

已经开展博士后管理体制改革试点工作的省、直辖市，继续承担本地区的博士后管理工作。按照本《意见》的要求，认真总结试点经验，切实发挥示范带头作用，对照新的要求，努力完善各项管理制度，不断提高管理和服务水平，加大对本地区的博士后工作投入，推动本地区博士后工作的新发展。

尚未开展博士后管理体制改革试点工作的省、自治区、直辖市，可根据本地区博士后工作发展情况适时向人力资源社会保障部提出进行博士后工作分级管理的申请。具体程序如下：

（一）准备工作。各省、自治区、直辖市人力资源社会保障厅（局）抓紧与当地财政、公安、科技、教育等部门协调，在组织领导、人员配备、经费支持等方面采取有力措施。

（二）申报工作。各省、自治区、直辖市人力资源社会保障厅（局）在准备工作完成后，将在本地区进行博士后工作分级管理的申请报告报人力资源社会保障部批准。

（三）交接工作。经人力资源社会保障部批复后，各省、自治区、直辖市人力资源社会保障厅（局）可与人力资源社会保障部专业技术人员管理司（全国博士后管委会办公室）办理交接手续。

各省、自治区、直辖市和各有关部门要充分认识博士后工作在深入实施科教兴国战略和人才强国战略，加强高层次人才队伍建设中的重要作用，把博士后工作纳入本地区人才工作总体规划，以博士后工作分级管理为契机，积极争取有关部门的支持，确立与国家投入相匹配、与地方（部门）经济社会发展相适应的地区（部门）博士后投入机制，制订本地区（部门）博士后工作发展规划，加强本地区（部门）博士后服务、保障体系建设，创新工作机制，改进工作方式，不断提高博士后工作质量，拓宽服务领域，提高服务水平，努力推进博士后事业健康、持续发展。

人力资源社会保障部

全国博士后管理委员会

2009 年 12 月 15 日

人力资源社会保障部　财政部关于调整博士后日常经费标准的通知

人社部函〔2015〕185号

各省、自治区、直辖市及新疆生产建设兵团人力资源社会保障厅（局）、财政厅（局），国务院有关部委、直属机构人事部门，解放军总政治部干部部，各博士后设站单位：

为保障博士后研究人员生活水平的稳定提高，根据国家经济社会发展情况，经研究决定，提高博士后日常经费标准。现将有关事宜通知如下：

一、自2015年8月1日起，博士后日常经费标准由每人每年5万元提高到每人每年8万元。

二、鉴于博士后研究人员在站时间一般为2年，本次执行新标准的人群为2014年8月1日（含）以后进站的在站博士后研究人员。

三、博士后日常经费中，生活费用占80%，主要用于工资、奖金和生活补助等；日常公用经费占20%，可用于博士后研究人员参加社会保险费用和参与学术交流活动。

博士后研究人员应与设站单位职工享受同等的社会保障待遇，所需经费的筹集除从博士后日常公用经费中列支外，不足部分的筹集应当执行设站单位社会保障资金的筹集办法。

四、各地区、各部门、各设站单位要充分认识博士后工作在深入实施人才强国战略和创新驱动发展中的重要作用，不断加大对博士后日常经费、博士后科研经费的投入，建立与国家投入相匹配，与地方经济发展水平相适应的博士后工作投入机制。要切实加强对博士后日常经费的管理，推进绩效评价，提高资金使用效益，培养更多适应经济社会发展需要的高层次创新型青年人才。

人力资源社会保障部

财政部

2015年8月3日

国务院办公厅关于改革完善博士后制度的意见

国办发〔2015〕87号

各省、自治区、直辖市人民政府，国务院各部委、各直属机构：

博士后制度是我国培养高层次创新型青年人才的一项重要制度，自1985年建立以来，培养了一批高层次创新型人才，取得了一批重要科研成果，为推动科技进步和经济社会发展作出了积极贡献。但与此同时，我国博士后制度还存在定位不够明确、设站单位主体作用发挥不足、培养质量有待提升、招收培养评价办法不够健全、国际化水平不高等问题。为深入实施人才优先发展战略，更好发挥博士后制度在培养高层次创新型青年人才、推动大众创业万众创新中的重要作用，经国务院同意，现提出以下意见：

一、总体要求

（一）指导思想。全面贯彻党的十八大和十八届二中、三中、四中、五中全会精神，按照党中央、国务院决策部署，牢固树立并切实贯彻创新、协调、绿色、开放、共享的发展理念，深入实施创新驱动发展战略和人才优先发展战略，推进人才发展体制改革和政策创新，以解决制约博士后事业发展的重大问题为导向，以提高博士后研究人员培养质量为核心，创新符合青年人才成长规律及博士后研究人员特点的管理制度，完善体制机制，健全服务体系，提升国际化水平，推动博士后事业科学发展。

（二）基本原则。

坚持问题导向，完善体制机制。把解决制约博士后事业发展的突出问题作为首要任务，明确博士后研究人员定位，完善考核奖励制度，巩固博士后制度独特优势，增强博士后制度吸引力。

坚持分类管理，着力提高质量。把提升博士后研究人员培养质量作为改革完善博士后制度的核心，强化设站单位和博士后合作导师在博士后研究人员培养中的作用，支持设站单位对博士后研究人员实施分类管理。紧密结合重大项目，加强研究工作的创新性，加大学术交流和国际交流力度，培养更多高层次创新型青年人才。

坚持服务发展，扶持创新创业。把扶持创新创业作为改革完善博士后制度的着力点，制定扶持政策，引导博士后研究人员到企业创新创业，把科研成果转化为生产力。

坚持以人为本，健全服务体系。把健全服务体系作为改革完善博士后制度的落脚点，建立博士后研究人员进出站工作服务协调机制，建设交流平台，充分发挥社会组织作用，为博士后研究人员提供更好的服务保障。

（三）主要目标。通过改革设站和招收方式，完善管理制度，加强培养考核，促进国际交流，充分发挥博士后制度在高校和科研院所人才引进中的重要作用、设站单位在博士后研究人员培养使用中的主体作用、博士后研究人员在科研团队中的骨干作用，推动博士后制度成为吸引、培养高层次青年人才的重要渠道。到 2020 年，重点高校、科研院所新进教学科研人员和国家重大科技项目中博士后研究人员比例有明显提高，外籍和留学回国博士后新进站人数进一步增加，人才吸引效应显著增强。

二、改革管理制度

（四）明确博士后研究人员定位。博士后研究人员作为国家有计划、有目的培养的高层次创新型青年人才，在站期间是具有流动性质的科研人员。博士后研究人员在站时间一般为 2 年，根据项目需要可在 2~4 年内灵活确定；对进站后承担国家重大科技项目的，应当根据项目资助期限和承担的任务及时调整在站时间，最长不超过 6 年。博士后研究人员享受设站单位职工待遇，设站单位应按单位性质与博士后研究人员签订事业单位聘用合同、企业劳动合同或工作协议，并按有关规定为博士后研究人员缴纳社会保险费。

（五）明确设站单位主体地位。充分发挥高校、科研院所、企业在博士后研究人员招收培养中的主体作用。博士后设站单位是对博士后研究人员进行管理的责任主体，负责研究制定具体管理办法，规范博士后研究人员进站程序，加强过程评价，严格出站考核，切实履行管理责任。改革博士后证书发放方式，除国家实施的博士后培养专项计划博士后证书由全国博士后管理委员会发放外，科研流动站博士后证书由设站单位发放，科研工作站博士后证书由省级人力资源社会保障部门发放。

（六）改进设站和培养方式。严格设站条件，严守设站程序，优化设站结构布局，适度控制设站规模，适当下放设站审批权限。开展博士后科研工作站独立招收试点和博士后科研流动站设站方式改革试点。加大对中小型高科技企业特别是民营中小型高科技企业设立博士后科研工作站的支持力度，下放园区类博士后科研工作站分站设站审批权限。在总结经验基础上，规范博士后科研流动站、科研工作站联合培养工作。

（七）全面推开分级管理。逐步健全国家、省（区、市）、设站单位三级管理体制。国家博士后工作管理部门负责制定全国博士后工作发展规划、政策法规、管理制度，组织实施国家重点项目、资助计划，开展设站审批、交流服务等工作。省级博士后工作管理部门负责制定本省（区、市）博士后工作管理实施细则，开展进出站管理、经费资助、评估考核、服务保障等工作。设站单位负责博士后研究人员的招收、培养、考核、管理、服务等具体工作。

三、完善管理办法

（八）完善招收办法。坚持博士后制度培养青年人才的基本方向，博士后申请者一般应为新近毕业的博士毕业生，年龄应在 35 周岁以下，申请进入企业博士后科研工作站或人文社会科学领域、人才紧缺基础薄弱的自然科学领域博士后科研流动站的，可适当放宽进站条件。设有国家重点科研基地、承担国家重大科技项目的非设站单位，备案后可以依托重大科技项目招收项目博士后。适当放开设站单位博士毕业生不得进入本单位同一个一级学科博士后科研流动站的限制。在职博士后研究人员应以高校、科研院所教学科研人员为主，并严格控制比例。不得招收党政机关领导干部在职进站从事博士后研究。

（九）健全培养及评价办法。完善博士后研究人员站内资助办法。博士后研究人员在站期间科研成果可作为在站或出站后评聘职称的依据。强化设站单位专家学术委员会在博士后进站遴选、中期考核、出站评定中的作用，发挥博士后合作导师在博士后研究人员招收、培养、考核、管理等方面的作用。建立以科研计划书为主要内容的培养制度，完善以创新性科研成果为核心评价标准的博士后绩效考核评价体系。支持设站单位对不同学科领域、不同研究类型的博士后研究人员实施分类培养、分类评价。

（十）畅通退出渠道。明确博士后研究人员退站条件和程序。建立博士后科研流动站、科研工作站与全国人才流动中心、各地人才流动服务机构的协调联动机制，由全国人才流动中心或各省（区、市）确定的人才流动服务机构按照人事档案管理规定接收保管退站、滞站博士后研究人员的人事档案。

四、提高培养质量

（十一）结合重点科研基地和项目培养。鼓励设站单位、备案的非设站单位依托国家重点科研基地或承担的国家重大科技项目招收培养博士后研究人员。鼓励设站单位围绕博士后研究人员组建科研创新团队。支持博士后研究人员参与国家重点领域、重大专项、前沿技术和重大科学研究计划。

（十二）加大交流力度。加大博士后国际交流计划实施力度，大力吸引海外博士来华（回国）从事博士后研究，加大博士后研究人员参加国际学术交流力度。支持有条件的地方、部门和设站单位设立博士后国际交流项目，与国际一流大学、科研院所等签订博士后研究人员交流协议，定期或不定期开展学术交流活动，进一步提升学术水平，深入推进全国博士后学术交流活动。

（十三）完善评估机制。加强博士后研究人员培养质量动态跟踪。对博士后科研流动站、科研工作站实施分类评估。综合评估工作每五年开展一次，对评估结果优秀的单位按有关规定给予表彰或表扬，对评估不合格的单位取消设站资格。指导地方建立实时、动态的评估体系，授权地方开展新设博士后科研流动站、科研工作站评估工作。

五、支持创新创业

（十四）积极推进科研成果转化。围绕实施创新驱动发展战略和国家区域发展总体战略、适应产业转型升级需要，统筹利用现有科技资源，依托现有创新示范中心和科研成果转化基地，大力支持博士后研究人员创新创业，促进科研成果转化。

（十五）完善创新创业激励政策。在站博士后研究人员按规定享受国家关于支持科技人员创新创业的激励政策。博士后研究人员按国家有关规定享受在站期间科研成果转化收益。鼓励符合条件的企业按照有关规定，通过股权、期权、分红等激励方式，调动博士后研究人员创新创业的积极性。

六、做好保障工作

（十六）完善博士后日常经费和科研经费投入机制。自 2015 年 8 月 1 日起，博士后研究人员日常经费标准由每人每年5万元提高到每人每年8万元。整合优化各项博士后人才培养计划，突出特色，提升效率。地方和设站单位可根据自身情况给予配套投入，支持有条件的地方设立博士后创业基金。设站单位投入博士后工作的经费中，用于研发新技术、新产品、新工艺的，按照国家税收有关规定，享受企业所得税税前加计扣除优惠。推进博士后公寓建设，鼓励地方和设站单位采取多种方式解决在站博士后研究人员周转住房问题。

（十七）鼓励社会资金投入。充分利用市场机制，采取鼓励政策措施，引导社会资金通过设立优秀博士后奖励基金、风险投资基金、产业引导基金等形式，支持博士后研究人员创新创业、资助创业孵化和科技成果转化，并获得相应的回报。

（十八）提升服务水平。建立国家与地方博士后研究人员进出站工作服务协调机制，推进博士后研究人员进出站"在线预审、一次办结"服务平台建设和使用，提高博士后研究人员进出站服务效率。为外籍来华博士后研究人员提供便利，按照在站时间办理签证、工作许可和居留手续。

（十九）建设交流平台。将全国博士后人才和科技项目交流信息服务系统纳入"金保工程"统筹建设，加强博士后人才、科技成果与用人单位和市场的信息沟通，提供相应的服务。实施自然科学、人文社会科学优秀博士后论著出版支持计划。发挥定期开展的博士后科技服务团作用，为中西部地区提供科技服务。支持地方政府、部门和社会组织搭建区域性博士后交流平台，推进博士后人才和科技项目对接。

（二十）发挥社会组织作用。支持博士后发起成立学术性社会组织，搭建学术交流平台。通过政府转移职能、购买服务等方式，支持社会组织为博士后科技研发、自主创新、人才培养等方面提供服务。

各地区和有关部门要充分认识改革完善博士后制度的重要意义，加强组织领导，密切协同配合，确保改革完善博士后制度的各项目标任务落实到位。

国务院办公厅

2015年11月30日

人力资源社会保障部　全国博士后管理委员会关于贯彻落实《国务院办公厅关于改革完善博士后制度的意见》有关问题的通知

人社部发〔2017〕20号

各省、自治区、直辖市及新疆生产建设兵团人力资源社会保障厅（局），国务院有关部委、直属机构人事（干部）部门，中央军委政治工作部干部局，各博士后设站单位：

博士后制度是我国培养高层次创新型青年人才的一项重要制度。改革完善博士后制度，提高博士后培养质量，推动博士后事业科学发展，是贯彻党的十八大精神，深入实施人才优先发展战略，加快建设人才强国的根本要求。2015年11月，国务院办公厅印发了《关于改革完善博士后制度的意见》（国办发〔2015〕87号，以下称《意见》），对今后一段时期的博士后制度改革提出了总体要求，指明了发展方向。为确保《意见》的贯彻落实，进一步做好博士后工作，现就有关问题通知如下：

一、优化博士后工作平台建设

按照国务院推进简政放权、放管结合、转变政府职能的要求，进一步优化博士后工作平台建设。博士后科研流动站（以下简称“流动站”）在五年内获得过综合评估优秀等次的，其设站单位中具有博士学位一级学科授予权或建有国家重点科研平台的非设站学科，经省级博士后管理部门推荐，全国博士后管委会办公室（以下称“全国博管办”）备案后，可招收博士后人员。博士后科研工作站（以下简称“工作站”）设站3年以上、近3年累计招收博士后人员不少于6人、博士后工作成效突出的，经省级博士后管理部门推荐、全国博管办核准，可独立招收博士后人员。园区类工作站设立、注销分站，由省级博士后管理部门核准，报全国博管办备案。流动站、工作站严重违反博士后工作有关规定或丧失设站条件的，可由相应博士后管理部门提出建议，报全国博管办注销。

二、严格博士后人员招收管理

明确博士后人员定位，进一步加强博士后人员的招收管理。年龄在35周岁以下、获得博士学位一般不超过3年的人员，可申请从事博士后研究工作。申请进入工作站、人文社会科学领域或人才紧缺的自然科学领域流动站的人员，年龄可适当放宽。严格控制设站单位招收本单位同一一级学科、超龄、在职的博士后人员比例。不得招收党政机关领导干部在职从事博士后研究工作。规范博士后人员挂职锻炼，博士后人员在设站单位全职从事研究工作的时间不得少于两年，减少自然科学领域博士后挂职锻炼数量。

对通过出站考核的博士后人员发放《博士后证书》。《博士后证书》一般由省级博士后管理部门或设站单位印发。获得博士后创新人才支持计划、博士后国际交流计划等国家专项计划资助的博士后人员的《博士后证书》由全国博士后管理委员会印发。

规范博士后人员退站管理。具有下列情形之一，设站单位在告知本人或公告后须予以退站：进站半年后仍未取得国家承认的博士学位证书的；提供虚假材料获得进站资格的；中期或出站考核不合格的；严重违反学术道德，弄虚作假，影响恶劣的；被处以刑事处罚的；因旷工等行为违反所在单位劳动纪律规定，符合解除劳动（聘用）合同情形的；因患病等原因难以完成研究工作的；出国逾期不归超过30天的；合同（协议）期满，无正当理由不办理出站手续或在站时间超过6年的；其他情况应予退站的。人事档案、户口转至设站单位的博士后人员退站后，应将人事档案按照有关规定转至人事（劳动）关系接收单位或公共就业和人才服务机构，将户口按照有关规定迁移至进站前常住户口所在地。

三、提升博士后工作服务水平

按照《意见》要求认真落实博士后人员相关待遇，提升博士后工作服务水平。作为具有流动性质的科研人员，博士后人员在站期间享受设站单位职工待遇，计算工作年限。进站前无工作经历的博士后人员参加工作时间从进站之日起计算。事业单位性质的设站单位所招收的博士后人员，实行岗位绩效工资制度，执行专业技术人员基本工资标准。对进站前未进行过职称评定的博士后人员，设站单位应予以认定中级职称，在博士后人员期满出站前，可对其进行职称评定或提出评定意见。博士后人员在站期间的科研成果应作为在站或出站后评定职称的依据。设站单位应按有关规定为博士后人员缴纳社会保险。

规范博士后人员及其家属户口档案办理。未将人事档案转至设站单位的博士后人员，不予办理其进出站户口迁落手续及出站时配偶、未成年子女的户口随迁手续。博士后人员期满出站后，未办理工作派遣手续的，其户口和人事档案按规定转至其进站前常住户口所在地及当地公共就业和人才服务机构。

四、发挥博士后设站单位主体作用

充分发挥高校、科研院所、企业在博士后人员招收培养中的主体作用。设站单位应与博士后人员签订事业单位聘用合同或企业劳动合同（在职博士后人员签订工作协议），结合科研项目要求签订科研计划书。流动站博士后合作导师应具有博士生指导教师资格或正高级专业技术职务，工作站博士后合作导师应具有高级专业技术职务。设站单位可根据研究项目需要，在2~4年内灵活确定博士后人员在站时间。对进站后承担国家重大科技项目的博士后人员，经设站单位同意，可根据项目期限和承担任务调整在站时间。从事博士后研究工作的总期限不得超过6年。

各地、各部门要充分认识做好博士后工作的重要意义，加强组织领导，明确职责分工，积极协调配合，形成工作合力，共同推动博士后工作科学发展，更好发挥博士后制度在培养高层次创新型青年人才、推动大众创业万众创新中的独特作用。各地、各部门和各设站单位可根据本通知精神，结合实际情况制定具体实施办法。

本通知自发布之日起施行。此前颁布的博士后工作的相关文件凡与本通知不符的，以本通知为准。

人力资源社会保障部
全国博士后管理委员会
2017 年 3 月 13 日